Die Ludowinger und die Takeda

Reinhard Zöllner

Die Ludowinger und die Takeda
Feudale Herrschaft in Thüringen und Kai no kuni

Unveränderter Nachdruck

Bibliografische Information der Deutschen Nationalbibliothek:
Die Deutsche Nationalbibliothek verzeichnet diese Publikation in der Deutschen
Nationalbibliografie; detaillierte bibliografische Daten sind im Internct über
dnb.dnb.de abrufbar.

Unveränderter Nachdruck der Ausgabe 1995 im Verlag Dieter Born

© 2017 Reinhard Zöllner

Herstellung und Verlag: BoD – Books on Demand, Norderstedt

ISBN: 9783744886826

Inhaltsverzeichnis

Verzeichnis der Abkürzungen

CD:	Kadokawa Chimei daijiten, Bd. 19: Yamanashi-ken
CH:	Nagahara Keiji (Hg.), Chûsei-shi handobukku
DRT:	Dobenecker, Regesta ... Thuringiae
KSS:	Kôfu-shi shi
UB:	Urkundenbuch
ZYR:	Zusetsu Yamanashi-ken no rekishi

Hinweise zur Wiedergabe japanischer und chinesischer Begriffe

Die Umschrift japanischer Begriffe folgt dem modifizierten Hepburn-System; dabei sind Vokale in etwa wie im Italienischen, Konsonanten wie im Englischen auszusprechen. Chinesische Begriffe werden in Pin'yin-Umschrift wiedergegeben; bei Eigennamen wird dabei von einer Kennzeichnung der Tonhöhen abgesehen.
Ein Glossar der wichtigsten im Text verwendeten japanischen und chinesischen Begriffe und Namen befindet sich im Anhang dieser Arbeit.

Hinweise zur Zitierweise

Belege aus wiederholt zitierten Werken erfolgen bibliographieorientiert in der Grundform Verfasser-/Herausgeber-/Werkname, Jahr der benutzten Ausgabe, Seitenzahl (NN aaaa.bb), bei mehrbändigen Werken mit Bandangabe (NN aaaa.I:bb). Bei Quellenwerken ist stattdessen die Form gewählt: Titel, ggf. Band, Stück oder Kapitel, ggf. Seite der benutzten Ausgabe (ABC aa.bbb oder ABC I:aa oder ABC I:aa.bbb); in solchen Fällen gibt also die erste Zahl stets die Dokumenten- oder Kapitelnummer an, die folgende die Seitenzahl des Druckes. Bei Chroniken wird mitunter statt der Seitenangaben der Deutlichkeit halber das Jahr, auf das sich der Eintrag bezieht, angegeben (»a. 1130« usw.).

Vorwort

Etwas unvollendet zu lassen, macht es interessant und gibt den Eindruck,
daß noch Platz zum Wachsen ist.
Yoshida Kenkō (ca. 1283-1350), *Tsurezuregusa*, 82

Durch den Charme dieses Kenkō-Wortes ermutigt, habe ich in der vorliegenden Studie den Ergebnissen eines Versuches mit der Geschichte zweier Länder eine Form gegeben, die genug Platz zum Wachsen erkennen lassen soll, um bestehen zu können. Daß in ihr, wie Kenkō auch von den chinesischen Klassikern behauptet, viele Kapitel fehlen, wird hoffentlich anderen als Anreiz dienen, die Lücken angemessen zu schließen. Vieles konnte nur angedeutet, vieles nur halb ausgeführt werden, weil sich erwies, daß viel mehr von dem, was die Menschen - Herrscher und Beherrschte - in Thüringen und der Provinz Kai taten und dachten, in diese Arbeit hineingehört hätte, als der ursprüngliche Entwurf erlaubt hätte. So steht, damit die Form doch im Ganzen erkennbar werde, ein Teil des Gebäudes nur als Gerüst. Auch beim Bau des Kaiserpalastes, so sagt Kenkō tröstend, werde stets ein Teil unfertig gelassen.

Für den Bauplan, architektonische Mängel und Fehler im Mauerwerk der Argumentation trage ich die Verantwortung. Dank aber gebührt allen, ohne deren Hilfe es nie zum Richtfest gekommen wäre: Allen voran Herrn Professor Dr. Werner Paravicini, der die europäische Seite meines Unternehmens zu entwickeln half und sich der japanischen unvoreingenommen öffnete, und Herrn Professor Dr. Hermann Kulke, der mein Vorhaben anschließend in die asiatische Dimension überführte und überprüfte. Beiden Doktorvätern danke ich für ihre geduldige und fördernde Begleitung.

Als sachkundig und gastfreundlich erwiesen sich während meines Japan-Aufenthaltes 1989-1990 die Herren Prof. Iida Bun'ya (Präfektur-Bibliothek Kōfu), Prof. Ishii Susumu (damals Tōkyō-Universität), Prof. Isogai Masayoshi (ehemals Yamanashi-Universität Kōfu), Kiyogumo Toshimoto (Hōkōji-Tempel Enzan) und Shibatsuji Shunroku (Waseda-Universität Tōkyō). Besonderen Dank schulde ich Herrn Prof. Satō Masayuki von der Yamanashi-Universität in Kōfu für uneigennützigen Rat und Unterstützung. Der zu früh verstorbene Prof. Nagazumi Akira und seine Gattin, Prof. Nagazumi Yōko, haben buchstäblich meine ersten Schritte durch das Archiv der Tōkyō-Universität ermöglicht und begleitet.

Ohne die freundlichen Menschen in der Präfektur Yamanashi hätte ich die Heimat der Takeda nicht auf derart unvergeßliche Weise kennenlernen können. Stellvertretend danke ich den Familien von Mitsui Takeshi in Ryūō, bei der wir ein Jahr lang zu Gast sein durften, und von Uehara Masaaki in Enzan. Für die

Unterstützung während der Aufenthalte in Tōkyō danke ich der Familie meines Schwiegervaters, Dr. Uehara Shigetsugu.

Geholfen haben auch zahlreiche Gesprächspartner hierzulande, von denen vor allem die Herren Prof. Dr. Klaus Antoni (Hamburg), Prof. Dr. Wilhelm Brauneder (Wien), Rainer Hofer, M.A., Dr. Dr. Wilhelm Röhl (Hamburg) und Prof. Dr. Carl Steenstrup (München) mit Dank zu nennen sind. Herrn Prof. Dr. Klaus Müller, meinem »Dienstherrn« an der Universität Düsseldorf, verdanke ich neben zahlreichen Hinweisen auch großzügiges Entgegenkommen hinsichtlich der Arbeitseinteilung während der Niederschrift des Manuskriptes.

Ohne die Zuwendungen der Studienstiftung des Deutschen Volkes, die mich zwischen 1981 und 1990 als Stipendiaten gefördert hat, und die vertrauensvolle Geduld ihrer Mitarbeiter wäre diese Arbeit nicht zustande gekommen. Sie erst öffneten mir Wege nach Japan außerhalb der üblichen akademischen Pfade.

Am meisten beeinflußt haben diese Arbeit Ermutigung und Kritik meiner Familie. Meinen Eltern danke ich für den Mut zur Ferne. Meine Tochter Erika hat geduldig ertragen, daß ich öfter mit dem Computer als mit ihr »spielte«. Meine Frau Kumiko hat jeden Schritt meiner Studien begleitet, häufig inspiriert und oft zur Verbesserung angeregt. Diese Arbeit sei daher ihr gewidmet.

Düsseldorf, im Frühjahr 1994

Reinhard Zöllner

Vorwort zum unveränderten Nachdruck

Dieses Buch erschien zuerst 1995 im Verlag Dieter Born in Bonn. Nach dem viel zu frühen Tod des Verlegers 2013 wurde der Verlag liquidiert. Das Buch ist deshalb seit längerem nicht mehr im Buchhandel erhältlich. Aufgrund der anhaltenden Nachfrage habe ich mich deshalb entschlossen, es in unveränderter Form neu zu publizieren. Ich tue dies nicht, ohne in Dankbarkeit Dieter Borns zu gedenken, dessen Begeisterung für die Sache die Veröffentlichung erst möglich machte.

Berlin, im Sommer 2017

Reinhard Zöllner

Zeittafel zur Geschichte der Ludowinger

ca.

1030	Ludwig mit dem Barte errichtet eine Rodungsherrschaft im Thüringer Wald
1070	Beginn des Widerstandes sächsischer und thüringischer Adliger gegen die Krone
1080	Erste urkundliche Nennung der von Ludwig dem Springer erbauten Wartburg
1122	Ludowinger erben Besitz der Grafen Werner und Giso in Hessen
1131	Ludwig I. wird Landgraf von Thüringen
1147	Ludwig II. auf Kreuzzug in Palästina (-1149) (?)
1158	Ludwig II. begleitet Friedrich Barbarossa nach Italien (-1161)
1165	Ludwig II. legt die Mauern Erfurts nieder
1166	Kampf Ludwigs II. gegen Heinrich den Löwen, Herzog von Sachsen
1178	Erste Nennung aller vier Hofämter der Ludowinger
1180	Ludwig III. wird Pfalzgraf von Sachsen. Kampf gegen Heinrich den Löwen.
1184	Ludwig III. nimmt mit großem Gefolge am Mainzer Hoffest teil
1190	Ludwig III. stirbt auf Kreuzzug
1198	Hermann I. beteiligt sich in Akko an der Gründung des Deutschen Ordens. Wechselt im welfisch-staufischen Erbfolgestreit häufig die Seiten.
1210	König Philipp II. Augustus von Frankreich verspricht einer Tochter Hermanns I. die Ehe
1227	Ludwig IV. stirbt bei der Abreise zum Kreuzzug
1236	Heiligsprechung Elisabeths von Thüringen
1239	Konrad wird Hochmeister des Deutschen Ordens
1246	Heinrich Raspe wird zum Gegenkönig gewählt
1247	Heinrich Raspe stirbt ohne männlichen Erben

Zeittafel zur Geschichte der Takeda

1130	Minamoto Yoshikiyo und sein Sohn Kiyomitsu werden aus Hitachi nach Kai verbannt
1180	Die Minamoto in Kai, darunter die Takeda, kämpfen an der Seite ihrer Verwandten in Kamakura erfolgreich gegen die Taira
1221	Die Takeda kämpfen für das *bakufu* gegen den Kaiserhof
1331	Die Takeda, *shugo* in Kai, kämpfen an der Seite des Kamakura-*bakufu* gegen Kaiser Godaigo
1335	Die Takeda unterstützen Ashikaga Takauji gegen Kaiser Godaigo; Takeda Nobutake zieht in die Provinz Aki
1416	Takeda Nobumitsu beteiligt sich am erfolglosen Aufstand des Uesugi Zenshū gegen das *bakufu* und nimmt sich das Leben
1519	Takeda Nobutora gründet Burg Tsutsujigasaki (Kōfu)
1541	Takeda Harunobu (Shingen) vertreibt seinen Vater Nobutora
1547	Harunobu erläßt die »Gesetzessammlung für Kai« *(Kōshū hatto no shidai)*, sein Hausgesetz (1557 ergänzt)
1553	1. Schlacht zwischen Harunobu und Uesugi Terutora (Kenshin) aus Echigo bei Kawanakajima
1554	Dreiländerbund von Kai (Takeda), Suruga (Imagawa) und Sagami (Hōjō)
1558	Hauslehre *(kakun)* des Takeda Nobushige
1563	Landesaufnahme *(kenchi)* des Erinji-Tempels, Bezirk Yamanashi
1564	5. und letzte Schlacht bei Kawanakajima zwischen Takeda Harunobu und Uesugi Terutora
1567	Ende des Dreiländerbundes; Suruga verhängt Salzembargo gegen Kai
1572	Harunobu führt das Bündnis gegen Oda Nobunaga an, siegt bei Mikatagahara über Tokugawa Ieyasu und beginnt mit dem Zug auf Kyōto
1573	Tod Harunobus
1575	Oda Nobunaga und Tokugawa Ieyasu siegen über Takeda Katsuyori bei Nagashino
1582	Nobunaga und Ieyasu fallen in Kai ein. Untergang der Familie Takeda.

Einleitung

In dieser Untersuchung verbinden sich zwei fremde Welten. Ich werde darstellen, wie eine deutsche und eine japanische Herrscherfamilie im Mittelalter ihre Herrschaft entwickelten und organisierten. Dafür wähle ich einen systemtheoretischen Ansatz, um Handlungsweisen in diesen voneinander unabhängigen historischen Umwelten vergleichen zu können. Mit diesem Ansatz möchte ich zugleich eine neue Antwort auf die Frage versuchen: *Was ist Feudalismus?*

Dabei folge ich den systemtheoretischen Vorgaben Talcott Parsons' und Niklas Luhmanns. Der Begriff »System«[1] geht von einer Grundtatsache des menschlichen Lebens aus: »Der Vorgang der Menschwerdung findet in Wechselwirkung mit einer Umwelt statt.«[2] Identität und Handlungsfähigkeit entstehen erst, wenn zur Umwelt eine Grenze gezogen wird, anders gesagt: eine Differenz geschaffen wird.[3] Indem ausgewählt wird, welche Teile der Welt innerhalb dieser Grenze liegen sollen und welche nicht dazu gehören, werden System und Umwelt definiert. Das System gibt den für sich selbst beanspruchten Elementen eine eigene Ordnung und einen Zusammenhang. In einem System herrscht daher größere Ordnung als in seiner unmittelbaren Umwelt; gleichzeitig ist seine Binnenwelt einfacher.

Grundsätzlich besteht also die Aufgabe eines Systems darin, sich durch Auswahl und Bindung bestimmter Teile der Welt zu definieren und zu erhalten. Daher ist jede Persönlichkeit ein System, nämlich ein psychisches, denn sie definiert sich mit Hilfe ihres Bewußtseins. Eine Mehrzahl von Persönlichkeiten wiederum definiert sich mit Hilfe der Kommunikation als soziales System.[4] Ein soziales System ist ursprünglich ein Handlungssystem; es besteht aus den aufeinander bezogenen Handlungen seiner Mitglieder.[5] Diese Handlungen und Beziehungen gewinnen aber erst Sinn und funktionale Bedeutung für das soziale System, indem und wenn sie sich darüber verständigen; wie auch Handlungen und Umwelt des psychischen Systems erst dann Sinn ergeben, wenn sie ihm bewußt sind.[6] Ein solches System entwickelt sich (autopoietisch) fort, indem

---

[1] Gr. σύστημα < συν-ίστημι, 'zusammenstellen, in einen Bund bringen'. Der Begriff 'Struktur' kennt dagegen keine Umwelt oder Grenzen. Vgl. Niklas Luhmann: Soziale Systeme. 2. Aufl. Frankfurt a.M. 1987.52.

[2] Peter Berger / Thomas Luckmann: Die gesellschaftliche Konstruktion der Wirklichkeit. Ndr. Frankfurt a.M. 1987.51

[3] Luhmann 1987.35. Die folgenden Ausführungen zu selbstreferentiellen (psychischen und sozialen) Systemen folgen Luhmanns Darstellung.

[4] Luhmann 1987.92

[5] Talcott Parsons, Edward A. Shils (Hgg.): Toward a General Theory of Action, Kap. 4: The Social System. Cambridge 1959.190.

[6] Vgl. Weber 1980.1: »'Handeln' soll ... ein menschliches Verhalten ... heißen, wenn und insofern als der oder die Handelnden mit ihm einen subjektiven *Sinn* verbinden. 'Soziales' Handeln aber soll ein solches Handeln heißen, welches seinem von dem oder den Handelnden

es den in sich selbst und seiner Umwelt beobachteten Ereignissen Sinn zuschreibt und damit Wahlmöglichkeiten für anschließende Operationen schafft. Da die Möglichkeit zur Auswahl die Möglichkeit des Irrtums mit sich bringt, erfahren wahlfähige Systeme Kontingenz, d.h. die Wahrscheinlichkeit, eine (möglicherweise existenzbedrohende) falsche Wahl zu treffen. Systeme entwickeln daher Strategien zur Bewältigung dieser Kontingenz.

Menschliches Leben findet im Alltag demnach in sinngebenden psychischen und sozialen Systemen statt; beide Arten von Systemen sind wechselseitig aufeinander angewiesen.[1]

Talcott Parsons unterscheidet in sozialen Systemen (nur diese interessieren im Rahmen dieser Arbeit) vier essentielle »funktionale Imperative«: Anpassung an die System-umwelt und ihre Kontrolle (»Adaptation«), Erreichen selbstgewählter Ziele (»Goal attainment«), Integration der Systemteile (»Integration«) und Bewahrung der gemein-samen Wertstrukturen gegenüber äußeren und inneren Spannungen (»Latent pattern maintenance and tension management«). Parsons stellt fest: »Any system of action can be described and its processes analysed in terms of these four fundamental catego-ries.«[2] (Die Anfangsbuchstaben ihrer englischen Bezeichnungen ergeben »AGIL«, weshalb Parsons' Theorie kurz als »AGIL-Schema« bezeichnet wird.) Komplexe Hand-lungssysteme neigen dazu, diese Funktionen spezialisierten Subsystemen zuzuweisen. So verfolgt das jeweilige ökonomische Subsystem (»Wirtschaft«) die Aufgabe der An-passung und Kontrolle der Systemumwelt, das politische (»Politik«) die Aufgabe, die Systemziele zu erreichen, das gesellschaftliche Subsystem (»Gesellschaft«) die Aufgabe der Systemintegration und das kulturelle (»Kultur«) die Stabilisierung der Werte und Motive aller Teilnehmer.[3]

Auf dem Gebiet der Geistesgeschichte hat zuvor schon Bellah, in der modernen Wirt-schaftswissenschaft Schmiegelow vorgeführt, daß Parsons' Theorie mit Gewinn auf Japan angewandt werden kann.[4] In dieser Arbeit werde ich sie zur Untersuchung der mittelalterlichen Lebenswelt übernehmen. Allerdings beschränke ich mich dabei auf ein einzelnes Subsystem, nämlich das politische (»goal attainment«), in seiner für das Mittelalter typischen Form, der adligen Herrschaft. Mit Max Weber soll dabei Herr-schaft »die Chance heißen, für spezifische (oder: für alle) Befehle bei einer angebbaren Gruppe von Menschen Gehorsam zu finden.«[5] Anders gesagt, man muß seine erklärten Ziele im eigenen sozialen System durchsetzen können. Diese Beschränkung folgt

---

gemeinten Sinn nach auf das Verhalten *anderer* bezogen wird und daran in seinem Ablauf orientiert ist.«

[1] Luhmann 1987.92-95.

[2] Parsons/Smelser 1964.18

[3] Ebd. 47-50

[4] Robert N. Bellah: Tokugawa Religion. The values of pre-industrial Japan. Boston 1970 (zuerst 1957). Michèle Schmiegelow: Japans Antwort auf Krise und Wandel in der Weltwirtschaft. Hamburg usw. 1989. S. 323-419.

[5] Weber 1980.122

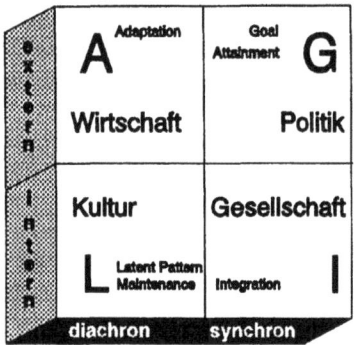

*Abb. 1: AGIL-Schema
nach Parsons/Smelser 1964.53*

arbeitsökonomischen Grün-
den, denn ich werde im
Sinne einer doppelten Be-
weisführung dasselbe Ver-
fahren an zwei voneinander
unabhängigen Gegenständen
erproben, nämlich einem
Fall aus dem mittelalterlichen Deutschland und einem
aus dem mittelalterlichen
Japan. Beide sollen dabei in
ihren funktionalen Subsystemen dargestellt werden. Ich
werde also untersuchen, wie
ihre Herrschaft jeweils wirtschaftlich, politisch, sozial
und kulturell funktionierte.
Über den Begriff des funktionalen Äquivalents wird
anschließend ein Vergleich

dieser beiden räumlich, zeitlich und kulturell voneinander unabhängigen Handlungs-
systeme möglich. Funktionalismus ist essentiell »eine vergleichende Methode« und dient
mit den Worten von Niklas Luhmann dazu, »das Vorhandene für den Seitenblick auf
andere Möglichkeiten zu öffnen.«[1] Gelingt es, Parsons' AGIL-Schema gleich zweimal
kontrolliert und aussagekräftig anzuwenden, halte ich mein erstes Ziel, einen Ausschnitt
der historischen Welt als Handlungssystem zu erklären, für erreicht. (Dasselbe Ziel
ließe sich auch erreichen, wenn man andere Systemfunktionen, z.B. die mittelalterliche
Wirtschaft, als Ausgangspunkt wählte.)
Die Konzentration auf die politische (herrschaftliche) Dimension ermöglicht auch, das
zweite Ziel dieser Untersuchung, die Weiterentwicklung des Feudalismus-Begriffs mit
den Mitteln der funktionalen Systemtheorie, anzugehen. Bereits Max Weber betrachtete
Feudalismus unter dem Aspekt des »Gemeinschaftshandelns«.[2] Kann man unter Anwendung des Parsonsschen Funktionalismus auch den Feudalismus als Handlungssystem
verstehen?
Diese Fragestellung bedarf der wissenschaftsgeschichtlichen Begründung. Feudalismus
ist, wie Elizabeth A.R. Brown festgestellt hat, ein theoretisches Konstrukt der Historiker.[3] Der Historiker konstruiert seine Wirklichkeit genauso wie jeder andere Wissen-

---

[1] Luhmann 1987.85
[2] 1980.636
[3] The Tyranny of a Construct: Feudalism and Historians of Medieval Europa. AMERICAN
HISTORICAL REVIEW 79:4 (1974), S. 1063-1088

schaftler auch,[1] nur daß sie in der Vergangenheit liegt. Ohne Konstrukte dieser Art, zu denen übrigens auch »Mittelalter«, »Herrschaft« und »Gesellschaft« gehören, gäbe es für uns keine sinnvolle Geschichte, sondern nur höchst gleichgültige Überreste, die wir registrieren und verwalten könnten, aber nicht verstehen. Durch die Verständigung über die Begrifflichkeiten konstruieren wir unser Verständnis der Geschichte. Feudalismus ist ein umstrittener Begriff, weil er bislang disparat diskutiert wurde, und nicht etwa, weil er ein theoretisches Konstrukt darstellt.

Es steht fest, daß die Wörter »feudal« und »Feudalismus« erst seit dem 18. Jahrhundert zur Bezeichnung einer bestimmten Gesellschaftsordnung benutzt wurden; die französische Nationalversammlung proklamierte am 11. August 1789 förmlich die Zerstörung des »régime féodal«, worunter sie bestimmte Arten von Rechten und Pflichten, insbesondere die Leibeigenschaft, verstand.[2] Die geschichtswissenschaftliche Diskussion des Feudalismus begann demgegenüber erst, als »Feudalismus« in das Vokabular des marxistischen Historischen Materialismus Eingang fand.

Karl Marx betrachtete den Feudalismus als eine naturgemäße Entwicklungsstufe in der Geschichte der Menschheit.[3] Als sein entscheidendes Element nahm er an, daß die Bauern ihre Produktionsmittel (Land und Geräte) zwar besaßen, aber persönlich abhängig waren von deren Eigentümern (den Grundherren), die sich das bäuerliche Mehrprodukt in Form der Grundrente aneigneten. Die politische und rechtliche Organisation folgte den wirtschaftlichen Vorgaben, baute also auf Privateigentum an Produktionsmitteln und persönlicher Abhängigkeit (Knechtschaft, Hörigkeit, Leibeigenschaft, Patrimonialgerichtsbarkeit) auf.[4] Marx nannte Japan in der Mitte des 19. Jahrhunderts wegen seiner »rein feudalen Organisation des Grundeigentums und seiner entwickelten Kleinbauernschaft« ein treues Bild des europäischen Mittelalters,[5] während er in Indien bestimmte Kennzeichen wie Leibeigenschaft, Vogtei, »Bodenpoesie« und Patrimonialgerichtsbarkeit vermißte.[6] Zentrales Thema marxistischer Feudalismus-Studien sind

---

[1] Vgl. Peter Berger / Thomas Luckmann: Die gesellschaftliche Konstruktion der Wirklichkeit. Frankfurt a.M. 1987 (Ndr.) und Thomas S. Kuhn: Die Struktur wissenschaftlicher Revolutionen. Frankfurt a.M. 1976 (2. Aufl.).

[2] Vgl. Denis A. Zakythinos: Féodalité. In: Beiträge zu einem Lexikon historischer Grundbegriffe = Internationales Jahrbuch für Geschichtsunterricht 1959/60.41-56 (hier S. 41); H. Wunder: Feudalismus. In: Lexikon des Mittelalters. 4. Bd. München und Zürich 1987.411-414; Bloch 1982.11-16.

[3] Karl Marx: Lohnarbeit und Kapital. In: Marx-Engels-Werke (MEW) Bd. 6. Berlin 1959.408 (zuerst 1849).

[4] Karl Marx: Das Kapital. Kritik der politischen Ökonomie. Bd. 3 = MEW Bd. 25. Berlin 1964.798 f (zuerst postum 1894).

[5] Karl Marx: Das Kapital. Bd. 1 = MEW 23. Berlin 1962.745 Anm. 192 (zuerst 1867).

[6] Vgl. die sog. Kovalevsky-Exzerpte von 1880-82, zit. in Erhard Lucas: Der späte Marx und die Ethnologie. Saeculum 26 (1975).388.

immer die »Aneignungsstrukturen des bäuerlichen Mehrprodukts«,[1] d.h. die Frage, wie die herrschende Klasse die Ausbeutung der Produzenten (einschließlich Handwerkern und Kaufleuten) organisierte. Feudale Herrschaft wird also vorrangig als eine bestimmte Form von Wirtschaftsordnung (»ökonom. Gesellschaftsformation«)[2] betrachtet. Von den japanischen Vertretern der marxistischen Geschichtsauffassung definiert beispielsweise auch Nagahara Keiji Feudalismus als »eine Gesellschaft, welche auf starren Beziehungen zwischen Grundherren und Bauern gründet«.[3]

Gegen diese materialistische Auffassung wandten sich zunächst die Vertreter rechtshistorischer Feudalismus-Theorien. Heinrich Mitteis sah Feudalismus und Lehensrecht als Werkzeuge politischer Herrschaft, die je nach den sozialen und politischen »Strukturverschiedenheiten in den führenden Schichten«[4] unterschiedliche Gestalt annehmen konnten. Deswegen erforschte er die »Grundlinien einer *vergleichenden* Verfassungsgeschichte«, wie der Untertitel seines 1940 erschienenen Werkes lautet, das gleichzeitig den Höhepunkt der rechtshistorischen Feudalismus-Diskussion darstellt. Seiner Auffassung nach entwickelte sich das europäische Lehenswesen als ein Sonderfall des Feudalismus aus zwei Elementen: Der persönlichen Unterwerfung unter einen Herrn (Vasallität) und der Vergabe von Herrschaftsrechten an die neuen Vasallen (Lehen).[5] Die mit Lehen ausgestatteten Vasallen wurden zur staatstragenden Schicht,[6] aus ihnen entstand nach dem 11. Jahrhundert der Ritterstand. Die Gesetze des Lehenswesens beherrschten die gesellschaftliche Ordnung. Ähnlich erkennt auch Walter Ullmann den wirksamsten Integrationsfaktor der mittelalterlichen Gesellschaft im Lehensrecht, weil die Vertragstreue Lehensherren und Lehensleute im beidseitigen Interesse fest zusammenhielt.[7] Die Rechtshistoriker, zu denen auch F.L. Ganshof zu zählen ist,[8] interessieren sich in erste Linie für die Fragen: Welches vertragliche Verhältnis bestand zwischen Herren und Vasallen? Welche Rechte und Pflichten (Dienste) verknüpften sich mit einem Lehen? Wie gestaltete das feudale Recht das Zusammenleben von Obrigkeit und Untertanen? Es geht ihnen also um die politische Ordnung des Mittelalters. Bündig definiert daher ein japanischer Anhänger dieser Richtung, Ishii Ryōsuke, Feudalismus als »a political system of a military nature. In substance, it is a relationship of a feudal lord and his vassals but the physical bond that binds them is land or the rights at-

---

[1] Eckhard Müller-Mertens: Zum Verhältnis von Struktur und Dynamik in der mittelalterlichen Feudalentwicklung. Jahrbuch für die Geschichte des Feudalismus 8 (1985).9-22, hier S. 11.

[2] »Feudalismus«. In: Kleine Enzyklopädie Weltgeschichte. Bd. 2. 2. Aufl. Leipzig 1979.494.

[3] Nagahara Keiji: Nihon ni okeru kodai kara chūsei e no ikō. In ders.: Nihon hōken-sei seiritsu katei no kenkyū. 4. Aufl. Tōkyō (Iwanami shoten) 1965.489-502, hier S. 489.

[4] Heinrich Mitteis: Der Staat des Hohen Mittelalters. Köln / Wien 1986.23 (11. Aufl.; zuerst 1940).

[5] Mitteis 1986.37

[6] Mitteis 1986.108

[7] Walter Ullmann: Die lehnsrechtliche Praxis. In ders.: Individuum und Gesellschaft im Mittelalter. Göttingen 1974.40-73 (zuerst 1966).

[8] François Louis Ganshof: Was ist das Lehenswesen? 6. Aufl. Darmstadt 1983 (zuerst 1944).

tributable to it.«[1]

Seit Beginn dieses Jahrhunderts benutzten Soziologen und in ihrem Gefolge Sozialhistoriker »Feudalismus« zur Bezeichnung einer Gesellschaftsform. Max Weber ordnete Feudalismus in seiner Soziologie der Herrschaft als Unterform der patrimonialen Form traditionaler Herrschaft an der Grenze zur charismatischen Herrschaft ein.[2] Für Weber stand die soziale Beziehung zwischen dem Lehensherrn und dem Lehensmann im Vordergrund, »unter deren Zusammenwirken ein Gemeinschaftshandeln entsteht.«[3] Die Idealtypen Webers sind zwar per definitionem »weltfremd«, weil sie nach den »generellen Regeln des Geschehens« konstruiert wurden.[4] Genau deshalb aber mußte Weber möglichst umfassend vergleichen, um typisieren zu können, weswegen er auch den japanischen Feudalismus ausgiebig untersuchte. Das Lehen war zwar auch nach Weber militärischen (also politischen) Ursprungs, diente aber zur Begründung einer »Herren-Existenz«:[5] Ein Lehensmann war zugleich Krieger, Diener und Herr. Die ihm unterstehende Grundherrschaft war ein wirtschaftlicher und sozialer Verband, der seine Selbständigkeit sichern sollte, aber wegen der fortgeschrittenen Dezentralisierung der öffentlichen Gewalt auch politische Hoheitsrechte beinhaltete.

Demgegenüber unterschied Otto Hintze drei Komponenten des Feudalismus: die militärische, die wirtschaftliche und die politische.[6] Vasallität und Lehen sollten die Krieger (Ritter) in einem Privatvertrag an ihre Herren binden. Gleichzeitig gewannen sie als Grundherren Gewalt über die nicht mehr waffenfähigen Bauern. Durch die Aneignung obrigkeitlicher Rechte in Gerichtsbezirken und Grafschaften vergrößerten die Ritter ihre Macht und Unabhängigkeit.[7]

Norbert Elias untersuchte Feudalismus als einen gesellschaftlichen Prozeß.[8] Ein rasches Wachstum der Bevölkerung führte seit dem frühen Mittelalter zu verfestigten Besitzverhältnissen und Bodenknappheit. Diejenigen Nachkommen der Adelsschicht, die zu überzähligen »Have-nots« wurden, mußten sich durch Dienst einen Lebensunterhalt zu verschaffen suchen. Sie sammelten sich an den neu entstandenen großritterlichen Feudalhöfen, die sowohl wirtschaftliche wie soziale Zentren der Herren waren. Im höfischen Konkurrenzkampf bildeten sich strikte Regeln und Umgangsformen aus, die als Grenze zwischen der höfischen Gesellschaft und ihrer Umwelt diente. Ein »Monopolmechanismus«, den Elias als »gesellschaftlichen Selektionsprozeß« bezeichnet,[9]

---

[1] Ishii Ryōsuke: Japanese Feudalism. Acta Asiatica 35 (1978).1-29, hier S. 1.

[2] 1980.625 ff

[3] Ebd. 636

[4] Ebd. 9 f

[5] Weber 1980.627

[6] Von der »ökonomischen, politischen und militärischen Funktion« u.a. »des Ritters und Vasallen« hatte schon Weber (1980.825) gesprochen.

[7] Otto Hintze: Wesen und Verbreitung des Feudalismus. In ders.: Feudalismus - Kapitalismus. Göttingen 1970.12-47 (zuerst 1929).

[8] Norbert Elias: Über den Prozeß der Zivilisation. 2 Bde. Frankfurt a.M. 1976 (zuerst 1936).

[9] Elias 1976.134

bewirkt, daß einzelne immer mehr Leute von sich abhängig macht, bis schließlich am Ende der Stärkste als Herrscher übrigbleibt.

Als Typus sozialer Organisation faßte auch Marc Bloch den Feudalismus auf.[1] Ihm kam es vor allem auf die Gestaltung der Beziehungen zwischen Herren und Abhängigen an. Man begab sich im frühen Mittelalter in den Schutz eines Stärkeren, um nach dem Zusammenbruch der alten Ordnung in Staat und Sippe Sicherheit zu finden. Herren suchten andererseits militärisches Personal und entgalten es mit Geschenken, der Aufnahme in den eigenen Haushalt oder der Überlassung von Land. Je größer die Zahl der abhängigen Krieger wurde, desto notwendiger wurde es, sie außer Haus - auf eigenem Lehens-Land - zu versorgen. Die Bauern, die dieses Land bestellten, wurden ihrem eigentlichen Herrn und der öffentlichen Gewalt dadurch entfremdet und mediatisiert. Für Bloch stand außer Frage, daß sowohl Europa als auch Japan das Stadium des Feudalismus durchlaufen hatten, wenn auch mit starken Abweichungen.[2]

Auch für den japanischen Historiker Asakawa Kan'ichi stand »the personal agreement in arms between the lord and his man«[3] im Mittelpunkt feudaler Beziehungen. Welthistorisch sah er im Feudalismus allerdings keinen idealen oder normalen Typus, sondern »a fortunate abnormality that has been the gift of a very few races.«[4] In Japan entstand Feudalismus nach Asakawas Ansicht aus dem »maladjustment between the Chinese regime, which was introduced in the seventh and early eight century, and the primitive social habits of the nation, which reacted upon the alien institutions.«[5]

Nach dem Zweiten Weltkrieg verwandten Historiker zunächst vor allem in Frankreich zunehmend psychologische, mentale oder kulturelle Erklärungsmuster. Sie griffen dabei auf Ansichten zurück, die bereits um die Wende zum 20. Jahrhundert als Minderheitenposition in der Geschichtswissenschaft zu beobachten waren. Karl Lamprecht hatte bereits 1912 die eigentlichen Antriebe der Entwicklung der Grundherrschaft »in der Bedürfnisempfindung und in dem Trieb oder Willen, das empfundene Bedürfnis zu befriedigen«, ausgemacht.[6] Zum Träger der öffentlichen Ordnung konnte die feudale Grundherrschaft werden, weil »ein psychologisches Motiv«, nämlich die in der Bindung von Lehensherrn und Lehensmann »als eigentlich charakteristisch« enthaltene Treue, durch »soziale Reflexbildung« zum allgemein wirksamen und integrierenden Prinzip werden konnte.[7] In dieselbe Richtung zielte wenig später Johan Huizinga, für den Feudalismus ein Gesellschaftsspiel war: »Das System des edlen Kampfes als Lebens-

---

[1] Marc Bloch: Die Feudalgesellschaft. Frankfurt a.M. usw. 1982 (zuerst 1939/40).

[2] Ebd. 531

[3] Asakawa Kan'ichi: The Origin of the Feudal Land Tenure in Japan. AMERICAN HISTORICAL REVIEW 20 (1914-1915).1-23, hier S. 78.

[4] Asakawa 1914-15.82

[5] Asakawa Kan'ichi: Feudalism, Japanese. In: Encyclopedia of the Social Sciences, s.v. »feudalism«. New York 1931.214-219, hier S. 214.

[6] Karl Lamprecht: Einführung in das historische Denken. Leipzig 1912.105.

[7] Karl Lamprecht: Der Lehensstaat des Mittelalters. In ders.: Ausgewählte Schriften. Aalen 1974.750-752, hier S. 751 (zuerst 1912).

ideal und als Lebensform im höchsten Sinne ist natürlicherweise besonders mit einer gesellschaftlichen Struktur verbunden, in der ein zahlreicher Kriegeradel mit mäßigem Besitz von einer fürstlichen Macht mit geweihtem Ansehen abhängig ist, mit der Treue gegenüber dem Herrn als zentralem Motiv des Daseins.«[1] Für Huizinga sind »das Gefühl, mehr als andere zu sein«[2] und »männlicher physischer Hochmut«[3] treibende Kräfte der Feudalisierung. Ähnlich erklärte Georges Duby 1958 Feudalismus als »disposition d'esprit« oder »attitude mentale«.[4] Später erläuterte er, daß Weltbilder (»Ideologien«) allgemein den Menschen dabei helfen, sich in ihrem Verhalten den materiellen Gegebenheiten anzupassen.[5] Die feudale Ideologie im besonderen habe der Ritterschaft dazu gedient, die übrige Bevölkerung zu unterwerfen.[6] Treue und bewußtgewordene Ungleichheit und Abhängigkeit erkannte Jacques Le Goff schließlich als Hintergrund des »système symbolique«, als welches er die »feudo-vasallitische« Ordnung bezeichnete.[7] Eingebettet in eine globale Symbolwelt, schaffen die symbolischen Handlungen von Mannschaft, Hulde und Investitur eine Hierarchie von Gleichen in einer exklusiv männlichen Gruppe der Gesellschaft. Auch Le Goff suchte den Vergleich mit anderen Ordnungen, z.B. der japanischen.[8]

Diese Beiträge der Historiker von Lamprecht bis Le Goff möchte ich als kulturanthropologische Richtung bezeichnen, weil es ihnen mit den Worten Eduard Meyers vor allem um die »geistigen Eigenschaften, materiellen Erwerbungen, Vorstellungen, Sitten und Ordnungen, die wir unter dem Namen Kultur zusammenfassen«,[9] geht. So lassen sich wissenschaftsgeschichtlich bisher vier Hauptströmungen der Feudalismusdiskussion erkennen:

1. Die materialistische Richtung beschäftigt sich hauptsächlich mit vier Komplexen: Privateigentum an Produktionsmitteln (Land und Leuten); Abhängigkeit der Produzenten von den Eigentümern der Produktionsmittel; Grundherrschaft als der Schnittstelle zwischen den Eigentümern der Produktionsmittel (Grundherren) und den Produzenten (Abhängigen); Wirtschaftsmentalität der Grundherren im Gegensatz zur Mentalität des

---

[1] Johan Huizinga: Homo ludens. Vom Ursprung der Kultur im Spiel. 110.-113. Tsd. Reinbek 1987.115 (zuerst 1930).

[2] Huizinga 1987.30

[3] Huizinga 1987.102

[4] La féodalité? Une mentalité médiévale (Zuerst 1958. Ndr. in: Ders. Hommes et Structures du Moyen Age. Paris 1973. Hier S. 110

[5] Sozialgeschichte und Gesellschaftsideologien (Zuerst 1974. Ndr. in Kerner, Max [Hg.]. Ideologie und Herrschaft im Mittelalter. Darmstadt 1982. S. 332-355. Hier S. 332 f)

[6] Die drei Ordnungen. Das Weltbild des Feudalismus. Frankfurt a.M. 1986 (zuerst 1978). S. 239; 441.

[7] Jacques Le Goff: Le Rituel symbolique de la vassalité. Simboli e simbologia nell'alto Medioevo = Settimane di studio del Centro Italiano di studi sull' alto Medioevo 23. Spoleto 1976. S. 679-788.

[8] Ebd. 401

[9] Eduard Meyer: Geschichte des Altertums. 1. Bd. 1. Hälfte. 2. Aufl. Stuttgart / Berlin 1907.79

Frühkapitalismus (Naturalwirtschaft versus Geldwirtschaft; Grundherren versus Kaufleute, Bürger).

2. Die politisch-rechtshistorische Richtung untersucht Vasallität und Lehen als Begründung einer politisch-militärischen Einheit; als Legitimation kriegerischer und ziviler (richterlicher, steuerlicher, allgemein: hoheitlicher) Gewalt.

3. Die soziologisch-sozialhistorische Richtung analysiert die Integration von Herren und Vasallen in eine soziale Einheit; Sozialisation und Gemeinschaftshandeln dieser Einheit; ihr Verhältnis zu den älteren Einheiten von Familie und Adel.

4. Die kulturanthropologische Richtung forscht nach: Bedürfnissen oder handlungsbestimmenden Motiven wie Streben nach Unabhängigkeit und Treue; Ideologien, Mentalitäten, Geisteshaltungen; symbolischer und ritueller Selbstdarstellung.

Nicht als absolute Chronologie, doch als Abfolge des hauptsächlichen wissenschaftlichen Diskurses verstanden, sind demnach Wirtschaft, Politik, Gesellschaft und Kultur nacheinander zu den vier Hauptfeldern der Beschäftigung mit dem historischen Konstrukt »Feudalismus« geworden. Trotz gewisser Überschneidungen und notwendiger Berührungen behandelt jede Richtung eindeutig unterscheidbare Fragen und führt zu je eigenen Ergebnissen. Ihre Ergebnisse können daher die Ergebnisse der anderen Richtungen keinesfalls direkt widerlegen oder bestätigen. Sie werden für sich stehen, bis es gelingen wird, sie in einer integrierenden Ebene zusammenzuführen. Eine solche Zusammenführung wird möglich, wenn man jeder Richtung den Gegenstand einer Funktion im Rahmen eines sozialen Systems zuweist.

Mit Wirtschaft, Politik, Gesellschaft und Kultur sind tatsächlich alle von Parsons postulierten Funktionen eines sozialen Systems einzeln untersucht worden. Durch die funktionalistische Betrachtung gewinnen isolierte wirtschaftliche, politische, soziale und kulturelle Erkenntnisse einen neuen Sinn; die Fragestellung lautet nun, wie sie zum Aufbau und Erhalt des Gesamtsystems Feudalismus beitrugen und zusammenspielten. Von einem Primat der einen oder anderen Funktion, etwa des Überbaus über die Basis oder der rechtlichen Strukturen über die sozialen, darf dabei nicht die Rede sein; wie jedes andere Handlungssystem auch ist das feudale auf ein funktionales Gleichgewicht angewiesen.[1] Monokausale Erklärungsversuche vertragen sich nicht mit der Komplexität eines sozialen Systems. Auch dies möchte ich in meiner Doppelstudie aufzeigen.

Erste Fallstudie: Die Ludowinger und Thüringen

Zu den Trägern autorisierter Herrschaft im europäischen Mittelalter gehörten (neben geistlichen Instituten wie Klöstern und Kirchen) adlige Familien, die zugleich auch Grund- und Lehensherren waren.[2] Diese vierfache Qualifikation (wirtschaftlich: Grund- und Lehenseigner; politisch: Mächtige; sozial: adlige Herren; kulturell: genealogische

---

[1] Parsons/Smelser 1964.16

[2] Luhmann nennt die Hausherrschaft »das Modell aller Herrschaften« (1987.542).

Traditionsverbände) sowie ihr unübersehbar häufiges Vorkommen rechtfertigt, »die Herrengewalt des Adels über Land und Leute«[1] anhand einer dieser Familien zu betrachten, nämlich der Familie der von der Wissenschaft so genannten Ludowinger aus Thüringen.

Thüringen besitzt im deutschen Kulturraum »die Stellung eines Landes der Mitte«;[2] wegen seiner landschaftlichen Beschaffenheit nennt es sich heute gern »das grüne Herz Deutschlands«. Im Norden durch den Harz, im Westen und Süden durch den Thüringer Wald und den Frankenwald, im Osten durch die Ausläufer des Erzgebirges mit natürlichen Grenzen versehen, liegt das thüringische Becken nur nach Nordwesten und Nordosten hin ungeschützt. Unter den Franken, die das einheimische Kleinkönigtum der Thüringer im 6. Jahrhundert beseitigten, wurde Thüringen Grenzland zum slawischen Osten jenseits der Saale, bis sich die Ostgrenze des deutschen Reiches im 10. Jahrhundert an die Elbe vorschob. Seit dieser Zeit war es Brücke zwischen dem sächsischen Norden und dem fränkisch-bayerischen Süden, wiederholt aber auch Aufmarschgebiet in deren Auseinandersetzungen. Trotz seiner geographischen Geschlossenheit fand das mittelalterliche Thüringen niemals vollständig auch zu politischer Einheit; kirchliche und weltliche Herrschaften aus Sachsen, Franken und Thüringen sowie Königsgut verteilten sich im Land. Durch Teilungen der herrschenden Adelshäuser verstärkte sich die politische Zersplitterung in der frühen Neuzeit noch. Erst 1918 wurde das »Land Thüringen« als Nachfolger von nicht weniger als sieben Bundesstaaten gegründet, 1952 freilich wie alle Länder auf dem Gebiet der damaligen DDR suspendiert. Mit der Einrichtung des Bundeslandes Thüringen wurde 1990 an die Tradition der Weimarer Republik angeknüpft. Dasjenige westdeutsche Bundesland, welches beim Wiederaufbau Thüringens als Partner helfen soll, ist Hessen - nicht nur geographisch Nachbar im Südwesten, sondern durch die Geschichte Thüringen besonders verbunden. Dies geht auf die Zeit zurück, als die Ludowinger zwischen 1131 und 1247 als Landgrafen von Thüringen, Grafen von Hessen und seit 1180 auch Pfalzgrafen von Sachsen zu einer der mächtigsten deutschen Fürstenfamilien wurden und eine Vormachtstellung in Thüringen und Hessen innehatten.

Der Aufstieg der Ludowinger begann, als Graf Ludwig der Springer (selbst erst in der zweiten Generation in Thüringen ansässig) seit den 1080er Jahren gemeinsam mit vielen anderen thüringischen und sächsischen Adligen hartnäckig und letztlich erfolgreich Widerstand gegen die Versuche der Kaiser Heinrich IV. und Heinrich V. leistete, die königliche Machtstellung in Nord- und Mitteldeutschland auszubauen. Der 1125 gewählter Nachfolger Heinrichs V., Lothar von Supplingenburg, schuf 1131 für Ludwig I., den Sohn Ludwigs des Springers, das Amt des Landgrafen in Thüringen: eine Neuschöpfung, die sowohl gegenüber dem König als auch gegenüber dem einheimischen Adel weniger Machtfülle und Selbständigkeit als das Amt eines Herzogs gewähren sollte, immerhin aber Gerichtsherrschaft über ganz Thüringen und die Auf-

---

[1] Schlesinger 1963.48
[2] Kötzschke 1930.1

nahme in den sich eben erst bildenden Reichsfürstenstand einschloß. Sowohl reichs- wie auch territorialpolitisch nutzten die Ludowinger ihre Stellung nach Kräften zum Aufbau einer weite Teile Thüringens, nach einer Erbschaft 1122 auch Hessens umfassenden Herrschaft. Damals waren die Regionen im Westen und Nordwesten Thüringens das Hauptziel der ludowingischen Ausdehnungsbestrebungen. Landgraf Ludwig II., ein Schwager des seit 1152 regierenden Kaisers Friedrich I. Barbarossa, erwies sich dabei als ein rücksichtsloser, aber ehrgeiziger und erfolgreicher Politiker, wie sein Beiname »der Eiserne« bezeugt. Das gute Einvernehmen mit dem Kaiser führte sein Sohn Ludwig III. fort, der sich am Kampf Barbarossas gegen den Herzog von Sachsen, Heinrich den Löwen aus dem Hause der Welfen, beteiligte. Sein Lohn bestand in der Belehnung mit der Pfalzgrafschaft Sachsen und in einem weiteren Ausbau der ludowingischen Herrschaft in ehemals welfischen Besitzungen. Zu seiner Zeit empfing der ludowingische Hof seine Form nach dem Vorbild der ritterlich-höfischen Kultur des Kaiserhofes und Frankreichs. 1191 starb Ludwig III. während eines Kreuzzuges; er erhielt daher den Beinamen »der Fromme«. Sein Bruder Hermann I. konnte sich mit viel taktischer Finesse, die ihm den Ruf eines chronischen Opportunisten eintrugen, gegen König Heinrich VI. und die um dessen Nachfolge streitenden Philipp von Schwaben und Otto IV. behaupten, während sein Land von allen Seiten mit Krieg überzogen wurde. Zugleich aber gilt die Zeit Hermanns als kulturelle Blüte der Ludowinger-Herrschaft; Hermann, 1198 an der Gründung des Deutschen Ordens beteiligt, verschaffte sich bleibenden Ruhm als »milder Landgraf«, als freigebiger Mäzen ritterlich-höfischer Kunst, als der er in der Sage vom Sängerkrieg auf der Wartburg fortlebt. Immerhin hielten sich auch Walther von der Vogelweide und Wolfram von Eschenbach an seinem Hof auf. Seinem Sohn Ludwig IV. konnte Hermann I. die Hand der ungarischen Königstochter Elisabeth verschaffen. Landgraf Ludwig IV. verstand sich ebenfalls auf Machtpolitik; er sicherte sich und seinem Sohn von Kaiser Friedrich II. die Eventualbelehnung mit der Mark Meißen für den Fall, daß sein Mündel und Neffe, der junge Heinrich von Meißen, erbenlos sterben sollte. Auch scheint er geplant zu haben, mit Hilfe des Deutschen Ordens (an dessen Spitze seit 1209 mit Hermann von Salza ein Thüringer stand) das nichtdeutsche Land östlich Thüringens, einschließlich des heidnischen Preußen, zu erobern. Sein Blick war demnach konsequent auf eine Expansion in Thüringens Osten gerichtet. Bereits zu dieser Zeit sorgte seine Frau Elisabeth auf der Wartburg in Eisenach, dem gerade erst überaus prunkvoll hergerichteten Hauptsitz der Ludowinger, für Unruhe, indem sie sich zu einem Leben in der Nachfolge Christi bekannte. Durch strenge Speisegebote und demonstrative Mildtätigkeit erregte sie in der höfischen Gesellschaft Anstoß. Als Ludwig IV. 1227 kurz vor dem Aufbruch als Kreuzfahrer ins Heilige Land starb (er erhielt daher den Beinamen »der Heilige«), mußte Elisabeth die Wartburg verlassen. Sie gründete in Marburg ein Spital und führte ein Leben in freiwilliger Armut im Dienst an Armen und Kranken, ehe sie 1231 starb. Ihre Schwäger Heinrich Raspe und Konrad, die gemeinsam als Landgrafen amtierten, erreichten zusammen mit Elisabeths Beichtvater, dem Prediger Konrad von Marburg, sowie im Zusammenspiel mit dem Deutschen Orden bereits vier Jahre später die Heiligsprechung Elisabeths. Kaiser Friedrich II. selbst krönte den Leichnam der

Heiligen 1236 symbolisch in der Elisabethkirche in Marburg, der größten Kirche des Deutschen Ordens im Reich. In der Folge trat Landgraf Konrad in den Deutschen Orden ein und entsagte der weltlichen Herrschaft; statt seiner wurde der einzige Sohn Ludwigs IV., Hermann II., Landgraf neben Heinrich Raspe. 1238 wurde Hermann II. mit einer Tochter des Kaisers verlobt. 1239 wurde sein Onkel Konrad zum neuen Hochmeister des Deutschen Ordens gewählt; doch bereits 1240 starb Konrad, bald darauf Hermann II.; als letzter männlicher Ludowinger blieb Heinrich Raspe zurück, der sich 1243 auf die Seite des neuen römischen Papstes Innozenz IV. und gegen Kaiser Friedrich II. stellte. 1246 wurde Heinrich Raspe von den geistlichen Fürsten Deutschlands zum Gegenkönig gewählt; nach militärischen Anfangserfolgen starb er, der Letzte der Ludowinger, zu Beginn des Jahres 1247. Das ludowingische Erbe wurde 1264 nach heftigem Streit zwischen seinem Neffen Heinrich von Meißen, der Thüringen erhielt, und seiner Nichte Sophie von Brabant, deren Sohn Hessen bekam, geteilt.

Zweite Fallstudie: Die Takeda in Kai

In der Mitte der japanischen Hauptinsel Honshū, aber genau wie Thüringen am östlichen Rand des Zentrums, liegt Kai. Anders als Thüringen bezeichnet der Name Kai nicht das Siedlungsgebiet eines japanischen Stammes, sondern ist die Bezeichnung einer Landschaft: eines von hohen Bergen vollständig umringten Talkessels, der sich selbst mit dem Kameraauge eines Satelliten noch eindeutig in seiner Geschlossenheit erkennen läßt. Daher haben sich die Grenzen der im 7. Jahrhundert eingerichteten Verwaltungseinheit - Provinz *(kuni)* - Kai an diesen natürlichen Grenzen ausgerichtet. Als Provinz ist Kai auch nie aufgelöst worden; die Ende des 19. Jahrhunderts eingerichtete und nach einer Region Kais benannte Präfektur Yamanashi ist räumlich deckungsgleich mit dem Gebiet der Provinz. Im japanischen Staat des Altertums (7.-12. Jh.) wurden die 66 Provinzen von durch die kaiserliche Verwaltung bestellten Gouverneuren und deren Provinzregierungen verwaltet. Jede Provinz war in Bezirke unterteilt, die Bezirke wiederum in kleinere Untereinheiten wie Kreise und Gemeinden. Vor allem in den von der Kaiserstadt Heian (Kyōto) entfernteren Provinzen blieb die straff zentralisierte Landesverwaltung jedoch graue Theorie. In Wirklichkeit teilten sich hier lokale Große, ehemals mit der kaiserlichen Familie verbündete Einheimische, deren bodenständiger Ursprung mit Hofämtern und Hoftiteln lediglich verkleidet wurde, die Herrschaft mit den schnell wechselnden Abgesandten des Kaisers. Die Gouverneure und ihr Anhang knüpften Bande mit den einheimischen Herren, so daß die großen Sippen des Adels am Kaiserhof - die Fujiwara, später auch die Minamoto und Taira - zahlreiche Provinzialen zu ihrer Sippschaft zählten. Bestanden auf Grund der politischen Entwicklung die Notwendigkeit oder das Bedürfnis, sich aus der Hauptstadt zu entfernen, konnten sich Hofadlige, auf die ländliche Verwandtschaft gestützt, eine neue Herrenexistenz in der Peripherie schaffen. So erging es im 12. Jahrhundert zahlreichen Mitgliedern der Minamoto-Sippe, unter anderen auch Minamoto Yoshimitsu (genannt Shinra Saburō), der sich mit seinen Söhnen in der östlich gelegenen Provinz Hitachi niederließ. Einer dieser Söhne, Yoshikiyo, siedelte offenbar in der Gemeinde Takeda in Hitachi und wurde 1130 mit seinem eigenen Sohn Kiyomitsu in die Provinz Kai verbannt. Die zahlreiche Nachkommenschaft Yoshikiyos und Kiyomitsus verteilte sich binnen zwei Generationen über die gesamte Provinz Kai. Als Minamoto Yoritomo, eines Ururenkels des Yoshiie (Hachiman Tarō), des älteren Bruders von Yoshimitsu - ein entfernter Verwandter also - 1180 von seinem eigenen Refugium in der Provinz Izu aus die Minamoto-Sippe zu den Waffen rief, um gegen die Kyōto beherrschende Taira-Sippe zu Felde zu ziehen, schlossen sich ihm nach kurzem Zögern auch die Minamoto in Kai an, angeführt von den Söhnen Kiyomitsus. Einer von ihnen, Takeda Nobuyoshi, soll zum Dank dafür zum Militärgouverneur *(shugo)* der südlichen Nachbarprovinz Suruga ernannt worden sein. Dieses Amt war eine Neuschöpfung; anders als der zivile Gouverneur wurde er als Vasall der politischen Zentrale der Minamoto, des *bakufu* in Kamakura, eingesetzt. Das Verhältnis der Takeda zum Minamoto-Haupthaus unter dem ersten *shōgun* Yoritomo und seinem *bakufu* war nicht frei von Spannungen und Verrat auf beiden Seiten, die in der Hinmetzelung einiger mit den Takeda verwandter Familien einerseits und der von den Takeda zumindest geduldeten Ermordung der beiden Söhnen und Erben Yoritomos andererseits gipfelte. Mit den »Nachlaßverwaltern« der Minamoto, den Hōjō, sowie deren Bezwingern, der neuen *shōgun*-Familie Ashikaga, die ihr *bakufu* 1336 in Kyōto im Stadtteil Muromachi errichtete, kamen die Takeda besser zurecht. Ein Teil der Familie ging als Militärgouverneure in die Provinz Aki (heute Hiroshima-Präfektur) in Westjapan, ein weiterer Teil später von dort später nach Wakasa nördlich von Kyōto. So gab es im späten Mittelalter drei verschiedene Zweige der Takeda. Obwohl es scheint, daß die Takeda das Amt des Militärgouverneurs von Kai zu dieser Zeit ständig innehatten, machten ihnen einheimische Familien und die Herren benachbarter Provinzen die Macht streitig. Takeda Nobumitsu versuchte vergeblich 1416 an der Seite von Uesugi Zenshū einen Aufstand gegen die Regionalverwaltung des *bakufu* für Ostjapan in Kamakura und büßte dabei sein Leben ein. Seine Söhne stritten gegeneinander und mit einheimischen Familien um die Nachfolge. Der schwindende Einfluß und die innere Zerstrittenheit des *bakufu* begünstigten seit dem letzten Drittel des 15. Jahrhunderts zahlreiche, auch die Provinzgrenzen überschreitenden Kleinkriege zwischen aufstrebenden lokalen Herren. Immer wieder fielen aus den Nachbarprovinzen feindliche Kräfte nach Kai ein. 1482 kam es zu einem Bauernaufstand in der ganzen Provinz. Hungersnot herrschte. Die zahlreichen Zweigfamilien der Takeda waren untereinander uneins. Diese Zeit der Wirren in ganz Japan von ca. 1467 bis 1582 wird in Anlehnung an eine Periode der chinesischen Geschichte[1] die *Sengoku-*

---

[1] *Zhànguó*, 480-220 v. Chr. Nach Einschätzung von Wolfgang Eberhard unter allen Perioden der chinesischen Geschichte »the fullest, or one of the fullest, of strife ... The various feudal states had lost all sense of allegiance to the ruler, and acted in entire independence. It is a pure fiction to speak of a Chinese state in this period; the emperor had no more power than the ruler of the Holy Roman Empire in the late medieval period of Europe« (A History of China. Berkeley 1977 [4. Aufl.] S. 47).

Zeit, das »Zeitalter der kämpfenden Provinzen«, genannt. In ihrem Verlauf richteten sich überall in Japan mächtige Herren als Herrscher über große Territorien ein; sie werden *daimyō* genannt. Zum größten Teil entstammten sie den Reihen der Provinzialen *(kokujin)*, waren also Gebietsherren gewesen, die ihre Herrschaft durch strategisches und organisatorisches Vermögen zielstrebig und im Kampf aller gegen alle vergrößerten. Dabei setzten sie sich oftmals über die alten Herrschaftsstrukturen und Provinzgrenzen hinweg. Ein kleiner Teil der alten Militärgouverneure konnte allerdings die kleinen Herren in ihren Provinzen in ihre Herrschaft integrieren und selbst zu *daimyō* oder Landesherren werden. Zu ihnen gehörten die Takeda in Kai. Takeda Nobutora gelang es bis 1520, sich die meisten der Provinzialen in Kai zu unterwerfen. Auch den Kampf gegen die benachbarten *daimyō* - die Uesugi und Hōjō im Osten, die Imagawa im Süden - sowie die Provinzialen der nördlichen Nachbarprovinz Shinano bestand er. Freilich vertrieb ihn 1541 sein eigener Sohn Harunobu (der sich später Shingen nannte)[1] aus Kai. Harunobu eroberte in der Folge weite Teile Shinanos, schließlich auch das südliche Nachbarland Suruga und einzelne Gebiete der im Norden, Nordosten und Westen angrenzenden Provinzen. Den inneren Ausbau der Takeda-Herrschaft zu einer wohlorganisierten Landesherrschaft, der schon unter Nobutora begonnen hatte, setzte er mit Mitteln fort, die ihm Respekt und Nachruhm in ganz Japan verschafften. Auf der Höhe seines Erfolges starb Harunobu 1573, als er soeben im Begriffe war, ein großangelegtes Bündnis gegen den Herrn in Zentraljapan, Oda Nobunaga, ins Feld zu führen. Harunobus Sohn Katsuyori gelang es anschließend nicht, sich der vereinten Kräfte Nobunagas und dessen Verbündeten Tokugawa Ieyasu zu erwehren. Seine Niederlage in der Schlacht von Nagashino raubte ihm 1575 die Kraft zu mehr als hinhaltendem Widerstand. Das Ende der Takeda-Herrschaft in Kai zog sich noch bis 1582 hin; dann drangen die Truppen Nobunagas und Ieyasus in Kai ein. Von den meisten Verbündeten und Vasallen im Stich gelassen, kamen Katsuyori und seine Familie ums Leben. Tokugawa Ieyasu wurde Herr über die Provinz Kai, und die meisten der ehemaligen Takeda-Vasallen schlossen sich ihm an. Wenige Monate später wurde Oda Nobunaga selbst von einem Vasallen ermordet. Sein Feldherr Toyotomi Hideyoshi setzte sich im Kampf um die Nachfolge durch; 1590 war die Einheit Japans unter seiner Führung hergestellt. Im selben Jahr ließ Hideyoshi seinen größten Vasal-

---

[1] Der Mönchsname 'Shingen' ist für Harunobu erstmals 1559 belegt. Um den deutschen Leser nicht zu verwirren, habe ich den weltlichen Personennamen 'Harunobu' fortlaufend verwendet. Japanern ist Harunobu allerdings als 'Shingen' wesentlich geläufiger. Gleiches gilt für Harunobus Erzfeind Uesugi Terutora, der eigentlich Nagao Kagetora hieß und sich später zeitweilig Masatora, als Mönch aber 'Kenshin' nannte. Allgemein führte jedes japanische Kind einen Kindernamen, sozusagen einen »Milchnamen«, den es bei seiner Volljährigkeit gegen einen Erwachsenennamen tauschte. Dieser Erwachsenenname konnte später beliebig geändert werden. Der Wechsel des *Familien*namens kam zwar auch im hochmittelalterlichen Europa noch vor, wenn z.B. die Stammburg gewechselt wurde. Da der Rufname aber als *Tauf*name geheiligt war, konnte er grundsätzlich nicht abgelegt werden; es sei denn bei Annahme eines geistlichen Ordensnamens.

len, Tokugawa Ieyasu, mit all seinen Vasallen (darunter auch über 1.000 Familien aus Kai) nach Ostjapan umziehen. Acht Jahre später starb Hideyoshi, und 1600 setzte sich Tokugawa Ieyasu als neuer Herrscher und (seit 1603) *shōgun* durch. In seiner Verwaltung und Armee machten zahlreiche ehemalige Vasallen der Takeda Karriere. Nur während eines kurzen Zwischenspiels - 1704 bis 1724 - fand Kai danach unter den Yanagisawa, Nachfahren ehemaliger Takeda-Vasallen, noch einmal zu relativer Eigenständigkeit als Fürstentum *(han)*; vorher und nachher befand sich der größte Teil der Provinz in den Händen der Tokugawa. Doch blieb die Erinnerung an die Zeit der Takeda - worunter gemeinhin die drei Generationen Nobutoras, Harunobus und Katsuyoris verstanden werden - ungebrochen. Dies gilt auch für die Zeit nach 1868, als Verwaltungspräfekturen an die Stelle der alten regionalen Einheiten rückten.

Zu Forschungsstand und Quellenlage

Die bisherige Forschung hat sich sowohl mit den Ludowingern als auch mit den Takeda bislang unter national- und regionalhistorischen Gesichtspunkten auseinandergesetzt. Hans Patzes Bibliographie zur thüringischen Geschichte (1966) dient als Fundort der älteren darstellenden Literatur; einen Überblick über die landesgeschichtliche Forschung in Thüringen hat er 1968 geboten. Am ausführlichsten sind hinsichtlich der Ludowinger rechtshistorische Fragen behandelt worden. Häufig diskutiert wurden unter Verweis auf die Ludowinger die Entstehung der Landgrafschaft als reichsrechtlicher Institution (Dobenecker 1891, Th. Mayer 1938, Schlesinger 1941) sowie des Reichsfürstenstandes (Ficker 1932, Stengel 1948, K. Heinemeyer 1986). Unverzichtbares Hauptwerk für die Ludowinger ist aber wegen ihrer Materialfülle und Tiefenschärfe die Darstellung von Hans Patze zur Entstehung der Landesherrschaft in Thüringen (1962); die Anfänge der Ludowinger erhellte mit wichtigen genealogischen Erkenntnissen auch Cramer (1957). Auf die Bedeutung der Rodungsherrschaft für die Ludowinger verwiesen schon Kötzschke (1943) und Kroeschell (1954), das Gewicht der Gerichtsherrschaft betonte Eberhardt (1958). Die Städtegründungen der Ludowinger wurden sowohl als rechts- (K. Heinemeyer 1973) wie auch als kunsthistorisches Phänomen (Heß 1964) erörtert, ihre Münzen archäologisch (Hävernick 1955) und rechts- und kunstgeschichtlich (Suhle 1938, Heß 1958). Biographisch orientierte Untersuchungen liegen zu den späteren Landgrafen vor (Ludwig III.: Frommann 1908, Cartellieri 1940; Ludwig IV.: Wagner 1909; Hermann I.: Kirmse 1909-1911; Heinrich Raspe IV.: Caemmerer 1952, Hägermann 1980; Konrad: Caemmerer 1909-1911), aber das Hauptinteresse galt hier der Gestalt der heiligen Elisabeth von Thüringen (Hoppe 1981, Oexle 1981, W. Heinemeyer 1983, Ohler 1984; zu Konrad von Marburg: Patschovsky 1981, Werner 1981; zur Erbrechtsfrage: Heymann 1909; Ausstellungskataloge mit zahlreichen Materialien zur ludowingischen Geschichte: Sankt Elisabeth [1981], Die heilige Elisabeth in Hessen [1983]), die zugleich kultische Zentralfigur nicht nur der Marburger Umgebung (Ohler 1985), sondern auch des frühen Deutschen Ordens wurde (Beumann 1981). An dessen Gründung, Organisation und Personal hatten die Ludowinger und ihre Vasallen und Ministerialen bedeutenden Anteil (Maschke 1970, Militzer, Arnold 1980, Boockmann

1981; speziell zum ersten Hochmeister, Hermann von Salza: Koch 1885, Kluger, Maschke 1970). Prosopographisch und sozialgeschichtlich wichtig ist die Studie von Wojtecki (1971) mit Angaben über das Personal des Deutschen Ordens in Thüringen; zum thüringischen Adel gab auch His (1903 = 1965) wertvolle Hinweise, Belege für die Reichsministerialität in Thüringen enthält Bosls Arbeit (1950-51). Im strengen Sinne sozialhistorische Darstellungen fehlen allerdings. Die Darstellung des ludowingischen Hofes und seiner Kultur lag bislang nahezu ausschließlich in den Händen der Germanisten: Im Mittelpunkt standen dabei die Bildung und das Mäzenatentum Hermanns I., des »milden Landgrafen«, sowie seine Beziehungen zu den führenden deutschen Schriftstellern und Minnesängern der Zeit (Sage vom Sängerkrieg auf der Wartburg) (Lintzel 1933 = 1982, Brandt 1971, Wolf 1973, Bumke 1979, Peters 1981, Bumke 1986 mit vereinzelten Hinweisen). Ein knappes Gesamtbild des ludowingischen Hofes zur Zeit Elisabeths hat Schwind (1981) entworfen, Rösener (1989) hat auf die Bedeutung der 1178 erstmals belegten Hofämter hingewiesen. Eine umfassende Zusammenschau der Komplexe der wirtschaftlichen und politischen Herrschaft, des Rittertums (einschließlich einer angemessenen Berücksichtigung der Kreuzzüge) sowie der höfischen Kultur der Ludowinger (insbesondere eine Untersuchung ihrer Verbindungen nach Frankreich) steht aber weiterhin aus. Dabei sind wesentlich neue Quellen nicht mehr zu erwarten; bereits Patze stützte sich in erster Linie auf das vorbildliche Regestenwerk Otto Dobeneckers (1896-1939), das die urkundlichen Quellen nicht nur zusammenfaßt, sondern auch kritisch untersucht. Oswald Holder-Egger hat die erzählenden Quellen Thüringens geprüft (1895-1896). Die Überlieferungen aus dem Hauskloster Reinhardsbrunn, Hauptquellen für die ludowingische Geschichte, sind ausgiebig quellenkritisch betrachtet worden. Die Reinhardsbrunner Chronik (Holder-Egger 1895-1896, Patze 1964) enthält Einträge für die Jahre zwischen 800 und 1338; ihre Überlieferung ist durch Einschübe und Bearbeitungen problematisch, die in ihr enthaltenen »Reinhardsbrunner Urkundenfälschungen« sind Gegenstand eigener Quellenkritik geworden (abschließend hierzu W. Heinemeyer 1967). Die Reinhardsbrunner Briefsammlung aus dem 12. Jahrhundert, die 102 Briefe verschiedener Aussteller (darunter die Landgrafen Ludwig I. und Ludwig II.) mit Bezug auf das Kloster oder Thüringen enthält, wird unverändert kontrovers als Sammlung bloßer Stilübungen (Krabbo 1907) oder aber zumindest teilweise echter Briefkopien gewertet (Einzelstücke werden u.a. von Cramer 1957 und Patze 1962 als Belege herangezogen). Wertvolle Ergänzungen und Korrekturen zur Reinhardsbrunner Chronik bieten Erfurter Quellen, zumal Erfurt unter mainzischer Herrschaft stand und wiederholt mit den Landgrafen in Fehde lag und seine Chronisten daher einen anderen Parteienstandpunkt vertreten als die Reinhardsbrunner. Von 1078 bis 1182 erstrecken sich die Aufzeichnungen der Annalen des Petersklosters in Erfurt, die »Moderne Chronik« desselben Kloster beginnt ihre selbständigen Einträge 1210 und endet 1353. Die Erfurter Annalen berichten über die Jahre 1220 bis 1254. In der Erfurter Überlieferung klafft also eine Lücke von rund 30 Jahren in der Zeit Ludwigs III. und Hermanns I.

Den ludowingischen Anteil an der Gesamtgeschichte Thüringens behandeln einige Beiträge der von Patze und Schlesinger herausgegebenen sechsbändigen Geschichte

Thüringens (1967-1982). Hans Patze stellte an das Ende dieses monumentalen Sammelwerkes den Zweifel, »ob es nach unserer 'Geschichte Thüringens' wieder eine Darstellung der Geschichte dieses Landes geben wird.«[1] Wer hätte damals wohl zu hoffen gewagt, daß Thüringen als Bundesland wiedererstünde, wie es ein knappes Jahrzehnt später geschehen ist.

Man sollte sich daher hüten, eine derartige Aussicht für die alte Provinz Kai, die heutige Präfektur Yamanashi, auszuschließen. Pläne für eine stärkere Regionalisierung der japanischen Politik und Verwaltung gibt es, und manche Zeichen sprechen dafür, daß der Wille zum Föderalismus auch in Japan wächst. Wie das deutsche Bundesland Hessen das Wappen der Ludowinger, den rot-weiß gestreiften Löwen auf blauem Grund, übernommen hat, dient die vierfache Raute der Takeda seit einiger Zeit wieder als Abzeichen der Präfekturpolizei - und nicht etwa das offizielle (aber weithin unbekannte) Wappen Yamanashis. Ein starkes regionales Selbstbewußtsein spricht auch aus der umfangreichen landesgeschichtlichen Literatur, deren großen Schwerpunkt die Zeit der Takeda - oft verkürzt auf Takeda Harunobu (Shingen) - darstellt. Allein die monographischen Darstellungen aus diesem Bereich sind kaum noch zu übersehen, zumal es an einer gültigen Bibliographie fehlt; bibliographische Zusammenstellungen müssen an ihre Stelle treten (Shibatsuji [Hg.] 1984.505-518, Kobayashi in Isogai [Hg.] 1987.293-302, Shibatsuji 1988). Eine Diskussion des Forschungsstandes enthält die Zeitschrift der überaus rührigen Takeda-Arbeitsgemeinschaft (TAKEDA-SHI KENKYŪ 4 (1989) S. 35-66). Zwei handbuchähnliche Aufsatzsammlungen (Isogai [Hg.] 1987, Shibatsuji [Hg.] 1984) enthalten Grundsätzliches zu allen Bereichen. Die Herrschaft der Takeda wurde wiederholt unter dem Aspekt der politischen und Wirtschaftsgeschichte dargestellt (Ueno 1969, Shibatsuji 1981, ders. 1987). Carole Ryavecs Ausführungen über Personal-, Fiskal- und Justizwesen zur Zeit Nobutoras und Harunobus (1978.146-194) ist die bislang umfangreichste Untersuchung der Takeda in einer westlichen Sprache. Auf rechtshistorischem Gebiet haben allem das Hausgesetz der Takeda (deutsche Übersetzung und Kommentar von Röhl 1959;[2] letztgültige kommentierte Ausgabe Hayashi 1980) und seine Beziehung zur »öffentlich autorisierten Herrschaft« (kōgi) die Aufmerksamkeit der Nationalgeschichtsschreibung gefunden (Sugiyama 1965, Kobayashi 1978, Katsumata 1981 = 1983, Nagahara 1980). Außerdem werden die Takeda als eine der wenigen Familien von mittelalterlichen shugo-daimyō, denen die Entwicklung zum frühneuzeitlichen Sengoku-daimyō gelungen ist, behandelt (Kawai 1977). Die Finanz- und Domänenverwaltung der Takeda und ihre Landesaufnahmen bestimmen das Interesse der Wirtschaftsgeschichte (Murakami 1963, ders. 1964, Fujiki 1975, Nagahara 1975b, Katsumata 1984, Wakabayashi 1984, Yumoto 1984; zu den landwirtschaftlichen Verhältnissen in Kai liegt die wertvolle Studie von Fesca 1886 vor, zur frühneuzeitli-

---

[1] Patze/Schlesinger 1967-1982.VI:233
[2] Der Vergleich des Takeda-Hausgesetzes mit dem Hausgesetz der Imagawa ist Gegenstand einer im Entstehen begriffenen Dissertation von Ronald Frank (Berlin).

chen Struktur Iida 1982).[1] Auch ihre erfolgreichen Anstrengungen im Deichbau (Shimizu K. 1959, Adachi 1988, Miyazawa 1988), ihre Wehrbauten (Ueno 1986, Nakada 1988) und punktuell auch ihre städtebaulichen und stadtherrlichen Aktivitäten (Wakita H. 1983, Nagazawa 1988) sowie die umfassende Förderung des Handels (Sasamoto 1982, ders. 1984, Hirayama 1990) und Verkehrswesens (Shibatsuji 1984b) sind als eng mit dem Aufbau der Landesherrschaft verstandene Phänomene, in denen sich die Eigenständigkeit der Takeda besonders erwies, behandelt worden. Eine Elisabeth von Thüringen vergleichbare Frauengestalt gab es in Kai zwar nicht, aber die Heiratspolitik der Takeda ist vielbeachtet (Hayashi 1959, Owada 1986, Satō 1987, Owada 1989, Sugiyama 1989). Biographische Arbeiten liegen vor allem über Takeda Harunobu (Shingen) vor (Okuno 1959 = 1985, Isogai 1970, Shibatsuji 1987), außerdem über seinen Sohn Katsuyori (Ueno 1982) und Skizzen zu seinem Großvater Nobutsuna (Sudō 1990). Zu den wenigen Arbeiten, die vor die Sengoku-Zeit greifen, gehören eine Biographie des Yasuda Yoshisada (Kiyogumo 1984) und des Takeda Nobushige (Isogai 1974). Von den Vasallen der Takeda ist Yamamoto Kansuke erst in jüngster Zeit von dem Verdacht befreit worden, eine bloße literarische Fiktion zu sein (Kobayashi K. 1970, Ueno 1987b). Die Familie Obata aus Shinano behandelte Hattori (1982), die Anayama, Verwandte der Takeda und Gebietsherren in der Kawauchi-Region, Akiyama (1988), die in der Takeda-Finanzverwaltung unverzichtbare Kaufmannsfamilie Matsugi ist Gegenstand eines Aufsatzes von Hirayama (1990). Murakami hat die Vasallen der Takeda aus der Mukawa-Gruppe untersucht (1976), Matsudaira (1965) und Sasamoto (1990) die neuen Vasallen aus der eroberten Provinz Shinano, Shibatsuji (1984a) die Angehörigen der Takeda-Flotte. Neben dem Verhältnis der Takeda zu den Provinzialen in Kai im allgemeinen (Yada 1984, Takashima 1984a, Hattori 1988) sind der Struktur ihrer Vasallität (Matsudaira 1958b, Kobayashi K. 1984, Hattori 1987, Murakami 1988) und im besonderem der Beziehung zwischen Gefolgschaftsvätern und Gefolgschaftssöhnen (yorioya-yoriko) wichtige Beiträge gewidmet (Hattori 1976, Hattori 1984). Der wichtigste Beitrag zur Gedankenwelt der Takeda und ihrer Vasallen behandelt ihre herrschaftlich gemeinten kultischen Praktiken (Sasamoto 1988). Demgegenüber gibt es noch keine Untersuchung der höfischen Kultur der Takeda, hier fehlt sogar noch der Begriffsapparat. Auch die frühe Geschichte der Takeda ist unzureichend erforscht; neben den beiden genannten Biographien hat Zöllner (1990) die Frage der Landnahme der Minamoto in Kai untersucht. Das Interesse der Forschung galt außerdem noch dem Verhältnis der Takeda/Minamoto zu Minamoto Yoritomo und dem frühen bakufu (Ishii K. 1983). Dieser unbefriedigende Forschungsstand ist wesentlich auf die Quellenlage zurückzuführen. Eine eigenständige Chronistik hat sich in Kai erst in der zweiten Hälfte des 15. Jahrhunderts entwickelt, alle vorhergehenden Berichte und Notizen stammen aus auswärtigen Kriegsspiegeln oder Höflingstagebüchern. Auch das Urkundenmaterial

---

[1] Über die Rolle des Ōkubo Nagayasu, eines angeblichen ehemaligen Vasallen der Takeda, bei der Entwicklung der Finanzverwaltung des Tokugawa-bakufu, bereitet Rainer Hofer (Bochum) eine Dissertation vor.

wird erst seit dieser Zeit ergiebiger. Die Urkunden der Takeda hat Shibatsuji Shunroku aufgelistet und knapp regestiert (Kai Takeda-shi monjo mokuro 1986). Die Hauptstücke gibt als neueste Edition der erste Quellenband der Stadtgeschichte von Kōfu (Kōfu-shi shi, 1989) kommentiert wieder. Zu den Takeda-Urkunden liegen hilfreiche quellenkritische Untersuchungen vor (Takashima 1964, Shibatsuji 1982, Shibatsujis Ausführungen in Kai Takeda-shi monjo mokuroku 1986.1-18). Urkundenstücke, aber auch Nachrichten aller Art aus Überlieferungen und Relikten hat der Lokalbeamte Matsudaira Sadayoshi zwischen 1806 und 1814 mit mehreren Mitarbeitern in seine thematisch gegliederte offizielle Landeskunde der Provinz Kai *(Kai kokushi)* kompiliert. Dabei konnte er auf Quellen in den Händen der Dorfbeamten, Schreine und Tempel zurückgreifen, die heutzutage oft nicht mehr erhalten sind. Große Teile dieser Materialien beziehen sich auf die Takeda-Zeit; sie sind nicht unkritisch zu benutzen, obwohl schon die Kompilatoren die Spreu vom Weizen zu trennen versucht haben.

Die erzählenden Quellen sind zunächst zwei Tempelchroniken: Das Myōhōji-ki (Katsuyama-ki), die Chronik des gleichnamigen Tempels in Kawaguchiko (Bezirk Süd-Tsuru), enthält Angaben über ein knappes Jahrhundert zwischen 1466 und 1561 - also fast die gesamte Sengoku-Zeit. Es ist hauptsächlich an den Ereignissen im Südosten Kais interessiert, berichtet aber zuverlässig auch über den Rest der Provinz. Besonders wertvoll sind seine Beobachtungen zur wirtschaftlichen Entwicklung. Das Kōdai-ki wurde von dem jeweiligen Priester des Fugenji-Tempels (Stadt Yamanashi) im Stile von Annalen geführt. Seine Angaben sind kurz und unregelmäßig, gehen aber zeitlich in beiden Richtungen über das Myōhōji-ki hinaus. Eine dritte Hauptquelle ist das Tagebuch des Takeda-Vasallen Komai Masatake, dessen Mönchsname Kōhakusai dem Werk den Namen Kōhakusai-ki gegeben hat. Es wurde 1724 von Shibata Nakanosuke herausgegeben, der es allerdings als Aufzeichnungen seiner Vorfahren, der Kurihara, ausgab und bearbeitete. Mit dieser Einschränkung betrachtet, schildert es die Vorgänge am Hof der Takeda zwischen 1498 und 1553, also die Zeit Nobutoras und die ersten Jahre Harunobus. Mit größerer Vorsicht ist das Kōyō Gunkan zu benutzen, der »Kriegsspiegel der illustren Provinz Kai«. Es wurde zu Beginn des 17. Jahrhunderts veröffentlicht und fand rasch zu großer Popularität. Chronikartig und nicht immer zuverlässig erzählt es vom Wirken Harunobus und Katsuyoris. Eingesprengte Dokumente gehen sicher auf originale Vorlagen, die anekdotischen Passagen vom Hofleben und aus dem Hofgericht wahrscheinlich auf die Aufzeichnungen von Takeda-Vasallen selbst zurück. Trotz erkennbarer Mängel und Retuschen zugunsten der Protagonisten des Werkes halten viele seiner Angaben (vor allem zur Vasallität der Takeda) einer kritischen Prüfung stand und sind unersetzlich (Zöllner 1991).

Durch seine umfangreichen Exzerpte aus Primärmaterial gewinnt auch der die Präfektur Yamanashi behandelnde Band 19 in der von Takeuchi Rizō herausgegebenen Reihe »Kadokawa Nihon chimei daijiten (Kadokawas Großes Lexikon der japanischen Ortsnamen)« (1984) faktisch Quellenwert. Zwei Überblicksdarstellungen zur Geschichte Yamanashis (Isogai/Iida 1985 und Zusetsu Yamanashi-ken no rekishi [Illustrierte Geschichte der Präfektur Yamanashi] 1990) und ein Abriß seiner staatlichen Entwicklung (Zöllner 1992) erleichtern die landesgeschichtliche Einordnung der Takeda-Zeit.

Bislang wurden allerdings weder die ludowingische Herrschaft noch die der Takeda explizit im Rahmen einer Feudalismus-Diskussion dargestellt. Die Reichheit der Quellen und der Forschung läßt aber erwarten, daß eine solche Darstellung - hauptsächlich gestützt auf Material aus Thüringen bzw. Kai - als Fallstudie zum feudalen Handlungssystem möglich ist. Manche Einzelheit daraus wird schon aus anderen Zusammenhängen hinlänglich bekannt sein und eine erneute Darstellung redundant wirken; aber gerade im Hinblick auf den angestrebten interkulturellen Vergleich erscheint es mir wichtig, so viel wie möglich unmittelbar aus den autochthonen Quellen zu belegen und nur so wenig wie nötig aus dem historiographischen Vorwissen zu ergänzen.

Die beigegebenen Zeit- und Stammtafeln sowie Karten mögen dem Leser als Hilfsmittel zur schnellen Orientierung dienen.

Ludwig mit dem Barte

- ca. 1080
Rodungsherrschaft Friedrichsroda
Gründung der Schauenburg

Ludwig der Springer

- 1123
Gründung Wartburg
Gründung Kloster Reinhardsbrunn

Berenger

- vor 1111

Graf von Sangerhausen

Ludwig I.

- 1140

Landgraf 1131

Heinrich Raspe I.

- 1130

Graf von Gudensberg

Udo

- 1148

Bischof von Naumburg

Ludwig II.

der Eiserne

- 1172

Landgraf 1140
Kreuzzug 1147?

Heinrich Raspe II.

- 1154/55

Graf von Gudensberg

Ludwig III.

der Fromme

- 1190

Landgraf 1172
Kreuzzug 1190

Heinrich Raspe III.

- 1180

Graf von Gudensberg

Friedrich

- 1229

Gf. von Ziegenhain
Dompropst

Hermann I.

der Milde

- 1217

Pfalzgf. von Sachsen 1181
Landgraf 1190
Kreuzzug 1198

Jutta

- 1235

∞ Mgf. Dietrich
von Meißen

Ludwig IV.

der Heilige

- 1227

Landgraf 1217
∞ Elisabeth v. Ungarn 1221
Kreuzzug 1227

Heinrich Raspe IV.

- 1247

Landgraf 1126
Deutscher König 1246

Konrad

- 1240

Landgraf 1226-1234
Hochmeister des
Deutschen Ordens 1239

Heinrich

der Erlauchte
- 1288

Markgraf von
Meißen 1221
Landgraf von
Thüringen

Hermann II.

- 1242

Landgraf 1234

Sophie

- 1275

∞ Heinrich II. von
Brabant

Stammtafel der Ludowinger

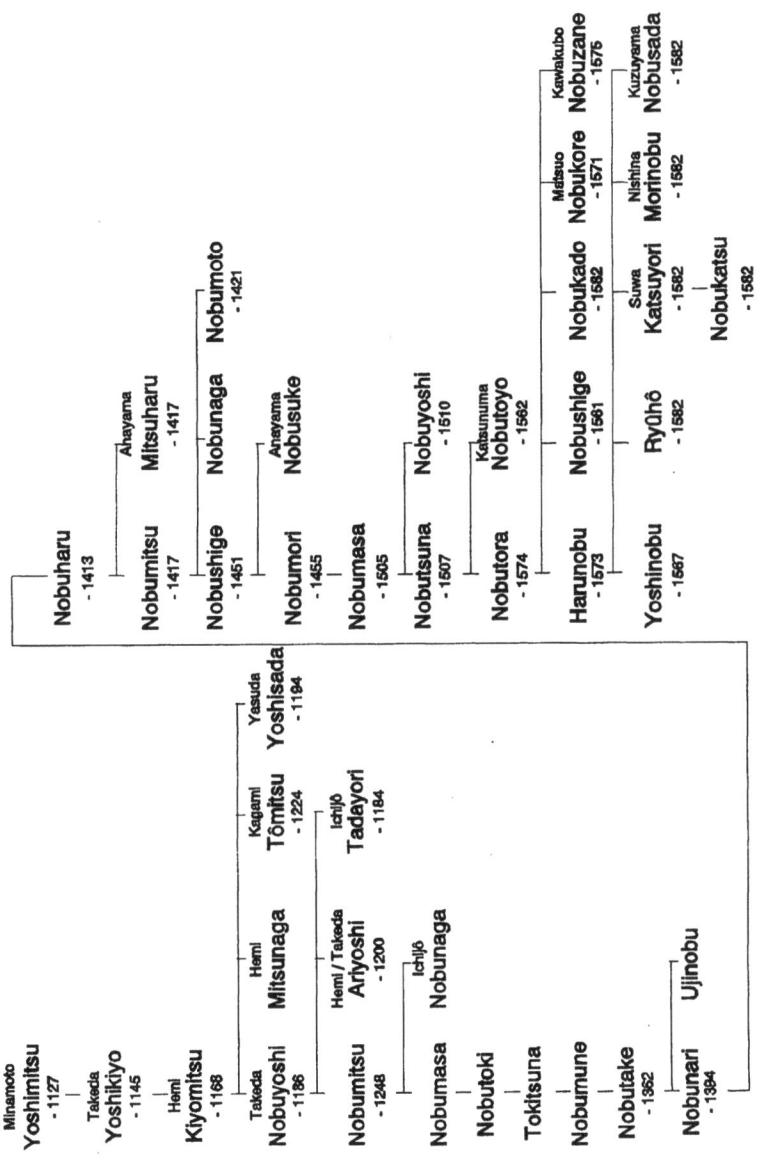

Stammtafel der Takeda

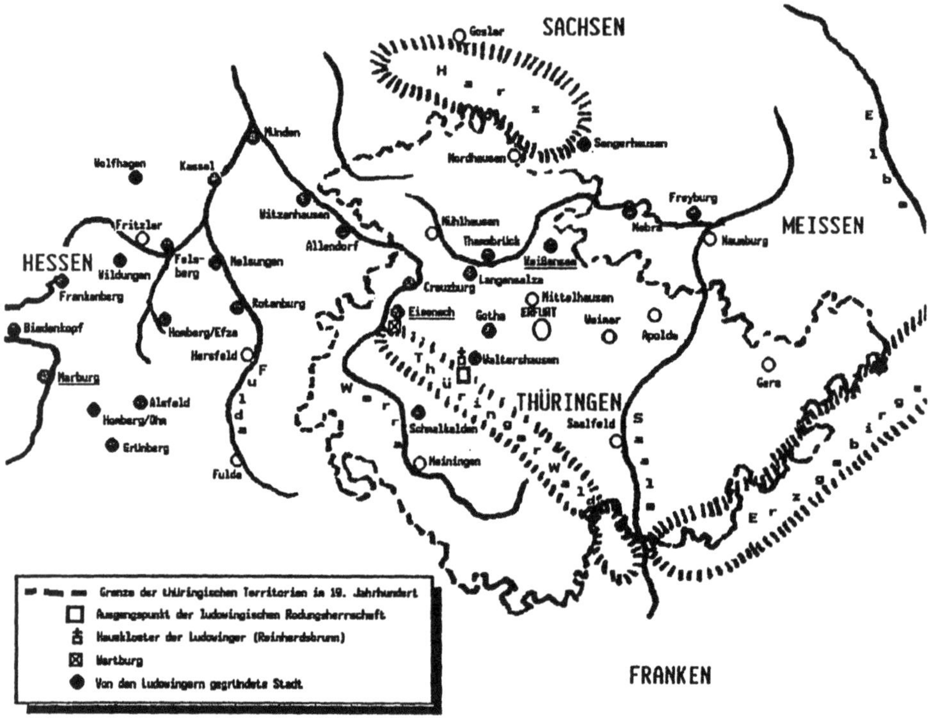
SACHSEN
Goslar
Harz
Sangerhausen
Nordhausen
Münden
Wolfhagen
Kassel
Witzenhausen
Fritzlar
Freyburg
Mühlhausen
Nebra
Naumburg
MEISSEN
Elbe
HESSEN
Wildungen
Fels-
berg
Melsungen
Allendorf
Thamsbrück
Weißensee
Frankenberg
Langensalza
Creuzburg
Mittelhausen
Rotenburg
Biedenkopf
Eisenach
Gotha
ERFURT
Weimar
Apolda
Homberg/Efze
Hersfeld
Waltershausen
Marburg
Fulda
Thüringerwald
Gera
Alsfeld
THÜRINGEN
Werra
Homberg/Ohm
Schmalkalden
Saalfeld
Saale
Grünberg
Erzgebirge
Meiningen
Grenze der thüringischen Territorien im 19. Jahrhundert
Ausgangspunkt der ludowingischen Rodungsherrschaft
Hauskloster der Ludowinger (Reinhardsbrunn)
Wartburg
Von den Ludowingern gegründete Stadt
FRANKEN

Shinano
Kōzuke
KUNINAKA
Ara-Fluß
Fuefuki-
Fluß
Shinpu
Enzan
Yamanashi
Musashi
Kōfu
GUNNAI
Isawa
Iwatono
Nakatsumori
Yamura
Fuji-
Fluß
Yoshida
Sagami
Shimoyama
KAWAUCHI
Nanbu
Suruga

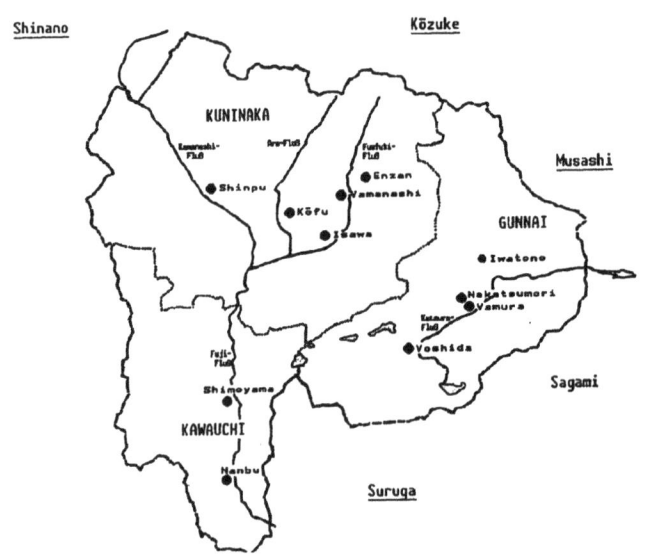

I. Die Ludowinger

A. Haus und Wirtschaft

1. AM HIMMEL WIE AUF ERDEN

Die Annalen des Erfurter Petersklosters aus dem 12. Jahrhundert berichten in ihren drei Kodizes übereinstimmend, im Februar 1148 (nach Kodex 1 am 21.2., dem Sonnabend vor Estomihi) sei ein »*Zeichen um die Sonne herum*« erschienen.[1] Zwei der Kodizes geben es in Abbildungen wieder:

Dafür kann es nur eine Deutung geben, die in den Quellen allerdings nicht ausgesprochen wird: den Kreuzeshügel von Golgatha. Der Datumsangabe nach geschah das Zeichen kurz vor Beginn der Passionszeit, konnte also von den Mönchen, aus deren Händen die Annalen stammen, als astronomischer Hinweis auf die bevorstehende Leidenszeit Christi ver-

Abb. 1: Himmelserscheinung von 1148; das mittlere Bild ist die um 180° gedrehte Wiedergabe des linken Bildes (aus Annales S. Petri Erphesfurdenses S. 20).

standen werden. Das Jahr 1148 ist allerdings in diesem Zusammenhang kein beliebiges Jahr. Soeben war das deutsche Kreuzfahrerheer König Konrads III. - in dem sich auch Thüringer aufhielten - in Kleinasien von den Selçuken schwer geschlagen worden, und ein Teil des Heeres befand sich unverrichteter Dinge auf dem Weg nach Hause (Oktober/November 1147); das französische Heer unter König Ludwig VII. hatte Anfang desselben Jahres eine empfindliche Niederlage an derselben Stelle erlitten. Der Kreuzzug stand unter keinem guten Stern, und die Enttäuschung in dem durch Bernhard von Clairvaux' vorhergegangene Kreuzzugspredigten aufgewühlten Europa war groß.[2] Es mochte den Erfurter Mönchen (die natürlich auch über den Kreuzzug berichteten) sehr wohl so scheinen, als sei Christus ein zweites Mal gekreuzigt worden. Auch die Neuere Erfurter Chronik berichtet im Zusammenhang mit dem zweiten Kreuzzug von einer Erscheinung am Himmel. Am 26.10.1147, so heißt es, habe sich zur 6. Stunde eine Sonnenfinsternis ereignet,

am selben Tag, als König Konrad und das christliche Heer sich zurückzogen und Graf Bernhard von Sachsen und viele andere dort [im Heiligen Land]

---

[1] Annales S. Petri Erphesfurdenses S. 20
[2] Vgl. H.E. Mayer 1985.87-99

getötet wurden. [1]

Die Chronik des ludowingischen Hausklosters Reinhardsbrunn weiß für den deutschen Kreuzzug von 1197 ebenfalls von einem Zeichen am Himmel zu berichten. Es heißt dort:

> Zu diesem Zeitpunkt, als sich die Fürsten Deutschlands einmütig zur Wiedereroberung des Heiligen Landes gürteten, gab auch die Sonne vom Himmel herab gegen die 3. Stunde gewisse kreisförmige Zeichen von sich ... Und später, nachdem der römische Kaiser den Weg allen Fleisches gegangen war [Tod Heinrichs VI. am 28.9.1197], glaubte man, daß diese mehrfachen Sonnenkreise zum Beispiel das Schisma im Reich [den Thronstreit zwischen Philipp von Schwaben und Otto IV.] oder andere irdische Blutbäder ankündigten. [2]

Daß im Bewußtsein der Chronisten irdische und himmlische Ereignisse in einer Beziehung zueinander standen, wird hieraus hinreichend deutlich. Für den Zeitraum dieser Untersuchung - die Jahre zwischen 1080 und 1247, in welchen die Herrschaft der Ludowinger in Thüringen greifbar wird - berichten die Aufzeichnungen Thüringens und der Umgebung achtmal von denkwürdigen Zeichen am Himmel, dazu von sieben Sonnen- und vier Mondfinsternissen. Meist ist die Verbindung zum Geschehen auf Erden nicht so handgreiflich wie 1147/48 und 1197. Aber die Sonnenfinsternis und der »Drache«, die 1093 beobachtet wurden,[3] fielen in eine Seuchenperiode; das Zeichen von 1153[4] in eine Überschwemmungsperiode; in dem schlimmen Jahrzehnt von 1171 bis 1180 wurden neben allerlei Naturkatastrophen zwei Mondfinsternisse und zwei Himmelsphänomene registriert. Dabei vermieden es die Chronisten zumeist, auf eine Kausalität von Zeichen und irdischem Geschehen zu schließen. Sie stellten beides nebeneinander und hoben lediglich den zeitlichen Zusammenhang hervor. So berichtete die Neuere Erfurter Chronik, daß am 23. Mai 1125 Kaiser Heinrich V. starb.

> Zu diesem Zeitpunkt herrschte drei Nächte vor seinem Tod hindurch ein so fürchterlicher Frost, daß in den meisten Teilen des Reiches der größte Teil der Ackerfrüchte, des Weines und des Obstes zugrundeging. [5]

Der Todeshauch des Monarchen - diesen Eindruck gewinnt der Leser - streifte auch die seiner Herrschaft unterworfene Natur. Ähnlich wußten die Erfurter Petersannalen von einem schweren Sturm und Unwetter vor dem Tod König Konrads III. 1152 zu

---

[1] Cronica S. Petri Erfordensis Moderna S. 366
[2] Cronica Reinhardsbrunnensis S. 558
[3] Cronica S. Petri Erfordensis Moderna S. 357
[4] Cronica S. Petri Erfordensis Moderna S. 367 (Ein liegender Mond?)
[5] Cronica S. Petri Erfordensis Moderna S. 361

berichten.[1] Offensichtlich stehen die Vorgänge im Himmel und auf der Erde nach der Erfahrung der Menschen dieser Zeit in einem spürbaren Zusammenhang, ihre Beobachtungen verweisen auf eine Parallelität kosmischer und irdischer Erscheinungen. In diesen Zusammenhang stellen sie auch Ereignisse, die auf unmittelbare Einwirkung der Naturgewalten zurückzuführen sind: Naturkatastrophen und aus ihnen folgendes menschliches Unheil. Ein Stück der Reinhardsbrunner Briefsammlung des 12. Jahrhunderts illustriert dieses Verständnis der Zeitgenossen. Es berichtet:

> Wir [die Mönche] haben uns nämlich einen Fischteich einrichten lassen, sicher in einfältiger Absicht - zum Nutzen und Ruhm unseres Klosters nämlich -, der neulich - o weh! - bei Überschwemmung und schwerem Sturm seine Umfassung zerbrach und ein nahegelegenes Dorf unseres Rechtes zum größten Teil mit allem Belebten und Unbelebten in gewaltigem Ansturm dahinraffte und etwa 30 Menschen unterschiedlichen Geschlechtes und Alters tötete. Für dieses jammervolle Ereignis haben wir in unserem Konvent, weil nichts auf Erden ohne Grund geschieht, außer Almosen und sonntäglichen Gebeten 350 Messen und 660 Psalterien für unsere Sünden und für alle verstorbenen Gläubigen zu singen beschlossen ...[2]

Vielleicht hängt mit diesem Ereignis, wie Hermann Krabbo vermutet,[3] zusammen, daß der Reinhardsbrunner Abt seinen Kollegen in Bursfelde in einem anderen Schreiben bat, einen der Bursfelder Mönche zum Einbau von Stauwehren in einen Wassergraben des Klosters nach Reinhardsbrunn zu schicken.[4] Die Vielzahl der Natur- und Wirtschafts-katastrophen, von denen die Quellen berichten, läßt auch bei kritischer Einschätzung der Verläßlichkeit solcher Daten[5] nur den Schluß zu, daß solche Versuche, die Natur zu kontrollieren, bei weitem keinen ausreichenden Schutz der Wirtschaft und des Lebens garantieren konnten. Wir lesen von Überschwemmungen (in zehn Jahren), schweren Stürmen (zwölf Mal), Hagel und Gewittern (neunmal), strengen Wintern und Frost-einbrüchen (acht Jahre), aber auch Dürrezeiten (drei Mal), in deren Gefolge Feuersbrün-ste auftreten konnten (1175 Brand Erfurts)[6]. Sogar von Erdbeben ist viermal die Rede. Wir erfahren, daß Unwetter die Ackerfrüchte und Obstbäume schwer schädigen,[7] Häuser

---

[1] Annales S. Petri Erphesfurdenses S. 20 f
[2] Reinhardsbrunner Briefsammlung 101.84
[3] 1907.61
[4] Reinhardsbrunner Briefsammlung 81.68
[5] Brimblecombe 1988.142 mahnt zu »considerable caution«. Zu den häufigsten Irrtums-möglichkeiten der Quellen rechnet er: falsche oder unbestimmte Datierung der Beobachtungen; Kumulierung von Einzelbeobachtungen, die sich in Wirklichkeit auf dasselbe Ereignis bezogen; Übertreibungen und Erfindungen (ebd.).
[6] Cronica S. Petri Erfordensis Moderna S. 371 f
[7] Annales S. Petri Erphesfurdenses a. 1178; Cronica S. Petri Erfordensis Moderna a. 1174

zerstören und auch Menschenleben fordern[1] sowie Schaden an Tieren und Ernte ausrichten,[2] ja sogar den Ackerboden fortwehen.[3] Weder Mensch noch Tier noch die
Wohnstätten, Felder und Gärten waren in solchen Unzeiten sicher. Es traf auch die
Herren: zum Jahre 1231 hören wir, daß der Blitz verheerend in die Türme dreier Burgen
einfuhr.[4] Auch ist es nicht verwunderlich, daß Seuchen (für neun Jahre belegt) und
Viehseuchen (dreimal) auftraten und in vier Jahren ein »großes Sterben« herrschte. 1173
herrschte eine solche Dürre, daß vielerorts kein Saatgut fürs folgende Jahr zurückgelegt
werden konnte.[5] Wir erfahren von Hungersnöten, und der Notiz des Erfurter Annalisten
zum Jahre 1146 -

> überaus schwere Hungersnot, und, was vorher noch nie gehört worden ist:
> der Aachener Scheffel Weizen wird für 25 Schillinge verkauft[6]

- entnehmen wir weniger Erstaunen über die Tatsache der Teuerung, mit der sicher zu
rechnen gewesen war, als über deren ungewöhnliches Ausmaß. Auch Konrad von
Marburg sprach 1226 während der großen Hungersnot von einer »schlimmen Teuerung,
so daß viele verhungerten«.[7] Damals ließ Landgräfin Elisabeth von Thüringen Getreide
an die Armen verteilen,[8] und in Magdeburg verkaufte das Johannesstift zu Kaltenborn
seine Hofstätten, um Mittel zum Ankauf von Lebensmitteln zu erhalten.[9] Folgen wir den
Angaben der Quellen, so gab es in der Zeit der Ludowinger wenigstens zwei längere
Perioden der ökologischen und damit ökonomischen Krise: von 1141 bis 1156 und
wiederum von 1171 bis 1180 verging demnach kaum ein Jahr ohne unheilvolle
Ereignisse. (Dazwischen, 1166, liegt das einzige Jahr, in dem von »große[r] Fülle an
Getreide und Wein«[10] die Rede ist.) Aber auch kürzere Perioden sind verzeichnet:
1092-94, 1161-63, 1224-27, schließlich 1231-36. Auffällig ist das Schweigen der
thüringischen Quellen in den späten 1190er Jahren, in denen doch europaweit
Hungersnot herrschte;[11] offenbar überdeckte der staufisch-welfische Thronfolgestreit
diese Katastrophe (Abb. 2).
Mangel- und Notzeiten, die durch die Gewalt der Elemente hervorgerufen wurden,
gehörten also fest zur Wirtschafts-Wirklichkeit der Ludowinger-Zeit. Otto Gerhard Oexle

---

[1] Annales Erphordenses a. 1227
[2] Ebd. a. 1235
[3] Cronica S. Petri Erfurdensis Moderna a. 1178
[4] Annales Erphordenses a. 1231. Vgl. Orth 1986.71 f
[5] Annales Magdeburgenses a. 1173
[6] Annales S. Petri Erphesfurdenses S. 20
[7] UB Deutschordens-Ballei Hessen I:34.32
[8] Caesarius von Heisterbach, Das Leben der hl. Elisabeth, S. 360
[9] DRT II:2341
[10] Cronica S. Petri Erfordensis Moderna a. 1166
[11] Oexle 1988.88

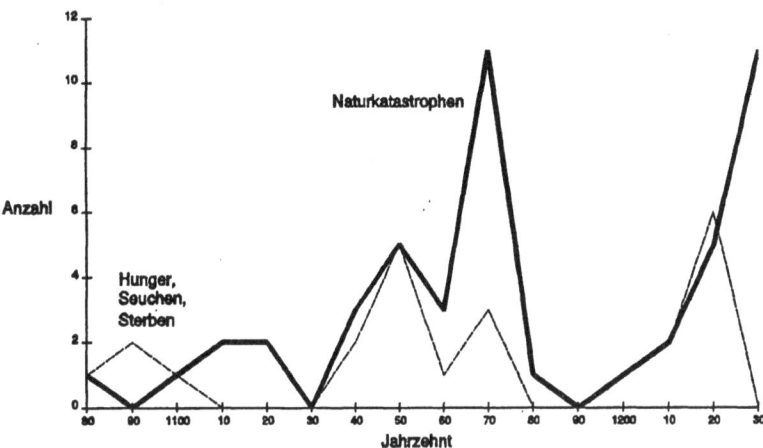

Abb. 2: *Naturkatastrophen und Hungerkrisen, Seuchen und Sterben je Jahrzehnt nach den Angaben zeitgenössischer thüringischer Chroniken, 1080-1239*

leitet daraus eine »*ganz grundlegende soziale Gliederung*« ab: Als reich und stark galt damals »*jener, der sich immer sattessen und auch in Krisenzeiten anderen zu essen geben konnte.*«[1] Die Reinhardsbrunner Chronik fand ihre Erklärung für die Unbeständigkeit der ökologischen Verhältnisse in der sündhaften Natur der Menschen:

> Gott schlug die Menschen auch auf verschiedene Weise, weil es ihre Sünden verlangten, bald durch die Gefahr eines plötzlichen und unvorhergesehenen Todes, bald jedoch durch das ungeheure Wüten einer Seuche, und es geschahen verheerende Überschwemmungen ...[2]

Peter Brimblecombe stellt fest, daß zwischen 1200 und 1400 ein Übergang zu einer Phase kälteren Klimas in Europa gelegen hat, gekennzeichnet durch höchst wechselhaftes Wetter, wie es die Quellen berichten; gerade die ständigen Schwankungen aber - nicht

---

[1] 1988.85
[2] Cronica Reinhardsbrunnensis a. 1226

so sehr langfristige Temperaturverschiebungen - habe Wirtschaft und Gesellschaft
»*considerable stress*« ausgesetzt.[1] Etwas von diesem Druck wird spürbar in dem Ton,
den der Reinhardsbrunner Chronist unmittelbar nach der zitierten Stelle anschlug:

> Es war aber Landgraf Ludwig [IV.] seinem Land in diesen drohenden
> Gefahren fern ...,[2]

als hätte - war dies die Hoffnung, war dies die Erwartung der Menschen in seiner
Gewalt? - der Landesherr durch seine Anwesenheit die Not wenden können. Doch dies
wäre meist vergebliche Hoffnung gewesen. Joseph R. Strayer stellt noch mit Blick auf
das späte Mittelalter fest: »*Keine Regierung des 14. Jahrhunderts war in der Lage, ihre
Bevölkerung vor wirtschaftlichen Depressionen, vor Hungersnöten und Seuchen zu
schützen; es fehlten einfach die nötigen Kenntnisse und Mittel.*«[3]
Allerdings verringerten die Herren in solchen Kalamitäten notgedrungen den Abgabendruck. Eine Urkunde aus Marburg von 1248 formulierte zwar exakt das Abgaben-Soll
einiger genannter Güter, fügte aber mit Sinn für die Realität hinzu,

> daß bei Verwüstung, ob durch Hagel oder durch Heereszug, Brauch und
> Recht des Landes gefolgt wird,[4]

bei Krieg und Unwetter also Nachlaß zu gewähren war.

2. DAS HAUS DER LUDOWINGER

Otto Brunner nennt das Haus »*das grundlegende Sozialgebilde aller bäuerlichen und
bäuerlich-adeligen Kulturen.*«[5] Nach überkommenen germanischen, griechisch-
römischen und biblischen Vorstellungen[6] bildete es auch im europäischen Mittelalter den
Ausgangspunkt aller wirtschaftlichen Aktivitäten. Ökonomik umfaßte »*die Gesamtheit*

---

[1] 1988.143
[2] Cronica Reinhardsbrunnensis a. 1226
[3] Joseph R. Strayer: Die mittelalterlichen Grundlagen des modernen Staates, Köln/Wien 1975.54.
Anders verhält es sich in Japan. Dort gehörte die Nothilfe seit den Anfängen der Staatlichkeit (d.i.
gleichzeitig der Beginn der großräumig organisierten Landwirtschaft) im 8. Jahrhundert zu den
Aufgaben der Herrscher.
[4] UB Deutschordens-Ballei Hessen I:84.75
[5] 1968.107
[6] Vgl. hierzu Oexle 1988.106-110 und Schlesinger 1963.13 ff

der menschlichen Beziehungen und Tätigkeiten im Hause«.[1] Dies erhellt die einleitende Darstellung der Historia Welforum, der im 12. Jahrhundert entstandenen, von den Nachbarn und Konkurrenten der Ludowinger in Nordthüringen in Auftrag gegebenen Geschichte des Welfenhauses.[2] Dort heißt es:

> Nachdem sie durch Land und einen festen Sitz gestärkt waren, begannen unsere Leute ihre Macht weiter auszudehnen und in verschiedenen Provinzen Lehen und Ämter anzuhäufen. Dadurch bereicherten sie sich so sehr, daß sie, an Reichtum und Ehren vorzüglicher als Könige, es sogar verschmähten, dem römischen Kaiser Huldigung zu leisten; und im Vertrauen auf ihre eigenen Kräfte schützten sie ihre Grenzen alle selbst mit großem Fleiß und Tapferkeit. Auch ordneten sie ihr Haus nach königlicher Art, so daß sie alle Ämter des Hofes (nämlich die Dienste von Truchseß, Schenk, Marschall, Kämmerer und Bannerträger) durch Grafen oder ihnen Gleichwertige leiten ließen. Sowohl den Höhergestellten als auch den Niedriggestellten ihrer Familie stellten sie einen Großen des Hofes vor, den sie Vogt nannten; der sollte an ihrer Stelle für alle seine Leute vor den Königen oder Herzogen oder den anderen Richtern stehen und für sie in jedem Prozeß oder jeder Klage Auskunft geben. - Sie zeichneten sich auch noch durch etwas Anderes aus (anscheinend durch Privileg), daß sie nämlich Geächtete, die sich zu ihnen flüchteten, aufnahmen und bis zum Pardon[3] oder zur angemessenen Sühne (allerdings ohne Blutvergießen)[4] bei sich behielten. Dies alles gehört offensichtlich zum Ruhm eines Hofes und besteht, von den Nachfolgern nicht verändert, noch bis heute fort.[5]

Was die Schrift als Bestandteile eines adligen Hauses aufzählt, läßt sich mit Parsons wie folgt systematisieren: Ein fester Herrensitz *(certa habitatio)* und das von ihm aus beherrschte Land dienen der räumlich-materiellen Funktion des Hauses. Hinzu kommen die großenteils als Lehen erworbenen Güter und Ämter für die rechtlich-politische Funktion. Die Familie der Welfen wird weiter unterteilt in die »Größeren«, die *familia maior* (die Ministerialen) und die »Kleineren«, die *familia minor* (die abhängigen Bauern). Sie bilden den Rahmen der sozialen Funktion. Durch die kontinuierliche

---

[1] O. Brunner 1968.122 ff hat die These aufgestellt, daß Wirtschaft und Gesellschaft in vormodernen Zeiten nicht analytisch zu trennen seien, sondern in der Ökonomik des Hauses zusammenfielen. Damit widerspricht er der Parsonsschen Systemtheorie in keiner Weise. Man muß allerdings betonen, daß sich auch im vormodernen *oikos* sehr wohl funktionale Subsysteme im Sinne Parsons' unterscheiden lassen.

[2] Vgl. Schmid 1983.424-453 und Oexle 1988.104 f

[3] *Excusatio*, die Zusicherung, daß der Asylsuchende nach der Auslieferung nicht an Leib und Leben gestraft würde.

[4] *Satisfactio*. Täter und Opfer (bzw. dessen Angehörige) konnten nach germanischem Recht eine Abgeltung der Tat anstelle einer Strafe vereinbaren.

[5] Historia Welforum S. 4

Abfolge von Generationen und die Wahrung seiner Traditionen wird das Haus
schließlich historisch legitimiert. Diese vier Funktionen: räumlich-materiell, rechtlich-
politisch, sozial und historisch-legitimierend, lassen sich aus der Darstellung der Historia
Welforum als zum Handlungssystem des adligen Hauses gehörig ableiten. Die Struktur
des Hauses als *Handlungssystem*, wie sie sich zur Zeit der Ludowinger darstellte, läßt
sich nach Funktionen, Inhalten und Aktivitäten graphisch wie in *Abb. 3* beschreiben.

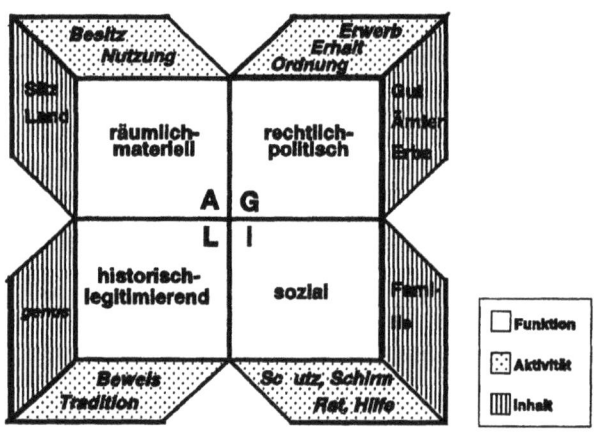

Abb. 3: Das Handlungssystem des adligen Hauses (nach dem AGIL-Schema Talcott Parsons')

Doch trägt diese Modell des hohen Mittelalters gegenüber früheren entscheidend neue
Züge; die enge Verbindung von Herrensitz, Geschlecht und Herrschaft begegnet erst seit
dem 11. Jahrhundert, besonders aber seit dem 12.[1] Karl Schmid spricht für die Zeit des
9.-11. Jahrhunderts, in der sich die neue Struktur des adligen Hauses herausbildete,
geradezu von einer »*Phase des Aufbruchs der Geschlechter*«.[2] Die adlige Oberschicht
entwickelte sich nun immer mehr zu einem geschlossenen Herrenstand. Nunmehr galt
für die politische Ordnung der *potentes*, wie sie sich selbst nannten: »*Nur die
Zugehörigkeit zum Herrenstand befähigt zur Bekleidung von hohen Ämtern*«[3] und damit

---

[1] Schmid 1983.217
[2] Ebd. 414
[3] Schlesinger 1963.37

zur Ausübung herrscherlicher Gewalt; aber zum Herrenstand konnte man nur gehören, wenn man über ein Haus mit den beschriebenen Bestandteilen herrschte.[1]
Wie für die übrigen aufstrebenden neuen Geschlechter stand auch für die Ludowinger am Beginn ihrer Herrschaft der Aufbau eines Hauses, und das heißt zuallererst die Schaffung der räumlich-materiellen Grundvoraussetzungen und deren zuverlässige Kontrolle. Die von der landesgeschichtlichen Forschung[2] in ihrem Kern bestätigte Überlieferung des ludowingischen Hausklosters Reinhardsbrunn sieht folgerichtig die erste Generation der Familie mit dem Aufbau einer Rodungsherrschaft am Rande des Thüringer Waldes beschäftigt. *»Gern schlugen die neugräflichen Familien in den Randgegenden im Vorland der großen Waldgebirge ihren Herrensitz auf und dehnten ... in beträchtlichem Maße ihre Herrschaft durch Kolonisation auf Rodungsboden aus«*, kommentiert dies Rudolf Kötzschke,[3] und tatsächlich gilt Gleiches für die Ludowinger als überliefert und bewiesen. Als Zweig einer fränkischen Adelsfamilie - also als Landfremde - (die Verwandtschaft mit den Grafen von Rieneck kann als gesichert betrachtet werden)[4] kamen Ludwig mit dem Barte und zwölf[5] Gefolgsleute gegen 1030 *»sozusagen als Pilger«*[6] nach Thüringen. Angeblich war Ludwig von Erzbischof Bardo von Mainz (einem Verwandten)[7] eine Grafschaft in Thüringen verliehen worden,[8] wahrscheinlich war er Lehensmann Bardos,[9] möglicherweise Reichsministeriale[10] und von Kaiser Konrad II. durch Protektion der Kaiserin Gisela (einer weiteren Verwandten)[11] dem Mainzer Erzbischof freundlich empfohlen und auch sonst durch den Monarchen gefördert; sicher allerdings besaß seine Familie noch Land im nördlichen Maindreieck. Das Stück Nr. 49 der Reinhardsbrunner Briefsammlung belegt dies: Eine Mahnung des Abtes von Reinhardsbrunn an einen nicht genannten - von Cramer[12] und Patze[13] als Gerhard I. von Rieneck identifizierten - Grafen, endlich seine Schulden aus dem Kauf

---

[1] Brunner 1959.255
[2] Cramer 1957, Patze 1962
[3] 1943.279
[4] Cramer 1957.86, Patze 1962.149, Ruf 1984.I:23 f und 1984.II:72-76
[5] Eine topische Zahl, die sich an den zwölf Jüngern Jesu ausrichtet. Vgl. Schmid 1983.428 zu einer parallelen Überlieferung der Welfen.
[6] Cronica Reinhardsbrunnensis S. 518
[7] Cramer 1957.88 f
[8] Historia brevis principum Thuringie S. 820
[9] Cronica Reinhardsbrunnensis S. 518; Historia brevis principum Thuringie S. 820; Patze 1962.160
[10] Die Historia brevis principum Thuringie S. 820 und Cronica Reinhardsbrunnensis S. 518 behaupten, Ludwig habe zu den Beratungen des Monarchen Zutritt gehabt; letztere spricht sogar vom *»ministerium«* (Dienst) Ludwigs beim Kaiser.
[11] Vgl. Cramer 1957.88 ff
[12] 1957.77
[13] 1962.150

eines Grundstücks bei Aschfeld zu begleichen, das dem Kloster von seinem Gründer Ludwig dem Springer (einem Sohn Ludwigs mit dem Barte) übergeben worden war. Eine Nebenüberlieferung der Reinhardsbrunner Chronik bestätigt diesen Zusammenhang.[1] Dazu kommt noch, daß eine Urkunde von 1139[2] ehemaligen ludowingischen Besitz in Schönrain am Main - ganz in der Nähe Aschfelds - aufführt.

Ganz mit leeren Händen kam Ludwig mit dem Barte also nicht ins Land, wenngleich er sich *»aus dürftigsten Anfängen«*[3] hocharbeiten mußte. Den Verlauf der Herrschaftsbildung in der ludowingischen *»Urzelle«*[4] beschreibt die Überlieferung wie folgt: Ludwig erbaute die Schauenburg (angeblich mit kaiserlicher Erlaubnis und Zustimmung der lokalen Großen), erwarb dazu Wald (wiederum durch kaiserliche Gunst - möglicherweise handelte es sich um Königsgut)[5] und Güter bei Altenbergen. Auf diesem Land legte er Neubruchäcker an, ließ Bäume roden und errichtete kleine Siedlungen,

> deren eine er Friedrichroda, die andere Reinhardsbrunn nannte.[6]

Von jetzt an

> begann er ebendort reich zu werden und sich zu vergrößern, so daß er allen seinen Nachbarn, Grafen und Edlen, teuer und ehrbar war.[7]

Dem materiellen Substrat seiner Herrschaft (der Schauenburg und dem umliegenden Land) folgte also in der Darstellung der Quellen die Schaffung von Vermögen (Güter und Reichtümer), das sogleich mit politischer Bedeutung versehen wurde. Ludwig gehörte als Reicher zu den Mächtigen und fand Aufnahme in den Kreis der eingeborenen Adligen. Dem folgte *(Post hoc ... diviciis et prosperitate proficiens)*[8] und dem diente als nächstes die Heirat mit Cäcilie von Sangerhausen, die mit ihrem Erbgut das Vermögen beträchtlich erweiterte (7000 Hufen und *»unzählige Hörige«*, wie die Reinhardsbrunner Chronik behauptet,[9] werden es allerdings wohl kaum gewesen sein).[10] Zugleich begründete diese Heirat die eigentliche Familie der Ludowinger, denn Cäcilie gebar die kommende Generation, allen voran den

---

[1] Cronica Reinhardsbrunnensis S. 526 Anm.
[2] DRT I:941. Vgl. Patze 1962.148 f
[3] Patze 1962.162
[4] Ebd. 166
[5] Ebd. 161
[6] Historia brevis principum Thuringie S. 820
[7] Cronica Reinhardsbrunnensis S. 518
[8] Cronica Reinhardsbrunnensis S. 519
[9] Cronica Reinhardsbrunnensis S. 519
[10] Patze 1962.175

Erben sowohl seines [Ludwigs] Namens als auch seiner Rechtschaffenheit
als auch seiner übrigen Güter,

den Grafen Ludwig (den Springer).[1] Aber auch die drei Töchter waren dem Chronisten
wichtig, denn durch ihre Ehen und Nachkommenschaft sicherten sie den Ludowingern
eine weitgestreute Verwandtschaft unter dem thüringischen Adel. Auch der jüngere Sohn
Beringer gründete mit dem mütterlichen Erbgut eine Zweigfamilie. Damit bestand die
Familie der Ludowinger aus Ludwig mit dem Barte und seiner engeren Familie, einem
Kreis verschwägerter Familien, den anfangs mitgebrachten Kriegsleuten (und Dienstleuten) und den bäuerlichen Abhängigen, die teils die Rodungssiedlung betrieben, teils
zu Cäcilies Erbe gehörten. Hiermit ist klar die dritte Stufe des Gründungsprozesses
erreicht. Ludwig mit dem Barte ließ in Altenbergen eine Kirche erbauen, in der noch im
selben Jahr sein Erbe Ludwig durch Erzbischof Bardo getauft wurde.[2] Mit dem
Kirchenbau und der Taufe (*»feierliches Vorzeichen«* genannt)[3] begann die Institutionalisierung des Hauskultes.[4] Graf Ludwig der Springer vervollständigte sie, indem er 1085
zum standesgemäßen Gedenken seiner Vorfahren als Hauskloster und Grablege seiner
Familie das Kloster Reinhardsbrunn gründete, im Mittelpunkt der neuen Herrschaft
gelegen.[5] Nach diesen vier Schritten war der Aufbau der Grundstruktur des Ludowinger-
Hauses abgeschlossen. Die Grundlage einer vollständige, wenn auch noch sehr kleinen
Herrschaft war gesichert.[6]
Ludwig der Springer konnte sie beträchtlich erweitern und die Güter in Thüringen
streuen, durch Kauf[7] und Heirat,[8] vor allem aber, indem er die Wartburg (vor 1080)
und die Neuenburg errichtete.[9] Etwa um 1100 war damit das Haus der Ludowinger in
Thüringen fest begründet.
Burgenbau war mehr als nur die Einrichtung militärischer Stützpunkte. Er diente
unmittelbar dem Ausbau und der Sicherung von Herrschaft, *»Vorrechte[n] und
soziale[m] Vorrang«*.[10] Von der Burg aus konnte das umliegende Land unmittelbar

---

[1] Cronica Reinhardsbrunnensis S. 519
[2] Ebd.
[3] Ebd.
[4] Vgl. Cramer 1957.70. Die gleichzeitige Kirchweihe ist urkundlich gesichert (DRT I:1430).
[5] Cronica Reinhardsbrunnensis S. 521 f
[6] Patze 1962.166 merkt an, hier liege das »Idealbild eines kleinen Territoriums« vor. Nicht nur
an dieser Stelle - vgl. auch ebd. 160 (»Elemente, die erforderlich sind, um Landesherrschaft zu
begründen«) u. 163-165 - scheint es, als sehe Patze die ludowingischen Aktivitäten von vornherein
auf den Aufbau einer *Landes*herrschaft gerichtet. Es ist aber wohl angemessener, sie in diesem
Stadium allgemein als Grundlegung einer *Herrschaft* zu bezeichnen.
[7] Cronica Reinhardsbrunnensis S. 522
[8] Ebd. 523
[9] Historia brevis principum Thuringie S. 821
[10] Orth 1986.30

beherrscht und verwaltet werden, so daß die Burg zu einem Handelsobjekt werden konnte, das unter Angabe seines wirtschaftlichen Wertes verliehen, verpfändet, verkauft wurde.[1] Ludwig III. und Hermann I. verkauften drei Burgen am Rhein vor 1197 für zusammen 3.500 Mark an das Erzbistum Köln, das sie sofort an einen eigenen Vasallen weiterverlieh.[2] Die von ihm selbst errichtete Eberburg bei Nordhausen verlieh Hermann I. an den Mainzer Erzbischof.[3]

Neben den eigentlichen Burgbesatzungen gehörten zu den festen Bestandteilen des mit den Burgen verbundenen Personals die *villici* oder *dispensatores* oder *yconomici.*[4] In den Händen dieser »Beamten« lag die Verwaltung der häuslichen Wirtschaft der Ludowinger.[5] In Dörfern und Städten sorgten sie für den Einzug der den Ludowingern zustehenden Abgaben und die Erfüllung der bäuerlichen Dienstpflichten. Ihnen oblag die Sorge für den ludowingischen Haushalt. Zum Jahre 1226 wird von einem *dispensator curie* Ludwigs IV. berichtet, der offenbar den »*obersten Kammerbeamten*«[6] des gleichfalls erwähnten *fiscus curie* - also des ludowingischen Haushalts - darstellte.[7] Die Einnahmen dieses *fiscus* kamen aus denjenigen Allodien der Ludowinger, die sie in Eigenwirtschaft bestellen ließen - darüber erfahren wir allerdings aus den Quellen nichts weiter -, den Lehensländern der Ludowinger sowie den Rechten, die sie aus ihren Vogteien einerseits, aus ihren Ämtern (Land- und Pfalz-Grafschaft) andererseits beanspruchten. Gerichtsherrschaft - die mit diesen Ämtern und Vogteien verbunden war - begründete zugleich das Recht auf Einnahmen.[8] Hierunter fielen Vogteiabgaben und Gerichtsgebühren mit Bußen und Wetten, Gastungsrechte, der sogenannte Landgrafenhafer,[9] Dienste sowie Zölle auf Wegen, Flüssen und Märkten.

Die vorherrschende Betriebsform der damaligen Landwirtschaft war die *Villikation.*[10] Einen guten Einblick in die Organisation eines thüringischen Meierhofes vermittelt ein Weistum des Mainzer Petersstiftes für seinen Hof in Monre nahe Erfurt.[11] Es stammt aus den Jahren 1264-68, also rund 20 Jahre nach dem Aussterben der Ludowinger, bietet aber ein Bild, das den Verhältnissen solcher Höfe in der ludowingischen Wirtschaft nahekommen dürfte. Zudem gehörte die Vogtei des Hofes der Familie von Allerstedt,

---

[1] Orth 1986.42-48. Sie kommt daher zu dem Schluß, daß vom Standpunkt der Herrschaft her nicht Burgen*besitz*, sondern Burgen*nutzung* entscheidend war (ebd. 47).
[2] UB für den Niederrhein I:554
[3] Patze 1962.315
[4] Cronica Reinhardsbrunnensis S. 606. Zu diesen drei gleichbedeutenden Begriffen vgl. Oexle 1988.117 f
[5] Patze 1962.522
[6] Patze 1962.526
[7] Cronica Reinhardsbrunnensis S. 609
[8] Patze 1962.517
[9] UB des Klosters Pforte Nr. 99
[10] Vgl. Kötzschke 1943.277 f
[11] Grimm III:616-620

ludowingischen Ministerialen.[1] Möglichkeit zu Vergleichen und zur Ergänzung bietet außerdem das 1457 aufgezeichnete Weistum Monres,[2] das in manchen Partien offensichtlich eine Übersetzung aus dem früheren Weistum darstellt.

Zum Hof Monre gehörten 139 zinspflichtige Hufen. Sie waren allerdings, wie in der damaligen Landwirtschaft üblich, über mehrere Dörfer gestreut: 78 Hufen[3] lagen im Dorf Monre, (davon 3 ¼ in Redingsteyden), 26 in Burgwinden, 5 in Bachleben, 3 in Althusen, 18 in Petersrot, 7 in Herspach.

Dazu kamen in Monre drei *gebunden* und 9 Acker Eigengut des Stiftes, die in drei Teile getrennt waren. Sie wurden vom Propst in Eigenwirtschaft bebaut, ebenso ein Neubruchacker *(rod)* beim Wäldchen Muselo mit etwa 9 Ackern. Weitere Äcker und 4 Grundstücke in Bassendorf kamen hinzu. Von diesen Äckern erhielt das Stift einen halben Malter (1 Malter = ca. 150 l) Weizen und einen halben Malter Gerste jährlich, wenn sie nicht vom Propst oder einem Beamten der Kirche selbst bestellt wurden.

Der vormalige Pastor in Monre hatte außerdem der Peterskirche in Monre einen Weinberg vermacht, auf dessen Grund und Boden die *homines sive communitas ville* in Monre verzichtet hatten. Der Zehnt dieses Weinbergs gehörte der *fabrica*, also der Kirchenkasse der Dorfkirche in Monre.

Weiterhin gehörten zum Hof neun Wälder oder *holzmarken*, darunter der Muselo genannte Wald oberhalb Monres und das Hergebodenholz. Die regelmäßigen Gesamteinkünfte aus dem Meierhof wurden mit 24 Pfund und 9 Schillingen je Jahr angegeben. Dreimal jährlich wurde von den Bauern in den Dörfern Monre und Burgwinden eine Zinsabgabe in Höhe von 5 Schillingen erhoben. Die Bauern in Petersrot zahlten dagegen jeder 10 Schillinge und 4 Pfennige jährlich, und zwar am 24. Juni 3 Schillinge, im Herbst 4 Schillinge und 4 Pfennige und am Sonntag Estomihi (also zwischen 1. Februar und 7. März) 3 Schillinge. Dafür brauchten sie nicht, wie die Leute in Monre und Burgwinden, 4 Schillinge Gerichtsgebühren (je zwei an Stift und Vogt) für Grundstücksgeschäfte zu entrichten, denn sie waren keine *voitlude*. Strafgebühren *(busse sive wedte)*, die bei Vergehen der Bauern fällig wurden, kamen in Monre und Burgwinden Stift und Vogt je zur Hälfte, in Petersrot dem Stift zu einem, dem Vogt aber zu zwei Dritteln zu. Wer Land nach Erbrecht - *lehengudt* genannt - besaß und mit seinem Zins in Rückstand geriet, zahlte 5 Schillinge *wedte*; wer auf andersartigem Land saß, nur 3 Schillinge. Der

---

[1] Ebd. 617. Zu der Verbindung der Allerstedts mit Monre schon zu ludowingischen Zeiten s. UB der Stadt Jena I:1.4 (Heinrich v. Allerstedt Zeuge einer Urkunde Ludwigs III. vom 16.9.1182 für Kloster Altenzelle, in der beurkundet wird, daß Werner von Monre Land an das Kloster verkauft hat). Als landgräfliche Ministerialen zeugen sie auch in Urkunden Hermanns I. (DRT II:1680) und Ludwigs IV. (DRT II:1814). Patzes Bemerkung 1962.338 f, DRT II:760 von 1187 sei der einzige Beleg für ludowingische Ministerialen in Allerstedt, ist daher irrig.

[2] Grimm III:621-625

[3] Nach Kötzschkes Festellung (1943.277) in Thüringen und Sachsen häufig je 30 Morgen, also etwa 7,5-10 ha.

Kirchenzehnt wurde in Nyhusen, das eine Meile von Monre entfernt lag, in Getreide und Hühnern entrichtet, ebenso in Redingsteyden. In Monre selbst zahlte jedes Grundstück zwei Hühner als Zehnten. - Eine Urkunde von 1260 legt fest, wie geprüft wurde, ob die Bauern vielleicht kranke und schwache Hühner ablieferten: Die Tiere sollten von der Erde auf einen gefüllten Wasserkrug klettern können.[1]

Auch die Hintersassen und Einläufigen *(eynleffigede lüde)* in Monre und Burgwinden gaben zwei Hühner ab. Die beiden Dörfer Monre und Bachleben gaben außerdem 17 Malter Getreide, das *gemant* genannt wurde (das Weistum von 1457 erklärt: »*gemang korn, das were eyn teil korn, ein teil rocken, unde ein teil rathen* [Unkraut im Getreidefeld]«)[2] und 5 Malter Hafer als Naturalzehnten.

Die beiden von der *universitas ville* in Monre oder ihren *deputati* gewählten Dorfbeamten, der Fronbote und der Schulze bzw. der vom Propst eingesetzte »Erste« *(heriste)* in Burgwinden waren für das Eintreiben dieser Zinsen (Schulze und »Erster«) bzw. Zehnten (Fronbote, »Erster«) zuständig. Fronbote und Erster bestellten auch die *gebunden* des Propstes (wenn dieser es verlangte), der Schulze bewohnte und bestellte den Fronhof (wiederum, wenn der Propst dies verlangte); ihm stand die Hälfte der Bußgelder aus dem Dorfgericht zu. Dagegen war die Hufe des Fronboten für seinen Dienst zins- und frondienstfrei; wenn er nicht reich genug war, eine eigene Hufe zu besitzen, konnte er ersatzweise die eines anderen Dorfbewohners frei auswählen, von der ihm dann Zins und Dienst zustanden. Auch der Schulze hatte eine zinsfreie Hufe, ebenso der »Erste« in Burgwinden.

Lange Hemden, Sicheln und Schuhe (zum Schutz gegen die Stoppeln) verteilte die heilige Elisabeth an die Armen:[3] die Arbeitskleidung der thüringischen Bauern.

Die Vielschichtigkeit des Fronhofs wird aus diesem Weistum überaus deutlich. Der Landbesitz war über verschiedene Dörfer gestreut. Er bestand aus Salland *(Gebunden)*, das vom Stift in Eigenwirtschaft - durch die ungesessenen Hofbauern *(Einläufigen)*[4] - bestellt wurde, und »Lehensgut«, das den Bauern zu erblicher Zinsleihe überlassen worden war. Nicht auf alles Land erstreckte sich die Vogtei der von Allerstedts; dafür entrichteten die vogtfreien Zinsleute höhere Abgaben. Der Dorfgemeinde gehörten sowohl die Erbzinsbauern wie auch die Hintersassen an; das geht daraus hervor, daß beide in die Dorfämter gewählt werden konnten. Den Zehnten entrichteten sie in Monre gleichermaßen in Naturalien, den Zins in Münze. Daß es Frondienste gegeben hat, wird nur daraus deutlich, daß die Dorfbeamten für ihre eigene Hufe »*frei von jedem Dienst*

---

[1] Zit. n. Grimm III:620 f Anm. 1, ein auf Monre bezogenes Urkunden-Bruchstück.

[2] Grimm III:623

[3] Caesarius v. Heisterbach, Das Leben der hl. Elisabeth 13.361

[4] Schütt (1990.62) definiert sie als kopfzinspflichtige Hörige, die keine eigene Hofstätte besitzen, aber faktisch Freizügigkeit genießen und die rechtliche Möglichkeit besitzen, eine (voll)bäuerliche Existenz zu begründen. Ihr Sonderstatus führt zu ihrer Benennung als »Einzelgänger« (insofern vergleichbar den Hagestolzen).

und jedem Zins«[1] sein sollten. In welchem Umfang Dienste geleistet werden mußten, legten allerdings weder das Weistum von 1264/68 noch das von 1457 fest. Offenbar waren sie so gering, daß das Stift darauf verzichtete, sie genauer aufzuzeichnen. Es ist überaus wahrscheinlich, daß die Mehrzahl der Bauern Rodungsfreie waren: die Ortsnamen »Petersrot« und »Rod«, die freie Erbleihe und der vermutlich geringe Anteil an Frondiensten weisen in diese Richtung. Die Ludowinger statteten ihre Bauern häufig mit der freien Erbzinsleihe aus.[2] Die Organisation des Fronhofbetriebes oblag den Hof- und Dorfbeamten, von denen in der Villikation Monre zwei Typen auftraten: der obrigkeitlich eingesetzte Erste in Burgwinden und die gewählten Fronboten (im Weistum des 15. Jahrhunderts Büttel genannt) und Schulzen. Fronbote und Schulze in Monre teilten sich die Aufgaben, die der Erste im kleineren Burgwinden allein zu bewältigen hatte.

Es gibt allerdings keine Belege dafür, daß die Ludowinger die Dorfbeamten hätten wählen lassen. 1182 verzichtete Landgraf Ludwig III. gegenüber dem Kloster Hasungen anläßlich eines Gütertausches ausdrücklich auf das Recht, Schulzen in den von ihm dem Kloster gegebenen Gütern einzusetzen - was voraussetzt, daß er es bis dahin getan hatte.[3] Die Aufgaben solcher Dorfbeamter *(villici)* waren im Kern immer dieselben: das Einsammeln der Abgaben, die der Herrschaft zustanden, die Rechtspflege innerhalb der Dorfgemeinde und die Organisation der herrschaftlichen Eigenwirtschaft.[4]

Die Abgaben wurden in der Villikation Monre gemischt, in Naturalien und Geld, erhoben. Daraus darf allerdings noch nicht auf ein *»Nebeneinander von Geld- und Naturalwirtschaft«*[5] geschlossen werden: schon 1136 wurden 4 ludowingische *hospites* gegen Erbzinsleihe mit Land ausgestattet; der Zins betrug drei Mal jährlich - und zwar am 25. Mai, 1. November und 2. Februar, also zu ähnlichen Terminen wie bei den Bauern in Monre - 13 Schillinge.[6] Die Gesamtsumme von 39 Schillingen wäre als Pro-Kopf-Summe fast viermal so hoch wie 1264 in Petersrot. Die vier slawischen Bauern, um die es hier ging, wurden allerdings als Einheit behandelt, so daß auch der Zins auf vier Personen bezogen ist: damit entsprach die Zinsbelastung fast genau der in Petersrot 130 Jahre später. Zehn Schillinge zinsende Hufen (zu 30 Morgen Land) waren in Thüringen zur Zeit der Ludowinger weit verbreitet.[7]

---

[1] Grimm III:618
[2] Zur Rodungsfreiheit bei den Ludowingern Kroeschell 1954 und in Thüringen allgemein Kötzschke 1943.275-278. In dem von ihnen selbst gegründeten Friedrichroda saßen die Bauern nach Aussage Hermanns I. von 1209 seit langer Zeit nach Erbrecht (DRT II:1418, Patze 1962.410).
[3] Patze 1962.422
[4] Patze 1962.522-526
[5] Dies behauptet Ohler 1985.32.
[6] UB der Erfurter Stifter und Klöster I:35. Vgl. Patze 1962.410
[7] UB des Klosters Pforte 53.70 (1199/12/27), 55.73 (1202)

Noch im 13. Jahrhundert kam es vor, daß der Zins nicht zur Gänze in Geld erhoben wurde.[1] Die Bauern waren allerdings seit langem gewohnt, mindestens einen Teil ihrer Abgaben in Geld zu entrichten - es läßt sich also nicht sagen, ob das Bargeldvolumen in den Dörfern bis zum Ende des 13. Jahrhunderts nennenswert gestiegen ist; außerdem ist unklar, ob sich die Ware-Geld-Relationen im Dorf selbst spürbar ausgeweitet haben. Geld konnte nur dadurch ins Dorf kommen, daß die Bauern einen Teil ihrer Erzeugnisse außerhalb ihrer Gemeinde verkauften. Woher das Geld stammte, gibt das Weistum von Monre an: der Zins durfte in drei Münzsorten bezahlt werden,

> nämlich der des Königs, des Landgrafen und des Herrn Bischofs.[2]

Reich, Thüringen und Mainz waren die drei münzgebenden Mächte in der Welt dieser Bauern. Reichsmünzen (wenn sie in Monre überhaupt von Bedeutung waren und nicht nur aus rechtssystematischen Gründen aufgeführt wurden) mögen am ehesten die in Thüringen beheimateten Reichsministerialen[3] verbreitet haben; landgräfliches Geld benutzten die Vögte als ludowingische Ministerialen sicher auch, ebenso die nach Monre benannte und demnach aus Monre stammende ludowingische Dienstmannenfamilie; bischöfliche Münzen gebrauchten natürlich die Vertreter des Mainzer Stiftes - und die Märkte im nahen Erfurt. Klöster und Städter mußten wenigstens einen Teil ihrer Lebensmittel im Umland kaufen, und somit ergab sich für die Bauern die Möglichkeit, auf den Märkten in Stadt und Land in den Kreislauf des Geldes einzudringen.

Wie der Hof im Mittelpunkt der Villikation selbst angelegt war, ist nur in allgemeinen Zügen zu beschreiben. Ein festes Haus bot Raum zum Essen und Schlafen für das Verwaltungspersonal. Speicher nahmen die eigene Ernte und die Abgaben der Bauern auf. Dazu kamen Schuppen für Wagen und Geräte. Eine Wassermühle diente der Verarbeitung des Korns zu Mehl.[4]

Einen Hinweis auf die Produktivität der Fronhöfe bietet die Aufzählung des Jahresertrages des Klosters Reinhardsbrunn aus acht Höfen um das Jahr 1280: 1000 Malter Weizen und Gerste, 40 Mastschweine im Wert von über 100 Mark, 100 weitere Schweine, dazu an den kirchlichen Hochfesten von jedem der Höfe ein zusätzliches Schwein, Käse, Schafe, Kühe, Kälber, Lämmer, Pferde »usw.«.[5] Es wurde also vor

---

[1] UB des Klosters Pforte 55.73 und 56.74 sehen 1 Pfund Silber *oder* 3 Scheffel Weizen als Abgabe vor.

[2] Grimm III:620. Diese Währungen werden ebd. als »gewohnt« *(consueta)* bezeichnet.

[3] Deren Bedeutung als Rodungsherren »westlich und östlich von Saale und Elbe« hebt Bosl 1950.I:8 hervor und weist darauf hin, daß die Reichsministerialen in Thüringen wegen ihrer »Isolierung« vom Reich sich auf Dauer den Landesherren fügen mußten (ebd. 573).

[4] Dies geht aus der berühmten Schadensliste des Reinhold von Marienthal über den Überfall Ottos von Hadmersleben auf das Klostervorwerk Mammendorf 1250 hervor (UB zur Geschichte der Herzöge von Braunschweig und Lüneburg I:34).

[5] Cronica Reinhardsbrunnensis S. 630

allem Getreide angebaut, aber auch Viehzucht - vor allem Schweinezucht - betrieben. 1278 und 1279, nach guter Ernte, kostete der Malter Weizen ¼ Mark,[1] so daß der Verkaufspreis der Getreideproduktion Reinhardsbrunns 250 Mark betragen hätte, gemessen an den knapp 100 Mark für die Mastschweine also das Zweieinhalbfache. Welche Arten landwirtschaftlicher Nutzung damals verbreitet waren, belegt die bei Grundstücksübertragungen so oder ähnlich häufig angeführte Pertinenzformel, die aufzählt, was zum Grund und Boden dazugehörte:

> Nämlich bebautes und unbebautes Land, Wiesen, Weiden, Wälder, Haine, Viehtriften, Buschwerk, Sümpfe, Teiche, Fischteiche, Wasser und Wasserläufe, Weinberge. [2]

Neben Ackerbau und Viehzucht sind der Betrieb von Mühlen[3] sowie Forstwirtschaft,[4] Fischerei[5] und sonstige Gewässernutzung, z.B. für Wassermühlen,[6] Feldbewässerung[7] sowie Warentransport, und schließlich Weinbau[8] verbreitet.

3. DIE MÜNZEN DER LUDOWINGER

Walter Hävernick hat untersucht, in welchem Zusammenhang die in Thüringen gemachten mittelalterlichen Münzfunde mit der Wirtschaftsgeschichte des Landes stehen. Aus der zeitlichen Verteilung dieser Funde schließt er, »*daß der Umfang des Geldverkehrs in Thüringen am Ende der sächsisch-fränkischen Kaiserzeit nur ein geringer war, daß aber die Stauferzeit einen Umschwung mit sich brachte*«,[9] denn »*Voraussetzung für eine Bildung vieler solcher Schätze ist gesteigerter Geldumlauf ...*«[10] Seit der Mitte des 12. Jahrhunderts nahm der Gebrauch von Münzen (Bargeld) in Thüringen nach Hävernick sprunghaft zu, und diese Entwicklung hielt etwa ein Jahrhundert lang an.

---

[1] Cronica Reinhardsbrunnensis S. 629
[2] UB Deutschordens-Ballei Hessen I:45 (Urkunde Heinrich Raspes und Konrads für den Deutschen Orden, 6.11.1234)
[3] UB des Klosters Pforte Nr. 118 (1234); UB Deutschordens-Ballei Hessen I:45 (1234)
[4] Ludowingische Förster werden 1227 und 1239 erwähnt, und schon in der Reinhardsbrunner Briefsammlung setzt sich der Landgraf (Ludwig I. oder II.) gegen unerlaubte Rodungen in seinen Wäldern zur Wehr (Patze 1962.524; Reinhardsbrunner Briefsammlung Nrn. 94 u. 95).
[5] UB Deutschordens-Ballei Hessen I:46 (Urkunde Heinrich Raspes und Konrads von 1234)
[6] UB des Klosters Pforte Nrn. 23 (1180) u. 104 (1233)
[7] Vgl. Reinhardsbrunner Briefsammlung Nr. 81; UB des Klosters Pforte Nr. 100 (1229)
[8] UB für die Geschichte des Niederrheins I:371
[9] 1955.19
[10] Ebd. 22

Tatsächlich berichten die Quellen dieser Zeit wiederholt von einem Mangel an Bargeld
- gewissermaßen der Beweis *ex negativo* für die gestiegene Bedeutung des Geldes. So
konnte ein Dienstmann der Ludowinger einem auswärtigen Ritter Schulden in Höhe von
vier Mark nicht zurückzahlen; stattdessen bat Landgraf Ludwig (I. oder II.), dem
Ministerialen die Schuld zu erlassen, und versprach dem Ritter dafür »*bei nächster Gelegenheit*« mehrfachen Ersatz »*durch irgendein Lehen*«.[1] Offenbar waren weder der Ministeriale noch sein Herr Ludwig in der Lage, die - relativ niedrige - Summe bar zu begleichen. Infolgedessen bot der Landgraf eine Verrechnung mit Lehenseinnahmen an.
Erzbischof Philipp von Köln war bestrebt, sein Bistum durch den Kauf vieler Güter und
Burgen zu vergrößern. Er soll dafür insgesamt 53.000 Mark ausgegeben haben.[2] Ein
großer Posten waren dabei 3.700 Mark, die er den Ludowingern für vier Burgen am
Rhein zahlte.[3] Allerdings konnte Philipp nicht alles auf einmal bezahlen. Den Vertrag
hatte er mit Landgraf Ludwig III. († 1190) abgeschlossen, aber obwohl Philipp eigene
Güter verkaufte, um liquide zu werden,[4] blieb eine Restschuld von 1.500 Mark
bestehen,[5] bis der übernächste Erzbischof, Adolf I., 1197 endlich alles bezahlt hatte.[6]
Daß es gut ein Jahrzehnt dauerte, bis die - zugegeben gewaltige - Schuld beglichen
werden konnte, verdeutlicht, daß sogar eine so große und reiche Herrschaft wie das
Kölner Erzbistum, das über »*die größte und effektivste*« der deutschen Münzstätten
verfügte,[7] mit Liquiditätsschwierigkeiten kämpfen mußte. Recht schwer fiel es auch
Landgraf Ludwig IV., die Schulden seines 1217 verstorbenen Vaters, des »*milden*« (also
freigebigen) Landgrafen Hermann, zu bezahlen. Wir erfahren, daß er Cäsarius von
Lewenberg 100 Silbermark, für die seine Grafen und Ministerialen gebürgt hatten, nicht
fristgerecht zurückzahlen konnte und deshalb das Geld vom Kloster Georgenthal lieh.
Aber auch dem Kloster konnte er das Geld nicht wie vereinbart erstatten, so daß ihm
nichts anderes übrig blieb, als dem Kloster einen Hof und zehn Hufen Landes
ersatzweise zu übertragen. Der Besitz gehörte allerdings zum Wittum von Ludwigs
Mutter Sophia, die dem Handel, mit Rücksicht auf die Notlage ihres Sohnes, zustimm-
te.[8]
Ein ähnliches Geschäft schloß Ludwig 1223 mit dem Kloster Pforte ab, dem sein Vater
141 Mark geschuldet hatte. Er tauschte mit Pforte 6 Hufen seines eigenen Landes gegen
vier des Klosters, bekam dazu 81 Mark Bargeld und den Erlaß der väterlichen

---

[1] Reinhardsbrunner Briefsammlung 96.80
[2] Cronica Reinhardsbrunnensis S. 550
[3] DRT II:810
[4] DRT II:804
[5] DRT II:810
[6] UB für die Geschichte des Niederrheins I:554.385 f
[7] Nau 1977.92
[8] DRT II:2001

Schulden.[1] Auch in diesem Fall sind also wenigstens sechs Jahre (seit 1217) bis zur Begleichung der Schuld verstrichen.

Landgraf Heinrich Raspe und sein Bruder Konrad mußten dem Deutschen Orden 1234 die Fischereirechte im oberen und unteren See zu Weissensee überlassen,

> dergestalt, daß die [Ordens-]Brüder vom Fang und Verkauf der Fische die genannte Summe von 300 Mark [welche die Ludowinger nämlich vom Orden geliehen hatten] einnehmen. [2]

Immer wieder wurden also, weil es an Bargeld fehlte, Kompensationsgeschäfte abgeschlossen. Es ist verständlich, daß in dieser Lage die Herren danach strebten, die Kontrolle über die Produktion des begehrten Geldes zu gewinnen. Das Prägen von Münzen galt seit fränkischer Zeit als Königsrecht, das der Monarch verleihen konnte. Belehnt wurden damit bis Mitte des 12. Jahrhunderts vor allem geistliche Herrschaften, allerdings waren ihre Zahl und ihr Münzausstoß gering. Erfurt prägte zu Beginn des 11. Jahrhunderts in erzbischöflichem Auftrag erstmals thüringische Münzen; sie wurden für den Fernhandel, in bescheidenem Maße aber auch für den regionalen Handel verwendet.[3] Noch Kaiser Friedrich Barbarossa ließ 1158 auf dem Reichstag zu Roncaglia feststellen, daß Münzstätten, Wechselstuben und Zölle zu den Regalien gehörten.[4] Durch den Enkel Barbarossas, Friedrich II., erhielten die Fürsten allerdings 1220, 1231 - im Beisein zahlreicher thüringischer Adliger verkündet - und ein weiteres Mal 1232 die Münzhoheit in ihren Ländern zugesprochen.[5] Der Kaiser konnte gegen den Willen der Landesherren keine neuen Zölle oder Münzen in ihren Territorien einrichten; der Landes- und Münzherr beaufsichtigte den Geldwechsel in seinen Städten und Märkten. Dort war es verboten, in einer anderen als der ortsüblichen Münze zu bezahlen. Der Landesherr trug dafür Sorge, daß seine Münzen

> sofort auf den ersten Blick und ohne Schwierigkeit [6]

von denen anderer Territorien zu unterscheiden waren. Gegen Fälschungen oder Nachahmungen sollte mit drastischen Strafen vorgegangen werden.

Der Sachsenspiegel stellte die Regel auf, daß ein neuer Herr auch neue Münzen ausgeben sollte; andererseits sollten alte Münzen nicht von heute auf morgen verboten

---

[1] DRT II:2051
[2] UB Deutschordens-Ballei Hessen I:46.45 f
[3] Steguweit 1987.14 f
[4] MG Const. I:175.244 f
[5] MG Const. II:73.89-91 (Confoederatio cum principibus ecclesiasticis, Ziff. 2); II:301.416 (Reichsspruch über das Münzrecht); II:171.211-213 (Statutum in favorem principum, Ziff. 17)
[6] MG Const. II:301.416. Vgl. Sachsenspiegel II:26,VIII

(»verrufen«) werden, sondern sie sollten noch zwei Wochen lang zum Begleichen von Schulden und zum Lösen von Pfändern gelten.[1]

Zwar war mit diesen gesetzlichen Zugeständnissen an die Fürsten entschieden, daß die Kontrolle der Währung, die Münzhoheit, fester Bestandteil der Landesherrschaft wurde. Aber sie war es kraft monarchischer Autorisierung.[2] Die fürstliche Münzhoheit führte seit der Zeit Friedrich Barbarossas zu einem »Boom von Münzstättengründungen bzw. -wiederbelebungen«, den Elisabeth Nau beschrieben hat.[3] Der sprunghafte Anstieg der Münzproduktion seit der 2. Hälfte des 13. Jahrhunderts ging vor allen Dingen auf das Konto weltlicher Fürsten; ein Siebentel aller rund 450 zwischen 1130 und 1330 aktiven Münzstätten im Deutschen Reich lag in Thüringen.[4] Unter den thüringischen Münzherren taten sich auch die Ludowinger hervor. Nicht ohne Grund bedienten sie sich der Form des wenig dauerhaften, aber durch seine Größe auffälligen und leicht zu gestaltenden Hohlpfennigs (Brakteaten). Vielleicht ihre eigene Erfindung ist der Typ des Reiterbrakteaten, auf dem der Münzherr beritten und gerüstet dargestellt wurde.[5] Adolf Waas befindet: »Entscheidend konnte für die Prägung dieser dünnen Münzen ... nur die Möglichkeit sein, sein Bild oder Wappen gut erkenntlich auf ihnen anzubringen ..., das heißt mit anderen Worten, der Bauer sollte seinen Zins wenigstens teilweise mit dem Bild oder Symbol des Herren, wie es die Münze bot, bezahlen, und der Marktverkehr sollte sich unter steter Verwendung des Kennzeichens seiner Herrschaft, also bei Anerkennung seiner Münzhoheit, vollziehen ...«[6]

Die Motive der (künstlerisch wertvollen)[7] ludowingischen Münzen enthalten Herrschaftspropaganda: Als einen Reiter im Panzerhemd, mit Schild und wehender Fahne, der zwischen zwei Wehrtürmen hindurchprescht, ließ sich Ludwig II. darstellen wie alle seine Nachfolger auch;[8] seine Frau, die Halbschwester Kaiser Friedrich Barbarossas, als reitende Dame mit Lilienzepter.[9] Erst Hermann I. zeigte sich auf Münzen auch als Fürst

---

[1] II:26,V; II:26,VIII

[2] Sachsenspiegel II:26,VII

[3] Nau 1977.89. Nach Nau gab es 1140-1197 215 Münzstätten (davon 106 in den Händen geistlicher und 81 in den Händen weltlicher Herren) in Deutschland, 1197-1260 aber nicht weniger als 414 (davon jetzt 152 im Besitz geistlicher, aber 277 im Besitz weltlicher Herren) (ebd.).

[4] Steguweit 1987.17, mit einer Karte auf S. 18.

[5] Suhle 1938.78, ähnlich Steguweit 1987.20, der annimmt, die ersten Brakteaten geistlicher Herren stammten aus Meißen (ebd.). *Braktea* bedeutet »dünnes Blech«. - Steguweit 1987.24-30 gibt zahlreiche Abbildungen ludowischer Brakteaten aus Eisenach und Gotha.

[6] 1964.48

[7] Steguweit 1987.22

[8] Suhle 1938.78 f

[9] Ebd. 80 f

mit Mantel, Fahne und Schwert,[1] Ludwig IV. ließ neben sich seine Frau Elisabeth thronen und einen Reichsapfel halten.[2] So wollten die Ludowinger ihren des Lesens zumeist unkundigen Untertanen bildhaft vermitteln, daß sie sowohl Kriegsherren als auch Friedefürsten, sowohl Ritter als auch Richter waren.

Urkundlich belegt sind landgräfliche Münzer in Eisenach 1196.[3] Ludwig III. hatte zeitweilig die Münze in Fritzlar als Pfand gegen 130 Mark Kredit für den Erzbischof von Mainz inne; sie wurde nach 1183 für 100 Mark abgelöst.[4] Wenigstens die Differenz von 30 Mark oder 4.800 Pfennigen werden die Ludowinger in der Zwischenzeit wohl geschlagen haben. Hermann I. betrieb die Reichsmünze in Mühlhausen, solange er die Stadt während des welfisch-staufischen Thronfolgekrieges besaß.[5] Im Vertrag mit dem Kloster Hersfeld von 1215 verzichtete er außerdem u.a. auf Münze und Zoll in Breitungen, die er unter Berufung auf seine Rechte als Vogt wahrgenommen hatte.[6] Wolfgang Heß hat gezeigt, daß in Marburg zuerst um 1140 und dann wieder am Ende des 12. Jahrhunderts ludowingische Pfennige geprägt wurden, die weit über das ludowingische Territorium verbreitet waren.[7] Verschiedene ludowingische Ministerialen erhielten außerdem offenbar das Recht, eigene Münzen auf landgräflichen Schlag zu prägen.[8] Von Ludwig II. angefangen sind zahlreiche Prägungen der Ludowinger gesichert überliefert.[9] Aufschlußreich ist ein Vergleich der Münzgewichte und -größen ludowingischer Prägungen. Das Durchschnittsgewicht der in *Abb. 4* untersuchten Münzen betrug 0,71 g; die Prägungen bis zur Zeit Hermanns I. einschließlich wogen im Schnitt 0,79 g, die späteren Münzen (eine gute, schwere Prägung Heinrich Raspes einberechnet) aber nur 0,625 g. Seit der Zeit Ludwigs IV. verschlechterten sich die ludowingischen Münzen also deutlich.

Dies hing mit der Geldknappheit zusammen. Wie bereits dargestellt, litt Ludwig IV. unter einem Mangel an Bargeld. Eigene Silberminen gab es in Thüringen nicht. Es lag daher nahe, daß er dem Mangel durch Münzverschlechterungen abzuhelfen versuchte. Da regelmäßige Münzverrufungen weithin üblich waren (die Erfurter Münzen wurden

---

[1] Sankt Elisabeth 1981.355. Den Motivwechsel führt Steguweit 1987.30 auf die gestiegene Gestaltungsfreiheit der städtischen Münzmeister zurück; an dieser Erklärung möchte ich zweifeln. Wahrscheinlicher ist ein allgemeiner Wechsel der Vorstellungen vom Herrscherbildnis. Wir sehen eine ähnliche Entwicklung auch bei den Siegelbildern; Landgraf Konrad war der erste weltliche Fürst überhaupt, der ein Thronsiegel verwandte.

[2] Sankt Elisabeth 1981.364

[3] DRT II:999

[4] DRT II:860

[5] Patze 1962.546

[6] DRT II:1637

[7] 1958.95 f. Patze 1962.544 f hält für fraglich, ob die Münze kontinuierlich betrieben wurde.

[8] Patze 1962.543

[9] Auflistung bei Hävernick 1955.149 ff

z.B. jährlich außer Kurs gesetzt),[1] fiel es ihm nicht
schwer, frühere, schwerere
Prägungen außer Kurs zu
setzen, über die Wechsel-
stellen einzusammeln und zu
leichteren Münzen in größerer Stückzahl umzuschmel-
zen, die dann (gegen Ge-
bühr) von den Wechslern
wieder ausgegeben wurden.[2]
Auch hegte Ludwig besonderes Interesse an seinem östlichen Nachbarland, der
Markgrafschaft Meißen. Dessen Herrscher, Dietrich der
Bedrängte, war mit Ludwigs
Schwester Jutta verheiratet.
Da bei Freiberg in Meißen
Mitte des 12. Jahrhunderts

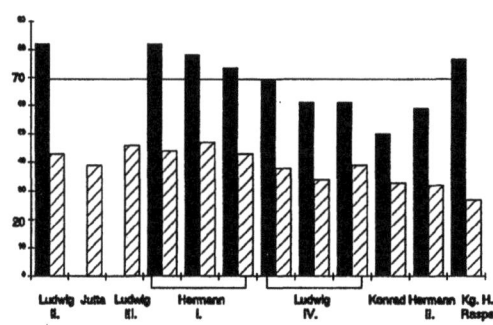

Abb. 4: Reiterbrakteaten der Ludowinger.
Schwarzer Balken: Münzgewicht (g/100); schraffierter Balken:
Durchmesser (mm); Linie: Durchschnittsgewicht.
Nrn. 1-3, 5 nach Suhle 1938.78-84; 4, 6-12 nach Sankt
Elisabeth 1981.355, 363 f, 369 f

bedeutende Silbervorräte gefunden worden waren, die dem damaligen Markgrafen Otto
den Beinamen »der Reiche« eintrugen,[3] war der Wert Meißens erheblich gestiegen; denn
Silber war das Prägematerial der deutschen Pfennige. Als Dietrich 1221 starb und sein
Sohn Heinrich (der Erlauchte) als unmündiger Knabe zurückblieb, sicherte sich sein
Onkel Ludwig die Vormundschaft über den Erben Meißens - und ließ im selben Jahr die
Silberminen, die dem Meißener Bischof Bruno gehörten, besetzen und für sich selbst
nutzen. Auf Proteste Brunos hin - er berief sich darauf, mit dem kaiserlichen Münzregal
beliehen worden zu sein - untersagte Kaiser Friedrich II. allerdings Ludwig diesen wider-
rechtlichen Akt.[4] Es gelang Ludwig IV. daher nicht, den Ludowingern dauerhaften
Zugriff zu Meißens Silbervorräten zu verschaffen. Ihm blieb seither nur der Ausweg der
Münzverschlechterung.
Sein Nachfolger Heinrich Raspe wußte, daß schlechtere Münzen gute zu verdrängen
pflegen. 1238 ermahnte er als Vogt der Erfurter Marienkirche die Bauern der Kirche,

---

[1] Steguweit 1987.16 f
[2] Es handelt sich bei der Münzverschlechterung also eindeutig um einen anderen Vorgang als bei
der regulären Münzverrufung ohne Gewichtsverschlechterung, die nach Steguweits Feststellung
der »Marktfestigung« (1987.17) diente.
[3] Spufford 1988.109-114
[4] UB des Hochstifts Meißen I:96 (zu 1223/3/22), DRT II:2000 (zu 1222)

ihren Zins trotz Münzverschlechterung in alten Münzen zu entrichten,[1] und 1239 legte er einen neuen Münzfuß für die Bauern fest: während früher mit *pfundigen Pfennigen* bezahlt wurde (von denen 240 gleich 20 Schillingen gleich 1 Mark ausmachten; wobei 1 Pfennig 0,974 g wiegen sollte, das übliche Gewicht des als Standard geltenden Mainzer Pfennigs)[2], sollten die Bauern jetzt schlechtere Münzen benutzen, von denen 30 Schillinge (also 360 Pfennige zu 0,65 g) auf eine Mark gingen.[3] Auf diese Weise versuchte sich das Kloster vor einer weiteren Entwertung der von ihm eingetriebenen Gelder zu schützen. Wichtig an Heinrichs Vorgehen ist sein Versuch, durch Neufestlegung des Münzfußes die bäuerlichen Abgaben, die weiterhin nach altem Brauch in Schillingen erhoben wurden, nominal (in Pfennigen gezählt) zu erhöhen, um sie real auf der alten Höhe zu halten. In derselben Zeit wurde in Kaufverträge häufig die Klausel aufgenommen, eine vereinbarte Zahlung müsse in Münzen »geprüften« oder »gesetzlichen Silbers« geleistet werden.[4]

Heinrich Raspes eigene Münzen ragten andererseits über die seiner zeitweiligen Mitherrscher Konrad und Hermann II. deutlich hinaus. Er ließ sogar zweiseitig geprägte Pfennige herstellen. Nach dem Aussterben der Ludowinger wurden die thüringischen Münzen allerdings bedeutend kleiner und leichter: ihr Münzgewicht lag jetzt bei 0,4 g - also rund halb so hoch wie bei den frühen ludowingischen Prägungen.[5]

Daß der Münzumlauf im 13. Jahrhundert deutlich anstieg, beruht also zum Teil auf der ebenso deutlichen Münzverschlechterung, die - wie am Beispiel Heinrich Raspes und der Erfurter Marienkirche gezeigt - im Bewußtsein der Zeitgenossen auch als Wertverlust registriert wurde. Eine weitere Beobachtung Hävernicks verdient Beachtung. Er weist darauf hin, daß die überwiegende Zahl der thüringischen Münzschätze in agrarisch weniger bedeutungsvollen Gegenden geborgen wurden, während die intensiver genutzten Landschaften »eine auffallende Fundleere« zeigen.[6] Daraus schließt er, daß die Schätze in ihrer großen Mehrzahl reisenden Kaufleuten gehörten, die sich im Umfeld der Städte und Handelswege aufhielten; wo bäuerliche Wirtschaft vorherrschte, gab es auch weniger Schätze zu vergraben. Mit den Münzen der Ludowinger verlassen wir den Kreis der agrarisch orientierten Hauswirtschaft. Für sie allein wären die Ludowinger notfalls auch ohne Münzen ausgekommen. Bargeld wurde in dem Moment wichtig, als sich die Geschäfte mit Menschen mehrten, die außerhalb des häuslichen Zusammenhanges standen. So, wie Waas betont, »daß die Einführung der Zahlung an den Herren mit der

---

[1] UB Stadt Erfurt I:118

[2] Nau 1977.93

[3] UB Stadt Erfurt I:121

[4] Codex diplomaticus Anhaltinus II:154.122 f; UB Deutschordens-Ballei Hessen I:46.45

[5] Vgl. Hävernicks Bericht über den 1290/1295 vergrabenen Schatz von Ohrdruf (Kreis Gotha) (1955.285-309). Ähnlich Steguweit 1987.17.

[6] 1955.22

Münze ... noch nicht das Vorhandensein einer regelrechten Geldwirtschaft ... beweist«,[1]
lehnt Brunner »*die pseudo-historische Stufenfolge«* von Natural- und Geldwirtschaft in
Alteuropa ab,[2] denn in der traditionellen agrarisch orientierten, auf das Haus gegründeten Wirtschaft dienten Handel und der damit verbundene Gebrauch von Geld der
Ergänzung der häuslichen Ressourcen, nicht dem Gelderwerb an sich. Es sind dagegen
die Städte und die Fernhändler, die das Geld der Ludowinger brauchen und gebrauchen.

4. DIE STÄDTE DER LUDOWINGER

Ludwig mit dem Barte war Mitte des 11. Jahrhunderts keineswegs in ein menschen- und
herrschaftsfreies Land eingedrungen. Mitten im Zentrum des Landes lag, der direkten
Herrschaft der Ludowinger wegen seiner Anbindung an das Mainzer Erzbistum fast
immer verschlossen, Erfurt, eine der größten deutschen Städte im Mittelalter. Walter
Schlesinger hat gezeigt, wie die Gründung des Petersklosters auf altem Königsgut, die
(kurzlebige) Einrichtung eines Bistums durch Bonifatius und die Gründung einer
Siedlung für Fernkaufleute neben einem alten Handelsplatz im Zusammenspiel das
Gesicht der Stadt bis ins 11. Jahrhundert gestaltet haben.[3] Dies vollzog sich »*durchaus
im Rahmen einer herrschaftlichen Ordnung«,*[4] was eine selbständige Politik der
Stadtgemeinde gegenüber dem Stadtherren (dem Mainzer Erzbischof) und den
mächtigsten Nachbarn - den Ludowingern - nicht ausschloß. Bereits 1141 soll es Kämpfe
zwischen den Bürgern der Stadt und Rittern des Erzbischofs gegeben haben.[5]
Der Umgang mit Städten wie Erfurt und Mainz - dem die Ludowinger ja seit ihren
Anfängen besonders verbunden waren - war also nicht Ungewöhnliches für die
Ludowinger. Aber für den Großenkel Ludwigs mit dem Barte, Landgraf Ludwig II.,
waren die Eindrücke, die er während Kaiser Friedrich Barbarossas Kampf mit den nord-
italienischen Kommunen gewann, gewiß neu und bedeutsam. 1161 half Ludwig dem
Kaiser - seinem Schwager - bei der Belagerung Mailands. Die Bürger der mächtigen und
unbeugsamen Stadt versuchten, über Ludwig, den Sohn des Kaisers und den Herzog von
Böhmen Friedensverhandlungen aufzunehmen, was eine Intrige des Kölner Erzbischofs
Rainald von Dassel allerdings vereitelte.[6] Im folgenden Jahr - Ludwig hatte sich
indigniert nach Deutschland zurückgezogen - wurde Mailand völlig zerstört. 1163 kehrte
Barbarossa vorübergehend nach Deutschland zurück und legte die Mauern der Stadt
Mainz nieder, als Strafe für die 1160 erfolgte Ermordung des Erzbischofs. 1165 wandelte

---

[1] 1964.48
[2] 1968.124
[3] 1970.313-336
[4] Ebd. 334
[5] Annales S. Petri Erphesfurdenses S. 19
[6] Otto Morena S. 166

Ludwig II. auf seinen Spuren und schleifte die kurz zuvor errichtete Erfurter Stadt-mauer.[1]

Aber das Verhältnis der Ludowinger zu den Städten erschöpfte sich nicht in der Destruktion, obwohl davon später noch zu berichten sein wird. Die Ludowinger waren auch eifrige Förderer des Städtebaus in ihrem Herrschaftsgebiet. Allerdings ist der Begriff »Stadtgründung« leicht irreführend, denn fast alle ludowingischen Städte stützten sich auf ältere Siedlungen und Festungsanlagen, und von der Fläche her unterschieden sich die ludowingischen Städte meist nicht von großen Dörfern.[2] Daß die Ludowinger mit ihren Städten »*Kunstwerke*«[3] schaffen wollten, wie Wolfgang Heß den Stadt-grundrissen entnommen haben will, ist höchst unwahrscheinlich.[4] Allerdings haben sie in mehreren Fällen erkennbaren Wert gelegt auf eine sorgfältige und repräsentative Gestaltung der für sie wichtigsten Bauelemente: Burgen, Kirchen und Märkte. Ein Blick auf die in den ludowingischen Städten - zu ihrer Zeit - regelmäßig vorhandenen Elemente verdeutlicht, was dazugehörte, um aus einer Siedlung in der zweiten Hälfte des 12. oder zu Beginn des 13. Jahrhunderts eine feste Stadt zu machen: Ausnahmslos überall in den 32 untersuchten ludowingischen Städten (s. *Tab. 1* am Schluß dieses Kapitels) fanden sich geistliche Institute (Kirchen bzw. Kapellen oder Klöster bzw. Stifte); fast überall auch Märkte, ebenso regelmäßig Burgen. Daß diese Elemente nicht beziehungslos nebeneinanderstanden, verdeutlicht *Abb. 5*.

In jeder Stadt sind mindestens zwei der drei Elemente Burg, geistliches Institut und Markt nachzuweisen. Eine Stadt ohne geistliches Institut gibt es überhaupt nicht. Hinzu kommen noch Burg oder/und Markt. Marktsiedlungen im Schatten von Burgen sind also (noch) keine Städte.

Einige wenige Städte besitzen keine Burg. Sie sind entweder ehemals geistlicher Besitz wie Allendorf und Breitungen und nicht vollständig ausgebaut worden (für Allendorf, direkt neben den Sodener Salzquellen gelegen, hat Heß eine »*Planreduktion*« aufgrund seiner unerwartet schlechten wirtschaftlichen Entwicklung wahrscheinlich gemacht,[5] Breitungen mußte der Abtei Hersfeld unter Verzicht auf Vogtei, Münze und Zoll bereits 1215 zurückgegeben werden,[6] noch ehe die Ludowinger dort eine Burg bauen konnten[7]) oder in bescheidenem Maßstab geplant und nur kurzfristig in der Hand der Ludowinger

---

[1] Annales S. Petri Erphesfurdenses S. 23 (nach Cronica Reinhardsbrunnensis S. 537 schon 1164)

[2] Grünberg 1254: 7,5 ha Gesamtfläche, davon 3 ha allein für landgräflichen Grund, nämlich Burg, Kirchhof und Burgmannenhöfe (Heß 1964.54); Creuzburg: 12 ha; Jena: 12 ha; Thamsbrück: 15,5 ha; Frankenberg/Eder: 13 ha; Gotha: 28 ha (alle 1378; Heß 1964.123) (zu diesen Städten vgl. Abb. 2).

[3] Heß 1964.184; vgl. den Ausdruck »Stadtbaukunst der Gründungsstädte« ebd. 183

[4] Meckseper 1977.78 schließt ästhetische Überlegungen der Stadtgründer aus.

[5] 1964.104

[6] DRT II:1637, II:1638, II:1639

[7] Heß 1964.118

gewesen wie
Frankenau und
Treysa.
Den größten
Anteil unter
den ludowin-
gischen Städ-
ten machen
aber diejeni-
gen Orte aus,
die Kirche,
Markt und
Burg kom-
binieren. Es
sind Städte
mit kleinräu-
miger wirt-
schaftlicher
Ausstrah-
lung.[1]
Münzstätten
treten (mit der
einzigen Aus-
nahme Brei-
tungens, das

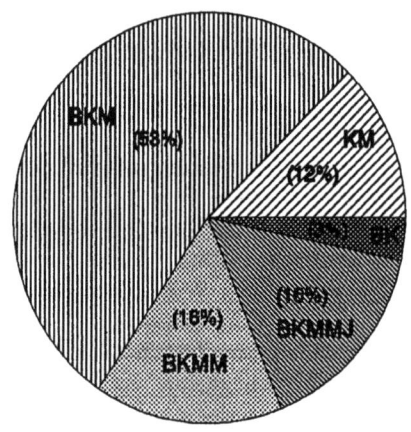

Abb. 5: Stadttypen unter den Ludowingern
K: Kirche nachgewiesen
B: Burg nachgewiesen
M: Markt nachgewiesen
MM: Markt u. Münze nachgewiesen
J: Juden nachgewiesen

an einem Fernweg liegt, und vielleicht auch Allendorfs, wegen der erwähnten widrigen
Umstände) nur dort auf, wo Burg, Markt und Kirche vorhanden sind. Jüdische
Einwohner lassen sich nur dort nachweisen, wo es auch eine Münzstätte gibt. Sie sind
durch ihre Tätigkeit im Kreditwesen gewissermaßen Indikator für Stätten, an denen
Handel in großem Umfang und mit weiter Ausstrahlung getrieben wurde.[2] Eine kleine
Spitzengruppe unter den Städten der Ludowinger war hierfür qualifiziert: Eisenach und
Gotha[3] in Thüringen, Grünberg, Kassel und Marburg in Hessen. Sie sind allesamt im
12. Jahrhundert ausgebaut worden, zuerst Eisenach und Marburg, dann Gotha und
Kassel, schließlich Grünberg. Wie groß der Abstand dieser Gruppe zu den übrigen
Städten war, deutet die Übersicht der landesherrlichen Einnahmen aus verschiedenen
Städten in nachludowingischer Zeit zumindest tendenziell an *(Abb. 6)*.
Stadtmauer und Stadttore sind in dieser Zeit nur für die wenigsten Städte belegt. Unter

---

[1] Patze 1962.474
[2] Vgl. Meckseper 1977.85
[3] Zur Entwicklung Gothas s. Steguweit 1987.22 ff

ihnen sind wiederum die Städte der »Spitzengruppe« überdurchschnittlich vertreten: Eisenach, Gotha, Grünberg, Marburg. Nehmen wir die Mauer mit den Worten Erich Maschkes als *»das sichtbarste Zeichen für einen autonomen Bereich der Bürgerschaft«*,[1] dann können wir in ihnen auch unter diesem Aspekt die am weitesten entwickelten ludowingischen Städte erkennen. Dies wird sich unten bei einem Blick auf ihre städtischen Verfassungen bestätigen.

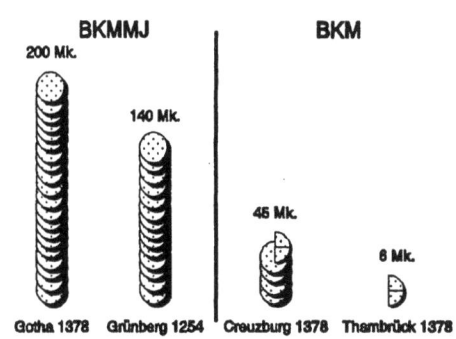

Abb. 6: Einnahmen aus ehemals ludowingischen Städten (nach Heß 1964.123)

Die Ludowinger haben in einer Reihe von Städten Kirchen und Klöster dem Patronat des Heiligen Georg unterstellt. Der Georgskult steht seit den 1180er Jahren (Stiftung der Eisenacher Georgenkirche, der späteren Grablege der Familie, durch Landgraf Ludwig III.) in einer besonderen Beziehung zu den Ludowingern, und es ist anzunehmen, daß seine Verbreitung in den ludowingischen Städten von ihnen besonders gefördert wurde.[2]

In einigen Fällen haben die Ludowinger Burg (Eisenach, Freyburg, Grünberg, Weissensee) oder Hof (Schmalkalden), Kirche (Freyburg, Marburg) oder Markt (Allendorf) auffällig groß und *»nach architektonischen Gesichtspunkten«*[3] gestalten lassen. Daraus kann auf ein bestimmtes Interesse an repräsentativen und nicht allein zweckdienlichen Bauten geschlossen werden. Dies können wir auch aus der - freilich an den jeweiligen geographischen Voraussetzungen orientierten - Planmäßigkeit der neu angelegten Stadtteile ablesen. Ein gutes Beispiel bietet der Stadtgrundriß von Melsungen an der Fulda aus der 2. Hälfte des 12. Jahrhunderts (*Abb. 7*).

Der *burgus* Melsungen ist erstmals 1190 belegt. Damals wurde er für 350 Mark von Landgraf Hermann I. an den Erzbischof von Mainz verkauft; 1194 zerstörten die Ludowinger den Ort im Kampf gegen Mainz und eroberten die Stadt für sich zurück. Das Münzrecht übte seit dem 13. Jahrhundert ein ludowingischer Ministeriale aus. Der große, quadratische Markt- und Kirchenplatz läßt auf hohe Erwartungen zur Zeit der An-

---

[1] 1977.61
[2] Eisenach: Cartellieri 1940.47 f, Patze 1962.416; Thamsbrück: Patze 423 f
[3] Patze 1962.413

lage der Stadt schließen.[1] Er wird
durch eine Häuserzeile in zwei Hälften
geteilt, die vermutlich ursprünglich
einen Budenstreifen darstellte, auf dem
Händler ihre Marktstände einrichteten.[2]
Die drei Grundelemente der ludowingischen Stadt - Burg, Kirche und Markt -
stehen in einem unverkennbaren Bezug
zueinander, wie er auch in anderen
Städten (Creuzburg, Grünberg, Kassel,
Nebra, Schmalkalden, Thamsbrück,
Weissensee, Wolfhagen) erscheint. Die
Verbindung dieser drei Elemente ist
nichts Neues, sondern seit dem frühen
Mittelalter bekannt; das Neue am Städ-
tebau-»*Fieber*«[3] seit der Mitte des 12.

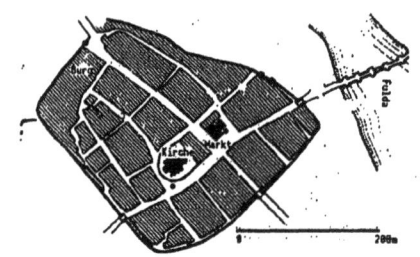

Abb. 7: Melsungen an der Fulda (nach Patze 1962 Stadtplan Nr. 27)

Jahrhunderts war allerdings die Anlage bzw. der Ausbau solcher Städte »*als ganzheitli-
ches Bauunternehmen*«,[4] d.h., mit der festen Absicht, die eigene Herrschaft durch neue
Städte auszubauen.

Für die Herren bedeutete die Stadt konzentrierte Herrschaft. Sie hielten Gericht über die
Bewohner - die noch enger zusammenleben als im Dorf -, besteuerten sie, empfingen
ihren »Rat und Hilfe«. Die Ludowinger ließen Bauholz aus den umliegenden Wäldern
zum Häuserbau herbeischaffen, und sie sorgten auch dafür, daß die Bauern aus der
Umgebung in die neuen Städte zogen.[5] Sie wußten, warum sie diese Veränderung ihrer
wirtschaftlichen Umwelt mutwillig und planmäßig herbeiführten: Weil der Zugriff auf
die Menschen, die hier wohnten, leichter war als in den kleinen Ordnungen des
ländlichen Lebens; weil manche Städte - bei weitem nicht alle - die Chance für neue
Geschäfte und neue Wege nach draußen boten; und weil man hier bequemer und sicherer
leben, herrschen und Hof halten konnte als in engen, unkomfortablen Burgen.

---

[1] Heß ordnet die Anlage als »bescheidene Kopie der Göttinger Gründungsanlage« (1964.155) ein
und bezeichnet sie als Längsstraßentyp (ebd. 154). Vgl. Patze 1962.458 f.
[2] Patze 1962.459, Heß 1964.184 (mit dem Hinweis auf ähnliche Häuserblöcke in Allendorf,
Creuzburg, Sangerhausen und Frankenberg)
[3] Maschke 1977.64
[4] Meckseper 1977.86
[5] 1205 mußte Hermann I. dem Kloster Hersfeld versprechen, die Klosterwälder nicht mehr
heimzusuchen, um Bauholz für Städte und andere Bauten zu rauben, sowie die Leute des Klosters
nicht mehr in seine Städte abzuwerben (DRT II:1281). - Die Chronik des Johann Crämer,
entstanden ca. 1514, berichtet, 1220 habe Landgraf Hermann I. Bauern mit ihren (leicht
zerlegbaren Fachwerk-) Häusern aus den Dörfern in seine neugegründete Stadt Creuzburg
umziehen lassen (Heß 1964.119).

Was genau auf den ludowingischen Märkten in Stadt und Land geschah, ist den Quellen allerdings so gut wie gar nicht zu entnehmen. Vereinzelte Angaben über den Wert einzelner Waren zu bestimmten Zeiten lassen keine allgemeinen Schlüsse auf den Umfang von Handel und Marktbetrieb und die Preisentwicklung zu. Es ist schon erstaunlich konkret, wenn wir aus der Reinhardsbrunner Chronik zum Jahre 1197 erfahren, daß die Bewohner der Kreuzfahrerstadt Akkon in Palästina angeblich so vermögend waren,

> daß ein jeder in Akkon pro Woche ein Pfund Silber für Lebensmittel verbrauchte. [1]

Bei den Preisen in der Stadt während der Belagerung Akkons 1190/91 wäre dies sicher nicht übertrieben gewesen: Ein Sack Korn soll damals 100 Goldstücke gekostet haben,[2] umgerechnet etwa 13 Kölner Mark. Im fernen Thüringen allerdings, wo man bereits entsetzt war, als ein Scheffel Weizen während einer Hungersnot 25 Schillinge - also rund 2 Mark - kosten sollte,[3] galt ein solcher Aufwand als Zeichen von Wohlstand.
Wir wissen aber, daß die Ludowinger als Landes- und Marktherren mehrfachen Einfluß auf das marktwirtschaftliche Geschehen ausgeübt haben: erstens durch die Gründung oder Privilegierung von Märkten

> zum Kauf von allem, was den Menschen lebensnotwendig ist und ihnen verkauft werden muß,[4]

Städten sowie Münzen; des weiteren durch die Erhebung von Zöllen, von denen sie per Privileg bestimmte Parteien befreiten.[5] Die Zollhoheit gehörte zu den Königsrechten,[6] die sich Gebietsherren oft selbst anmaßten. Ludwig II. war 1157 dabei, als Kaiser Friedrich I. entschieden gegen ohne Rechtsgrundlage erhobene Wegezölle am Rhein einschritt.[7] Aber als Landgrafen hatten die Ludowinger gewiß größeren Spielraum. In der Freiheit für das Kloster Spießkappel in Hessen (vor 1189) werden die *villici* und

---

[1] Cronica Reinhardsbrunnensis S. 557
[2] H.E. Mayer 1985.132 (Umrechung nach ders., 5. Aufl. 1980.284)
[3] Annales S. Petri Erphesfurdenses cod. 3 a. 1146
[4] Cronica Reinhardsbrunnensis a. 1225 (S. 602) anläßlich der Gründung des Jahr- und Wochenmarktes in Witzenhausen durch Ludwig IV. Vgl. Patze 1962.464.
[5] Z.B. 1182/85 und 1218/27 das Kloster Lippoldsberg (DRT II:656 u. II:2423), vor 1189 das Kloster Spießkappel (DRT II:834), 1225 den Deutschen Orden (UB der Deutschordensballei Thüringen I:35 »von jedem Zoll und jeder Abgabe in allen unseren Landen und den unserer Rechtsprechung unterstehenden Märkten«).
[6] MG Const. I:175.244
[7] MG Const. I:162.225 f

Zöllner »in den beiden Ländern« *(utraque terra)* Thüringen und Hessen angesprochen.[1] 1248 ist ein Marburger Bürger namens »Hermann, genannt Zöllner« belegt.[2] Die Ludowinger erhoben in ihren Städten und Flecken Zölle auf Nahrung und Kleidung.[3] Nach dem Reichslandfrieden von 1152 sollte außerdem jeder Graf am 8. September mit Hilfe von sieben Gutachtern für seinen Amtsbereich die Preise für die neue Ernte festlegen; wer teurer verkaufte und dessen überführt wurde, wurde als Friedensstörer behandelt und mußte eine empfindlich hohe Strafe zahlen.[4] Allerdings betont Dirlmeier, daß noch für die spätmittelalterlichen Städte galt: *»Eine regelmäßige, antizyklische und preisstabilisierende öffentliche Vorrats- und Inverventionspolitik hat es nicht oder nur ganz ansatzweise gegeben.«*[5] Den Landgrafen standen schließlich die Marktgerichtsbarkeit auf ihren Märkten[6] und - über das allgemeine Landgericht, das thüringische Landding Mittelhausen - die Rechtsprechung[7] (und daraus abgeleitet die Beurkung) über Eigentumsangelegenheiten zu: Gegen 1215 entschied Hermann I., daß das Kloster Walkenried den Besitzern von Tuchen, die dem Kloster zum Walken übergeben und von dort gestohlen worden waren, dafür keinen Schadenersatz leisten mußte.[8] Hermann I. drohte 1209 seinem eigenen Hauskloster Reinhardsbrunn damit, das Dorf Friedrichroda - den ehemaligen Mittelpunkt der ludowingischen »Urzelle« - zu zerstören, weil es zum Schaden ludowingischer Städte mehrmals unbefugt Markt abgehalten habe. Das Kloster konnte die Vernichtung des Dorfes durch den Urenkel seines eigenen Gründers nur durch die Zahlung von 40 Mark Abfindung verhindern. Als Vermittler werden in diesem Fall die landgräflichen *villici* von gleich drei ludowingischen Städten genannt, die sich offenbar durch unerwünschte Konkurrenz eines neuen Marktes bedroht sahen: Kassel, Gotha und Waltershausen.[9]

---

[1] DRT II:834

[2] UB der Deutschordens-Ballei Hessen I:84

[3] DRT II:1740 (vor 1217)

[4] MG Const. I:140.195-198

[5] Dirlmeier 1988.152

[6] UB der Deutschordensballei Thüringen I:35 *(fora dicioni nostre subdita).*

[7] In der ca. 1400 verfaßten Thüringischen Bonifatiuslegende heißt es, Kaiser Karl (!) habe den Landgrafen mit dem Gericht »obir daz gancze lant, obir lyp unde obir gud noch rechte« belehnt (zit. n. Eberhardt 1958.129). Vgl. Patze 1962.499.

[8] DRT II:1622

[9] DRT II:1418. Vgl. Patze 1962.410.

Tab. 1: Die ludowingischen Stadtgründungen

☼: Burg □: Hof †: Kirche/Kapelle ‡: Kloster/Stift ☺: St.-Georgs-Patrozinium ⊗: Markt $: Münze א: Juden ‖: Mauer/Stadttor

Stadtname	☼	□	†	‡	☺	⊗	$	א	‖
Allendorf/Werra			•			•	?	•	•
Alsfeld	•		•	•		•	•		
Biedenkopf	•		•			•			
Breitungen				•		•	•		
Creuzburg/Werra	•		•			•			
Eisenach	•	•	•	•	•	•	•	•	
Felsberg	•		•						
Frankenau			•			•			
Frankenberg/Eder	•		•		•	•	•		
Freyburg/Unstrut	•		•			•			
Gotha	•		•	•		•	•	?	•
Grünberg	•		•	•		•	•		
Gudensberg	•							?	•
Hannoversch-Münden	•		•			•			•
Homberg/Efze	•		•			•			
Homberg/Ohm	•		•		•	•			
Kassel	•		•	•		•	•	•	
Langensalza	•		•			•			
Marburg	•		•	•		•	•	•	•
Melsungen/Fulda	•		•			•	•		?
Nebra	•		•		•	•			
Rotenburg/Fulda	•		•		•	•	?		
Sangerhausen	?		•	•		•	?		•
Schmalkalden	?	•	•			•			
Tennstedt	•		•			•			•
Thamsbrück	•		•		•	•	?		
Treysa	•		•			•			?
Waltershausen	•		•			•			

Stadtname	☼	□	†	‡	☺	⊗	$	ℵ	‖
Weissensee	•		•			•	?		•
Wildungen	•		•			•	?		
Witzenhausen	•		•			•	?		
Wolfhagen	•		•			•			

G. Formen der Besitzergreifung

1. LEHEN

Nach dem Bericht der Reinhardsbrunner Chronik war Hugo, der ältere Bruder Ludwigs mit dem Barte, so reich, daß er niemand anders dienen wollte als den Kirchenfürsten von Mainz und Fulda. Sein gesamtes Erbe ging nach seinem Tod auf seinen Sohn Wichmann über, dem die Mainzer Lehen allerdings durch ein Urteil entzogen wurden. Alles wurde schließlich seinem Onkel Ludwig mit dem Barte übertragen.[1] Tatsächlich wurde dessen Urenkel Ludwig II. in der Mitte des 12. Jahrhunderts als größter thüringischer Lehensmann des Klosters Fulda bezeichnet,[2] und die Ludowinger besaßen von niemand mehr zu Lehen als vom Mainzer Erzbischof.[3] Soweit wohnt der Überlieferung ein wahrer Kern inne. Sie lehrt aber noch mehr: Daß nämlich die Annahme eines Lehens zum Dienst für den Lehensherrn *(servire)* verpflichtete, und daß, wer reich und damit mächtig war, sich genau aussuchte, wem er diesen Dienst zu leisten bereit war, d.h., in wessen Abhängigkeit er sich geben wollte. Schließlich erfahren wir noch, daß Lehen in der Regel zum Erbe gehörten, aber unter bestimmten Bedingungen - Wichmann wurde als geistesschwach bezeichnet -[4] entzogen werden konnten. Damit sind schon die wichtigsten Elemente der Vergabe von Lehen beschrieben. Wir können sie aus dem Quellengut der Ludowinger weiter konkretisieren.

Im Jahre 1090, so berichtet die Chronik des Klosters Goseck, wurde Konrad der Bayer, Propst des Naumburger Georgenklosters, zum Abt des Klosters Goseck gewählt. Die Klosterchronik ist auf Konrad nicht gut zu sprechen, weil er, *»was er zusammenraffen konnte«*, an diejenigen verteilte, denen er gefallen wollte.

---

[1] Historia brevis principum Thuringie S. 820
[2] DRT II:313.55 f, Codex Diplomaticus Anhaltinus I:502.366
[3] Patze 1962.325
[4] Historia brevis principum Thuringie S. 820, Cronica Reinhardsbrunnensis S. 517

> Er brachte auch folgendes zustande, er setzte nämlich als erster für die
> Zölle und Fronboten dieser [der Gosecker] und der Hildesheimer Kirche
> [Michaelskloster, wo er zeitweilig Aufnahme fand] Ministerialen ein, nahm
> die Huldigung freier Mannen an und belehnte diese wie jene mit den
> Einkünften der Brüder.[1]

Zu jenen, denen der Abt durch die Vergabe von Ministerialen- und Freienlehen gefallen
wollte, gehörte auch Ludwig der Springer, damals kommissarischer Vogt des Klosters
für seinen unmündigen Stiefsohn Friedrich. *»Der fand im Abt Konrad seinen besten
Freund ...«*[2] Die Chronik vermerkt weiter, daß die damals vergebenen Lehen zum Teil
»bis zum heutigen Tag« (also bis 1135/36, der Abfassungszeit der Chronik)[3] in den
Händen der damit Belehnten blieben - womit aufgrund der dazwischen vergangenen Zeit
sicherlich gemeint ist, daß sie in denselben Familien verblieben, mithin erblich wurden.
Besonders aufschlußreich ist die von der Chronik vorgenommene Unterteilung der
Lehen. Die Lehen für Ministerialen waren an Dienste geknüpft, welche wir bereits als
typische Aufgaben der *»villici«* oder *»yconomici«* kennengelernt haben: das Einsammeln
von Zöllen und untere Verwaltungsämter in den Klosterhöfen. Dagegen werden solche
Ämter für Freie (Ministerialen waren also nicht frei) nicht erwähnt. Auch eine Urkunde
des Klosters Reinhardsbrunn und seines Vogtes - Landgraf Ludwig I. - aus dem Jahre
1136 unterscheidet zwischen Lehen für Freie und Ministerialen; allerdings nennt sie
einen gemeinsamen Grund, weshalb beide Gruppen ihre Lehen erhielten: Waffendienst.[4]
Diesen Unterschied zwischen den Lehen der Ministerialen und der Freien zeigt auch ein
Urteil, das Landgraf Ludwig II. 1165 vor Kaiser Friedrich I. fällte. Die Lehensleute des
Naumburger Georgenklosters, *»die sich* herskilt *nennen«* und deren Vogt der Ludowinger
war, hatten sich Übergriffe auf Klostergut zuschulden kommen lassen, und Ludwig legte
fest, daß die *»feudale Justiz«* der klösterlichen Lehensleute, *»ob sie* herskilt *genannt
werden oder anders«*, sich nicht von derjenigen der Lehensleute des Naumburger
Bischofs unterschied, in dessen Diözese das Kloster lag.[5] Damit sollte die Zuständigkeit
des Bischofs für die Bestrafung ungehorsamer Lehensleute geklärt werden. Zugleich
offenbart die Formulierung der Betroffenen aber auch, daß eine Gruppe von Lehensleuten - die nämlich als *Heerschild* bezeichnet wurden - sich mehr Freiheiten
herausnahm als diejenigen, die dem Heerschild nicht angehörten. Es liegt nahe, in dieser
letzteren Gruppe die Ministerialen des Klosters zu sehen, die *nicht* heerschildfähig
waren, und in der ersteren die Freien. Nehmen wir hinzu, daß auch das den Bauern in
Monre gegen Zins verliehene Land als *»Lehengut«* bezeichnet wurde,[6] ergeben sich

---

[1] Chronicon Gozecense I:27.150
[2] Ebd.
[3] Ebd.
[4] Codex diplomaticus Saxoniae regiae I,2:116
[5] DRT II:290.51 f. Vgl. Patze 1962.337
[6] Grimm III:619

mithin drei verschiedene Arten von Lehen:
• Lehen, deren Träger als reich (d.i. mächtig), frei oder (seit der zweiten Hälfte des 12. Jahrhunderts) als Angehörige des Heerschildes bezeichnet wurden.
• Lehen, die mit festgelegten Diensten (z.B. als Zöllner, Fronbote oder Ritter) verbunden waren und deren Angehörige als unfreie Ministerialen oder (seit der zweiten Hälfte des 12. Jahrhunderts) als Nicht-Mitglieder des Heerschildes bezeichnet wurden.
• Lehen, die gegen Zins an Bauern verliehen wurden.
Es gab also eine Abstufung der Lehen und der Fähigkeit, bestimmte Arten von Lehen zu erwerben. Die *Heerschildordnung*, deren Grundzüge Julius Ficker herausgearbeitet hat,[1] regelte freilich nur die erstgenannte Kategorie, also Lehen, welche diejenigen erhalten konnten, die nach den Worten des Sachsenspiegels *»am Heerschild vollkommen«*[2] waren und die eine Herrenexistenz begründeten. Die Ludowinger waren für sich selbst von Anfang an nur an dieser Gruppe interessiert, und zwar innerhalb dieser Kategorie wiederum nur an Lehen einer bestimmten Rangstufe, wie die Reinhardsbrunner Überlieferung berichtet und aus dem Sachsenspiegel, dessen Verfasser Eike von Repgow mit dem ludowingischen Rechtskreis wohlvertraut war,[3] hervorgeht: Dort heißt es über die Binnendifferenzierung des Heerschildes, der König habe den ersten, Bischöfe, Äbte und Äbtissinnen den zweiten,

> die Laienfürsten den dritten, weil sie [Lehens-]Männer der Bischöfe geworden sind,

Freie den vierten, *»schöffenbare Leute«* (darunter sind nach Kroeschells Feststellung Ministerialen mit Eigengut zu verstehen)[4] und Lehensmänner der Freien den fünften, deren Leute den sechsten, und über den siebenten[5] schreibt Eike:

> Wie die Christenheit in der siebenten Welt keine Dauer kennt, wie lange sie bestehen soll, [vgl. Offenb. 17,9-10] weiß man auch vom siebenten Schild nicht, ob er Lehenrecht oder Heerschild haben darf.[6]

Daß die Stellung in dieser Ordnung davon abhing, von wem man ein Lehen trug, drückt Eike gleich zweimal mit der Wendung aus, die Laienfürsten seien jetzt Lehensleute der Bischöfe und hätten damit ihre eigene Stellung und die ihrer Leute gemindert.[7] Wenn

---

[1] Ficker 1862. Vgl. Krieger 1979.117-127 zur Heerschildordnung des Sachsenspiegels, der Fickers Ergebnisse im wesentlichen bestätigt.
[2] IV:4
[3] Kroeschell 1977.352
[4] Ebd. 361
[5] Zur Symbolik der Siebenzahl im Sachsenspiegel s. Kroeschell 1977.365.
[6] I:3
[7] Ebd. und IV:1,I

also Ludwig mit dem Barte nur Lehen von Bischöfen und Äbten annehmen wollte, die dem zweiten Heerschild angehörten[1] - jedenfalls in der Auffassung der zweiten Hälfte des 12. Jahrhunderts, in welcher dieser Teil der Reinhardsbrunner Annalistik entstand - dann sollte dies den Anspruch der Ludowinger auf den unmittelbar folgenden, dritten Heerschild der Laienfürsten untermauern. In derselben Zeit hatte sich ja für die Reichsfürsten der Grundsatz der *»lehnrechtliche[n] Reichsunmittelbarkeit«*, wie es Edmund Stengel nennt,[2] durchgesetzt, d.h., Reichsfürsten - zu denen die Landgrafen von Thüringen gehörten - durften nur vom König und von geistlichen Instituten lehens- abhängig sein. Die Ludowinger durften also ihren »Schild« nicht »mindern«, indem sie Lehen eines nach der Heerschildordnung ranggleichen oder niedrigeren Herren annahmen.[3] Folgerichtig haben zwei Arten von Lehen für die Ludowinger die größte Bedeutung gehabt: Reichslehen und Kirchenlehen.

Über zahlreiche Klöster und Kirchen übten die Ludowinger die *Vogtei* aus. Das Kloster Goseck wurde schon erwähnt; Ludwig der Springer war hier ebenso Vogt wie in dem von ihm gegründeten Reinhardsbrunn. Ein Vertrag des Mainzer Erzbischofs Adelbert mit Ludwig I. von 1125 gibt Aufschluß über die Bedingungen, unter denen das Kloster Rein- hardsbrunn die Vogtei verlieh: Der Vogt erhielt jährlich eine Vogteiabgabe von zwei Mark und ein Dritteil der Strafgefälle zugesprochen, durfte aber keinen Untervogt einsetzen (die Ludowinger haben andernorts - etwa im Naumburger Georgenkloster und im Kloster Frauensee - die Vogtei insgesamt oder Teile davon an ihre Leute weiterver- liehen)[4], nicht ohne Einwilligung des Klosters Gericht halten, sich nicht allzu häufig auf den Klostergütern aufhalten (denn er mußte dann mit seinem Gefolge verköstigt werden) und durfte allgemein keinen Klosteruntertanen bedrücken.[5] Immerhin soviel durfte ein Vogt also regelmäßig erwarten: eine jährliche Abgabe, Beteiligung an den Gerichts- gebühren,[6] Gastung[7] (in Maßen) - und vertraglich nicht vereinbarte Sonderleistungen, die oft zu Streitpunkten zwischen Klöstern und Vögten führten: Zugriff auf das Lehensgut des Instituts, um es sich selbst oder den eigenen Leuten zuzuteilen; Zugriff

---

[1] Cronica Reinhardsbrunnensis S. 517, Historia brevis principum Thuringie S. 820

[2] 1948.301

[3] Auch Krieger 1979.118 meint, der Sachsenspiegel habe mit seiner Darstellung der Heerschild- ordnung vor allem nicht standesgemäße Lehensverbindungen verhindern wollen; Eike von Repgow habe damit zwar ein Idealbild gemalt, aber seine Grundgedanken hätten sehr wohl die staufische Verfassungswirklichkeit bestimmt (ebd. 125). Kroeschell weist im selben Sinne darauf hin, daß der Sachsenspiegel erst im späten Mittelalter als geschriebenes Recht verstanden und benutzt wurde (1977.380).

[4] DRT II:2235 (Naumburg); UB des Klosters Frauensee 13.6

[5] DRT I:1196. Vgl. Patze 1962.387 f

[6] DRT I:1196: Der dritte Teil der vor Gericht verhängten Strafgelder. In Monre mußte jeder, der einen Vermögensprozeß anstrengte, vier Schillinge Gerichtskosten bezahlen -zwei an den Grundherrn und zwei an den Vogt (Grimm III:617).

[7] Vgl. DRT II:2246 (Ludwig IV., 1225/11/6)

auf die Leute, um ihnen Abgaben für die eigene Kasse aufzuerlegen oder sie für eigene
Zwecke - z.B. Städtebau - zu verwenden. All dies geschah auch unter den Ludowingern.
Beispielhaft steht dafür der Streit mit dem Kloster Hersfeld. Hersfeld besaß seit dem 8.
Jahrhundert aus Königsgut außerordentlich viele Besitzungen in Thüringen.[1] Die Vogtei
über das Kloster ging vor 1133 durch die Heirat Ludwigs I. mit Hedwig, der Erbin des
Grafen Giso von Gudensberg, auf die Ludowinger über. Sein Sohn Ludwig II. und
dessen Sohn Heinrich Raspe III. folgten auf dem Erbwege nach. Das Kloster unternahm
allerdings schon bald Anstrengungen, den Ludowingern ihre Vogteirechte abzukaufen.[2]
Als 1180 Heinrich Raspe kinderlos starb, verweigerte Abt Siegfried seinen Bruder,
Landgraf Ludwig III., die Belehnung mit der Vogtei mit der Begründung, daß er die
indirekte Erbfolge nicht anerkennen wollte. Ein Vertrag, den Kaiser Friedrich Barbarossa
vermittelte, führte 1182 zu einem Kompromiß: Alle Lehen aus Klostergut, die Heinrich
Raspe weiterverliehen hatte, wurden Ludwig III. übertragen. Alle übrigen allerdings
konnte der Abt einbehalten.[3] Nach dem Tod Ludwigs III. mußte sein Nachfolger und
Bruder Hermann I. 1192 dem Kloster die Abtei und Vogtei in Herrenbreitungen abtreten,
um seinerseits mit denjenigen Lehen Hersfelds beliehen zu werden, welche sein älterer
Bruder 1182 erhalten hatte.[4] Die politische Schwäche Hermanns nach der erzwungenen
Unterwerfung unter König Philipp nutzte das Kloster 1205 zur Generalabrechnung mit
den Ludowingern: Es ließ vor dem König vertraglich festlegen, daß Hermann alle
Besitzungen und Villikationen Hersfelds, die er durch Weiterverleihung oder sonstwie
dem Kloster entfremdet hatte, zurückerstatten mußte; daß Hermann hersfeldische
Ministerialengüter, die er für sich oder seine Günstlinge an sich gezogen hatte,
zurückgab; daß er hersfeldische Bauern, die in ludowingische Städte geflohen waren,
dazu anhielt, Hersfeld die geschuldeten Abgaben zu zahlen, und darauf verzichtete, von
hersfeldischen Bauern eigene Zahlungen zu erheben; daß er und seine Leute nicht erneut
innerhalb hersfeldischer Grenzen Burgen anlegten; daß sie die Klosterwälder nicht mehr
zur Beschaffung von Bauholz für die ludowingischen Städte mißbrauchten; und
schließlich, daß Hermann für die jüngst entstandenen Kriegsschäden aufkam.[5] ·Der
Katalog zeigt umgekehrt beeindruckend deutlich, worin der wirtschaftliche Wert von
Vogteien bestehen konnte, wenn ihre Inhaber sie konsequent für ihre eigenen Interessen
nutzten.
Aber noch war in Sachen Hersfeld gegen Ludowinger das Ende nicht erreicht. 1215

---

[1] Patze 1962.51-59
[2] Ein mit zwei Schillingen beziffertes Vogteirecht in Kieselbach konnte der Hersfelder Abt
Landgraf Ludwig (II.) im Tausch gegen eine zehn Schillinge zinsende Hufe abnehmen (DRT
II:98.18) (vor 1155/06/18).
[3] Codex diplomaticus Saxoniae regis I,2:467
[4] Ebd. I,2:577. DRT II:1399 (nach 1200, vor 1209/02/22) bestätigt, daß Hermann I. den Abt von
Hersfeld mit dem Patronatsrecht über die Kirche in Breitungen belehnt hatte.
[5] DRT II:1281

wurde ein neuer Vertrag nötig, weil Hermann seine Ansprüche weiterhin wahrzunehmen versuchte. Erst jetzt verzichtete er endgültig auf alle Vogteirechte in hersfeldischen Besitzungen (Münze und Zoll in Breitungen hatte er 1192 offenbar gar nicht wirklich herausgegeben), nachdem ihm der Abt Heinrich 300 Mark in bar und ein Lehen im Werte von 100 Mark zugesagt hatte.[1] Bis Hersfeld allerdings die Folgen der ludowingischen Vogtei - die schleichende Entfremdung seines Besitzes - endgültig überwunden hatte, mußte es seine Ansprüche in jedem Einzelfall durchzusetzen versuchen: Erst 1220 einigte sich das Kloster mit Irminfrid von Wechmar, der eine Hersfeld gehörende Mühle widerrechtlich von Landgraf Hermann verliehen bekommen hatte, über die Höhe des von Irminfrid dafür zu entrichtenden Zinses.[2]

Nur wenige Vogteien - meist diejenigen über von ihnen selbst gegründete Klöster und Kirchen - (Reinhardsbrunn 1085, Ahnaberg 1148; St. Nikolai und Katharinenkloster zu Eisenach)[3] waren im ludowingischen Haus praktisch uneingeschränkt erblich. Die Erblichkeit konnte wie im Falle des Klosters Gerode unter den Vorbehalt gestellt werden, daß der Vogt bei schlechter Amtsführung abgesetzt werden konnte.[4] Am kürzesten überhaupt währte die Vogtei der Ludowinger über die Stadt Erfurt. Hier fand 1234 eine dramatische Auseinandersetzung zwischen den Erfurtern und ihrem Stadtherrn, dem Mainzer Erzbischof, weil sie ihm sie erbetene Hilfe schuldig geblieben waren. Der Erzbischof belegte die Stadt mit dem Kirchenbann; vom 13. April an, so berichten die Erfurter Annalen, entbehrte die Stadt der geistlichen Gnadengüter, um den 4. Juli herum traf sie auch der königliche Bannspruch.[5] Mittlerweile, am 18. Mai, hatte Landgraf Heinrich Raspe die Burg Velseck erobert, die Graf Heinrich von Gleichen gehörte. Heinrich war eifriger Parteigänger des Mainzer Erzbischofs und erblicher Vogt von Erfurt. In einem ordentlichen Gerichtsverfahren hatte ihn Landgraf Heinrich Raspe kurz zuvor »*all seines Lehensbesitzes beraubt*«[6] - darunter auch der Vogtei über Erfurt, die der Ludowinger jetzt für sich beanspruchte, sicher nicht ohne das Einverständnis der Erfurter. In seiner neuen Eigenschaft als Vogt gelang ihm gemeinsam mit den Erfurter Prälaten die Aussöhnung mit Mainz und die Aufhebung des Kirchenbannes am 1. August 1234. Daß schon am 25. Juli der Erzbischof sich mit dem Landgrafen geeinigt hatte, die

---

[1] DRT II:1637

[2] DRT II:1937

[3] Für sie mag man Rathgens Feststellung gelten lassen, »man würde den mittelalterlichen Kloster- und Kirchengründern doch bitter Unrecht tun, wenn man in ihren Gründungen nach Eigenkirchenrecht *nur* eine günstige Wirtschaftsform, eine gute Kapitalanlage sieht« (1928.64), daß es vielmehr dabei auch um »innere Werte« (ebd. 67) geht. Was Rathgen im folgenden aber als Beleg anführt, beweist nicht unbedingt religiöse Inbrunst: Als Ahnengrab, Altersheim und Auffangbecken für überzählige Familienmitglieder waren die Eigenkirchen und -klöster nämlich zweifellos höchst *praktische* Einrichtungen.

[4] DRT I:1188 (Urkunde Adelberts von Mainz, 1124)

[5] Annales Erphordenses S. 29

[6] Ebd. S. 30

Erfurter Vogtei gegen Einkünfte in Gottern in Höhe von 60 Mark nach Lehensrecht zu
tauschen,

> so lange, bis mittels anderer Güter eine Wiederherstellung der Vogtei
> geschehe, [1]

gehörte sicherlich zum Gesamtbild der Friedensverhandlungen. Seit 1238 wird Heinrich
Raspe tatsächlich als Vogt der Erfurter Marienkirche bezeugt,[2] was gewiß eine Folge
der Vereinbarung von 1234 war. Die Vogtei über die Stadt selbst hatten die Ludowinger
allerdings, wie beschrieben, für nur knapp drei Monate inne.

Was zwischen Landgraf und Erzbischof als Gegenwert der Stadtvogtei - Einkünfte von
60 Mark - festgelegt wurde, war kaum aus der Luft gegriffen. Es bezeichnete wohl in
etwa den wirtschaftlichen Wert der Vogtei Erfurts unter Einbezug aller politischen
Vorteile. Wichtig ist, daß die Wertfestsetzung und Belehnung stets auf dem Verhand-
lungswege geschah und urkundlich festgehalten wurde.

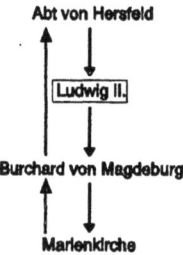

Abt von Hersfeld

Ludwig II.

Burchard von Magdeburg

Marienkirche

Abb. 8: Lehenstransaktion von 1171

Burggraf Burchard von Magdeburg, das
Kloster Hersfeld und dessen Vogt
Landgraf Ludwig II. vereinbarten 1171
eine komplizierte Transaktion. Burchard übergab damals dem Kloster 17
½ Hufen Eigengut, mit denen ihn der
Klostervogt anschließend belehnte. Er
erhielt dafür den Zehnten und 6 Hufen
zu Eilwardsdorf sowie zwei Hufen zu
Akkenrisen, die er bisher vom Landgrafen als Afterlehen hielt, übereignet,
verlieh sie aber sofort an die Marienkirche in Eilwardsdorf und erhielt dafür
von der Kirche 7 ½ Hufen, einen Hof
und 3 Schillinge zinsende Felder *(Abb.
8)*.[3]

Aufschlußreich ist auch der Tausch zwischen Friedrich, dem Bischof von Halberstadt,
Sigfrid, dem Grafen von Blankenburg, Hermann I., Landgraf von Thüringen, und dem
Kloster Marienthal aus dem Jahre 1215. Zunächst ließ Sigfrid Hermann den Zehnten zu
Heimenwurden auf, den er von Hermann I. zu Lehen trug. Hermann seinerseits gab den
Zehnten an Bischof Friedrich zurück, dessen Lehen er war. Friedrich verlieh ihn dann
dem Kloster Marienthal. Für den Zehnten hatte seinerzeit Sigfrid dem Bistum eine Hufe

---

[1] DRT III:438
[2] UB der Stadt Erfurt I:118
[3] DRT II:438

zu Minsleben gegeben. Diese verlieh Friedrich nunmehr an Hermann, und der gab sie weiter als Lehen an Sigfrid.[1] Statt der bisher vier aktiven Teilnehmer gab es hier allerdings nur drei; das Kloster Marienthal war lediglich passiv beteiligt *(Abb. 9)*.

Eine weitere Übereinkunft stammt aus dem Jahre 1231. König Heinrich (VII.) hatte dem Landgrafen Heinrich Raspe das Patronatsrecht über die Kirche in Herborn verliehen, das Heinrich Raspe an Graf Heinrich von Nassau weiterverlieh. Heinrich von Nassau ließ es dem Landgrafen nun unter der Bedingung auf, daß es der Landgraf dem König abtrat und dieser es schließlich dem Deutschen Orden verlieh. So geschah es schließlich auch.[2] Wie aus der grafischen Darstellung *(Abb. 10)*

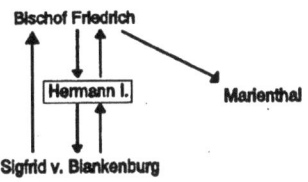

Abb. 9: Lehenstransaktion von 1215

sichtbar wird, waren die Rollen wie im vorigen Fall verteilt. Alle bisher genannten Beispiele betrafen Lehen, die über die Ludowinger weiterverliehen worden waren, also zweigliedrige Lehensketten. Für sie sind zahlreiche Beispiele in der ludowingischen Zeit zu finden. Daß es noch verwickelter zugehen konnte, zeigt folgender Fall:

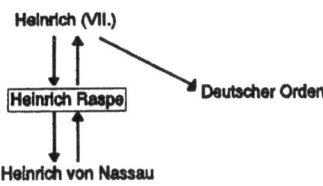

Abb. 10: Lehenstransaktion von 1231

1195 tauschte das Kloster Pforte die Hälfte des Dorfes Wenzendorf gegen eigenen Besitz ein. Die Dorfhälfte gehörte zur Mark Meißen, war allerdings von Kaiser Heinrich VI. während der Vakanz der Markgrafschaft dem Landgrafen Hermann I. verliehen worden. Hermann hatte sie weiterverliehen an Graf Meinher von Werben, dieser wiederum an den ludowingischen Ministerialen Kunemund von Vargula und seine Brüder. Mit deren Zustimmung übertrug Hermann seine Dorfhälfte dem Kloster Pforte.[3] Wahrscheinlich belehnte der Landgraf anschließend seinen ehemaligen Lehensmann in Winzendorf, Meinher, mit den von Pforte tauschweise erhaltenen Besitzungen, und der wiederum dürfte die Familie Vargula erneut bedacht haben. Damit stellt sich die »Kette« wie in

---

[1] DRT II:1635 u. II:1636
[2] UB der Deutschordens-Ballei Hessen I:23
[3] UB des Klosters Pforte 43.61-45.64

Abb. 11 dar.

Derartige Verwicklungen waren in der ludowingischen Zeit allerdings die Ausnahme. Meist endete die Lehenskette bereits mit dem zweiten Glied. Es ging noch kürzer. Heinrich von Tüttleben hatte Landgraf Ludwig II. († 1172) sein Eigengut und die Kirche in Tüttleben aufgelassen und von Ludwig zu Lehen genommen. 1176 ließ er dieses Lehen Landgraf Ludwig III. auf, damit Ludwig seinerseits alles dem Kloster Reinhardsbrunn verlieh. Wir erfahren in dieser Urkunde allerdings, was wir sonst oft nur vermuten können: Nicht nur Heinrich erhielt vom Kloster 50

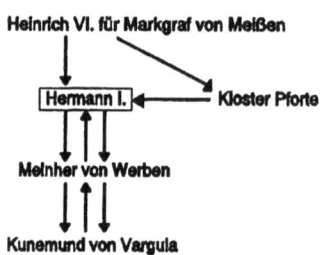

Abb. 11: Lehenstransaktion von 1195

Mark - er verkaufte sein Lehen also -, sondern auch sein Lehensherr Ludwig bekam 110 Mark und 7 Hufen zu freiem Eigen vom Kloster *(Abb. 12)*.[1] Auch in den vorher dargestellten Beispielen muß - ohne daß es in den Urkunden deutlich wird - mit ähnlichen Regelungen zugunsten der Lehensherren gerechnet werden; das heißt: Kennzeichen der Lehenswirtschaft war nicht nur die hierarchische Verkettung, sondern auch die Mehrseitigkeit bei jedem Handel mit den Lehen. Um den Gesamtumfang einer Transaktion festzulegen, mußte vorher auf allen betroffenen Ebenen durch Verhandlungen Einvernehmen hergestellt werden. So wurden Belehnungen und Umbelehnungen zum Gemeinschaftshandeln.

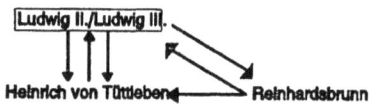

Abb. 12: Lehenstransaktion von 1176

Die Ludowinger besaßen verhältnismäßig wenig Eigengut.[2] Daher griffen sie zur Versorgung ihrer eigenen Lehensleute auf ihnen gewährtes Lehensgut zurück, was, wie beschrieben, zu mindestens zweigliedrigen Lehensketten führte. Sobald - durch Tausch, Verkauf, Belehnung - an den Besitzverhältnissen etwas geändert werden sollte oder mußte, geriet dieses kunstvolle Gefüge feudaler Beziehungen in Bewegung. Das ständige Geben und Nehmen verursachte häufig Unklarheiten über die

---

[1] DRT II:517.98
[2] Vgl. Patze 1962.325

tatsächlichen und rechtlichen Strukturen. Schon aus diesem Grund hatten die Ludowinger als Herren über eine Vielzahl von Lehen ein besonderes Interesse daran, daß ihre Lehensleute nur mit ihrer Zustimmung und Beurkundung etwas an diesem Gefüge veränderten. Den übrigen Landesherren erging es nicht anders. Das *Statutum in favorem principum* von 1232 bestimmt daher, daß Lehen nur mit Zustimmung des obersten Lehensherren (gemeint waren die Landesherren) verpfändet werden durften.[1] Um die Übersicht über ihren eigenen Besitz zu behalten, begannen im 12. Jahrhundert zahlreiche Klöster, Listen ihrer Besitzungen anzulegen. Dem Peterskloster in Hasungen hat dies sein Vogt - Landgraf Ludwig I. - sogar ausdrücklich empfohlen.[2] Die Ludowinger selbst taten dies für ihren Besitz noch nicht.[3] Sonst wäre es wohl kaum zu der Situation des Jahres 1227 gekommen, als das Erfurter Peterskloster vor dem Landgrafengericht klagte, die Brüder Hermann und Heinrich von Fahner (der ludowingische Kämmerer) hätten sechs Hufen des Klosters widerrechtlich in Besitz. Die Brüder beriefen sich darauf, daß sie diese von Landgraf Ludwig IV. und seinen Vorfahren zu Lehen trügen. Ludwig selbst konnte dies weder bestätigen noch dementieren, und um Frieden zu stiften, beschloß er, auf sein Recht an den Hufen, wenn er es denn überhaupt gehabt haben sollte, zu verzichten. Heinrich und Hermann erhielten die sechs Hufen anschließend vom Klosterabt zu Lehen, »*indem sie ihm huldigten*«.[4]

Falls sich - wie hier - nicht mehr entscheiden ließ, wer von wem rechtmäßig belehnt worden war, konnte es zu langwierigen Verwicklungen kommen. Als zwischen 1137 und 1140 das Kloster Siegburg ein Lehen aus dem Erbe der verstorbenen Gräfin Kunigunde von Beilstein in Empfang nehmen wollte, bestätigten ihm zwar Hedwig, die Tochter Kunigundes, und ihr Gemahl Ludwig I. diese Erbschaft. Aber ein Adliger namens Godebert behauptete, es handele sich um sein Lehen. Er trat es dem Landgrafen Ludwig ab, behielt allerdings den Nießbrauch daran auf Lebenszeit und versprach dem Kloster jährlich ein halbes Fuder Wein. Ein weiteres halbes Fuder sagte Ludwig selbst zu.[5] 1166 wurde beurkundet, daß das Kloster Godebert den Nießbrauch abgekauft hatte.[6] Gleichwohl war das Kloster vorsichtig genug, sich noch 1181 die Verleihung durch Papst

---

[1] MG. Const. II:171,20

[2] DRT I:1232

[3] Bumke stellt fest: »Belehnungen wurden in Deutschland herkömmlicherweise durch rechtlich bindende Gebärden vollzogen ..., anders als in Italien, wo die Ausfertigung von Belehnungsbriefen üblich war« (1986.624). Zumindest die Klöster und Kirchen haben sich auf die Dauerhaftigkeit rechtstiftender Gebärden aber offenbar nicht verlassen, denn sonst hätten sie sich keine schriftlichen Urkunden ausstellen lassen und Kanzlisten beschäftigt. Demgegenüber war das Kanzleiwesen der weltlichen Herren noch unterentwickelt: Ludwig I. und Ludwig II. ließen ihre Geschäftsurkunden anscheinend von den Mönchen ihres Hausklosters Reinhardsbrunn erledigen, woraus die Reinhardsbrunner Briefsammlung entstand.

[4] UB der Erfurter Stifter und Klöster I:205

[5] UB für die Geschichte des Niederrheins I:371

[6] Ebd. I:292

Lucius III. bestätigen zu lassen,[1] um alle eventuellen Ansprüche der *Erben* Godeberts abwehren zu können. Diese Maßnahme geschah nicht ohne Grund: Die Erbansprüche jüngerer Brüder oder anderer Verwandter, die sich übergangen fühlten, bildeten häufig den Anlaß weiterer Streitigkeiten,[2] die darauf hinweisen, wie sehr sich im Prinzip die Erblichkeit der Lehen durchgesetzt hatte.

Wiederholt ist uns der Hinweis auf die formale Seite beim Abschluß eines Lehensgeschäftes begegnet; es war die Huldigung *(hominium, homagium),* die das Verhältnis von Lehensmann und Lehensherrn konstituierte. Sofern die ludowingischen Quellen sich dazu überhaupt äußern, tun sie dies einigermaßen ausführlich nur bei denjenigen Lehen, die neben den Kirchenlehen für die Ludowinger am wichtigsten waren: den Reichslehen. Die Ludowinger fingen bescheiden an. 1121 erhielt Ludwig der Springer die königliche Burg Eckartsberga und stand damit nach dem Urteil Patzes *»zum ersten Male in einem Rechtsverhältnis zum Reiche.«*[3] Wenig später, 1130, wurde der junge Heinrich Raspe I., der Bruder Ludwigs I., *»Graf und Bannerträger des Königs«,* ermordet.[4] Zum Reichssturmfahnlehen, das mit dem Titel »Bannerträger des Königs« verliehen wurde, gehörte als Lehen die Herrschaft Markgröningen; sie war im Besitz der Familie der Grafen von Gudensberg, bis die Familie 1121 ausstarb.[5] Ihr umfangreiches Erbe traten die verschwägerten Ludowinger zum Teil an, offenbar übernahm Heinrich Raspe I. mit der Grafschaft Maden auf diese Weise auch das Reichssturmfahnlehen. Nach seinem Tod ging es der Familie wieder verloren.[6]

Aufschlußreich ist der Zusammenhang, in den die Quellen Heinrichs Ermordung stellen: Unmittelbar danach wurde nämlich auch Graf Burkhard von Loccum, *»Freund des Königs«,* heimtückisch auf einem Friedhof - also einem Sonderfriedensbereich - durch Leute seines Lehensherren Hermann von Winzenburg ermordet. König Lothar ahndete dieses Verbrechen durch die Absetzung Hermanns von der übergräflichen Stellung, die er zuvor in Sachsen innehatte.[7] Unmittelbar darauf und offenbar deswegen konnte Lothar III. die Ludowinger mit dem neugeschaffenen Fahnlehen der *Landgrafschaft*

---

[1] UB für die Geschichte des Niederrheins I:478.338 (1181/11/18; P. Lucius III. bestätigt dem Kl. Siegburg u.a. »predium in Brubach. quod dedit vobis comes Thuringie Ludewicus pro anima matris Gunegunde«)

[2] Vgl. DRT II:1210 (Hermann I. stiftet zwischen dem Grafen von Honstein und den Söhnen seines verstorbenen Bruders im Streite über eine Erbteilung Sühne) und DRT II:1178 (Hermann I. beurkundet, daß ein Sohn des Grafen von Buch seinen Einspruch gegen die Rechtmäßigkeit einer Schenkung seines Vaters an das Kloster Pforte nach Zahlung einer Entschädigung aufgibt).

[3] Patze 1962.312

[4] *Comes et signifer regis.* Annales Magdeburgenses S. 183. Vgl. Annalista Saxo S. 767 *(signifer regis).*

[5] Schramm 1954-1956.II:674-684

[6] Patze 1962.200 f

[7] Annales Magdeburgenses S. 183, Annalista Saxo S. 767

Thüringen belehnen.[1]

Den wirtschaftlichen Wert, welchen dieses wichtigste Lehen der Ludowinger am Ende ihrer Herrschaft besaß, können wir in etwa erschließen. Nach dem Aussterben der Ludowinger 1247 kam die Landgrafschaft Thüringen (ohne die Grafschaft Hessen) an den Neffen des letzten Ludowingers, Heinrich von Meißen. Dessen Sohn Albrecht der Entartete war 1294 des Streites mit seinen eigenen Söhnen um die Macht in der Landgrafschaft müde und verkaufte sie König Adolf von Nassau - für 11.000 oder 12.000 Mark; er behielt allerdings den Nießbrauch auf Lebenszeit.[2] Nach vorherrschender Rechtsmeinung mußten Fahnlehen - um ein solches handelte es sich eindeutig -[3] *binnen Jahr und Tag* vom König wiederverliehen werden.[4] Der gesamte wirtschaftliche Nutzen, den König Adolf demnach aus der Landgrafschaft nach dem Ableben Albrechts gehabt hätte, hätte sich auf die Einkünfte eines einzigen Jahres belaufen (wäre König Adolf nicht schon 1298 im Kampf gefallen und die Übereinkunft hinfällig geworden). So dürfte der Kaufpreis in etwa diesem zu erwartenden Betrag entsprochen haben.

Diese Annahme wird erhärtet bei einem Blick auf Thüringens Nachbarregion Meißen. Wie schon erwähnt, waren dort um 1170 neue Silbervorräte entdeckt worden; Meißen galt als reich. Landgraf Ludwig IV. gelang es 1226, von Kaiser Friedrich II. für den Fall, daß sein Neffe Heinrich von Meißen (der spätere Markgraf) unmündig und erbenlos stürbe, die Eventualbelehnung mit der Mark Meißen zu erhalten. Die jährlichen Einkünfte der Mark bezifferte der Kaiser damals auf 20.000 Mark Silber,[5] eine ansehnliche Summe. Mit einem Wert zwischen 10.000 und 20.000 Mark jährlicher Einkünfte dürfte auch die thüringische Landgrafschaft vermutlich einzuschätzen gewesen sein.

Erst 50 Jahre nach dem Erwerb der Landgrafschaft Thüringen erhielten die Ludowinger, als nach der gerichtlichen Aberkennung der Lehen und Allodien Herzog Heinrichs von Sachsen und Bayern das Fell des Löwen verteilt wurde, die *Pfalzgrafschaft Sachsen* mit umfangreichen Rechten im Hassegau als zweites der sieben Fahnlehen im sächsisch-thüringischen Raum.[6] Mit der Mark Meißen und der Mark Lausitz wären ihnen - falls Heinrich von Meißen wirklich früh und erbenlos verstorben wäre - zwei weitere zugefallen, mit bedeutenden Einkünften, die sie wirtschaftlich und politisch zur führenden

---

[1] Patze 1962.208 stellt die Ermordung Heinrichs nicht in diesen Zusammenhang. Sie gehört aber m.E. sowohl zeitlich wie auch inhaltlich zu den Gründen, weshalb Hermann von Winzenburg nicht mehr tragbar war: Seine Gewalttaten hatten die einheimischen Grafen gegen ihn aufgebracht.

[2] Patze 1974.290 f

[3] Sachsenspiegel III,62

[4] Sachsenspiegel III,60

[5] Historia Diplomatica Friderici Secundi III:.42

[6] In der Gelnhäuser Urkunde, mit der Kaiser Friedrich I. Heinrich den Löwen ächtete und seine Lehensgüter neu verteilte, erschien unter den Zeugen Ludwig (III.) erstmals als »Pfalzgraf von Sachsen und Landgraf von Thüringen« (Codex diplomaticus Anhaltinus I:581.430).

Macht im mitteldeutschen Raum gemacht hätten.

Karl Heinemeyer hat gezeigt, daß die Aufnahme in den Reichsfürstenstand seit dem 12. Jahrhunderts in zwei Schritten vor sich ging: Zunächst ließ der zukünftige Reichsfürst dem Monarchen seine Allodien auf, anschließend erhielt er sie unter Überreichung von Fahnen als Lehen zurück, mit Reichslehen angereichert.[1] Die feierliche Investitur mit Fahne wird schon zum Jahre 1130 für die Ludowinger berichtet,[2] in der Gelnhäuser Urkunde von 1180 (für Philipp von Köln) ebenfalls,[3] 1235 für die Investitur des Herzogs von Braunschweig-Lüneburg ein weiteres Mal.[4] Daß Hermann I. sein Fürstentum (gemeint ist die Landgrafschaft Thüringen, denn Pfalzgraf von Sachsen war er schon seit 1181, und Hessen wurde erst 1292 Reichsfürstentum)[5] nach dem Tod seines Bruders Ludwig erst 1193 erhielt, nachdem er Kaiser Heinrich VI. zwei Städte und eine Provinz überlassen hatte, wie die Reinhardsbrunner Chronik meldet,[6] beweist, daß der Investitur Verhandlungen vorangingen - die hier, wo der Kaiser das Erbrecht des jüngeren Bruders (in der Nachfolge Ludwigs III.) nicht sogleich anerkennen wollte, keine Formsache waren. 1198 soll Hermann König Otto IV. gehuldigt und anschließend seine Fürstentümer (nun aber beide, Land- und Pfalzgrafschaft) feierlich verliehen bekommen haben.[7] Vom Treueid ist bei seinen folgenden Parteiwechseln noch häufiger die Rede.[8] Er steht zweifellos *pars pro toto* für die gesamte Zeremonie; denn eins betonen alle Formulierungen immer wieder: Feierlich *(solemniter)* mußte es zugehen, wenn ein Lehen vergeben wurde.[9]

Nicht zu den Reichslehen gehörte dagegen die Grafschaft, die Ludwig mit dem Barte vom Mainzer Erzbischof zu Lehen getragen haben soll;[10] auch die Grafschaft Hessen, welche die Ludowinger seit 1123 besaßen, war mainzisches Lehen.[11]

Versuchen wir ein Fazit. Das Lehen gehört zur Ludowingerzeit selbstverständlich und auf allen Ebenen der Gesellschaft neben die von Walter Schlesinger aufgezählten Formen der Besitzerweiterung Erbe, Fehde und Kauf.[12] Ein Lehen konnte nicht nur - wie gezeigt - vererbt, gekauft und durch Fehden erstritten werden wie jedes andere Gut auch,

---

[1] 1986.85

[2] Cronica Reinhardsbrunnensis S. 532

[3] Codex diplomaticus Anhaltinus I:581.430

[4] MG Legum sectio IV,2:197

[5] Daher kann W. Heinemeyers Behauptung nicht stimmen, Hermann I. habe damals gegen Heinrich VI. um »die drei ludowingischen Fürstentümer« gekämpft (1983.18).

[6] Cronica Reinhardsbrunnensis S. 551

[7] Ebd. 560

[8] Ebd. S. 562 (a. 1199, für Otto IV.), 565 (a. 1202, für Philipp von Schwaben), 567 (a. 1204, für Philipp)

[9] Der Begriff erscheint in allen drei o.a. Belegen für die Belehnung mit Fahne.

[10] Historia brevis principum Thuringie S. 820

[11] Patze 1962.325

[12] 1974.273

sondern es erforderte darüber hinaus eine eigenständige Art zu wirtschaften. Aus seiner Substanz - Land-, Pfalz- und anderen Grafschaften, Burgen, Höfe, Ländereien, Münzstätten, Zölle, ganze Städte, Vogteien, Teile davon und Patronatsrechte - sollten wirtschaftliche Vorteile erzielt werden. Diese Einkünfte waren meßbar und wurden oft beim Abschluß des Vertrages genannt (oder zumindest wußten alle Beteiligten, wieviel von einer Hufe, wieviel von einer Vogtei zu erwarten war). Allerdings waren es Einkünfte, die in die Zukunft wiesen; es lag einmal bei ihrem Inhaber, regelmäßig seinen Gewinn einzutreiben, Wetter und Krieg konnten außerdem zu Einbußen führen.

Webers Definition des Lehens (»ein rententragender Kompex von Rechten, deren Besitz eine Herren-Existenz begründen kann und soll«)[1] enthält auch eine soziale Komponente. Was er über die intendierte Begründung einer Herrenexistenz sagt, trifft zwar nur für die Lehen der oberen »Schilde« der Heerschildordnung zu; aber auch die Ministerialen- und Bauernlehen sollten ja jeweils eine bestimmte Lebensform stützen. Daß Eike von Repgow sich nicht sicher war, ob die einfachen Ministerialen Lehen besitzen durften, die eigentlich dem Heerschild zustanden, ob sie also Herren sein durften,[2] spiegelt die zeitgenössische soziale Dynamik, den Aufstieg der Ministerialen wieder.[3]

Mit dem Abschluß eines Lehensvertrages wird freilich auch politisch festgelegt, wo »oben« und wo »unten« ist. Unter Herren schaffen Lehensbindungen weniger soziale als vielmehr politische Abhängigkeiten. Was insgesamt mit der Wirtschaft »nach feudalem Recht« vorliegt, übertrifft in seiner gewollten und der mittelalterlichen Wirklichkeit entsprechenden Mehrdimensionalität alle übrigen damals bekannten Formen des Austauschs: Der Erbweg funktioniert viel zu langsam und im Personenkreis, den er betrifft, viel zu eingeschränkt; die Fehde ist viel zu unsicher in ihrem Ergebnis und viel zu brutal in den menschlichen Beziehungen, die durch sie geschaffen werden; und der Kauf ist viel zu schnell in seinem Abschluß, viel zu unpersönlich in seiner Rechnung, als daß eines dieser Mittel geeignet gewesen wäre, das zu erreichen, was Wirtschaft und Gesellschaft am nötigsten brauchten: Verständigung. Das Lehen erlaubte, Beziehungen zu stiften, die weiträumiger und unkomplizierter waren als Familienbande, verträglicher und dauerhafter als Sklaverei und Gefangenschaft, persönlicher und bindender als das Verhältnis von Händlern und Kunden. Es erforderte Verhandlung und Gespräch und stiftete damit Frieden in Wirtschaft und Gesellschaft. Was mit modernen Methoden nicht meßbar und vergleichbar wäre, machte das Lehen vergleichbar.

Wenn das feudale System[4] in der Wirklichkeit ständig gefährdet, konterkariert und am Ende bis zur Bedeutungslosigkeit formalisiert wurde, so lag dies an drei unausrottbaren Gefahren: Erbe, Kauf und Fehde.

---

[1] 1980.627
[2] Sachsenspiegel I:3
[3] Daß Eike von Repgow selbst Ministeriale war, gilt jetzt als gesichert (Kroeschell 1977.354).
[4] System im Sinne Luhmanns, also eine sich selbst durch typische Kommunikationen und Handlungen reproduzieren wollende, strukturierte soziale Beziehung.

2. DAS ERBE

In einem Brief aus der Mitte des 12. Jahrhunderts weist Landgraf Ludwig II. seinen jüngeren Bruder Heinrich Raspe II. zurecht: er solle sich einem Fürsten geziemend benehmen, seiner Vorfahren eingedenk,

> damit wir, die wir Namen und Stand von ihnen nach Erbrecht übernommen haben, nicht durch unserer Abkunft unwürdiges Verhalten für minder ruhmreich gehalten werden. [1]

Das Erbe der Ludowinger war schon damals, in der vierten Generation seit Ludwig mit dem Barte, recht ansehnlich. Zwar waren die Besitzungen aus der vorthüringischen Zeit, in Franken also, wegen ihrer räumlichen Entfernung frühzeitig abgestoßen worden. Auch die »Urzelle« der Ludowinger-Herrschaft mit den umliegenden Rodungsdürfern war von Ludwig dem Springer dem Hauskloster Reinhardsbrunn als Ausstattung übereignet worden.[2] Doch wurden diese Abgänge durch neuen Besitz weit übertroffen. Das lag nicht zuletzt an der klugen Heiratspolitik der frühen Ludowinger, die ihnen mehrere bedeutende Erbschaften verschaffte. Die Gattin Ludwigs mit dem Barte, Cäcilie von Sangerhausen, brachte angeblich nicht weniger als 7.000 Hufen und etliche Hörige aus ihrem Erbe in das Familienvermögen ein. Wir wissen, daß nach dem Tode Ludwigs seine Söhne das Erbe teilten: der Sangerhausener Part ging an den Jüngeren, Beringer, dessen Sohn Konrad wiederum erster Graf von Honstein genannt wird.[3] Bald darauf allerdings kaufte sein Onkel Ludwig (der Springer) das mütterliche Erbteil von Konrad zurück.[4] Gewiß nicht zufällig nennt an dieser Stelle die Reinhardsbrunner Chronik den Grafen Beringer mit Sangerhausen »habundantissime«, also mehr als genug, bedacht:[5] Kein Mitglied der Familie, so lautet die Moral, brauchte zu darben, es war genug für alle da. Denn schon erwarb sich sein Bruder Ludwig durch die Heirat mit Adelheid weitere »unendlich viele Güter mit unzählbaren Hörigen«[6] zu erblichem Besitz. Adelheid war Tochter des Markgrafen Udo von Stade und Frau des Pfalzgrafen Friedrich von Sachsen und nach der Reinhardsbrunner Chronik so sehr in den Grafen Ludwig verliebt, daß sie ihn zum mörderischen Komplott an seinem (Lehens-?) Herrn Friedrich - ihrem ersten Gemahl - verleiten konnte.[7] Die Gründung des Klosters Reinhardsbrunn durch Ludwig

---

[1] Reinhardsbrunner Briefsammlung 63:58
[2] Cronica Reinhardsbrunnensis S. 526
[3] Ebd. 521
[4] Ebd. 522
[5] Ebd. 521
[6] Ebd. 523
[7] Ebd. 522

geschah nach dieser Überlieferung zur Sühne für dieses Verbrechen.[1] Die Söhne Ludwigs, die ihn überlebten - Ludwig (I.) und Heinrich Raspe (I.) (der jüngste, Udo, schied als Kleriker aus der Erbfolge aus; ein weiterer Sohn, Hermann, starb als Gefangener des Kaisers) - teilten das ludowingische Erbe wiederum untereinander; Heinrich Raspe allerdings starb kinderlos, so daß ihn sein Bruder beerbte[2] und mit zwei Söhnen (wieder Ludwig und Heinrich genannt) die Linie fortsetzte. Die Ausdehnung des ludowingischen Besitzes in Hessen unter Ludwig I. war eine weitere Frucht der ludowingischen Heiratspolitik. Seine Frau Hedwig war Tochter des Grafen Giso von Gudensberg, seinerseits Erbe der hessischen Grafen Werner. Nach dem Tode Gisos 1122 kam ein Teil der wernerisch-gisonischen Hinterlassenschaft an die Ludowinger; darunter mehrere Klostervogteien (Breitenau, Hersfeld, Fritzlar, Hasungen), Besitzungen im Bereich von Marburg, Wetter, Maden und Kassel und am Rhein.[3] Spätere Eheschließungen haben zwar keine spektakulären Erbschaften mehr eingebracht; gleichwohl zeigt sich, daß der gesellschaftliche Status der ludowingischen Ehepartner im Laufe der Generationen deutlich anstieg *(Abb. 13)*:[4]

Kamen in den ersten beiden Generationen nach Ludwig dem Springer die Ehepartner sowohl der männlichen als auch der weiblichen Ludowinger aus den Kreisen einheimischer oder benachbarter Adels- und Grafenfamilien, änderte sich dies ab der dritten Generation sprungartig. Es war die Zeit Ludwigs II., der selbst eine Halbschwester Kaiser Friedrich Barbarossas ehelichte; zwei seiner Schwestern heirateten in die böhmische Herzogs- bzw. Königsfamilie ein. Damit hatten die Ludowinger Beziehungen zum reichsfürstlichen und königlichen Hochadel hergestellt. Die Witwe des Königs von Dänemark und eine Tochter des Herzogs von Bayern fanden den Weg in die vierte Ludowinger-Generation; die nächste Generation schließlich stellte den absoluten Höhepunkt der dynastischen Beziehungen dar: Töchter des Königs von Ungarn, der Herzöge von Österreich und Brabant sowie des Markgrafen von Brandenburg fanden sich nun in Thüringen ein, während die Herzöge von Österreich und Sachsen-Wittenberg, der Fürst von Anhalt und die Markgrafen von Meißen und Brandenburg um die Hand einer Ludowinger-Tochter anhielten. Aufgrund des großen Angebots an Frauen in dieser Generation konnte auch ein enger Vasall der Ludowinger, der Burggraf von Magdeburg,

---

[1] Ebd. 525

[2] Chronicon Gozecense a. 1130 S. 154

[3] Patze 1962.193-205. Patzes abschätzige Wertung, daß die Verpflichtungen aus diesem Erbe größer gewesen seien als sein Nutzen (ebd. 205), läßt erneut erkennen, daß er die Entwicklung der Ludowinger unter *territorialstaatlichen* Gesichtspunkten betrachtete. Ich glaube ganz und gar nicht, daß die Ludowinger mit auch noch so verstreutem Besitz nichts anzufangen wußten: Typisch für die *feudale* Art der Herrschaft ist eben Flexibilität; d.h. daß man je nach Gelegenheit Land tauschen und abstoßen kann, ohne sich von sekundären geopolitischen oder kulturräumlichen Erwägungen leiten zu lassen. Die Ludowinger haben die Stoßrichtung ihrer Expansion wiederholt gewechselt: West, Nord oder Ost waren für sie keine Glaubensfragen.

[4] Nach Diemar 1903

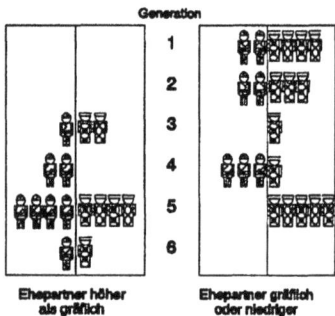

Sozialer Stand der ludowingischen Ehepartner der Generationen nach Ludwig dem Springer

ausnahmsweise eine Tochter des Hauses heiraten. Die Ludowinger der letzten Generation schließlich hielten dieses Niveau: Hermann II. (zuerst verlobt mit einer Tochter Kaiser Friedrichs II.) heiratete eine Tochter des Herzogs von Braunschweig, seine Schwester Sophie den Herzog von Brabant. Die Gesamtzahl der Eheschließungen (36) stimmt zwar mit der Zahl der Nachkommen Ludwigs des Springers in männlicher Linie überein; doch da insgesamt neun von ihnen (25%) unverheiratet blieben, kommen in Wirklichkeit 1 ⅓ Eheschließungen auf jeden verheirateten Ludowinger; Heinrich Raspe IV. heiratete sogar dreimal. Nur in wenigen Fällen lassen sich Heiratsbündnisse in beide Richtungen feststellen: Die Grafen von Wettin-Groitzsch, die Herzöge von Österreich und die Herzöge von Brabant haben sowohl eine Tochter gegeben als auch eine Schwiegertochter erhalten. Eine Beziehung zwischen drei Familien konstituierten die Ehen der Agnes, Schwester Hermanns I.: 1225 heiratete sie Herzog Heinrich von Österreich, der 1228 starb.[1] Danach schloß sie die Ehe mit Herzog Albrecht I. von Sachsen-Wittenberg. Auch für Albrecht war es die zweite Ehe, seine erste Frau war eine Schwesters Heinrichs von Österreich. Albrecht heiratete also seine eigene Schwägerin. Nimmt man hinzu, daß Heinrich Raspe IV. in zweiter Ehe seit 1238 mit Gertrud, einer weiteren Schwester Heinrichs von Österreich, verheiratet war, erkennt man, daß die drei Familien offenbar Wert auf Kontinuität ihrer dynastischen Beziehungen legte.

Die »hochedle und höchst ehrbare, in der Schrift und der lateinischen Sprache bestens gebildete«[2] Jutta, eine Schwester Ludwigs II., nahm der spätere König von Böhmen 1153 zur Frau. Eine Tochter Hermanns I. zu heiraten, wenn sie nicht zu häßlich sei, versprach 1210 König Philipp II. Augustus von Frankreich für den Fall, daß Hermann

---

[1] Für diese Ehe mußte wegen des Verwandtschaftsgrades ein päpstlicher Dispens eingeholt werden (Wagner 1909.59, Cronicon Reinhardsbrunnensis S. 602). Sie stand im Zusammenhang mit der Heirat der Margarethe von Österreich mit dem König Heinrich (VII.). Als Dank für die Vermittlungstätigkeit durfte Agnes ohne Mitgift verheiratet werden (Wagner 1909.60). Beide Hochzeiten wurden 1225 in Nürnberg gemeinsam gefeiert.

[2] Vincentii Pragensis Annales a. 1153 S. 664

beim Papst die Scheidung des Königs von seiner Frau Ingeburg durchsetzen sollte.[1] Auch wenn diese Absicht nicht in die Tat umgesetzt wurde, so reiht sich dieses Ereignis doch ein in die bislang weitgehend übersehenen thüringisch-französischen Kulturkontakte. Falls Ludwig II. doch (wie die Erfurter Petersannalen melden)[2] 1147-49 auf Kreuzzug im Heiligen Land war wie sein Bruder Udo, der Bischof von Naumburg, dann hätte er dort König Ludwig VII. von Frankreich treffen können. 1162 schrieb ihm Ludwig II. jedenfalls einen Brief, in welchem er zwei seiner Söhne, die er zum Studium nach Paris schicken wollte, dem Schutz des Königs empfahl.[3] Ob diese Absicht je verwirklicht wurde und welcher von Ludwigs Söhnen dann nach Paris ging,[4] ist unbekannt. Etwa zur selben Zeit haben sich aber einige thüringische Adelssöhne in Paris aufgehalten; wir wissen dies von Dietrich von Sommerschenburg und Groitzsch (der Schwiegersohn Ludwigs III. wurde).[5] Völlig unvermutet erscheint »*ein 18jähriger Deutscher, von dem man sagte, er sei Sohn der heiligen Elisabeth von Thüringen gewesen*« bei einem Hoffest des französischen Königs Ludwig IX. am 24. Juni 1241 in Saumur.[6] Vom Lebensalter her stimmt dies mit Elisabeths Sohn Hermann II. genau überein - nur ist umstritten, ob Hermann damals überhaupt noch lebte.[7] Immerhin haben wir hier einen Beweis für das hohe Prestige, das die Verwandten der Elisabeth in Frankreich genossen. Schließlich enthält eines der ältesten französischen Wappenbücher, die Rôle d'Armes Bigot von 1254, die Wappen der an einer Fahrt des Grafen Karl von Anjou in den Hennegau teilnehmenden Ritter, darunter Markgraf Heinrich von Meißen,

---

[1] Rec. des Actes de Philipppe Auguste III:1152 (»nisi ita esset indecens quod nobis displiceret«). Philipp Augustus hatte Ingeburg, eine dänische Prinzession, 1193 geheiratet, aber sofort verstoßen; der »berühmteste Eheprozeß der Zeit« (Bumke 1986.545) endete damit, daß der König seine Frau 1213 wieder anerkannte.

[2] A. 1147, S. 20 (nur im Kodex 4)

[3] Recueil des historiens 16:136.42. Zur Diskussion um die Echtheit und die Datierung s. Brandt 1971.

[4] Anders als Brandt 1971.213 glaube ich nicht, daß der älteste Sohn Ludwig III. auf eine solche, nicht risikofreie und vor allem für seine Laufbahn als Fürst völlig belanglose Reise geschickt worden wäre. M.E. spräche die Logik der Familienplanung für die beiden Jüngsten - Friedrich, der später Geistlicher wurde, und eben Hermann, für den es eigentlich gar keine »Planstelle« gab. Für Hermann spricht weiter, daß er Latein verstanden haben soll (Cronica Reinhardsbrunnensis S. 564).

[5] Chronicon montis Sereni S. 204. Mit Vorsicht zu genießen ist die Behauptung von Johan Rothe in der Düringischen Chronik S. 296: »Eyn ritter ynn seyme houfe, der hatte eynen bruder der was zu Pariss zu schule gewest«.

[6] »Uns Alemans de l'aage de dix-huit ans, que on disoit que il avoit estei fiz sainte Helizabeth de Thuringe« (Jean de Joinville 21:35). Das Datum des Hoffestes gibt Albericus mon. Trium Fontium S. 629.

[7] Cronica S. Petri Erfurdensis moderna S. 395 und Cronica Reinhardsbrunnensis S. 617 geben als Todesdatum den 2.1.1241; beide folgen aber verkürzend den Annales Erphordenses S. 34, wo das Datum der 2.1.1242 ist.

unter dem Wappen und der Bezeichnung des »Landgrave de Thuringe«.[1] So ergeben sich starke Hinweise für eine kontinuierliche Beziehung zwischen thüringischen Adligen - vor allem den Landgrafen - und dem französischen Königshof.

Die Aussicht, über Verschwägerung und Verwandtschaft ihren Besitz zu erweitern, haben die Ludowinger bei all dem nicht aus dem Auge verloren. Ludwig IV. hegte die begründete und schließlich durch Kaiser Friedrich II. vertraglich anerkannte Hoffnung, das Erbe seines Neffen Heinrich in Meißen antreten zu können; auch Sophie von Brabant, seine Tochter, focht nach dem Aussterben der männlichen Ludowinger (1247) mit immerhin teilweisem Erfolg um ihr väterliches Erbe (übrigens gegen ihren Vetter Heinrich von Meißen, der - welche Ironie der Geschichte - Thüringen bekam, während Sophie Hessen erhielt). Der thüringische Erbfolgekrieg bis 1264 wurde zum einzigen blutigen Konflikt um ludowingisches Erbe. Im bekanntesten Erbstreit des ludowingischen Hauses ging es nach 1227 jedoch um die »Abschichtung« der Witwe Ludwigs IV., der heiligen Elisabeth. Was sich damals zutrug, liest sich in der Darstellung ihres Beichtvaters (und vom Papst bestellten »Verteidigers«) Konrad von Marburg in einem Schreiben an Papst Gregor IX. von 1232 wie folgt:

> Als sie ihren Besitzungen entsagen wollte, hielt ich sie zurück, einerseits wegen der Schulden ihres Gatten, die sie begleichen sollte, andererseits wegen der Armen, denen nach meinem Willen mit dem, was ihr als Wittum zustand, geholfen werden sollte. Dadurch sah sie sich von der Unruhe des Zeitalters und dem weltlichen Ruhm jenes Landes, in welchem sie bei Lebzeiten ihres Mannes ruhmreich gelebt hatte, möglicherweise aufgesogen werden und folgte mir - wohlgemerkt: gegen meinen Willen - nach Marburg, welches an der fernsten Grenze des Gebietes ihres Mannes gelegen ist. Dort errichtete sie in der Stadt ein bestimmtes Hospital und versammelte [dort] die Schwachen und die Lahmen. [2]

Die Sachlage ist hiernach recht deutlich: Elisabeth wollte zugunsten einer von ihr schon seit längerem angestrebten *vita pauper* auf alle irdischen Bindungen an Besitz und Macht verzichten, aber Konrad riet ihr, stattdessen karitativ tätig zu werden. Elisabeth bestand daher gegenüber den Brüdern ihres Mannes auf der Herausgabe ihrer *dos maritalis*, ihres Witwenteils. Allerdings hatte sie inzwischen die häusliche Gemeinschaft mit der Familie beendet; sie »*zog es vor, hinausgeworfen zu werden*«, wie sich eine Zofe ausdrückte,[3] statt - so lautete das Angebot der Ludowinger - weiterhin auf der Stammburg in Eisenach zu wohnen und am gleichen Herd mit ihnen zu sitzen. Angesichts ihrer strengen Speiseethik - sie lehnte es ab, sich mit unrechtmäßig gewonnener Nahrung zu

---

[1] Nussard 1985 Tafel 12 Nr. 129. Ebd. Nr. 180 war wahrscheinlich das Wappen des Henneberger Grafen.

[2] UB der Deutschordens-Ballei Hessen I:34.33

[3] Cäsarius von Heisterbach, Vita S. Elyzabeth S. 370

verköstigen, außerdem fastete sie häufig - wie auch des religiösen und der Tagespolitik häufig widersprechenden Einflusses auf ihren Mann, den Landgrafen, hatten sich ohnedies schon vorher Spannungen im alltäglichen Zusammenleben der Familie ergeben, die die höfische Gesellschaft stark strapazierten. Daher entschied sie sich dafür, nicht länger in der ludowingischen Erbengemeinschaft (Gemeinderschaft) zu bleiben, sondern sich »abschichten« zu lassen, also die Herausgabe ihres Witwengutes zu verlangen, zu dem offenbar die Stadt Marburg gehörte.[1] Während der Zeit ihrer Ehe hatte sie den Nießbrauch daran besessen. Nun wollte sie ihre Güter nicht nur selbständig verwalten, sondern auch vollständig darüber verfügen können.

Dies war im Rahmen des Erbrechts durchaus möglich.[2] Auch der Verwendungszweck, den Konrad von Marburg ihr dafür angeraten hatte, war nicht neu, sofern es darum ging, die' »Schulden« *(debita)* ihres verstorbenen Mannes zu begleichen: Sophie, ihre Schwiegermutter, hatte 1221 Papst Honorius III. wissen lassen, sie wolle Witwe bleiben, bei den Nonnen des Zisterzienser-Ordens leben und aus ihrem Witwengut diejenigen entschädigen, denen ihr verstorbener Gemahl Hermann I. geschadet hatte.[3] Heymann hat darauf hingewiesen, daß Konrads Wendung von den *»reddenda debita mariti«* sich womöglich gar nicht auf konkrete Schulden bezieht, sondern auf *»die rein moralische Schuld«* des feudalen Herrschers.[4] Wenigstens einen Fall kennen wir jedoch, in dem Sophie auf Güter ihrer *dos maritalis* verzichtete, um ihrem Sohn Ludwig IV. aus einer peinlichen Geldverlegenheit zu helfen.[5] Dies war 1222, und bekanntlich rührten Ludwigs Probleme nicht zuletzt von den Schulden seines verstorbenen Vaters her. Ludwigs früher Tod im September 1227 ließ seine jungen Brüder Heinrich und Konrad, die etwa gleichaltrige Elisabeth - alle Anfang 20 - und seine drei Kinder, den fünfjährigen Hermann (II.), die dreijährige Sophie und die postum geborene Gertrud, wiederum in einer schwierigen Situation zurück, die sie allein sicher nicht gemeistert hätten. Die (allerdings kritisch gemeinte) Bemerkung des Cäsarius von Heisterbach, die Brüder seien *»durch den Rat ihrer Vasallen und Ministerialen gelenkt«* worden,[6] trifft daher sicherlich zu. Und der Rat ihrer *familia* wußte aus Erfahrung, was Heymann formuliert hat: *»Die energisch durchgeführte Gemeinderschaft an der hereditas und die damit gesicherte Fortexistenz der landgräflichen Grundherrschaft als Einheit ist die entscheidende*

---

[1] Wohlgemerkt die Stadt, nicht die dazugehörige Burg (Heymann 1909.21).

[2] Bruneder 1988.162: »Es bestand für die Erben ... kein Zwang, in Erbengemeinschaft zu verharren.«

[3] DRT II:352. Schuldrechtlich gesehen waren »die Gläubiger die nächsten Erben«, d.h. bevor das Erbe überhaupt verteilt werden konnte, mußten erst die Ansprüche der Gläubiger befriedigt werden.

[4] Heymann 1909.10

[5] DRT II:2001

[6] Vita S. Elyzabeth S. 363

Grundlage für die tatsächliche Machtstellung der Ludowinger gewesen.«[1]
Elisabeth erkannte dies nicht an. Sie wollte über ihren Anteil an der Erbengemeinschaft
frei verfügen können, um ihn für mildtätige Zwecke zu benutzen. *»In dieser Situation«*,
stellt Boockmann fest, *»war die sichere Aussicht, daß die fromme Fürstin Teile dieses*
[ludowingischen Familien-] *Vermögens verschleudern - bzw. aus ihrer Sicht: den Armen*
zukommen lassen würde - ärgerlich.«[2] Abgesehen davon hatte sie noch ihre drei kleinen
Kinder zu versorgen. Zunächst sperrten die Ludowinger ihrer Schwägerin Elisabeth sogar
die bisherigen Einkünfte aus ihrem Wittum, vielleicht in der Absicht, sie zum Einlenken
zu zwingen. Elisabeth verließ die Wartburg[3] allerdings fluchtartig und wandte sich nach
Marburg. Der Kompromiß, der schließlich mit der Hilfe Konrad von Marburgs gefunden
wurde, sprach ihr 2.000 Mark Abfindung und Grundstücke zur Nutznießung auf Lebenszeit (Leibgedinge) in Marburg zu.[4] In Anbetracht der finanziellen Lage der Familie war
dies eine reichliche Abfindung.[5] Allerdings hat Elisabeth das Grundstück, auf dem ihr
neues Hospital in Marburg entstand, als ihr Eigen behandelt und an den Johanniter-Orden
verkauft. Aus der Wertung ihrer Schwäger, die dies 1232 nach ihrem Tod als *»einerseits*
aus ihrer Einfalt und andererseits noch eher aus gewissem dummem Rat« geschehen
bezeichneten, spricht vielleicht noch Groll auf Elisabeth, mehr aber noch die Sorge, ein
Stück des Familienerbes könne verlorengehen: denn das Grundstück lag

> in unserem Erbe, und darin ist oder war kein Acker, der nicht ... aus dem
> Erbteil unseres Bruders auf uns gekommen wäre.[6]

Der sich anbahnende Rechtsstreit mit dem Johanniterorden wurde sehr schnell zu ihren
Gunsten entschieden - durch einen Schiedsspruch Konrad von Marburgs.[7] Sicherlich
nicht zuletzt deshalb, weil die Brüder im Verein mit Konrad und dem Erzbischof von
Mainz die Heiligsprechung Elisabeths und die Übergabe ihres Hospitals an den
Deutschen Orden betrieben, zu dem die Ludowinger eine enge Bindung besaßen.
Die bei den Ludowingern praktizierte Gemeinschaft der Erben *(coheredes)* in der
Gemeinderschaft verpflichtete die Mitglieder der Familie, über das Familienvermögen
gemeinsam - wenn auch unter Leitung des jeweiligen Familienoberhauptes - zu entscheiden. Die Gemeinderschaft tritt uns in den Quellen entgegen in Wendungen wie »mit
vereinter Hand«, »einmütig und übereinstimmend«, »mit Zustimmung von Gemahlin,

---

[1] 1909.14
[2] 1981a.48
[3] So Heymann, gegen Huyskens, der die Marburg annimmt (1909.20)
[4] Heymann 1909.19
[5] Sie als »verhältnismäßig gering« zu bezeichnen (Heymann 1909.19), ist völlig abwegig. 1222
konnte die gesamte Familie keine 100 Mark zur Begleichung einer Schuld aufbringen! (DRT
II:2001) Vgl. auch die Entschuldung Konrads (s.u.).
[6] UB der Deutschordens-Ballei Hessen I:25.22
[7] UB der Deutschordens-Ballei Hessen I:27

Söhnen und Brüdern«, »in vollem Wissen und Einverständnis meiner geliebten Frau Elisabeth und zugleich meiner lieben Brüder« usw.[1] Mitunter wird zusätzlich »*aller meiner Miterben*« *(universorum coheredum nostrorum)*[2] - »*außer denen ich bisher noch keine habe*«[3]- Zustimmung aufgeführt.

Als 1144 zwischen dem Erfurter Peterskloster und den Ludowingern Streit entstand wegen bestimmter Leistungen, die Hermann von Gudensberg vor einer Jerusalemfahrt dem Kloster hatte zukommen lassen und die die Ludowinger - offenbar als Erben Hermanns - dem Kloster verweigerten, gelang es dem Mainzer Erzbischof Heinrich, einen Vergleich herzustellen: Sein Widerpart war Hedwig von Gudensberg, die Witwe des 1140 verstorbenen Landgrafen Ludwig I. und Mutter des 1144 noch unmündigen Ludwig II., die als Vertreterin ihrer jungen Söhne auftrat.[4] Nicht immer allerdings waren die Vertretenen mit den Entscheidungen, die für sie gefällt worden waren, einverstanden. Zwei Fälle unter Mitwirkung der Ludowinger mögen dies verdeutlichen.

Im November 1181 zog Kaiser Friedrich I. einen urkundlichen Schlußstrich unter Auseinandersetzungen zwischen Mitgliedern der Familie Stechau im Pleißenland und dem Kloster Pforte. Die Brüder Heinrich[5] und Werner von Stechau hatten dem Kloster zwischen 1168 und 1177 Eigengüter links und rechts der Saale nach fränkischem Recht übergeben. Nun trat aber ein jüngerer Bruder namens Gerhard auf,

> der sich einen Griechen und nicht Franken nannte

und gegen die Übergabe Einspruch erhob. Dieser Einspruch wurde zurückgewiesen, da Gerhard nach der Aussage von Verwandten bereits mit seinem Pflicht-Erbteil abgefunden worden war.[6] Hier versuchte ein Miterbe, der sich bei der Aufteilung des Familien-

---

[1] Belege bei Heymann 1909.12-16. Die Frage, warum Frauen wie Elisabeth, aber auch ihre Schwiegermutter Sophie und ihre Schwägerin, in ludowingischen Urkunden mitaufgeführt werden, beantwortet Heymann ebd. 17 dahingehend, daß alle Frauen - egal ob schon verwitwet oder nicht - zur Gemeinderschaft gezählt wurden, solange sie nicht vollständig abgefunden waren.

[2] DRT II:2246; III:15

[3] DRT II:2001

[4] UB der Erfurter Stifter und Klöster I:50.32 f, DRT I:1490

[5] Wohl ein Lehensmann oder Ministeriale des Markgrafen Dietrich von Meißen, dessen Urkunde für Kloster Altzelle er 1203 mitbezeugt (DRT II:1238).

[6] »Dicentis se Grecum et non Franconem«. DRT II:598.113 f. Reichsgeschichtlich bedeutsam wird diese Urkunde deshalb, weil es sich eindeutig um freies Allod der Familie im Pleißener Land handelte, das vor seiner Übergabe an das Kloster erst einmal den dortigen Landesherren - Otto von Meißen und Ludwig II./III. von Thüringen - aufgelassen wurde. Offensichtlich hatten sich verschiedene Fürsten mit königlicher Unterstützung hinsichtlich der Genehmigung von Übertragungen von Allodien und Reichsgut »*zu Mitträgern königlicher Amtsbefugnisse*« entwickelt (Helbig 1973.284). Zum Fall der Brüder Stechau s. ebd. 279. K. Schulz legt in der Zs. d. V. f. thür. Geschichte N.F. 1 (1879), S. 153-240, dar, daß Gerhards Behauptung auf einem zeitweiligen

besitzes für zu kurz gekommen hielt - offenbar war er zu jener Zeit noch unmündig gewesen -, eine Nachbesserung durchzusetzen. Damit scheiterte er, weil seine Ansprüche durch Zeugen widerlegt werden konnten. Daß er selbst nicht besonders stark von der Rechtmäßigkeit seines Verlangens nach geltendem *lokalem* Erbrecht überzeugt gewesen sein kann, geht aus seinem Versuch hervor, für sich im Gegensatz zu seinen Brüdern fremdes Recht zu beanspruchen.

Das bedeutet allerdings nicht, daß solche Versuche der jüngeren Mitglieder einer Erbengemeinschaft von vornherein aussichtslos waren. Wenn eine Gemeinderschaft Verfügungen über ein Teil des Familienerbes traf, mit denen die Rechte unmündiger Gemeinder berührt wurden, mußte mit deren späterem Widerspruch gerechnet werden. Landgraf Hermann beurkundete 1206 einen Vergleich zwischen dem Kloster Volkenroda und einem gewissen Rudolf. Denn als Rudolf und sein mittlerweile verstorbener Bruder Kuno noch im Knabenalter standen, verkauften sie - vertreten durch ihre Mutter - dem Kloster Grundstücke und einen Wald. Nach dem Tod seiner Mutter und seines Bruders erhob Rudolf allerdings gegen das damalige Geschäft mit Wort und Tat Einspruch und erhielt einen Zuschlag von mehr als der Hälfte des damaligen Kaufpreises. Viereinhalb Jahre später behauptete er dann, mit einer Vogtei des Klosters belehnt zu sein, was allerdings vom Kloster entschieden bestritten wurde. Gegen den Verzicht auf jeden weiteren Anspruch für sich und seine Erben bot das Kloster Rudolf jedoch ein letztes Mal eine Geldsumme an. Damit verglichen sich die Parteien.[1]

1168 mußte Ludwig III. einen von seinem Vater, seiner Mutter und seinen Brüdern in seiner Anwesenheit vereinbarten Vertrag zwischen Kloster Reinhardsbrunn und Kloster Georgenthal beurkunden.[2] Der 17jährige Ludwig vertrat dabei nach Ansicht Frommanns seinen abwesenden Vater,[3] aber in der Urkunde wurde der Umstand hervorgehoben, daß die gesamte Familie an der Verhandlung beteiligt war. Waren Unmündige an Rechtsakten beteiligt, die die Gemeinderschaft betrafen, hielt man in der Urkunde fest, daß die Knaben

> schon durch Reife des sittlichen Ernstes und des Verstandes ausgezeichnet[4]

waren und daher wußten, was sie taten. Auf keinen Fall - so hat sich gezeigt - war die Erwähnung der Miterben eine reine Urkundenfloskel: Sie war eine rechtliche Notwendigkeit, die dem wirtschaftlichen Gemeinschaftshandeln der Familie Rechnung trug.

Aufenthalt Gerhards (vielleicht als Kreuzfahrer?) im griechischen Reich beruhen könnte. Möglich wäre auch, daß Gerhard das römische Recht der teilweise griechisch verfaßten »Novellen« meinte.

[1] DRT II:1313. Ein ähnlicher Fall im UB des Klosters Pforte 54.

[2] DRT II:361

[3] 1908.182

[4] DRT II:1585 (Urkunde Hermanns I. für Kloster Aulisburg; es geht um seine Söhne Hermann, Ludwig und Heinrich)

Besonders deutlich erkennbar wird dies in der gegenseitigen Verantwortung für entstandene Schulden. Witwen fühlten sich, wie gezeigt, wenigstens moralisch für die Schulden ihrer Ehegatten verantwortlich. Daß auch Brüder füreinander Verantwortung trugen, belegt eine Urkunde des Landgrafen Heinrich vom Oktober 1234. Darin wies er seinem in den Deutschen Orden eingetretenen Bruder Konrad

> oder jenen, von denen er dies in seinem Namen will, [jährliche] Einkünfte in unseren freistehenden Gütern von 400 Mark, bis sie 3.000 Mark zur Begleichung seiner Schulden erhalten haben werden, ... zu ihrem freien Besitz

an.[1] Es handelt sich hier um eine für die Aufnahme in den Orden notwendige Entschuldung Konrads, der damit zugleich die ludowingische Erbengemeinschaft verließ. Die 3.000 Mark Schuldentilgung zuzüglich 300 Mark jährlicher freier Einkünfte des Deutschen Ordens aus Gütern der Familie, die Konrad selbst auswählen durfte, stellten gewissermaßen die »Abschichtung« des jüngeren Bruders dar, in der Höhe ja auch ganz im Bereich der 2.000 Mark zuzüglich Leibzucht, die seine Schwägerin Elisabeth erhalten hatte.[2] Bereits 1230 hatte Papst Gregor IX. den Landgrafen Heinrich Raspe aufgefordert, auch 960 Mark Schulden seines verstorbenen Bruders Ludwig IV. beim Deutschen Orden zu begleichen.[3]

So unumstritten das Verfügungsrecht der Erbengemeinschaft über die hauseigenen Allodien war, so merkwürdig mutet es an, daß Papst Gregor IX. im Juni 1227 - kurz bevor Landgraf Ludwig IV. auf die für ihn fatale Kreuzfahrt ging - urkundlich bestätigte, Ludwig habe Konrad von Marburg die Verfügungsgewalt über

> die Kirchenlehen, in welchen er das Patronat besitzt, mit Zustimmung seiner Frau, seiner Söhne und Brüder zur Vermeidung von Gefahr, die aus seiner Abwesenheit oder aus Nachlässigkeit heraufziehen könnte,

übertragen.[4] Denn durch die ausdrückliche Erwähnung aller Miterben erkannte der Papst hinsichtlich der Kirchenlehen die Gesamtbelehnung der Familie an - genau das, was noch unter Ludwigs Onkel Ludwig III. zum Ausgangspunkt des langwierigen Streites mit dem Kloster Hersfeld geworden war. Nach dem Tod des Hersfelder Klostervogtes Heinrich Raspe III. 1180 (die Vogtei war ein Teil des wernerisch-gisonischen Erbes der Ludowinger) lehnte es Abt Siegfried ab, Heinrichs Bruder Ludwig als Erben der Vogtei zu akzeptieren; zweifellos einer der seinerzeitigen Versuche, das Institut der Kloster-

---

[1] UB der Deutschordens-Ballei Hessen I:44.43
[2] Graf Heinrich von Nassau überließ 1230/31 ebenfalls für seinen in den Deutschen Orden eingetretenen Bruder dem Orden einige Dörfer und dazugehörige Leibeigene. Sein Bruder dagegen verzichtete auf den Rest seines Miterbes (UB der Deutschordens-Ballei Hessen I:19).
[3] UB der Deutschordensballei Thüringen I:50.46 f
[4] MG epp. s. XIII I:361.276

vogtei vor der völligen Vereinnahmung durch adlige Erbherrschaft zu retten. Kaiser Friedrich I. teilte den Hersfelder Rechtsstandpunkt, und die Ludowinger mußten den nicht von Heinrich weiterverliehenen Teil der Klosterlehen zurückgeben. Auch der nachfolgende Vertrag mit dem Kloster von 1205, den König Philipp von Schwaben beurkundete, läßt keine Veränderung darin erkennen. Umso mehr muß auffallen, daß der letzte Vertrag von 1215 von der Gemeinderschaft der Ludowinger ausgeht - Hermann I. verzichtete auf alle Ansprüche aus der Hersfelder Vogtei für sich, seine Söhne und alle seine Nachkommen.[1] 35 Jahre nach dem Beginn des Konfliktes war damit immerhin beurkundet, daß an solche Ansprüche seiner Erben zu denken war.

Solcher Widerstand war allerdings, was die ludowingischen Vogteien anging, nicht die Regel. Wie in der Urkunde des Papstes Gregor IX.[2] war in den meisten Fällen, in denen die Vogtei überhaupt erblich wurde, auch die Erblichkeit in der gesamten Erbengemeinschaft - und nicht nur der direkten Nachkommen -, also faktisch die *Gesamtbelehnung*, anerkannt. Dies galt mit Einschränkungen auch für die Reichslehen. Heinrich Raspe I. war, wie schon gezeigt, der einzige Ludowinger, der das Amt des *signifer regis* und das damit verbundene Reichssturmfahnlehen Markgröningen innehatte. Er starb ohne eigene Nachkommen. Anders als seine übrigen Besitztitel aus dem wernerisch-gisonischen Erbe ging das Reichssturmfahnlehen nicht an seinen Bruder Ludwig I. über. Möglicherweise liegt dies daran, daß Ludwig zur selben Zeit mit einem wesentlich bedeutenderen Reichslehen, der Landgrafschaft in Thüringen, ausgestattet wurde. Der Weg, auf welchem dieses Fahnenlehen im Haus der Ludowinger vererbt wurde, zeigt klar, daß es sich hierbei nicht um eine Individual-, sondern eine *Gesamterbschaft* handelte; d.h., daß die Landgrafschaft Teil des Familienerbes der ganzen Gemeinderschaft wurde.[3] Es muß allerdings hinzugefügt werden, daß der Übergang der Landgrafschaft auf Ludwig II. im Jahre 1140 keine Selbstverständlichkeit war, auch wenn es aufgrund der direkten Filiation so erscheint. Ludwig II. war beim Tod seines Vaters nämlich »noch ein Knabe«, der das Erbe seines Vaters damals nur »durch die Nachsicht des Königs und der Fürsten in Thüringen« übertragen erhielt.[4] Daß er im selben Augenblick mit Jutta, der Halbschwester des Herzogs Friedrich (Barbarossa) von Schwaben, verlobt wurde,[5] und damit praktisch unter staufischer Aufsicht stand, mußten

---

[1] DRT II:1637

[2] Bestätigt in seinem Schreiben an den Mainzer Erzbischof vom 22.6.1234, in dem er von den Kirchen, »in denen ... die Brüder Heinrich und Konrad, Landgrafen von Thüringen, wie auch ihre Vasallen *(homines)* das Patronatsrecht innehaben«, spricht (MG. Epp. sel. saec. XIII.I:585.475).

[3] Heinemeyer 1983.63 nimmt Belehnung der Ludowinger zur gesamten Hand durch den Kaiser für 1231 an »im Gegensatz zum bisherigen Brauch, wonach dem Familienältesten die Reichslehen übertragen wurden.« Abgesehen davon, daß es diesen Gegensatz seit dem Privilegium minus für das Herzogtum Österreich von 1156 und dem Vertrag über Namur von 1184 nicht mehr gab, ist von einer erneuten Belehnung 1231 in den Quellen keine Spur zu finden.

[4] Cronica S. Petri Erfordensis moderna S. 366

[5] Cronica Reinhardsbrunnensis S. 535

die Ludowinger wohl im Gegenzug hinnehmen. Wie gezeigt, war es zunächst die Landgrafenmutter Hedwig, welche die unmündigen Söhne Ludwigs I. vertrat; erst ab 1144 trat Ludwig II. selbständig handelnd auf. Offenbar war das gute Verhältnis zum Monarchen und den Großen der Nachbarschaft ausschlaggebend für den gütlichen Ausgang, noch nicht das Erbrecht.

Weitaus dramatischer wirkte die Situation, als zuerst Kaiser Friedrich Barbarossa und anschließend Landgraf Ludwig III. 1190 auf Kreuzfahrt zu Tode kamen. 1191 starb auch die Landgräfin Jutta. Ihr Neffe, der neue Kaiser Heinrich VI., wollte die doppelte Chance - Mannfall und Thronfall zugleich - zu seinen Gunsten nutzen und versuchte, die Landgrafschaft als erledigtes Lehen einzuziehen. Hermann I., der als Bruder Ludwigs III. dessen Erbe beanspruchte, geriet in Bedrängnis.

> Aber gerettet durch den weisen Rat von Helfern erhielt er das Fürstentum
> unter Verzicht auf zwei Städte und eine Provinz,

weiß die Reinhardsbrunner Chronik zu berichten.[1] Nicht zuletzt konnten die Ludowinger sich auf zwei Präzedenzfälle berufen, welche die Auffassung stützten, daß Reichsfürstentümer einer Familie zu gesamter Hand verliehen wurden: Das *Privilegium minus* für das Herzogtum Österreich von 1156 und den Vertrag für die Markgrafschaft Namur von 1184.[2] Beide Regelungen erlaubten unter bestimmten Bedingungen die Nachfolge auch weiblicher Erben und anderer Verwandter im Fürstentum. Vergleichbar war damit die oben besprochene Situation in Thüringen 1140-44, als die Witwe Ludwigs I. für ihre Söhne regierte. Auf dieser Grundlage verwaltete auch Jutta, die Witwe des Markgrafen Dietrich von Meißen, ab 1221 gemeinsam mit ihrem Bruder Ludwig IV. die Markgrafschaft für ihren Sohn, ebenso wie Sophie, die Tochter Ludwigs IV., Hessen nach 1247 für ihr Kind Heinrich. Was freilich Kaiser Heinrich VI. den Fürsten 1196 anbot, um die Erblichkeit des Königtums zu erreichen, ging darüber hinaus. Er wollte nämlich erlauben,

> daß, wer keinen Sohn von einer freien Frau hat, einer Tochter oder
> demjenigen, welcher in der Genealogie am nächsten stand, sein Erbe über-
> trug.[3]

Dies bedeutete also, daß auch Töchter und männliche Verwandte außer Söhnen, Brüdern und Enkeln erbberechtigt sein sollten. Landgraf Hermann I., der zu jener Zeit noch keinen Sohn hatte, ergriff sogleich die Gelegenheit, seiner noch unmündigen Tochter das

---

[1] Cronica Reinhardsbrunnensis S. 551
[2] Privilegium minus: Karl Zeumer, Quellensammlung zur Geschichte der deutschen Reichsverfassung in Mittelalter und Neuzeit I:11.9 f; Vertrag über die Begründung der Markgrafschaft Namur: ebd. I:19.24
[3] Cronica Reinhardsbrunnensis S. 556

Anrecht auf seine Fürstentümer vom Kaiser bestätigen zu lassen. Des Kaisers Erbreichs-
plan zerschlug sich allerdings am Widerstand des Adels und des Papstes,[1] und da
Hermann selbst bald darauf ein Sohn geboren wurde, wurde die angestrebte Nachfol-
geregelung obsolet. Alle diese Ereignisse um die Nachfolge in der Landgrafschaft
machen indessen deutlich, daß nach der Auffassung der Ludowinger die Landgrafschaft
nicht der besondere Besitz eines einzelnen ihrer Mitglieder war, sondern gemein-
schaftlicher Familienbesitz. In dieser Auffassung bestärkte sie die reichsrechtliche Praxis.
Graf Otto von Orlamünde äußerte zwar 1277 in einem Brief an den Burggrafen von
Nürnberg die Ansicht, das Land Thüringen sei nach dem erbenlosen Tod Heinrich
Raspes 1247 dem Reich zugefallen.[2] In Wirklichkeit haben sich die Neffen und
Schwäger Heinrich Raspes aber sofort teilweise mit Erfolg um das Erbe bemüht.
Der Tradition der Familie entsprach es, daß der älteste Sohn das Haupterbe in Thüringen
(seit 1130 als Landgraf), der nächste das Erbe in Hessen (seit 1122) verwaltete; um die
Aufsplitterung dieser beiden Teile auf dem Erbweg zu vermeiden, blieb der Jüngere
(Heinrich Raspe I. bis IV.) unverheiratet:[3] Heinrich Raspe IV. heiratete erst, als er 1227
selbst Landgraf von Thüringen geworden war. Allerdings blieb er kinderlos. Weitere
Söhne wurden Kleriker oder derart verheiratet, daß sie ohne großen Schaden an der
Gesamt-Erbmasse Seitenlinien begründen konnten. Sechs Generationen nach Ludwig mit
dem Barte hat die Verwaltung des Familienerbes, ganz ausgerichtet auf den Zusammen-
halt der *hereditas* und der *coheredes*, mit großem Erfolg funktioniert und innerfamiliäre
Erbstreitigkeiten sowie die Aufsplitterung des Besitzes verhindert.[4] Dies war keine
Selbstverständlichkeit, wie die Geschichte der Wettiner, der unmittelbaren Nachbarn der

---

[1] Ulrich Schmidt erklärt das Scheitern des Planes am Widerstand der Fürsten damit, daß »der
Preis, den Heinrich zu zahlen bereit war, ... zu niedrig« war (1987.233). Wahrscheinlich hatten
die Fürsten die Präzedenzfälle von Österreich und Namur sehr wohl im Gedächtnis.

[2] DRT IV:1488

[3] Anderes behauptet Heinemeyer 1983.16: »Zum Glück für die Hauptlinie starben die Nebenlinien
aber immer wieder aus.« Auf solches unvorhersehbare »Glück« kann sich dynastische Politik wohl
kaum verlassen haben. Die Erbenlosigkeit der zweiten Söhne beruht auf einer innerfamiliären
Abmachung.

[4] Freed hat dieselben Grundzüge der »Familienplanung« auch bei der Familie von Falkenstein
ausgemacht: »The first was a deliberate effort to limit a sister's or daughter's share of the family
property, which would inevitably pass to her husband's lineage. At the same time, men tried to
marry heiresses, whose inheritance would be added to their own patrimony. Second, while younger
sons were not disinherited, they rarely married. If they did, they generally remained childless. In
either case, their share of the family patrimony eventually reverted to the senior branch of the
lineage.« (1984.45) Die strikte Einpersonennachfolge (Unigenitur) war dagegen nicht einfacher
durchzusetzen, weil sie zwangsläufig mit der Enterbung der übrigen Nachkommen verbunden war
(Brauneder 1988.165).

Ludowinger, beweist.[1] Eine solche Familienplanung war die Voraussetzung für den raschen Aufstieg eines jungen Adelshauses buchstäblich aus dem Hinterwald bis zur Spitze des Reiches, die Konsequenz harter und stolzer Disziplin, wie sie aus dem eingangs zitierten Brief Ludwigs II. an seinen Bruder spricht: »*Wir müssen uns mit aller Kraft bemühen*«, nicht zu degenerieren. Tragischerweise führte genau diese Haltung auf längere Sicht auch zum Untergang des Hauses: Am Ende fehlte es ihnen an Erben. Freed hat den Untergang zahlreicher deutscher Adelsgeschlechter im 12. und 13. Jahrhundert vollkommen richtig mit dieser strengen Familienplanung in Verbindung gebracht.[2] Vor diesem Hintergrund erscheint die im eingangs zitierten Brief der Reinhardsbrunner Briefsammlung angesprochene Vorliebe des jungen Heinrich für gefährlichen Turniersport geradezu als Ventil für die Frustrationen eines jüngeren Sohnes. Das von Jussen festgestellte Phänomen, daß Adoptionen schon im frühen Mittelalter auch unter Adligen nur »dürftig, räumlich wie zeitlich weit verstreut« und später noch seltener nachweisbar sind,[3] hängt wohl direkt mit der neuartigen Familienplanung der aufstrebenden Adelshäuser zusammen. In der politischen Umwelt des hohen Mittelalters mußten auf lange Sicht die gewollte Beschränkung der natürlichen Erben und der faktische Ausschluß der Adoption zusammen, wenn nicht erhebliches Glück hinzukam, wie ein genealogisches Selbstzerstörungsprogramm wirken.

3. KAUF UND VERKAUF

Ohne Kauf und Verkauf wären Entstehung und Ausbau der ludowingischen Herrschaft nicht möglich gewesen. Ludwig mit dem Barte hat, so will es die Überlieferung, das Land, welches die »Urzelle« seiner Rodungsherrschaft bildete, gekauft.[4] Ludwig der Springer hat das Sangerhausener Gebiet, welches durch seinen jüngeren Bruder in die Zweigfamilie von Honstein eingebracht worden war, zurückgekauft.[5] Kaufverträge, die von ludowingischer Seite seitdem auf uns gekommen sind, haben eines gemeinsam: Sie beurkunden keine Geschäfte, wie sie auf einem Marktplatz oder an einer Börse getätigt werden könnten. Obwohl die Kaufobjekte häufig Immobilien oder Rechte daran waren, gestalteten sich die besonderen Bedingungen der Verträge so unterschiedlich, daß kaum ein Fall einem anderen gleicht. Häufig beurkundet sind Transaktionen, die darauf ab-

---

[1] In späterer Zeit wurden »Erbteilungen zum Regel- und in vielen Fällen zum Streitfall« (Brauneder 1988.162).

[2] 1987.66

[3] 1991.60. Wenn sie praktiziert wurde, dann in einer bemerkenswerten Form: »Man machte einen Mann zum fiktiven Sohn und gab ihm zugleich die leibliche Tochter zur Frau.« (Ebd.) Wir werden uns mit dieser besonderen Art von Adoption im japanischen Zusammenhang noch zu beschäftigen haben: dort ist sie häufig geübte Praxis geworden.

[4] Historia brevis principum Thuringie S. 820, Cronica Reinhardsbrunnensis S. 518

[5] Cronica Reinhardsbrunnensis S. 522

zielten, das eigene Herrschaftsgebiet überschaubar - und das heißt: zusammenhängend und ohne störende Gemengelagen - zu gestalten. So bestätigte etwa Ludwig III. dem Zisterzienser-Kloster Pforte 1178, daß es in Mertendorf nahe Naumburg 18 Hufen Land nebst Zubehör, darunter eine Mühle, von drei Parteien nebst ihren Erben für insgesamt 208 Mark Silber gekauft und die Summe vollständig bezahlt habe.[1] Das Kloster kaufte in jenen Jahren reichlich Besitz zusammen, und zwar durchaus planvoll. 1195 etwa erwarb es von der Äbtissin von Quedlinburg die in ihrem Besitz befindliche Hälfte des Dorfes Wenzendorf. Die Äbtissin erhielt dafür Besitzungen des Klosters, die jährlich drei Mark mehr erbrachten als die in Wenzendorf, nämlich zwölf Mark.[2] Sinn gibt dieses Geschäft nur, wenn man weiß, daß das Kloster anschließend die andere Hälfte von Wenzendorf von Kaiser Heinrich VI. erhielt. Bis dahin war der Weg allerdings weit, denn eigentlich gehörte diese Hälfte des Dorfes der Markgrafschaft Meißen. Die allerdings war von Kaiser Heinrich als erledigtes Reichslehen kassiert worden. Zu Lehen trug diese Dorfhälfte Landgraf Hermann von Thüringen, der sie dem Grafen Meinher von Werben weiterverliehen hatte, der sie wiederum Kunemund von Vargula und seiner Familie - ludowingischen Ministerialen - verliehen hatte. Diese alle mußten zustimmen, daß der Kaiser das halbe Wenzendorf mit »besseren« Besitzungen des Klosters auf der Finne tauschte, die insgesamt fast zehn Mark zinsten.[3] Auf diesem Wege erwarb sich das Kloster Pforte schließlich die Herrschaft über das gesamte Dorf ganz in seiner Nähe. Diese räumliche Nähe wog offenbar die höhere Qualität der Besitzungen auf der Finne aus der Sicht des Klosters auf.

Ähnlich war die Lage, als Landgraf Ludwig III. 1186 dem Kloster für 200 Mark Güter des Sulzer Stiftes in Punkewitz, wiederum »pro melioribus possessionibus«, im Tausch also gegen bessere, verkaufte.[4] Die Regelung erscheint merkwürdig wegen der doppelten Zahlungsart - Bargeld und bessere Güter im Tausch -, wird aber durch eine nachfolgende Urkunde aus Sulza bestätigt, aus der hervorgeht, daß die Kanoniker dort froh waren, die Güter in Punkewitz gegen 11 Hufen, einen Wald und eine Mühle in und um Sulza tauschen zu können.[5] Daß man Besitzungen, die man nicht befriedigend nutzen konnte, weil sie vom Hauptgebiet der eigenen Herrschaft zu weit entfernt lagen, abstieß, kam ebenfalls häufig vor.[6] Die Ludowinger »versilberten« auf diese Weise offenbar alten Besitz in Franken, der für sie nach ihrem Umzug nach Thüringen schwer kontrollierbar

---

[1] UB des Klosters Pforte 20
[2] Ebd. 44
[3] Ebd. 45
[4] Ebd. 33
[5] Ebd. 34
[6] »Darum, daß es von unserem Platz zu weit entfernt ist und uns bisher wenig Nutzen gebracht hat«, verkauften Propst und Äbtissin des Klosters Drübeck in den 1140er Jahren ein Gut an das Kloster Reinhardsbrunn (Reinhardsbrunner Briefsammlung 7:7). Die Bezahlung sollte übrigens in Goslarer Münze (als Reichsmünze) erfolgen.

geworden war.[1] Die Besitzungen am Rhein, welche über das Erbe der Kunigunde von Bilstein, Schwiegermutter Ludwigs I., an die Ludowinger gefallen waren, konnten sie ebenfalls nicht direkt nutzen. Zunächst verliehen sie Teile davon an lokale Interessenten,[2] schließlich verkaufte Ludwig III. auf einen Schlag zusammen vier Burgen mit allodialem Zubehör für die immense Summe von 3.500 Mark an den Erzbischof von Köln.[3] Vermutlich brauchte er das Geld für seine Kreuzfahrt 1189.[4]
Geradezu Zeichen eines Notverkaufes trägt die Urkunde der Äbtissin von Quedlinburg aus dem Jahre 1241. Sie und ihre Vorgängerinnen hätten so viel unerträgliches Unrecht hinsichtlich ihrer Güter in der Mark Duderstadt erlitten, was die Zahlung der Einkünfte und andere Rechte daraus anging,

> daß wir den materiellen Schaden und die Gewalttätigkeit unserer Vögte künftig auf keinen Fall mehr ertragen könnten.

Deshalb habe sie dem Landgrafen Heinrich Raspe diese Güter gegen 1.120 Mark *»geprüften Silbers«* zu Lehen gegeben.[5]
Mißtrauisch beobachtete Ludwig IV., daß sein Nachbar im Osten, Markgraf Otto von Meißen, genannt »der Reiche«, sich mit seinem Geld Land innerhalb Thüringens zusammenkaufte. Er ließ Otto deshalb 1184 vorübergehend gefangensetzen.[6]
In Lehen konnte man sich also einkaufen.[7] Gleiches galt für Vogteien. 1202 nahm Landgraf Hermann I. das Kloster Frauensee in seinen Schutz und erwarb das Vogteirecht am Kloster von Bertold von Salzungen, im Tausch gegen eine Hufe seines Erbgutes.[8] Als sein Sohn Ludwig IV. 1222 dieses Vogteirecht dem Kloster zurückgeben wollte, mußte er es zunächst von einem gewissen Heinrich, dem er es weiterverliehen hatte, für 40 Mark zurückkaufen.[9] Ebenso erlaubte er, daß ein Ritter Rudolf die Vogtei über eine halbe Hufe in Heiligen, die er vom Landgrafen zu Lehen trug, dem Erfurter Peterskloster für 3 Mark verkaufte (das diese halbe Hufe vom Kloster Hasungen gekauft hatte), *»um jede zukünftige Beschwernis zu vermeiden«.[10]*

---

[1] Cramer 1957.77
[2] Das Gut Braubach kam 1137/40 an das Kloster Siegburg (UB für die Geschichte des Niederrheins I:371); die Grafen von Berg wurden 1174 mit der neuerbauten Burg Windeck belehnt (DRT II:481).
[3] UB für die Geschichte des Niederrheins I:554
[4] Cartellieri 1940.48
[5] Codex diplomaticus Anhaltinus II:154
[6] CR S. 541
[7] »Das Lehen war zu einer Ware geworden, über die kommerzielle Rechtsgeschäfte wie über eine andere Ware abgeschlossen werden konnten«, bemerkt auch Patze (1977.48).
[8] UB des Klosters Frauensee 1
[9] Ebd. 3
[10] UB der Erfurter Stifter und Klöster I:177

Lehenswirtschaft und Kauf oder Verkauf schließen einander nicht aus. In der ludowingischen Wirtschaft durchdrangen sie einander. Philipp von Schwaben, so berichtet die
Reinhardsbrunner Chronik, »*kaufte sich teils mit Silber, teils mit Lehen und Versprechungen zahllose Ritter*«.[1] Allerdings darf dies nicht mit marktorientierter Geldwirtschaft verwechselt werden, auch wenn Geld als Zahlungsmittel eine erhebliche Rolle
spielte. Die in jedem Einzelfall speziellen Umstände machten ein generalisiertes Kaufver-
fahren, wie es auf einem Marktplatz möglich ist, wo sich Angebot und Nachfrage begegnen, unmöglich. Sie erforderten ins Einzelne gehende Verständigung zwischen den
Parteien, woraus sich die genaue Beurkundung und die nicht selten langwierige
Abwicklung erklären. Diese Art von Geschäften, egal, wieviel Geld in ihnen steckt,
bleiben völlig im Rahmen des feudalen Gemeinschaftshandelns.[2] So gelten für sie die
üblichen Mitwirkungsrechte der betroffenen Erbengemeinschaften. Man kann die
Wirkungsweise der feudalen Beziehungen auch daraus ersehen, daß die Bezahlung durch
den Käufer ganz unterschiedlich geregelt werden konnte. Einmal wurde eine einmalige
Zahlung in bar vereinbart - bei größeren Summen waren allerdings der Liquidität auch
der reichsten Fürsten Grenzen gesetzt, die daraus eine langwierige Prozedur werden
ließen (ohne daß man dafür übrigens Zinsen vereinbart hätte). Die Bezahlung konnte
aber auch oder zusätzlich ratenweise erfolgen, und zwar in fixen Barsummen,[3] in
festgesetzten Naturalien[4] oder einer Mischung daraus.[5] Die Zahlungsbedingungen waren
also bemerkenswert flexibel, nicht zuletzt, weil auf die Stabilität des Geldes damals kein
Verlaß war. Deswegen wurde oft auch gleich angegeben, welche Währung bei
Bargeldzahlungen zugrunde gelegt wurde.[6]

4. BEUTE UND AUSBEUTUNG

Beute ist alles, was unfriedlich in Besitz genommen wird. Und was unter Unfrieden -
abgesehen vom landesherrlich verordneten Krieg - zu verstehen ist, haben die
zahlreichen Landfriedensverordnungen im Deutschen Reich des 12. und 13. Jahrhunderts

---

[1] Cronica Reinhardsbrunnensis a. 1198 (S. 560)
[2] Vgl. Weber 1980.382 ff: »Das vorbereitende Feilschen ... ist stets ein Gemeinschaftshandeln ...
Jeder Tausch mit Geldgebrauch (Kauf) ist ... Gemeinschaftshandeln kraft der Verwendung des
Geldes ... Der Satz: caveat emptor gilt ... erfahrungsgemäß am meisten für den Verkehr mit
feudalen Schichten ... Die spezifische Marktethik ist ihnen fremd, der Handel für ihre Vorstellung
wie für den bäuerlichen Nachbarverband ein- für allemal identisch mit einem Gebaren, bei dem
die Frage lediglich die ist, wer betrogen wird.«
[3] UB für den Niederrhein 554
[4] UB der Deutschordens-Ballei Hessen I:84
[5] UB des Klosters Pforte 56
[6] Reinhardsbrunner Briefsammlung 7:7, Codex diplomaticus Anhaltinus II:154, UB der Deutschordens-Ballei Hessen I:46

detailliert dargestellt.[1] Immer wieder erscheinen das gewaltsame Betreten und die Verwüstung (besonders Brandschatzung) von Kirchen, Friedhöfen, Häusern (einschließlich Burgen) und zu ihnen gehörigen Hofstätten, Dörfern, Äckern und Mühlen sowie Gewalttaten auf öffentlichen Straßen als Friedensbruch. Abgesehen von Verbrechen wie Vergewaltigung, Mord und Totschlag, Körperverletzung, Falschmünzerei und Wilderei nennen die Gesetze erpresserischen Menschenraub *propter pecuniam* sowie etliche Eigentumsdelikte - u.a. Raub und Diebstahl, Verwüstung von Äckern, Weinbergen oder Obstgärten sowie widerrechtliche Enteignung ganz allgemein:

Nullus a possessione rerum quas possidet eicietur, nisi possessio ab eo in iuditio evincatur, [2]

Men ne sol neman ne wisen von sime gude, daz her in geweren hat, yme ne werde die gewere mit rechte abgewunnen. [3]

In solchen Zusammenhängen ist von *praeda*, Beute, die Rede.[4] Während seit dem späten 12. Jahrhundert die nichtangesagte Fehde als Friedensbruch galt, wurden bestimmte Handlungen wie Brandstiftung und Geiselnahme während der angesagten Fehde *(manifesta werra)* toleriert.[5] Daß eine *Reise »que heymszuche dicitur«* - hier gleichbedeutend mit der *chevauchée*, also *»Heimsuchung«* eines Fehde- oder Kriegsgegners -

---

[1] Ausgewertet wurden (nach der Ausgabe bei Karl Zeumer: Quellensammlung zur Geschichte der Deutschen Reichsverfassung, 1. T., Tübingen 1913): Mainzer Reichslandfrieden von 1103 (Zeumer Nr. 3); Schwäbischer Landfriede von 1104? 1108? (ebd. 4); Friedrichs I. Reichslandfriede von 1152 (ebd. 9); Friedrichs I. Gesetze vom Ronkalischen Reichstage von 1158 (ebd. 14); Rheinfränkischer Landfriede Friedrichs I. von 1179 (ebd. 16); Friedrichs I. Reichslandfriede von 1186 (ebd. 20); Confoederatio cum principibus ecclesiasticis von 1220 (ebd. 39); Sächsischer Landfriede König Heinrichs (VII.) von 1223? 1221? (ebd. 42); Reichslandfriede König Heinrichs (VII.) von 1224 (ebd. 43); Reichslandfriede König Heinrichs (VII.) von 1234 (ebd. 55); Friedrichs II. Mainzer Reichslandfrieden von 1235 (ebd. 58).

[2] Abschn. 11 des Sächsischen Landfriedens König Heinrichs (VII.) von 1223 (oder 1221)? (Zeumer 42:46) (dort ohne *in iuditio*, Abschn. 12 des Reichslandfriedens König Heinrichs (VII.) von 1224 (?) *(Treuga Heinrici)* (ebd. 43:48)

[3] Sachsenspiegel II,70. Mit dieser wörtlichen Übertragung aus der Vorlage Heinrichs (VII.) von 1224 steht fest, daß der deutsche Sachsenspiegel nicht vor 1224 entstanden sein kann, die lateinische Vorlage dagegen nicht vor 1221/23. Kroeschells Zweifel an dieser schon von Eckhardt erarbeiteten Datierung (1977.356) hat diesen philologisch unwiderlegbaren Punkt übersehen. 1224 hielt sich Eike von Repgow übrigens am ludowingischen Hofe auf (Kroeschell 1977.352).

[4] Sächs. Landfriede Heinrichs (VII.) von 1223 (1221?), Abschn. 13 (Zeumer 42:46)

[5] Reichslandfriede 1186 *(Constitutio contra incendarios)* Abschn. 1 (Zeumer 20:25), *Treuga Heinrici* 1224 Abschn. 21 (ebd. 43:49). Zur »rechten Fehde« vgl. Patze 1983.279 f. Sie mußte wenigstens drei Tage im voraus angesagt werden *(Treuga Heinrici* Abschn. 10, ebd.).

ebenfalls oft zu Friedensstörungen bei Unbeteiligten führte, war bekannt, weswegen die *Reise* ohne vorausgegangene Klage beim Richter schließlich verboten wurde.[1] Ohne großen Erfolg allerdings. »*Haben für manche Adelige ... solche Beutezüge nicht gar einen Teil ihrer `Wirtschaftsweise' ausgemacht?*« fragt Patze[2] zu Recht und in Übereinstimmung mit Georges Duby, der Raub und Plünderung als Grundlage adliger Herrschaft im frühen und hohen Mittelalter betrachtet.[3] Dabei darf man freilich nicht - übersehen, daß im Verständnis der Zeit auch die »*ungesetzlichen Eintreibungen vor allem von den Kirchen, deren Mißbrauch schon seit langer Zeit anhält*«[4] zu Friedens-störungen zählten.

Die Ludowinger waren in diesem Sinne fleißige Beutesammler. Dementsprechend schlecht war ihr Ruf bei denen, von welchen sie am häufigsten »Beute« holten. Geradezu zum Inbegriff des fürstlichen Räubers wird Landgraf Ludwig II. (mit dem passenden Beinamen »der Eiserne«) in der Darstellung des Cäsarius von Heisterbach, »*der größte Räuber und Tyrann*«,[5] der so viele Kirchengüter widerrechtlich an sich raffte und seine Untertanen so stark unterdrückte, daß er nach seinem Ableben ins Fegefeuer mußte. Sein Sohn Ludwig III., dem dies durch Schwarze Magie bekanntgemacht wurde, ließ sich dadurch allerdings nicht abschrecken, auf seinen Spuren zu wandeln.[6] Die kirchlichen Topoi für solches herrscherliches Verhalten hießen *cupiditas* und *avaricia*, Habsucht - ein Vorwurf, der u.a. und besonders gegen die Ludowinger bereits in einem Lehensver-zeichnis des Klosters Fulda von 1152 erhoben wurde:

> In der Provinz Thüringen hat das Fuldaer Kloster 3.000 Hufen, von denen sechs Reichsfürsten belehnt werden sollen, so daß jeder von ihnen 500 Hufen erhält. Aber - o weh - unter dem Druck der Habgier, die, wie man sagt, nie genug bekommen kann, hat ein jeder dieser Fürsten allein so viel, wie die einzelnen von ihnen haben sollten ... Haben nicht der Landgraf und des Königs Sohn die Lehen der meisten Fürsten an sich gezogen und dürsten immer noch nach mehr?[7]

Die Klöster und Kirchengüter mit ihrer vergleichsweise wohlgeordneten Vorratswirt-schaft und dem durch Schenkungen oftmals angesammelten Kirchenschatz übten

---

[1] Sächs. Landfriede Heinrichs (VII.) von 1221/23, Abschn. 17 (Zeumer 42:47); Reichslandfriede König Heinrichs (VII.) von 1234, Abschn. 11 (ebd. 55:58)

[2] 1977.281

[3] 1984.64 ff

[4] Friedrichs I. Gesetze vom Ronkalischen Reichstag 1158, Landfriede, Abschn. 9 (Zeumer 14:16)

[5] Cäsarius von Heisterbach, Dialogus Miraculorum, zit. n. W. Heinemeyer 1967.221

[6] Johan Rothe, Düringische Chronik S. 296-298. Die Cronica Reinhardsbrunnensis a. 1220 S. 594 f schreibt dieses Ereignis allerdings Ludwig IV. zu.

[7] DRT I:1690

sicherlich »*eine geradezu magische Anziehungskraft*«, wie Patze formuliert,[1] auf die weltlichen Herren ihrer Umgebung aus. Im Bereich des Alltäglichen lagen Übergriffe ihrer Vögte, gegen die eine kurzfristige Gegenwehr kaum möglich war. Das Kloster Reinhardsbrunn wußte, warum es die Ludowinger 1125 verpflichtete, die Klostergüter nicht zu häufig zu »besuchen« und die Untertanen des Klosters nicht zu bedrücken.[2] Das Kloster Hersfeld verlangte von den Ludowingern, deren Vogtei 1189 erloschen war, noch 1205, endlich alle Hersfelder Besitzungen, die sie sich über die Vogtei angeeignet hatten, herauszurücken, in den Wäldern Hersfelds kein Holz mehr für ludowingische Städte schlagen zu lassen und auch keine Hersfelder Bauern mehr in die Städte abzuwerben.[3] Noch bis 1215 maßten sich die Ludowinger hersfeldische Vogteirechte, darunter Münz- und Zollrechte zu Breitungen, an.[4] 1220 verlieh der Abt von Hersfeld eine Mühle bei Hohenkirchen, die Landgraf Hermann I. dem Kloster weggenommen und an Irimfrid von Wechmar verliehen hatte, seinerseits an Irimfrid gegen einen jährlichen Erbzins von zwei Pfund Wachs.[5] Dies stellte lediglich die nachträgliche Legitimierung eines Unrechtsaktes seitens des ehemaligen Vogtes dar.

Zähigkeit bewiesen die Ludowinger auch in Goseck, dessen Vogtei Ludwig der Springer in den 1090er Jahren als Vormund Friedrichs, des Sohnes des ermordeten Pfalzgrafen von Sachsen, erhielt, und zwar »*bis er* [Friedrich] *das waffenfähige Alter erreicht, an seiner Stelle*«.[6] Friedrich wurde auch volljährig, aber sein Stiefvater Ludwig »*widerstand ihm in vielem*«,[7] bis Friedrich zuletzt entnervt verzichtete. Auch der neue Pfalzgraf, Friedrich von Sommerschenburg, trat die Vogtei schließlich gegen eine Abfindung ab.[8] Nach Ludwigs Tod erhielt sein Sohn Heinrich Raspe I. das Amt. Als dieser wiederum 1130 kinderlos starb, erbte sein Bruder Ludwig I. die Vogtei. Er wurde jedoch von Eilika, der Tochter des Herzogs Magnus von Sachsen, überrumpelt: Sie ließ sich vom Bremer Erzbischof Albero die alleinige Vogtei übertragen.

> Deshalb ist zwischen ihr und dem Grafen Ludwig schwere Verstimmung entstanden, die durch Eingreifen ihrer Freunde doch in Versöhnung umge-schlagen ist.[9]

In den Jahren dazwischen hatten die Ludowinger durch die enge Zusammenarbeit des dubiosen, vorher bereits einmal geflüchteten, aber von den Ludowingern wieder-

---

[1] 1983.267
[2] DRT I:1196
[3] DRT II:1281
[4] DRT II:1637
[5] DRT II:1937
[6] Chronicon Gozecense a. 1092 S. 150
[7] Ebd. 152
[8] Ebd. a. 1116 S. 153
[9] Ebd. 154

eingesetzten Klosterabtes Konrad »*nicht wegen des Gemeinwesens, sondern zum eigenen Nutzen*«[1] ihren Beitrag zur Verringerung des Klostergutes geleistet, den die Brüder »*bis zum heutigen Tage bejammern*«.[2] Zeitweilig hielten die Ludowinger den Abt auf der Neuenburg gefangen, weil er sich ihnen nicht gefügig genug zeigte.[3]

Die Abtei Quedlinburg kapitulierte 1241 vor der Gewalttätigkeit der Vögte ihrer Güter, die in der Mark Duderstadt gelegen waren, und verkaufte die Güter dem Landgrafen Heinrich Raspe zu Lehen.[4] Das Georgenkloster in Naumburg mußte sich 1165 vor dem Kaiser durch Landgraf Ludwig II. ausdrücklich bestätigen lassen, daß die klösterliche Gerichtsbarkeit für alle seiner Lehensleute galt - manche von ihnen, »*die sich herskilt nennen*«, wollten sich davon offenbar ausnehmen.[5] Dabei war das Verhalten Ludwigs selbst nach den oben zitierten Worten des Fuldaer Lehensverzeichnisses auch nicht besonders erbaulich. Immerhin wandte sich Kloster Reinhardsbrunn vertrauensvoll an die Ludowinger, als es um die Wiederbeschaffung eines dem Kloster unrechtmäßig entfremdeten Gutes ging.[6] Auch in Meißen griff Ludwig IV. gegen Friedensstörer ein.[7] Dem Kloster Hersfeld wurde 1225 vom päpstlichen Legaten Konrad gestattet,

> daß ihr gegen diejenigen, welche die Güter eurer Kirche mit Brand oder Raub verwüstet haben - ob eure Dienstleute oder Vasallen -, mit Ausnahme des Landgrafen und der anderen Fürsten, nach vorheriger Ermahnung durch eine bessernde Kirchenstrafe *(censuram ecclesiasticam)* vorgeht.[8]

Dies richtete sich gegen die eigenen Lehensleute! Die Ludowinger waren von dieser Regelung nur deshalb ausgenommen, weil sie als Kreuzfahrer unter apostolischem Schutz standen.[9]

Ähnlich lag der Fall des Klosters Walkenried 1227. Graf Heinrich von Stolberg gab zu, vom Klostergut Caldenhusen, an dem ihm 28 Mark Jahreszins als Reichslehen zustanden, 60 Mark widerrechtlich erpreßt zu haben. Bevor er mit Landgraf Ludwig IV., dem Klostervogt, auf Kreuzfahrt ging, ließ er den Zins zur Wiedergutmachung dem Kloster auf.[10] Ludwigs Bruder Heinrich Raspe wiederum soll seinem Hauskloster Reinhards-

---

[1] Ebd. 151

[2] Ebd. 152

[3] Ebd. 152

[4] Codex diplomaticus Anhaltinus I:154

[5] DRT II:290

[6] Reinhardsbrunner Briefsammlung 73:63 f

[7] UB des Hochstifts Meißen I:92 (Ludwig IV. 1222), Cronica Reinhardsbrunnensis a. 1222-1223 (S. 598 f)

[8] DRT II:2245

[9] MG Epp. Sel. s. XIII e reg. pontificum Roman. I:230 (Brief des Papstes Honorius III. an Landgraf Ludwig IV., 1223/5)

[10] DRT II:2420

brunn nach seiner Wahl zum König kostbare Gerätschaften im Werte von 510 Mark entwendet haben.[1] Außerdem sind gewaltsame Überfälle Fremder bezeugt. Zwar heißt es zum Jahre 1198,

> die Beutemacher in den Kirchen dürsten ... nicht nach dem Blut der Prälaten, sondern sind mehr auf Sachschaden aus,[2]

aber Blut wurde dabei trotzdem häufig vergossen. In der Reinhardsbrunner Briefsammlung wird der Papst um Nachsicht gebeten für einen Mönch, der,

> als er den Vorhof einer bestimmten Kirche mit dem Eifer der Gerechtigkeit vor Plünderern schützen wollte, mit einem leichten Schwertstreich einen gewissen Räuber traf und gegen sein Gelübde tötete.[3]

Die Reinhardsbrunner Chronik berichtet zum Jahre 1220 auch vom Beutezug eines fränkischen Ritters, der dem Kloster sechs Pferde und Wagen mit Wein raubte. Landgraf Ludwig IV. rückte daraufhin gegen seine Burg vor und erzwang Genugtuung.[4] Auch gegen einen Adligen, der 1226 eine Befestigung auf dem Grund und Boden der Klosterimmunität Reinhardsbrunns errichtete, ging er auf Bitten des Klosters gewaltsam vor.[5] Zwei adlige Friedensstörer in Hessen ließ er 1221 hinrichten.[6] Nach dem Aussterben der Ludowinger aber »*vervielfachten sich die Übel auf Erden*«,[7] und einige Dienstleute der Ludowinger beteiligten sich am thüringischen Erbfolgekrieg auf ihre Weise: Berenger von Mellingen und Giselher von Döllstedt raubten gewaltsam »*eine große Beute an Herdenvieh*«,[8] und Rudolf von Vargula brannte viele Dörfer nieder.[9] Die Stadt Weißensee wurde erobert, ihre Einwohner vertrieben, der Ort »*stand als Beute zur Verfügung*« und wurde durch Feuer vernichtet.[10] Bei einem nächtlichen Überfall raubten Hermann und Heinrich von Ballstedt ein Gut des Klosters Georgenthal aus, stahlen Vieh und verwundeten 18 Klosterangehörige, einen davon tödlich.[11] Hartwig von Hörselgau, Johannes Asce und ihre Leute nahmen den Schulzen und Vogt der Burg Tenneberg gefangen und raubten alles Vieh vor der Stadt Eisenach und in den umliegenden

---

[1] Cronica Reinhardsbrunnensis a. 1304 S. 645
[2] Cronica Reinhardsbrunnensis S. 561
[3] Reinhardsbrunner Briefsammlung 82:68 f
[4] Cronica Reinhardsbrunnensis S. 595
[5] Ebd. S. 606
[6] Cronica Reinhardsbrunnensis S. 597
[7] Ebd. S. 619 und Annales Erphordenses a. 1247 S. 35
[8] Annales Erphordenses S. 36
[9] Annales Erphordenses S. 35, Cronica S. Petri Erfordensis moderna S. 397
[10] Cronica S. Petri Erfordensis moderna S. 397
[11] Annales Erphordenses S. 35

Dörfern.[1] In einem besseren Licht stand der oben als Ausbeuter seiner Vogtei vorgestellte ludowingische Graf von Stolberg 1250 da, als er Walkenried gegen einen Beutezug des Otto von Hadmersleben verteidigte, einen *»Teufel auf Erden«*, der

> Kapellen und Kirchen, Friedhöfe und Klöster, Mönche und Nonnen, Weiße beiderlei Geschlechts, Schwarze beiderlei Geschlechts, Waisen und Witwen vernichtete und ausraubte, in Gefangenschaft führte, einkerkerte, arme Leute verstümmelte, Unschuldige tötete und die Wohnungen der Menschen verwüstete, und er legte Feuer an ihre Häuser und verbrannte ihre Dörfer ...[2]

Dies waren mehr als nur die Auswüchse von Krieg oder Fehde. Elisabeth von Thüringen lehnte es ab, sich *»von der Ausbeutung und Besteuerung der Armen, die an den Höfen der Fürsten allzu oft geschehen«*, ernähren zu lassen.[3] Damit verwarf sie einen Grundbestandteil der ludowingischen Wirtschaftsweise, den archaischsten von allen. Aber das ist noch keine *»Negierung des feudalständischen Denkens«*, wie man behauptet hat.[4] Gegen Lehenswesen, Erbrecht und Kauf ist nie so entschieden und auf so breiter Front Widerstand geleistet worden wie gegen das Beutemachen, die *avaricia* der weltlichen Herren, *»die, wie man sagt, nie genug bekommen kann.«*[5]

Die Wendung *spoliis divisis*, »nach dem Teilen der Beute«, erscheint 1225 im Zusammenhang mit dem glücklichen Ausgang eines wirklichen Feldzuges der Thüringer unter Ludwig IV., gegen die Burg Lebus in der Lausitz.[6] Unglücklich fügte es sich für seinen Onkel Ludwig III., daß seine Truppen am 4. Oktober 1189 bei der Schlacht gegen Saladin vor der Stadt Akkon zwar das Feldlager des Sultans eroberten, aber sogleich Beute zu machen begannen, während der Kampf noch gar nicht entschieden war. Wegen der *»Zuchtlosigkeit und Habgier«*[7] der Deutschen endete der Tag mit einer verlustreichen Niederlage des christlichen Heeres.[8]

In große Schwierigkeiten geriet auch Landgraf Hermann I., als im welfisch-staufischen Thronfolgekrieg nach der Eroberung Saalfelds seine Truppen die Stadt 1199 ausplünderten und geistliches wie bürgerliches Vermögen beiseiteschafften. Auf Verlangen der Geistlichkeit wurde Ludwig vorübergehend mit dem Kirchenbann belegt und mußte

---

[1] Cronica Reinhardsbrunnensis S. 619
[2] UB zur Geschichte der Herzöge von Braunschweig und Lüneburg I:34 (Bericht des Marienthaler Mönches Reinhold)
[3] Vita S. Elyzabeth S. 370
[4] Hoppe 1981.9
[5] DRT I:1690 (Lehensverzeichnis des Klosters Fulda). Vgl. Pred. Sal. 5,9.
[6] Cronica Reinhardsbrunnensis a. 1225 S. 602
[7] Cartellieri 1940.56
[8] Cartellieri 1940.54-57, Frommann 1908.231-235; Cronica Reinhardsbrunnensis S. 546

Schadenersatz zusagen.[1] Ähnliches Aufsehen erregte die Plünderung der mainzischen Stadt Fritzlar 1232 durch Landgraf Konrad, in deren Verlauf sogar eine Hostie geschändet und Kirchen ausgeraubt wurden.[2]

Den Ludowingern kam es an sich weniger auf die Befriedigung der Bedürfnisse ihrer Gefolgschaft mit mobiler Kriegsbeute als vielmehr auf die Eroberung fester Stützpunkte ihrer Herrschaft an: Die Einnahme von Burgen und Städten stand im Mittelpunkt ihrer Kriegs- und Fehdeführung, ob in Sachsen, Italien oder Palästina. Die Sage, welche Johann Rothe von der Gründung der Wartburg überliefert - danach soll Ludwig der Springer nachts Erde von seinem eigenen Besitz auf den ihm nicht gehörenden Wartberg gebracht und sich dort verschanzt haben, so daß er guten Gewissens mit seinen zwölf Zeugen schwören konnte, sich »auf eigenem Land« zu befinden[3] - ist sicher nicht historisch. Immerhin überliefert auch die Reinhardsbrunner Fürstengeschichte, Ludwig habe

> den Berg, den man Wartberc nennt, mit starken Hilfstruppen der gesamten Provinz besetzt und dort ... eine unbezwingbare Burg erbaut.[4]

Dies weist jedenfalls auf gewaltsame Besitzergreifung auf fremdem Land hin. Zweifelsfrei okkupiert wurde 1168 das Gelände der Burg Weißensee in der Herrschaft des Grafen von Beichlingen, als Jutta, die Gemahlin Ludwigs II. und Halbschwester des Kaisers Friedrich Barbarossa, sich einen »*Garten*« zu bauen begann, um zwischen der Wartburg und der Neuenburg einen Rastplatz zu haben. Barbarossa stellte sich zornig und verbot seinem Schwager den widerrechtlichen Burgenbau, so daß Ludwig seiner Frau offiziell den Weiterbau untersagen ließ. Er bat sie allerdings insgeheim, den Bau zu vollenden, und Jutta schuf dort,

> wie sie es begonnen hatte, eine unbezwingbare Burg.[5]

Die Feste Weißensee leistete den Ludowingern vorzügliche Dienste, als es später darum ging, sich vor ähnlichen Übergriffen auf ihren eigenen Besitz zu schützen. Vor allem aber erlaubten es solcherart errichtete Burgen, daß die Herren

> ihre Leute heimsuchten und neue und unverdiente Abgaben und Lasten den Bauern ... auferlegten,[6]

---

[1] Cronica Reinhardsbrunnensis S. 561
[2] Annales Erphordenses S. 27 f, Cronica Reinhardsbrunnensis S. 614
[3] Düringische Chronik S. 266. Ähnlich ein Zusatz zur Cronica Reinhardsbrunnensis S. 521
[4] Historia brevis principum Thuringie S. 821
[5] Cronica Reinhardsbrunnensis S. 538
[6] Urkundenbuch des Hochstifts Meißen I:74.71

wie Markgraf Dietrich von Meißen 1206 nüchtern über eine von einem seiner Vasallen widerrechtlich angelegte Burg urteilte. Dieselbe Erfahrung spricht aus dem Vertrag des Klosters Hersfeld mit den Ludowingern von 1205, in dem Landgraf Hermann I. versprechen mußte, daß

> weder er noch seine Leute irgendeinen Ort in den Besitzungen der Kirche von Neuem mit einer Burg bebauen werden [1]

- wie dies zuvor offenbar zum Nachteil der Kirche und ihrer Leute geschehen war.

I. Abhängige und Herren

1. BAUERN UND BÜRGER

Die Bauern in Monre wurden von ihrer Herrschaft 1264 als »*communitas*« oder »*universitas ville*«, als Dorfgemeinde also, angesprochen.[2] Diese Gemeinde wählte ihre Beamten - Büttel und Schulzen -, direkt oder durch Abgeordnete *(deputati)*. Ihr normaler Gerichtsstand war das Dorf: Ausdrücklich als »*Freiheit der Leute in Monre*« wurde bezeichnet, daß sie das »*öffentliche oder allgemeine Ding des ganzen Landes*« nicht zu besuchen brauchten, wenn es mehr als einen Morgen von Monre entfernt war. Auch konnten sie nicht vom Landding »*wegen irgendeiner Angelegenheit oder Ausschreitung*« vorgeladen werden, ehe sie »*am Hofe des Herren*« (des Propstes also) dazu aufgefordert worden waren.[3] Das Gericht im Dorfe, dem Schulze und Vogt vorsaßen und dem auch Geschworene angehörten,[4] befaßte sich mit Eigentumsprozessen, Grundstücksverkäufen und Vergehen der Bewohner, über die es Bußgelder verhängen konnte.[5] Die Gerichtsverfassung des Dorfes entsprach demnach dem, was der Sachsenspiegel über die »*Pfleghaften*« - eine der drei Gruppen nichtadliger freier Leute neben »*Schöffenbarfreien*« und Landsassen -[6] sagt, ihre Gerichtsherren seien einerseits das dörfliche Schulzengericht, andererseits das Gericht des Propstes.[7] Tatsächlich betrifft einer der

---

[1] DRT II:1281
[2] Grimm III:617
[3] Ebd. 618 f
[4] Ebd. 618
[5] Ebd. 617
[6] Kötzschke 1943.285 f
[7] Vgl. Kroeschell 1977.362, wo es heißt, daß »das Sendgericht des Dompropstes leider noch gar nicht greifbar« geworden sei. Die Rechtsaufzeichnung in Monre erfolgte »auf Befragen der Boten der Kirche des Hl. Petrus in Mainz, die dazu geschickt worden waren« (Grimm III:618), also

ganz wenigen bekannten urkundlichen Belege für die Gruppe der Pfleghaften[1] einen Bauern mit Namen Hartmud, der dem Landgrafen Ludwig IV. *plechtaft* war und dem Kloster Volkenroda immerhin zwei Hufen Land verkaufte.[2] Patze übersetzte *plechtaft* mit »zinspflichtig«;[3] das ist richtig, aber nicht vollständig: Pfleghafte sind Rodungsfreie,[4] die Land in erblicher Zinsleihe besitzen. Auch dies stimmt mit den Angaben des Weistums von Monre, wo Rodungsland aufgeführt wird, überein.[5] Wir wissen, daß auch die Bauern in Friedrichroda - im Herzen der ludowingischen »Urzelle« - nach Erbrecht siedelten.[6] Als *hagarios* - Hagensiedler - wurden Bauern bezeichnet, die Ludwig III. »*nach einem einheitlichen Plan*«[7] nahe dem Kloster Ahnaberg (bei der späteren ludowingischen Stadt Kassel) ansiedelte.[8] Nach Waldrecht durfte 1233 das hessische Kloster Spießkappel auf Genehmigung des Landgrafen Konrad den Bauern Land verleihen, das von Abgaben für den Landesherrn bis auf neun Pfennige und ein Viertel Hafer frei war.[9] Zwei Jahre später wurde festgelegt, daß dieselben Bauern dreimal jährlich das Ding des Schultheißen und der landgräflichen Beamten *(officiales)* aufsuchen sollten, die niedere Gerichtsbarkeit allerdings beim Klosterpropst lag.[10] In diesen Punkten lagen die Verhältnisse in Monre ganz ähnlich. Hagen- und Waldrecht stellten eine besonders bei Rodungen häufig angewandte Form »*freier Siedlerrechte*« dar,[11] deren gemeinsame Merkmale

• die freie Erbzinsleihe des Landes,
• die gerichtliche Sonderstellung der Bauern,
• die Wahl des Gemeindevorstandes,
• die Bildung einer freien Gemeinde und
• die Möglichkeit, das Gemeinderecht selbständig fortzubilden,

waren.[12] Karl Kroeschell sieht im Hagen- oder Waldrecht das Bindeglied zwischen ländlicher und städtischer Entwicklungsplanung der Ludowinger: Er bezeichnet es als »*Mittel einer territorialen Herrschaftsbildung*«.[13] Aus mehreren Hagensiedlungen sind

---

handelte es sich doch wohl um ein dompröpstliches Sendgericht.

[1] Kroeschell 1977.362 kennt nur drei Belege überhaupt.
[2] Corpus diplomaticus Saxoniae regiae I,3:268
[3] Patze 1962.505
[4] Kroeschell 1977.362
[5] Vgl. die Ortsbezeichnungen »Petersrot« und »rod«; mit letzterem ist »quoddam novale, situm ante montem sive nemus« gemeint (Grimm III:619).
[6] DRT II:418 (1209); vgl. Patze 1962.410
[7] Kroeschell 1954.58
[8] Patze 1962.389
[9] DRT III:340
[10] Patze 1962.512 f
[11] Kroeschell 1954.68 f
[12] Ebd. 73
[13] Ebd. 58

ihm zufolge im Herrschaftsbereich der Ludowinger Städte entstanden: Kassel, Wolfhagen,[1] Ziegenhain.[2] Er sieht eine »kontinuierliche Entwicklung von der Hagensiedlung zur Stadt«[3] und in den Hagenbauern »die entscheidenden Träger der selbständigen städtischen Rechtsentwicklung.«[4]
Walter Schlesinger hat dies in Erfurt schon für 1108 nachgewiesen.[5] Eigeninitiativen von Kaufleuten, die sich zu »Schwurgemeinschaften« zusammengeschlossen und Städte nach Art eines Baukonsortiums ins Leben gerufen hätten, können wir für die Ludowingerstädte dagegen mit Sicherheit ausschließen.[6]
Der Abt von Hersfeld vereinbarte 1205 mit Landgraf Hermann I.,

die Hufner des Abtes, die in die Städte des Landgrafen ausgerissen sind,

zur Erfüllung ihrer Zinspflichten gegenüber dem Kloster anzuhalten, und Hermann sollte darüber hinaus von ihnen keine Abgaben für sich selbst eintreiben.[7] Die neuen ludowingischen Städte füllten sich mit den Bauern aus der Umgebung, von denen die meisten Ackerbürger blieben. Nach einem Bericht des 16. Jahrhunderts über die Gründung Creuzburgs befahl Landgraf Hermann den Bauern in der Nachbarschaft 1213, mit ihren Häusern und Wohnungen nach Creuzberg umzuziehen. Heß hält diese Nachricht für glaubwürdig: Die Fachwerkbauweise jener Zeit hätte in der Tat erlaubt, Häuser an einem Ort ab- und an anderer Stelle wieder aufzubauen.[8] Sobald die Bauern am Ende des 12. und Anfang des 13. Jahrhunderts solchermaßen mit Hab und Gut in die neuen ludowingischen Städte zogen, fanden sie dort wenig, was ihnen nicht in Grundzügen aus der ländlichen Verfassung bereits bekannt gewesen wäre. Es sind die villici, sculteti, prefecti der Ludowinger, die sie erwarteten und gemeinsam mit den Schöffen oder Geschworenen über sie zu Gericht saßen,[9] in klarer Analogie zum dörflichen Schulzending. Daß die Städter von fremder Gerichtsherrschaft befreit waren, daß ihre Stadtrechte auf »älteste Grundsätze gemeindlicher Friedenshegung«[10] zurückgriffen, ihnen Hausasyl und Sicherheit innerhalb des Stadtbereichs gewährleisteten, hebt die Stadt nicht vom Dorf ab.
Die Nähe zur ländlichen Villikation spiegelt sich besonders gut im Weistum der

---

[1] Von Patze 1962.442 f bezweifelt.
[2] 1954.58-65
[3] Ebd. 65
[4] Ebd. 60
[5] 1970.315 f, allerdings mit der einer Urkunde entnommenen Feststellung, daß es die freie Erbleihe in den erzbischöflichen Dörfern damals nicht gab.
[6] Vgl. Patze 1962.474
[7] DRT II:1281
[8] Heß 1964.119
[9] DRT II:619; II:732; II:834
[10] Patze 1962.488

mainzischen Stadt Wetter von 1239 wieder, deren Vögte die Ludowinger waren: Vogt und Schultheiß leiteten gemeinsam dreimal jährlich das vom Stadtherrn (dem Mainzer Erzbischof) abhängige Gericht, dessen Zuständigkeit sich auch auf die Dörfer des städtischen »Weichbildes« erstreckte. Das Bürgerrecht wurde als *Almeinde* bezeichnet; um es zu erwerben, mußten dem Vogt und der Gemeinde je 20 Pfennige entrichtet werden.[1] »*Aufgepfropft*«[2] wurden dem Villikationsrecht lediglich markt- und gewerberechtliche Bestimmungen. Ein neues Element in den Städten bildeten sicherlich die *Konsuln*, der Rat der Stadt, erstmals auf ludowingischem Gebiet 1225 in Kassel belegt.[3] Allerdings war der Rat, soweit ersichtlich, personengleich mit den bereits bekannten Schöffen; ihnen wurden lediglich »*je nach ihrer Tätigkeit verschiedene Titel*«[4] gegeben. Der Gebrauch der Bezeichnung »Konsuln« ist allerdings ein wichtiger Hinweis auf das Herauswachsen der Städte aus der Villikationsverfassung, als ein Anklang an antike städtische Traditionen.

Die Ludowinger sollen in wenigstens fünf Fällen Anteil an der Setzung von Stadtrechten gehabt haben: in Kassel (1239), Wetter (1239), Eisenach, Hannoversch-Münden (vor 1247) und Frankenau.[5] Eine einheitliche »*ludowingische Stadtrechtsfamilie*« ist dabei nicht entstanden;[6] die überlieferten Privilegien sind nur solche, »*die ohnehin zu den Grundlagen einer Stadt zählen.*«[7] Es ist vor allem die Ordnung von Handel und Handwerk, die der Stadt ihr eigenes Gesicht gibt. Nicht ohne Grund folgt in dem Vertrag zwischen Kloster Hersfeld und Hermann I. von 1205 dem angeführten Passus, der sich mit der Abwanderung Hersfelder Bauern in die ludowingischen Städte befaßt, die Vereinbarung, daß der Landgraf

> keinen Feind des Abtes, er sei Ritter, Kaufmann oder Bauer,[8]

schützen werde: In der Stadt waren die Kaufleute und Gewerbetreibenden in ihrem Element. Die Stadt Wetter beherbergte 1239 unter anderem Bäcker, Kürschner, Fleischer, Schuster, Schneider und Krämer.[9] Das sind nicht gerade Unternehmer vom Schlage der italienischen Fernkaufleute, aber immerhin entfernte Verwandte. Einen Handwerker Walter und seine Familie lernen wir in Grünberg im Jahre 1232 kennen.[10] Elisabeth von Thüringen fand, als sie 1227 die Wartburg verließ, Unterkunft bei einem Marburger

---

[1] Patze 1962.477 ff
[2] Ebd. 479
[3] Ebd. 473. Zur Ausbreitungsgeschichte vom Oberrhein her vgl. Heß 1964.178.
[4] Heß 1964.178
[5] Patze 1962.448, 477 ff, 485, 492 f; Heß 1964.173 Anm. 6, 177
[6] Patze 1962.492
[7] Heß 1964.177
[8] DRT II:1281
[9] Patze 1962.479
[10] UB der Deutschordens-Ballei Hessen I:28

Wirt.[1] Er wird nicht der einzige seines Gewerbes gewesen sein.

Die ursprünglich landgräflichen Dienstleute, die Ludwig IV. noch als »*Verwalter meiner Geschäfte*« (*negociorum meorum ... executores*) bezeichnete,[2] verstanden sich allmählich als Bürger ihrer Stadt, wie wir dies von *villici*,[3] Zöllnern[4] und Münzern[5] wissen. Auch die Stadtgemeinde insgesamt, die *universitas civium*, begriff sich bald als juristische, eigenständig handelnde Person: Deshalb führte sie ein eigenes Siegel.[6]

Ludwig II. hatte während Friedrich Barbarossas Feldzug gegen Mailand 1161 mit den Mailänder Konsuln eine »*Unterredung*«.[7] Es war das erste Mal, daß ein Ludowinger mit städtischen Vertretern verhandelte. Sein Sohn Ludwig III. war 1167 für die Ludowinger dabei, als thüringische und sächsische Adlige sowie die Erzbischöfe und die Bürger von Köln und Magdeburg sich gegen Heinrich den Löwen verschworen.[8] Mit den Erfurtern stand er dagegen 1177 in Fehde, denn

> die Erfurter widersetzen sich mit Rat und Hilfe der Grafen Erwin [von Gleichen] und Heinrich [von Schwarzburg] in einem unbesonnenen Wagnis ihrem Herrn, dem vielberühmten Landgrafen Ludwig, und alles, was ihm im Umfeld der Stadt gehörte, verwüsten und verbrennen sie im Rahmen ihrer Möglichkeiten. Wegen dieser Anmassung erzürnt, zerstörte derselbe Fürst drei Burgen des genannten Grafen Heinrich nach kurzer Belagerung.[9]

> Allergütigst und mit höchst abgewogenem Ratschluß strebte er innerhalb und außerhalb seiner Herrschaft durch fürstlichen Wink, Gesetze zum gemeinsamen Nutzen der Bürger und Ritter handzuhaben,

lobt die Reinhardsbrunner Chronik dagegen seinen Neffen Ludwig IV.[10] Wir erfahren, daß Ludwig 1222 in Marburg »*mit den Bürgern dieser Stadt*« zu Gericht saß[11] und daß er ein Jahr später sich mit den Bürgern von Leipzig auf deren Einladung hin verbündete, um »*zum Wohle des Friedens und der Bürger*« eine Festung seiner Schwester Jutta, der Witwe des Markgrafen von Meißen, in der Stadt zu zerstören.[12] Hier waren die

---

[1] Cäsarius von Heisterbach, Vita S. Elyzabeth S. 363
[2] DRT II:2423
[3] DRT III:2108
[4] UB der Deutschordens-Ballei Hessen I:84
[5] Patze 1962.468
[6] Grünberg 1222, Marburg seit 1224/27, Wolfhagen 1239 (Patze 481 f; 481; 475)
[7] Otto (Acerbus) Morena S. 166
[8] Codex diplomaticus Anhaltinus I:503
[9] Annales S. Petri Erphesfurdenses S. 24
[10] Cronica Reinhardsbrunnensis S. 589
[11] Ebd. 597 f
[12] Ebd. 598 f. Vgl. Wagner 1909.39 ff

Interessen der Leipziger und Ludwigs, »*dessen Regierung ihnen die öffentliche Sicherheit, die erste Bedingung für eine gedeihliche Fortentwicklung ihres aufblühenden Handels, verbürgte*«, dieselben, urteilt Wagner.[1] Am 27. April 1226 feierte Ludwig auf Einladung der Erfurter Bürger »in großer Ehre und Freude« (*in multa gloria et iocunditate*) festlichen Einzug in Erfurt, eine *joyeuse entrée*. Dies war ein einmaliges Ereignis, denn, so merkt der Chronist an, »*oft gab es bis zu jener Zeit Feindschaft zwischen ihm und den Erfurtern.*«[2] Die Stadt Fritzlar in Hessen, im Besitz des Mainzer Erzbistums, ließ Ludwigs Bruder Konrad während einer Fehde mit dem Erzbischof 1232 belagern, niederbrennen und plündern.[3] Sein Bruder Heinrich Raspe konnte dagegen 1234 im Einvernehmen mit den Bürgern Erfurts gegen den Mainzer Erzbischof und die mainzischen Stadtvögte, die Grafen von Gleichen, die Stadtvogtei in Erfurt für kurze Zeit gewinnen und zwischen Bürgern und Bischof vermitteln.[4]

Die Stellung der Ludowinger zu den Städten war daher pragmatisch. Sie waren durchaus bereit, mit ihnen (auch ohne den eigentlichen Stadtherrn, also als Bürgergemeinschaft) zu handeln und zu verhandeln. In ihren eigenen, noch jungen Städten allerdings stellte sich das Problem aufbegehrender Kommunen nicht.

2. VASALLEN UND MINISTERIALEN

Daß es im Haushalt der Ludowinger nach seiner Meinung drunter und drüber ging, als Elisabeth die Familie verließ, war für Cäsarius von Heisterbach leicht zu erklären:

> Denn die Brüder ihres [verstorbenen] Gatten, noch in jugendlichem Alter, wurden durch den Rat ihrer Vasallen und Ministerialen gelenkt.[5]

Wenigstens insoweit können wir Cäsarius zustimmen, als die Ludowinger ohne ihren Verwaltungsstab aus Vasallen und Ministerialen nicht sehr weit über die »Urzelle« im Thüringer Wald hinausgekommen wären. Sie waren sicher genau wie in Meißen ihrer Herrschaft durch Eid verpflichtet, wie wir aus dem Jahre 1221 wissen, als Ludwig IV. und seine Schwester Jutta als Vormund bzw. Mutter Heinrichs von Meißen von den »*Großen des Landes*« - und darunter wurden »*wie die Adligen, so die Ministerialen*« verstanden - folgenden Schwur ablegen ließen:

> Wir schwören unserem jungen Herrn, dem Markgrafen Heinrich von Meißen, die ihm nach Erbrecht geschuldete Treue und dem Herrn Ludwig als seinem

---

[1] Wagner 1909.41·
[2] Cronica Reinhardsbrunnensis S. 607 f
[3] Annales Erphordenses S. 27, Cronica Reinhardsbrunnensis S. 614
[4] Annales Erphordenses S. 29 f
[5] Vita S. Elyzabeth 363

> Vormund und Vertreter unter der Bedingung, daß, wenn in der Zwischenzeit
> unser junger Herr minderjährig sterben sollte, wir Herrn Ludwig, den Land-
> grafen, zum Herrn und Markgrafen von Meißen wählen und ihm als wahrem
> Erben und unserem Herrn huldigen. So wahr uns Gott helfe und die
> Heiligen, deren Reliquien hier vor uns liegen.[1]

Dies war bereits ein Huldigungseid gegenüber einem Landesherrn, im Inhalt und in der
Form allerdings nicht sehr anders als der übliche Eid eines Lehensmannes gegenüber
seinem Herrn. Anders allerdings als beim Lehenseid ging es hier nur um einen Eid *pro
solo dominio*, nicht *de terris et tenementis*, wie der Engländer Glanville sich ausgedrückt
hätte: Vasallität ohne Lehen. Darüber schreibt Glanville:

> Die Huldigung jedoch geschehe lediglich wegen Ländern und freien Lehen,
> Dienstlehen[2] und fest zugewiesenen Einkünften in Münze oder in anderen
> Dingen. Nur für die Herrschaft aber schuldet man die Huldigung niemandem
> außer dem Fürsten.[3]

Wer zum fürstlichen Verwaltungsstab gehörte, für die Ludowinger Burg-, Kriegs- oder
Hofdienste leistete, konnte mehr erwarten. Für ihn schloß sich an die Huldigung die
Investitur mit einem Lehen an.
Im Jahre 1136 verkündeten der Vogt (Landgraf Ludwig I.) und der Abt des Klosters
Reinhardsbrunn, daß es dem Abt untersagt war, Freien oder Ministerialen Klostergut für
Kriegsdienste zu verleihen.[4] Es mußte im Interesse der Klostervögte liegen, die
Kontrolle über die Vergabe von Klostergut zu behalten;[5] so konnten sie ihre eigenen
Leute ausstatten und Dritte, die an Kirchenlehen interessiert waren, an sich binden. Bei-
spiele dafür gibt es in Hülle und Fülle. Bereits Abt Konrad von Gozeck soll vor 1114
Leuten Ludwigs des Springers Lehen gegeben haben.[6] Vor 1189 erhielt der hersfeldische Ministeriale Berthold von Salzungen von den Ludowingern die Vogtei über
einen Hof des Klosters Frauensee als Afterlehen.[7] 1193 sehen wir den Reichsministerialen Heinrich von Weida im Besitz der Vogtei über Kloster Mildenfurth - aus
der Hand der Ludowinger, die die Vogtei als Reichslehen besaßen.[8] 1194 wird der
hersfeldische Kastellan Heinrich von Scharfenberg als Vogt über verschiedene Güter des

---

[1] Cronica Reinhardsbrunnensis S. 597. Zu Thüringen s. Patze 1962.370. Vgl CR 629 a. 1277.
[2] *Tenementum liberum* und *servitium* definiert Ganshof 1983.119 f mit Blick auf die Verhältnisse
in England als freie Leihe und Ritterdienst.
[3] Glanville ebd.
[4] DRT I:1316
[5] So auch W. Heinemeyer 1967.216
[6] Chronicon Gozecense 152
[7] UB des Klosters Frauensee 1 und 13
[8] DRT II:933. Vgl. DRT II:1423

Klosters Fulda genannt - die Vogtei trug er von den Ludowingern zu Lehen.[1] 1196 hatte der fuldaische Ministeriale Ludwig von Wangenheim die Vogtei über das fuldaische Dorf Catterfeld inne - als Afterlehen der Ludowinger.[2] Neben den Ministerialen fremder Herrschaften, die man auf diese Weise an sich binden wollte, wurde natürlich auch eigenes Personal versorgt. Rudolf von Körner besaß 1222 von den Ludowingern die Vogtei über Hufe des Klosters Hasungen.[3] Rudolf von Vargula besaß 1225 die Vogtei über das Georgenkloster in Naumburg als ludowingisches Afterlehen.[4] Es wundert daher wenig, daß der Vertrag zwischen Hersfeld und Hermann I. von 1205 offen von

> Gütern der Ministerialen der hersfeldischen Kirche, die der Landgraf ihnen
> wegnahm und für sich behielt oder seinen Schützlingen übertrug,[5]

sprach. Die Besitzungen der ludowingischen Ministerialenfamilie von Allerstedt, die wir als Vögte in Monre schon kennengelernt haben, weisen eine charakteristische Gemeinsamkeit auf: Sie lagen ausschließlich auf ehemals hersfeldischem Grund.[6] Vielleicht ist die 1157 als reichsministerial bezeichnete[7] und in mainzischen Urkunden auftretende[8] Familie[9] nach ihrem Eintritt in die ludowingische Ministerialität von den Ludowingern aus dem hersfeldischen Fundus systematisch ausgestattet worden; ihre Güter in Allerstedt, Berlstedt, Brembach, Haarhausen und Rehestädt liegen eng beisammen, auch Monre ist nicht weit. Die Familie ist ein vorzügliches Beispiel für die niederadligen Familien im Dienste der Ludowinger. Ihr einer Zweig (mit den Vornamen Hartnid und Ehrenfried) wurde 1157 unter den Reichsministerialen geführt, einer von ihnen war 1251 Konventuale des Deutschen Ordens.[10] Besser bekannt sind die zur selben Zeit in mainzischen Diensten, ab 1182 auf ludowingischer Seite bezeugten Brüderpaare Heinrich und Ludolf, teils als »von Allerstedt«, teils als »von Berlstedt« bezeichnet. Die Verbindung nach Monre muß bereits 1182 bestanden haben, denn Heinrich von Allerstedt erschien damals in einer Urkunde Landgraf Ludwigs III. für

---

[1] DRT II:965
[2] Patze 1962.392
[3] UB der Erfurter Stifter und Klöster I:177
[4] DRT II:2235
[5] DRT II:1281
[6] In der Aufzählung der hersfeldischen Güter im frühen Mittelalter nennt Patze 1962.56 f Allerstedt, Brembach, Haarhausen und Rehestädt ausdrücklich; Monre gehörte wahrscheinlich zum hersfeldischen Besitz in und um Kölleda.
[7] Bosl 1950-1951.II:560, His 1965.4
[8] DRT II:152 ff
[9] Patze hält die Allerstedts für »stammverwandt« mit den Berlstedts (1962.339), hat aber ihre Identität ebensowenig erkannt wie His 1965.4.
[10] Wojtecki 1971.74

Werner von Monre und dessen Familie an erster Stelle der Zeugenliste.[1]
Aufschlußreich ist eine weitere Urkunde Ludwigs III. von 1184: Darin gestattete er
seinen Ministerialen und Freien, dem Nonnenkloster zu Heusdorf Güter zu schenken
oder zu verkaufen. Zeugen waren für Ludwig sein Bruder Hermann, Graf Heinrich von
Buch, Kunemund von Vargula (der ludowingische Marschall), Heinrich und Ludolf von
Berlstedt, Hartmann und Otto von Lobdeburg, Arnold von Neuenburg, Irenfrit von
Crebezinuelt, Burkhard von Greifberg und Hugo von Prießnitz.[2] Wir wissen, daß
Heusdorf in der Folge tatsächlich Güter von ludowingischen Ministerialen übertragen
erhielt; uns interessiert in diesem Zusammenhang der Verkauf von zwei Hufen in
Brembach 1206 durch den sonst nicht belegten Heinrich Busesse.[3] Denn im Testament
des Ludolf von Allerstedt von 1216, in dem er mit Einwilligung seiner Frau und nach
dem Tod aller seiner Kinder sein Wohnhaus nebst Küchengarten in Allerstedt dem
Kloster Kapellendorf vermachte, wird als Zeuge an erster Stelle Heinrich von Brembach
genannt.[4] Dies war niemand anderes als Heinrich von Allerstedt/Berlstedt, dessen
gleichnamiger Nachfahr 1274 als Vogt von Brembach belegt ist.[5] Vielleicht hat die
Familie zwischen 1184 und 1274 Gut in Brembach an Heusdorf vergeben, aber dafür die
Vogtei darüber erhalten. Auch die in der Urkunde von 1184 bezeugte Familie der
Marschälle von Vargula besaß nachweislich Güter in Brembach.[6] Die gleichfalls
auftretende Ministerialenfamilie von Neuenburg, später Varch genannt, hatte in
Brembach ebenfalls Besitz.[7] Der Schluß liegt nahe, daß die Ansammlung dieser
Besitzrechte ludowingischer Vasallen in Brembach seit mindestens 1184 *Ergebnis
landgräflicher Versorgungspolitik* war.
1186 wird Heinrich von Berlstedt Burgmann der Wartburg genannt.[8] 1217 war ein
Heinrich von Allerstedt Domherr in Naumburg.[9] Ludolf ist am Hof und als Reisebeglei-
ter Hermanns I. und Ludwigs IV. im In- und Ausland belegt.[10] Nach dem Aufbruch
zum Kreuzzug 1227 fehlt von ihm jede Spur, bis 1240 ein Ludolf von Berlstedt in
Diensten der ludowingischen Vasallen von Schwarzburg erscheint.[11] Dies wird
allerdings der Ludolf der nächsten Generation gewesen sein, derselbe Ludolf, der 1257

---

[1] UB der Stadt Jena I:1
[2] DRT II:700
[3] DRT II:1327
[4] DRT II:1679. Dobenecker hält die Urkunde für wahrscheinlich unecht; völlig ohne Not: Das im
Text genannte »Altstedt« ist nicht Allstedt, sondern Allerstedt - vgl. DRT II:1814: »Altstede«.
[5] UB des Klosters Pforte 252
[6] DRT II:1248; III:1995
[7] UB des Klosters Pforte 245
[8] DRT II:760
[9] Dob. II:1730 u. 1749
[10] Zum Königshof: DRT II:1590, II:1609, II:1610, II:1613, II:1615; nach Italien: DRT II:2320;
auf Kreuzzug: Cronica Reinhardsbrunnensis S. 611
[11] DRT III:911

mit Zustimmung von Frau und Erben dem Kloster Ichtershausen Güter in Rehestädt und Haarhausen schenkte. Wenig später wurde die Familie bekanntlich als Vögte in Monre bezeichnet, und 1266 verkauften Ludolf und Heinrich von Berlstedt einen Hof in Berlstedt mit Zustimmung ihrer Brüder und Schwestern an ein Erfurter Kloster.[1] Die Familie besaß also bald nach Eintritt in ludowingische Dienste in Allerstedt und Berlstedt Güter - mindestens in Allerstedt ein Wohnhaus, woher ihr Familienname stammt -, in deren Besitz sie bereits zu Zeiten der Ludowinger keinen Einschränkungen unterlag (daher das Testament Ludolfs von 1216) oder freie Hand für bestimmte Zwecke bekommen konnten (daher das Privileg von 1184). Damit standen sie nicht hinter den seit 1178 belegten[2] Inhabern der *ludowingischen Hofämter* zurück: den Truchsessen von Schlotheim, den Marschällen von Vargula und Eckartsberga, den Schenken von Vargula und den Kämmerern von Fahner, für die auch Patze *»keine Einschränkungen ... im Vergleich zu Freien«*[3] ausmachen kann. In der Tat wurden die Allerstedter in ludowingischen Urkunden von den Ministerialen getrennt aufgeführt.[4] Nach der Auffassung von His konnte Ministerialen nur in Dienst nehmen, wer über einen Hofstaat mit allen vier oder wenigstens einem der Hofämter verfügte; Ministerialen seien hauptsächlich für den Hofdienst zuständig gewesen.[5] Auch Patze meint, daß die Ludowinger erst 1178 Hofämter und Ministerialität einrichteten; *»Ausgangspunkt auch der landgräflichen Dienstmannschaft waren also offensichtlich die Hofämter.«*[6] Rösener findet ebenfalls keine klaren Worte für die Frage, ob erst die Hofämter ihre Träger zu Ministerialen machten oder umgekehrt.[7] Für den Hauptzweck der Einrichtung von Hofämtern - die sich zur selben Zeit in ganz Deutschland an zahlreichen Fürstenhöfen nachweisen läßt - hält er die *»Selbstdarstellung des Fürsten«*[8] im Rahmen der höfischen Kultur. Tatsächlich wissen wir nichts darüber, was die Schenken, Marschälle usw. am ludowingischen Hof tatsächlich verrichteten. Aber Ministerialen der Ludowinger sind (*neben* Rittern) schon 1144 nachweisbar;[9] sie sind sicher nicht vergleichbar mit den Allerstedts oder den Vargula, sondern mit den Ministerialen, die eine Urkunde des Kölner Erzbischofs Adolf I. von 1197 behandelt.[10] Adolf bestätigte darin ein Geschäft,

---

[1] DRT III:3404

[2] UB des Klosters Pforte 20.36: »Rudolfus pincerna, Guntherus dapifer, Heinricus marschalcus, Hermannus camerarius«.

[3] Patze 1962.331

[4] DRT II:1680 (1216) zählt Ludolf von Allerstedt unter den Freien auf, DRT II:1814 (1218) vor den Ministerialen, DRT II:2415 (1227) hinter den Grafen, vor den Ministerialen.

[5] His 1965.8

[6] 1962.327

[7] 1989.521

[8] Ebd. 550

[9] DRT I:1473 (Abt Ernst von Reinhardsbrunn urkundet im Beisein des Landgrafen Ludwig [II.], seines Bruders Heinrich, ihrer Mutter sowie ihrer Ritter und Ministerialen).

[10] UB für die Geschichte des Niederrheins I:554

das sein Vorgänger mit Landgraf Ludwig III. abgeschlossen hatte, nämlich den Verkauf
ludowingischen Eigenguts am Rhein - vier Burgen mit Zubehör - an das Erzbistum.
Einzige Erbin Ludwigs in diesen Gütern war Jutta, Ludwigs Tochter, vertreten durch
ihren Mann Dietrich von Groitzsch. Sie erhielten die Allodien als Kölner Lehen zurück.
Die Urkunde enthielt nun Bestimmungen über zwei Gruppen von durch den Verkauf
Betroffenen. Zunächst sollten die Burggrafen dem Kölner Erzbischof Treue schwören
und ihm die Burgen im Fall, daß der Erzbischof eine Fehde führte, öffnen, bis der Friede
wiederhergestellt wäre. Dann war der Bischof verpflichtet, ihnen die Burgen unversehrt
zurückzugeben. Dieser Eid sollte bei jedem Wechsel eines Burggrafen wiederholt
werden. Einen der betroffenen Burggrafen kennen wir: 1174 belehnte Heinrich Raspe
III. den Grafen Engelbert I. von Berg - den Vater des heiligen Engelbert, des nächsten
Kölner Erzbischofs - mit der neuen Burg Windeck, die Engelbert den Ludowingern im
Bedarfsfall gegen jedermann außer Kaiser und Kölner Erzbischof öffnen mußte.[1] Die
einzelnen Burggrafen der Ludowinger wurden also persönlich auf ihren neuen
Lehensherrn eingeschworen. Gegenüber den Ministerialen, die die Burgmannschaften
stellten, war davon nicht die Rede. Falls ein Ministeriale, »*der den genannten Allodien
zugehört*« - so heißt es hier - eine Frau »*aus einer anderen* familia«, also den
Dienstleuten eines anderen Herrenhauses, heiratete, durften seine Kinder von dem
anderen Herrn keinen Besitz annehmen, es sei denn, sie übertrugen ihn vorher dem
Kölner Erzbischof. Diese Regelung zielte also darauf, die Ministerialen von »Mischehen«
abzuhalten, ihre wirtschaftliche Abhängigkeit von Köln zu verewigen und die
Einflußnahme fremder Herren auf die Kölner *familia* zu verhindern. Falls doch eine
Mischehe stattfand, wäre die Kirche Nutznießer geworden. Von einem beidseitig
verpflichtenden Treueid, von feudaler Beidseitigkeit keine Spur: Diese Ministerialen -
obwohl mit Kriegsdienst beauftragt - galten als »Zubehör«, nicht als Vertragspartner.
Hermann I. drückte mit seiner Äußerung, Ministerialen stünden »*in meiner Gewalt*«
(*nostre potestatis*)[2], aus, worum es im Kern ging. Kurz vor seinem Tode soll der
»eiserne Landgraf« Ludwig II. Kaiser Friedrich Barbarossa auf der Neuenburg demon-
striert haben, wie er zu seinen Leuten stand. Barbarossa hielt nämlich die Mauer der
Burg für zu schwach. Sein Schwager Ludwig versprach ihm, bis zum nächsten Tag eine
Mauer zu bauen, die ohnegleichen wäre. Als der Kaiser erwachte, fand er die Burg von

> äußerst tapferen Männern mit Helmen und Rüstungen, mit Schilden und
> Schwertern

dicht umringt, und er staunte über die »*Ministerialen, Ritter und Kriegsleute und die
anderen Adligen*«, die Ludwigs Herrschaft unterworfen waren.[3]

---

[1] Patze 1962.238
[2] UB des Klosters Kaufungen I:32
[3] Cronica Reinhardsbrunnensis S. 539

Sein Leichnam wurde, wie es weiter heißt, »*von seinen eigenen Fußsoldaten*« ehrenvoll ins Hauskloster Reinhardsbrunn überführt.[1] Hans Patze hat auf den Unterschied im Tonfall hingewiesen, in welchem sich die Landgrafen höflich an ihre Vasallen bzw. barsch an ihre Ministerialen zu wenden pflegten.[2] Für den Schreiber der Erfurter Annalen war es daher unerhört, daß nach dem Aussterben der Ludowinger

> die Ministerialen sich erdreisteten, sogar gegen ihre Herren und Adlige eigensinnig Krieg zu führen.[3]

Ganz offensichtlich muß innerhalb der *familia* der Ludowinger - ähnlich wie in der Welfenchronik - zwischen einer oberen und einer niedrigeren Gruppe unterschieden werden. Walther von der Vogelweide bestätigt, daß beide Gruppen Hofdienst leisten konnten:

> Swer an des edeln lantgraven rate si
> dur sine hübscheit, er si dienstman oder fri[4]

Die Inhaber der Hofämter und die zu den Ludowingern gestoßen Reichsministerialen wie die von Allerstedts gehörten eindeutig *nicht* zur niedrigeren, »unfreien« Gruppe der Ministerialen. Voraussetzung für die Einrichtung der Hofämter unter Ludwig III. war nicht, ihren Herren vollständig ausgelieferte Ministerialen einzustellen, sondern repräsentationsfähige, »höfische« Leute zu verpflichten. Die alten gräflichen Geschlechter Thüringens und Hessens ließen sich hierzu nicht gewinnen, also schufen die Ludowinger aus Reichsministerialen und freien Lehensleuten einen eigenen Dienstadel. Dazu gehörten nicht nur die Inhaber der Hofämter, sondern auch die edelfreien Burggrafen wie die von Neuenburg (Varch) und von Wartburg,[5] die ebenfalls erst seit 1178 belegt sind,[6] sowie Leute im engeren Gefolge wie die von Allerstedts. Sie alle waren Herren über Eigen und von den Ludowingern stammenden Lehen. Ein wichtiger Grund für Freie, sich in den Dienst oder die Vasallität der Landgrafen zu begeben, lag eben in dem Anreiz der Versorgung mit Lehen. So wird von Günther von Käfernburg berichtet:

---

[1] Ebd.

[2] 1962.524 f

[3] Annales Erphordenses S. 36

[4] »Wer an des edlen Landgrafen Rat beteiligt ist / durch seine Höfischkeit, er sei Dienstmann oder Freier« (L. 10,17 = Maurer 10:64)

[5] Ludwig von Wartburg wird 1196 von Hermann I. als »nobilis homo noster« bezeichnet (DRT II:999).

[6] Wiederum in UB des Klosters Pforte 20.36. Patze 1962.372 stellt den Zusammenhang mit der Gründung der Hofämter richtig fest, zieht aber nicht den Schluß, daß es sich bei den unmittelbar nachfolgenden Inhabern der Hofämter ebenfalls um Freie handeln konnte.

Er wollte sein Erbe mit seinem Bruder Heinrich teilen, weswegen er sich
durch Huldigung in den Dienst der Landgrafen stellte. [1]

Allerdings konnten sich die Ludowinger auf die Treue solcher Vasallen nach dem Urteil
der Chronisten kaum verlassen, wie sich erwies, als Gunzelin von Wolfenbüttel, der
Feldherr Ottos IV., 1211 - im Thronstreit zwischen Otto und Philipp von Schwaben -
nach Thüringen einfiel und Landgraf Hermann I. bedrohte:

> Noch enthielten sich die Grafen Thüringens, gewissermaßen als müßige
> Zuschauer, einer Parteinahme ... Sie planten und erwarteten nur eines,
> nämlich, nicht dem Hilfe zu leisten, von dem sie mehr [Lehen] hielten,
> sondern dem, von dem sie mehr und zwar auf die Hand, wie man zu sagen
> pflegt, erhalten konnten ... Daher traf sich der genannte Gunzelin mit allen
> gemeinsam und jedem einzeln, und weil er viele käufliche Hände fand,
> verführte er sie und vereinigte sie dazu, daß sie ihrem erblichen Herrn,
> nämlich dem Landgrafen von Thüringen, uneingedenk seiner gewohnten
> Großzügigkeit und Freigebigkeit, öffentlich [die Treue] aufkündigten ... Und
> so wurden zu offenen Feinden, die noch wenig früher für dem Hause
> ergeben (domestici) und folgsam (obsequii) gehalten wurden. [2]

Mit den Begriffen *domestici* und *obsequii* meinte der Reinhardsbrunner Chronist zwei
verschiedene Arten von Bindung der Vasallen an ihre Herren: Sie waren einerseits
Mitglieder der *domus*, des Hauses - darin entsprachen sie den Ministerialen -,
andererseits hatten sie das *obsequium*, Gefolgschafts- oder Vasallentreue also, gelobt.
Der Chronist betont, daß sie dafür gebührend belohnt worden waren: Durch Lehen und
durch die *liberalitas et munificentia* ihres Herrn, die Geschenke und großzügigen Gaben
also - dies die regelmäßigen und außerordentlichen Früchte des Vasallendienstes. Aber
die doppelte Bindung an die Ludowinger durch die häusliche und feudale Gemeinschaft
hatte ihre Kraft verloren: Schuld war nach Meinung des Chronisten die Habgier der
Grafen, die sich nicht mit dem zufriedengaben, was sie schon hatten.
Wir können in diesem Verhalten durchaus ein Zeichen für die durch die ständigen
Kriege, Kreuzzüge und Aufwendungen für den ritterlich-höfischen Lebensstil
verschärften wirtschaftlichen Probleme dieser Herrenschicht sehen; vordergründig
betrachtet, folgten sie allerdings schlicht dem Vorbild ihres eigenen Herrn: Hermann I.
war im Thronstreit für sein Wechseln zwischen den Fronten berüchtigt, was die
Flexibilität seiner Leute vielleicht überforderte.
Aber schon unter Hermann I. schlugen die Ludowinger einen neuen Weg ein, der die

---

[1] Cronica Reinhardsbrunnensis S. 559
[2] Cronica Reinhardsbrunnensis S. 579

Bindung zwischen ihnen und ihren Vasallen und Dienstleuten stärken sollte. 1195 trat ein »Ulrich, Meister des Deutschen Spitals«, in einer Urkunde Hermanns auf.[1] Dabei handelte es sich vermutlich um den Leiter des 1190 zur Betreuung von deutschen Pilgern in Akkon gegründeten Hospitals.[2] 1198 beteiligte sich Hermann selbst während des Kreuzzuges an der Umwandlung des Spitals in einen Ritterorden, den später so genannten Deutschen Orden.[3] Dessen Förderung durch die Ludowinger setzte in Thüringen bereits 1203 ein,[4] 1225 wurde der Orden von allen Zöllen und Abgaben in der Herrschaft der Ludowinger befreit.[5] Der 1209 bis 1239 amtierende vierte Hochmeister des Ordens, Hermann von Salza, war zuvor vielleicht thüringischer Ministeriale:[6] In einer Urkunde Landgraf Ludwigs III. von 1174, mit der ein Grundstückskauf des Klosters Reinhardsbrunn bestätigt wurde, werden als Zeugen die Brüder Hugo, Gunther und Hermann von Salza genannt,[7] wahrscheinlich direkte Vorfahren des Hochmeisters.[8] Über ihn hielten die Ludowinger Verbindung zu Kaiser Friedrich II., als es 1226/27 um die Vorbereitung der Kreuzzugsteilnahme Ludwigs IV. ging,[9] und stützte beim Kaiser den Plan Ludwigs für eine Eroberung Preußens.[10] Die Reinhardsbrunner Chronik zählt auf, wer 1227 mit auf Fahrt ging und zur *familia* Ludwigs gehörte: darunter die Burggrafen Ludwig von Wartburg, Burchard von Brandenburg, Meinhard von Molburg und Heinrich von Stolberg, Ludolf von Berlstedt (Allerstedt), der Schenk Rudolf von Vargula, der Marschall Heinrich von Ebersberg, der Truchseß Hermann von Schlotheim, der Kämmerer Heinrich von Fahner, der Edle Hartmann von Heldrungen, Reinhard Varch (v. Neuenburg) usw., alles Angehörige langbewährter ludowingischer Gefolgsleute: »*Aber diese wurden ordiniert und in die Familie des Landgrafen eingeschrieben.*«[11] Warum »ordiniert«? - Dieter Wojtecki hat aus den erhaltenen Überlieferungen der thüringischen Deutschordens-Organisationen des 13. Jahrhunderts 340 Ordensbrüder namentlich erfaßt, von denen sich allerdings nur 105 familiär und ständisch identifizieren ließen. Unter diesen befinden sich nicht weniger als vier Angehörige der Grafenfamilie

---

[1] UB der Deutschordensballei Thüringen I:1

[2] Arnold 1980.92 ff (zur Gründung ebd. 83 f)

[3] De primordiis ordinis Theutonici narratio 223. Die Bezeichnung, die die Ludowinger in ihren Urkunden verwenden, lautet zunächst *Domus [oder: fratres] hospitalis sancte Marie [Teutonicorum]* (UB der Deutschordensballei Thüringen I:3 [1203], I:23 [1222], I:35 [1225], verkürzt zu *domus Theutonica* (ebd. I:93 [vor 1246/5/22]).

[4] UB der Deutschordensballei Thüringen I:3

[5] UB der Deutschordens-Ballei Hessen I:13

[6] Maschke 1970.116, Boockmann 1981a.46

[7] Koch 1885. Beilage

[8] Vgl. Maschke 1970.113 ff

[9] Cronica Reinhardsbrunnensis S. 604 *(mediante fratre Hermanno de domo Theutonica)*; Huillard-Bréholles III.42

[10] Cronica Reinhardsbrunnensis S. 605. Vgl. Patze 1962.267.

[11] Cronica Reinhardsbrunnensis S. 611

von Stolberg, Hartmann und Hermann von Heldrungen, Ehrenfried von Neuenburg, Rudolf von Vargula, Gottfried und Heinrich von Körner, Ehrenfried von Allerstedt.[1] Wojtecki schließt, »*daß sich das Personal des Deutschen Ordens im 13. Jahrhundert im wesentlichen aus den ministerialischen bzw. ritterlich-niederadligen Schichten der mittelalterlichen Gesellschaft rekrutierte ... weitaus die meisten Ordensbrüder entstammen der Ministerialität der thüringischen Landgrafen.*«[2]

Diese Tatsache läßt sich nur damit erklären, daß die Ludowinger ihre Vasallen und Dienstleute gezielt in den Deutschen Orden eintreten, eben ordinieren ließen.[3] Landgraf Konrad ging 1234 mit gutem Beispiel voran; 1239 wurde er bis zu seinem plötzlichen Tod ein Jahr später sogar Nachfolger Hermanns von Salza als Hochmeister des Deutschen Ordens. 1236 wurde die Deutschordens-Ballei Thüringen-Sachsen als neue Ordensprovinz gegründet,[4] nach der Übernahme ihres Marburger Hospitals durch den Deutschen Orden (1.7.1234),[5] der Heiligsprechung Elisabeths von Thüringen (27.5.1235)[6], dem Baubeginn der Marburger Elisabethkirche durch den Deutschen Orden (30.5.1235)[7] und der Überführung der Gebeine Elisabeths in die Elisabethkirche unter Beteiligung Kaiser Friedrichs II., Hermanns von Salza und der Angehörigen der Heiligen sowie einer gewaltigen Menschenmenge am 1.5.1236.[8] Daß die vierzig Jahre zuvor begonnene Einbindung der gesamten ludowingischen Familie - der Lebenden wie der Toten, der Herren wie der Vasallen - in den Deutschen Orden purer Zufall war, ist schwer zu glauben. Es spricht alles dafür, daß die Ludowinger im Zusammenspiel mit Hermann von Salza und Kaiser Friedrich II. dabei waren, die junge Organisation »*zu einem kaiserlich-thüringischen Orden*« zu machen,[9] wobei das Hauptinteresse der Ludowinger darin bestand, den Orden mit eigenem Personal an der Spitze und an der Basis so zu durchdringen, daß er zu einer mächtigen Hausorganisation der Ludowinger wurde. Der rasche Tod erst Ludwigs IV., dann Konrads und des jungen Hermann II., der sich selbst »*Sohn der heiligen Elisabeth*« (und des im Volksmund so genannten Heiligen Ludwig) nennen konnte,[10] machte alle Hoffnungen auf einen Fortbestand der ludowingischen *familia* zunichte.

---

[1] 1971.78 f. Da die meisten Daten aus der zweiten Hälfte des 13. Jahrhunderts stammen, kann es sich überwiegend nur um Nachkommen gleichnamiger Gefolgsleute der Ludowinger gehandelt haben.

[2] 1971.79 f

[3] Zu Rittern »ordiniert« wurden nach Giselbert von Mons (a. 1184, S. 538) auch die beiden Söhne Kaiser Friedrich Barbarossas auf dem Mainzer Hoffest 1184.

[4] Militzer 1970.72

[5] UB der Deutschordens-Ballei Hessen I:40

[6] Ebd. I:54

[7] Ebd. I:53

[8] Zu diesem Fest s. Beumann 1981

[9] Boockmann 1981a.53

[10] Urkunde von 1238/7/1. Vgl. W. Heinemeyer 1983.63 f

3. LEHENSHERREN

Im Jahre 1184 hielt Kaiser Friedrich Barbarossa mit großem Aufwand ein mehrtägiges Hoffest in Mainz ab.[1] Dazu gehörte auch ein Gottesdienst unter Beteiligung des Hochadels. In der Kirche kam es unversehens zum Streit, als der Abt von Fulda und der Erzbischof von Köln beide den Platz links vom Kaiser für sich beanspruchten. Der Kaiser entschied zugunsten des Abtes, worauf Erzbischof Philipp mit seinen Lehensleuten geschlossen die Kirche verlassen wollte. Ein Eklat konnte nur durch das Nachgeben des Abtes verhindert werden. In dieser Situation wechselten Landgraf Ludwig III. und Graf Ruprecht von Nassau, der als Kölner Lehensmann zum Verlassen der Kirche aufgestanden war, folgende Worte:

> Der Landgraf Ludwig, der Lehensmann des Abtes war, sagte zum Grafen von Nassau: »Gut habt Ihr Euch heute Euer Lehen verdient.« Dem [entgegnete] jener: »Ich habe es mir verdient und werde es mir, wenn es heute nötig sein sollte, [wieder] verdienen.« [2]

Ludwig und Ruprecht werden hier in Erfüllung ihrer Treuepflicht zu ihren jeweiligen Lehensherren dargestellt: Ludwig war der größte Lehensmann Fuldas.[3] Mit seiner Äußerung wollte er, der sitzengeblieben war, das Verhalten Ruprechts tadeln. Sein Wort läßt sich zweifach deuten. Ludwig kann gemeint haben, es sei eines Herren unwürdig, politische Abhängigkeit nur wegen eines einmal erhaltenen Lehens so offen zu demonstrieren. Dann wäre seine Bemerkung ironisch zu verstehen, während Ruprecht genau diese Haltung für selbstverständlich und einem Lehensmann angemessen erklärt hätte. Nun waren Ludwig und Ruprecht aber - zweitens - auch Nachbarn in Hessen. 1231 spätestens war Graf Heinrich von Nassau ludowingischer Lehensmann. Das Patronatsrecht der Kirche in Herborn hatten die Ludowinger *»vom Herrn Heinrich, dem berühmten König der Römer«*, zu Lehen erhalten - also zwischen 1220 und 1231 - und an den Grafen von Nassau weiterverliehen.[4] 1185 verlieh Ludwig III. Eigengüter *»inter campos Nassowen«* an das benachbarte Kloster Arnstein,[5] und so ist es nicht ausgeschlossen, daß die Nassauer schon 1184 ludowingische Lehensleute am Rhein oder in Hessen waren oder sich zumindest Hoffnungen machten, es zu werden. In diesem Fall hätte Ludwigs Bemerkung doppelten Boden, und die Antwort Ruprechts wäre als

---

[1] Hierzu Fleckenstein 1986.
[2] Arnold, Slawenchronik III:9, zit. n. Frommann 1908.211 Anm. 1
[3] Codex diplomaticus Anhaltinus I:502
[4] UB der Deutschordens-Ballei Hessen I:20
[5] DRT II:713

Angebot zu verstehen, sich auch für ein ludowingisches Lehen derart einzusetzen. Auf jeden Fall wurde Ludwigs eigenes Verhalten aus seiner Lehensverbindung nach Fulda erklärt.

Selten allerdings sind Ludowinger den geistlichen Instituten in Fulda, Hersfeld, Mainz, Naumburg usw., von denen sie Lehen besaßen, in politischen Fragen so offensichtlich gefolgt. Der Streit mit Hersfeld 1181-1215, die wiederholten und blutigen Auseinandersetzungen mit dem Erzbistum Mainz beweisen, daß das Bewußtsein wirtschaftlicher und daraus folgender politischer Abhängigkeit von ihren Lehensherren bei den Ludowingern nicht besonders ausgeprägt war. Lehensabhängigkeiten waren für ihre Bewegungsfreiheit allenfalls »hinderlich«,[1] niemals zwingend.

Auch die Monarchen bekamen dies zu spüren. Die Renitenz der Ludowinger gegenüber den salischen Königen und Kaisern ging unter Ludwig dem Springer bis zur offenen Verweigerung der Anerkennung Heinrichs IV., des »Herrn Heinrich, den sie den König nennen«,[2] und zum bewaffneten Widerstand gegen die Königsgewalt nach 1090. Als dessen Sohn und Nachfolger Heinrich V. 1121 endlich mit den sächsischen und thüringischen Adligen Frieden schloß, wurde Ludwig dem Springer

> zur vollen Anerkennung des zwischen Kaiser und Grafen geschlossenen Bündnisses dem Grafen durch königliche Großzügigkeit die Burg Eckartsberg zu dauerhaftem Recht übertragen. [5]

Bis zum nächsten Thronstreit am Ende des 12. Jahrhunderts hielten die Ludowinger den sächsischen und staufischen Monarchen die Treue. Wenn die aus dieser Zeit überlieferten Stücke der Reinhardsbrunner Briefsammlung, unabhängig davon, ob sie Stilübungen sind oder auf echte Vorlagen zurückgehen, auch nur den Ton treffen, der damals zwischen König und Fürsten herrschte, dann ergibt sich daraus ein gutes Bild des feudalen Dialoges. Friedrich Barbarossa soll an Ludwig II. geschrieben haben:

> Deine mir wohlbekannte Treue erfüllt mich mit dem größten Vertrauen zu Dir, und ich möchte Dich wissen lassen, daß, solange ich lebe, ich Dir die Unterstützung unseres Reiches in keinem Fall entziehen werde. [6]

Mit einer ähnlichen Begründung bat er den Ludowinger, seinerseits königliche Lehensleute in Ludwigs Gebiet zu schützen:

---

[1] Patze 1962.325
[2] Annales S. Disibodi a. 1090 S. 11 (Brief Ludwigs des Springers an Bischof Waltram von Magdeburg). Der umfangreiche Brief stammt natürlich nicht aus der Feder des (Analphabeten?) Ludwig, sondern von Bischof Herrand von Halberstadt, dem geistlichen Ratgeber Ludwigs (vgl. Cronica Reinhardsbrunnensis S. 525 u. 527 und W. Heinemeyer 1967.211 f).
[5] Cronica Reinhardsbrunnensis S. 523
[6] Reinhardsbrunner Briefsammlung 60:56

Weil wir uns aber vor allem auf die Beständigkeit Deiner Treue verlassen, zögern wir nicht, unsere wie auch die Geschäfte unserer Getreuen Deinem Fleiß anzuvertrauen. [1]

Der Landgraf seinerseits soll »*dem ruhmreichsten Könige Treue und Dienst*« entboten und danach bescheiden fortgesetzt haben:

Weil ich weiß, daß ich nichts bei Euch [nicht] durch Bitten erreichen werde, bitte ich inständig, daß Ihr mir das Gut gebt, um das ich Euch neulich angegangen habe. [2]

Ganz ähnlich formulierte er in einer historisch belegbaren Situation, als es nämlich 1150 um die Neubesetzung des Würzburger Bischofstuhles ging:

Dem hochgeschätzten Herzog F[riedrich von Schwaben] [entbietet] Landgraf L[udwig II.] die schuldige Treue und Dienst, solange der Atem in ihm wirkt. Eure mir mehrfach bewiesene, herausragende Treue erfüllt mich mit dem Vertrauen, was auch immer ich will, bei Euch zu erbitten. Daher bitte ich, daß Ihr mit Blick auf meinen Dienst, den ich Euch dafür treu leisten werde, zum Herrn König für meinen Verwandten Gebhard [von Henneberg, der 1150 tatsächlich Bischof von Würzburg wurde] sprecht, ob er ihm Euret- und meinetwegen den Stuhl der Würzburger Kirche übergibt oder, wenn er dies jetzt nicht kann, [die Entscheidung darüber] wenigstens so lange verschiebt, bis er mit mir darüber gesprochen hat. [3]

Treue ist, wie hieraus ersichtlich wird, kein Selbstzweck, sondern sie berechtigt zu in Bitten gekleideten Ansprüchen auf Schutz und materielle Ausstattung. Es war allerdings kein Zufall, daß Bonizo von Sutri während des Investiturstreites am Ende des 11. Jahrhunderts die Pflichten der Vasallen aus kirchlich-päpstlicher Sicht wie folgt formulierte:

Was sollte ich aber über die Ritter anderes sagen, außer daß sie ihren Herren und besonders den Inhabern der Reichsgewalt die Treue wahren und so der irdischen Gewalt dienen sollen (*militent*), daß sie der christlichen Religion nicht im Wege stehen ... Ihre Aufgabe ist, den Herren ergeben zu sein, nicht nach Beute zu streben, zum Schutz des Lebens ihrer Herren ihr eigenes Leben nicht zu schonen und sich für das Wohlergehen des Staates bis zum Tode einzusetzen, Schismatiker und Ketzer zu bekämpfen, auch die Armen, Witwen und Waisen zu verteidigen, versprochene Treue nicht zu

---

[1] Ebd. 8:8
[2] Ebd. 78:66
[3] Ebd. 15:15

brechen und keinesfalls gegen ihre Herren wortbrüchig zu werden. [1]

Der letzte Halbsatz wirkt nachgeschoben, als hätte Bonizo hinterher gemerkt, was er
angerichtet hatte, als er den Kampf gegen Kirchenfeinde über die Treue zu den Herren
gestellt hatte. Heinrich IV. jedenfalls bekam es sehr bald zu spüren: Ludwig der Springer
berief sich darauf, ihm als einem Simonisten, der Kirchenämter verkauft habe, gleich
einem Ketzer keine Treue zu schulden.[2] Mit ihrem gern benutzten Kampfmittel der
Exkommunikation lieferte die Kirche den weltlichen Vasallen das beste Argument, ihren
Herren die Treue zu versagen, da sie ja zum Kampf gegen Feinde der Kirche verpflichtet
seien. Die Klagen der Kleriker über ritterliche Untreue sind Krokodilstränen: Papst
Innocenz III. selbst befreite Landgraf Hermann I. 1203 von seinem dem König Philipp
geleisteten Treueid![3] Die von den Parteigängern der Kirche verbreiteten Schauermärchen
über den blasphemischen Unglauben Kaiser Friedrichs II.[4] verfolgten ebenfalls den
Zweck, Widerstand gegen den Monarchen geistlich zu legitimieren. Weltliche Fürsten
wie Hermann I. und Heinrich Raspe griffen in der Nachfolge Ludwigs des Springers
gern darauf zurück. Freilich verfolgten sie damit andere Ziele als Papst und Kirche.
Landgraf Hermann I. leistete dem Welfen Otto IV. nach dem Ausbruch des welfisch-
staufischen Thronstreites Mannschaft und Treueid und erhielt dafür die thüringischen
Reichsstädte Nordhausen und Saalfeld zu Lehen.[5] Der Entscheidung für Otto waren
einander überbietende Angebote der Gegenkönige vorausgegangen: Philipp von
Schwaben bot dem Landgrafen *»Städte, Siedlungen, Stadtgemeinden und Burgen zu
Lehenrecht in großer Zahl«* an, Otto schlicht *»das Doppelte«* und Geld,[6] so daß
Hermann sich leicht entscheiden konnte. Als allerdings Otto das versprochene Geld
(angeblich die Riesensumme von 8.000 Mark)[7] nicht zahlen konnte, *»glaubte sich der
Fürst von Thüringen von seinem Treueid entbunden«*[8] und leistete nunmehr Philipp
Mannschaft und Treueid. Dafür erhielt er die königlichen Städte Nordhausen,
Mühlhausen und Saalfeld, den Orlagau und die Burg Ranis als Lehen.[9] Mit seinen

---

[1] Liber de vita Christiana VII:28.249 (Hg. E. Perels. Berlin 1930)
[2] Annales S. Disibodi a. 1090 S. 11 f: »Jeder, der Ämter verkauft, ist ein Ketzer. Herr Heinrich
aber, den sie den König nennen, hat Bistümer und Abteien verkauft ... Folglich ist Herr Heinrich
ein Ketzer.« (Aus dem o.a. Brief an Waltram von Magdeburg)
[3] DRT II:1205
[4] Gegenüber Heinrich Raspe soll er die christliche, jüdische und islamische Religion gleichermaßen verworfen haben; außerdem soll er die berüchtigten Assassinen, die Mordkommandos des
»Alten vom Berge«, für seine Zwecke eingesetzt haben (Chronica minor auctore Minorita
Erphordium a. 1245, S. 201).
[5] Cronica S. Petri Erfordensis Moderna S. 378
[6] Cronica Reinhardsbrunnensis S. 560
[7] Braunschweigische Reimchronik V. 5021 ff, zit. n. Kirmse 1911.4
[8] Cronica Reinhardsbrunnensis S. 562
[9] Cronica S. Petri Erfurdensis Moderna S. 378

folgenden Parteiwechseln von 1203 (erneute Einsetzung in seine Lehen durch König Otto »*feierlich nach des Reiches Gewohnheit*«,[1] eine ungewollt doppelsinnige Formulierung), 1204, 1208 und 1211 (zu Friedrich II.) zog sich der Landgraf neben dem Zorn der königlichen Konkurrenten auch die Verachtung der modernen Historiker zu. »*Der unzuverlässigste von allen Fürsten*«[2] »*skrupellos*«[3] und ein »*bedenkenloser Charakter*«[4], ließ »*Folgerichtigkeit und Standfestigkeit vermissen*«[5] und war »*zum Verrat bestimmt*«.[6] Diese erregten Urteile entzünden sich an Hermanns offenkundigem Mangel an Treue im Sinne des Rolandsliedes. »*Ihm deshalb einen Vorwurf zu machen*«, warnt Kirmse dagegen schon 1911, »*hieße den Geist der Zeit zu verkennen, die Moral in die politische Würdigung hineintragen.*«[7] Auch Maschke betont positiv Hermanns politische Wendigkeit, mit der er »*in einer allseits von stärkeren Kräften umgebenen Mittellage*« möglichst mit Gewinn, wenigstens aber ohne Schaden davonzukommen versuchte.[8] Aber sein erkennbares Streben nach dem »*nackten Vorteil der eigenen Herrschaft*«[9] wurde durch die offizielle Lehre der Kirche moralisch gedeckt. Scharfsinnige Beobachter wie Walther von der Vogelweide empfanden diesbezüglich »*der pfaffen lere*« damals schon als doppelzüngig. Über die Moral der weltlichen Herren gab er sich zwar keinen Illusionen hin (»*Gott gibt zu König, wen er will, darüber wundere ich mich nicht viel*«):[10] Aber auch er empfand das Verhalten Hermanns und der Monarchen, die daran Mitverantwortung trugen, als Einladung zur Untreue und Untugend: »*Sie schworen hier, sie schworen dort und billigten ungetreuen Mord.*«[11] In den Reihen der ludowingischen Vasallen verstärkte sich zur selben Zeit die Neigung, zum Gegner überzulaufen und die Ludowinger zu verraten[12] - offenbar vertrauten auch sie nicht mehr auf die Grundlage gemeinsamen feudalen Handelns: Treue war nichts mehr wert.

---

[1] DRT II:1250 (Brief des Papstes Innocenz III.)
[2] Winkelmann 1880.156
[3] Krimse 1911.42; Reisinger 1977.31; Schwind 1981.36
[4] Patze/Schlesinger 1967-1979.II,1:32
[5] W. Heinemeyer 1983.18
[6] Patze 1962.259
[7] 1911.42
[8] 1937.28
[9] Hoppe 1981.15
[10] L. 12,30 = Maurer 13:5.43 (1212 zugeordnet)
[11] L. 105,13 = Maurer 14:3.45 (1212 zugeordnet)
[12] Cronica Reinhardsbrunnensis S. 579

L. Geben und Nehmen

1. BARMHERZIGKEIT UND MILDE

Als Landgraf Ludwig IV. und seine Frau Elisabeth eines Nachts wach im Bett lagen - so gibt Cäsarius von Heisterbach eine Erzählung des Erzbischofs Dietrich II. von Trier wieder -, richtete Elisabeth das Wort an ihren Mann:

> »Wahrlich, Herr«, sprach sie, »ich habe mir ein gutes und für uns nötiges Leben ausgedacht, durch welches wir Gott nützlich dienen könnten.« Als der Landgraf antwortete: »Was ist das für ein Leben?«, fügte sie hinzu: »Ich wünschte, wir hätten nur das Land für einen Pflug und 200 Rinder, so daß Ihr das Land mit Euren eigenen Händen bebautet und ich die Rinder mölke.« Da lächelte der Landgraf und antwortete, vergnügt über ihre Einfalt: »Ei, Schwester, wenn wir Land hätten für einen Pflug und 200 Rinder, wären wir nicht arm, sondern reich.«[1]

Elisabeth soll tatsächlich einmal heimlich (Heimlichkeit ist von Jesus geforderter Begleitumstand guter Werke: »*Wenn du aber Almosen gibst, so laß deine linke Hand nicht wissen, was die rechte tut*« [Matth. 6,3]) versucht haben, eine Kuh zu melken, um den Durst eines Armen zu stillen.

> Aber diese [Kuh] benahm sich ungebührlich und hielt nicht still.[2]

Nicht nur die Menschen, auch die Tiere wehrten sich demnach gegen Elisabeths Versuche, die Gesetze der sozialen Ordnung schon auf Erden aufzuheben. Die Ludowinger waren reich und mächtig und legten deshalb nicht selbst Hand an Pflug und Euter. Sie wußten um den Reichtum, den Ludwig mit dem Barte und sein Sohn (wie die Reinhardsbrunner Annalistik überdeutlich feststellt) durch kluges herrschaftliches Verhalten erworben hatten[3] - und sie waren darauf stolz:

> Du sprichst: Ich bin reich und habe gar satt und bedarf nichts! Und weißt nicht, daß du bist elend, blind und bloß,[4]

ließ Ludwig der Springer 1090 dem Bischof Waltram von Magdeburg auf dessen

---

[1] Vita S. Elyzabeth S. 354
[2] Ebd.359
[3] Cronica Reinhardsbrunnensis S. 519, 521; Historia brevis principum Thuringie S. 820 f
[4] Offenbarung 3,17

Vorhaltungen entgegenschleudern.[1] Zur rechtmäßigen Herrschaft gehörte Reichtum, und Herrschaft bedeutete Herrschaft über Arme. Für die Armen zu sorgen, war anerkannte Fürstenpflicht.[2] Ludwig der Springer nahm seine Verantwortung nach dem Bericht der Reinhardsbrunner Chronik nicht leicht. Sie schreibt über sein Verhalten um 1085:

> Nachdem alle häuslichen Angelegenheiten geordnet und Söhne und Töchter verheiratet waren, dachte er heilsam über sein Seelenheil nach; überlegte und verfügte, mit Almosen, soviel er konnte, seine Sünden wiedergutzumachen und mit dem schnöden Mammon sowie den ihm zugefallenen vergänglichen Gütern sich die Armen Christi zu Freunden zu machen, da er ja selbst aus diesem heilkräftigen Handel *(felici commercio)* über kurz oder lang in die ewigen Hütten aufgenommen würde.[3]

Die hervorgehobenen Stellen zitieren das Lukasevangelium (16,9), und die Formulierung des Chronisten entstammt vielleicht der echten, verlorengegangenen Gründungsurkunde Reinhardsbrunns; denn zu dieser Klostergründung veranlaßten Ludwig die Mahnung seiner Frau, an sein Seelenheil zu denken, und der Rat geistlicher Berater,[4] und die Reinhardsbrunner Mönche - Anhänger der kluniazensischen Kirchenreform - bezeichneten sich selbst gern als *pauperes Christi*.[5] Die Grundidee des *felix commercium* ist alttestamentarisch:

> Wer sich des Armen erbarmt, der leiht dem HERRN, und der wird ihm vergelten, was er Gutes getan hat. (Spr. Sal. 19,17)

Mittelalterlich ist allerdings der Glaube, man könne den frommen Handel auch auf die eigenen Vor- und Nachfahren ausdehnen: Ludwigs Sohn, Bischof Udo von Naumburg, verfügte 1140 und 1147 eine Stiftung zum Seelenheil seines verstorbenen Vaters. Ludwig II. stiftete 1171 die Einkünfte einer ihm vom Mainzer Stephansstift ehrenhalber verliehenen erblichen Stiftsherrenstelle zum Seelenheil seiner Familie der Kirchenkasse.[6] Zu solchen Stiftungen gehörten häufig Bedingungen, die die Durchführungen von *consolationes* vorsahen - was darunter zu verstehen war, zeigt eine Urkunde des Klosters Pforte von 1202. Darin wird bestätigt, daß Gerlach von Heldrungen, Angehöriger einer ludowingischen Ministerialenfamilie[7] und Domherr in Naumburg, dem Kloster eine Hufe in Eberstedt und ein Fuder Wein aus Mertendorf geschenkt hatte,

---

[1] Annales S. Disibodi S. 13
[2] So Bonizo von Sutri im Liber de vita Christiana VII:28.249. Vgl. Oexle 1981.86
[3] Cronica Reinhardsbrunnensis S. 525
[4] Ebd.
[5] Ebd.
[6] DRT II:432
[7] Patze 1962.370 f führt sie unter den edelfreien Vasallen, ebd. 341 Anm. 112 als Ministerialen.

weil er sich Freunde machen wollte mit dem schnöden Mammon, die ihn in die
ewigen Hütten aufnehmen [wieder Luk. 16,9] -[1]

unter der Bedingung, daß aus den Einkünften jährlich am 18. Juli bzw. nach Gerlachs
Tod an seinem Todestag ein Festmahl und ein Gottesdienst abgehalten würden. Zum
Mahl sollten den Brüdern Weißbrot, »besseres Fleisch« und Fisch, falls es im Winter
stattfand, Käse, im Sommer aber Butter und Eier aufgetragen werden,

> damit, während ihnen körperlicher Zuspruch zuteil wird, sie der Seele
> desjenigen, welcher ihn austeilt, durch die Empfehlung ihrer Gebete
> geistlichen [Zuspruch] spenden. [2]

Ein ganz ähnliches *felix commercium* schloß 1273 Gerlachs Neffe, der Ritter Reinhard
Varch - Sohn des gleichnamigen Burgmannen und Reisebegleiters Ludwigs IV. - mit
demselben Kloster ab *(Abb. 14)*. Mit Einverständnis seiner Frau Elisabeth schenkte er
dem Kloster 3 ½ Hufen Eigen zu Brembach; dafür sollten jährlich am Sonnabend nach
Pfingsten und am 23. Juni, nach dem Tod Reinhards und Elisabeths aber an ihren
Todestagen eine *consolatio* in Wein, Fischen »und ähnlichem oder anderem« stattfinden.[3]
Entscheidend ist nun, daß an diesen Speisungen neben den Mönchen - den freiwilligen
Armen - im Rahmen des klösterlichen Totengedenkens auch weltliche, unfreiwillig Arme
teilnahmen.[4] Für ein Kloster wie Reinhardsbrunn oder Pforte gehörte die Versorgung
von Armen mit dem täglichen Brot zum selbstverständlichen Alltag, auch und gerade in
Notzeiten.[5] Die Armenfürsorge, der die Adligen einen Teil ihres angehäuften Reichtums
zuwandten, war gewissermaßen zweigleisig: Sie bedachte zunächst und unmittelbar die
freiwilligen Armen in den Klöstern und über die »Seelgeräte« wie Speisungen und Stiftungen an Kirchen- und Klosterkassen indirekt über die geistlichen Institute auch die
übrigen. Papst Gregor der Große hatte ja schon im 6. Jahrhundert die Notwendigkeit
solch frommen Handels - Brot gegen Gebete - bestätigt:

> Das Gute, von dem jeder nach seinem Tode hofft, daß es andere tun, sollte
> er selbst tun, solange er lebt. [6]

---

[1] UB des Klosters Pforte 55.73
[2] Ebd.
[3] UB des Klosters Pforte 245.250
[4] Oexle 1981.86
[5] Während der Hungersnot von 1226 verkaufte das Johannesstift zu Kaltenborn seine Hofstätten,
um Lebensmittel für die Armen anzukaufen (DRT II:2341). 1280 soll der Bäckermeister von
Reinhardsbrunn zur Speisung der Armen ein Brotwunder vollbracht haben, wie es später der
heiligen Elisabeth zugeschrieben wurde (Cronica Reinhardsbrunnensis S. 630).
[6] Zit. n. R. Kroos in Sankt Elisabeth 1981.348

Das konnte man sehr wohl so auffassen, daß man bereits zu Lebzeiten durch entsprechende Stiftungen für sein Seelenheil sorgen sollte, wie Ludwig, Gerlach oder Reinhard Varch. Am Ende des 13. Jahrhunderts konnte man aber auch anders handeln. Gregors Mahnung findet sich in der unteren Bildhälfte einer Miniatur des Psalters, den Sophie, die Gemahlin des Landgraf Hermann I., in die Kirche mitzunehmen pflegte.[1] Es ist das Schlußbild des sogenannten Elisabethpsalters (*Abb. 15*). Die obere Bildhälfte stellt, als Frauengestalten allegorisiert, die *vita contem-*

Abb. 14: Grabstein des Reinhard Varch im Kloster Pforte (aus Corssen 1868.314) mit der Inschrift: »Reinhard Varch, den das Fegefeuer verschone, wird von diesem Stein bedeckt. Möge er erlöst in den Himmel gelangen.«

Abb. 15: Die vita activa wendet sich den Armen zu (Schlußbild des Elisabeth-Psalters, Detail)

plativa, das Leben in meditativer Einkehr also, und die *vita activa* dar. Das aktive Leben wendet sich den Armen - hier drei Männer mit verkrüp-

---

[1] Vgl. R. Kroos in Sankt Elisabeth 1981.350 ff

pelten Beinen - zu und versorgt sie mit Kleidung und Geld.

Ihre Tätigkeiten, wie sie hier abgebildet sind, sind Teil derjenigen guten Werke nach den Worten Jesu, die beim Weltgericht angerechnet werden: Speisung der Hungrigen, Tränkung der Dürstenden, Aufnahme der Fremden, Kleidung der Nackten, Pflege der Kranken und Besuch der Gefangenen (Matth. 25,31-36). Die Armen sollen sich wie die Vögel unter dem Himmel nicht um ihre Nahrung und wie die Lilien unter dem Felde nicht um ihre Kleidung sorgen müssen (Matth. 6,25-34). Das Bild stellt dar, wie diese beiden Hauptbedürfnisse befriedigt werden. In der Lage sind dazu nur die Reichen. Sie an ihre Pflicht und Schuldigkeit gegen über den Armen zu erinnern, ist Sache der Geistlichkeit. Deswegen lobt die Reinhardsbrunner Chronik Ludwig III.:

> So sehr schien er der Schuldner der Mittellosen und Armen zu sein, daß es ihm schien, am Himmelsmahl teilnehmen zu können, wenn er die Bettler, die hinter ihm herschrieen, ernährte und die Nackten mit einem Mantel bedeckte.[1]

Und deswegen kritisierte Cäsarius von Heisterbach den Landgrafen Ludwig II. so stark, weil er dem entsprechenden Rat seiner Priester nicht folgen wollte. Auf die Mahnung, er solle sein Verhalten mit Blick auf die Strafe der Bösen und den Ruhm der Erwählten bessern, antwortete er, den Cäsarius gebildet nennt,

> mit dem erbärmlichen Worte: »Wenn ich vorherbestimmt bin, können keine Sünden mir das Königreich der Himmel forttragen; wenn ich vorhergesagt bin, werden keine guten Taten mir jenes bringen können.«[2]

Das ist kein Zeichen von herzloser Verstocktheit und Desinteresse an Almosen, sondern eines theologisch begründbaren, abweichenden Standpunktes: Ob gute Werke gerecht machen, wer die Erwählten Gottes sind, sind Fragen neutestamentarischen Zuschnitts. In erster Linie aber lehnte Ludwig II. offensichtlich die *vita activa* und damit die direkte Hinwendung zu den Armen für sich ab - anders als seine Söhne und Enkel. Für Cäsarius von Heisterbach jedenfalls stellt Elisabeth von Thüringen die ideale Verkörperung des von ihm empfohlenen Verhaltens dar:

---

[1] Cronica Reinhardsbrunnensis S. 539
[2] Dialogus Miraculorum, Distinctio prima de Conversione 27, zit. n. Heinemeyer 1967.221 f

Ob man die selige Elisabeth durch Bethlehem oder durch Jerusalem begreift, beide Städte passen wegen der Deutung ihrer Namen zu ihren Tugenden. Bethlehem wird bekanntlich als »Haus des Brotes« gedeutet [1] und bezeichnet das tätige Leben, Jerusalem aber als die »Vision des Friedens« [2] und bezeichnet ein Leben voller Kontemplation. Wie vollkommen diese Frau in beiderlei Leben war, zeigt uns das Buch ihres Lebens zur Genüge. [3]

Tatsächlich hat Elisabeth nach den Zeugnissen ihrer Zeit alle Bedingungen Christi an seine Nachfolge erfüllt: Sie gab den Armen Brot (ersatzweise Geld zum Kauf des Lebensunterhaltes) und Bier (dabei siegt sie - wie Christus - über die Materie: Die Bierkrüge werden nicht leer),[4] Unterkunft, Kleidung (Mäntel, Hemd und Überrock),[5] Krankenpflege (durch die Wunder, die überliefert werden, siegt sie über den Leib und sogar über den Tod) - und eines ihrer postumen Wunder ist die Befreiung eines Gefangenen.[6] Wenn man hinzufügt, daß sie ihre Schätze verkaufte und verschenkte (vgl. Matth. 19,21) und ihre Familie verließ (vgl. Matth. 19,29), wird ersichtlich, in wie starkem Maße sie ihr Leben nach dem Vorbild Christi einzurichten versuchte. Wenn berichtet wird, daß sie davon dreifachen Lohn erhoffte -

einen aus ihrer Arbeit *(labore)*, den anderen aus Mitleid, den dritten aus der Freigebigkeit mit Almosen -,[7]

so zeigt dies, daß ihr Verhalten auf der althergebrachten Vorstellung des *felix commercium* beruhte und daß sie in zwei von drei Punkten mit ihren adligen Vorfahren wie Ludwig dem Springer übereinstimmte: Mitleid und Freigebigkeit mit Almosen waren nichts Neues. Daß sie selbst Hand anlegte und sich selbst erniedrigte, war das unerhört Neue.
Durch die für Oexle »*kaum vorstellbare Vermehrung der Armut*«[8] im 12. und 13. Jahrhundert war der Blick der reichen Herrschenden mehr als zuvor auf eine Grundtatsache ihrer Gesellschaft gelenkt worden:

Reiche und Arme begegnen einander; der HERR hat sie alle gemacht. (Spr. Sal. 22,2)

---

[1] Nach Isidor von Sevilla, Etym. XV,1,23
[2] Hieronymus, Liber interpret. Hebr. nom. (hg. P. de Lagarde, Onomastica sacra I), 62:5
[3] Vita S. Elyzabeth S. 381
[4] Cäsarius von Heisterbach, Vita S. Elyzabeth, S. 361
[5] Ebd.
[6] UB der Deutschordens-Ballei Hessen I:28.27 Abs. 36
[7] Vita S. Elyzabeth 359
[8] Oexle 1981.88

Die Armen riefen auf den Straßen der neu entstandenen Städte - deren Bevölkerung mindestens zur Hälfte als arm zu bezeichnen war -[1] hinter den Reichen wie Ludwig III. her und begegneten ihnen auf ihren Burgen. Ludwig IV. soll einer Prostituierten, die ihm Vasallen ohne sein Zutun auf die Burg zugeführt hatten, eine Mark geschenkt haben.[2] Als Ludwig IV. ein anderes Mal vom Fenster seiner Burg aus Tänzerinnen zusah, fragte man ihn, ob er eine davon begehre; er wies dies entrüstet zurück.[3] Sein Bruder Konrad soll vor einer seiner Burgen ein Gespräch mit einer Prostituierten geführt und ihr anschließend aus Mitleid eine Rente für ihren Lebensunterhalt angewiesen haben.[4] Der Überlieferung nach taten beide nichts Unkeusches; verhielt es sich in Wirklichkeit anders, hätte es sich natürlich nicht um Almosen gehandelt. Jedenfalls belegen diese Stellen, daß Prostitution zum Gelderwerb im Umfeld der höfischen Gesellschaft vorkam. Für die Reinhardsbrunner Chronik gehörten die

> Reichen und Armen in den Städten, Siedlungen und Dörfern[5]

zusammen, »*Reiche und Arme*« ist Synonym für »*alle*«.[6] Es gab Grund genug, die Reichen an das Gleichnis vom armen Lazarus zu erinnern, wie im Bild, das sich im sogenannten Landgrafenpsalter Hermanns I. und seiner Frau Sophia vor dem Toten-offizium findet: Lazarus sitzt dort in Abrahams Schoß und verteilt an die Engel, die ihn in den Himmel getragen haben (Luk. 16,19-31), Äpfel, die Früchte des Lebens. Darüber wächst der Baum des Lebens, unter dem ein jugendliches Fürstenpaar - wie das Braut-paar des Hohen Liedes - steht; auch sie halten Äpfel in der Hand.[7] Die Botschaft ist ein-deutig: Der Weg ins Paradies führt über die Armen, die die Früchte des Lebens verteilen.

Dasselbe Gleichnis greift auch die Reinhardsbrunner Chronik auf, die beim Tode Hermanns I. notiert:

> Da ja, wenn einem habgierigen Reichen ein aufwendiges Begräbnis nützt, dem gerechten Armen ein billiges oder gar keins schadet; aber weder das eine noch das andere [trifft zu].[8]

---

[1] Ebd.
[2] Cronica Reinhardsbrunnensis S. 590.
[3] Ebd.
[4] Peter von Dusburg IV:33.482
[5] Cronica Reinhardsbrunnensis S. 613
[6] Maschke 1980.313
[7] R. Kroos in Sankt Elisabeth 1981.347-350. Zum Elisabethpsalter bereitet Harald Wolter von dem Knesebeck (Göttingen) eine kunsthistorische Dissertation vor.
[8] CR 588; fast genauso auch CR 558, bezogen auf den Tod des Kaisers Heinrich VI. Vgl. Lukas 16,22.

Dies ist, wie gezeigt, keine neue Erkenntnis; aber für einen Fürsten wie Ludwig IV. gehörte es zum guten Ton des Fürstenlobes, als »*den Armen gegenüber freigebig und wohltätig*«[1] zu gelten. Seine Frau Elisabeth hatte die Wirtschaftsweise der Herren, die sich »*von der Ausbeutung und Besteuerung der Armen*«[2] ernährten, in Wort und Tat kritisiert. Das entsprach ebenso biblischem Muster (»*Beraube den Armen nicht, weil er arm ist, und unterdrücke den Geringen nicht im Gericht*«, Spr. Sal. 22,22) wie die ihr von ihrem geistlichen Berater Konrad von Marburg vorgeschriebene Weigerung, Speisen zu sich zu nehmen, die nicht

aus den Einkünften - und zwar den gerechten - ihres Mannes[3]

stammten und die sie nicht »*guten Gewissens*«[4] essen konnte:

Wenn du zu Tische sitzt mit einem hohen Herrn, so bedenke wohl, was du vor dir hast, und setze ein Messer an deine Kehle, wenn du gierig bist; wünsche dir nichts von seinen feinen Speisen; denn es ist trügerisches Brot. (Spr. Sal. 23,13)

Daß der Mensch sein Brot im Schweiße seines eigenen Angesichtes essen soll (1. Mose 3,19), bildete für Elisabeth den Hintergrund ihres eingangs zitierten Bettgesprächs mit Ludwig IV. Aus demselben Grund, aus dem sie eigenhändig Wolle für die Armen spann und Kühe melken wollte, sollte ihr Mann pflügen und sollten die Armen, denen sie half, für ihren Lebensunterhalt arbeiten: Deshalb verteilte sie Sicheln an die Armen,

damit sie mähten und sich mit ihrer Mühsal *(laboribus)* nährten,[5]

wie Adam nach dem Sündenfall (1. Mose 3,17) - und wie Elisabeth selbst. Daß sie freiwillig Mühsal und Arbeit auf sich nahm, machte sie erst vollständig zur freiwillig Armen. Deswegen öffnete sie während der Hungersnot und Teuerung von 1226, als ihr Mann auswärts weilte, die Kornspeicher der Ludowinger, ließ 900 Arme täglich daraus speisen, richtete ein Armenhospital mit 28 Betten in Eisenach ein[6] - und wurde prompt nach der Rückkehr des Landgrafen »*wegen ihrer maßlosen Freigebigkeit mit Almosen*« von den *yconomici* ihres Mannes scharf kritisiert.[7] Sie nahm aber aus Überzeugung

---

[1] Cronica Reinhardsbrunnensis S. 590

[2] Vita S. Elyzabeth S. 370

[3] Vita S. Elyzabeth 355

[4] Ebd. 356

[5] Ebd. 361

[6] Cronica Reinhardsbrunnensis S. 606; UB der Deutschordens-Ballei Hessen I:34.32 (Bericht des Konrad von Marburg an Papst Gregor IX., 1232/11/16). Vgl. Werner 1981.52

[7] Cronica Reinhardsbrunnensis S. 606

keine Rücksicht auf die strapazierten Familienfinanzen.

So weit konnte Ludwig IV., der in diesem Fall mit Sympathie für Elisabeth reagierte, nicht gehen, wenn er auch nach Aussage von Elisabeths Mägden gern ihrem Speisenverzicht gefolgt wäre - immerhin hat er zu Lebzeiten angeblich »weder köstliche Fischsauce noch Bier«[1] zu sich genommen - und damit der Absage an die eingeübten Strukturen der Herrschaft über Arme; mit Grund fürchtete er den berechtigten Widerspruch seiner *familia*.[2] Solche Konsequenzen zu ziehen, blieb Witwen überlassen - auch Ludwigs IV. Mutter Sophie war *mutato habitu*, in der Nonnenkutte also, zu den Zisterziensern gezogen -[3] oder aber den jüngsten Brüdern, die sich bei den Ludowingern seit jeher für eine geistliche Laufbahn anboten: Es ist Elisabeths Schwager Konrad, dem neben Elisabeth die stärksten Zweifel am hergebrachten Wirtschafts- und Herrschaftsstil zugeschrieben wurden. 1234, als er noch Landgraf war, soll er - gemeinsam mit Hartmann von Heldrungen übrigens, einem Verwandten des oben erwähnten Gerlach - müde von seinen Amtsgeschäften sich zu seiner Burg Tenneberg begeben haben. Dort begegnete ihm eine Prostituierte; als er sie zur Rede stellte, weil sie mehr für die Strafen der Hölle als andere für die himmlischen Freuden leide, entgegnete sie, sie wisse sich ihren Lebensunterhalt nicht anders zu verdienen. Als die Dirne anschließend Konrad versprach, ein anständiges Leben zu führen, wenn man ihr die Mittel dazu gäbe, setzte ihr der Landgraf voller Mitleid Einkünfte auf Lebenszeit aus. Konrad aber erkannte, daß die Schelte, die er der Dirne zukommen ließ, ihm noch viel eher gebührte:

> Jene sündigte nämlich, weil sie die Not der Armut drückte, er selbst aber, der sich materiellen Überflusses erfreute, forderte Gott mit seinen Sünden unbesonnen gegen sich heraus.[4]

Konrad trat 1234 in den Deutschen Orden ein und verließ somit das Haus der Ludowinger. Dies stand in engem Zusammenhang mit den Bemühungen der Ludowinger um die Heiligsprechung Elisabeths.[5] Als Konrad 1239 Hochmeister des Ordens wurde, führte er ein Siegel, dessen Bild einen am Boden liegenden Mann zeigt, darüber eine Wolke, aus der eine Hand auf ihn weist: »*SAULE QVID ME P(er)SEQ(ue)RIS*« - »Saul, was verfolgst du mich?« (Apg. 9,4).[6]

Damit wollte er eine innere Wandlung ähnlich der des Christenverfolgers Saulus zum Paulus dokumentieren. Sein Beitrag zur Feier der Heiligsprechung Elisabeths in Perugia am 27. Mai 1235 bestand darin, daß er 300 Arme an seinen Tisch lud und speiste und

---

[1] Cronica Reinhardsbrunnensis S. 563
[2] Vita S. Elyzabeth S. 355
[3] DRT II:1940
[4] Peter von Dusburg IV:33.482
[5] Caemmerer 1911.43
[6] Die Zeit der Staufer I:108.72 u. III:103

dem Papst Gregor IX. die Wünsche der Armen in päpstlichen Diensten vortrug.[1] Der Landgraf als Armer auf dem Fest einer heiligen Armen: In solchen Momenten und solchen Menschen sind Reiche und Arme einander begegnet. Der Alltag trennte sie wieder. Während Barmherzigkeit und Almosen das Band zwischen den Herren (den Reichen) und den übrigen (den Armen) knüpften, kleideten sich die entsprechenden Beziehungen innerhalb der Herrenschicht in die Begriffe der Milde und der Geschenke. Das höfische Leben und besonders das Hoffest wurden von ihnen bestimmt.

Am 6. Juli 1218, so berichtet die Reinhardsbrunner Chronik,

> erlangte Landgraf Ludwig [IV.] in seiner Stadt Eisenach äußerst prunkvoll die Ritterschaft. [2]

Johann Rothe hat dieses Ereignis im 15. Jahrhundert in seiner Düringischen Chronik etwas ausgeschmückt; neben Gottesdienst, Ritterschlag und Turnier hob er dabei besonders hervor:

> Der Landgraf in seiner neuen Ritterschaft bewirtete sie [seine Ritter aus Thüringen und Hessen] großartig und beschenkte sie herrlich. [3]

Es ist kaum daran zu zweifeln, daß kostspielige Feste auch für die Ludowinger zur höfisch-ritterlichen Kultur unvermeidlich dazugehörten. Schon die Ritterpromotion Ludwigs III. 1170 war »*mit ungeheurem Prunk und großen Kosten*« durchgeführt worden.[4] Über Kaiser Friedrich Barbarossas Mainzer Hoffest vom Mai 1184, das nach Fleckensteins Überzeugung durch die »*bis dahin großartigste Demonstration des Rittertums*« dem Turnierwesen in Deutschland zum Durchbruch verhalf,[5] berichtete der Augenzeuge Giselbert von Mons, anläßlich der Ritterweihe der Kaisersöhne sei

> Rittern, Gefangenen und mit dem Kreuz Gezeichneten [die also das Kreuzzugsgelübde abgelegt hatten] viel geschenkt worden, nämlich Pferde, kostbare Kleider, Gold und Silber. Die Fürsten [unter ihnen Landgraf Ludwig III. mit großem Gefolge] und anderen Adligen gaben nämlich nicht nur zur Ehre ihrer Herren, also des Kaisers und seiner Söhne, sondern auch, um den Ruhm ihres Namens überall bekannt zu machen, allzu großzügig ihr

---

[1] Caemmerer 1911.45

[2] Cronica Reinhardsbrunnensis S. 591

[3] »Der lantgrave yn seyner nawen ritterschaft ted on do eyne grosse wirtschaft und begabete sie gar herlichin.« Düringische Chronik S. 345

[4] Cronica Reinhardsbrunnensis, Fußnote. Der Herausgeber Holder-Egger hält diese Nebenüberlieferung eines Jenaer Kodexes aus dem 15. Jahrhundert für echt, »in quo etiam ex partibus Historiarum Reinharsbrunnensium ab omnibus aliis paene neglectis non pauca exscripta sunt« (ebd. Einleitung, S. 513).

[5] Fleckenstein 1986.237

Vermögen aus.[1]

So reichlich wurde gegeben und gefeiert, daß hinterher der gastgebende Mainzer
Erzbischof Konrad klagte, der Kaiser habe dabei alle Einkünfte des Mainzer Erzbistums
bis zur nächsten Ernte verbraucht - bis auf 45 Schillinge zu Mainz und 7 Mark in
Thüringen.[2] Daß solcher Aufwand beeindrucken sollte, zum eigenen Ruhm beitragen
sollte, stellte bereits Giselbert fest. Ludwigs Bruder Hermann I. schaffte es tatsächlich,
durch seine vielbesungene *milde* - d.h. Freigebigkeit - zu literarischer Unsterblichkeit zu
gelangen. Walther von der Vogelweide, der an seinem Hof dichtete, charakterisierte den
Glanz seiner Hofhaltung:

> Der lantgrave ist so gemuot,
> daz er mit stolzen helden sine habe vertuot ...
> mir ist sin hohiu fuore kunt.[3]

Auf Hermanns Milde, so rühmte Walther weiter, war Verlaß:

> die andern fürsten alle sint vil milte, iedoch
> so staeteclichen niht: er was ez e und ist ez noch ...
> swer hiure schallet und ist hin ze jare boese als e,
> des lop gruonet unde valwet so der kle.
> der Dürnge bluome schinet dur den sne.
> sumer und winter blüet sin lop als in den ersten jaren.[4]

Tatsächlich wurde Hermann I. in der spätmittelalterlichen Heraldik unter den *exempla*
zu den drei »*mildesten Fürsten*« gerechnet.[5]
Aber das Geschenkemachen, die Milde hatten auch eine handfeste wirtschaftliche Funktion. »*Durch die Turniere*«, auf denen die Geschenke besonders reichlich flossen, urteilt
Werner Rösener, »*wird insoweit das Geld, das sich reiche Feudalherren angehäuft
haben, ausgleichend unter die Ritterschaft verteilt.*«[6] Dieser Zusammenhang wird auch

---

[1] Chronicon Hanoniense S. 539
[2] DRT II:842
[3] »Der Landgraf ist so gebaut, / daß er mit wackeren Helden sein Hab und Gut durchbringt ... Mir
ist sein üppiger Lebensstil geläufig«. (L. 20,4 = Maurer 8:5.24) (ca. 1202/3 zugeordnet)
[4] »Die andern Fürsten zwar sind alle sehr freigebig, jedoch / sind sie es nicht auf so beständige
Weise: Er war es einst und ist es noch. / ... Wer dieses Jahr groß tut und nächstes Jahr geizig ist
wie einst, / dessen Ruhm grünt und welkt dahin wie der Klee./ Er aber, Blüte Thüringens, leuchtet
durch den Schnee. / Sommer und Winter blüht sein Ruhm wie einstmals.« (L. 35,7 = Maurer
15:15.51) (1213 zugeordnet), vgl. Wapnewski 63:184 f
[5] S. Becher/Gamber 1986.56[XV][31] (Ingeram-Codex der ehemaligen Bibliothek Cotta), eben
König Magnus I. von Schweden und Herzog Leopold VI. von Österreich.
[6] Rösener 1986.314

bei den Ludowingern erkennbar: Nach der Eroberung der Burg Lebus in der Lausitz ließ Ludwig IV. nicht nur die Beute teilen, sondern veranstaltete mit seinen Rittern *»ein Turnier, das Tjost genannt wird«* (*tornamentum quod iusta appellatur*).[1] An ritterlichen »Waffenspielen« (*armorum ludi*) dieser Art hatte anscheinend schon Heinrich Raspe II. († ca. 1155) Gefallen gefunden, den sein Bruder, Landgraf Ludwig (II.) deshalb schriftlich ermahnte, davon abzulassen, sein Leben unnütz aufs Spiel zu setzen; dies zieme sich nicht für einen Fürstensohn.[2] 1184 nahm Ludwig III. mit mehr als 1000 seiner Ritter am Mainzer Hoffest des Kaisers Friedrich Barbarossa teil, zu dem auch ein Turnier gehören sollte.[3] Johan Rothe behauptet, daß Ludwig IV. 1218 anläßlich seiner Promotion zum Ritter in Eisenach ein Hoffest *»mit tornyren unde stechen«* ausgerichtet habe.[4] Ein ludowingischer Ministeriale namens Waltmann von Sättelstedt forderte 1227 bei Merseburg zum »Forestspiel« heraus: Der Sieger sollte seine Rüstung und ein schönes Fräulein in seiner Begleitung erhalten. Waltmann ritt auf dem Weg zum Forst bei Merseburg täglich drei Tjoste und blieb auch im Forst unbesiegt.[5] Der Gewinn - an Vermögen oder an ritterlichem Ansehen - scheint ein mächtiges Motiv zur Teilnahme an solchen gefährlichen Spielen gewesen zu sein; was umgekehrt voraussetzt, daß es etwas zu gewinnen gab. Um ihre Leute zu motivieren, mußten die Herren zum Geben bereit sein. Eine beliebte Gelegenheit boten dafür die Turniere.

Dies galt auch für die alltägliche Hofhaltung. Freigebigkeit und Geschenke der Herren dienten dem Zweck, die Gefolgschaft zu aktivieren, zu versorgen und beisammen-zuhalten. In Werner von Elmendorfs thüringischem Tugendkatalog findet sich die Empfehlung:

> mildekeit iz ein tugent,
> di ir alle gerne minnen mugent.[6]

Reichtum ist keine feudale Tugend an sich, sondern die Voraussetzung für Großzügig-keit; einem geizigen Herrn dient niemand gern, für seine gehorteten Schätze bekommt

---

[1] Cronica Reinhardsbrunnensis S. 602, vgl. Frommann 1908.53. Die Tjost ist bekanntlich ein Einzelrennen vor dem eigentlichen Turnier (Bumke 1986.360 ff).

[2] Reinhardsbrunner Briefsammlung 64:58. 1175 kam der Sohn eines benachbarten Fürsten, Konrad von der Lausitz, tatsächlich bei einem Turnier ums Leben (Fleckenstein 1986.232 f).

[3] Giselbert von Mons S. 538 f

[4] Düringische Chronik 345. Die Einzelheiten hat Rothe frei erfunden. Die Cronica Reinhards-brunnensis a. 1218 (S. 591) meldet aber sehr wohl, daß Landgraf Ludwig in Eisenach »glorreich die Ritterwürde erlangt« habe. Die Ritterpromotion der beiden Kaisersöhne Heinrich und Friedrich gab 1184 den Anlaß zum Mainzer Hoffest (Giselbert von Mons S. 538), so daß die Ausrichtung eines ähnlichen Festes einschließlich eines Turniers nicht unwahrscheinlich ist. Dies nimmt auch Wagner 1909.28 an.

[5] Cronica Reinhardsbrunnensis S. 608. Vgl. Heldmann 1908.19

[6] »Freigebigkeit ist eine Tugend, die ihr alle gern lieben dürft.« (V. 293 f)

er nichts. Deswegen mahnte Walther von der Vogelweide Philipp von Schwaben, sein Vermögen freigebig zu verwenden:

> Swelch künec der milte geben kan,
> si git im daz er nie gewan. [1]

Vor allem schaffen Geschenke Freunde. Philipp von Schwaben »*kaufte sich teils mit Silber, teils mit Lehen und Versprechungen zahllose Ritter*«,[2] Otto IV. tat es nicht anders. Cäsarius von Heisterbach lobte, daß Ludwig IV. sich durch »*Geschenke, welche die Richter oft blind machen*«, nicht bestechen ließ.[3] Sein Onkel Ludwig III. hingegen wurde von den Franzosen verdächtigt, während des Kreuzzuges 1190 von Sultan Saladin mit 32.100 Silbermark und Geschenken bestochen worden sein: »*Der Landgraf erhielt vier Kamele und zwei Leoparden sowie vier Falken.*«[4]

Bereits Cicero hatte Gerechtigkeit und Freigebigkeit als diejenigen beiden Tugenden nebeneinander gestellt, welche Gemeinschaft und Gesellschaft erhalten.[5] Cicero hat freilich auch zwei mögliche Gefahren der Freigebigkeit erkannt: daß man das verschenkt, was man anderen zuvor weggenommen hatte, und daß man mehr verschenkt, als man sich eigentlich leisten kann.[6] Letzteres war das Problem der *villici* und *yconomici* der Ludowinger - etwa im Falle der almosengebenden Elisabeth - und Gegenstand der Kritik Walthers von der Vogelweide:

> und gulte ein fuoder guotes wines tusend pfunt,
> da stüende ouch niemer ritters becher laere. [7]

Freilich beruht ein Gutteil dieser Kritik auf der Sorge, daß man selbst nicht genug abbekommt. Wolfram von Eschenbach, der das Geschehen am ludowingischen Hof

---

[1] »Einem König, der Milde geben kann, / gibt sie, was er nie [im Kampf] gewann.« (L. 16,36 = Maurer 11:3.36) (ca. 1207/8 zugeordnet)

[2] Cronica Reinhardsbrunnensis a. 1198 (S. 560)

[3] Vita S. Elyzabeth 353

[4] Radulfus de Diceto S. 637. Offenbar wurden am Ludowingerhof tatsächlich exotische Tiere gehalten: Die Cronica Reinhardsbrunnensis berichtet von einem Löwen (S. 590). Ludwig IV. und Kaiser Friedrich II. sollen sich 1226 in Ravenna mit dem »Spiel der Vögel und Hunde« unterhalten haben (ebd. 604). Zum Bestechungsgerücht s. Cartellieri 1940.59 f und seine Bemerkung: »Tatsächlich ist es richtig, daß trotz aller blutigen Zusammenstöße die beiden Heere sich ritterlich achteten, gelegentlich verbrüderten oder durch Geschenke erfreuten. Wenn einzelnen Herren daraus ein Verbrechen gemacht wurde, so mochte sich das aus Parteiwut, persönlichen Verstimmungen oder auch aus bloßem Lagerklatsch erklären.« (Ebd. 60)

[5] De officiis 20

[6] De officiis 42

[7] »Und kostete ein Fuder guten Weines tausend Pfund, / so stünde auch dann nie eines Ritters Becher leer.« (L. 20,4 = Maurer 8:5.24)

ebenfalls aus eigener Anschauung kannte, beklagte, daß der Landgraf nicht sorgsam
genug auswählte, wem er Milde bewies:

> dir waere och eines Keien nôt,
> sît wârin milte dir gebôt
> sô manecvalten anehanc,
> etswâ smaelîch gedranc
> unt etswâ werdez dringen.« [1]

Walther von der Vogelweide mahnte die Hofleute des »*edeln lantgraven*«, Ludwig IV.
so zu beraten, daß er neben *milde* (Freigebigkeit), *staete* (Festhalten am Guten) und *wol
gezogen*-heit (höfischem Benehmen) auch die vierte Tugend ohne Zögern praktizierte:[2]
Die *mâze* nämlich, Ausgeglichenheit und Mäßigung.

Die Kirche nannte das teure höfische Treiben,[3] das von den Fürsten zur Selbstverherr-
lichung und für den Zusammenhalt ihrer Gefolgschaft veranstaltet wurde, Verschwendung und lehnte es ab: Das Vermögen der Herren sah sie grundsätzlich besser angelegt
bei den Armen (wozu sie vor allem sich selbst zählte), und sie wußte, daß die Freigebigkeit der Reichen oft genug auf der Ausbeutung der Armen (die Kirche wiederum einge-
schlossen) beruhte. Erzbischof Konrad von Mainz sah sich zwar 1184 als ein Opfer
kaiserlicher Verschwendung an. Doch machte er selbst munter mit. Vor dem Geben -
gleich ob Almosen oder Geschenk - kam eben das Nehmen: »*Die Mittel für das
Geschenkemachen gewinnen sie durch Kriege und Raub*«, wußte schon Tacitus von den
Germanen.[4] Den Mönchen in Reinhardsbrunn war bekannt, daß zwei Kaseln, die ihnen
ludowingische Ritter geschenkt hatten, aus dem Kirchenraub in Fritzlar von 1232
stammten. Sie haben sie trotzdem behalten.[5] Für die Wirtschaft der Feudalzeit galt, wie
sie wußten: Die Herren schenkten nichts, was sie nicht zuvor erbeutet hätten.

2. DIE SONNE DER GERECHTIGKEIT

Als während der Sachsenkriege Bischof Walram von Naumburg Ludwig den Springer

---

[1] »Auch du hättest einen Keie [also einen treusorgenden Seneschall, der den Haushalt ordnet]
nötig, / seit wahre Milde dir / so verschiedenartigen Anhang verschafft hat, / [nämlich] gar
schmähliches Gedränge / und gar würdiges Andringen.« (Parzival 297,19-23, zit. n. Bumke
1979.164)

[2] L. 10,17 = Maurer 18:10.64

[3] Hierzu Duby 1984.305: »Der Hof stellte den Höhepunkt der Konsumwirtschaft dar, er regte sie
an und zwang sie zum Fortschritt.«

[4] Germania 14

[5] Cronica Reinhardsbrunnensis S. 614

zur Parteinahme für Kaiser Heinrich IV. aufrief, mahnte ihn Ludwig in seiner Antwort, sich zu hüten, am Ende zu der Schar derjenigen zu gehören, die angesichts der Erhöhung der Gerechten seufzten:

> Also haben wir uns vom Weg der Wahrheit verirrt, und die Sonne der Gerechtigkeit hat uns nicht geschienen. Was hat uns unser Hochmut genützt, und was hat uns die Verherrlichung des Reichtums gebracht? Sie sind alle wie Schatten vergangen. [1]

Die Verknüpfung von Ungerechtigkeit, Reichtum und Gottlosigkeit einerseits und Gottgefälligkeit, Armut und Gerechtigkeit andererseits begegnet schon im Alten Testament.[2] Zu den Aufgaben des christlichen Mächtigen und Reichen, des Königs und Fürsten gehört daher, »*Recht dem Elenden und Armen*« zu schaffen (Spr. Salomos 31,9b) gegen die, wie Ludwig der Springer formulierte, »*unter dem Schild der Falschheit und dem Helm der Treulosigkeit*« angetretenen Diener des Teufels.[3] Die Ludowinger haben sich zu dieser Aufgabe in ihren Urkunden-Arengen - die nach dem Urteil Fichtenaus »*nicht so sehr um die Festlegung staatsrechtlicher Prinzipien ... als um die Betonung der Sorge des `guten Regenten'*« bemüht sind -[4] wiederholt bekannt. Landgraf Ludwig III. leitete 1178 eine Urkunde mit den Worten ein:

> Das Interesse der Gerechtigkeit schreibt [uns] vor, alle frommen Leute und ihre weltlichen Hilfsmittel gegen die Gewalttätigkeiten der Bösen mit unserer Hilfe zu schützen und mit unserem Beistand zu verteidigen. [5]

1180 schrieb er:

> Wir glauben, daß wir dafür vom allmächtigen Gott mit irdischer Macht begabt wurden, daß wir durch die Verteidigung und Stärkung der Güter der Armen Christi für unser und das Heil unserer Vorfahren sorgen und zugleich es verdienen, Teilhaber der himmlischen Macht zu werden. [6]

Sein Bruder Hermann I. verkündete 1195:

> Beim Herrn der Herrschenden den Lohn ewiger Belohnung hoffen wir zu

---

[1] Annales S. Disibodi S. 12

[2] Vgl. Spr. Salomos 2,21-22; 10,2-3; 11,18; 13,23; 17,1: 18,23; 19,1; 21,6; 22,16; 22,22-23; 28,6; 28,20)

[3] Annales S. Disibodi S. 12

[4] 1957.82

[5] UB des Klosters Pforte 20.36. Fast gleichlautend: Urkunden Hermanns I. von 1190 (ebd. 36.54) und 1194 (ebd. 40.58).

[6] UB des Klosters Pforte 23.38

erlangen, wenn wir aus frommer Neigung zur Wohlgesonnenheit für den Vorteil der frommen Leute sorgen und für ihre Sicherheit mit dem größtmöglichen Schutz Vorsorge für die Zukunft treffen. [1]

Souveräner und zugleich zurückhaltender klingt seine Formulierung fünf Jahre später:

> Als angemessen genug und notwendig erkennen wir, daß wir, die durch Gottes Wirken den Gipfel irdischer Macht einnehmen, die Kirchen Gottes und ihre gerechten Besitzungen, die unserer Gewalt unterstehen, nicht nur gütig durch den Schild unseres Schutzes in der Gegenwart schützen, sondern auch gegen in der Zukunft auftretende Anlässe von Rechtstreit und Beschwernis die Vorsicht umsorgende Vorsorge setzen. [2]

Dieselbe Begründung enthält in noch deutlicherer Form eine Urkunde von 1203:

> Dazu wurde uns, wie wir wissen, von der göttlichen Großzügigkeit der Gipfel irdischer Macht übertragen, daß wir die Kirchen Christi und ihre mit gutem Glauben und gerechtem Anspruch erworbenen Besitzungen und besessenen Eigentümer gegen die gewalttätigen Anfeindungen der Bösen mit dem Schild der Gerechtigkeit verteidigen. [3]

Die Ludowinger wollten also den »*Schild der Gerechtigkeit*« gegen die Gottlosen und Feinde der Armen Christi, der Klöster und Kirchen, erheben - zu deren Nutzen, aber auch zum Heil der eigenen und der Vorfahren Seele. Auch die Pflege der Gerechtigkeit war ein *felix commercium*, ein heilkräftiger Handel. Rechtsprechung gehörte bereits nach dem Bericht des Tacitus zu den Aufgaben germanischer Fürsten.[4] Auch unter den Kardinaltugenden Ciceros ist die *iustitia* zu finden, »*in welcher der Tugend heller Glanz am stärksten ist.*«[5] Der thüringische Geistliche Werner von Elmendorf dichtete in seiner volkssprachlichen Bearbeitung der weitverbreiteten Tugendlehre *Moralium dogma philosophorum* in der zweiten Hälfte des 12. Jahrhunderts:

> alle tugent saltu minnen, / daz saltu an deme rechten beginnen. [6]

Der Macht- und Amtsbereich eines Herren war zugleich der Bereich, in dem er Recht

---

[1] UB des Klosters Pforte 45.63
[2] UB des Klosters Pforte 54.71
[3] UB des Klosters Pforte 56.74
[4] Germania 12
[5] De officiis 20
[6] »Alle Tugenden sollst du lieben. / Dabei sollst du mit dem Recht beginnen.« (V. 239 f)

sprach, weshalb das von den Ludowingern gern benutzte[1] lateinische Word *dicio* (von *dicere*, »[Recht] weisen«) schließlich beides zugleich bezeichnet: das Land und die Gerichtsherrschaft darüber.

»Über alle Länder und Märkte«[2] *»einerseits aus Achtung vor der Gerechtigkeit, andererseits wegen des ewigen Andenkens«*[3] die Sonne der Gerechtigkeit leuchten zu lassen, war für die Ludowinger nicht immer einfach. Oft genug waren sie Partei: Mal bei den Gerechten, mal bei ihren Widersachern zu finden. Hermann I. wurde 1198 zum Kirchenräuber gemacht, als seine Leute die Stadt Saalfeld eroberten, plünderten und dabei auch in ein Kloster eindrangen und den Kirchenschatz raubten.

> Als er dies vernahm, gab der Landesherr [Hermann I.] zu, daß ihn das Ein-
> dringen in die Kirche bedrückt habe; aber wegen ihrer großen Zahl sind die
> Urheber solcher Verbrechen von Strafe, nicht jedoch von Schuld befreit
> worden. [4]

Doch der Landgraf selbst verfiel auf Betreiben des Abtes, der sich mit der Auskunft landgräflicher Richter, er möge sich gefälligst als Kriegsopfer betrachten und das Verlorene für verloren halten, nicht abspeisen ließ, dem Kirchenbann. Aus diesem Bann konnte er sich nur durch das öffentliche Versprechen, Schadenersatz zu leisten, befreien.[5]

Gegenüber Friedensbrechern - hier Waldfrevlern - hatte schon Ludwig (I. oder II.) in der Reinhardsbrunner Briefsammlung mit *»Schaden an Gütern und Gliedern«*[6] und *»Gefahr auch für euer Leben«*[7] gedroht. Die Freien Dietrich Gropen und Nassekanne, die friedenstörend nach Hessen eingedrungen waren, ließ Ludwig IV. 1221 fangen, richten und enthaupten.[8] Den Brüdern von Mildenstein in Meißen legte er im folgenden Jahr eine als *harmescar* (»schmerzliche und beschimpfende dienstleistung, strafe, plage, not [eig. das zugeteilte leid]«)[9] bezeichnete schwere Strafe auf, nachdem sie wegen eines Streites um Zehnte aus kirchlichen Gütern den Bischof von Naumburg gefangen, seinen Kaplan verstümmelt, die umstrittenen Güter besetzt und durch Brand und Raub dem Domkapitel schweren Schaden zugefügt hatten. Sie mußten dem Bischof 10 Mark jährlicher Einkünfte aus ihrem Eigen oder Reichslehen übertragen und von ihm zu Lehen

---

[1] Vgl. Cronica Reinhardsbrunnensis S. 606 Z. 19; UB der Stadt Jena I:1.1; UB der Deutsch-ordensballei Thüringen I:35.36; UB des Klosters Pforte 40.58
[2] UB der Deutschordensballei Thüringen I:35.
[3] Reinhardsbrunner Briefsammlung 73:64
[4] Cronica Reinhardsbrunnensis S. 561
[5] Ebd.
[6] 94.79
[7] 95.79
[8] Cronica Reinhardsbrunnensis S. 597
[9] Matthias Lexer: Mittelhochdeutsches Taschenwörterbuch. Stuttgart 1974.82 (34. Aufl.)

nehmen und dem verletzten Kaplan 20 Mark zahlen. Außerdem mußten sie mit 30 Begleitern im Büßergewand und mit Ruten (zur körperlichen Züchtigung) sich in Naumburg und Merseburg Klerus und Volk zeigen und ihre Schuld öffentlich bekennen und dort wie in vier Landdingen den Verzicht auf ihre unberechtigten Ansprüche erklären. Vom Ort ihrer Verbrechen aus sollten sie mit 50 Personen in Büßerkleidung nach Meißen ziehen, wo Arnold, der Älteste, mit der Rute in der Hand, in Leinengewand und barfuß, vor dem Bischof wiederum auf alle Ansprüche verzichten sollte.[1] Im Jahre 1238 nahm Ludwigs eigener Bruder, der ehemalige Landgraf Konrad, dieselbe Buße in der mainzischen Stadt Fritzlar auf sich,

eingedenk der Übeltaten, die in der Stadt Fritzlar geschehen sind,[2]

als nämlich 1232 Konrad die Stadt wider Erwarten angriff und den Bischof von Worms, die Pröpste von Fritzlar und Heiligenstadt, weitere Kanoniker und fast 200 Ritter gefangennahm. Friedrich von Treffurt und andere ludowingische Mannen sollen dabei den Kirchenschatz geraubt haben;[3] außerdem wurden Menschenleben und Gebäude durch Feuer und Schwert vernichtet.[4] »*Für das gewaltsame Handanlegen, Brandstiftung und Raub*« traf offenbar Konrad und seine Mitstreiter der kirchliche Bann wie seinerzeit seinen Vater Hermann I.; doch löste ihn Papst Gregor IX. davon, als 1234 feststand, daß Konrad dem Deutschen Orden beitreten würde.[5] Es ist - trotz Caemmerers gegenteiliger Ansicht[6] - sehr wahrscheinlich, daß Konrad in diesem Zusammenhang auch zur *harmescar* verpflichtet wurde, die sich 1238 ereignete: Konrad und zwei Ordensbrüder prozessierten in Büßerkleidung - barhäuptig, mit entblößtem Oberkörper, barfuß - durch Fritzlar, ließen sich von Priestern geißeln, baten beim Kloster der Stadt um Vergebung, verteilten Geschenke an die geschädigten Kirchen,[7] und Konrad schenkte den Zehnten, den er in Hessen besaß, den Kanonikern der Stadt.[8] - Sicher war Fritzlar »*mit äußerster Grausamkeit*«[9] behandelt worden, aber Saalfeld war es 34 Jahre vorher nicht anders ergangen. In beiden Fällen wurden die Übeltäter von der Kirche gebannt, wie auch die Brüder von Mildenstein (wenn auch zu spät: 1223, also über ein Jahr nach dem Eingreifen Ludwigs IV.).[10] Zweierlei allerdings unterscheidet den Fall Saalfeld von den Mildensteinern und Fritzlar: 1198 herrschte Krieg *(inpacati temporis)*, in den beiden

---

[1] UB des Hochstiftes Meißen 92 (1222/29/1). Vgl. Wagner 1909.46 f
[2] Annales Erphesfurdenses S. 32
[3] Annales Erphesfurdenses S. 27 f
[4] Cronica Reinhardsbrunnensis S. 614
[5] UB der Deutschordens-Ballei Hessen I:39
[6] 1911.56
[7] Annales Erphesfurdenses S. 32, Peter von Dusburg IV:33.482
[8] Cronica Reinhardsbrunnensis S. 614
[9] Hoppe 1981.68
[10] UB des Hochstifts Meißen I:97 (Urkunde des Papstes Honorius III., 1223/3/31)

anderen Fällen Fehde; außerdem - und dies schien mindestens genauso schwer zu wiegen - hatten die Mildensteiner und Konrad einen Bischof gefangengenommen.

Was Konrad daher 1238 in Fritzlar vollzog, war keine »*Selbsterniedrigung*«,[1] sondern eine regelrechte, »zugeteilte« Strafe wegen der Verletzung des Landfriedens.

Solche spektakulären Beispiele dürfen nicht übersehen lassen, daß die kleinen Streitfälle des Alltags weitaus zahlreicher waren. Die Ludowinger waren auf unterschiedlichen Ebenen daran beteiligt: Als Reichsfürsten halfen sie bei der Entscheidung von Rechtsfällen, die dem König vorgetragen wurden. Das waren vor allem Sprüche über Vogteifragen, wie am 21.8.1149: Für König Konrad III. entschied Landgraf Ludwig II.,

> daß niemand Fälle oder Streitigkeiten, die sich auf das Recht der Vögte beziehen, anhören oder entscheiden oder Vogteidinge halten kann außer dem, der den Bann aus des Königs Hand empfangen hat.[2]

Am 18.3.1165 stellte er für Kaiser Friedrich I. fest, daß zwischen den Lehensleuten eines Klosters, die sich *Heerschild* nannten, und den übrigen kein rechtlicher Unterschied bestand.[3] Im April 1180 war Graf Heinrich Raspe III. dabei, als die deutschen Fürsten urteilten, ein Bischof könne erledigte Vogteien nach Belieben einziehen oder wiederverleihen.[4] Möglicherweise war sein Bruder, Landgraf Ludwig III., Anfang desselben Jahres am Prozeß gegen Heinrich den Löwen, in welchem dieser all seiner Lehen und Allodien verlustig ging, und an der Neuverteilung seiner ehemaligen Besitzungen in führender Position beteiligt.[5]

Als Landgrafen von Thüringen führten die Ludowinger mit dem Königsbann[6] ausgestattet den Vorsitz über das allgemeine Landgericht in Mittelhausen und die untergeordneten Gerichte in Buttelstedt, Gotha, Thamsbrück und Weißensee sowie die Dingstätten *(minora comicia)* in Mittelhausen, Schönstedt und Siebleben.[7] Hier führten vor allem adlige Freie Prozesse »*an gebuwe, an merckten, an munczen, an kouffen, an gesetcze*«.[8] (Die Bauern waren vom Landgrafen- und Bischofsgericht in der Regel befreit.)[9]

Aus den Meierhöfen des Klosters Walkenried wurden (vor 1215) Tuche, die dort zum Walken niedergelegt worden waren, zusammen mit anderen Gegenständen entwendet. Eigentlich wäre das Gericht der Grafen von Klettenberg zuständig gewesen, als gräfliche

---

[1] So Caemmerer 1911.57
[2] MG Const. I:127
[3] DRT II:290
[4] DRT II:567
[5] Frommann 1908.200
[6] Sachsenspiegel III,64
[7] Zur Gerichtsorganisation s. Eberhardt 1958 und Patze 1962.496-504.
[8] Thüringische Bonifatiuslegende (ca. 1400), zit. n. Eberhardt 1958.130
[9] Grimm III:618 f

Untertanen das Kloster auf Schadenersatz verklagten. Da sich aber der Klosterabt an das Landgericht wandte, ließ Landgraf Hermann I. (zugleich der Schutzvogt des Klosters)[1] sein eigenes Gericht ein Urteil finden. Demnach war das Kloster zum Schadenersatz nicht verpflichtet.[2]

Um Schadenersatz ging es auch in dem Literatur gewordenen Prozeß Walthers von der Vogelweide vor Hermann I.:

> Mir hat her Gerhart Atze ein pfert
> erschozzen zIsenache;
> daz klage ich dem den er bestat:
> derst unser beider voget.
> Ez was wol drier marke wert,
> nu hoerent frömde sache:
> sit daz ez an ein gelten gat,
> wa mit er mich nu zoget.
> Er seit von grozer swaere,
> wie daz min pferit maere
> dem rosse sippe waere,
> daz im den vinger abe
> gebizzen hat ze schanden:
> ich swer mit beiden handen,
> daz si sich niht erkanden,
> ist ieman der mir stabe?[3]

Der als ludowingischer Ministeriale 1196 belegte Gerhart Atze hat dem Dichter ein Pferd am Landgrafen-Hof in Eisenach erschossen, das Walther selbst »wunderbar« nennt, Atze aber als einen Verwandten desjenigen Rosses bezeichnete, das ihn einst körperlich und damit in seiner Ehre verletzt hatte. Wie Bumke gezeigt hat, entsprechen *pferit* und *ros* dem mittellateinischen Wortpaar *palefridus* (Reitpferd) und *dextrarius* (Streitroß, das auf dem Marsch zur Rechten *[dextra]* des Ritters mitgeführt wurde), den beiden Pferden eines Ritters.[4] Von einem »Gaul« oder nichtritterlichen Pferd spricht Gerhart Atze also auch nicht. Es kann in diesem Gedicht daher nicht um eine soziale Herabsetzung des Dichters durch einen mit Standesdünkel behafteten Höfling gegangen sein. Walther

---

[1] DRT II:1453

[2] DRT II:1622

[3] »Mir hat Herr Gerhart Atze ein Pferd / erschossen zu Eisenach; / Das klage ich dem, dem er Dienst leistet: / der ist unser beider Vogt. / Es war wohl drei Mark wert, / Nun hört die befremdliche Einlassung, / mit der er mich jetzt, seit es um Vergeltung geht, hinhält. / Er spricht von großer Beschwernis, / wie nämlich mein wunderbares Pferd / dem Rosse verwandt sei, / das ihm den Finger ab- / gebissen hat zu seiner Schande: / Ich schwöre mit beiden Händen, / daß sie sich nicht gekannt haben, / gibt es jemanden, der mir als Richter den Eid abnimmt?« (L. 104,7 = Maurer 10:1.33 f) (vor 1207)

[4] Bumke 1986.236 f

wollte eine angemessene Entschädigung für das getötete Tier und klagte deshalb vor dem Landgrafen, dem Dienstherren Atzes und seinem eigenen Beschützer. Gerhart Atze berief sich demgegenüber (zum Scherz?) darauf, gewissermaßen Blutrache an einem wehrfähigen Mitglied der Sippe eines Fehdegegners geübt zu haben. Walther konnte seinen Standpunkt offenbar nicht durchsetzen.[1]

Ludwig IV. genehmigte um 1219 mit hörbarem Zähneknirschen, daß sein Pfleghafter Hartmud aus Keula zwei Hufen mit Hofstätten dem Armenhospital des Klosters Volkenroda verkaufte. Dieser Verkauf war vor dem landgräflichen *villicus* und dem Dorfgericht geschehen, aber Ludwig hätte ihn seiner Meinung nach rückgängig machen können, weil er »*wenig überlegt und allzu einfältig*« vollzogen wurde.[2] Das Kloster Volkenroda gehörte nämlich nicht zum ludowingischen Machtbereich, und Patze vermutet sicher richtig, der Landgraf habe ein weiteres Stück Land seiner Herrschaft ersatzlos entschwinden sehen.[3] Vielleicht war es Ludwig wenigstens ein Trost, daß er zu einem weiteren *felix commercium* beigetragen hatte.

Mitunter waren die Ludowinger als Landrichter zugleich Partei. 1227 mußten sie den Streit der Klöster Reinhardsbrunn - deren Vögte sie waren - und Georgenthal um einen Forst entscheiden. Ludwig IV. ließ sich die Privilegien beider Seiten vorlesen und von seinen Schöffen bestätigen, daß Reinhardsbrunn die älteren Ansprüche besaß.[4] Um nicht als parteiisch zu gelten, ließ er anschließend von geistlichen Gelehrten und Laien ein weiteres Urteil in derselben Sache fällen, das zu demselben Ergebnis kam. Deshalb sprach er Reinhardsbrunn den Wald zu.[5]

Das Zisterzienserkloster Pforte hatte Stück für Stück seinen Hof in Vehra durch Landkäufe vergrößert: Zehn Hufen von Gerlach von Heldrungen und Familie 1208,[6] 1211-19 anderthalb Hufen von Lambert von Gleichen,[7] 1211 weitere eineinhalb Hufen von Bernolf von Rudestedt,[8] 1223 drei Hufen von Landgraf Ludwig IV.,[9] vor 1226 elf Hufen von hersfeldischen Ministerialen.[10] Weil dieses Land an der Unstrut, einem *flumen publicum*, lag und fast jährlich vom Flußwasser überschwemmt wurde, wollten die Mönche es durch einen Wall auf ihrem Grund und Boden schützen. Dagegen schritten allerdings die ludowingischen Ritter Everher und Hermann von Straußfurth-

---

[1] S. sein späteres Spottgedicht auf Gerhart Atze »Rit ze hove, Dietrich!« (L. 82,11 = Maurer 12:7.40).

[2] DRT II:1866

[3] 1962.505

[4] Die Reinhardsbrunner Urkunden waren allerdings unecht: DRT II:2415 Anm. 2 und Patze 1962.500

[5] DRT II:2415

[6] UB des Klosters Pforte 64

[7] Ebd. 71

[8] Ebd. 72

[9] Ebd. 89

[10] Ebd. 91

Weißensee und andere ein, die auf dem gegenüberliegenden Ufer Land besaßen, weil jetzt ihre Felder ständig unter Wasser standen: Sie zerstörten den Damm. Auf Klage des Klosterabtes sollte 1229 der ludowingische Schenk Rudolf von Saaleck *»gemäß dem Recht und dem anerkannten Brauch des Landes«* ein Urteil finden. Er rief alle Anwohner zusammen, und alle befanden für Recht, daß dem Kloster zustand, sein Land zu schützen.[1] Everher von Straußfurth-Weißensee behauptete, die Mönche hätten einen Wasserlauf (zur Feldbewässerung) abgegraben, und aus einer Wassermühle, die vorher an der Unstrut gestanden habe, habe er jährliche Einkünfte gehabt. Die Mönche bestritten dagegen rundweg, daß es eine solche Mühle je gegeben habe. Außerdem erhob Everher Anspruch auf 2 ½ Hufen Land des Klosterhofes, wogegen ihm das Kloster vorrechnete, er habe sich 19 Joch Landes gewaltsam angeeignet. Auf Vermittlung von Ehrenmännern kam nun ein Vergleich zustande: Everher, seine Söhne und Neffen (die ihrerseits geklagt hatten) verzichteten auf alle Ansprüche. Dafür versprach der Abt, ihnen die Gebetsbruderschaft des Zisterzienser-Ordens zu verschaffen. Daß dieser Vergleich am 7. Januar 1233 vor Landgraf Heinrich Raspe auf dem Landding in Mittelhausen *»erneut«* beurkundet wurde,[2] daß sich das Kloster am 5. November desselben Jahres von den Grafen von Gleichen bestätigen ließ, die 2 ½ Hufen, die Everher für sich beanspruchte, in Wirklichkeit von den Grafen erhalten zu haben,[3] beruhte nicht auf geistlichem Verfolgungswahn, sondern auf gesundem Mißtrauen aufgrund trauriger Erfahrung. Noch im Jahre 1266 mußte das Kloster mit den erwähnten Neffen Everhers über exakt dieselben Streitpunkte wie 37 Jahre zuvor einen neuen *»freundschaftlichen Vergleich«* abschließen, um - wie einst - *»friedlich und in Ruhe«* sein Land in Vehra nutzen zu können. Es zahlte seinen neuen *»Freunden«* zehn Mark, nahm ihre Vorfahren, wie zugesagt, in die Gebetsbruderschaft auf und vergab ihnen ihre Vergehen gegen das Kloster.[4]

Wie auch noch der härteste und den Buchstaben aller Gesetze nach gültigste Rechtsstandpunkt durch stetes Schikanieren und ständige Übergriffe weichgeklopft werden konnte, hatten die Ludowinger im Streit mit dem Kloster Hersfeld 1180-1215 vorgeführt. Sich hier auf ihr Recht zu verlassen, wo die bewaffneten und zur Gewalt entschlossenen Gegner sich um altes Recht, Privilegien und Landesbrauch nur kümmerten, wenn es ihnen nützte, wäre auf Seiten der Schwächeren sinn- und aussichtslos gewesen. Wichtiger mußte ihnen sein, endlich Frieden zu finden, ohne den sie nicht wirtschaften konnten. Die Aufgabe der Ludowinger, in ihren Landen den Frieden zu wahren oder herzustellen, ist mit *»auch«* und *»daneben«*[5] nicht angemessen eingeordnet. Sonst hätte Ludwig IV. vor seinem Aufbruch ins Heilige Land seine Adligen und Ministerialen nicht

---

[1] UB des Klosters Pforte 100. Patze 1962.354 und 1962.499 Anm. 19 irrt in der Datierung.
[2] UB des Klosters Pforte 104
[3] Ebd. 105
[4] Ebd. 173 u. 190
[5] Patze 1962.510, 1962.500

ausdrücklich ermahnt,

> das Volk mit Ruhe und Gerechtigkeit zu lenken, mit ihren Untertanen in
> Frieden und Gerechtigkeit zu bleiben,[1]

sonst wäre er selbst nicht als »*Friedefürst*«[2] verklärt worden, »*der nämlich Richtspruch
und Gerechtigkeit schuf, und deshalb herrschten Friede und Wahrheit und Überfluß an
allen Gütern.*«[3] Die Fähigkeit, den Leuten Recht zu schaffen und unter ihnen Frieden
zu stiften, trug ganz wesentlich zum Ansehen und zur Stabilität einer feudalen Herrschaft
bei. Doch alle Tugendhaftigkeit half - wie den Menschen bewußt war - nicht weiter,
wenn »*das Glück (fortuna) sich gegen seinen Stand wandte*«.[4] Deswegen betonte
Ludwig II. in seinem Schreiben an seinen Bruder Heinrich Raspe II., daß ihre Herrschaft
»*durch Glück und Tugend*« (*fortuna virtute*) gewachsen sei.[5]

---

[1] Cronica Reinhardsbrunnensis S. 609
[2] Cronica Reinhardsbrunnensis S. 610
[3] Cronica Reinhardsbrunnensis S. 590
[4] Cronica Reinhardsbrunnensis S. 584. Vgl. ebd. S. 542 (*sua infortunia*), S. 563 (*per adversantem
fortunam*) u. 581, Reinhardsbrunner Briefsammlung 43:41 (*fortune cecitate*), 66:59 (*iniqua
fortuna*).
[5] Reinhardsbrunner Briefsammlung 63:58. Die Übernahme antiken römischen Gedankengutes,
zumal die Nähe zur Geschichtsphilosophie des Sallust ist unverkennbar (v.a. Sallust, Catilina 7,6-
8,5).

II. Die Takeda

A. Haus und Wirtschaft

1. KRIEG DER STERNE

Mit einer astronomischen Beobachtung leitet die Chronik des Myōhōji[1] ihre Aufzeichnungen über die Vorgänge ihrer Zeit ein. Zum Jahr 1469 (Bunmei 1)[2] heißt es:

> Im Westen verbrennt ein Stern. Danach erhebt sich eine Fehde im Lande Kai.[3]

Einen dramatischen Zusammenhang zwischen einer Erscheinung am Firmament und politischen Ereignissen sah auch ein Wahrsager im Dienste des Fürsten Takeda Harunobu mit Namen Han no Hyōgo.[4] Als zwischen 1569 und 1570 ein rauchspeiender Stern erschien, prophezeite er dem Fürsten:

> Diesmal bedeutet es nicht Unglück für irgendeinen Landesherrn, sondern in der Endzeit werden die alten Hohen Häuser unseres Landes nacheinander untergehen, schließlich alle zunichte werden, der Weg des Kriegers wird die Manieren der Kriegerhäuser im Lande verlieren, was gestern wie die Unterschicht ausgesehen hat, wird heute zum Herrn werden, Frauen werden sich aufmachen wie Männer, neue Häuser werden auftreten;

---

[1] Tempel der Nichiren-Sekte im heutigen Kawaguchi-ko, Bezirk Minami-Tsuru, Yamanashi-Präfektur. Zur Chronik (Myōhōji-ki/Katsuyama-ki) vgl. Isogai 1990.132 ff.

[2] Seit dem Altertum ist es in Japan üblich, Regierungsdevisen zur Bezeichnung von Jahren zu benutzen, die sich unregelmäßig ändern können. Das Jahr Bunmei 1 fällt in das Jahr 1469 der christlichen Zeitrechnung, ist aber damit nicht deckungsgleich. Für unsere Zwecke ist es unerheblich, die genaue Umrechnung einer japanischen Datumsangabe zu versuchen, da sie ohnedies nicht direkt mit europäischen Daten zusammenhängen. Jede Umrechnung hat mit erheblichen Problemen zu kämpfen: Der alte japanische Kalender richtet sich nach dem Mond, kennt Schaltmonate, ist mehrfach reformiert worden; der vorgregorianische europäische Kalender ist ebenfalls nicht unproblematisch. Es genügt zu wissen: daß eine Gleichsetzung der japanischen Monats- und Tagesangaben mit den europäischen wegen der Differenz von Mond- und Sonnenjahr unzulässig ist, weshalb »7. Monat, 1. Tag« in den Quellen eben nicht »1. Juli« bedeutet; daß eine neue Regierungsdevise mitten im laufenden Kalenderjahr eingeführt werden kann, ohne daß sich dabei die Monats- oder Tageszählung ändert (Bunmei 1 beginnt am 28. des 4. Monats); daß ein japanisches Kalenderjahr sich auf zwei Kalenderjahre christlicher Zählung verteilen kann. Alle angeführten europäischen Jahresangaben sind also lediglich grobe, aber durchaus hinreichende Orientierungshilfen.

[3] Myōhōji-ki 11 (im folgenden stets zitiert nach der Ausgabe von Shimizu/Hattori)

[4] Zur Gestalt des Han no Hyōgo Sasamoto 1988.106-119. *Han* bezieht sich auf das Wahrsagen aus Stempeln und Siegeln *(inban)* (ebd. 107).

und diese Katastrophe werde auch die Geistlichkeit sowie »*die Bauern, Händler und Armen*« heimsuchen.[1]

Dieses Sternenorakel ist sichtlich von der buddhistischen Endzeit-Erwartung *(mappō shisō)*[2] getragen. Profaneren Zwecken, nämlich der Ermittlung des Kriegsglücks, diente die Orakelkunst im Heer der Takeda. Die für die taktische Aufstellung verantwortlichen Offiziere *(gunbaisha)* beobachteten vor wichtigen Kämpfen den Flug von Rabe, Weihe und Taube und Wolken und Rauch am Himmel.[3] Der Erzfeind Takeda Harunobus, Uesugi Terutora aus der Provinz Echigo, soll 1550 eine Schlacht abgebrochen haben, weil eine schwarze Wolke über sein Heer heraufzog.[4] Illustrationen in der Takeda-Chronik *Kōyō gunkan* halten fest, wie der Meisterstratege Yamamoto Kansuke auf der Grundlage der fünf Töne der sinojapanischen Tonleiter Rauchbeobachtungen zu Kriegsorakeln nutzte.[5]

Doch das Unbeherrschbare, Unberechenbare in der Natur hat seinen Einfluß auf die Geschehnisse immer wieder geltend gemacht und ist deshalb aufmerksam registriert worden. Die Chronik des Myōhōji bietet zahlreiche Angaben zu Naturkatastrophen wie Überschwemmungen, Erdbeben, Stürmen, Vulkanausbrüchen, Dürrezeiten und Mißernten im Lebens- und Herrschaftsraum der Takeda.[6]

Sie verzeichnet auch die verheerenden Folgen für die Menschen: Hungersnöte und Epidemien. Denn die Ressourcen der Provinz Kai reichten nicht aus, um zu verhindern, daß ökologische Katastrophen zu ökonomischen wurden.

49% der knapp 4.500 km² Gesamtfläche der Provinz sind Bergland in einer Höhe ab 1.000 m über dem Meeresspiegel. Auch die beiden höchsten Berge Japans, der Fuji (3.776 m) und der Shirane (3.192 m), grenzen an Kai. Insgesamt 62% des Landes weisen eine Neigung von wenigstens 20 Grad auf und sind damit für Besiedlung oder Bebauung nicht nutzbar. Lediglich rund 765 km² oder 17% der Gesamtfläche liegen weniger als 400 m über dem Meeresspiegel bei einer Neigung um maximal acht Grad und sind damit für die Bedürfnisse von Landwirtschaft und menschlicher Dauersiedlung geeignet. Der größte Teil hiervon - 350 km² - liegt in dem Talkessel des sog. »Landesinnern« *(kuninaka)*. Längs der Flußbetten des Kamanashi im Nordwesten und des Fuefuki, der von Nordosten her den Talkessel durchströmt, zahlreiche Nebenflüsse aufnimmt und sich im Südwesten schließlich mit dem Kamanashi zum Fuji-Fluß vereint, bietet sich an den Nord- und Südrändern Kais weiterer, knapper Wirtschaftsraum. Im Ostteil der Provinz schließlich, der vom *kuninaka* durch Gebirge getrennt ist, schafft nur

---

[1] Kōyō gunkan I:8.142 f (im folgenden stets zitiert nach der Ausgabe von Isogai/Hattori)

[2] Vgl. Hayashiya 1987.206 f und Varley 1990.447 ff

[3] Kōyō gunkan I:7.137

[4] Ebd. II:29.80

[5] Ebd. I:7.137 u. III:49.293 f.

[6] Tabellarische Zusammenstellung in ZYR 134, an die sich auch meine Abb. 1 anschließt.

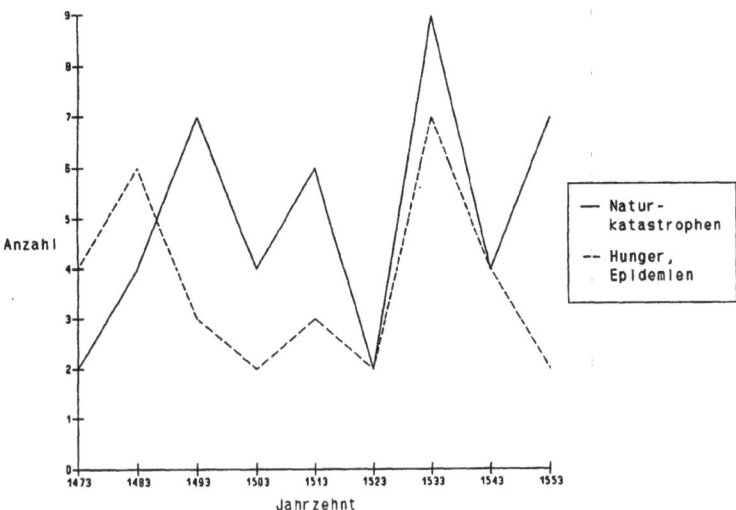

Abb. 1: Umweltereignisse nach dem Myōhōji-ki

das schmale Becken des Katsura-Flusses Raum.[1]

Der Katsura entspringt dem Yamanaka-See, der vulkanischen Ursprungs ist: Er gehört zu den fünf Seen rings um den Vulkan Fuji. Dieser Vulkan ist in dem Zeitraum, den diese Arbeit behandelt, mindestens zweimal ausgebrochen: 1511 und 1560.[2] 1430 soll er Flammen ausgestoßen haben.[3]

Häufiger als Vulkanismus und Erdbeben treten starke Regen- und Schneefälle auf. 1515 hatte es seit dem Herbst stark geregnet und geschneit. Die Myōhōji-Chronik berichtet:

> In diesem Jahr fiel von der Nacht des 12. Tages des 10. Monats an Schnee. Weil starker Regen und Schnee zugleich fielen, war die Erde stark gefroren, und man konnte keine Yamswurzeln graben. Auch hatte man gar keine Zeit, Gemüse oder ähnliches zu ernten. Weil man es hintansetzte, ist auch das

---

[1] Längs der Flußbetten von Kamanashi, Fuefuki und Katsura finden sich auch die meisten Belege yayoizeitlicher Besiedlung (ca. 300 v.Chr. bis 400 n.Chr.).

[2] Rika Nenpyō 1986.633

[3] Kōdai-ki 343 (Shōchō 7)

Gemüse sinnlos
verdorben. Da es
auch den Yams-
wurzeln so er-
ging, entstand
eine unbe-
schreibliche Hun-
gersnot. Das Leid
der Bauern war
unermeßlich. In
diesem Jahr sind
Reis- und Acker-
bau sowie Kasta-
nien und Hirse
gänzlich mißra-
ten. Hungersnot
herrschte. Es war
kälter als je zu-
vor.[1]

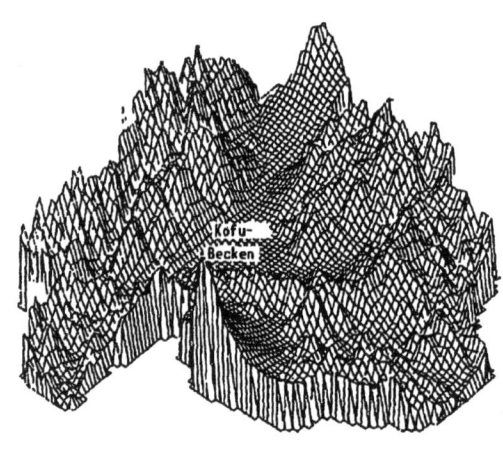

*Abb. 2: Gebirgsprofil der Provinz Kai
(aus ZYR 33)*

Im folgenden Jahr wie-
derholte sich das Zusam-
menwirken von Regen
und Schnee; es fiel rund
1,40 m Schnee am Jah-
resende.[2] Welche Folgen schlechtes Wetter für die Landwirtschaft haben konnte, schildert das *Kai kokushi*:

Im Juni des folgenden Jahres 1517 wurden Pilger auf dem Fuji-Berg von einem Sturm
überrascht; 13 von ihnen starben, davon wurden drei von einem riesigen Bären, dem sie
plötzlich begegneten, getötet. Der Chronist notierte:

Es gibt Leute, die meinen, daß das kein Bär war, sondern eine große
Dämonen-Gottheit. [3]

Auch andere wilde Tiere setzten den Menschen zu; 1502 sollen Füchse in Menschen-
gestalt Menschen gefressen haben,[4] 1504 Ratten eine Frau.[5] Daß 1502 Affen zum
Hauptheiligtum am Rande des Fuji, dem Sengen-Schrein, zogen und dort in den Wäldern

---

[1] Myōhōji-ki 29 (Eishō 12)

[2] Ebd. 30. Das entspricht der durchschnittlichen jährlichen Schneemenge in Kōfu in den Jahren
1951-1980 (Rika Nenpyō 1986.239). Allerdings liegt der Myōhōji wesentlich höher als Kōfu.

[3] Myōhōji-ki 30

[4] Myōhōji-ki 22

[5] Ebd. 23

umhertollten, war zwar harmlos, aber befremdlich.[1]

Daß der Tennōhof den japanischen Osten einschließlich Kai noch im 11. Jahrhundert als *»todkranke Provinzen«*[2] einschätzte, die mehr kosteten, als sie eintrugen, lag vor allem am Mangel an stabilen Lebensverhältnissen wegen der Widrigkeiten der Natur. 765, 797, 805 und 823 half der Hof bei Hungersnöten in Kai mit Lebensmitteln.[3] 802 mußten den Bauern die Abgaben erlassen werden,[4] 903 erhielten über 3.000 Bauern Abgabenbefreiung wegen einer Epidemie.[5] Nach den Engi-Gesetzen von 927 mußte Kai neben Gebühren für den Notfall die höchste überhaupt bekannt jährliche Deichgebühr für den Hof aufbringen.[6] Bereits damals gehörte offenbar die Vorsorge vor Überschwemmungen zu den Aufgaben der öffentlichen Gewalt.

Auch die Takeda haben sich dieser Aufgabe gestellt und sie ausdrücklich in den Rang einer Herrschertugend erhoben; die Hauslehre des Takeda Nobushige aus dem Jahre 1558 schreibt in Art. 82 vor:

> Den Untertanen gegenüber muß man bei Kälte und Hitze, Wind und Regen Barmherzigkeit üben.[7]

Gegenstand der herrschaftlichen Fürsorge war vor allem die Abwehr der schlimmsten Gefahr: der Überschwemmungen aus den zahlreichen Flüssen im Lande, die durch Taifune und vor allem die vorsommerliche Regenzeit ausgelöst werden konnten.[8]

---

[1] Myōhōji-ki 21

[2] *Bōhei no kuni.* Zit. n. Minegishi 1983.35

[3] KSS I:26,281; I:34,287; I:39,290; I:40,291. Die Alimentierung wurde *shingō* genannt und erfolgte aus den Erträgen speziell hierfür eingerichteter Felder. Sie wurde gegen Ende des Altertums durch Armenspeisungen ersetzt, die jeweils im 5. Monat in Kyōto stattfanden (Kommentar der Herausgeber, KSS I:26.281).

[4] KSS I:38,290

[5] KSS I:65,316

[6] Engishiki, 26. Bd. Zit. n. KSS I:68.334. Solche Gebühren mußten damals außerdem die Provinzen Kōchi und Iga entrichten. Beide Gebührenarten gehörten zu den offiziellen Zinsen für die Ausleihe von Saatgut und Geräten an die Bauern *(kusuiko).*

[7] Art. 82 (Kōyō gunkan I:2.80)

[8] Aufschlußreiche Vergleiche ermöglicht die Darstellung bei Miyamura 1985.112-106 über die Kontrolle des Tone-Flusses in der Präfektur Saitama. Demnach konnten Deicharbeiten an Flüssen mehreren Zwecken zugleich dienen: dem Schutz von Siedlungen vor Überschwemmungen; Neulanderschließung; der Förderung der Flußschiffahrt; und zur strategischen Sicherung vor Feinden (ebd. 113). Auch die Bauarbeiten am Tone-Fluß haben am Ende des 15. Jahrhunderts eingesetzt. Über den Hato-Fluß in der Kaiserstadt Kyōto liegen Daten seit dem 8. Jahrhundert vor; Nakajima 1986.33-45 verdeutlicht, daß der Rhythmus von Überschwemmungen und Trockenzeiten mit globalen Klimaveränderungen zusammenhängt. Oyamada 1988.36 gibt eine Übersicht über bis zum 14. Jahrhundert belegte Deichbauarbeiten in ganz Japan; sie beginnt bereits Ende des 7. Jahrhunderts, zeigt aber größte Unregelmäßigkeiten.

Einerseits ordneten die Takeda seit den Zeiten von Harunobus Urgroßvater Takeda Nobumasa Deichbauarbeiten *(kawayoke fushin)*[1] an.[2] Als die drei traditionellen »Wasser-Gefahrenstellen« *(mizu nansho)* galten Manriki und Chikazu am Fuefuki-Fluß) sowie Ryūō am Kamanashi. 1519 wurde der Takeda-Hauptsitz aus Isawa in das neugegründete Kōfu verlegt, möglicherweise, weil Isawa durch Veränderungen im Flußlauf des Fuefuki gefährdet erschien. Seither galt das Hauptaugenmerk dem Kamanashi-Fluß. Takeda Harunobu protegierte 1543 Neulanderschließungs-Projekte in Kawarajuku (»Flußbetthausen«), dem späteren Ryūō. So erteilte er dem Chōanji-Tempel eine Bestätigung *(ando)* für die Grundstücksübertragung des Inoue Gen'emon aus Kawarayado, nämlich Felder im Werte von 2 *kan* 700 *mon*, wie es der Vogt Imai Sagami bereits gebilligt hatte.[3] 1560 erteilte Harunobu folgendes Privileg:

> [Drachenförmiges Zinnobersiegel][4] Wer an den Deichanlagen von Ryūō ein
> Haus baut und wohnt, soll vom Hausgeld[5] zur Gänze befreit sein.
> In Bestätigung des Vorstehenden:
> Eiroku 3 [1560], Älteres Jahr Metall, Jahr des Affen[6]
> 8. Monat, 2. Tag.[7]

Zwischen 1543 und 1560 müssen also Deichbauarbeiten stattgefunden haben, die neuen Siedlungsraum erschlossen.[8] Um hierfür Siedler zu gewinnen, wurden steuerliche Privilegien versprochen. Allerdings wurden die Neusiedler und die Nachbarn in den umliegenden Dörfern 1560[9] und erneut 1572[10] zur Mithilfe bei der Ausbesserung der Deiche verpflichtet.[11] 1546 wurden Steuern für Flußbauarbeiten *(kawayoke fushin)* in

---

[1] Kōyō gunkan III:53.365

[2] Zum Folgenden vgl. Ueno 1987a.46-49

[3] KSS I:270.548

[4] Das Siegel der Takeda zur Zeit Harunobus. Vgl. Kai Takeda-shi monjo mokuroku 1986.132 Nrn. 4-9.

[5] *Munebetsusen.* Die unter den Takeda übliche auf jedes Haus erhobene Abgabe.

[6] *Kanoe:* 7. Jahr des 10-teiligen Element-Zyklus; *saru:* Jahr des Affen, 9. Jahr des 12-teiligen Tier-Zyklus. Beide Zyklen wurden neben dem laufenden Jahr der geltenden Tennō-Ära benutzt.

[7] KSS I:353,621

[8] Technisch gehörte zur Zeit Takeda Harunobus dazu: die Anlage einer schützenden Uferböschung; die Kontrolle des Flußlaufes durch die Errichtung steinerner Dämme; das Anbringen von spitzwinkligen Wellenbrechern; sowie die eigentlichen Deiche mit einer Höhe von ca. 4,50 m (Oyamada 1988.41-48). Zur Bedeutung des technischen Fortschritts im 16. Jh. für die Ausbildung der Landesherrschaft s. Nagahara/Yamamura 1988.84 ff.

[9] KSS I:377,641 f

[10] KSS I:499,715

[11] Die »Technik der Flußregulierung nach der Art der Provinz Kai« (Kōshū-ryū chisui kōhō) ist Mitte des 18. Jahrhunderts in der Schrift »Überlieferungsbuch der Flußregulierung« (Kawayoke kudensho) dargelegt worden. Die Schrift ist anonym, aber offenbar von den aus der Takeda-Zeit

Obu in Kai erhoben.[1]
Andererseits erließ Takeda Harunobu in seinem »Hausgesetz« von 1547 einige
Bestimmungen, die die Folgen von Überschwemmungen lindern sollten. Zwar verneinte
er, daß mit abgabenfreiem »Gnadenland« *(onchi)* ausgestattete Vasallen bei Umweltkatastrophen einen Anspruch auf Ersatzland hatten:

> Was die einzelnen Gnadenländer betrifft, darf man, auch falls es zu
> natürlichen Schäden durch Wasser oder Hitze kommen sollte, doch nicht auf
> Ersatzland hoffen. Nach seinem Anteil muß man Dienst leisten. Falls es sich
> allerdings um einen Gefolgsmann handelt, der sich durch treue Dienste
> hervorgetan hat, soll man ihm entsprechendes Land geben. [2]

Aber er verordnete auch, daß Dörfern, in denen durch Hochwasser entweder mindestens
zehn Häuser zerstört oder mindestens zehn Menschen getötet worden waren, das
Hausgeld erlassen werden sollte.[3] Treibholz, das durch Hochwasser angeschwemmt
wurde, durfte der Finder behalten; fortgespülte Brücken allerdings mußte man an den
Ort, wo sie herkamen, zurückbringen.[4] Diese Regelung verdeutlicht, daß die Sicherheit
der Verkehrswege ein weiteres Ziel obrigkeitlicher Fürsorge war; daß die Straße von
Kuninaka in den Ostteil der Provinz (Gunnai) 1529 - vermutlich wegen Unwetters -
mehrere Monate gesperrt werden mußte,[5] bedeutete zugleich eine wirtschaftliche wie
militärische Gefahr.
Ein Taifun war es auch, der die Bevölkerung von Kai 1540 gemeinsam tätig werden
ließ: nachdem ein schwerer Sturm einen Teil des Daizen-ji[6] in Katsunuma beschädigt
hatte, halfen angefangen vom Landesherrn *(kokushu)* Takeda Harunobu über den
Vorsteher der Altargemeinde *(danka)*[7] bis hin zu den *bushi* und Bauern der Umgebung
alle beim Wiederaufbau.[8] Hier findet sich, wie schon in der eingangs zitierten
Weltenende-Prophetie des Han no Hyōgo, formelhaft die gesamte Gesellschaft wieder -
denn die Launen der Natur und der Wille des Himmels trafen alle. »Erdbeben, Feuer,
Sturm und Hochwasser« drohten dem, der das Mißfallen des »Weges des Himmels, des

---

herrührenden Traditionen der Flußanlieger geprägt (Adachi 1988.2).
[1] Kōhakusai-ki 87 (Tenbun 15). Vgl. hierzu CD 116.
[2] Hayashi 1980.10:152 ff.
[3] Ebd. 36:275 ff.
[4] Ebd. 21:197 ff.
[5] Myōhō-ji-ki 1:38 (Kyōroku 2)
[6] Tempel der buddhistischen Shingon-Sekte in Katsunuma, Bezirk Higashi-Yamanashi.
[7] Die Altargemeinde war für die finanzielle Lebensfähigkeit eines Tempels *(danna-ji)* verantwortlich; ihr stand oft ein Mitglied der *bushi*-Gründerfamilie vor. Das Wort *danna* leitet sich
wohl aus sanskr. *dana* (Patron) ab. Vgl. Marcure 1985.
[8] KSS I:254.536 (Tenbun 9)

Buddha oder der Götter« (tentō butsushin) erregte.[1]
Han no Hyōgo verdiente mit dem Deuten und Beschwören der übermenschlichen Kräfte seinen Lebensunterhalt: Takeda Harunobu verlieh ihm Grundbesitz, damit er beim Bau der strategisch wichtigen, aber durch Hochwasser gefährdeten Burg Naganuma für gutes Wetter sorgte.[2] Einem Shintō-Schrein im nahegelegenen Shioda versprach Harunobu 1563 Land, falls dieselbe Burg von Sturm, Regen und Krieg verschont blieb. Eine der Gottheiten, die die Takeda-Vasallen bei schriftlichen Eidesleistungen *(kishōmon)* am häufigsten anriefen, war Kenrō jishin, eine Erdgottheit.[3] So sehr eine solche Beschwörung von Erd- und Himmelsgottheiten auch prophylaktischen Charakter besessen haben mag: Sie hob die Notwendigkeit zum gemeinsamen Handeln in Notzeiten nicht auf.

2. HAUS UND HOF

Widrige äußere Umstände - Krieg, schlechte Ernten, Überschwemmungen usw. - wirken sich in Gebieten, die wie die Provinz Kai nur in engen Grenzen für Landwirtschaft und Besiedlung geeignet sind, drastischer aus als in Gegenden mit hoher Bodenqualität und großen ökologischen Spielräumen. Sie verstärken sicher die Bereitschaft, Land und Siedlungen aufzugeben. Um die Verödung weiter Teile der Provinz und einen Rückgang ihrer Einwohnerzahl zu verhindern, bleiben nur wenige Mittel: Vorsorge für Umweltkatastrophen, Neulanderschließung und die Herstellung stabiler innerer Verhältnisse.
Vom Engagement der Takeda in der Überschwemmungs-Prophylaxe war im vorangegangenen Kapitel die Rede. Sie ist eine ständige Gemeinschaftsaufgabe, die sich noch im heutigen Yamanashi als dem von allen Dorfbewohnern gemeinsam halbjährlich verrichteten *kasen sōji*[4] (»Flußreinigung«) bewahrt hat. Die Bewässerung der Naßreisfelder[5] zu gewährleisten und gerecht zu organisieren, ist eine weitere Gemeinschaftsaufgabe, deren Bedeutung nicht nur in Trockenzeiten auf der Hand liegt. Vor Unwettern kann man die Felder mit menschlichen Mitteln allerdings nicht schützen.
Den Angaben späterer Landesaufnahmen *(kenchi)* zufolge sind sowohl die Gesamtanbaufläche als auch die Gesamtproduktion in Kai zwischen der Tenshō- (1573-1592)

---

[1] KSS 12:I.178
[2] Sasamoto 1988.109
[3] Sasamoto 1988.99 u. 105
[4] Vgl. KSS Sonderbd. I:18 zu dieser und anderen Formen kollektiver Arbeit im Dorf, für die sich der Begriff *gimu ninsoku*, also Pflichtarbeit, oder *o-tenma* - eigentlich (Dienst an) Pferderelais - erhalten hat.
[5] Die ältesten in der heutigen Präfektur Yamanashi entdeckten Naßreisfelder stammen aus der frühen Yayoi-Zeit (3. Jahrhundert v. Chr.) (ZYR 1990.52 f).

und der Tenpō-Zeit (1830-1844) um 37% gestiegen.[1] Neulanderschließung hat also zweifellos und in beträchtlichem Umfang stattgefunden. Freilich soll bereits in den 110 Jahren vor 1573, also in der Takeda-Zeit, die Anbaufläche um 34% gewachsen sein, mithin jährlich rund doppelt so schnell wie danach.[2]

Neulanderschließung und Binnenkolonisation von größerem Ausmaß und Stetigkeit müssen gut organisiert sein. Der besonders produktive, aber auch besonders arbeitsintensive Naßfeld-Reisanbau bei wegen der Gebirgslage ohnehin schwierigen Bodenverhältnissen und unwägbaren Launen der Natur kann nicht von Einzelgängern bewältigt werden.[3] Daß die *bushi* seit dem 12. Jahrhundert sowohl als politisch-militärischer Ordnungsfaktor als auch als Kolonisatoren und Rodungsherren *(kaihatsu ryōshu)*[4] in den Vordergrund treten und die Macht im Lande ausüben, ist notwendige Koinzidenz. In einer Agrarwirtschaft, die nur durch kollektive Anstrengung oder gar nicht überleben kann, werden sie die Stärksten, weil sie die kollektive Anstrengung mit Waffengewalt erzwingen können, und die Reichsten, weil sie die Richtung der landwirtschaftlichen Expansion bestimmen können. Nach der Auffassung von Ishimoda Shō beruhen die Macht und die hervorgehobene Stellung der neuen Herren ursprünglich auf Rodungsherrschaft:

> Die mittelalterlichen *bushi* unseres Landes werden oft als Nachfahren von Rodungsherren bezeichnet. Und in der Tat entsteht aus den Rodungsherren die typischste, unabhängigste Form von Grundherrschaft. [5]

Auch Ishii Susumu definiert die Kriegerbünde *(bushidan)* des japanischen Mittelalters als

> militärische Organisationen, die als Charakteristika die Kampftechnik bogenbewehrter Reiter besaßen, und in ihrer sozialen Substanz mit dem Land, auf dem sie residierten, verbundene lokale Herrscher. [6]

---

[1] Fesca 1886.179

[2] Fesca ebd. Zugleich soll die Produktion allerdings um 10% gesunken sein. Diese Zahlen der Kanshō-Ära (1460-1466; bei Fesca irrtümlich »Kansei«) sind daher mit Vorbehalt zu betrachten.

[3] Als Besonderheiten der japanischen Landwirtschaft erkannte Asakawa Kan'ichi: Wenig Weidewirtschaft, Konzentration auf den Reisanbau und damit intensive, arbeitsaufwendige, kleinflächige Bebauung und dichte Besiedlung sowie Bewässerung (Asakawa 1950.71). Auch Toyoda Takeshi weist darauf hin, daß der Maßstab der japanischen Landwirtschaftsräume bedeutend kleiner ist als in China, worin er einen Grund für den Mißerfolg des nach chinesischem Muster angelegten Ritsuryō-Staates (8.-11. Jh.) und für die Zersplitterung staatlicher Autorität in Japan erblickt (Toyoda 1980.14 f).

[4] Auch: *kaihotsu ryōshu.* Meine Lesungen historischer Termini folgen: Nihonshi yōgo daijiten, 2 Bde., Kashiwa shobō, 1978.

[5] Ishimoda 1985.223 f

[6] 1974.236

Die *bushi* organisieren ihre Herrschaft in einer doppelten Struktur: In der mit Grundherrschaft *(shōen)* verbundenen Hausherrschaft *(ie)*.[1]

2.1 Die Grundherrschaft

Das *shōen* entstand im Zusammenwirken dreier Faktoren. Mit der Einführung einer
Staatsform nach chinesischem Modell im 7./8. Jahrhundert wurden alles Land zum
Eigentum des Kaisers und alle Bauern zu Kaiserbauern *(kōchi kōmin)* erklärt. Damit
unterlag das Bauernland der sechsjährlichen Neuverteilung unter den bezugsberechtigten,
registrierten Bauern. Zugleich sollten die Eigenleute und all die Landsitze der Großen
in den Provinzen und Dörfern abgeschafft werden, Nebenhöfe, die mit ihrem Acker- und
Gartenland Steuerfreiheit genossen.[2] Die Auflösung dieser »Steuerinseln« unterblieb in
den Provinzen allerdings offensichtlich. Sie stellen die erste Wurzel für die Entstehung
der späteren Grundherrschaften dar. Da die Landwirtschaft allgemein unter Bodenknappheit litt, wollte der Kaiserhof die Neulanderschließung fördern. Er verordnete
deshalb 743 (Tenpyō 15), daß Neuland zum ewigen Besitz seines Erschließers werden
sollte. Dieser Verordnung war Yōrō 7 (723) das »Dreileib-Einleib«-Gesetz *(sanze isshin
no hō)* vorausgegangen, das bestimmte, wüstes Land dürfe für drei Generationen nach
seiner Erschließung in Privatbesitz bleiben (Dreileibgedinge), Neuland hingegen, das
schon einmal erschlossen worden war, nur auf Lebzeiten des Erschließers (Einleibgedinge). Damit sollte verhindert werden, daß Bauern ihr Land absichtlich brach
liegen ließen, um es später erneut für drei Generationen reklamieren zu können.

743 wurden, abgestuft nach Rang am Kaiserhof, zugleich Höchstgrenzen für den Umfang
der Neulanderschließung festgesetzt. Neulanderschließung gilt als die zweite Wurzel der
späteren Grundherrschaften. Doch bereits die Taihō-Gesetze von 701 hatten die Felder
von Schreinen und Tempeln von der sechsjährlichen Umverteilung des Kaiserlandes

---

[1] Ishimoda formuliert den Zusammenhang zwischen Grundherrschaft und Hausherrschaft wie
folgt: »Es ist selbstverständlich, daß die Grundherren, um ihren Grundbesitz realisieren zu können,
gegenüber den Bewohnern des Grundbesitzes Zwang in irgendeiner Form benötigen. Man muß
aber daran denken, daß dieser Zwang nicht nur einfach etwas, was auf Herrschaft verweist,
bedeutet, sondern auch den weiten Bereich von durch Bräuche und Traditionen gestützter Autorität
und Gesetzen bis hin zu anderen geistigen Objekten einschließt. Da die in den Dörfern gewachsene neue Klasse von Grundherren sich von den Landbewohnern im Status bislang nicht unterschieden hatte, mußten sie ihre Organisation, Autorität und Gesetze als Grundherren neu
begründen ... Die übliche Form dieser Organisation war m.E. ein familienähnlicher Zusammenschluß der Grundherren« (Ishimoda 1985.191 f). Damit postuliert er einen Vorrang der
Grundherrschaft (der wirtschaftlichen Struktur) vor der Hausherrschaft (der sozio-politischen
Struktur), getreu dem marxistischen Basis-Überbau-Schema. Beweisbar ist dieser Zusammenhang
nicht; vielmehr sind privater Grundbesitz und häusliche Organisation von Anfang an so eng
verbunden, daß dieser Frage diejenige nach dem Vorrang von Henne oder Ei entspricht.

[2] Nakano 1982.160 u. 164

ausgenommen.[1] 749 erhielten zahlreiche Tempel die Erlaubnis zur Neuerschließung und zum steuerfreien Besitz großflächiger Ländereien.[2] Diese Ländereien wurden schließlich auch zum Ausgangspunkt mittelalterlicher *shōen*.[3]

Die typische Grundherrschaft *(shōen)*,[4] die den Mittelpunkt der landwirtschaftlichen Produktion im mittelalterlichen Japan bildete,[5] vereinte die Merkmale der traditionellen adligen und klerikalen Landsitze, nämlich Wohn-, Verwaltungs- und Speichergebäude auf dem Herrenhof *(shō)*; umliegendes Gartenland *(en)*; Immunität *ab introitu (fu'nyū)*;[6] Abgabenfreiheit *(fuyu)*, mit staatlich legitimiertem Neuland. Seit dem 11. Jahrhundert zogen es viele Besitzer kleiner Grundherrschaften vor, ihr Gut formell einem geistlichen

---

[1] Ryō no gige, Denryō Abs. 21

[2] Nakano 1982.167

[3] Taranczewski sieht privates Grundeigentum durch Entwicklungen »von oben« (der vom Kaiserhof betriebenen Förderung der Landwirtschaft *[kannō]*) und »von unten« (Neulanderschließung) aus staatlichem Grundeigentum entstehen (1989.307). Dabei übersieht er zweierlei: Daß privates Grundeigentum existierte, noch bevor und auch nachdem das staatliche Grundeigentum zum Gesetz wurde; und daß Neulanderschließung in den meisten Fällen nicht von »unten« ausging, sondern von der »Mitte«, d.h. von den an privates Grundeigentum bereits gewöhnten lokalen Mächtigen. Die Diskussion wird vielleicht fruchtbarer, wenn einmal nicht nach der Entstehung *privaten* Grundeigentums gefragt würde, sondern nach der Durchsetzung *staatlichen* Eigentums.

[4] *Shōen* entspricht sachlich der europäischen Grundherrschaft. Ich verstehe darunter eine landwirtschaftliche Produktionsstätte, bei der der überwiegende Teil des zugehörigen Grund und Bodens abhängigen Bauern gegen Zins oder andere Abgaben und Dienste zur relativ selbständigen Bewirtschaftung überlassen wird, ohne daß diese Bauern ausschließlich der grundherrlichen Gerichtsbarkeit unterworfen sein müssen. Vgl. M. Bloch 1982.289-336, K. Bosl in Gebhardt, Handbuch der Deutschen Geschichte I:VII (dtv-Ausgabe München, 6. Aufl. 1982, S. 104-107), O. Brunner 1984.21-25, H. Pirenne, Sozial- und Wirtschaftsgeschichte Europas im Mittelalter (München, 5. Aufl. 1982, S. 61-88). Taranczewski 1989.48 befürwortet ebenfalls die Begriffe »Grundherr« und »Grundherrschaft« im japanischen Kontext.

[5] Fujiki 1975.3. 1221 entfielen z.B. 70% der Reisanbaufläche der Provinz Noto auf *shōen* (Nakano 1982.207), 1233 72% in der Provinz Awaji (Ōyama 1990.91). Man darf aber nicht vergessen, daß es daneben, vor allem in Ostjapan, auch sehr viel anders genutztes Land (z.B. Weideland, Trockenfelder) gab.

[6] Für die Herrenwohnsitze *(yashiki)* der Heian- und Kamakura-Zeit ist das Asylrecht nachgewiesen worden (Ishii Susumu in Abe u.a., *Chūsei no fūkei* II:1981.148). Laut Konjaku monogatari (25:4) mußte der Herr eines *yashiki* einen Mörder in seinem Haus nicht ausliefern (vgl. hierzu Ishii 1974.94 f). Wieviel weniger mußte er dann die Steuerschätzer der Provinzregierung fürchten!

Institut oder Adligen in Kyōto aufzulassen *(kishin)*,[1] um dem Druck konkurrierender Grundherren oder der Provinzregierungen zu entgehen. Die Herrschaft teilten sich nun der Obereigentümer *(honke)* in Kyōto und der Untereigentümer *(ryōke)*, der die Grundherrschaft aufgelassen hatte. Auch die Verwaltungsbeamten der Grundherrschaft erhielten erbliche Rechte an der Herrschaft *(shiki)*; später nannte man auch die Rechte der Bauern an dem von ihnen bebauten Land *shiki*. Kasamatsu und Haga betonen, daß die Gemeinsamkeit und der dingliche Gehalt aller dieser aus unterschiedlichen Ausgangspositionen erworbenen *shiki* die Verfügungsgewalt über Land oder Erträge aus diesem Land war. Je nach der Ableitung des *shiki* aus den Rechten eines Eigentümers oder Verwaltungsbeamten konnte sein Inhaber über die *shiki* niedrigerer Funktionen verfügen; dies machte seine *funktionale Gewalt* aus. Von den konkreten Umständen hing ab, ob er über bestimmte Inhaber funktional niedrigerer *shiki* (vor allem Bauern) auch *persönliche Gewalt* besaß.[2] Im Falle der »Grundherrschaften mit Privilegien für allerlei Leistungen« *(zōyakumen shōen)*, die im 10. und 11. Jahrhundert in großer Zahl entstanden, wurden z.B. Bauern, die auf Land der Provinzregierung *(kokugaryō)* saßen, aufgrund persönlicher Gewalt zum Bestandteil einer nicht-staatlichen Grundherrschaft: Die Provinzregierung hatte diesen Bauern zunächst erlaubt, Arbeitsleistungen durch landwirtschaftliche Produkte abzulösen. Verwendete die Provinzregierung die gezahlte Ablösung zum Unterhalt eines von ihr offiziell anerkannten Tempels, konnte dieser Tempel dazu übergehen, die Subsidien von den Bauern direkt einzufordern und die Bauern damit persönlich unter seine Gewalt zu bringen. Es war dann nur noch eine Frage der Zeit, bis er auch auf die Felder der Bauern zugriff und ihr Land damit der Provinzregierung entfremdete.

Die komplexe Entstehungsgeschichte vieler Grundherrschaften brachte es mit sich, daß sie räumlich und rechtlich ein Konglomerat unterschiedlichster Herrschaften darstellten. Aber ihre beherrschende Stellung in der mittelalterlichen Wirtschaft wird durch ihre Funktion hinreichend erklärt: die Akkumulation von Land und Leuten.

Neulandgewinnung gehörte von Anfang an zu den wichtigsten Funktionen der

---

[1] *Kishin* wird meist fälschlich mit »Kommendation« übersetzt (vgl. Steenstrup 1991.69; Taranczewski 1991.343; Nagahara 1990.262; richtig dagegen Müller 1988.66: »Übertragung«), obwohl nach historischem Verständnis Kommendation bedeutet, daß ein freier Mann »einem Mächtigen Hingabe seiner Person auf Lebenszeit zu Diensten aller Art gegen Schutz und Unterhalt« verspricht (Mitteis 1986.57); bei der Kommendation übergibt man also *sich selbst*, nicht seinen Besitz (vgl. Ganshof 1983.4-8). Da *kishin* auch die echte Schenkung von Grund und Boden an geistliche Institute bezeichnet und (zumindest theoretisch) vom Gericht des Herrn (Kaiserhof, *bakufu*, *shugo*) bestätigt werden muß und Begabung und Besitzeinweisung *(hikiwatashi)* getrennt werden (vgl. KSS I:166 von 1337 = Begabung u. I:167 von 1346 = Besitzeinweisung), wähle ich als Übersetzung »Auflassung«.

[2] Kasamatsu Hiroshi / Haga Norihiko. Chūseihō. In: Iwanami kōza Nihon rekishi 6. 1963.303-345, h. 308-314.

Grundherrschaft, und je mächtiger der Grundherr war, desto großzügiger konnte er kolonisieren lassen.[1] Im Interesse der Wirtschaftlichkeit mußte es liegen, aus den verstreuten Grundherrschaften der Anfangsphase abgerundete Grundherrschaften *(ichien shōen)* zu formen, indem zusätzliches Land erschlossen, gekauft oder geraubt wurde. Als hervorragendes Merkmal dieser abgerundeten Grundherrschaften erscheinen die Grenzmarken *(bōji)*, die in allen vier Himmelsrichtungen angebracht wurden. Auch über diese wuchsen die Grundherrschaften hinaus, als sie auf das Land der Provinzregierung zugriffen. Lokale Große verbanden ihre private Grundherrschaft mit der faktischen und sehr bald erblichen Herrschaft über das Amtsland, das sie für ihre Beteiligung an der Provinzregierung erhielten, und der persönlichen Gewalt über die Bauern, die darauf arbeiteten. Seit dem 8. Jahrhundert waren die Bauernhaushalte zur Besteuerung Gemeinden *(gō)* zugeordnet worden. Ab dem 11. Jahrhundert allerdings erstreckte sich die Bezeichnung *gō* nicht mehr nur auf die Bauern selbst, sondern auch auf ihr Land und das Land der Grundherrschaft, zu der sie gehörten. Faktisch war die Gemeinde nunmehr zu einer Verbindung aus Dorf und Grundherrschaft geworden. Da die Grundherrschaft sich allmählich auf die gesamte Gemeinde mit Land und Leuten ausgedehnt hatte, wurden Gemeinde und Grundherrschaft deckungsgleich.[2]

Die Mediatisierung der Bauern - ihre Unterwerfung unter die private Gewalt der Grundherren - als zweites Element der mittelalterlichen Grundherrschaft entwickelte sich aus der Umformung der Besteuerung der »Kaiserbauern«. Die Provinzregierungen hatten ihnen seit dem 8. Jahrhundert Saatgut und Geräte zur Bewirtschaftung ihrer Felder zur Verfügung gestellt - gegen einen Zins, den die Bauern zusätzlich zu den vorgeschriebenen Leistungen erbringen mußten. Diese Leistungen bestanden aus Anbauprodukten oder deren Gegenwert in Münze, Frondiensten und handwerklichen Produkten.[3] Für Kleinbauern erwies es sich als schwierig, die von der Provinzregierung angeforderten handwerklichen Produkte[4] beizubringen. Stattdessen übergaben sie einen Teil ihrer Naturaleinkünfte einem Großbauern, der auf seinem Hof Handwerker unterhielt und die Provinzregierung belieferte. Das Utsuho monogatari, eine Erzählung des 10. Jahrhunderts, enthält z.B. die Beschreibung der Grundherrschaft eines fiktiven Großbauern, Kannabi Tanematsu, in der Provinz Kii. Das Zentrum seiner Herrschaft bildete der von

---

[1] 1119 z.B. raffte Taira Tomonobu im Auftrag von Fujiwara Tadazane in der Provinz Kōzuke 5.000 chō - rund 50 km² - für ein einziges shōen zusammen. Allerdings war dies dem Ex-Kaiser Shirakawa wegen seiner schieren Größe zu viel, so daß er das Vorhaben unterband (Minegishi 1983.39).

[2] Ishii 1974.173 f

[3] Hayashi 1958.186

[4] Die Vorschriftensammlung Engishiki sah für Kai im 10. Jh. u.a. folgende Abgaben vor: Bögen aus Tsuki-Holz, Trinkgefäße, Honig, ein Getränk aus eingekochter Milch, die Färbepflanze Murasaki, Schreibpinsel, Hirschgeweihe, Tuche, Rindshäute, Hirschhäute und -leder, Seide, Garn, verschiedene Waffen und Rüstungen (KSS I:68,323-352).

einer Mauer umgegebene, 2 *chō* messende Hof. Um ihn herum lagen 20 *chō* Reisfelder, die von den Hofknechten mit Rindern bestellt wurden. Im Hof selbst standen 160 Speichergebäude, gefüllt mit Damast, Brokat, Seide, Baumwolle und Garn sowie den als Abgaben gelieferten Fischen und Vögeln sowie Holz und Kohle. Dazu kamen Pferde- und Rinderställe, Küche, Brauerei, Werkstatt mit Tischlern und Töpfern, Metallgießerei, Schmiede, Weberei, Färberei, Walkerei, Näh- und Spinnstube. Die Verwaltung des Hofes erfolgte durch 30 Hofverwalter im Verwaltungsgebäude. Zusammen mit den 100 Leitern der Nebenhöfe und unter der Führung ihres Herrn koordinierten sie die Hofwirtschaft und den Einsatz der vielen hundert Bediensteten.[1]

Ishii Susumu hat diesen Idealhof angesichts seiner vielfältigen Tätigkeiten zutreffend als »Gewerbezentrum« eines mächtigen lokalen Großen bezeichnet.[2] Derartige Höfe wurden zu Zwischengliedern zwischen Kleinbauern und Provinzregierung, und die Provinzregierung begünstigte diese Entwicklung, indem sie den jetzt *myōshu* genannten Großbauern gegen Zins überließ, den Kleinbauern Saatreis und Geräte auszuleihen - was früher Aufgabe der Provinzregierung gewesen war. Schließlich verzichtete die Provinzregierung auch noch darauf, die übrigen Abgaben von den Bauern direkt zu erheben, und legte auch diese Aufgabe in die Hände der *myōshu*. Die *myōshu* und ihre Grundherrschaften wurden also der halb private, halb staatliche Bezugsrahmen der kleinbäuerlichen Wirtschaft; die Kleinbauern wurden wirtschaftlich von den *myōshu* oder Grundherren abhängig. *Abb. 3* verdeutlicht diese Struktur der mittelalterlichen Grundherrschaft.[3]

Die *bushi* aber sind ein - besonders erfolgreicher - Sonderfall der *myōshu*.

2.2 Die Entwicklung des bushi-*Hauses*

Seit dem 11. Jahrhundert ist eine deutliche Veränderung der japanischen Familienstruktur zu erkennen.[4] Die großen Sippen *(uji)* des Altertums lösen sich auf in kleinere Einheiten, Häuser *(ie)*, die sich einen eigenen Namen *(myōji)* zulegen.[5] Diese Namen leiteten sich von einem gemeinsamen Hauptsitz der Mitglieder des Hauses ab, dem »Namensland« *(myōji no chi)*. Viele der neuen Häuser entstanden, als sich Angehörige

---

[1] Utsuho monogatari, Fukiage I: S. 339-343
[2] Ishii 1974.147
[3] Nach Nakano 1982.116-123.
[4] Die folgende Darstellung nach Toyoda 1980.9-53.
[5] Nahezu zeitgleich, nämlich mit dem Beginn der Song-Periode (960-1279), hat sich ein ähnlicher Wechsel in China vollzogen: von *zōng* (jap. *uji*, Sippe) zu *jiā* (jap. *ie*, Haus) (Patricia Ebrey: Conceptions of the Family in the Sung Dynasty. JOURNAL OF ASIAN STUDIES 1984.219-245).

der hochadligen Sippen der Minamoto[1] und Taira[2] in den Provinzen niederließen, in deren Verwaltungen sie Dienst geleistet hatten. Ihr Hausname wurde von den Provinzbehörden registriert, alle Träger desselben Namens in einer Gegend als Namensverband *(myōjizoku)* und zugleich Familienverband *(ichizoku)* anerkannt. Dieser Verband

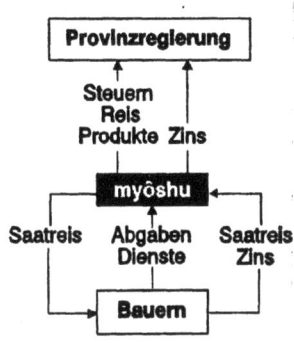

Abb. 3: Die Struktur der Grundherrschaft

umschloß alle, die sich auf einen gemeinsamen Vorfahren beriefen, der das namengebende Stammland erschlossen hatte. Eine Definition des 13. Jahrhunderts verdeutlicht, daß dabei außer Blutsverwandten in gerader Linie (Großeltern - Eltern - Kinder - Enkel) und seitlicher Linie (Geschwistern, Geschwisterkindern, Brüdern der Eltern, Kindern der Geschwister, Onkel und Tanten) auch verschwägerte Verwandte (Ehemännern, Schwiegervätern, Ehemännern der Schwestern, Kinder und Enkel, den Vätern der Ehepartner der Kinder) und Adoptivkinder sowie »Pateneltern« *(eboshioya)*[3] und

---

[1] Insgesamt 17 Sippen, die sich von kaiserlichen Ahnen herleiteten, hatten zwischen dem 9. und 11. Jahrhundert den Namen »Minamoto« (»Quell«, weil sie vom selben Ursprung waren wie der *tennō*; sinojapanisch: Genji) verliehen bekommen *(shisei kōzoku)*. Die wichtigste von ihnen, zu der auch die späteren Takeda gehören, war die vom Kaiser Seiwa [850-880] abgeleitete Sippe der Seiwa Genji.

[2] Ebenfalls *shisei kōzoku*. Taira (sinojap. *hei*, daher werden diese Sippen auch »Heishi« oder »Heike« genannt) ist das erste Schriftzeichen von Heiankyō, des alten Namens der Kaiserstadt Kyōto. Insgesamt vier Sippen kaiserlicher Nachfahren, deren wichtigste die von Kaiser Kanmu (737-806) abstammenden Kanmu-Heishi sind.

[3] *Eboshi* ist eine zur höfischen Kleidung der Erwachsenen gehörige Kappe. Bei der Feier der Volljährigkeit *(genpuku)* erhielt ein junger Mann Erwachsenenkleidung angelegt, das *eboshi* setzte ihm ein Pate auf, der deshalb »Kappenvater« *(eboshi-oya)* genannt wird.

»Patenkinder« *(eboshiko)* im rechtlichen Sinne zur Verwandtschaft gerechnet wurden.[1] Ein *ichizoku* von Adligen, die sich in einer Provinz niedergelassen hatten, konnte also mit Hilfe von Heirat und Adoption schnell zu einem vielköpfigen Verband heranwachsen. Das Land, welches von diesem Verband kontrolliert wurde, wuchs entsprechend schnell an. Ein Beispiel aus der weiter östlich gelegenen Provinz Shimotsuke kann das Muster solcher Landnahmen *(dochaku)* adliger Neu-Provinzialer verdeutlichen.

Minamoto Yoshikuni wurde 1150 wegen eines Übergriffs seiner Gefolgsleute in den Landsitz Ashikaga in der Provinz Shimotsuke verbannt. Dort war die Heimat seiner Frau, einer Tochter der weitverzweigten Adelssippe der Fujiwara. Einer ihrer Verwandten hatte das Amt des Bezirksvorstehers *(gunshi)* im Bezirk Ashikaga inne. Mit der Unterstützung der Familie seiner Frau gelang es Yoshikuni, seinen Landsitz zu einer Grundherrschaft auszubauen. Diese Grundherrschaft ließ er formal - um sich in Kyōto abzusichern - dem von Ex-Kaiser Toba gegründeten Anrakuju-Stift auf. Für den weiteren Ausbau der Grundherrschaft mußte dann der Widerstand der alteingesessenen Fujiwara erst gebrochen werden. Yoshikunis älterer Sohn Yoshiyasu führte die Grundherrschaft Ashikaga und den Namen Ashikaga weiter, während sein jüngerer Bruder Yoshishige in der angrenzenden Provinz Kōzuke die Grundherrschaft Nitta auf ehemaligem Sumpfland gründete.[2]

Das erfolgreiche Vorgehen der Ashikaga/Nitta ist in unserem Zusammenhang doppelt exemplarisch: Yoshikuni und seine fleißigen Söhne waren nicht nur Zeitgenossen, sondern auch nahe Verwandte der frühen Takeda in der Provinz Kai *(Abb. 4)*.

Doch für die Landnahme der Takeda in Kai gibt es kaum direkte Quellen. Wahrscheinlich sind sie ebenso wie die Ashikaga ursprünglich nicht aus freien Stücken nach Kai gezogen.[3] Der Name »Takeda«, der bereits von Minamoto Yoshikiyo geführt wird,[4] scheint aus der gleichnamigen Gemeinde im Kana-Bezirk der Kantō-Provinz Hitachi zu stammen, wo die Familie dem Anschein nach vor 1130 gesiedelt hat.[5] 1130 wurde ein Bewohner der Provinz Hitachi von der Provinzregierung wegen *»gewalttätigen Benehmens«* (rangyō) beim Kaiserhof verklagt; sein Vorname wird mit »Kiyomitsu« angegeben, und es ist sehr gut möglich, daß es sich um den Sohn des Takeda Nobukiyo, Hemi Kiyomitsu, gehandelt hat. Was unter *rangyō* in jener Zeit zu verstehen war, lehrt das Beispiel eines Nachbarn und Verwandten, des Taira Hiromoto, genannt *»der böse Baron«* (aku gon no kami).[6] Er wurde beschuldigt, in der Provinz Shimōsa gegenüber

---

[1] Goseibai shikimoku tsuika, Bunryaku 2 (1235), in Gunsho ruijū 17:397. S. Toyoda 1980.128
[2] Nach Minegishi 1983.40 ff. Vgl. hierzu Taranczewski 1989.
[3] Mit der Landnahme der Takeda in Kai habe ich mich in einem früheren Aufsatz (Zöllner 1990) ausführlich beschäftigt.
[4] Sonpi bunmyaku Bd. 3, zit. n. KSS I:100,392, und Daishōji kakochō, zit. n. ZYR 1990.88.
[5] Shida 1978.24 ff
[6] Nach Ishii 1974.169

einigen fremden Grundherrschaften gewalttätig gewesen
zu sein - offenbar hatte er
versucht, sie sich gewaltsam
anzueignen. Bedeutsam ist,
daß die Stellung dieses Taira
Hiromoto mit *geshi* angegeben wurde - dies ist die
ältere Form des Vogtes einer
Grundherrschaft. Vögte
wurden von den Obereigen-
tümern damit beauftragt, den
militärischen Schutz der
Grundherrschaft zu über-
nehmen. Wie Hiromotos Fall
belegt, nahmen sie diese
Aufgabe oft genug offensiv
wahr - im Kampf gegen

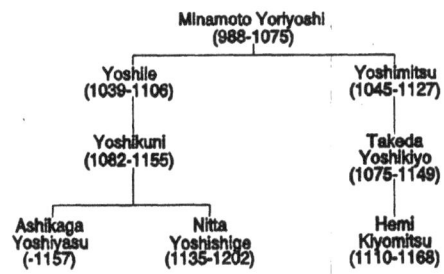

Abb. 4: Ashikaga, Nitta und Takeda

andere Grundherrschaften und die Provinzregierung.
Die Provinzregierungen waren nämlich durchaus nicht geneigt, die Expansion der
Grundherrschaften auf Kosten ihres Provinzlandes hinzunehmen. Der Konflikt um die
Grundherrschaft Yatsushiro in der Provinz Kai von 1163 führt dies drastisch vor Augen.
Der in Kyōto residierende Provinzgouverneur hatte angeordnet, alle »*neu gegründeten*«
Grundherrschaften aufzulösen, und daher fielen Bewaffnete der Provinzregierung in die
Grundherrschaft Yatsushiro ein,

> rissen die Grenzmarkierungen heraus, raubten die Ernteabgaben, jagten die
> Bauern, fingen die Schreinpriester, sperrten sie ein oder zerschnitten ihnen
> den Mund, [1]

wie es in einem Rechtsgutachten *(kanmon)* heißt, welches der Kaiserhof einholte. Denn
der Obereigentümer, der mächtige Kumano-Schrein, der belegen konnte, daß Yatsushiro
schon vor über einem Jahrzehnt einen Schutzbrief des Ex-Kaisers Toba erhalten hatte,
setzte sich gegen die Übergriffe der Provinzregierung mit Erfolg gerichtlich zur Wehr:
Der Provinzgouverneur, sein Stellvertreter und ein Beamter in der Provinzverwaltung
wurden erdrosselt.[2] Die drei hatten mit ihrer Aktion wohl nicht nur den Bestand des
Provinzlandes im Sinn gehabt - schließlich hatte der Gouverneur erst im Jahr zuvor zwei
Außenländer der Grundherrschaft, die auf Land der Provinzregierung lagen, privilegiert.

---

[1] *Chōkan kanmon,* in Gunsho ruijū Bd. 463, Kap. 18, S. 914-917 (hier 915)
[2] ZYR 1990.85

Ein Sohn des offenbar 1131 gemeinsam mit seinem Vater Takeda Yoshikiyo nach Kai verbannten Hemi Kiyomitsu trug den Namen Yatsushiro, und die Grundherrschaft blieb noch für Jahrhunderte in Familienbesitz.[1] Dies kann nur darauf beruhen, daß Kiyomitsu sehr schnell nach seiner Ankunft in Kai Fuß gefaßt und bei der Gründung der neuen Grundherrschaft Yatsushiro beteiligt war. Der Kampf der Provinzregierung gegen Yatsushiro erscheint somit als Kampf eines Teils der alteingesessenen Kräfte gegen die landfremden Neuankömmlinge. Denn die Provinzregierung ist zu dieser Zeit nichts anderes mehr als die Interessenvertretung der adligen Provinzialen,[2] die Ämter, die sie verteilt, sind wenig anderes als Pfründen für die Arrivierten.

Allerdings sind die Takeda nicht ohne Grund nach Kai gekommen. Der Vater des Takeda Yoshikiyo, Minamoto Yoshimitsu, soll hier Gouverneur gewesen sein,[3] und die Mutter seines ältesten Sohnes soll die Tochter eines anderen Gouverneurs von Kai gewesen sein.[4] Yoshikiyo soll im Südwesten der Provinz einen buddhistischen Tempel, den Daishō-ji, gestiftet haben.[5] Im Nordwesten der Provinz, in Hemi-Wakamiko, soll sein Sohn Yoshikiyo ihm ebenfalls einen Tempel erbaut haben.[6] Als Yoshikiyo nach Kai kam, wußte er offenbar sehr schnell, wohin er sich wenden konnte. Möglicherweise konnte er ähnlich wie die Ashikaga in Shimotsuke auf Unterstützung verschwägerter Einheimischer rechnen.

Jedenfalls fühlten sich Yoshikiyo und sein Stamm bald in der ganzen Provinz heimisch. *Abb. 5* zeigt, welche Ortsnamen die Nachfahren Yoshikiyos bis zur Generation der Urenkel - also bis zum Ende des 12. Jahrhunderts - in Kai als *myōji* geführt haben.[7] Wahrscheinlich beruhen nicht alle Teile der überlieferten Genealogie auf wirklicher

---

[1] Akiyama 1988.205

[2] Ishii 1974.186

[3] Sonpi bunmyaku Bd. 3 und Daishōji kakochō, zit. n. KSS I:99,391, sowie Takeda keizu in Zoku Gunsho ruijū Bd. 201, zit. n. KSS I:102,394

[4] Takeda Keizu des Zoku Gunsho ruijū Bd. 201, zit. n. KSS I:102,394. Die Mutter des Yoshikiyo, des dritten Sohnes von Yoshimitsu, soll die Tochter eines lokalen Großen der Taira-Sippe aus Hitachi gewesen sein (Takeda Keizu des Zoku Gunsho ruijū Bd. 202, zit. n. KSS I:104,395). Wenn dies zutrifft, amtierte Yoshimitsu vermutlich zunächst in Kai, danach in Hitachi, wo sich Yoshikiyo und seine Familie in der Gemeinde Takeda niederzulassen versuchten.

[5] Kai kokushi III:87.375. Im Tempel werden Holzstatuen von Yoshimitsu, seinem Urenkel Kagami Tōmitsu sowie Takeda Harunobu aufbewahrt, dazu ein Gedenkbuch der Familie Takeda und Teegeräte Harunobus. Der Tempel hat offenbar über Jahrhunderte in Verbindung mit den Kai Genji gestanden.

[6] Kai kokushi III:83.321

[7] Nach Isogai 1987.250 f

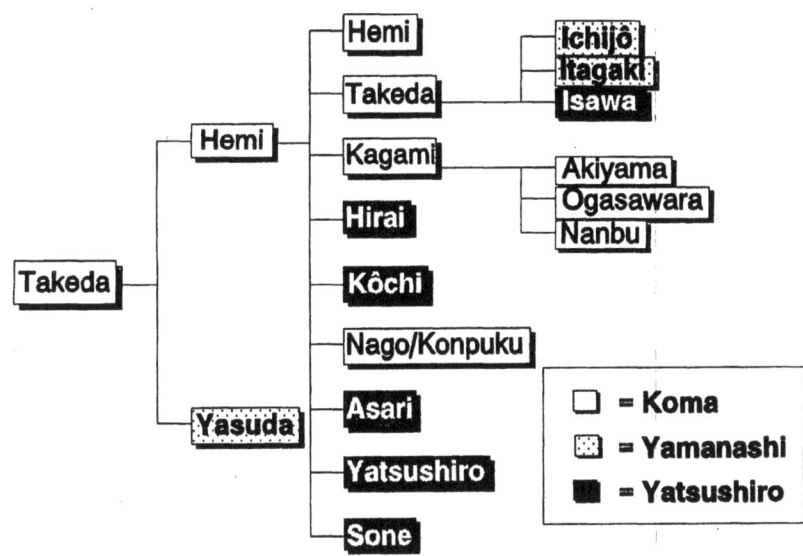

Abb. 5: Myōji der Nachkommen Yoshikiyos in Kai und Verteilung auf die Bezirke der Provinz

Blutsverwandtschaft,[1] sondern überliefern vielmehr ein Protokoll der durch Adoption, Verschwägerung oder eine sonstige Form von Bündnis geknüpften frühen Ausdehnung der Takeda in Kai. Die Ortsnamen konzentrieren sich auf zwei Bereiche der Provinz: längs dem Flußlauf des Kamanashi im Nordwesten, im Bezirk Koma (Hemi, Takeda, Kagami, Nago, Konpuku, Akiyama, Ogasawara, Nanbu) und die Region am Mittellauf des Fuefuki (Yasuda, Isawa, Yatsushiro).[2] Möglicherweise deutet die räumliche Trennung auch auf eine funktionelle hin: am Oberlauf des Kamanashi lagen seit alters

---

[1] Z.B. ist verdächtig, daß die beiden ältesten Söhne des Hemi Kiyomitsu unter dem Zählnamen »Tarō«, d.i. der Erstgeborene, geführt werden (KSS I:808.969). Yasuda Yoshiyasu wird teils als Sohn des Nobukiyo, teils als sein Enkel geführt; Kiyogumo neigt zu letzterer Ansicht (1984). Zweifel daran, ob Yasuda Yoshiyasu, Kagami Tōmitsu und die vielen anderen dem Kiyomitsu zugeschriebenen Kinder leiblich sind, meldet schon das Kai kokushi (IV:93.23 f) an.

[2] Von insgesamt 65 mit den Takeda als verbunden überlieferten Myōji liegen 33 im Bezirk Koma; 18 in Yamanashi und 14 in Yatsushiro (Akiyama 1987).

her Pferdeweiden, von hier stammten die berühmten »*schwarzen Streitrösser aus Kai*« *(Kai no kurokoma).*[1] Hemi, Ogasawara und Takeda befinden sich in unmittelbarer Nachbarschaft dieser Weidegebiete. Pferdezucht spielte für die auf den Kampf zu Pferde spezialisierten *bushi* Ostjapans eine bedeutende Rolle.[2] Neben der allgemeinen Mahnung, »*Bogen und Pferd*« zu meistern,[3] enthält noch der Fürstenspiegel der Takeda von 1558 die Aufforderung:

Um Pferde muß man sich nach Kräften kümmern. [4]

Yasuda, Isawa und Yatsushiro liegen dagegen in dem Teil der Provinz, der die besten Böden für Anbau bietet.

Freilich ist die Verteilung des Grundbesitzes nicht statisch zu begreifen. Einerseits bestand die Möglichkeit, durch Neulanderschließung zusätzliche Böden zu kolonisieren; andererseits sorgten politische Ereignisse immer wieder für Umverteilungen. Da die Grundherrschaften seit der Mitte des 12. Jahrhunderts faktisch in den Händen adliger Krieger waren, stellten kriegerische Ereignisse einen wesentlichen Faktor bei Besitzverschiebungen dar.

Die Minamoto in Kai profitierten daher vom Sieg des von ihnen unterstützten Haupthauses der Minamoto in Kamakura über die Taira und den von ihnen beherrschten Kaiserhof. Seit 1180 beteiligten sie sich mit großem persönlichem Einsatz am Kampf des Haupthauses unter Führung des Minamoto Yoritomo um die Macht in Kyōto. Im 10. Monat desselben Jahres schon, nach dem ersten bedeutenden Sieg über ein feindliches Heer in der Schlacht am Fujikawa, ernannte Yoritomo seine Vettern Yasuda Yoshisada zum *shugo* (Militärgouverneur) von Tōtōmi und Takeda Nobuyoshi (oder dessen Sohn Ichijō Tadayori?) zum *shugo* von Suruga und

verteilte außerdem den treuen Diensten und dem Grad des Ansehens

---

[1] Bereits 731 soll Kai dem Hof »Götterpferde« *(shinba)* mit schwarzem Fell und weißem Schwanz dargeboten haben (Shoku Nihongi Bd. 11, zit. n. KSS I:16.268 f). Das Nihon shoki erwähnt die »schwarzen Streitrösser aus Kai« erstmals im Zusammenhang mit Kaiser Yūryaku (angebl. 456-479) (Bd. 14, zit. n. KSS I:3,208 f). Das Engishiki des 10. Jahrhunderts zählt drei kaiserliche Weiden *(mimaki)* in Kai auf: Kashiwasaki und Makino (jährliche Tributpflicht zusammen 30 Pferde) sowie Hosaka (30 Pferde). Kaiserliche Weiden gab es außerdem in den drei Nachbarprovinzen Musashi, Shinano und Kōzuke (Engishiki Bd. 48, zit. n. KSS I:68,349 f). - Kashiwasaki lag im heutigen Takane, Makino in Mukawa, Hosaka in Nirasaki (Kai kyūryō kōkogaku kenkyūkai [Hg.], Kodai Kai no kuni no nazo 1985.179-183). Der Bezirk »Koma« heißt allerdings wohl nicht nach dem Streitroß *koma*, sondern nach den dort aus Korea (Koma) angesiedelten Bewohnern (ZYR 1990.68).
[2] Ishii 1974.139 f
[3] KG I:2.60
[4] KG I:2.69

gemäß die Provinzen und Grundherrschaften. [1]

Das Privileg, Militärgouverneure zu ernennen, erhielt Yoritomo freilich erst fünf Jahre später vom Tennō. 1180 bestätigte er wohl mehr faktische Machtbefugnisse als sanktionierte Titel. Die ihnen zugesprochenen Provinzen mußten Yoshisada und Nobuyoshi/Tadayori erst noch erobern, was ihnen allerdings in kürzester Zeit gelang.[2] Möglicherweise haben spätere Quellen die Nachricht von der vorangegangenen Titelverleihung lediglich erfunden, um zu betonen, daß Yoritomo von Anfang an in den eigenen Reihen das Heft fest und unumstritten in der Hand hielt - was zunächst durchaus nicht der Fall war. Gerade die Minamoto in Kai haben sich gegen eine Vereinnahmung durch das Haupthaus in Kamakura gewehrt. Yoritomo ließ Ichijō Tadayori 1184 wegen des Vorwurfs der Verschwörung hinterrücks in Kamakura ermorden - während einer Audienz, zu der er ihn zitiert hatte.[3] Sein Vater Nobuyoshi verlor sein Amt als Militärgouverneur. Takeda Ariyoshi - der jüngere Bruder Tadayoris - lehnte es 1188 ab, Yoritomos Schwert auf einer Prozession in Kamakura zu tragen, und floh aus der Stadt.[4] Angeblich war auch er in eine Verschwörung gegen Yoritomo verwickelt.[5] Sein Bruder Itagaki Kanenobu, der zum Vogt (*jitō*) verschiedener Grundherrschaften in den Provinzen Suruga, Tōtōmi und Owari bestellt worden war, wurde im selben Jahr verklagt, weil er fällige Abgaben nicht erbracht hatte, und auf Wunsch des Kaiserhofes von Yoritomo seiner Vogteien enthoben und 1190 verbannt.[6] Yasuda Yoshisadas Sohn Yoshisuke, Militärgouverneur von Echigo, wurde 1194, sein Vater - mittlerweile auch ziviler Gouverneur (*kami*) von Tōtōmi und Shimōsa - ein Jahr darauf auf Befehl Yoritomos getötet und sein Grundbesitz eingezogen.[7] Die Zweigfamilie Ogasawara war inzwischen in die nördliche Nachbarprovinz Shinano umgezogen, wo sie das Amt des Militärgouverneurs innehatte.

Obwohl sie militärisch wesentlich zur Errichtung der neuen Regierung der *bushi* (des später so genannten *bakufu*) in Kamakura beigetragen hatten, mußten die Takeda und ihre Verwandten in Kai also schwere politische und wirtschaftliche Rückschläge hinnehmen, bis der letzte männliche Vertreter des Minamoto-Haupthauses selbst 1219 in Kamakura einem Mordkomplott zum Opfer fiel - möglicherweise unter Beteiligung, auf jeden Fall aber zum Nutzen der Takeda und anderer Minamoto-Zweigfamilien, die

---

[1] KSS I:115.417 aus Azuma kagami und Sankō Genpei seisuiki.

[2] KSS I:116.418 aus Gyokuyō (Tagebuch des Höflings Kujō Kanezane, 1149-1207).

[3] KSS I:123.428 f aus Azuma kagami.

[4] KSS I:134.439 f aus Azuma kagami.

[5] KSS I:153 aus Azuma kagami und Hōreki kanki.

[6] KSS I:133; 135; 138; 139; 140; 141; 142.449 aus dem Gyokuyō verknüpft den Wunsch Yoritomos, in Kyōto einzuziehen, mit der Bedingung des Kaiserhofes, Kanenobu u.a. endlich zu verbannen.

[7] ZYR 1990.92

begründeten Groll gegen Yoritomo und seine Nachkommen hegten. Unter den Hōjō, die seither als Regenten des jeweiligen *shōgun* die wahre Macht ausübten, stabilisierten sich die Verhältnisse für die Takeda entscheidend. Bei der Niederwerfung des vom Kaiserhof initiierten Jōkyū-Aufstandes 1221 standen die Takeda und die Ogasawara zum *bakufu*. Takeda Nobumitsu wurde anschließend Militärgouverneur in Aki - einer der Provinzen in West-Japan, die nach dem Sieg über den Kaiserhof 1221 zur Verteilung an die Parteigänger Kamakuras anstanden. So trennte sich die Takeda-Sippe in den westlichen Zweig (der sich wiederum später in die Takeda in Aki und die in der Provinz Wakasa teilte) und den östlichen Zweig in Kai.

2.3 Haus und Grundherrschaft

Der achte Artikel im »Hausgesetz« des Takeda Harunobu bestimmt:

> Für die Erschließung von unbebautem Land soll gelten, daß man in allen vier Himmelsrichtungen Markierungen *(bōji)* aufstellt, und falls die Grenzziehung angezweifelt wird, sollen die eigentlichen Verhältnisse untersucht und [der Disput] entschieden werden. Wenn wiederum wegen der alten Grenzen keine Klarheit geschaffen werden kann, soll man [das umstrittene Land] teilen,[1] und wer hierüber erneut einen Streit entfacht, [dessen Land] soll einem Dritten zukommen.[2]

Neulanderschließung schuf also Besitzansprüche; demgegenüber war die Nutzung von Ödnis nach mittelalterlichem Recht frei: Wasser und Holz standen dort allen zur Verfügung.[3] Änderten sich die Grundbesitzverhältnisse, änderte sich daher unter Umständen auch das Zugriffsrecht auf diejenigen Ressourcen, die für alle Siedler in der betroffenen Gegend von vitalem Interesse waren: Ohne Wasser, vor allem für die Feldbewässerung, und Bauholz konnte niemand überleben. Im Jahr Tenbun 2 (1533) führten die Leute von Shimo-Yoshida in Tsuru, dem östlichen Bezirk der Provinz Kai, einen »*Wasserprozeß*« gegen Watanabe Shōzaemon:

> Etliche Dämme brachten sie zum Einsturz und wurden [bei ihnen] zum Einsturz gebracht, und sie hatten nichts zu essen.

Ein Urteil ihres Herrn Oyamada - eines Vasallen der Takeda, der die Herrschaft über

---

[1] *Chūbun*. Die offiziell sanktionierte Teilung eines umstrittenen Grundbesitzes zwischen den Konfliktparteien *(shitaji chūbun)* erlaubte seit dem 13. Jahrhundert den lokalen, landhungrigen *jitō*, legal auf fremdes *shōen*-Land zuzugreifen. Vgl. Mass 1990.85; Nagahara 1990a.267 f; Watanabe 1962.222-226.

[2] Hayashi 1980.142 f. Ebd. 144 f verweist Hayashi auf parallele Bestimmungen im Art. 36 des Joei shikimoku des Kamakura-bakufu von 1232.

[3] Goseibai shikimoku tsuika v. Bunryaku 2 (1235) in Gunsho ruijū 17:370.

Tsuru besaß - gab den Klägern schließlich recht.[1] Doch fand die Geschichte eine Fortsetzung. Im Jahre 1556 (Kōji 2) ereignete sich, daß Kobayashi Sadachika, ein Ministeriale *(hikan)* der Oyamada, auf einem Reisfeld einen Brunnen bauen ließ. Dagegen setzten sich zwanzig Bauernkrieger *(yoriko)* aus der Gegend, die sog. Yoshida-Truppe *(Yoshida-shu)*, gerichtlich zur Wehr. Während ihr eigentlicher Gebietsherr Oyamada sein Urteil hinauszögerte, wandten sie sich an dessen Herrn Takeda Harunobu, der in ihrem Sinne entschied.[2] Im folgenden Jahr spitzte sich der Konflikt allerdings zu: die Leute der Yoshida-Truppe fällten Bäume im Schreinforst von Yamura, um Dämme gegen die inzwischen eingetretenen Überschwemmungen zu errichten. Beamte Kobayashis beschlagnahmten die Bäume gewaltsam. Daraufhin plünderten über einhundert Leute aus dem Ort Shimo-Yoshida einen Hof Kobayashis in Matsuyama und holten sich dort aufbewahrte Pfänder zurück. Kobayashi appellierte deswegen an Oyamada, der im Dienste der Takeda in einer anderen Provinz im Felde stand, aber Takeda Harunobu schickte Beamte, die beide Parteien versöhnen sollten.[3]

In diesem Streit um die Kontrolle von Wasser und Holz spiegeln sich die Hauptkonfliktlinien der mittelalterlichen agrarischen Gesellschaft: die Leute von Yoshida sind heerfolgepflichtige Bauern im Herrschaftsbereich eines lokalen *bushi*. Solche *bushi* wie Watanabe Shōzaemon oder Kobayashi Sadachika konnten die Bauern zwar zu öffentlichen Diensten wie z.B. dem Bau von Dämmen oder zur Heerfolge heranziehen; aber sie standen selbst im Dienst ihrer Herren, der Oyamada, an die sich die Bauern als Untertanen wenden konnten. Über den Oyamada stand schließlich noch der Landesherr aus dem Haus der Takeda. Die Herren höherer Ordnungen konnten, wie gesehen, in die Angelegenheiten niederer Ordnungen regelnd eingreifen.

Bushi sind demnach Teil einer mehrstufigen Ordnung; die von ihnen praktizierten Wohn- und Wirtschaftsweisen spiegeln die historische Entwicklung dieser Ordnung und ihrer eigenen Stellung darin wider.

Im heutigen Dorf Takeda (Teil der Stadt Nirasaki, Bez. Nakakoma) soll sich der Hof *(yakata)* des Takeda Nobuyoshi († 1186) - des Enkels von Yoshikiyo - befunden haben.[4] Nach den Angaben des *Kai kokushi* umfaßte der *o-yashiki* genannte Hofgrund ein *chō*

---

[1] Myōhō-ji-ki 42. Vgl. Yada 1984.164 f und 178 f.
[2] Myōhō-ji-ki 58.
[3] Myōho-ji-ki 60 f
[4] Kai kokushi K. I:48.313 f, Nirasaki-shi shi II.639 ff, Nihon jōkaku taikei 8:362-363, Yamanshi-ken no chisei jōkan-seki 1986.534, Zöllner 1990.98 f

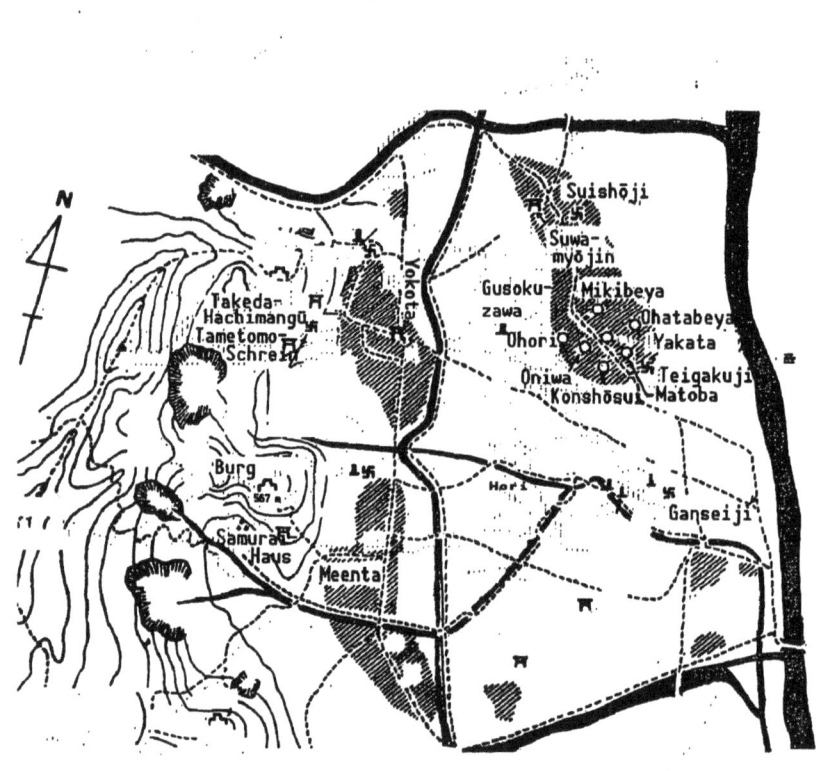

Abb. 6: Der Hof des Takeda Nobuyoshi

(rund 1 ha)[1]. Weiterhin sind die Bezeichnungen *o-niwa* (Garten, 36×14 *ken* = ca. 1.700

---

[1] Im traditionellen japanischen Maßsystem gibt es zwei Grundeinheiten für die Länge: *shaku* und *ken*. Beide unterlagen zeitlichen und regionalen Schwankungen. Seit dem späten Altertum galt das *kanejaku* als Standard-*shaku*; es wurde 1870 in 303,05 mm des metrischen Systems umgerechnet. Ein *ken* bestand meist aus 6 *kanejaku* (181,83 cm), 1 *chō* aus 60 *ken* = 360 *kanejaku* (oder umgerechnet 109,098 m). In die Ebene berechnet, bildeten 6 *shaku* im Quadrat ein *bu* (oder Quadrat-*ken*) (3,306 m²) sowie 3.600 und seit dem 17. Jahrhundert 3.000 *bu* ein *chōbu* (also 1,190

m²), *o-hatabeya* (»Fahnenraum«, 3×3 *ken* = ca. 30m²), *mikibeya* (»Opfersakeraum«, 1 Quadrat-*ken* = ca. 3 m²), *matoba* (»Zielscheibenplatz«), *o-hori* (»Graben«) und *gusokuzawa* (»Rüstungsteich«) im unmittelbaren Zusammenhang mit dem Hofland überliefert.[1]

In unmittelbarer Nähe des Hofes befinden sich verschiedene Kultstätten: im Norden, in einem Hain, ein shintōistischer, der Doppelgottheit Suwa gewidmeter Schrein, weiter nördlich noch ein buddhistischer Tempel (Suishōji). Im Osten des Hofes findet sich der buddhistische Teigakuji, weiter am bewaldeten Bergrand im Westen (dem Kamiyama, »Götterberg«) der Shintōschrein Takeda Hachimangū mit dem etwas weiter südlich gelegenen Zweigschrein des Tametomo. Südöstlich des Hofes birgt der Ganseiji genannte Tempel die Grabstele des Nobuyoshi selbst; dieser Tempel gilt daher als Grablege *(bodaiji)* Nobuyoshis.[2] Ob alle diese Kultstätten zur Zeit des Nobuyoshi bereits in Betrieb waren, ist allerdings nicht zu entscheiden.[3]

Von Bedeutung sind ferner die überlieferten Flurnamen *yokota* (»seitliches Feld«) und *meenta* (d.i. *maeda*, »vorderes Feld«) westlich bzw. südlich des Hofgrundstückes:[4] Sie helfen uns, die Anlage des Hofes weiter zu präzisieren. Zwischen ihnen und dem eigentlichen Hofgrundstück liegt je ein Bewässerungsgraben; das Hofgrundstück ist daher nach Norden und Osten durch Flüsse, nach Westen und Süden durch Gräben eingegrenzt. Der Hof präsentiert sich in zweifachem Sinne nach allen Seiten hin geschützt: durch natürliche und künstliche Wasserläufe und durch shintōistische wie auch buddhistische heilige Plätze. Im inneren Bereich liegen Hofgebäude, von denen die meisten verlorengegangen sind; Fahnenraum, Rüstungsteich und Zielscheibenplatz deuten auf militärische Funktionen, der Garten auf den Anbau von Gemüse und Obst. Ein Hain - vor allem Bambus - dient der Versorgung mit Bauholz und Holz für Pfeile. Nichts ist mehr bekannt über den hölzernen Wehrbau *(tate)* im Zentrum des Hoflandes. Die Fluren ringsum - *yokota* und *meenta* - gehören zur Eigenwirtschaftszone, die unter der direkten Kontrolle des Hofes steht. Der Wassergraben um den Herrensitz ist zugleich das zentrale

---

bzw. 0,992 ha). Das Kai kokushi stammt aus dem frühen 19. Jahrhundert, seine Angaben folgen also dem in der damaligen Zeit geltenden Quasi-Standard.

[1] Kai kokushi I:48.313

[2] Die überlieferte fünfstufige Grabstele *(gorin no tō)* stammt nach Expertenmeinung tatsächlich aus der Kamakura-Zeit (mündliche Auskunft von Ishii Susumu).

[3] Nirasaki-shi shi II.638 f nimmt an, daß der Teigakuji der private Tempel eines lokalen Mächtigen aus dem Altertum war. Auch der Hachimangū soll nach seinen eigenen Annalen bereits 822 gegründet worden sein (ebd. 639). Aufmerksamkeit verdient der Hinweis in Kai kokushi I:48.313 f auf die »Wanizuka« und »Onidō« genannten Plätze in der Umgebung des Hofes, die es wahrscheinlich zu Recht auf die im Altertum mächtige Familie der Wani zurückführt (s. dazu auch Zöllner 1990.98 f). Die Überlieferung schreibt die Gründung des Tametomo-Schreins dem Takeda Nobuyoshi zu.

[4] Karte in Yamanashi-ken no rekishi sanpo 1988.165

Element des örtlichen Bewässerungssystems.[1] Ishii Susumu hat die Grundstruktur einer *bushi*-Herrschaft im Mittelalter wie folgt beschrieben:

• Im Zentrum der eigentliche Hof mit den Hofgebäuden, durch Graben *(hori)* und Wall *(dorui)* abgegrenzt (daher *horinouchi* oder *doi* genannt). Hier wohnen und wirtschaften die Familie des *bushi* und die Hausangehörigen.

• Im Umkreis schließen sich die eigenbewirtschafteten Felder »vor dem Hoftor« *(kadota/kadohata)* an, auf denen die fronpflichtigen Bauern Dienste tun.

• Es folgen die Gebiete, in denen der *bushi* ursprünglich funktionale Herrschaftsrechte besitzt, wie *shōen* (Grundherrschaft) und *gō* (Landgemeinde).[2]

Einen Eindruck von der inneren Anlage eines mittelalterlichen *bushi*-Hofes vermittelt der Ozo-Hof *(Ozo yashiki)* in Enzan (Bezirk Yamanashi). Die Ozo werden zurückgeführt auf einen Ur-großenkel des Minamoto Yoshikiyo.[3] Der unter ihrem Namen überlieferte Hof maß 85x64 *ken* (153×115,2 m). Er war auf allen vier Seiten von zwei Erdwällen umgeben, die drei Meter hoch waren, an der Basis 10,6 m und an der Spitze 2,7 m maßen; zwischen den mit Palisaden bewehrten Wällen lag ein wassergefüllter Graben.[4] Eine Abbildung vom Beginn des 19. Jahrhunderts zeigt, in welchem Zustand sich die Ende des 16. Jahrhunderts aufgegebene Residenz damals befand. Direkt im Zentrum des Hofgrundstücks standen Gebäude verschiedener Größe, vermutlich an der Stelle der ursprünglichen herrschaftlichen Wohn- und Verwaltungsgebäude. Im Westen, Osten und Norden befanden sich Gehölze, im Süden ein Tor und eine Brücke über den Graben; offenbar lag hier der Hauptzugang. Ausgrabungen von 1985 haben allerdings gezeigt, daß dieser Zugang in einer

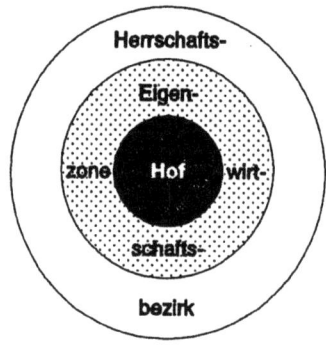

Abb. 7: Die Struktur einer bushi-Herrschaft

---

[1] Hashiguchi 1989.26

[2] Ishii 1974.110 ff. Taranczewski 1989.184 ff kommt zu einer ähnlichen Darstellung.

[3] Kai kokushi K. 97:IV.132

[4] Yamanashi-ken no chūsei jōkan seki 121

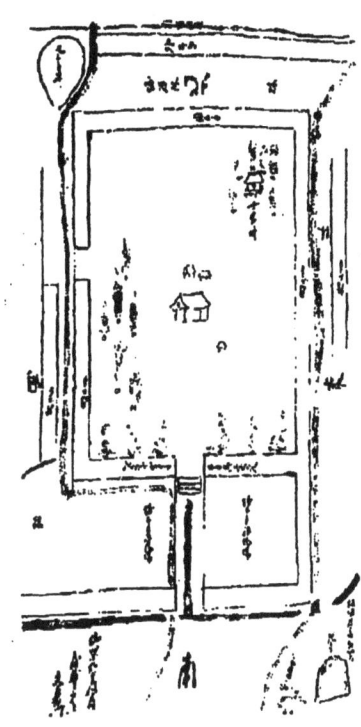

Abb. 8: Karte des »Ozo yashiki«, Bunka-Āra (1804-1818) (aus ZYR 95)

früheren Stufe etwas weiter östlich gelegen haben muß;[1] zweifellos hat sich die Gestalt der Anlage im Laufe der Jahrhunderte verändert. Möglicherweise ist auch der äußere Graben nicht ursprünglich. Doch der einfache, rechteckige Grundriß und die Umwallung machen wahrscheinlich, daß die Residenz im frühen Mittelalter entstanden ist.[2] Im Norden des Anwesens lag - wie auch in der Residenz des Takeda Nobuyoshi - ein shintōistisches Heiligtum.

Von den frühmittelalterlichen Höfen der Takeda und ihrer Verwandten sind zwei weitere urkundlich überliefert: Isawa-Mikuriya, wo Takeda Nobuyoshi und Ichijō Tadayori sich mit ihren Leuten 1180 versammelt haben,[3] und Hemiyama.[4] Letzteres, die »Takeda-Burg in Kai« genannt, wurde im selben Jahr erfolglos von 3.000 Kriegern der Taira angegriffen.[5] Zu den »Kai Genji« auf der gemeinsamen Heerfahrt in die Nachbarprovinz Suruga gehörten damals Träger der Namen Takeda, Ichijō, Itagaki, Hemi, Yasuda, Kōchi und Isawa.[6] Wahrscheinlich stand jeder Name für einen Hof in der Art desjenigen von Takeda Nobuyoshi. Auch in Kyōto muß zu dieser Zeit eine Residenz der Takeda bestanden haben; denn 1181 wurden Frau und Kind des Take-

---

[1] Ebd.
[2] ZYR 95. Freilich haben in jüngster Zeit Mittelalterarchäologen angemerkt, daß die meisten von ihnen erforschten Anlagen mit viereckiger Form spätmittelalterlich sind (Hashiguchi 1989.26).
[3] KSS I:109.404 aus Azuma kagami
[4] KSS I:108.404
[5] KSS I:112.407 f aus dem Gyokuyō (Tagebuch des Höflings Kujō Kanezane)
[6] KSS I:110.405 aus Azuma kagami

da Ariyoshi ermordet und ihre Köpfe vor dem Tor der Takeda-Residenz ausgestellt.[1] Aber zum wichtigsten Herrschaftszentrum der Takeda wurde für die folgenden drei Jahrhunderte der Hof in Isawa-Mikuriya, für dessen ursprünglichen Zustand es indes keine weiteren urkundlichen Zeugnisse gibt.[2] Isawa (Takeda) Nobumitsu war der letzte der Söhne des Takeda Nobuyoshi, der nach dessen Tod 1186 in Kai der Verfolgung durch das Minamoto-Haupthaus in Kamakura standhielt; Ichijō Tadayori und Yasuda Yoshisada waren tot, Takeda Ariyoshi auf der Flucht, die Ogasawara nach Shinano umgezogen. Aber während es von Nobuyoshi noch hieß, daß er ganz Kai in seiner Gewalt hatte,[3] war Nobumitsus Herrschaftsbereich stark eingeschränkt:

> Zunächst besaß er den mittleren Bezirk zu Lehen, der östliche Bezirk wurde den Katō, der westliche den Hemi überlassen, später beherrschten die Takeda alles ingesamt, die Katō wurden ihre Vasallen, und die Hemi traten in den Dienst des *kubō* [d.i. hier der *shōgun*] ...[4]

Erst nach Kämpfen gegen die Hemi und die vom Muromachi-*bakufu* als Vize-*shugo* (*shugodai*) eingesetzte Familie Atobe (1465) konnten die Takeda ihre Herrschaft im Zentrum der Provinz wiederherstellen. 1486 besuchte der Mönch eines Tempels der Tendai-Sekte in Kyōto, Dōkō, die Herrschaft des *shugo* Takeda Nobumasa und berichtete u.a., daß es in der Residenz der Takeda viele Pflaumenbäume gegeben habe.[5] Nobumasa († 1505) soll in der Folge eine neue Residenz in Kawada nahe der Stelle des alten Isawa-Mikuriya errichtet haben;[6] sein Enkel Nobutora, der sich auch im Osten der Provinz durchsetzen konnte, hat diese seit 1514 als Herrschaftszentrum benutzt.[7] Von der Kawada-Residenz sind nur noch einige Ortsbezeichnungen bekannt: *go-sho kuruwa, mi-kuriya yashiki, jochū yashiki, butai, torii.* Aber im Vergleich zur Residenz des Takeda Nobuyoshi aus dem 12. Jahrhundert erlauben diese Bezeichnungen wichtige Rückschlüsse: *go-sho* bedeutet »Palast«, *kuruwa* ist die mit einem Wall umgebene Sektion einer Burg; *mi-kuriya* bezeichnet die Küche, *jochū* meint das weibliche Hauspersonal. *Butai* ist eine Bühne für Schauspiel und Kultus, *torii* das Eingangstor eines Shintō-Schreines. Demnach bestand das Kawada-*yakata* aus mehreren Sektionen *(kuruwa* oder

---

[1] KSS I:117.419 aus Sankai-ki (Tagebuch des Höflings Fujiwara Tadachika). Takeda Ariyoshi stand zuvor im Dienst des Taira Shigemori (ebd. I:134.439 f aus Azuma kagami) und galt in Kyōto daher als Verräter. Deshalb wurde ihm auch sein Hofamt aberkannt (ebd. I:188.419 aus Gyokuyō).

[2] Nakazawa 1988.13

[3] Sankai-ki, 9. Monat 1180 (Jishō 4) (zit. in Nihon rekishi »Kokiroku« sōran, Shin jinbutsu ōraisha, 1989, I:81).

[4] KSS I:180.494 aus Kamakura Ōzōshi zu 1417 (Ōei 24)

[5] KSS I:848.1060 aus *Kaikoku zakki.* Vgl. Ueno 1969.43.

[6] KSS I:32.173 (n. Kai kokushi)

[7] Kōdai-ki 350

(ca. 20 ha) an; [1] um sie herum lag ein Graben, der von Zeit zu Zeit von den Leuten der Vasallen gereinigt werden mußte.[2] Zur Zeit der Takeda war die Anlage in zwei Sektionen geteilt: das Hauptfort *(honmaru)*, ein Rechteck von 160×150 m, und das Nebenfort *(ninomaru)* westlich davon (zwei weitere Forts sind erst nach dem Ende der Takeda-Herrschaft hinzugefügt worden.)[3] Als Befestigung weist Tsutsujigasaki bereits zwei Charakteristika der Takeda-Burgen auf: viereckige, eingezogene Zugänge *(uchimasugata)* hinter den Brücken über den Graben, die erlaubten, den Einlaß von drei Seiten der Befestigung zu kontrollieren, sowie linienförmige Schutzwälle vor den Ausfalltoren *(umadashi)*.[4] Die Gebäude im Hofinnern waren aus Holz und daher stets feuergefährdet; 1533 wurde die gesamte Anlage durch Feuer zerstört.[5] Zehn Jahre später mußte Takeda Harunobu für neun Monate in die Residenz seines Vasallen Komai Masatake umziehen, da nach einem Taifun ein Feuer weite Teile Kōfus vernichtet hatte, darunter auch den landesherrlichen Palast *(go-zen no yakata)*. Aber erst 1544 wurde das Hauptgebäude *(shuden)* wiedererrichtet. Den Wiedereinzug in das Hauptgebäude ließ Harunobu mit *sake* feiern.[6] 1547 brach auf dem Umgang des Fahnenraums *(hataya)* ein Brand aus, der aber nicht auf das Gebäudeinnere übergriff.[7] Bauliche Neuerungen bedingte auch die Hochzeit des ältesten Sohnes von Harunobu: 1551 begannen die Arbeiten an einer Kemenate *(mi-daidokoro)*, und am 15. des 8. Monats 1552 erfolgte der erste Spatenstich der Residenz des Jungherren. Das Bauholz wurde aus der Umgebung herangeholt.[8]

Takeda Harunobu ließ nach dem Tode seines Sohnes 1568 hier zwei Tempelhallen errichten.[9] Viel mehr wissen wir nicht über die innere und äußere Gestaltung Tsutsujigasakis.[10] Aufschlüsse läßt der Vergleich mit dem Sitz des jüngeren Bruders von Takeda Nobutora, (Takeda) Katsunuma Nobutoyo, in Katsunuma zu: Hauptgebäude und Küche, Speicher, Versammlungshalle, Wachstände, eine Werkstatt, Übungsplätze, natürlich auch eine Zisterne haben Ausgrabungen nachgewiesen.[11] Ähnliche Einrichtungen wird es auch in Tsutsujigasaki gegeben haben. Doch für die unmittelbare Nachwelt hielt es dem Vergleich mit den von gewaltigen Wällen und Türmen geschützten Festungen anderer gleichzeitiger Herren nicht stand; Takeda Harunobu habe in Kai keine Burg erbauen

---

[1] Kōyō gunkan 39:II.364

[2] Kōyō gunkan 39:II.365; III.130 f

[3] Nakada 1988.19 ff

[4] Genau diese beiden Einrichtungen - *umadashi* und *masugata* - soll Yamamoto Kansuke seinem Herrn Takeda Harunobu laut Kōyō gunkan empfohlen haben (Kōyō gunkan II:25.7 f).

[5] Myōhōji-ki 42 (Tenbun 2)

[6] Kōhakusai-ki 81 ff (Tenbun 12-13)

[7] Kōyō gunkan II:28.63 (Tenbun 16)

[8] Kōhakusai-ki 98-101 (Tenbun 20-21)

[9] Ueno 1986.30

[10] Vgl. Ueno 1986.17-54

[11] Ueno 1986.94-102

lassen, sondern lediglich in einer Residenz *(idate)* gewohnt, urteilt das Kōyō gunkan[1]
und zitiert ein Harunobu zugeschriebenes Gedicht:

> Menschen sind meine Burg, Menschen mein Steinwall, Menschen mein
> Graben. [2]

In Wirklichkeit haben sich weder Harunobu noch sein Vater Nobutora so vertrauensvoll
der Liebe ihrer Untertanen und Vasallen ausgeliefert. Sie ließen Tsutsujigasaki auch
nicht nur spirituell - durch die Tempel und Schreine, die sie in Kōfu ansiedelten -
schützen: In allen Himmelsrichtungen war ihre Residenz von vorgeschobenen Burgen
gesichert, ein Netz von Signaltürmen in der näheren und ferneren Umgebung versorgte
Tsutsujigasaki rasch mit Informationen aus dem Land.[3] Und schließlich: Nobutora war
ja nicht allein nach Kōfu gekommen. Seine Vasallen bauten sich ihre Residenzen vor
seinen Toren, hinzu kamen deren eigene Leute, dann Händler und Handwerker, so daß
Harunobus Wort, wenn es denn wahr ist, auch durchaus wörtlich genommen werden
kann: Er war geborgen und umringt von Menschen, deren eigenes Schicksal mit dem
seinen verkettet war. Takeda Nobutoras Entscheidung, die angestammte Gegend von
Isawa zu verlassen und eine neue Residenz auf grüner Wiese zu errichten, muß daher
als Beginn einer neuen Art von Herrschaft gesehen werden: Der Landesherr setzte sich
hinein ins Zentrum des Landes, ohne sich in einer Trutzburg zu verschanzen. Die
Öffnung des Vorfeldes seiner Residenz für Vasallen und Untertanen machte seinen
Schutz zu ihrer Angelegenheit.[4] Wie wenig feste Mauern schützten, wenn dieser Schutz
ausblieb, mußte dagegen sein Enkel Katsuyori erfahren, der 1581 eine wirkliche Burg -
Shinpu - weiter westlich von Kōfu bauen ließ und dorthin zog, um sich in schwieriger
Lage besser verteidigen zu können; kaum jemand allerdings zog aus der alten Hauptstadt
mit, und nach wenigen Monaten schon mußte Katsuyori Shinpujō schleifen lassen und
sich mit wenigen verbliebenen Getreuen zum letzten Gefecht in die Berge zurückzie-

---

[1] Kōyō gunkan II:39.353 f; III:57.432

[2] Kōyō gunkan II:39.354. Auch zitiert in Buch 5 des 1636 vollendeten Werkes Kashōki. Für den
konfuzianischen Gelehrten Ogyū Sorai, der 1706 Kōfu besuchte, war diese Stelle schon zum
Topos geworden (Kyōchū kikō I [Lidin 1983.84]). Wie oben S. 73 gezeigt, haben die Ludowinger
ihre Leute ebenfalls als lebendige Schutzmauer betrachtet. Einer, der es wissen muß, Niccoló
Machiavelli, schreibt: »Ein Fürst, der seine Untertanen mehr fürchtet als Fremde, muß Festungen
bauen; wer aber die Fremden mehr fürchtet als seine Untertanen, muß es unterlassen. ... Die beste
Festung, die es gibt, ist ein Volk, das den Fürsten nicht haßt« (Der Fürst, Kap. 20, übers. Ernst
Merian-Genast, Stuttgart 1974, S. 123).

[3] Nakada 1988.19 f (mit Karte)

[4] Vgl. Hayashiya 1982.308 f zur Entwicklung der »Burgen mit starkem Territorium« zu jener
Zeit.

hen.[1] So läßt sich an der Entwicklung der Residenzen, die die Takeda sich schufen, ermessen, wie weit ihre Macht jeweils reichte.

Takeda Harunobu soll seine Stellung als Landesherr mit folgendem Bild beschrieben haben:

> Als Fürst Shingen [Harunobu] die Landes- und Militärverwaltung mit Gegenständen verglich, [sagte er,] daß der Feldherr ein Zimmermann sei, die Rittmeister und Hauptleute und alle Truppenführer Keile und Nägel. Die Truppen, die den Anweisungen ihrer Führer folgen oder sie entgegennehmen und als Boten umhereilen, Hämmer und Schlegel. Die verschiedenen Amtmänner Äxte, Hobel, Meißel, Schlag- und Drillbohrer. Die Aufseher, 20 Unteraufseher und Führer der Knechte seien wie Schleifsteine aus Kyōto und Kōzuke; wenn nämlich die Schneidegeräte abstumpfen, hält man die Schneiden an sie. Alle zusammen wiederum bilden das Bauholz. Das Heer ist das Haus.[2]

Freilich beschränkt sich Harunobu hierin auf die militärische Seite des von ihm gebauten und instandgehaltenen Hauses. Er kann dies aber, weil das *bushi*-Haus insgesamt wesentlich militärische Organisation ist; es ist die Organisationsform einer agromilitärischen Elite.[3] Militärische und ökonomische Struktur sind nicht voneinander zu trennen, weil der mittelalterliche *bushi* beides zugleich ist: Krieger und Bauer, Herrscher und Grundherr. Land ist dazu da, um militärische Aktion zu ermöglichen; der Umfang des beherrschten Territoriums ist ein Indiz für die Macht eines *bushi*.[4] Wir erkennen dies in aller Konsequenz daran, wie das Land unter der Herrschaft der Takeda im 16. Jahrhundert verteilt war;[5] auch wenn genaue Größenangaben unbekannt sind.

Die Domäne

Ein Güterverzeichnis gibt es für die Domäne - das eigenbewirtschaftete Land *(go-ryōsho oder kura'iri chi)* - der Takeda nicht. Unzweifelhaft hat es sich aber überall dort um

---

[1] Shinpujō lag - anders als Tsutsujigasaki - wieder auf einem schwer zugänglichen Berg. Vgl. Nakada 1988.396-406

[2] Kōyō gunkan 39:II.366

[3] Hierzu haben Murakami Yasusuke u.a. eine auf das adlige Haus gestützte eigene Theorie der Entwicklung der japanischen Gesellschaft vorgelegt (Murakami 1984).

[4] Murakami 1963.1

[5] Hall hat festgestellt, daß das Territorium eines Landesherren der Sengoku-Zeit »einfach ein Kompositum aus einzelnen Lehen darstellte, die entweder direkt vom Daimyō oder von seinen Vasallen gehalten wurden« (1980.247). Dabei übersieht er allerdings, daß es neben Lehen auch Eigenland und neben den Ländern des *daimyō* und seiner Vasallen auch die Besitzungen landfremder Dritter, v.a. der Tempel und Schreine, gab. Ein Kompositum war die Herrschaft sicher, aber kein einfaches, sondern ein komplexes.

Domänenland gehandelt, wo ein Amtmann *(daikan)* der Takeda belegt ist.[1] In Kai befand sich der größte Teil in den Gebieten von Manriki und Kurihara nördlich von Isawa und Kōfu, also nahe dem Hauptsitz der Takeda. Es handelte sich um verhältnismäßig produktives Land,[2] die Gebiete in Kurihara lagen zudem nahe der Kurokawa-Goldmine. Möglicherweise hatte hier der Kern des Landes der ehemaligen kaiserlichen Provinzverwaltung im Altertum gelegen, den die Takeda über das *shugo*-Amt dann für sich gewinnen konnten.

In den eroberten Provinzen wurden Eigenwirtschaftszonen bevorzugt unter dem Schutz und zur Versorgung von Burgen angelegt.[3] Wahrscheinlich behielten die Takeda auch diejenigen neugewonnenen Gegenden in Suruga für ihre eigene Wirtschaft, in denen Gold- und Silberbergbau stattfand.[4] Die Takeda haben außerdem zahlreichen Tempeln und Schreinen verboten, in den zugehörigen Wäldern und Hainen »*Bambus zu schneiden*«,[5] »*Rinder und Pferde frei herumlaufen zu lassen oder Gras und Holz zu schneiden*«[6]. Das Holz war für sie als Bauholz, vor allem für Burgen- und Deichbau,[7] wichtig. Mit ihren Verboten haben sie daher den Wald als ihre Domäne beansprucht.[8] Wie am Beispiel Shimo-Yoshidas gezeigt, haben auch die kleinen Herren versuchten, die Gewalt über die in ihrer Herrschaft gelegenen Tempel- und Schreinwälder[9] sowie die Wasserversorgung und Wasserwege zu erlangen. Die *cura aquae* gehörte zu den landesherrschaftlichen Aufgaben: Im Jahre 1517 bestätigte Takeda Nobunao [Nobutora] die durch seine Vorfahren Nobumasa und Nobutsuna erfolgte ewige Schenkung des Wasserzinses *(mizudai)* zweier Gemeinden für die Herrschaft des Ichijō Ichiren-Tempels.[10] Damit sollten die Anlage und die Instandhaltung von Wasserleitungen finanziert werden.[11] Nach der Eroberung der Provinz Suruga 1569 übernahmen die Takeda von den vorherigen Landesherren die Hoheit über die dortigen Häfen und deren Infrastruktur nebst Schiffen.[12]

---

[1] Murakami 1963.7

[2] Murakami 1963.4

[3] Kobayashi 1965.9

[4] Murakami 1963.6

[5] Takeda Nobutora an die großen Tempel und Schreine der Provinz, 1533 (KSS I:242.529).

[6] Takeda Harunobu an die großen Tempel in der Provinz, 1541 (KSS I:261.540). Vgl. KSS I:265.545 (1542) u. KSS I:226.521 (ohne Datum).

[7] KSS I:641.827 (Tenshō 5 = 1577)

[8] Fujiki 1975.300 f. Das erste derartige Gebot durch einen Takeda ist in der Urkunde des Takeda Nobunawa für den Kumano-Schrein in Mitsukunugi (Bez. Yatsushiro) von 1496 enthalten (CD 763, Ueno 1969.60). Vgl. Hall 1980.254 f für die Provinz Bizen (1489).

[9] Vgl. Ōyama 1990.117 f

[10] KSS I:213.511 f

[11] Vgl. eine entsprechende Verfügung des Hōjō Ujimasa von 1577 für die Obata in der Provinz Kōzuke (KSS I:636.825 [Tenshō 5]).

[12] Shibatsuji 1984a.309

Die Amtleute der Takeda rekrutierten sich in Kai aus vor Ort ansässigen Grundherren.[1] Die meisten von ihnen waren keine Krieger,[2] sondern wurden als Bauern oder Städter *(jigenin chōnin)* bezeichnet.[3] Ein Großteil von ihnen entstammte Kaufmanns- oder Handwerkerfamilien.[4] Sie waren dafür verantwortlich, daß die fälligen Abgaben in der korrekten Höhe nach Kōfu oder in bestimmte Burgen verbracht wurden. Für ihr Amt erhielten sie jährliche Einkünfte von 50 bis 100 *kan*, nämlich den Fünfzigsten der jährlichen Ernteabgaben bestimmter Gebiete in Kai *(daikan'yaku)*.[5] Daneben hatten sie mit weiteren Einkünften verbundene Funktionen im zentralen Hausapparat inne, z.B. in der Gewerbeaufsicht[6] oder der Landerschließung.[7] Das Hauptquartier aller 35 *daikan*, die auch als Beamte der Schatzkammer *(kuramae-shu)* bezeichnet wurden, lag in Kōfu.[8] In den Domänenländern wurden Außenstellen der Schatzkammer *(o-kura)* eingerichtet, die häufig in der Nähe von Marktplätzen lagen.[9] Offenbar wurde ein Teil der dorthin gelieferten Abgaben sofort auf dem Markt verkauft.[10] In diese Außenstellen sollten die Bauern ihre Abgaben bringen;[11] dort muß es also Speicheranlagen gegeben haben.

Das Vasallenland

Der größere Teil des Landes befand sich in der Hand der Takeda-Vasallen, und zwar entweder als »ursprünglicher«, allodialer Besitz *(honryō chi, myōden)* oder als gegen

---

[1] KSS 99:IV.186 (»zaijū no shoshi«), Murakami 1963.9

[2] In den neu hinzugewonnenen Gebieten fungierten Heerführer zumindest vorübergehend als Statthalter und Burgherren. Der Samurai-Oberst Itagaki Nobukata wurde Tenbun 12 (1543) Statthalter eines ganzen Bezirks in Suwa *(gundai)* und Burgherr *(jōdai)* von Takashima (Kōyō gunkan 24:I.433, 440), »Rosen« 1551 (Tenbun 20) *daikan* von Nakajima (Kōhakusai-ki 99). In beiden Fällen handelt es sich um Gebiete im erst kürzlich eroberten Teil von Shinano.

[3] Kai kokushi IV:105.279. Daß man für die Verwaltung von Ländereien Leute mit besonderen Kenntnissen im Finanzwesen - v.a. Mönche und Geldverleiher aus dem Händlerstand - als *daikan* einsetzte, geht bereits auf das 14./15. Jahrhundert zurück (Nagahara 1990a.293 ff).

[4] Hirayama 1990.71 ff legt mit überzeugenden Argumenten dar, daß die Takeda die Beamtenschaft der Schatzkammer *(kuramae-shu)* nicht einfach neu geschaffen, sondern die bestehende Struktur von Großhandelskaufleuten in ihre Verwaltung integriert haben. Dafür sprechen z.B. die aufgezeigten Verwandtschafts- und Bürgschaftsbeziehungen zwischen ihren Familien.

[5] Kai kokushi I:2.97.

[6] Saigusa Moritomo, daikan des Ishimori-gō, beaufsichtigte die Fischgilde (uoza) (Murakami 1963.8).

[7] Murakami 1963.9

[8] KSS 99:IV.185 f nennt als Ort Kami-Ichijō in Kōfu. Vgl. aber Ueno 1986.68 zu einem weiteren »kura yashiki« innerhalb der Residenz Tsutsujigasaki.

[9] Dazu Hirayama 1990.71 f.

[10] Ueno 1969.241

[11] So berichtet das Kōhakusai-ki 87 für die Provinz Shinano zu 1546 (Tenbun 15).

Dienst gewährtes »Gnadenland« *(onchi)*. Die Vergabe von Vasallenland bedurfte der Urkundenform.[1] Eigenbesitz durfte frei gehandelt werden, Gnadenland ohne Einwilligung der Takeda überhaupt nicht.[2] Die Takeda konnten Dienste ihrer Vasallen mit Land entlohnen. War nicht genug Land zur Verteilung verfügbar, erhielten die Vasallen Zahlungen *(fuchi)* aus der Schatzkammer in Kōfu oder vorübergehend auch aus der Schatzkammer eines Domänenlandes *(kurade)*.[3] Wer Gnadenland erhielt, mußte dafür Heerfolge *(gun'yaku)* leisten. Ihr Umfang wurde bei der Verleihung des Landes schriftlich geregelt; gemäß dem erwarteten Ernteertrag waren Soldaten sowie Pferde und Waffen bestimmter Arten aufzubieten.

Strategisch-militärische Gesichtspunkte herrschten also bei der Vergabe von Vasallenland ebenso vor wie bei der Anlage von Domänen.[4]

Über zwei große Teilgebiete der Provinz Kai übten die Takeda nur eine begrenzte Herrschaft aus. Der Bezirk Tsuru im Osten mit der landläufigen Bezeichnung Gunnai wurde von der Familie Oyamada verwaltet, die südlichen Teile der Bezirke Koma und Yatsushiro entlang dem Lauf des Fuji-Flusses (daher Kawauchi, »Flußinneres«, genannt) von der Familie Anayama. Diese Teilung beruht auf einer Übereinkunft nach den schweren Kämpfen der 1510er Jahre,[5] die den Anayama und Oyamada weitreichende Befugnisse in ihren Teilherrschaften gab.[6]

Landesaufnahmen und Besteuerung

Eine Inventur ihres gesamten Herrschaftsgebietes haben die Takeda nie durchgeführt. Lediglich einzelne Regionen wurden aufgenommen; wie Takashima meint, stets zur

---

[1] Miyagawa 1977.101

[2] Hausgesetz Art. 12 (Hayashi 1980.157). Vgl. Miyagawa 1977.102.

[3] Murakami 1963.12-15. Daß *kurade* und *fuchi* nur transitorisch gedacht waren, belegt KSS I:635.824 f (Tenshō 5 = 1577).

[4] Selbstredend fällt hierunter auch, wenn durch kriegsbedingte territoriale Verluste die alten Lehensländer verlorengegangen waren und verdienten Vasallen Ersatzland verliehen werden mußte; z.B. KSS I:680.851 f (Tenshō 7 = 1579).

[5] 1507 erlitten die Provinzialen *(kokujin)* des Tsuru-Bezirkes unter Führung der Oyamada eine verheerende Niederlage im Kampf mit den Leuten der Takeda aus der Kuninaka-Region. 1511 schlossen dann Kuninaka und Tsuru Frieden (Myōhōji-ki 24 ff). 1513 brachte der Sohn des Anayama Michiyoshi aus Kawauchi seinem Vater eine militärische Niederlage bei (ebd. 27). 1521 schlugen dann Takeda und Oyamada gemeinsam die Armee der südlichen Nachbarprovinz Suruga aus Kawauchi zurück (ebd. 33). Im folgenden Jahr hörte Takeda Nobutora eine buddhistische Lesung auf dem Tempelberg Minobu in der Kawauchi-Region und erlaubte Pilgerfahrten zum Fuji-Berg in der Gunnai-Region (ebd. 34). Die Mutter Takeda Harunobus war eine Nichte des Anayama Nobutomo (Kōyō gunkan I:23.419); wahrscheinlich hat also sein Vater zur Besiegelung des Ausgleichs mit den Anayama eine Anayama-Tochter geheiratet.

[6] Grundlegend hierzu Yada 1984, v.a. 200.

Vorbereitung von Grundbesitzbestätigungen *(ando)* oder -auflassungen *(kishin).*[1] Besonders für die neueroberten Gebiete ist Kobayashis verallgemeinernde Beobachtung schlüssig, daß Landesaufnahmen dort stattfanden, wo die Takeda die Bodenverteilung neu regeln wollten.[2] Dies deckt sich damit, daß die Takeda manchen neuverpflichteten Vasallen in diesen Gebieten urkundlich zusicherten, keine Landesaufnahme durchzuführen. So befreite Takeda Katsuyori 1581 den Burgherrn von Numata in der Provinz Kōzuke von Baudiensten und verzichtete zugleich auf eine Landesaufnahme in seiner Herrschaft; falls aber eine allgemeine Inventur aller Gemeinden *(sho-gō ittō ' no go-kenchi)* durchgeführt werde, sollten 200 *kanmon* aus dem eventuell festgestellten Einnahmen-Zuwachs *(mashibun)* an das Burgen-Dienstland übergeben werden sowie die Zahl der Feuerwaffen, die der Burgherr bereitzuhalten hatte, erhöht werden.[3] Zumindest hielt sich Katsuyori damit die Möglichkeit einer umfassenden Landesaufnahme offen. Sein Großvater Nobutora hatte noch 1533 den großen Tempeln in seiner Provinz Immunität vor seinen Amtsleuten und Steuerbefreiung zusagen müssen.[4] Bereits sein Sohn Harunonu verfuhr aber anders.

Für das Gebiet des 1330 gegründeten Tempels Erinji der Zen-Richtung Rinzai in Enzan, Bezirk Yamanashi, fand 1563 (Eiroku 6) ein *kenchi* statt, das besonders gut dokumentiert ist.[5] Die jährlichen Abgaben an den Tempel *(nengu)* entsprangen damals folgenden Quellen (Angaben in *kan*[6]):[7]

---

[1] Takashima 1984.64. Da die Takeda keineswegs flächendeckend verfahren sind, halte ich Kudōs folgende Darstellung für übertrieben: »The Takeda family, while depending on various *shōen* system relationships, organized groups of dependent lower class warriors *(dōshin-shu)* by channeling the *shōen* land yield tax into their system of military service levies wherever possible; however, when collection of the land yield tax had to be recognized, the Takedas carried out land surveys in order to reap tax amounts exceeding the conventional land tax, and then proceeded to create a military system of vassalage by granting feuds to the amount of tax surplus.« (1983.23) Im folgenden wird sich zeigen, daß die Takeda bei ihren Landesaufnahmen wohl den Überschuß *(mashibun)* erfaßt haben, ihn aber nicht (im Falle ihrer heerfolgepflichtigen Vasallen) oder nur zum Teil besteuert haben. Ähnlich irrig ist Nagaharas Behauptung, daß u.a. die Takeda in ihrer Herrschaft »comprehensive surveys« durchgeführt hätten (1990.297).

[2] Kobayashi 1965.10

[3] KSS I:737.887 f

[4] KSS I:242.529

[5] Katsumata nennt es sogar »das inhaltlich reichste Landesaufnahmenverzeichnis« seiner Zeit (1984.106). Zur Interpretation vgl. Nagahara 1975.189-192.

[6] 1 kan = 1000 mon, nämlich 1.000 Kupfermünzen.

[7] Erstellt aus den Zahlenangaben bei Katsumata 1984.100 ff.

	In Münze:[1]	In Naturalien:[2]
Heerfolgepflichtige *(gun'yaku-shu)*:	21,840	7,297
Vollbauern *(sōbyakushō)*:	105,440	27,323
Heerfolgepflichtige und Bauern gemeinsam:	45,000	5,606
Gefolgsleute und Handwerker des Tempels:	27,916	
Gesamt:	**200,196**[3]	**40,226**

Fast dieselbe Summe, nämlich 200 *kan* 200 *mon* in bar, sowie etwas mehr als 127 *hyō*[4] in Reis, Sojabohnen und Hirse, 592 Fuhren Holz nebst »*zahlreichen diversen Abgaben*« schenkte Takeda Harunobu dem Tempel am 1. des 12. Monats Eiroku 7 (1564).[5] Aber sowohl die Landregister als auch die Schenkungsurkunde Harunobus nennen daneben noch andere Posten: Für Instandsetzungen an den Gebäuden werden 9,560 *kan*, für Gnadenländer, die der Tempel selbst vergeben hat, 75,390 *kan* Abgaben erhoben. Auf diese Einnahmen hatten allerdings weder der Tempel noch die Takeda Zugriff; sie gehörten den Handwerkern bzw. Ministerialen des Tempels, denen sie geschenkt worden waren.

In der Urkunde Harunobus erscheint schließlich ein Posten überhaupt nicht, der im Register den Titel »Gnadenteil der Hausleute« *(go-kenin-shu go-onbun)* trägt: immerhin 79,789 *kan*.[6] Für die Takeda rechneten diese Gnadenländer ihrer Vasallen nicht zum Haushalt des Erinji, auf dessen Grund und Boden sie liegen, sondern zu ihrer eigenen Verfügungsmasse.[7]

Addiert man die Tributeinnahmen des Tempels mit denen der übrigen Empfänger, ergibt sich ein Gesamtbetrag von 405,161 *kan* jährlicher Abgaben des Tempellandes. Allerdings flossen davon nur knapp 60% in die Tempelkasse - weitere rund 20% gab der Tempel für seine eigene Instandhaltung und Sicherheit weiter, die verbleibenden 20% beanspruchte die Takeda-Verwaltung zur Verwendung für die eigenen Vasallen. Rund ein Fünftel des gesamten Tributaufkommens wurde also zu landesherrlichen Zwecken abgezweigt. Insgesamt zwölf »Hausleute« *(go-kenin)* werden als Inhaber landesherrlichen Gnadenlandes auf dem Erinji-Tempelland genannt, und zwar in folgender Form:

> 12 *kan* 600 *mon* Eigen- und Gnadenland:[8]
> Knappe des Herrn Yoshida Sakinnosuke, Amino Yashirō

---

[1] Aufgezeichnet im »Erinji-ryō go-kenchi nikki« vom 11. Monat Eiroku 6.

[2] Verzeichnet im »Erinji-ryō kokubei narabi-ni kuji sho-nōmotsu chō« vom 11. Monat Eiroku 6.

[3] Wegen eines Additionsfehlers in einer Zwischensumme der Originalquelle um 1 *mon* weist Katsumatas anders strukturierte Rechnung die Summe von 200 *kan* 197 *mon* auf (1984.102).

[4] 1 *hyō* sind rd. 118,8 *l.*

[5] Urkunde in Katsumata 1984.98 f.

[6] Einschließlich 44,495 kan an fumidashi.

[7] Katsumata 1984.115

[8] *Hon go-on*, d.h. *honryō* (Allod) und *onchi* (Gnadenland).

5 *kan* 550 *mon fumidashi*:
  Zusatzgnade [1] für denselben
  Zusammen 18 *kan* 150 *mon*, außerdem zwei Hausgründe. [2]

Begünstigter ist hier ein Mann namens Amino Yashirō, der als Knappe *(dōshin)*, d.h. Angehöriger der militärischen Einheit des Yoshida Sakinnosuke aufgeführt wird.[3] Auch alle übrigen mit Gnadenland bedachten Vasallen werden als *dōshin* bezeichnet; die übrigen 24 registrierten »Hausleute« nicht.[4] Sie besaßen kein Gnadenland, sondern ihnen wurden Einkünfte aus dem Tempelland angewiesen. Die Inhaber von Gnadenland residierten und wirtschafteten dagegen auf ihrem Land, weshalb sie dort wie der genannte Amino Yashirō Wohnsitze unterhalten mußten. Freilich besaßen Amino und seine Knappen auch noch in anderen Herrschaften Land - und zwar nicht nur Gnadenland.[5] Amino mußte beispielsweise 7,680 *kan* jährlichen Tribut an den Erinji aus abgabenpflichtigem Land zahlen.[6] Aber ob als in die militärische Organisation der Takeda vollintegrierter *dōshin* oder als bäuerlicher Gefolgsmann mit Heerfolgpflicht im Aufgebotsfall: gegenüber den übrigen Bauern bestand ein bedeutender steuerlicher Vorteil. Das in der Urkunde des Yashirō aufgeführte *fumidashi* ist landwirtschaftlicher Ertrag, der zum bisher erfaßten Ertrag neu hinzugekommen ist *(mashibun)*. Für alle heerfolgpflichtigen Gefolgsleute blieb es insgesamt abgabenfrei, für die nicht-heerfolgpflichtigen Bauern nur ein Teil davon. Tatsächlich bestätigen spätere Urteile der Takeda-Verwaltung, daß der Zuwachs *(mashibun)*, den heerfolgpflichtige Vasallen auf ihren ansonsten steuerpflichtigen Ländern *(myōden)* erzielten, von der Besteuerung ausgenommen war.[7] Gleiches galt für den Zuwachs auf Gnadenland. 21,840 *kan* jährlicher Abgaben der »Hausleute« stehen auf diese Weise 77,529 *kan* unbesteuertes *fumidashi* - fast viermal so viel - gegenüber.

Der Ertrags-Zuwachs konnte dreierlei Ursache haben: Neulanderschließung, Produktivitätssteigerung oder zusätzliche Einnahmen aus verpachtetem Land *(kajishi)*. Katsumata Shizuo vertritt die Auffassung, daß vor allem *kajishi* hierfür maßgeblich sind.[8] Sie entstanden, als verbesserte landwirtschaftliche Verfahren (Zweifachernte,[9] verbesserte Düngung und Bewässerung, neue Saatgüter) im 14. Jahrhundert die Produktion ansteigen ließen, während die Abgabenhöhe im wesentlichen unverändert blieb. Die entstehenden

---

[1] go-jūon, d.h., eine Erweiterung des eigentlichen (»hon«) Gnadenlandes.
[2] Takashima 1984.85
[3] Yoshida Sakin(nosuke) war Mitglied der »Tausendfüßlertruppe« (mukade-shu), einer speziellen Botentruppe Harunobus (Kōyō gunkan 17:I.330).
[4] Takashima 1984.84
[5] Takashima 1984.86
[6] Takashima 1984.83
[7] Katsumata 1984.117 f
[8] Katsumata 1984.116
[9] Ausführlich hierzu Müller 1988.78 ff.

Überschüsse bzw. die Rechte auf das Land, auf dem sie produziert wurden, konnten veräußert werden. Käufer solcher *kajishi* waren vor allem Großbauern *(myōshu)*, aber auch Geldverleiher und Händler. Die Bauern, die das betroffene Land bestellten, wurden faktisch zu Pächtern.[1] Die Zweifachernte wurde in Kai tatsächlich praktiziert;[2] wenn auch klimatisch bedingt mit Abstrichen.[3]

Allerdings wird auch Neulanderschließung eine bedeutende Rolle gespielt haben. Ōishi Shinzaburō nennt das Beispiel von vier ehemaligen Vasallen der Takeda in der Nachbarprovinz Shinano, die dort zwischen Beginn und Mitte des 17. Jahrhunderts in Eigenregie und Eigenfinanzierung neue Felder erschlossen. Zu Beginn standen sie dabei vor der Aufgabe, die Wasserzufuhr im gebirgigen Land zu regeln. Langwierige und technisch aufwendige Arbeiten waren hierfür nötig, deren Kosten sie vor allem durch den Zugriff auf die Edelmetallminen der Umgebung bestreiten konnten. Im Gegenzug erhielten sie: Einen Ehrentitel als Rodungsherr; Abgabenfreiheit für einen Teil ihres Landes; das Recht, die Bauern zu Frondiensten auf ihrem Land aufzubieten; sowie das Recht, in Angelegenheiten der Dorfverwaltung mitzubestimmen und die Dorfregister aufzubewahren. Zwar liegen diese Ereignisse zeitlich nach dem Ende der Takeda-Herrschaft in Shinano, doch spiegeln sie noch Macht und Interessen der mittelalterlichen *bushi* wider.[4]

Die Taxierung des Vollbauern Amino Shinkyūrō, offenbar eines Verwandten des oben erwähnten Yashirō, ging im Erinji dagegen in folgender Form vor sich:

Ursprünglicher Tribut:[5]	0,750 kan
[Neues Steuerbrutto:]	2,390 kan
Davon Abzug:	0,956 kan
Abgabenpflichtiger Rest:	1,434 kan[6]

Das geltende »Steuerbrutto« des Shinkyūrō (2,390 *kan*) wurde gebildet aus der Summe seines »eigentlichen Tributs« für das von ihm bestellte steuerpflichtige Land, den Diensten, die darauf lasteten, sowie dem ihm zugekommenen *fumidashi*.[7] Davon

---

[1] *Kajishi* gehört zu den meistdiskutierten Phänomenen der mittelalterlichen Wirtschaft. S. hierzu Kudō 1983.20, Keirstead 1985.325-328, Kurokawa (CH 111) und Takada (CH 112).

[2] Nach dem Kōyō gunkan wurde im Frühling Frühreis angebaut, im Sommer Korn, im Herbst Spätreis (I:23.418).

[3] Vgl. Kai kokushi I:1.61: »Der Frühreis *(wase)* trägt gewöhnlich nur wenig Körner. In einem warmen Jahr wird der Spätreis *(okute)* gut gedeihen, aber wenn auf den hohen Bergen Schnee fallen und es im Herbst kalt werden sollte, stehen die Bauern mit leeren Händen da.« Deshalb berichtet das Myōhōji-ki so häufig von Hungerkrisen im Frühling.

[4] Ōishi 1976.61-103

[5] hon-narikata, d.i. der »eigentliche« Tribut ohne Dienste und fumidashi

[6] Katsumata 1984.114 f

[7] Takashima 1984.115.

abgezogen wurden exakt 40% (0,956 *kan*) als Nachlaß. Den Rest mußte er dem Tempel abgeben. Dieser vierzigprozentige Steuernachlaß *(hikibun)* auf den in Münze zu entrichtenden Jahrestribut galt für alle 145 Bauern des Tempels, die als Inhaber steuerpflichtigen Landes *(myōden)*[1] und damit Vollbauern *(sōbyakushō)* registriert wurden.[2] Für Naturalleistungen galten 20 Prozent Nachlaß.[3]

Abgaben- und dienstpflichtig waren also grundsätzlich alle, die Land besaßen, auf dem Abgaben und Dienste lasteten. Doch konnten die Betroffenen gerichtlich eine Neufestsetzung der Steuer erwirken. Ozaki Shigemoto aus West-Kōzuke, das ebenfalls unter die Herrschaft der Takeda geraten war, teilte 1580 einigen Herren, die in seiner Umgebung Lehensland *(chigyōchi)* besaßen, mit, er habe wie beauftragt in Kōfu wegen des Umfangs der diesjährigen Abgaben auf Neufestsetzung geklagt und erreicht, daß die Takeda-Amtleute ihre Unterlagen mit denen der Kläger vergleichen und dann eine Neufestsetzung treffen mußten.[4]

Umfang und Art der Abgaben und Dienste richteten sich einerseits nach der Art des Landes: So gab es Land, das offiziell als »Getreide- und Reisland« *(kokubeichi)*, als »Öffentliches Dienstland« *(kujichi)* oder als »Schreinland« *(shindenchi)*[5] geführt wurde[6] und damit von vornherein mit bestimmten Abgaben oder Diensten verbunden war. Das Gnadenland *(onchi)* wiederum bot seinen Besitzern wesentlich günstigere Bedingungen. Aber hier zeigt sich schon die andere Art der Differenzierung: Gnadenland war ja nicht eine Kategorie der Bodenqualität, sondern wurde nur dazu, weil sein Inhaber besonders privilegiert war. Aktiver Truppendienst war die Voraussetzung, um steuerlich begünstigtes Gnadenland zu empfangen, jedes Stück Gnadenland war an die Person eines aktiven Kriegers gebunden - und zwar im Prinzip unveräußerlich.[7] Hier stehen sich also zwei völlig unterschiedliche Besteuerungsprinzipien gegenüber: die am Land haftende und die an der Person des Grundbesitzers haftende Belastung bzw. Privilegierung. Entsprechend zerfällt auch die Menge der Abgabenpflichtigen in zwei Gruppen: diejenigen, die als Heerfolgepflichtige *(gun'yaku-shu)* bestimmte Privilegien genießen, und die übrigen. Eine Untergruppe der Heerfolgepflichtigen, die Knappen *(dōshin)*, stellt

---

[1] Belege zur Steuerpflichtigkeit der *myōden* bei Hayashi 1958.179
[2] Daß hierbei diejenigen Bauern, die kein eigenes Land besaßen, ausgeschlossen wurden, hat Frank 1991.215 f völlig zutreffend dargestellt.
[3] Katsumata 1984.100 f. Hier ist deutlich zu erkennen, daß von herrschaftlicher Seite Abgaben in Münze bevorzugt wurden.
[4] KSS I:711.871. Möglicherweise ist Shigemoto Gerichtsvertreter *(sōja)* für sein Gebiet gewesen.
[5] Nach Nagahara 1977.112 eine Art Allmende.
[6] Katsumata 1984.101
[7] Hausgesetz Art. 12 (Hayashi 1980.157). Nagahara weist darauf hin, daß *myōden* bis zum 15. Jahrhundert ebenfalls nicht gehandelt werden konnten (1977.111 f). Wahrscheinlich liegt in *myōden* - was ja wörtlich »Namensland« bedeutet und nach der gängigen Erklärung den Namen *(myō)* desjenigen, der das Land urbar gemacht hatte, trägt (Hayashi 1958.179) - eine weitere Kategorie personengebundenen Landes vor.

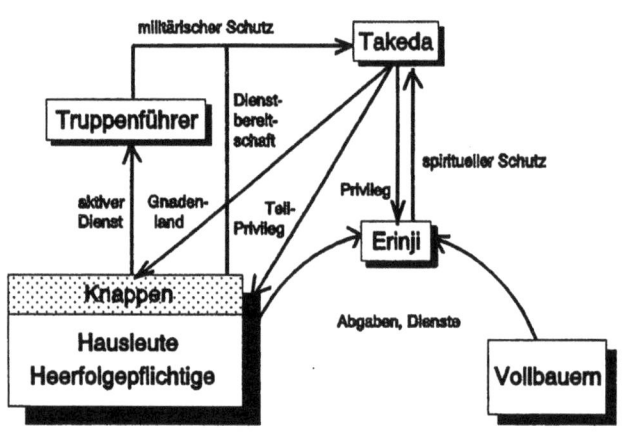

Abb. 10: Beziehungsgeflecht im Erinji-Tempelland bei der Landesaufnahme 1563

sich besonders privilegiert dar, weil sie aktiv im Dienst der Takeda stand. Grundbesitzende Bauern *(jinushi)* waren sie alle; aber der größere Teil von ihnen (das Verhältnis zwischen *gun'yaku-shu* und *sōbyakushō* betrug im Erinji 1:4)[1] war Nur-Bauer, eine Minderheit jedoch trat zur Landesherrschaft in eine intensive Beziehung. Hier bahnte sich bereits die Trennung von Kriegern und Bauern auf dem Lande an, die sich mit dem Umzug der *bushi* in die Burgstädte und ihrem Ausschluß aus den Bauerndörfern in der Folge vollenden sollte. Die übriggebliebene Bauernschaft wiederum wies beträchtliche Vermögensunterschiede auf: Im Erinji werden 6 Bauern mit 7 oder mehr *kan* Abgabenlast genannt, aber 90% der Bauern mußten nur 2 oder weniger *kan* entrichten.[2] Für das Steuerregister verlief die Grenze auf dem Lande daher nicht zwischen Großbauern (*myōshu*, also den *bushi*-gleichen Heerfolgepflichtigen und den vermögenden Nur-Bauern) und Kleinbauern, sondern die Bauernschaft umfaßte Groß- wie Kleinbauern

---

[1] Fast im selben Verhältnis (21:89) standen 1458 die mit *samurai* und Bauern gleichzusetzenden Bewohner der *shōen* Kamikuze nahe Kyōto (Nagahara 1977.109 f). Vielleicht ist diese Relation ein Durchschnittswert für das spätmittelalterliche Dorf.

[2] Takashima 1984.88

gemeinsam, aber unter Ausschluß der Heerfolgepflichtigen. Dies hatte weniger mit einem Gewinn an Selbständigkeit für die Kleinbauern zu tun, wie Takashima geschlossen hat,[1] als vielmehr damit, daß die innerdörfliche Konfliktlinie jetzt aufgrund der Entwicklung der Landesherrschaft anders verlief als vorher.[2] *Abb. 10* verdeutlicht die neu entstandenen Beziehungsebenen.

Neben dem grundherrlichen Jahrestribut *(nengu)*, dem Natural- oder Geldzins auf den steuerpflichtigen landwirtschaftlichen Grund und Boden also, waren auch Abgaben und Dienste zu leisten, die dem Landesherrn geschuldet wurden.

Dazu erläutert das Kōyō gunkan:

> Samurai, die in Kai einem Samurai-Obristen als Knappen anvertraut sind und [z.B.] 100 *kan* als Lehen erhalten, holen meist fünfzig *kan* aus den *myōden* genannten [Feldern] als Jahrestribut in kleinen Stücken heraus, und den Rest rechnen die Grundbesitzer *(jinushi)* ihrem Besitz *(chigyō)* zu und nehmen ihn sich. Mit den kleinen Stücken an Tribut verhält es sich so, daß unter den *myōden* eine *tansen* genannte Abgabe erhoben, auf die [Lehens]höhe *([kan]daka)* angerechnet oder [vom Landesherrn] einem anderen gegeben wird.[3]

Demnach wurde auf die *myōden* (privaten Grundbesitz mithin) erhobenen grundherrlichen Jahrestribut eine landesherrliche Abgabe, Ackergeld *(tansen)*, umgelegt. Gehörte das Ackergeld nicht zum Lehen des Grundherrn, mußte er es an den Takeda-Fiskus abführen, der es seinerseits dann (als *kurade* oder *fuchi*) anderen Vasallen verlieh.[4]

---

[1] 1984.90

[2] Zum selben Schluß - daß die Verbesserung der Lage der Kleinbauern auf politischer Absicht beruht - kommt Fujiki 1983.291.

[3] Kōyō gunkan 47:III.224. Vgl. Hayashi 1958.179 u. 240, dessen Interpretation ebenso irrig ist wie die von mir selbst früher gegebene (Zöllner 1991.174). Zugegebenermaßen ist diese Stelle nicht ganz leicht zu verstehen.

[4] Erstaunlich nahe kommt dieser Beschreibung der Bericht des Guido Gualtieri, Relationi della venuta degli ambasciatori giaponesi a Roma sino alla partita di Lisbona von 1586 (in der deutschen Übersetzung von 1587): »Die fürnembsten vnnd mächtigsten / so zu regiern haben / sein die Jacati *[yakata]* / das ist so vil gesagt / als bey vns die Künig / welche vber etliche Reich vnnd Landt / einer vber mehr / ann der ander / volmächtigen Gewalt zu Herrschen vnd zu gebieten hat / Jedoch so behelt er aller Gefäll / Renten / Gült vnnd Einkommen / ein wenig mehr dann den halben theil / den andern thail aber theilt er auß / vnder seine Cunixu *[kuni-shu]* / das ist sovil als bey vns Fürsten / Marggrafen vnd Grafen / einem jedem / was vnd souil seinem Stand gebürt / jedoch mit disem geding / daß sie sich jederzeit Vasallen vnnd Lehenleuth erkennen / auch bereit sein / von Land vnd allem Einkommen abzutretten / so offt vnd wann es dem Jacati oder Künig gefellig / so lang sie es es aber geniessen / sein sie obligiert vnnd verbunden / dem Künig in Frid vnd Kriegßleutten / auff jhren eignen Costen zudienen« (in: Peter Kapitza [Hg.]. *Japan in Europa.* Bd. 1. München 1990.158).

Ackergeld[1] bezeichnet ursprünglich eine Sonderabgabe, die ein Militärgouverneur *(shugo)* den »öffentlichen Feldern« *(kōden)* seiner Provinz auferlegen durfte, um damit obrigkeitliche Ausgaben zu finanzieren. Im 16. Jahrhundert haben die Landesherren, die sich wie die Takeda auf das Amt des Militärgouverneurs stützten, das Ackergeld zu einer landesweiten Regelsteuer auch für privates Land umgewandelt. Wie das Kōyō gunkan belegt, wurde Ackergeld von den Takeda jedem *myōden* als Teil des Jahrestributes auferlegt.[2] Wenn die Angabe der Chronik allgemein gültig ist, dann bestand die Hälfte des bäuerlichen Jahrestributs, den ein Samurai in Diensten der Takeda von seinem Land einzog, aus *tansen*.

Außer dieser auf das Land bezogenen Abgabe gab es Abgaben und Dienste, die auf jedes Haus *(munebetsu)* erhoben wurden. Die Abgabe wurde Hausgeld *(munebetsusen)* genannt, die Dienste Hausdienst *(munebetsuyaku)*.[3]

Ackergeld und Hausgeld zusammen wurden zur »Hauptachse«[4] der landesherrlichen Einkünfte. Bei den Date in Ostjapan beliefen sich die Einkünfte aus *tansen* auf das Vierfache der Einkünfte aus *munebetsusen*.[5] Vergleichbare Angaben sind für die Takeda nicht bekannt. Allerdings hat in ihrer Gesetz- und Urkundengebung wie auch in der Verwaltungspraxis das Hausgeld große Beachtung gefunden. 1542 ließen die Takeda erstmals Hausregister *(munebetsu-chō)* einrichten, wenn auch nicht flächendeckend.[6]

---

[1] Fujiki 1975.342-354 (v.a. zu den Date in Mutsu und den Uesugi in Echigo); Fukushima 1988.273-280 (zur Entwicklung bei den Shimazu auf Kyūshū); Miyagawa 1977.103 f; Müller 1988.89 f; Imatani 1990.242 f. *Tan* ist eine Fläche von fast genau einem Ar.

[2] So auch allgemein Fujiki 1975.349 f. Ursprünglich wurde die Steuer auf das kultivierte Land bezogen, und zwar je *tan* (1/10 *chōbu*) 100 *mon* (Imatani 1990.243). Bislang ist bestritten worden, daß die Takeda überhaupt *tansen* erhoben haben (Yada 1984.193, Shibatsuji 1987.206), weil der Ausdruck in Urkunden nicht belegt ist und die angeführte Stelle des Kōyō gunkan übersehen wurde. Yamanaka argumentiert, daß Befreiungen von *tansen* der einzige Grund gewesen wären, den Begriff in Urkunden aufzunehmen; daß bei anderen Landesherren solche Befreiungen höchst selten waren und daher das Fehlen entsprechender Quellen bei den Takeda nichts bedeuten muß (Yamanaka 1984.211). Ihre Auffassung, daß die Takeda eine der Sache nach *tansen* zu nennende Abgabe auf die Gesamt-Abgabenhöhe *(kandaka)* erhoben haben (Yamanaka 1984.214), kommt meiner nahe.

[3] Leider lassen die Quellen keinerlei Aufschluß darüber zu, welches die Bemessungsgrundlage war. *Mune* heißt wörtlich »Dachfirst«, *munebetsu* könnte also die Zahl der Dachfirste je Gebäude bedeuten (Nihonshi yōgo daijiten 13998.642; aber ganz gewiß nicht »the number of posts in a residential structure« [Glossary, Cambridge History of Japan III:695]). Freilich ist *mune* auch als pars pro toto Zählwort für Häuser, so daß der Begriff über den Inhalt so wenig Aufschluß gibt wie »Herdgeld«, »Heimsteuer«, »Kaminsteuer«. Nakayama vermutet, daß die Größe des Hauses in irgendeiner Beziehung zur Höhe des Hausgeldes gestanden habe (1984.227), und dies ist mangels besserer Erkenntnis auch meine Auffassung.

[4] Fujiki 1975.287

[5] Fujiki 1975.347

[6] Kōhakusai-ki 80. Hierzu Nakayama 1984.222 f.

Das Hausgeld wurde meist über die Gemeinden *(gō)* berechnet und eingezogen *(gō-nami).*[1] Eines der sieben erhaltenen Hausgeld-Register[2] aus dem Jahre 1580 (Tenshō 8) verdeutlicht, wie dabei verfahren wurde:

[Steuer-]Befreiungen in der Gemeinde Inokuchi
1 Haus: Knappe des Konpuku, Gouverneurs von Izumi,[3] Inokuchi Oribe
1   Knappe des Hara, [Gouverneurs von] Bu[?][4], Zenbei
1   [Knappe] derselben Truppe, Yazaemon
1   [Knappe] der neuen Truppe, Aihara Zennosuke
1   dito, Nakano Sei'emonnosuke
1   Knappe des Hara, [Gouverneurs von] Yamato,[5] Sōhei
1   Knappe des Ogi[hara], [Gouverneurs von] Hōki,[6] San'emon
Dienstwohnung [7]
                Befreiung für den besonderen Gerichtsvertreter [8] dieser Gemeinde,
Aihara Yoji'emonnosuke
1 neues Gebäude Knappe des Hara, [Gouverneurs von] Bu[?], Zenbei
1 neues Gebäude [Knappe] derselben Truppe, Yazaemon

Die übrigen müssen wie folgt Abgaben leisten:

	3 *kan*	400 *mon:*	14 Hauptgebäude *(hon'ya)*
	1 *kan*	980 *mon:*	20 neue Gebäude *(shin'ya)*
		325 *mon:*	2 leerstehende Hausgrundstücke *(akiyashiki)*
Zusammen:	5 *kan*	705 *mon*	

‡[9]

---

[1] Kai kokushi I:2.97. Die Quellen belegen aber auch die Belastung per städtischem Block *(machi-nami)* (KSS I:425.670 f [Eiroku 11 = 1568]) oder per Station an den öffentlichen Straßen *(shuku-nami)* (KSS I:485.707 [Genki 2 = 1571).

[2] Für eine Auflistung s. Shibatsuji 1987.197 f.

[3] Konpuku Masatsune (Kai kokushi 4:98.146)

[4] Auch das Kai kokushi weiß nicht, ob dieser sonst nirgendwo belegte Hara Gouverneur von Buzen oder Bungo war (KK 4:96.87).

[5] Ebenfalls unbekannt.

[6] Mehr weiß auch das Kai kokushi nicht über ihn (KK 4:97.128).

[7] *haiya*, abgek. für *hairyō yashiki*. Ein Grundstück zu Wohnzwecken, das einem Amtsträger zur Verfügung gestellt wurde (Nihonshi yōgo daijiten 1:11791.543).

[8] *kakubetsu sonin*. Eine gerichtliche Klage mußte ein Heerfolgepflichtiger durch einen Gerichtsvertreter einreichen. I.d.R. nahm ein Gefolgssohn seinen Gefolgvater zum Vermittler (Hausgesetz 27 f; s. Hayashi 1980.220-224). M.E. sind diese Gerichtsvertreter identisch mit den 1559 in einer einzigen Urkunde genannten *sōja* (KSS I:345.613-618, auch Kōyō gunkan III:57.434).

[9] Möglicherweise Reste eines drachenförmigen Siegels der Takeda-Verwaltung.

Davon 1 *kan* 305 *mon* durch Revision entdeckt. [1]
Die Prüfer *(totonoe-shu)*:
> Inokuchi Shōzaemonnosuke
> dito Shirō'emonnosuke
> Sōzaemon

Wie vorstehend, sollen die Diensthabenden *(hōkō-shu)* alles bekanntgeben, und dies muß innerhalb von zwanzig Tagen bezahlt werden. Sollten die zwanzig Tage pflichtwidrig überschritten werden, müssen sie den doppelten Betrag *(ribai)* entrichten.
1580 (Tenshō 8), Älteres Jahr. Metall, Jahr des Drachen, 11. Monat, 28. Tag [2]

Demnach wurden die Häuser der Heerfolgepflichtigen - auch die von ihnen neuerrichteten - von der Pfostensteuer befreit, außerdem das Haus des »Gerichtsvertreters«, der offenbar eine besondere Stellung gegenüber der Takeda-Verwaltung einnahm. Ihren insgesamt zehn Wohnstätten standen 36 steuerpflichtige (darunter zwei unbewohnte) gegenüber. Dabei wurden die alten Häuser mit durchschnittlich 243 *mon* belegt, die neuen dagegen nur mit 99. Für die leerstehenden Häuser mußte die Gemeinde je 162,5 *mon* aufbringen. Denn auch, wenn jemand starb, flüchtete oder inhaftiert wurde und sein Haus deswegen leerstand, mußte die Gemeinde die festgesetzte Steuer bezahlen.[3] Steuerermäßigung oder -erlaß sah das Takeda-Hausgesetz dagegen vor, wenn Hochwasser in einem Dorf beträchtlichen Schaden angerichtet hatte oder ein Großteil der Bewohner geflohen oder gestorben war.[4]
Daß die Beamten der Takeda seit der Zeit Harunobus auch die Ländereien der geistlichen Institute untersuchten, bedeutete zwar das Ende der jahrhundertelangen Immunität dieser Einrichtungen.[5] Dafür erteilten ihnen die Takeda aber häufig Freiheit von Hausgeld und Hausdienst. So erteilte Harunobu 1542 dem Nōsei-Tempel in Kōfu Freiheit von Hausgeld und Frondiensten für das Tempelinnere und den Tempelvorplatz, das *monzen*.[6] Ganz ähnlich bestätigte sein Sohn Katsuyori 1581 dem Seishōin den Verzicht auf das Hausgeld für drei Hausstätten auf dem Tempelvorplatz *(monzen zaike)* und erließ sie dem Tempel für weitere fünf neuerrichtete Hausstätten.[7]
Nicht überall allerdings wurde Hausgeld erhoben; stattdessen mußte Hausdienst *(munebetsuyaku)* verrichtet werden, eine landesherrliche Fron. Eine verbreitete Form der Fron wurde als *(kōyō) fushin'yaku*, öffentliche Baufron, bezeichnet. Als Landesherren konnten

---

[1] *aratame-dashi*. Folglich ist dies nicht das erste Haussteuer-Register für die Gemeinde, sondern die Revision *(aratame)* eines vorausgegangen.

[2] KSS I:719.876 f

[3] Hausgesetz 32; 34; 36.

[4] Hausgesetz 35; 37.

[5] Takeda Nobutora hatte den Tempel und Schreinen in Kai noch zugesagt, daß sie »*jitō* und *daikan* nicht ertragen« müßten und von Landesaufnahmen verschont blieben (KSS I:226.521 [Datum unbekannt]; I:242.529 [Tenbun 2 = 1533]).

[6] KSS I:265.545 f

[7] KSS I:732.884 f; I:743.892

die Takeda die Bevölkerung zu öffentlichen Bauarbeiten z.B. an Deichen und Burgen heranziehen.[1] 1578 erließ Takeda Katsuyori folgende Bestimmung für die Leute der Gemeinde Obina im Bezirk Yamanashi:

> Was die gesamte Gemeinde Obina betrifft: Alle müssen unbedingt monatlich drei Tage Baufron an der Burg Sekisuiji verrichten. Aber von allen übrigen Baufronen, angefangen mit den Arbeiten zum Schutz vor Überschwemmungen *(kawayoke)*, werden sie hiermit gänzlich befreit. Daher muß man alle, die keine besiegelte Urkunde mit dem Erlaß der Baufron an der Burg, ob Vornehm, ob Gering, ohne Ansehen ihres Standes, herbeizitieren und ihnen mitteilen, daß sie sich unbedingt an der Baufron in [Obina-]Iri beteiligen müssen.
> Zusatz: Vorstehendes wird für diejenigen unter den Fronleuten, die älter als 60 oder jünger als 17 Jahre sind, gänzlich verboten.
> Tenshō 14, Älteres Jahr Feuer, Jahr der Ratte [1576], 6. Monat, 1. Tag
> Diensthabende: Atobe Minbunosuke, Ichikawa [Gouverneur von] Higo
> An die urkundlich bestellten Prüfer *(go-inban-shu)* [2]

Ein Jahr später befahl er den Bewohnern von Ryūō, 15 Bambus-Stämme, die zum Schutz vor Überschwemmungen gedacht waren, bis zum folgenden Tag nach Kōfu zu liefern.[3] 1581 ließ er schließlich für den Bau seiner neuen Burg Shinpu zur dreißigtägigen Fron rufen. Je zehn Häuser der gesamten Provinz mußten eine Arbeitskraft stellen, die Heerfolgepflichtigen für Proviant und die »Wasserdienstpflichtigen« für Trinkwasser sorgen.[4]

Die Befreiung von der Baufron erhielten religiöse Einrichtungen[5] und vor allem Handwerker - Zimmerleute und Schmiede - im Dienst der Takeda.[6]

Mit dem Ausbau der Verkehrswege, die dem Handelsverkehr, aber auch militärischen Bewegungen dienten, wurde eine andere Form der Fron immer wichtiger: Der Dienst am Pferderelais *(tenma)*. Reisenden mußten die Pferde gewechselt werden, Sänften mußten befördert werden, die Tiere versorgt und die Relaisstationen bewacht werden.

Wie bei der Erhebung des Hausgeldes in jeder Gemeinde eine Gruppe von Prüfern

---

[1] Z.B. KSS I:377.641 f (Eiroku 6 = 1563). 1560 verpflichtete er die Angehörigen verschiedener Shintō-Schreine zu Diensten am Hauptschrein der Takeda, dem Hachiman-Schrein in Kōfu. Dazu gehörte das Säubern und Instandhalten der Gebäude bei Festlichkeiten am Heiligtum. Als Gegenleistung wurde ihnen die öffentliche Baufron erlassen (»Faule« wurden davon allerdings ausdrücklich ausgenommen).

[2] KSS I:616.810 f

[3] KSS I:641.827 (Tenshō 5 = 1577)

[4] KSS I:725.880 f (Tenshō 9 = 1581)

[5] KSS I:389.648 (Eiroku 7 = 1564); I:453.688 (Eiroku 12 = 1569)

[6] KSS I:425.670 (Eiroku 11 = 1568); I:427.672 f (Eiroku 11 = 1568); I:497.714 (Ganki 3 = 1572); I:548.754 (Ganki 4 = 1573); I:552.757 (Ganki 4 = 1573)

(totonoe-shu) ernannt wurde, die verantwortlich zeichnete, so wurde die Organisation der einzelnen Hausdienste per besiegelter Urkunde *(inbanjō)* delegiert (diese Gruppe wurde deshalb auch *inban-shu* genannt).[1]

Zahlreichen religiösen Einrichtungen versprachen die Takeda die Freiheit von erzwungenen Leistungen *(oshitate kuji)*.[2] Was darunter genau verstanden werden muß, ist nicht geklärt;[3] wahrscheinlich aber Leistungen, die Vögte der Takeda *(jitō)* oder andere dorfansässige Herren ohne Autorisierung verlangten.[4] Abgaben dieser Kategorie gehörten also nicht zu den legitimen landesherrlichen Einnahmen.

Weitere wichtige Einnahmequellen der Takeda waren Wegezölle an den Zollstellen *(kan'yaku)* sowie die Gebühren zur Benutzung der Umspannpferde *(tenmayaku)*. Die Wegezölle trafen zwar auch reisende Mönche, die sich häufig um Befreiungen bemühten,[5] und Handwerker,[6] aber sie zielten wie die übrigen Abgaben vor allem auf Kaufleute und Händler, die ihrerseits für Dienste für den Landesherrn auch Befreiung erwirken konnten.[7]

Die Takeda verlangten wiederholt eine Vermögenssteuer *(tokuyakusen)* von den Vermögenden in der Provinz.[8] Betroffen waren davon vor allem Kaufleute und Handwerker sowie religiöse Institute.[9] Die Einnahmen flossen in den Fiskus und wurden auch als *kurade* an Vasallen vergeben,[10] weshalb Katsuyori sie 1579 seiner Verwaltung besonders ans Herz legte.[11] Andererseits vereinbarten 1549 Harunobu und der Oberherr des Bezirks Tsuru, Oyamada Nobuari, ein »Bußgeld« *(karyōsen)* von allen Bauern und Tempeln des Bezirks zu erheben.[12] Ein solches Bußgeld wurde auch 1553 verhängt. Die Chronik *Myōhōji-ki* schreibt dazu:

> In diesem Jahr wurde über alle buddhistischen und shintōistischen Kleriker und Bauern, die einen Herrn besaßen und dies nicht gemeldet hatten, ein

---

[1] KSS I:616.810 f (Tenshō 4 = 1576). Eine Befreiung vom Dienst in einer solchen Gruppe: KSS I:624.817 f (Tenshō 4 = 1576).

[2] KSS I:244.530 (Tenbun 3 = 1534); I:265.545 (Tenbun 11 = 1542); I:569.767 (Tenshō 2 = 1574); Shibatsuji 1984b.355 (Urkunde der Takeda v. Tenbun 22 = 1553 für den Shōganji in Misaka [Bez. Yatsushiro]).

[3] Kommentar der Herausgeber zu KSS I:244.530 f.

[4] Gleich der erste Artikel des Hausgesetzes von 1547 verbietet es den *jitō*, willkürliche Konfiskationen vorzunehmen.

[5] KSS I:202.507 (Bunki 1 = 1501; Urkunde des Takeda Nobunawa)

[6] KSS I:384.645 (Eiroku 7 = 1564?)

[7] KSS I:297.577 (Tenbun 19 = 1550); I:345.613-618 (Eiroku 2 = 1559)

[8] Kōhakusai-ki 93; KSS I:290.570 (Tenbun 18 = 1549)

[9] (KSS I:609.798 f (Tenshō 4 = 1576); I:718.875 f (Tenshō 8 = 1580)

[10] KSS I:651.833 (Tenshō 5 = 1577)

[11] KSS I:687.856 (Tenshō 7)

[12] Myōhōji-ki 53; KSS I:291.570 (Tenbun 18 = 1549)

Bußgeld verhängt, und bei allen war des Klagens kein Ende.[1]

Hierbei ging es offensichtlich um ihren Herren entlaufene Bauern und Geistliche, die auch sonst streng behandelt wurden.[2] Mit einer bemerkenswerten Sonderabgabe wurden auch buddhistische Geistliche belegt, die nicht im Zölibat lebten.[3] Harunobu ernannte Anma Sanzaemon[4] zum Amtmann für diese »Ehesteuer« *(saitaiyaku)*.

Zusammengefaßt läßt sich die Abgaben- und Dienstsystematik der Takeda in der Endphase ihrer Herrschaft (ab ca. 1570) wie folgt beschreiben:

	Art:	*Betroffen:*
(I)	**Am Land haftende Abgaben und Dienste an die Takeda:**	
	(a) Jahrestribut *(nengu)* an den Grundherrn	Domänenland
	(b) Ackergeld *(tansen)* an den Landesherrn	Alles Land

Gegenstand der in den einzelnen Herrschaften durchgeführten Untersuchungen *(kenchi)*, niedergelegt im Landregister *(kenchi-chō)*, durchgeführt durch die kommunalen Prüfer *(totonoe-shu)*.

(II)	**Am Haus haftende Abgaben und Dienste an den Landesherrn:**	
	(a) Hausgeld *(munebetsusen)*	Alle Häuser
	oder	
	(b) Hausdienst *(munebetsuyaku)*	Alle Häuser
	hauptsächlich in den Formen:	
	(1) Baufron *(fushin'yaku)*	
	(2) Dienst am Pferderelais *(tenmayaku)*	

Werden Gegenstand der in den einzelnen Gemeinden *(gō/shuku/machi)* durchgeführten Untersuchungen, niedergelegt im Hausregister *(munebetsu-chō)*.

	(3) Heerfolgepflicht *(gun'yaku)*	

Gekoppelt an Gnadenland *[onchi]* oder gleichwertige Versorgung durch den Landesherrn. Wird niedergelegt in einer besonderen Urkunde über Art und Umfang der Heerfolgepflicht.

(III)	**Am Status haftende Abgaben, u.a.:**	
	(a) Wegezölle:	Reisende
	(b) Pferdewechselgebühren:	Alle Benutzer
	(c) Vermögenssteuer:	Vermögende
	(d) Bußgelder:	Alle Entlaufenen
	(e) Ehesteuer:	Verheiratete Kleriker

---

[1] Myōhōji-ki 55 (Tenbun 22)

[2] Vgl. Hausgesetz Art. 15 und 16.

[3] Kōyō gunkan III:48.282. Sakamoto Katsunari hat sich ausführlich mit dieser einzigartigen Abgabe befaßt. Einerseits sei die Ehesteuer eine Strafe für Kleriker gewesen, die gegen das Keuschheitsgebot verstießen; andererseits ein Weg zur Kontrolle der beiden als Unruhestifter geltenden Sekten Nichiren und Jōdo Shinshū, die ihren Klerikern die Heirat erlaubten. Drittens habe hier nüchterne wirtschaftliche Kalkulation und nicht moralische Erwägungen die Art der Strafe bestimmt (1965.36).

[4] Zu seiner Person s. Kai kokushi IV:98.152.

Die vielen Sondervereinbarungen - bedingungslose Befreiungen; an bestimmte Leistungen geknüpfte Befreiungen; befristete oder teilweise Befreiungen u.ä. - sowie regionalen Besonderheiten (die unterschiedliche Konsequenz, mit der dieses System durchgesetzt wurde; abweichende, aber von den Takeda akzeptierte Gepflogenheiten neueroberter Gebiete) verbieten allerdings, in dieser Systematik mehr als nur einen groben Leitfaden durch das Dickicht der Dienste und Steuern zu sehen. Der wirkliche Zustand läßt sich am trefflichsten mit einer chinesisch-japanischen Redewendung umschreiben: *sensa banbetsu* - tausend Unterschiede und zehntausend Verschiedenheiten.

3. DER HUNGER NACH GELD

Daß die Takeda einen Großteil ihrer landesherrschaftlichen Abgaben (Ackergeld und Hausgeld) wie selbstverständlich in Münzen beanspruchten und den Jahrestribut *(nengu)* sowie viele weitere Abgaben und Gebühren in Münze berechneten, hat sich aus dem Vorstehenden bereits ergeben. Es bedarf aber doch der Erörterung, warum die Takeda zu denjenigen Landesherren gehörten, die sich dieses monetären Steuer- und Abgabensystems *(kandaka-sei)* bedienten.[1]

Wir wissen, daß der Wert der Einnahmen, die die Obereigentümer in Kyōto aus ihren *shōen* in Kai erzielten, schon zu Beginn des 14. Jahrhunderts in Geld gemessen wurde.[2] Mitte des 15. Jahrhunderts erhielt der Kōgakuan-Tempel in Enzan (Bez. Yamanashi) eine Urkunde, die ihm bestätigte, daß ein »Herr Itagaki« (eine Zweigfamilie der Takeda) zwei Grundstücke aufgelassen habe, auf denen fünf bzw. zwei *kanmon* Grundtribut *(dokō)* lasteten.[3] Mithin war die Umwandlung der ursprünglichen Naturalabgaben in Münzabgaben damals schon im Gange. Seit Takeda Nobumasa[4] haben alle Takeda *kanmon* in ihren Urkunden als Bemessungsgrundlage benutzt. Als Harunobu 1548 den Jahrestribut für den Eun'in-Tempel in Kōfu auf 600 *mon* festlegte, richtete er sich nach einer vorliegenden Urkunde »von vor etwa 60 Jahren«, also aus den 1480er Jahren, die

---

[1] Viele Landesherren in Ostjapan bedienten sich des *kandaka*-Systems, in Zentraljapan dagegen besteuerten sie die eingebrachte Erntemenge in Naturalien. Für die Landesherren in Westjapan stellte die bebaute Fläche die Bemessungsgrundlage dar (Nakamura 1963.196). Allerdings führten auch die Ōuchi und die Mōri in Westjapan das *kandaka*-System ein (Yamamura 1988.347). Die wissenschaftliche Diskussion entzündet sich vor allem an der Tatsache, daß sich nach der Wiederherstellung einer zentralen Gewalt durch Oda Nobunaga, Toyotomi Hideyoshi und die Tokugawa das *kokudaka*-System durchsetzte, die Abgaben-»Währung« also Reis, gemessen in *koku* (je ca. 180 *l*), wurde. Zur Übersicht über den Forschungsstand s. Nagahara 1983.47-52.

[2] KSS I:163.473 (Kagen 4 = 1306)

[3] KSS I:189.502 f

[4] Festlegung des Jahrestributs für den Kōgakuan-Tempel in Enzan (Bez. Yamanashi), 1501 (Bunki 1), in Ueno 1969.61.

offenbar auch schon Münzabgaben vorgesehen hatte.[1]

Unter Nobutora und Harunobu erkennen wir erstmals einen deutlichen Zusammenhang zwischen Monetarisierung der Wirtschaft und Herrschaftspraxis. Besonderen Aufschluß erlauben hierüber die Aufzeichnungen der Chronik Myōhōji-ki über die Entwicklung der Marktpreise für Reis und Sojabohnen zwischen 1504 und 1554.

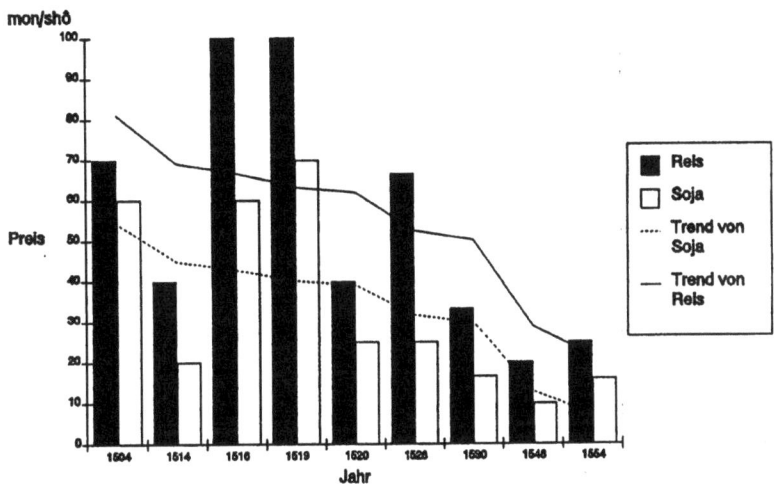

Abb. 11: *Entwicklung der Preise für Reis und Sojabohnen in* mon/shō *nach dem Myōhoji-ki*

Abb. 11 zeigt, daß - obwohl es immer wieder zu Zeiten gekommen ist, in denen Reis und Soja deutlich teurer war als im Durchschnitt - tendenziell in dieser Zeitspanne die Reis- und Sojapreise sanken. Die Trendkurven beider Produkte sind einander außerdem sehr ähnlich.

Natürlich betont Nagahara Keiji zu Recht, daß die Hauptnahrung der mittelalterlichen Bauern, *»despite the emphasis on rice production«, nicht aus* Reis bestand.[2] Unter Verweis auf das Myōhōji-ki schreibt er: *»The peasants raised rice, barley, wheat, and millet, but by spring they had usually consumed these harvested goods. After that, ferns*

---

[1] KSS I:289.569 (Tenbun 17)
[2] 1990b.325

and plant roots kept them alive until the summer barley harvest.«[1] Tatsächlich macht
die Chronik auch zahlreiche Angaben über die Preise von z.B. Gerste, Mungobohnen
und Hirse; nur leider nicht in der erforderlichen Regelmäßigkeit und Dichte, um hieraus
statistische Schlüsse ziehen zu können. Eine Aufstellung der jeweiligen Höchst- und
Niedrigstpreise mag verdeutlichen, wie gravierend die Preisschwankungen ausfielen:

Produkt	Höchstpreis (mon je *shō*)	Jahr	Niedrigstpreis (mon je *shō*)	Jahr
Reis	130	1474	33,3	1530, 1534
Gerste	100	1523	11	1530
Sojabohnen	70	1519	16,6	1530
Mungo	70	1516	25	1534
Hirse	80	1519	16,6	1530

Die Niedrigstpreise fallen ausnahmslos in die Zeit ab 1530, die Höchstpreise in die Jahre
davor. Sieht man von »Ausreißern« in Jahren ab, in denen Teuerung herrschte, so zeigen
auch die fragmentarischen Daten der Produkte neben Reis fallende Tendenz.
Diese Angaben des Myōhōji-ki stützen also die Ansicht, daß im 16. Jahrhundert eine
Deflation zu spüren war.[2] Die Chronik belegt zudem, daß es sich nicht um einen
Preisverfall etwa wegen gestiegenen Angebots handelte:

> Seit vergangenem Jahr läuft im Handel nichts mehr. Weil Münzen ausgele-
> sen werden *(zeni wo eru yue ni)*, wird Reis für 80 *mon*, Weizen für 70 *mon*
> [je *shō*] verkauft,[3]

berichtet sie zum Jahr 1512. Ein Jahr später heißt es:

> Das Münzauslesen nimmt kein Ende. Kauf und Verkauf sind billig. Käufer
> sind selten geworden ... Wie gut es den Leuten geht, ist mit Worten nicht zu
> beschreiben. Indes viele Münzen ausgelesen werden, ist [alles] außer-
> gewöhnlich billig.[4]

---

[1] Ebd. 326
[2] Imatani 1986.77, Yamamura 1988.351 nennt das 16. Jahrhundert »a century of secular deflation« (1988.351).
[3] Myōhōji-ki 26 (Eishō 9)
[4] Myōhōji-ki 27 (Eishō 10)

Und 1514:

> Dieses Jahr ist alles Kaufen und Verkaufen billig ... Handel findet zwar ganz nach Belieben statt, aber je mehr Münzen ausgelesen werden, desto knapper wird [das Geld] überall. [1]

Schließlich 1515:

> Auch dieses Jahr ist der Handel so billig wie im vorigen Jahr. Das Münzauslesen hat noch nicht aufgehört. [2]

Ein weiterer Eintrag 1553 verdeutlicht, wogegen sich dieses Münzauslesen richten:

> In diesem Jahr wird die »Nanjing« genannte Münze ohne Ende umgetauscht. [3]

Hier wurde offenbar eine chinesische Münze aus dem Verkehr gezogen. Dies allein besagt nicht viel: Fast alle Kupfermünzen, mit denen in Japan seit dem Altertum gehandelt wurde, stammten aus China oder gaben dies zumindest vor. Ein Münzregal gleich welcher Art besaß niemand. Die Münzvielfalt war groß und gewollt.[4] Im 13. Jahrhundert wurden große Mengen von Kupfer- und Bronzemünzen der Song-Dynastie eingeführt, anschließend Münzen, die die Ming prägen ließen. Unter diesen war die Münze mit der Bezeichnung »Eirakusen« in Ostjapan am beliebtesten.[5] Aber die Wertschätzung solcher Münzen konnte sich wandeln.

Münzauslesen wurden in Japan seit dem Altertum praktiziert.[6] Das Muromachi-*bakufu* - obwohl selbst der größte Nutznießer des Handels mit Ming-China - hatte die Ming-Münzen unter Einschluß der Eiraku-Münzen 1508 zunächst allesamt für schlechte Münzen *(akusen)* erklärt,[7] die Eiraku-Münzen aber 1566 davon wieder ausgenommen.[8] Doch das *bakufu* war nicht die einzige Institution im Lande, die Münzen für gut oder schlecht befand. Das Takeda-Hausgesetz sah 1547 vor:

---

[1] Myōhōji-ki 27 (Eishō 11)
[2] Myōhoji-ki 28 (Eishō 12)
[3] Myōhōji-ki 58 (Tenbun 24)
[4] Nagahara 1990a.386 f.
[5] Mori in Hayashi et al. 1986.49 f
[6] Takizawa Takeo in CH 67 ff bietet einen knappen Abriß der Geschichte der Münzauslesen im Mittelalter. Ebd. 477 f eine Liste der wichtigsten Münzauslesen zwischen 1485 und 1569.
[7] Kenmu shikimoku, tsuika, Eishō 5, 8. Monat, 7. Tag (Gunshoruijū 17:401.397)
[8] Takizawa, CH 68. Text in Gunsho ruijū 17:401.405

Schlechte Münzen dürfen, außer wenn ein Markt abgehalten wird,[1] nicht
ausgelesen werden.[2]

Die Bestimmung enthält zugleich eine Bestätigung der Praxis, für Marktgeschäfte nur
bestimmte Münzen zuzulassen, wie auch die Erlaubnis, ausgelesene Münzen außerhalb
des Marktes zu benutzen. Und »außerhalb des Marktes« kann nur bedeuten: zur Begleichung von Abgaben.

Wem konnte diese Regelung nützen? Noch einmal gibt die Myōhōji-Chronik hilfreiche
Auskunft. Für 1530 meldet sie:

Alle trifft die nicht enden wollende Münzknappheit. Der Volksmund nennt sie
»Hunger und Durst nach Münzen« *(zeni kekachi).*[3]

Derselbe Ausdruck begegnet in der Chronik auch 1533, 1534,[4] 1542,[5] 1554 (*»Münzauslesen finden in einem vorher unbekannten Umfang statt. Kaufen und Verkaufen sind zwar
billig, aber es herrscht Hunger und Durst nach Münzen.«)*[6] und 1556.[7]
Die Schuld an dieser chronischen Münzknappheit, die den Handel nahezu zum Erliegen
und die Bauern in Existenznot brachte, weist die Chronik dem Münzauslesen zu. Fujiki
Hisashi hat gezeigt, daß es wegen des Münzauslesens andernorts zu Auseinandersetzungen zwischen den Landesherren und den in den Dörfern ansässigen Herren *(zaichi
ryōshu)* gekommen ist. Die Landesherren wollten nur bestimmte Münzen als Zahlungsmittel gelten lassen, die kleinen Herren dagegen nur bestimmte Münzen auslesen,
resümiert Fujiki die Standpunkte beider Seiten.[8] Im Hausgesetz von 1547 legten die
Takeda nun zweierlei fest: Daß es (a) schlechte Münzen und gute Münzen gab, und daß
(b) schlechte Münzen nur bei Geschäften auf dem Markt ausgesondert werden sollten.
Für alle anderen Geschäfte mußten sie akzeptiert werden. Somit wurde den kleinen

---

[1] *Tateoku itchū no hoka* (KSS I:283.557) oder *itchū ni tatsu no hoka* (Hayashi 1980.295) sind als
gleichermaßen kryptische Lesungen überliefert. Hayashi erklärt »auf dem Marktplatz handeln«
(ebd. 296). Ich lese *itchū wo tatsu no hoka,* wie es auch in Kai kokushi IV:101.233 in der
Urkunde eines sehr ähnlichen Zusammenhangs verwendet wird. Gemeint ist der an einem festen
Tag stattfindende Markt *(hinoichi)* (ebd. 296 f). Vgl. hierzu Kōyō gunkan III:48.273 *(hinoichi no
tatsuru machi)* und Kai kokushi I:2.97 *(hinoichi wo tateru tokoro)* sowie IV:101.223 in Erklärung
der Stelle des Kōyō gunkan *(sore wa tsune ni ichi wo tatsuru naru beshi).* Röhls Übersetzung
(»außer wenn es auf dem Markt bekanntgemacht wird«) ist dagegen nicht haltbar.

[2] Hausgesetz 42. Vgl. Hayashi 1980.295-300.

[3] Myōhōji-ki 38 (Kyōroku 3)

[4] Myōhōji-ki 42 (Tenbun 2, Tenbun 3)

[5] Myōhōji-ki 48 (Tenbun 11)

[6] Myōhōji-ki 56 (Tenbun 23)

[7] Myōhōji-ki 59 (Kōji 2)

[8] 1974.273

Herren untersagt, außerhalb des Marktes (also in den Dörfern) schlechte Münzen auszusondern; sie mußten sie pari akzeptieren.

Denn in der Praxis bedeutete die Auslese einer Münze nicht, daß die betroffene Münze gänzlich außer Kurs gesetzt wurde; sondern man beschränkte die Menge der schlechten Münzen, die in einer Zahlung insgesamt enthalten sein durften, auf meist 20-30%.[1] Für die Bauern bedeutete dies, daß sie möglichst viele gute Münzen auf dem Markt erwerben mußten - entweder direkt durch den Verkauf ihrer Produkte oder durch das Einwechseln schlechter Münzen gegen gute, natürlich zu einem Kurs weit unter Nennwert. Waren gute Münzen kaum zu bekommen, weil sie einerseits knapp waren und andererseits die Agrarpreise niedrig lagen, dann erlitten die Bauern empfindliche Einnahmeeinbußen. Also mußten sie mehr produzieren, um ihre Abgaben entrichten zu können.[2] Für die Herrenseite stellten die schlechten Münzen wiederum billig erworbenes Kapital dar - denn was sie in ihrer Herrschaft für schlecht erklärt hatten, konnte ja anderswo sehr wohl gültige Münze sein. Auf diesen Umstand weist schon die Myōhōji-Chronik hin:

> In anderen Provinzen kann man günstig [Geld] eintauschen. [3]

Noch deutlicher aber wird dies aus einem Schreiben des Takeda-Amtmannes Ichikawa Iemitsu an den Leiter des Sengen-Schreines am Fuji-Berg von 1565. Iemitsu forderte dazu auf, zum Kauf von Gewehrkugeln schlechte Münzen abzugeben. Seien nicht genug schlechte Münzen vorhanden, solle er nach Kōfu kommen und eine Erklärung abgeben.[4] Der Sengen-Schrein ist das shintōistische Hauptheiligtum der Pilger zum Fuji-Berg. Deshalb vermuten die Herausgeber wohl zu Recht, daß der Schrein diese Münzen den Pilgern abnahm[5] - aus Wegezöllen[6] oder aus den Spendengeldern.[7] Eine Anweisung des lokalen Oberherrn, Oyamada Nobuari, belegt, daß bereits 1529 eigene »gesetzliche Bestimmungen der Provinz Kai über schlechte Münzen *(Kōshū akusen hatto)*« bestanden. Oyamada verlangte, daß schlechte Münzen (sein Brief nennt ausdrücklich die »neuen Münzen« *[shinsen]*, d.h. die Münzen der Ming-Dynastie), die die Fuji-Pilger in den Spendenkasten warfen, ihm übergeben werden sollten.[8] Da die Pilge regelmäßig aus

---

[1] Fujiki 1974.282
[2] Yamamura 1988.350
[3] Myōhōji-ki 28 (1515 = Eishō 12)
[4] KSS I:399.653 f (Eiroku 8)
[5] KSS I:399.654. So auch Ueno 1969.390.
[6] Zum Beleg dafür die Befreiung des Sengen-Schreines von Wegezöllen für die Beförderung seines Proviantreises von 1560 (KSS I:351.621 f) (Eiroku 3).
[7] Über die Verwendung der Spenden gab es 1563-1564 einen Streit zwischen der Verwaltung des Schreins und dem lokalen Oberherrn Oyamada (KSS I:373.639 f [Eiroku 6]; I:381.644 [Eiroku 7].
[8] Kai kokushi I:2.99 (Eiroku 2). Vgl. hierzu Yada 1984.162 f.

ganz Japan zum Fuji-Berg kamen,[1] brachten sie gewiß die unterschiedlichsten Münzen mit sich, darunter eben auch solche, die bei den Takeda als schlecht galten. Auf dem Markt durfte dieses Geld nicht benutzt werden; deshalb konnte es die Takeda-Verwaltung kassieren und als Devisen für Einkäufe in anderen Provinzen benutzen. Gerade Gewehrkugeln wie auch andere Rüstungsgüter benötigten die Takeda damals dringend.[2] Auch beim zweiten Pilgerzentrum in Kai, zu dem Menschen aus ganz Japan strömten - dem Haupttempel der Nichiren-Sekte auf dem Minobu-Berg im Koma-Bezirk - wurden Wegezölle erhoben.[3]

Die Kontrolle der Münzen durch die Definition guter und schlechter Münzen sowie durch die Definition ihrer Marktfähigkeit erlaubte den Takeda also, billig an Devisen für den Handel außerhalb ihres Territoriums zu gelangen. Zugleich hielt sie die Marktpreise niedrig und trieb die Agrarproduzenten zu höherer Produktion an. Da die Takeda die bäuerlichen Abgaben weitgehend in Münze entrichten ließen, konnten sie über die Politik der Münzauslesen zudem den auf den Bauern lastenden Abgabendruck indirekt regulieren.

Die Münzknappheit konnte allerdings dazu führen, daß statt Bargeld auch wieder Naturalien akzeptiert werden mußten wie 1564 im Falle des Shōzenji-Tempels in Kōfu:

Register der Revision *(aratame)* der Herrschaft des Shōzenji.
   2 *kan* 150 *mon*   Jahrestribut
   24 *hyō* 1 *to* 9 *shō*[4] Abgabenäquivalent *(kokudai)*
in Umrechnung *(kawasemono)*
   6 *kan* 236 *mon*[5]
[Drachenförmiges Siegel]
Zusammen 8 *kan* 386 *mon*

---

[1] Vgl. den Passierschein Harunobus für die Veranstalter solcher Pilgerfahrten aus Nordostjapan von 1572 (KSS I:501.716) (Ganki 3).

[2] Genau dies betont auch Nagahara 1983.51.

[3] KSS I:342.612 (Eiroku 1 = 1558)

[4] 1 *hyō* nichtenthülster Reis = 118,8 *l*, 1 *to* = 1/6 *hyō* (19,8 *l*), 1 *shō* = 1/22 *hyō* nach dem in der Provinz üblichen Kōshū-Maß (5,4 *l*), aber 1/66 *hyō* nach dem Kyōto-Maß (1,8 *l*) (Kai kokushi I:2.126). Da nach Kōshū-Maß 3,6666 *shō* auf ein *to* gehen (ebd.), nach Kyōto-Maß dagegen genau 10, hier aber bereits 9 *shō* als Rest angegeben sind, muß es sich um Angaben in Kyōto-Maß handeln. Die Menge beträgt also 2887,2 *l*.

[5] Die vorstehende Abgabenmenge ergibt 1603 Kyōto-*shō*. Das bedeutet einen Preis von 3,89 *mon* je *shō*. Wird die damals weithin übliche Rechnung angewendet, daß ein *shō* nichtenthülster Reis 1/2 *shō* (gleich 5 *gō*) enthülsten Reis ergibt *(gogōzuri)* (Nihonshi yōgo daijiten I:5904.274), verdoppelt sich der Preis auf 7,78 *mon* je *shō* enthülsten Reis. Damit liegt er weit unter den vom Myōhōji-ki angegebenen Marktpreisen, falls diese sich auf 1 Kyōto-*shō* beziehen; falls sie sich auf ein Kōshū-*shō* beziehen, betrüge der Preis 23,34 *mon*. Dies wäre immer noch sehr billig.

Davon abzuziehen Almosen für die Hungerteufel *(segaki)*. [1]
Wie oben bekundet.
Älteres Jahr des Holzes, Jahr der Ratte [1564]
12. Monat, 2. Tag [2]

Offenbar war der Tempel nicht in der Lage, die gesamte fällige Summe in bar zu entrichten.[3] Von einem anderen Fall aus dem Jahre 1546 berichtet das Kōhakusai-ki: Damals durften die Leute aus Ishimori (Bez. Yamanashi) 40 *kanmon* in Münze und »Papiergeld« *(fudazeni)* entrichten.[4] Dies wird aber sicher kein Papiergeld im Sinne einer gedruckten Währung gewesen sein,[5] sondern ein bargeldloser Wechsel.[6] Goldstaub *(sakin)* v.a. aus Japans Nordosten galt schon früher als Zahlungsmittel; er bildete die Grundlage des Reichtums erst der Fujiwara in Hiraizumi im 12. Jahrhundert, dann der Hōjō, schließlich der *daimyō*-Familie Date.[7] Aber der Takeda-Vasall Anayama Nobutomo war spätestens seit 1534 (Tenbun 3) im Goldbergbau tätig: Damals ernannte er Mochizuki Zenzaemon zum Amtmann für die Berge Tsuzura und Hō (beide im Bezirk Koma), die er als »Berge zum Geldverdienen« *(kasegiyama)*[8] beschrieb.[9] Beide Berge

---

[1] *Gaki* sind Wesen, die aufgrund schlechten Lebenswandels im Vorleben zu einer Existenz in Hunger und Durst verdammt sind (sanskr. *preta*). Ihrer haben sich besonders die Zen-Tempel (auch der Shōzenji gehört zur Rinzai-Richtung des Zen) angenommen, die ihnen Speise und Trank stiften.

[2] KSS I:390.648. Katsumata hat bei der Untersuchung der Landesaufnahme im Erinji (1563) auf eine gleichlautende Formulierung hingewiesen und denselben Schluß gezogen, daß die Abgaben zwar stets in *kandaka* berechnet, aber mitunter auch in Natura geleistet wurden (1984.107).

[3] In solchen Liquiditätsengpässen liegt der wesentliche Grund dafür, daß unter den Oda/-Toyotomi/Tokugawa die Abgaben wieder in Reis erhoben wurden (so auch Nagahara 1983.51). Sicherlich unhaltbar ist dagegen Wakitas Ansicht, daß das *kandaka*-System aufgegeben wurde »because of the yet inedaquate degree of monetization of the economy and, more importantly, because the ruling class wanted to collect taxes in rice in order to prevent further involvement of the peasants in the market economy, which might increase the peasant's economic position to the point of their being able to challenge the economic dominance enjoyed by the warrior class« (1982.360). Die Monetarisierung der Agrarabgaben in Verbindung mit *erizeni* hat in Kai ja offensichtlich das genaue Gegenteil erwirkt: Sinkende Preise und damit sinkende Einnahmen bei den Bauern und größere Abhängigkeit von den münzbestimmenden Herren.

[4] Kōhakusai-ki 87 (Tenbun 15). Die Stelle ist möglicherweise später inseriert worden, so daß die zeitliche Zuordnung nicht sicher ist (Kommentar der Herausgeber, ebd. 88). Es ist aber sicher, daß Takeda Harunobu über die dortigen Einkünfte zur fraglichen Zeit verfügte (vgl. CD 125).

[5] So vermutet Ueno 1987.49 f.

[6] Zum Wechsel vgl. Müller 1988.92 f.

[7] Vgl. Müller 1988.96

[8] In der Edozeit (1600-1867) wurden im Fürstentum Satsuma auf der Insel Kyūshū Berge als *kasegiyama* bezeichnet, die zur Allmende eines Dorfes gehörten, zu denen also alle Dorfbewohner Zutritt hatten, um sich mit dem Lebensnotwendigen zu versorgen (Nihonshi yōgo daijiten

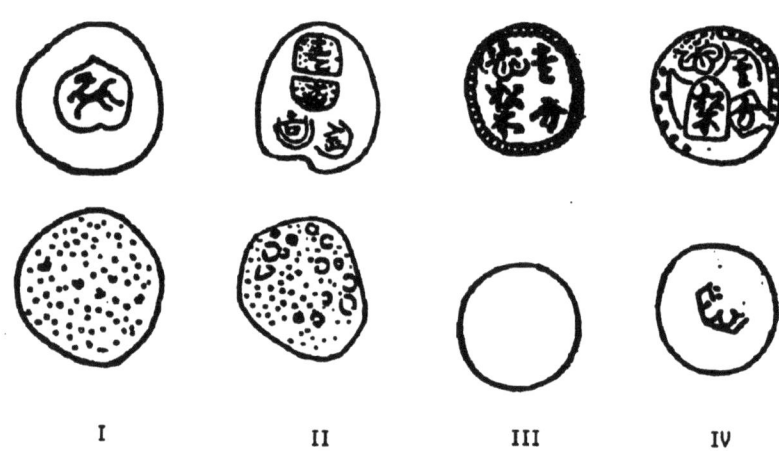

I   II   III   IV

Abb. 12: *Münzbeispiele aus dem Kai kokushi*

bargen Gold. Seit etwa derselben Zeit - der Herrschaft des Takeda Nobutora also - lassen sich in Kai geprägte Goldmünzen *(Kōshūkin)* nachweisen. Ihre unregelmäßige Kreisform kennzeichnet die frühen Münzen, das sog. Go-Stein-Gold *(go-ishi kin) (Abb. 12 Nr. I und II).*[1] Es trug auf der Vorderseite ein Bild - ein Streitroß *(koma;* vielleicht wegen des Gleichklangs mit dem Bezirk Koma, aus dem der größte Teil des Goldes aus Kai stammte) - oder den Abdruck von Prägestempeln mit den Schriftzeichen *yoshi* (»gut«),

---

I:3255.153).
[9] Ueno 1969.396; CD 564
[1] Erläuterungen zu den Münzen in *Abb. 12:*
   I: 1-*ryō*-Münze mit Streitroß *(Koma ichiryō).* Gew.: 4,2 *monme* (15,75 g).
   Vorders.: Bild eines Pferdes. Rücks.: unbearbeitet. (Kai kokushi I:2.108)
   II: 1-*ryō*-Münze in Go-Stein-Form *(goishi kin).* Gew.: 4 *monme* (15 g).
   Vorders.: »*Ichi/ryō/yoshi/kin*« (»1/*ryō*/gut/Gold«). Rücks.: unbearbeitet. (Kai kokushi I:2.109)
   III: Trommel-Münze *(taikoban).* Gew.: 1 *monme* (3,75 g)
   Vorders.: Paulownia-Wappen, »*Ichi/bu/Matsu/gi*« (»1/Viertel *ryō*/Matsugi«).
   Rücks.: keine Prägung. Rand verziert. (Kai kokushi I:2.110)
   IV: Trommel-Münze *(taikoban).* Gew.: 1 *monme* (3,75 g)
   Vorders.: Paulownia-Wappen, »*Ichi/bu/Matsu/gi*« (»1/Viertel *ryō*/Matsugi«).
   Rücks.: Paulownia-Wappen (beschädigt). Rand verziert (beschädigt). (Kai kokushi I:2.110)

kime (»geprüft«) oder *kin* (»Gold«).[1] Solche Münzen waren noch unter Takeda Harunobu verbreitet.[2] Die späteren Münzen mit ihrer regelmäßigen Kreisform, die zur Zeit Harunobus hergestellt worden sein sollen,[3] werden Trommel-Gold *(taiko ban)* genannt *(Abb. 12 Nr. III und IV)*. Auf der Vorderseite (oft auch auf der Rückseite) trugen sie das Wappen der Minamoto, die Paulownia *(kiri)*, eine Gewichtsangabe und den Namen der Leiter der Goldmünze *(kinza)* in Kōfu, der Familie Matsugi.[4] Die Takeda unternahmen große Anstrengungen, um den Goldbergbau zu fördern;[5] neben den bereits erwähnten Minen des Tsuzura und Hō sowie des benachbarten Amebatake-Berges sind in der Provinz Kai Minen in den Bergen Kurokawa und Ōgonsawa (nahe Enzan, Bez. Yamanashi), Gozaishi und Kanazawa (nahe Nirasaki, Bez. Koma) sowie Yunooku und Kawajiri (nahe Shimobe, Bez. Yatsushiro) betrieben worden.[6] In den eroberten Provinzen Shinano (Azusa-Berg) und Suruga (Fuji-Berg) wurde ebenfalls nach Gold gegraben.[7] Für die Bergbauarbeiten gab es spezialisierte Minenarbeiter *(kinzan-shu)*.[8] Doch die Münzen der Takeda, die aus der Werkstatt der Matsugi und der anderen Münzmeister kamen und durch das Wappen der Minamoto offiziell der Autorität der Takeda unterstellt wurden, sind wohl schwerlich ein geeignetes Zahlungsmittel für den alltäglichen Zahlungsverkehr auf dem Markt und auch für die Abgaben eines einzelnen Bauern gewesen. Die Go-Stein-Goldmünzen wogen 4-4,5 *monme* (15-17 g) und entsprachen damit dem zeitüblichen Gewicht eines hauptstädtischen *ryō* Gold;[9] sie tragen

---

[1] Kai kokushi I:2.103

[2] Vgl. Kōyō gunkan 43:III.148, wo Harunobu derartige Münzen an verdiente Krieger verschenkt.

[3] Kai kokushi I:2.119

[4] Genealogische Angaben in Kai kokushi IV:109.311, leider ohne Chronologie. Der vor 1569/10/6 verstorbene Matsugi Zenmyō war Mitglied der *kuramae-shu* der Takeda (KSS I:456.689 f [Einroku 12 = 1569]; Kai kokushi IV:99.185). Das Kai kokushi führt als weitere Mitglieder der Münze zur Zeit der Takeda die Familien Yamashita, Shimura und Nonaka auf (I:2.103).

[5] Zur Technik des damaligen Minenwesens s. Müller 1988.152-156 und Nagahara/Yamamura 1988.78-83. Ende des 15. Jahrhunderts entwickelte sich das *sunpō-giri*, d.h. Graben nach vorheriger genauer Untersuchung der Bergbeschaffenheit. Dazu kam eine wohl vom Kontinent übernommene Schmelzmethode *(haifuki)*.

[6] Kai kokushi I:2.103

[7] Ueno 1987.44. Murakami vermutet, daß die Takeda hier wie auch in Kai die Goldbergbau-Gebiete zu Domänenland erklärten (1963.6). - Die Bergbau-Unternehmungen und Münzprägungen der Takeda und Anayama wurden später unter den Tokugawa nahtlos fortgesetzt (Kai kokushi I:2.103).

[8] Die Minenarbeiter von Nakayama (Shimobe, Bez. Yatsushiro) beteiligten sich 1571 an der Eroberung der Burg Fukazawa in der Provinz Suruga und wurden dafür von Harunobu belohnt (KSS I:474.701). Offenbar hatten sie zum Fall der Burg beigetragen, indem sie sie untertunnelten. Die Minenarbeiter der berühmten Kurokawa-Mine befreite Katsuyori 1577 von allen Abgaben (KSS I:631.821).

[9] Vgl. Ōuchi-ke kabegaki v. 1485 (Bunmei 16, 5. Monat) in Gunsho ruijū 17:402.422.

daher zu Recht die Prägung *ichiryō*. Die Trommel-Goldmünzen wogen 1 *monme* (3,75 g), d.h. ein Viertel *ryō* oder ein *bu*, und tragen folgerichtig die Prägung *ichibu*.[1] Ein *ryō* Goldes wurde 1565 in Kai mit 1 *kan* 650 *mon* Kupfermünzen gleichgesetzt.[2] Daher hätte man 1534 mit einer einzigen Go-Stein-Goldmünze rund 50 *shō* (à 33 *mon*) Reis kaufen können,[3] mit den späteren kleineren Trommel-Münzen immerhin noch 12,5 *shō*. Für den marktgerechten Zahlungsverkehr schieden solche Münzen daher in aller Regel aus. Schon das Kai kokushi bemerkt kritisch:

> Diese Provinz [Kai] hat das [Münz]wesen der Takeda übernommen, und ihr Gebrauch ist bis heute [zu Beginn des 19. Jhs.] gestattet. Aber während man in den alten Dokumenten ausschließlich [den Begriff] *kanmon* benutzt, erscheinen Goldmünzen nur selten.[4]

Eine aufschlußreiche Ausnahme findet sich in einem Kaufvertrag von 1572. Damals wechselte ein Hausgrundstück für 10 *ryō* in Gold den Besitzer.[5] Käufer (Matsugi Ieshige) und Verkäufer (der Mönch Gannen) waren beide Angehörige der *kuramae-shu*, der Takeda-Finanzverwaltung, und zugleich kaufmännisch aktiv. Wahrscheinlich hatten beide über ihre Tätigkeit für den Fiskus leichteren Zugriff auf Goldmünzen. Meist aber tritt in den Quellen Gold nur auf, wenn es um besondere Zuwendungen und Geschenke ging: So spendeten die Takeda Tempeln auf dem heiligen Berg Kōya wiederholt Gold,[6] und verdiente Kämpfer erhielten Goldmünzen geschenkt.[7] Für solche repräsentativen

---

[1] In Katsunuma-Iwasaki (Bez. Yamanashi) wurde 1971 ein Münzschatz mit ca. 5.000 alten Münzen geborgen, darunter 2 edozeitliche *koban*-Münzen (in abgenutztem Zustand, Durchschnittsgewicht 3,5 *monme*) und 18 ungeprägte Go-Stein-Münzen, die der Zeit Takeda Nobutoras zugerechnet werden; ihr Gewicht betrug zwischen 3,68 und 4,21 *monme*. Die übrigen Münzen bestanden aus sieben Sorten chinesischer Prägungen (Ueno 1969.395 f). Daß die Goldmünzen insgesamt nicht einmal ein halbes Prozent der Gesamtmenge ausmachen, mag ein Indiz für ihre geringe Verbreitung sein. Zu Münzschatzfunden bemerkt übrigens AMINO, Schatzhortung sei in der Muromachi-Zeit seltener gewesen als in der vorangegangenen Kamakura-Zeit, da Geld eben verstärkt als wirtschaftliches Kommunikationsmedium und weniger als Mittel der Schatzbildung verwendet wurde (in Hayashi u.a. 1986.40). Freilich hat SUZUKI dem sofort widersprochen, unter Hinweis auf die vielen Kriege in der Muromachi-Zeit (ebd. 49 f).

[2] Kai kokushi I:2.99

[3] Nach Kyōto-Maß rd. 90 *l*. Bei heutigem Marktpreis (1993) erhält man diese Menge einer hochwertigen Reissorte in Japan für etwa 440.000 Yen oder 6.600 DM.

[4] Kai kokushi I:2.120

[5] Hirayama 1990.73 (Genki 3 = 1572)

[6] KSS I:344.613 (vor 1559); I:410.660 (vor 1567); I:561.763 (Tenshō 1 = 1573)

[7] Kōyō gunkan 43:III.148. Ein Vasall erhielt 1547 (Tenbun 16) anläßlich der Verleihung eines Ehrennamens drei Schwerter und 30 Blatt goldenes Papier geschenkt (Kōhakusai-ki 89).

Zwecke[1] und gewiß auch für Großeinkäufe von Kriegsgerät auf den Märkten Zentraljapans mag das Gold der Takeda geeignet gewesen sein; für den einheimischen Markt allerdings nur sehr beschränkt. Mit der Prägung der Goldmünzen versuchten die Takeda also keineswegs, der herrschenden Münzknappheit entgegenzusteuern oder eine eigene, unter ihrer Hoheit hergestellte Münze als Landeswährung durchzusetzen. Die Goldmünzen waren im wesentlichen für den »Außenhandel« außerhalb der Grenzen des eigenen Herrschaftsbereiches bestimmt. Genau hierin liegt eine Übereinstimmung mit der Praxis der Münzauslese: Die guten, »harten« Münzen sollten für die Kasse des Landesherrn arbeiten. Deshalb sollten sie dem Markt entzogen werden. Aus demselben Grunde wurden die Goldmünzen gar nicht erst richtig in der eigenen Herrschaft in Umlauf gebracht. Daß es erwünschte Nebeneffekte dieser Geldpolitik gab - daß nämlich den kleinen, dorfansässigen Herren das »gute Geld« knapp wurde und sie daher umso mehr auf die Zuwendungen der Takeda angewiesen waren (auch deswegen die Goldgeschenke); daß die heimischen Marktpreise niedrig gehalten und die Bauern zu stärkerer Produktion gezwungen wurden; und daß die Berechnung von Steuerabgaben und Dienstpflichten einerseits wie auch von Lehenshöhe und Privilegien andererseits zu einer einfachen Rechenaufgabe wurde -, ist gar nicht zu bezweifeln. Aber der ständige Hunger nach Geld herrschte nicht nur bei den Kleinen, sondern eben auch bei den Großen, die zum Regieren, zum Repräsentieren und besonders zum Kriegführen viel gutes Geld brauchten. Die Preise für die neuartigen Befestigungsanlagen mit hohen Türmen und steinernen Mauern, für die frisch importierten und flugs nachgebauten Feuerwaffen und deren Munition, für den Unterhalt riesiger Armeen und Söldnertruppen und die Verwaltung immer größerer Territorien sind ganz gewiß nicht vom deflationären Trend der Agrarpreise erfaßt worden.[2] Mit einem knappen Satz umreißt das Kōyō gunkan, worum es eigentlich ging:

> Bevor Fürst Shingen [Harunobu] verschied, wollte er sich während des Frühlings ins Reich [nach Kyōto] begeben, und zur Vorbereitung ließ er Geld beschaffen. Obwohl man sogar die Ehesteuer von Witwen und Klerikern erhob, kamen nur knapp 7.000 *ryō* zusammen. [3]

Um auf Heerfahrt in die Hauptstadt zu gehen, reichte diese gewaltige Summe gerade eben.

---

[1] So auch ZYR 129.

[2] Folgerichtig konnte man auf die Münzauslesen und -abschöpfungen in der Zeit nach der Einigung und Befriedung Japans auch verzichten, da ein Großteil dieser Kosten nach dem Ende der kriegerischen Auseinandersetzungen entfiel.

[3] Kōyō gunkan III:54.382

4. HANDEL UND WANDEL

Großes Interesse haben die Takeda an einer Förderung sowohl des Binnen- als auch des Außenhandels ihrer Herrschaft gehabt. Die besondere Lage der Provinz Kai machte hierbei besondere Anstrengungen nötig: Kai ist eine der wenigen japanischen Provinzen ohne eigenen Zugang zum Meer; hohe Berge riegeln außerdem das Landesinnere fast hermetisch ab. Salz und Fisch, Güter des täglichen Bedarfs also, mußten größtenteils aus den Nachbarprovinzen importiert werden. Schon vor der Zeit der Takeda-Landesherrschaft hatte sich eine Binnenwirtschaft unter Einschluß des Handels mit den unmittelbaren Nachbarn entwickelt. So spezialisierten sich neun Bergdörfer am Fuße des Fuji-Berges, die in der Gemeinde Kuishiki zusammengefaßt wurden, auf die Herstellung und den Handel mit Holz und seinen Produkten - Bauholz, Holzkohle, Eßstäbchen -, weil sie aufgrund der klimatischen und geologischen Verhältnisse mit landwirtschaftlicher Produktion allein nicht hätten auskommen können. Außerdem lag ihre Gemeinde genau auf der kürzesten Verbindung zwischen dem Landesinnern von Kai und der am Meer gelegenen Provinz Suruga, weshalb sie auch den Transport von Salz und Fisch nach Kai übernahmen. Auf den Märkten von Kai wiederum erhielten sie für ihre Ware Nahrungsmittel. Die Leute von Kuishiki erhielten seit 1540 mehrfach Wegezoll-Privilegien der Takeda, die an Holz für den Bau von Burgen und Siedlungen besonders interessiert waren, aber Kuishiki auch als militärischen Vorposten und zur Sicherung der Handelsroute nach Suruga einsetzten.[1]

Im Landesinnern gab es ein dichtes Netz sogenannter Fixtagsmärkte *(hinoichi)*, die nach den Endziffern derjenigen Tage im Monat benannt wurden, an denen sie stattfanden.[2] Im Zentrum von Kai lagen sie so dicht beieinander, daß faktisch niemand mehr als eineinhalb *ri* (knapp 6 km) gehen mußte, um zu einem solchen Markt zu gelangen.[3] *Tab. 1* enthält eine Auflistung der in Kai nachgewiesenen Fixtagsmärkte.[4] *Abb. 13* gibt die räumliche Verteilung dieser Märkte wieder.

Nr.	Name (Tages-endziffer)	Ort, Bezirk	Erster Beleg	Tempel (T.)/ Schrein (S.)	Bekannte Ausstattung
1	Futsuka ichiba (2)	Kōfu, Koma	1561	Kumano S.	'

---

[1] Hierzu grundlegend Sasamoto 1982. Vgl. Kai kokushi IV:107.300.

[2] Müller 1988.83 f. Ein »Mikkaichi« (»Dreiertags-Markt«) konnte demnach am 3., 13. und 23. eines Monats stattfinden usw.

[3] Hirayama 1990.71 f (mit einer Karte)

[4] Erstellt nach CD (Einträge s.v. sowie Liste der überkommenen Ortsteilnamen).

Nr.	Name (Tages-endziffer)	Ort, Bezirk	Erster Beleg	Tempel (T.)/ Schrein (S.)	Bekannte Ausstattung
2	Mikka ichiba (3)	Enzan, Ya-manashi	1499	Erinji T., Tenjin S., Kumano S.	*machi, o-kura, daiku-chi*
3	Mikka ichiba (3)	Kōfu, Yama-nashi	1543[1]		
4	Yokka ichiba (4)	Isawa, Yat-sushiro	1583	Ichirenji T.	*machi-ya, kawara, kido, miso-ya, kami-ya*
5	Yokka ichiba (4)	Tsuru, Tsuru	1533	Kōgakuji T.	*machi-nami*
6	Muika ichiba(6)	Mitama, Ya-tsushiro	1547		*machi-ya*
7	Nanoka ichiba (7)	Yamanashi, Yamanashi	Ende 16. Jh.	Tenjin S.	*kido*
8	Yōka ichiba (8)	Yamanashi, Yamanashi	1580?[2]	Tenjin S.	
9	Yōka ichiba (8)	Kōfu, Yama-nashi	1556		
10	Yōka ichiba (8)	Nakatomi, Koma	1580?	*miya* S., Daishōji T.	*kawara*
11	Kokonoka ichi-ba (9)	Enzan, Ya-manashi	1563	Erinji T.	
12	Tōka ichiba (10)	Tsuru, Tsuru	1567	*tera* T.	*ichi-be, bas-ha*
13	Tōka ichiba (10)	Wakakusa, Koma	1583	Sanrin S.	*kawara, kaji-yashiki*

Nach dem Kai kokushi fanden viele ursprüngliche Fixtagsmärkte nur noch zweimal

---

[1] Einziger Beleg überhaupt.
[2] Offenbar herrscht Unklarheit über die korrekte Zuordnung der zugrundliegenden Quelle; sie wird für Nr. 10 ebenfalls beansprucht (CD 832 f).

jährlich statt, nachdem sich der Ladenhandel entwickelt hatte.[1] Leider ist nur von zwei
Märkten aus späterer Zeit genau bekannt, wann sie wirklich abgehalten wurden: Yōka

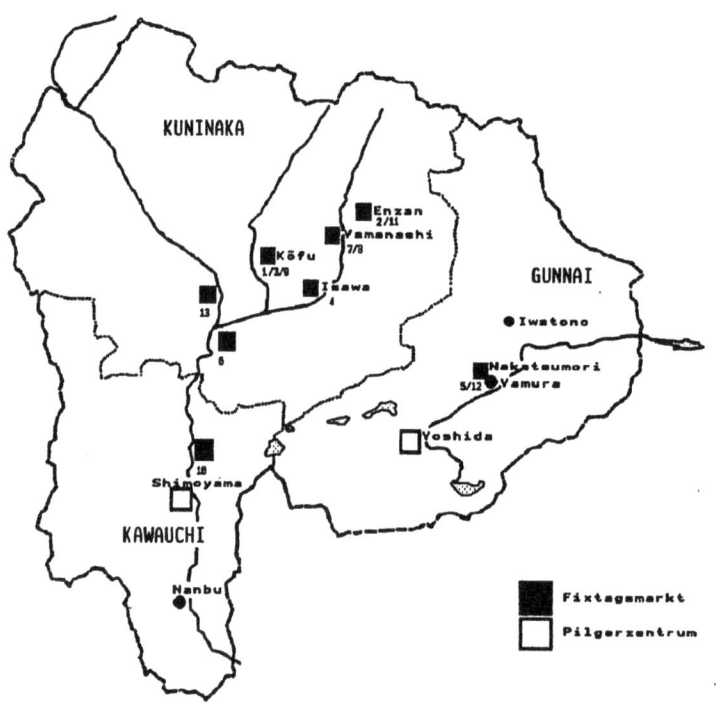

Abb. 13: Fixtagsmärkte und Pilgerzentren in Kai (Nummern beziehen sich auf Tab. 1)

ichiba in Nakatomi (Nr. 10 in Tab. 1) am 28.6. und 28.10.,[2] Tōka ichiba in Wakakusa

---

[1] Kai kokushi IV:101.233
[2] CD 833

(Nr. 13) am 10.1., 12.1., 14.1., 12.7. und 14.7. jeden Jahres.[1] Es ist auch für die Takeda-Zeit fraglich, ob die Fixtagsmärkte wirklich monatlich stattfanden.[2] Aber geplant waren die Fixtagsmärkte als *sansai ichi*, als Märkte, die dreimal monatlich abgehalten werden sollten.

Ein deutliches Zeichen für die weitere Zunahme des Handels war die Einrichtung von sechsmal monatlich stattfinden Märkten *(rokusai ichi)*.[3] Einen solchen gründete 1580 der Takeda-Vasall Ichijō Nobutsuki im neugegründeten Aoyagi (Bez. Koma):

> Festsetzung der Tage für den Markt in der neuen Raststätte *(shinjuku)* in Aoyagi
>
> 2., 7., 12., 17., 22., 27. Tag
>
> Beschränkt auf die vorstehenden Tage, soll jeden Monat ein Markt abgehalten werden. Daher [verkündet] wie oben,
>
> Tenshō 8 [1580], Älteres Jahr Metall, Jahr des Drachen,
>
> 12. Monat, 27. Tag
>
> [Signatur des Ichijō, Vizegouverneurs von Kōzuke][4]

Wie aus *Tab. 1* zu ersehen, befanden sich fast alle Fixtagsmärkte in der Nachbarschaft oder dem Einflußgebiet einer religiösen Einrichtung. Drei der Märkte kennen in ihrer unmittelbaren Nachbarschaft die Ortsbezeichnung *kawara* (Flußbett); dazu schreibt Amino Yoshihiko:

> Außerordentlich häufig entstehen die japanischen Städte im Mittelalter in »Grenzgebieten« - an der Grenze zwischen der Welt der Laien und der Welt, von welcher die Leute damals glaubten, daß sie unter der Herrschaft der Götter und Buddhas stehe, an »herrenlosen« Plätzen wie Küsten und Stränden, Flußbetten und Sandbänken, in der Natur, die »niemandem gehört« und an die Menschenkraft nicht heranreicht. [5]

Aber immerhin kann der Mensch diese Plätze als besonders geschützt herausstellen; zu diesem Zweck wurden symbolische Markttore *(kido)* errichtet, wie wenigstens für zwei der Fixtagsmärkte in Kai überliefert ist. Weiteren Schutz für den Handel bedeutete es, daß viele Tempel und Schreine für den Platz vor ihren Toren *(monzen)* von den Takeda

---

[1] CD 585 f

[2] Vgl. Müller 1988.83

[3] Müller 1988.84

[4] Kai kokushi IV:101.233. Vgl. CD 78. Die Titulatur des Ichijō (Vizegouverneur von Kōzuke) ist übrigens ein schöner Beleg dafür, daß die Takeda bei der Vergabe von Titulaturen sich an den alten Brauch gehalten haben: Der Gouverneurstitel war einem kaiserlichen Prinzen vorbehalten. Vgl. Zöllner 1991.168 zu einem ähnlichen Fall.

[5] Amino/Ishii 1988.7

Abgabenfreiheit erwirkten.[1]

Aber wie organisierte sich nun der Handel auf solchen geschützten Plätzen? In der Anfangsphase haben zwar vielleicht Straßenhändler *(tachiuri)* und fliegende Händler *(furiuri)* das Marktbild bestimmt,[2] die keine festen Stände oder Läden brauchten. Doch in wenigstens fünf der bekannten Fixtagsmärkte hat es *machi* genannte Bereiche gegeben, das sind mit den Worten von Wakita Haruko

> rows of shops and residences lining both sides of a street.[3]

Eine Karte aus dem beginnenden 18. Jahrhundert gibt genaueren Aufschluß über ein solches *machi*, Yōkaichiba in Yamanashi (*Tab. 1* Nr. 8): Ein in Nord-Süd-Richtung verlaufender, 328 m langer zentraler Weg, an der breitesten Stelle 18,2 m (10 *ken*) breit, gesäumt von Ladenhäusern und Werkstätten, im Zentrum ein Altar für die Wege- und Marktgottheiten.[4]

Dies verweist auf die besondere Bedeutung der Straßen für solche Märkte; sie lagen oft zugleich an Verkehrsknotenpunkten, häufig Wegekreuzungen.[5] Deshalb waren die Händler, die dort wirken wollten, an Bewegungsfreiheit interessiert, und das hieß: an einer funktionierenden Infrastruktur und an wirksamem Schutz durch die Obrigkeit.

Die Takeda haben die Kaufleute und Handwerker in all diesen Punkten gefördert. Wie im Fall der mit Holz, Salz und Fisch handelnden Gemeinde Kuishiki erteilten sie Kaufleuten die Befreiung von Wegezöllen und die Erlaubnis zur Benutzung ihrer Pferderelais. Ein Register der Befreiungen an Kaufleute aus dem Jahre 1559 enthält 34 Einzelfälle für die Zeit ab 1549.[6] Die Passierscheine wurden überwiegend für eine genannte Anzahl von Pferden oder Packpferden je Monat pauschal erteilt, es finden sich dabei mitunter auch sehr konkrete Bedingungen:

> ... Was er beim Feind hört, Punkt für Punkt zu melden ...
> ... wird zum Beauftragten für Seidentuch in Kyōto ernannt ...
> ... für [den Transport von] Salz zum Gebärhaus der Kemenate ...
> ... bringt Boten in [die Provinz] Etchū ...

---

[1] Als Beispiel KSS I:569.767 (Tenshō 2 = 1574) für den Ichirenji (vgl. Tab. 1 Nr. 4). Gleiches ist vom Erinji in Enzan (Nm. 2 und 11) für 1563 (CD 762; 382) und vom Kuonji auf dem Minobu-Berg für 1553 bekannt, dessen *monzen machi* wegen der zahlreichen Pilger ein reges Geschäftsleben erlebte (CD 328).

[2] Imatani in Hayashiya u.a. 1986.81 f

[3] Wakita 1983.31

[4] CD 832

[5] Auch die große Handels- und Hafenstadt Sakai (nahe dem heutigen Ōsaka) lag an einer wichtigen Kreuzung. Vgl. Miura 1978.241-258. Natürlich sind auch Häfen Schnittstellen zwischen Verkehrswegen (Land- und Wasserwegen).

[6] KSS I:345.613-618

... bringt dem Sohn des Ogasawara Nobutaka in Kōfu monatlich Proviant ...

Die Kaufleute wurden demnach als Lieferanten sowohl von alltäglichen wie von Luxusgütern eingesetzt, aber auch als Spione und Führer im Feindesland. Nicht umsonst befinden sich unter den Genannten zwischen einfachen Leuten ohne Familiennamen, den Leuten aus der schon bekannten Landgemeinde Kuishiki und Mönchen Leute, die als Vasallen von Takeda-Vasallen genannt werden, und allein drei Angehörige der Familie Matsugi. Die Matsugi waren eine der prominentesten Kaufmannsfamilien unter den Takeda, zugleich führende Beamte in der landesherrlichen Schatzkammer *(kuramae-shu)*.[1] Auch eine Reihe auswärtiger Kaufleute tritt auf.[2] In Kōfu hielten sich Kaufleute aus Kyōto und anderen Ländern auf.[3] Dem chinesischstämmigen Kaufmann Uirō, der im Dienst der Fürstenfamilien Hōjō stand, erlaubte Takeda Katsuyori 1577 den Handel in seiner Herrschaft.[4] Die Privilegierung durch die Takeda hat sie zu deren »Hof-kaufleuten« *(goyō shōnin)* gemacht.[5] Den Kaufleuten wurde erlaubt, Gilden *(za)*[6] oder Schwurgemeinschaften *(ikki)*[7] zu gründen. Belegt sind aus Kōfu zu Zeiten der Takeda die Hefe-,[8] Salz-,[9] Wiege- und Hohlmaßgilde.

Die Wiegegilde *(hakari-za)* stand unter der Leitung des Kaufmanns Furukawa Hikotarō

---

[1] Die Familie aus Hatta (Bez. Yatsushiro) ist akribisch untersucht worden von Sasamoto 1984.379-381 und vor allem Hirayama 1990. Vgl. Kai kokushi IV:105.278 f. Hirayama weist darauf hin, daß viele der für die Takeda tätigen Kaufmannsfamilien auch im Goldbergbau tätig waren (1990.71); vielleicht sind die Matsugi verwandt mit den gleichnamigen Leitern der Gold-Gilde.

[2] Eine ausführliche Interpretation des Registers bei Sasamoto 1984.386-390.

[3] Kōyō gunkan III:52.336

[4] KSS I:637.825 (Tenshō 5 = 1577)

[5] Sasamoto 1984.371

[6] Carl Steenstrup definiert prägnant: »Guilds *(za)* had, as in Europe, the double function of dealing with the authorities, negotiating privileges against tax payment, and seeing to it that for a certain quality and amount of goods and services, the same price, that is, all that the market would bear, was extracted from customers« (Steenstrup 1991.91).

[7] Ein *ikki* zu bilden erlaubte Takeda Katsuyori 1575 den Kaufleuten im eroberten Sunpu (Prov. Suruga) (KSS I:595.788). Es handelt sich allgemein um ein Bündnis zur Durchsetzung von Autonomie, sei es als Bauernaufstand *(hyakushō ikki)*, Verschwörung der Provinzialen gegen ihren Landesherrn *(kuni ikki)*, religiöser Kampfbund (z. B. Ikkō ikki) oder gegen die Zinswucherer gerichtete Bewegung *(tokusei ikki)*. Am Beispiel der Ikkō-Sekte hat K.U.W. Pauly eine eingehende Untersuchung des *ikki*-Begriffes vorgelegt: Die Ikkō-Aufstände und ihre Entwicklung aus den Aufständischen Bauern und Provinzialen des japanischen Mittelalters. Ms. Diss., Bonn 1985.

[8] *Kōji no za.* KSS I:563.764 (Tenshō 1 = 1573). Reishefe wird zur Herstellung von *sake* (Reiswein) und *miso* (Bohnenmus) benötigt, Sojabohnenhefe zur Herstellung von *shōyu* (Sojasoße) - alles grundlegende Bestandteile der japanischen Eßkultur.

[9] *Shio no za.* KSS I:564.764 f (Tenshō 1 = 1573)

Shuzui.[1] Ihre Aufgabe faßt eine Urkunde Tokugawa Ieyasus von 1583 zusammen, die als Bestätigung der von den Takeda verliehenen Privilegien gelten kann:

> In unserem Territorium soll man mit Goldmünzen Handel treiben, die mit den Gewichten des Shuzui gewogen wurden, und wer ein eigenes Gewicht verwendet oder fälscht, muß bestraft werden. [2]

Es ging also um die Kontrolle der Münzgewichte; leider ist nicht bekannt, wie hoch das von den Takeda autorisierte Gewicht war[3] und ob auch Kupfermünzen gewogen wurden. Ebenso wichtig wie die Kontrolle der Münzen nahmen die Takeda die der Maße. Die Hohlmaßgilde *(masu-za)* stand unter Leitung der Familie Kokura.[4] Das *Kōshū masu* (Hohlmaß der Provinz Kai) oder *kanaban* faßte am Ende der Takeda-Herrschaft drei *shō* des Kyōto-Maßes (je 1,8 *l*), also rund 5,4 *l*.[5] Es war unterteilt in *hatago* (ein Viertel), *nakara* (ein Achtel) und *konakara* (1/16). Zum Messen gab es genormte Meßbecher für ein *shō*; ein Becher maß an der Unterseite 7,5 *sun* (22,73 cm) im Quadrat und war 3,457 *sun* (10,47 cm) hoch, faßte also ziemlich genau 5,4 *l*. Diesen Meßbechern wurden die Zeichen der Hohlmaßgilde eingebrannt. Mit den Meßgefäßen maß man die bäuerlichen Natualabgaben. 6 *to* (118,8 *l*) nichtenthülster Reis sollten 22 *kanaban* füllen und ein *hyō* ergeben. So sollte die Messung der bäuerlichen Abgabenmengen standardisiert werden. Das Kōshū-Maß war in dieser Form eine späte Erfindung der Takeda-Verwaltung. In einer Urkunde von 1551 wurden die Bauern des Landes noch aufgefordert, je Haus 5 *gō* nichtenthülsten Reis in einem *nakara* für einen bestimmten Tempel abzugeben.[6] 5 *gō* sind aber ein halbes *shō*, das *nakara* jedoch nur ein Achtel des Kōshū-*masu* gleich 3/8 Kyōto-*shō* - also hätten 5 *gō* niemals in ein *nakara* der Hohlmaßgilde hineingehen können. Nun bedeutet *nakara* wörtlich »Halbmaß«. Genau so scheint es 1551 auch noch verwendet worden zu sein. Demnach entsprach das Maß, das doppelt so groß war wie ein *nakara*, nämlich das *hatago*, damals einem vollen Kyōto-*shō*. Das Kōshū-*masu* selbst hat es damals entweder noch gar nicht gegeben (es gibt keine Belege für seine

---

[1] KSS I:580.774 (Tenshō 2 = 1574); I:605.796 (Tenshō 4 = 1576); II:8.7 (Tenshō 10 = 1582); II:16.11 (Tenshō 11 = 1583). Die beiden letztgenannten Urkunden stammen von Tokugawa Ieyasu. Zur Person des Shuzui, der aus Kōfu stammte, aber auch in Suruga Handel trieb, vgl. Shibatsuji 1987.251 f. Zu seiner Nachkommenschaft s. Kai kokushi IV:101.220. - Als weitere Mitglieder der Gilde zählt KSS I:580.774 Suzuki Seizaburō, Suzuki Yojirō (vielleicht Brüder?) und Nagasaka Zenshichirō auf.
[2] KSS II:16.11 (Tenshō 11)
[3] Auch das Kai kokushi I:2.114 f kommt zu keinem Schluß. S.a. Müller 1988.88.
[4] KSS I:549.755 (Genki 4 = 1573); I:602.794 f (Tenshō 4 = 1576); I:603.795 (Tenshō 4 = 1576). Mit der letztgenannten Urkunde verlieh Takeda Katsuyori dem Kokura Jirō den Vornamen Shinpei.
[5] Hier und im folgenden nach Kai kokushi I:2.125 ff. S.a. Shibatsuji 1987.252-255.
[6] KSS I:305.581 (Tenbun 20)

Verwendung) - oder aber es maß vier (nicht, wie später: drei) Kyōto-*shō*; es ist dann
später um ein Viertel verkleinert worden, wobei die alten Untereinheiten im selben
Maßstab reduziert wurden. Alle Ungereimtheiten in den Bezeichnungen und Berechnungen der späteren Maße klären sich mit dieser Annahme:

Kōshū-Maß:	entspricht Kyōto-*shō*:	
	früher	*später*
shō	4	3
hatago	1	0,75
nakara	0,5	0,375
konakara	0,25	0,1875

Im Territorium der Oyamada, dem Bezirk Tsuru (Gunnai), galt ohnehin ein anderes
Maß: Ein *masu* maß hier so viel wie 2,5 *masu* in Kyōto, d.h. 5/6 des *kanaban* oder 4,5
l. Eine vollständige Vereinheitlichung der Maße ist den Takeda in Kai also nicht geglückt. Aber immerhin garantierten sowohl die genormten Münzgewichte als auch die
festgesetzten Hohlmaße ein hohes Maß an Einheitlichkeit und Regelmäßigkeit bei Geld-
und Naturalabgaben und im Handel.
1576 bestimmte Takeda Katsuyori, daß auf dem Yōkaichi-Markt in Kōfu Baumwolle und
Leinen nur mit Genehmigung der Kaufleute Naitō und Higai gehandelt werden durfte.[1]
Offenbar hatten diese beiden ein Monopol darauf erworben, das die Takeda garantierten.
Ganz im Sinne der Kaufmannschaft war auch das System der Umspannstationen für
Wechselpferde *(tenma)*, die die Takeda in ihrer ganzen Herrschaft einrichten ließen.[2]
Die Benutzung dieser Relais band Takeda Harunobu 1563 an zwei Voraussetzungen: Ein
besiegeltes Privileg des Landesherrn *(inbanjō)* und die Bezahlung je *ri* (ca. 4 km) Wegstrecke und Pferd. Unter Katsuyori wurden die Bedingungen 1576 weiter spezifiziert: Für
den (gebührenfreien) Gebrauch in öffentlichem Auftrag waren vier Pferde je Tag das
Maximum. Private Benutzer mußten 1 *sen* je *ri* und Pferdekopf entrichten.[3] Für den
Dienst an den Relais *(tenmayaku)* und die Instandhaltung der Straßen wurden die
dienstpflichtigen Einwohner der Nachbarschaft herangezogen; im Gegenzug wurde der

---

[1] KSS I:621.814 f (Tenshō 4 = 1576)
[2] Grundlegend hierzu Shibatsuji 1984b. Die erste Befreiung von Gebühren für die Benutzung der
Wechselpferde stammt von Takeda Nobutora aus dem Jahre 1540 (Meiroku 1) (ebd. 349). Eine
Gebührenfestsetzung von Takeda Harunobu aus dem Jahre 1568 nennt bereits alle Stationen der
späteren Kōshū-Hauptstraße *(Kōshū kaidō)* innerhalb Kais, der Hauptverbindung zwischen Edo
und Kai (KSS I:430.674 f. Vgl. Sasamoto 1990.30 f).
[3] KSS I:621.814 f

sonstige Hausdienst, auch in den *machi*, erlassen.[1] Die Kaufleute profitierten nicht nur davon, daß die Takeda für ein ordentliches Straßensystem sorgten und es unter ihren Schutz stellten; viele erwarben Passierscheine *(kasho)* für die Zollstellen auf diesen Straßen und die Erlaubnis, die Pferderelais zu benutzen *(tenma tegata)*.[2] Nachdem die Takeda 1569 die Nachbarprovinz Suruga erobert und eine eigene Flotte aufgebaut hatten, vergaben sie auch Passierscheine für Handelsschiffe.[3] Auch den Führern der von ihnen aufgebauten Kriegsflotte waren kaufmännische Tätigkeiten gestattet.[4]

Doch die Kaufleute waren keineswegs nur reisende Händler. Eine der Befreiungen aus dem oben zitierten Register der Privilegien für Kaufleute von 1559 lautet:

> Als Zinsen für die Überlassung von 700 *kanmon* in Münzen mit Gänse-
> augen[5] soll er [einen Namen mit] vier Schriftzeichen führen, außerdem
> sollen ihm die monatlichen Abgaben für sechs Pferde und eine Großhand-
> lung *(ton'ya)* von vier *ken* [je 1,82 m] erlassen werden.[6]

Adressiert war dieses Privileg an einen »Hayashi, Gouverneur von Tosa« - im japanischen Original sind dies genau vier Schriftzeichen. Aber wichtiger ist, daß dieser Hayashi eine Großhandlung betrieb und daß die Urkunde die Feststellung Wakita Harukos bestätigt, daß Läden als Teil eines *machi* besteuert wurden

> not by total land area but by the length of street frontage occupied.[7]

Außerdem ist bedeutungsvoll, daß dieser Großhändler[8] den Takeda eine gewaltige Summe als Darlehen gewähren konnte; Handel und Geldverleih lagen dicht beieinander.[9] Auch dies trug zur Bedeutung der Kaufmannschaft für die Wirtschaft der Takeda bei.

---

[1] KSS I:571.768 f (Tenshō 2 = 1574); I:621.814 f (Tenshō 4 = 1576)

[2] Z.B. KSS I:428.674 (Eiroku 11 = 1568); I:429.674 (Eiroku 11 = 1568); I:503.717 (Genki 3 = 1572).

[3] KSS I:574.770 f (Tenshō 2 = 1574). Grundlegend is Shibatsuji 1984a.

[4] Shibatsuji 1984a.311

[5] *Gachōme*. Viele chinesische Münzen hatten ein Loch in der Mitte, damit man sie auf eine Schnur oder einen Stab ziehen konnte (vgl. Müller 1988.90). Auch »Vogelauge« *(torime)* genannt (KSS I:324.596).

[6] KSS I:345.614

[7] Wakita 1983.31

[8] Zu den *ton'ya* vgl. Müller 1988.165 f, mit der allerdings nicht haltbaren Datierung des ersten Auftretens von *ton'ya* »zu Beginn des 17. Jahrhunderts«. Ein weiterer Beleg für *ton'ya* unter den Takeda in KSS I:514.722 f (Genki 3 = 1572). - *Ton'ya* sind die Nachfahren der *toimaru*, Lagerhäusern v.a. in Häfen und an Zollstellen, die ursprünglich dem Vertrieb der in den Grundherrschaften produzierten Waren dienten und daraus abgeleitet kaufmännische Tätigkeiten entwickelten. Vgl. Okuno 1985b.212 f.

[9] Auch die Matsugi-Familie war im Geldverleih tätig: KSS I:308.584 f (Tenbun 22 = 1551).

Die Anerkennung eines besonderen Status beschränkte sich aber nicht auf Händler: Handwerker erhielten im *machi* dieselben Vergünstigungen für ihre Läden *(machi tana)*,[1] und beide Gruppen zusammen wurden als »*machi*-Leute«, *machinin* oder (in sinojapanischer Aussprache) *chōnin*, bezeichnet.[2] Wie oben beschrieben, wurden Hausgeld und Haussteuer prinzipiell über die Landgemeinde *(gō)* erhoben. Die Takeda erhoben jetzt aber auch ihre Abgaben auf der Grundlage des *machi*.[3] Eine weitere Bestätigung für den Sonderstatus der »Leute im *machi*« war die Einsetzung von zwei oder drei »Polizisten« *(machi kendan)* oder »Ältesten« *(machi toshiyori)*. Als erste Älteste werden Sakada Yoichirō[4] und Yamamoto Kinzaemon, der eigentlich Matsugi (!) hieß, genannt.[5] Die Ältesten sollten für die Durchführung der obrigkeitlichen Vorschriften sorgen.[6] 1556 legte Takeda Harunobu fest, in welcher Reihenfolge sich die Bewohner des *machi* an der Nachtwache *(yomawari ban)* des Yōkaichiba-Marktes in Kōfu beteiligen sollten. Insgesamt gab es 13 Wachmannschaften mit je zwei bis vier Wachleuten (insgesamt werden 40 Namen aufgeführt). Sie sollten auf ihrer Wache Räuber ertappen und mit einer Geldbuße von 1.000 *mon* belegen. Brandstifter, die ihr eigenes Haus angezündet hatten, sollten sie vertreiben. Wer ein fremdes Haus angezündet hatte, sollte 1.000 *mon* bezahlen. Auch außerhalb ihres Wachdienstes sollten sie der Wache im Bedarfsfalle helfen. Außerdem wurde festgelegt, daß auch Einwohner, die kein eigenes Haus besaßen, zum Wachdienst verpflichtet waren.[7] Die Pflicht, bei der Bekämpfung von Räubern und Brandstiftern zu helfen, hatten auch die Bewohner der Landgemeinden.[8] Privilegien und Ämter wurden, wie gezeigt, auch an Händler und Handwerker vergeben, die sich nicht in einem *machi* niederließen. Das *machi* war aber

---

[1] KSS I:580.774 f (Tenshō 2 = 1574); I:605.796 (Tenshō 4 = 1576); I:710.870 f (Tenshō 8 = 1580)

[2] KSS I:571.768 f. Auch die spätmittelalterlichen bebilderten »Gedichtsammlungen von Handwerkern« *(shokunin uta awase)* stellen Handwerker und Händler gemeinsam dar. Ich habe aber oben schon darauf hingewiesen, daß Handel und Handwerk durchaus gleichzeitig betrieben werden konnten.

[3] KSS I:425.670 f (Eiroku 11 = 1568)

[4] 1542 von Takeda Harunobu ernannt (KSS II:136.486 f). Zur Genealogie der Sakada, die auch später zu den Stadtältesten zählten, s. KSS II:136.489 u. KSS I:264.545 (Tenbun 11 = 1542); I:297.577 (Tenbun 19 = 1550).

[5] Kai kokushi IV:101.219.

[6] KSS II:136.487 (hier Tenshō 4 = 1576)

[7] KSS I:324.595-598. Die Nachtwache der Bürger wird heute noch symbolisch gepflegt: Im Winter, wenn die Brandgefahr besonders groß ist, ziehen Gruppen von Freiwilligen umher und ermahnen die Nachbarn mit Rufen und dem Aneinanderschlagen von Holzstücken zur Vorsicht *(yōjin)*, insbesondere vor dem Feuer.

[8] KSS I:309.585 (Tenbun 22 = 1553). Hall kommt sogar zu dem Ergebnis, daß die Verwaltung von Dorf und Stadt in der Frühen Neuzeit keine fundamentalen Unterschiede zeigt (1968.181).

von einem gelegentlich stattfindenden Markt zu einer festen Einrichtung geworden; seine
Bewohner wurden unter einem Begriff - *chōnin* - zusammengefaßt, und an seiner
systematischer Erweiterung hatten die Landesherren Anteil. So erfahren wir, daß im Juni
1548 Felder und neue Baugründe für Bauern *(jigenin)* in Fuchū (Kōfu) angelegt
wurden.[1] Aber die Takeda förderten auch die Ansiedlung handwerklicher Gewerbe:
Harunobu selbst soll in Kōfu Zimmerleute[2] und Silberschmiede angesiedelt haben,[3] Fär-
ber,[4] Reisstrohmatten-Hersteller[5] und Schmiede[6] erhielten von ihm oder seinem Sohn
Privilegien. Die Zimmerleute in Kōfu scheinen sich sogar in einer Zunft organisiert zu
haben.[7] Natürlich gab es auch Wirtshäuser und Reisweinstuben.[8] Die gezielte Anwer-
bung bestimmter Berufsgruppen läßt bereits vermuten, daß sie - wie in anderen
Burgvorstädten auch praktiziert - geschlossen und unter der Leitung prominenter Meister
in eigenen Vierteln angesiedelt wurden.[9] Nicht die schriftlichen Quellen aber, sondern
die Ergebnisse der Mittelalterarchäologie geben uns einen weiteren entscheidenden
Hinweis für die Entwicklung Kōfus unter den Takeda. Die Anlage der *machi*
einschließlich der Burg Tsutsujigasaki erfolgt zusammenhängend und planmäßig. Der
Straßenplan, den Kazuno Masahiko rekonstruiert hat,[10] zeigt, daß fünf parallel liegende
Hauptstraßenzüge von der Burg zu den beiden wichtigsten Marktplätzen, Mikkaichiba
und Yōkaichiba (o. *Tab. 1* Nrn. 3 u. 9) führten. Wichtiger Orientierungspunkt war dabei
der Burggraben von Tsutsujigasaki. Als die Burg später zum Westen hin erweitert wurde,
durchbrach sie das einmal bestimmte Straßenbild nicht. Die Residenzen der Takeda-
Vasallen schlossen sich südlich an den Burgbereich an, die Wohn- und Geschäftsviertel
der Handwerker und Kaufleute wiederum südlich an den Bereich der Vasallen.[11]
Hashiguchi folgert daraus, daß »*Burg und Burgvorstadt (jōkamachi) eine Gesamtstruk-
tur*« bildeten.[12] Die Takeda versuchten, Kōfu auch zum religiösen Mittelpunkt der
Provinz zu machen; vor allem indem sie ihren direkt neben ihrer Burg gelegenen Ah-

---

[1] Kōhakusai-ki 91 (Tenbun 17)
[2] Dazu auch KSS I:552.757 (Genki 4 = 1573); I:563.764 (Tenshō 1 = 1573)
[3] Kōyō gunkan I:14.244
[4] KSS I:426.671 (Eiroku 11 = 1568)
[5] KSS I:624.817 f (Tenshō 4 = 1576)
[6] KSS I:497.714 (Genki 3 = 1572); I:506.718 f (Genki 3 = 1572)
[7] KSS I:673.847 (Tenshō 6 = 1578)
[8] Vgl. Kōyō gunkan III:48.252 ff
[9] Vgl. Wakita Osamu 1975.184 f
[10] Vorgestellt von Hashiguchi 1989.27 f.
[11] Also lagen die *chōnin* näher an den *bushi* als an der landesherrlichen Burg. Wäre das Ziel der
räumlichen Trennung gewesen, einen möglichen Einfluß der *bushi* auf die *chōnin* zu verhindern,
wie Wakita Haruko vermutet (1983.49), dann hätte wohl die Burg im Zentrum der gesamten
Anlage liegen müssen. Außerdem übersieht Wakita, daß eine ganze Anzahl der Takeda-Vasallen
ja auch kaufmännisch tätig waren.
[12] Hashiguchi 1989.28

nenschrein Kōfu-Hachimangū zum erstrangigen Shintō-Heiligtum in Kai erhoben[1] und den renommierten buddhistischen Tempel Zenkōji aus der Provinz Shinano hierher umziehen ließen.[2] Kōfu wurde durch Willen und Tat der Takeda Zentrum der politischen, wirtschaftlichen und religiösen Macht in Kai. Kōfu war ihre Hauptstadt. Hierdurch unterschied es sich von den Marktvorstädten z.B. des Erinji in Enzan, Mikka ichiba und Kokonoka ichiba (o. *Tab. 1* Nrn. 2 und 11), deren Handwerker und Händler ganz ähnliche Befreiungen erhielten wie ihre Standesgenossen in Kōfu;[3] *nur* hierdurch, aber dieser Unterschied war wesentlich.

G. Formen der Besitzergreifung

1. DAS LEHEN

Die Schlacht am Fujikawa, in deren Verlauf die Minamoto unter Führung des späteren *shōgun* Yoritomo und des Takeda Nobuyoshi den Taira im Jahre 1180 eine erste schwere Niederlage zufügten,[4] stellt in gewisser Weise einen Wendepunkt in der Geschichte der Eigentumsverhältnisse in Japan dar. Denn glaubt man den Quellen, dann ernannte Yoritomo nach der Schlacht den Yasuda Yoshisada zum Militärgouverneur *(shugo)* von Tōtōmi und Takeda Nobuyoshi (oder vielleicht auch dessen Sohn Ichijō Tadayori) zum Militärgouverneur von Suruga und *»verteilte außerdem den treuen Diensten gemäß und dem Grad des Ansehens gemäß die Provinzen und Grundherrschaften«.*[5] Als die Minamoto sich endgültig durchsetzten und ihren Frieden mit dem Kaiserhof schlossen, wurde Yoritomo 1185 das Recht, *shugo* in den Provinzen zu ernennen und in allen Grundherrschaften Vögte *(jitō)* zu ernennen, auch formell zuteil. Chronologie und Details

---

[1] Grundlegend hierzu Okuno 1984.
[2] Hierzu Sasamoto 1988.179-198.
[3] Wakita Haruko 1983.50 f. Ich verstehe nicht, wieso Wakita Haruko aus den *machi* des Erinji schließen will, »how the Takedas controlled the *machiya* towns« (ebd. 50). Abgesehen davon, daß der Hauptbeteiligte hier ein *Tempel* war und nicht die Takeda, fehlte auch jedes Interesse der Landesherren, in Enzan ein politisches (Neben-)Zentrum einzurichten. Die beiden Märkte dort entwickeln sich eben nur zu Marktvorstädten, und das sowohl räumlich wie zeitlich. Die Entwicklung von der Vorstadt zur wirklichen Stadt setzt mehr voraus als nur einige Marktprivilegien. Enzan ist heute eine interessante Ortschaft mit einer bemerkenswerten historischen Bausubstanz. Aber seine gesamte Anlage verrät, daß es als Stadt nie geplant wurde und als solche auch nie fungiert hat.
[4] KSS I:114.411-417
[5] KSS I:115.417 f. Ishii nennt diesen Vorgang »eine Zeremonie, die nach Innen und Außen die Errichtung eines unabhängigen Kleinstaats verkünden sollte« (1962.91).

dieses Vorgangs sind in der Wissenschaft umstritten,[1] nicht aber die Folgen: Die Grundherrschaften im Machtbereich der Minamoto[2] mußten es hinnehmen, daß Gefolgsleute *(go-kenin)* Yoritomos von diesem das Amt eines Vogtes in der Grundherrschaft erhielten. Die Vögte besaßen gegenüber den Bauern der Grundherrschaft das Recht, Maßnahmen zur »Förderung der Landwirtschaft« *(kannō)* - einschließlich der Arbeiten an Feldbewässerung und Neulanderschließung - anzuordnen und die Erhebung der grundherrlichen Abgaben zu leiten. Ihre Doppelrolle in der Verwaltung der Grundherrschaft und als Gefolgsleute der Minamoto stellte die Vögte an die vorderste Front der Konflikte zwischen den Obereigentümern der Grundherrschaften in Kyōto und dem *bakufu*, dem Regierungsapparat der Minamoto in Kamakura: Die Rechtsansprüche beider Seiten waren ja vom Kaiserhof garantiert, und zunächst war es durchaus nicht unbedingt der militärisch Stärkere, der sich durchsetzte, wenn es zum Streit kam. Diese Erfahrung mußte Itagaki Kanenobu machen, dritter Sohn des Takeda Nobuyoshi und *go-kenin*. Im 2. Monat 1188 verklagte ihn ein Höfling aus Kyōto beim *bakufu*, weil Kanenobu die Abgaben der Grundherrschaft des Shimazu-Tempels in der Provinz Owari nicht abgeführt hatte.[3] Offenbar besaß Kanenobu dort das Vogteirecht *(jitō-shiki)* und zog die bäuerlichen Abgaben für sich allein ein. Im 5. Monat 1189 entzog Yoritomo Kanenobu eine Vogtei in der Grundherrschaft Ōtsu (Prov. Suruga) und kündigte seine Verbannung an; der Kaiserhof hatte dies so verlangt, und Yoritomo bestätigte dem Hof, die Kanenobu zur Last gelegte Unterschlagung von Abgaben sei ein schweres Verbrechen.[4] Wegen »*Mißachtung eines kaiserlichen Dekrets und mehrerer anderer Verbrechen*« versprach Yoritomo im 8. Monat 1190, Kanenobu auch die Vogtei in der Grundherrschaft Shitoro in der Provinz Suruga zu nehmen.[5] Diese Grundherrschaft grenzte an Ōtsu, Kanenobu hatte in derselben Gegend offenbar Vogteirechte kumuliert. Auch dort soll Kanenobu den Jahrestribut *(nengu)* nicht pflichtgemäß abgeführt haben. Der Hof ließ sich außerdem von Yoritomo versprechen, dort nie wieder einen Vogt einzusetzen.[6] Einen Monat später verlautete gerüchteweise, daß sich der schon längst zur Verbannung verurteilte Kanenobu nach wie vor in Kyōto aufhielt.[7] Dem abgedankten Kaiser Goshirakawa, der die Fäden am Hofe in der Hand hielt und mit Yoritomo auf denkbar schlechtem Fuße stand, bot dies Gelegenheit zu einer ultimativen Forderung:

---

[1] Einen Überblick bieten Mass 1990.59-64, Ōyama 1974.186-196 und der klassische Aufsatz von Ishii 1962.87-133.

[2] Bzw. ihres Apparates, des später so genannten *bakufu*. Der ursprünglich hauptsächlich auf Ostjapan begrenzte Machtbereich des *bakufu* erweiterte sich nach 1221 erheblich, als es den Anhängern des *bakufu* gelang, eine vom Kaiserhof unterstützte Revolte niederzuschlagen und anschließend auch viele Grundherrschaften in Westjapan zu kontrollieren.

[3] KSS I:133.437 ff (Bunji 4 = 1188)

[4] KSS I:135.440 f (Bunji 5 = 1189)

[5] KSS I:139.445 f

[6] KSS I:141.448

[7] KSS I:140.446 f (Kenkyū 1 = 1990)

Bevor Yoritomo, wie geplant, mit seinem Gefolge in Kyōto glorreichen Einzug hielt, sollte Kanenobu in die Verbannung verschwinden.[1] Mit großen Schwierigkeiten scheint dies bis Ende des zehnten Monats auch durchgeführt worden zu sein. Am 7. Tag des 11. Monats zog Yoritomo in die Hauptstadt ein. Sein Empfang war triumphal und die Visite überaus erfolgreich;[2] aber der Erfolg war erkauft durch einige »Bauernopfer«, zu denen auch Kanenobu gehörte.[3] Eine derart massive Intervention des Kaiserhofes hätte spätestens nach der Niederschlagung der Jōkyū-Rebellion von 1221 keine Chancen mehr gehabt. Das *bakufu* behielt sich alle Entscheidungen in Rechtsfragen vor, die seine anerkannten Gefolgsleute betrafen. Wer an sie vor Gericht Ansprüche stellen wollte, konnte dies tun; aber das Procedere lag seit dem 13. Jahrhundert fest.[4] Das *bakufu* teilte Gerichtsverfahren in drei Kategorien ein, die vor jeweils unterschiedlichen Gerichtshöfen verhandelt wurden: Prozesse zu Besitztiteln an Liegenschaften fanden vor den *hikitsuke* statt *(shomu sata)*; Prozesse wegen Geldgeschäften (auch Grundstückskauf), Darlehen, Sklaven oder Halbfreien verhandelte das *monchūjo (zatsumu sata)*; Strafprozesse wegen Verrat, Überfällen, Raub und Diebstahl, Piraterie und Wegelagerei, Mord, Brandstiftung, Vergewaltigung und unberechtigter Benutzung eines fremden Feldes wurden vor dem *samuraidokoro* verhandelt *(kendan sata)*. Entsprechend dieser Systematik begann auch der Prozeß wegen der Grundherrschaft Inazumi 1291. Das Inazumi-*honshō* (offenbar gab es zwei Grundherrschaften desselben Namens, hier betroffen war das Haupt-*shōen*) im Bezirk Koma war dem Hōkongō-Tempel in Kyōto erst 1285 geschenkt worden.[5] Der Tempel, ein lange Jahre verwahrloster Zweigtempel des Ninnaji, hatte erst 1282 mit exzellenten Verbindungen zum Kaiserhaus seine Pforten wieder geöffnet und war offenbar zu seiner eigenen Konsolidierung an einer effektiven Verwaltung seiner Ländereien interessiert. Deshalb verlangte er von seinem Haupttempel, die Vögte *(jitō-ra)* von Inazumi beim *bakufu* zu verklagen. Sie sammelten zwar die Abgaben für den Eigentümer im Herbst ein, hielten sie aber bis zum Jahresende oder nächsten Jahr in ihrem Verwaltungssitz *(mandokoro)* zurück, teilweise hätten sie sie auch gar nicht weitergegeben. Diesen Unregelmäßigkeiten sollte das *bakufu* Einhalt gebieten.[6] Der Abt des Haupttempels, ein kaiserlicher Prinz, erhob auch umgehend entsprechende Klage in Kamakura.[7] Wenig später forderte das

---

[1] KSS I:142.449 (Kenkyū 1 = 1190)

[2] Mass 1990.65

[3] Vgl. Ishii 1962.115 f

[4] Zum Folgenden s. Steenstrup 1991.82-98 und Steenstrup 1980, die kommentierte Übersetzung eines Lehrbuchs für das Rechtswesen am *bakufu*, Sata mirensho, das zwischen 1319-1322 entstand.

[5] KSS I:158.468 f

[6] KSS I:159.469 f (Shōō 4 = 1291)

[7] KSS I:160.470 f (Shōō 4 = 1291)

bakufu die Vögte von Inazumi auch tatsächlich auf, eine Verteidigungsschrift einzureichen.[1] Damit war das Verfahren formell in die Wege geleitet. Leider wissen wir weder, wer damals Vogt in Inazumi war (ein Mitglied der Minamoto-Sippe in Kai?), noch, wie der Prozeß ausging. Aber deutlich ist zu erkennen, daß sich in den hundert Jahren seit der Verbannung des Itagaki Kanenobu sowohl im Verfahren wie auch im Ton einiges verändert hatte. Es war nicht mehr so einfach, gegen einen Vogt vorzugehen, der sich als »*der höchste lokale Verantwortliche*« in der Grundherrschaft gerierte und »*zugleich eine umfassende lokale Herrschaft*« dort ausübte.[2] Der Obereigentümer in Kyōto saß fernab vom Schuß, für das *bakufu* galt bereits als Rechtslehrsatz:

> Ein *jitō* ist jemand, der seit der Zeit des *udaishō*[3] über Generationen dem *shōgun*-Haus gedient und dafür Gnaden[land] *(go-on)* erhalten hat.[4]

D.h., daß das *jitō*-Amt im Laufe der Generationen erblich geworden war.[5] Auch für das *bakufu* war es daher nicht mehr leicht, einen mißliebigen oder mißratenen *jitō* aus dem Amt zu entfernen. Dies verlangte die Klage des Hōkongō-/Ninnaji-Tempels auch gar nicht; sie wollte lediglich, daß die Vögte zu mehr Zuverlässigkeit und Regelmäßigkeit angehalten wurden. Ob sie dieses Ziel damals erreichte, wissen wir nicht. Selbst wenn die Klage Erfolg gehabt haben sollte, kann die Wirkung nur von begrenzter Dauer gewesen sein. Keine hundert Jahre später, 1389, verlangte der *shōgun* Ashikaga Yoshimitsu, einer Klage des Hōkongō-Tempels nachzugehen und die Zustände in der Grundherrschaft Inazumi zu untersuchen.[6]

Die Vorgänge von 1180, 1188/90, 1291 und 1389 erweisen eines aber eindeutig: Das *bakufu* hielt sich zuständig für Streitigkeiten, die mit den von ihm an seine Vasallen vergebenen Ämtern und Besitzungen zusammenhingen. Daher entwickelte sich der Brauch, die eigenen Besitzungen von Kamakura urkundlich garantieren zu lassen. Zu diesem Zweck mußte man beim *hikitsuke*-Gerichtshof sämtliche beweiskräftigen Unterlagen, über die man verfügte, vorlegen: vorangegangene Einsetzungsurkunden *(onkudashibumi)*, Kaufurkunden oder Genealogien. Das *bakufu* fragte anschließend beim Militärgouverneur der betreffenden Provinz nach, ob der Antragsteller auch faktisch im Besitz der beanspruchten Güter war *(chigyō)*, und erteilte bei einer positiven Antwort ein Bestätigungszertifikat *(andojō)*; andernfalls wurde ein ordentliches Gerichtsverfahren eröffnet, um die Ansprüche zu klären.[7] Durch diese Bestätigung wurde aus dem

---

[1] KSS I:161.471 (Shōō 4 = 1291)

[2] Taranczewski 1988b.79

[3] Hoftitel des Minamoto Yoritomo. Lesung bei Steenstrup irrtümlich »utaishō«.

[4] Sata mirensho Art. 43, nach Steenstrup 1980.417.

[5] Mass 1989.37-57 hat nachgezeichnet, in welchen Etappen sich die Erblichkeit bis zur Jōkyū-Zeit allmählich durchsetzte.

[6] KSS I:177.492 (Kōō 1 = 1389)

[7] Sata mirensho Art. 37, in Steenstrup 1980.416 f

einfachen Besitz ein garantiertes *chigyō*.[1] Gegenstand dieses *chigyō* konnte jedes erblich besessene oder regulär erworbene Eigengut *(honryō)* sein,[2] im Falle der *jitō* aber eben auch gegen Dienst gewährtes Gnadenland *(onchi)*.[3] Damit bestand der Grundbesitz eines Vogtes aus zwei systematisch unterschiedenen Teilen, nämlich erblichem Eigen und Gnadenland, das für Dienste gewährt, aber zusammen mit dem Titel *jitō* erblich wurde. Ein solches öffentlich autorisiertes Gemisch aus privaten und amtlichen Besitzrechten, verbunden mit einer Dienstpflicht des Inhabers, nenne ich Lehen.

Bis zum Ende des 16. Jahrhunderts hat sich die lehensrechtliche Praxis nicht wesentlich verändert. Zur Belehnung *(chigyō ategai)* gehörte die Gewährung neuen Gnadenlandes und/oder seiner Pertinenzien wie Burgen, Häuser und Gebäude, Tore, Bauern und Diener sowie Renten, eventuell zusammen mit der Bestätigung des alten Eigenbesitzes.[4] Allerdings ist die Kompetenz hierfür seit dem 14. Jahrhundert dem *bakufu* immer mehr entglitten und in die Hände der Landesherren *(shugo* und später *daimyō)* geraten.

Nachdem 1333 das Kamakura-*bakufu* von Kaisertreuen gemeinsam mit unzufriedenen Vasallen beseitigt worden war und diese Vasallen ihrerseits unter Führung des Ashikaga Takauji den Spieß umdrehten und 1336 die Kaisertreuen besiegten, ergab sich für das neue *bakufu* in Kyōtos Stadtteil Muromachi eine Gelegenheit zur Umverteilung. Die langjährigen Kämpfe hatten zahlreiche Menschenleben gekostet, so daß für Neubelehnungen an verdiente Kämpfer reichlich Platz war.[5] Aber von Anfang an bereiteten dem Muromachi-*bakufu* die Militärgouverneure in den Provinzen wegen ihrer Eigenmächtigkeiten Sorgen. Die *shugo*, so hieß es 1336, seien aufgrund ihrer militärischen Dienste ernannt worden, wofür ihnen Land in den Grundherrschaften verliehen worden sei. Dafür müßten sie aber nun ihre Fähigkeit *(kiyō)* im Umgang mit ihren Untertanen unter Beweis stellen.[6] 1338 wurde das *bakufu* deutlicher. Sinn der Einsetzung der Militärgouverneure sei gewesen, daß sie ihre Provinz und ihre Untertanen in Frieden regieren sollten. Es sei unannehmbar, daß sie die Besitzungen von Tempeln und Schreinen oder Vogteirechte gewaltsam an sich brächten, um sie ihren Vasallen für Militärdienst zu verleihen *(ategau)*. Ihre Kompetenzen seien beschränkt auf die schon vom Kamakura-*bakufu* formulierten drei Bereiche *(daibon sankajō*, wörtl. »die drei großen Verbrechen«): Bestrafung von Mördern, Unterdrückung von Rebellionen und Gestellung von

---

[1] Sata mirensho Art. 66, in Steenstrup 1980.421

[2] Dazu Sata mirensho Art. 52 (Steenstrup 1980.419)

[3] Sata mirensho Art. 51 (Steenstrup 1980.419)

[4] Miyagawas Bemerkung, daß zur Zeit des Kamakura-*bakufu* ein *chigyō* einen sozusagen passiv autorisierten, später dann aber einen aktiv gewährten Besitztitel darstellte (1977.101), unterschätzt die Bedeutung des Kamakura-*chigyō*, wohl weil ihm entgangen ist, daß damals sehr wohl schon *honryō* und *onchi* sauber getrennt wurden.

[5] KSS I:166.477 (Kenmu 5 = 1338); I:167.478 (Jōwa 2 = 1346); I:169.479 (Kannō 3 = 1552)

[6] Kenmu shikimoku, Art. 7 (Gunsho ruijū 17:401.381 = Grossberg 1981.18)

Wachleuten für Wachdienste am *bakufu*.[1] Offenbar scheuten sich die Militärgouverneure nicht mehr, von sich aus bei der Regelung von Grundbesitzstreitigkeiten einzugreifen. Die Klagen darüber, daß das *bakufu* übergangen oder ignoriert wurde, häuften sich in den folgenden Jahrzehnten. Nur verriet das fortgesetzte Lamentieren auch, daß das *bakufu* die Autorität nicht mehr besaß, um seinen Standpunkt in den Provinzen durchzusetzen. Und da seine Garantien vor Ort immer weniger Geltungskraft besaßen, hielt man sich lieber gleich an den Landesherrn.

Auch der Charakter des *jitō* veränderte sich. Das Takeda-Hausgesetz von 1547 beginnt zwar mit den Worten »*kokuchū no jitōnin*« (Hayashi 1980.113). Zu dieser Zeit war *jitō* jedoch längst nicht mehr die Bezeichnung eines vom *bakufu* in einer Grundherrschaft eingesetzten Vasallen oder seiner Nachfahren, sondern eines erblichen, kleinen Herrn und *bushi* (oft *kokujin* - Provinziale - genannt), der das beherrschte, was sich aus der alten Grundherrschaft entwickelt hatte: nämlich die dörflichen Gemeinden *(gō)*.[2] Die Landesherren bemühten sich, diese kleinen Herren an sich zu binden, vor allem, indem sie sie in ihre militärische und zivile Verwaltung integrierten; die *jitō* wurden landesherrlich legitimiert und verbeamtet. Die Bezeichnung »Vogt« behalte ich deshalb im Sinne des europäischen Amtsvogtes bei; Raum seiner Vogtei war allerdings nicht mehr die (faktisch verschwundene) Grundherrschaft, sondern die Gemeinde. Legitimation erfuhr der *jitō* vom Landesherrn vor allem durch die Bestätigung seines Besitzstandes. Die ersten Besitzbestätigungen *(ando)* im Auftrag der Takeda in Kai lassen sich für die Mitte des 15. Jahrhunderts nachweisen.[3] Aus der Zeit vor Nobutora sind allerdings nur solche für Tempelgrundbesitz erhalten. Aus den 1530er Jahren stammt die älteste überlieferte Belehnungsurkunde *(chigyō ategai)* Nobutoras, in der schnörkellosen Frühform dieser Urkundengattung:

> 3 *kanmon* in Mitake sollen dir gewährt werden.
> 7. Monat, 27. Tag
> An Sakamoto Yokurō[4]

---

[1] Kenmu tsuika Art. 2 (Gunsho ruijū 17:401.383 = Grossberg 1981.26)

[2] Hitomi Tonomura zeigt in ihrer gründlichen Studie von 1992 über die Entwicklung der Grundherrschaft Tokuchin-ho zu einer selbstverwalteten Dorfgemeinschaft *(sōson)*, wie Kommunalismus und technischer Fortschritt der Landwirtschaft die Auflösung des *shōen* vorantreiben. Die Parallelen zum spätmittelalterlichen Europa sind unübersehbar; vgl. Peter Blickle: Die Revolution von 1525, München/Wien, 2. Aufl. 1983. Doch hat es *sōson* in Japan nicht überall und auch in Kai nicht gegeben. In Kai waren es die regionalen Bünde *(shu)*, die lokale Herrschaft quasi-familiär organisierten. Ihnen gehörten auch die *jitō* an.

[3] KSS I:189.502 (Bun'an 2 = 1445). Die Liste der überlieferten Dokumente der Takeda in Kai Takeda-shi monjo mokuroku 23 legt nahe, daß der unterzeichnende »Sabi« in Diensten der Takeda in der Provinz Aki stand. Takeda Nobushige aus Aki wurde 1438 vom *bakufu* als *shugo* in Kai eingesetzt. »Sabi« benutzte später Nobushiges Signatur (ebd. Nrn. 96, 99).

[4] KSS I:245.531 (wohl vor 1535)

Seine Erben haben erheblich mehr dieser Urkunden hinterlassen: Harunobu 175 Stück zwischen 1541 und 1572, Katsuyori 116 Stück zwischen 1572 und 1582. Das gesamte Korpus tradierter Urkunden Harunobus umfaßt 1.328 Stück; die Belehnungsurkunden machen davon allein 13% aus. Von Katsuyori sind exakt 1.000 Urkunden erhalten, darunter also fast 12% *chigyō ategai*.[1]

	Kai	Shinano	Suruga	Kōzuke	Andere	Gesamt
1541-50	1	11	1			13 (4%)
1551-60	3	23				26 (9%)
1561-72	21	42	36	25	12	136 (47%)
1573-82	16	31	15	26	28	116 (40%)
Gesamt	*41 (14%)*	*107 (37%)*	*52 (18%)*	*51 (18%)*	*40 (14%)*	*291*

Tab. 1: **Belehnungsurkunden des Takeda Harunobu und Takeda Katsuyori**

Eine genauere Aufschlüsselung dieser zusammen 292 Stücke nach zeitlicher Herkunft und räumlichem Bezug ergibt einen erstaunlichen Befund *(Tab. 1)*. Demnach stammen nahezu neun Zehntel aller Belehnungen aus der Zeit nach 1560, jeweils ungefähr die Hälfte von Harunobu und Katsuyori. Aber nur ein geringer Teil davon (14%) bezieht sich auf die Provinz Kai: Am häufigsten vergeben wurden Lehen in Shinano. Die Eroberung Surugas 1569 und die Besetzung des Westens der Provinz Kōzuke im Kampf gegen Uesugi Terutora aus Echigo boten Gelegenheit, auch dort Lehen zu vergeben. In den 1570er Jahren erschlossen militärische Vorstöße nach Westen einen Teil der Provinz Tōtōmi und anderer westlicher Nachbarprovinzen; daher gab es auch dort Lehensland. Aber sowohl in Suruga als auch in Kōzuke wurden deutlich mehr und in den »anderen« Provinzen fast genausoviel Lehen gewährt wie in der Stammprovinz Kai, ganz zu schweigen von dem überragenden Anteil der Provinz Shinano. Offenbar hielten sich die Takeda mit Lehen in Kai selbst zurück. Die Erklärung hierfür kann nur sein: In Kai verfügten die Takeda gar nicht über so viel Land, daß sie den Großteil ihrer Vasallen hätten belehnen können. Umgekehrt ausgedrückt: Die Vasallen der Takeda besaßen bereits in Kai so viel eigenes Land, daß kaum noch Freiraum für Belehnungen blieb. Ein

---

[1] Nach Auswertung des Kai Takeda-shi monjo mokuroku.

Motiv für den Eroberungsdrang der Takeda und ihrer Vasallen, so erklärte schon der Held der Chronik Kōyō Gunkan, Yamamoto Kansuke, war daher, daß man in den neueroberten Landen Raum für neue Lehen zu finden hoffte.[1]

Wir können diesen Sachverhalt mit Hilfe einer anderen Statistik überprüfen. Neben Belehnungsurkunden haben die Takeda auch Bestätigungsurkunden *(andojō)* für ihre Vasallen ausgestellt. Dies gehörte zur Praxis eines Landesherrn, bestätigt auch das Kōyō Gunkan:

> Wenn man ein Land beherrscht, erhalten die eigenen Leute Gnadenland gewährt und Bestätigungen dafür.[2]

Insgesamt 98 solcher Urkunden sind überliefert, darunter 35 aus Harunobus und 63 aus Katsuyoris Zeit *(Tab. 2)*.

	Kai	Shinano	Suruga	Kōzuke	Andere	**Gesamt**
1541-50	1					**1 (1%)**
1551-60		6				**6 (6%)**
1561-72	6	7	4	9	1	**27 (28%)**
1572-82	24	10	6	8	16	**64 (65%)**
Gesamt	**31** (32%)	**23** (23%)	**10** (10%)	**17** (17%)	**17** (17%)	**98**

Tab. 2: **Bestätigungsurkunden des Takeda Harunobu und Takeda Katsuyori**

Die Angaben in Tab. 2 berücksichtigen alle Bestätigungen von Lehen *(chigyō ando)*, Eigengut *(honryō ando)* und Erbgut *(iseki ando)* für die Vasallen der Takeda. Die beiden letztgenannten Kategorien machen etwa die Hälfte aller Bestätigungen aus.

Besonders augenfällig ist zunächst, daß in den zehn Jahren unter Katsuyori beinahe doppelt so viele Bestätigungen erteilt wurden wie in den 30 Jahren zuvor. Bestätigungen in der Provinz Kai stehen - ganz im Gegensatz zu den Belehnungen -nach der Häufigkeit an der Spitze; fast ein Drittel aller Bestätigungen wurde für Land in Kai erteilt. Mit deutlichem Abstand folgen Länder in Shinano; galten mehr als ein Drittel der Belehnungen dortigem Grund und Boden, trifft dies nur für ein Viertel der Bestätigungen zu. Im Falle von Kōzuke halten sich Belehnungen und Bestätigungen relativ gesehen die

---

[1] Kōyō Gunkan I:24.439
[2] Kōyō Gunkan II:27.36

Waage. Völlig einleuchtend ist auch, daß hier wie auch in Suruga und den sonstigen Provinzen Bestätigungen erst ab den 1560er Jahren erteilt wurden, als die Takeda nämlich dort eingedrungen waren. Aber ein erstaunliches Phänomen bleibt zu erklären: Daß die Zahl der Bestätigungen vor allem in Kai, aber auch in Shinano deutlich anstieg. *Abb. 14* zeigt, wie sich die Kurven von Belehnungen und Bestätigungen zueinander verhalten.

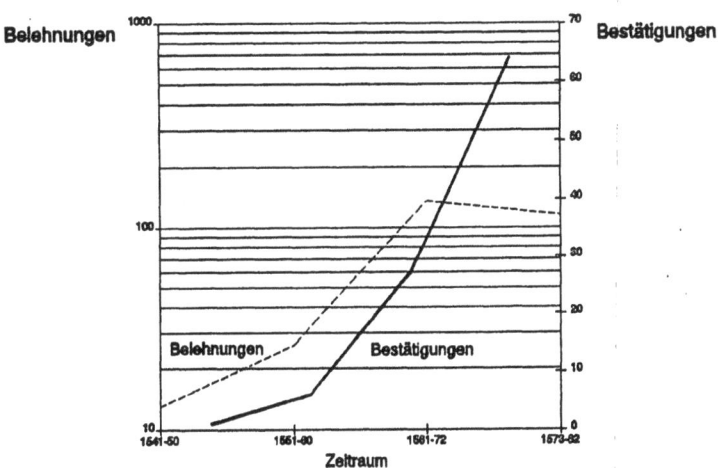

Abb. 14: Belehnungen und Bestätigungen von Grundbesitz unter den Takeda (exponentielle Darstellung)

Es ist nicht zu übersehen, daß sich zur Zeit Katsuyoris - nach dem Tode Harunobus also - eine Schere zwischen Belehnungen und Bestätigungen öffnete. Nun wäre denkbar, daß die Inhaber von Lehen, die von Harunobu erteilt worden waren, daran interessiert waren, sich von seinem Sohn und Nachfolger eine Bestätigung erteilen zu lassen. So verlieh Takeda Harunobu 1569 (Eiroku 12) dem Manzawa Kimiyasu[1] aus Kai Land in Yui,

---

[1] S. Kai kokushi IV:116.384

welches Katsuyori seinem Sohn Kimimoto 1579 bestätigte.[1] Andere Fälle dieser Art sind allerdings außerordentlich selten und überwiegend in anderen Provinzen belegt.[2] Die zahlreichen übrigen Fälle von Bestätigungen in der Provinz Kai lassen sich aber hierdurch nicht erklären: Denn gerade in Kai waren ja nur verhältnismäßig wenige förmliche Belehnungen vorgenommen worden.

Fujiki Hisashi hat am Beispiel der *daimyō*-Familie Date in Nordostjapan eine Lösung versucht. Dort ereignete sich in den Jahren 1511-1542 auffallend häufig, daß lokale kleine Herren oder Provinzialen Landverkäufe vom Landesherrn bestätigen ließen. Offenbar waren diese kleinen Herren unter den Druck der Bauern in den von ihnen beherrschten Dörfern, die mehr Autonomie suchten, einerseits und des Landesherrn andererseits geraten, welcher die Bedingungen für die Heerfolge und damit die Kontrolle der kleinen Herren immer weiter verschärfte. Um in dieser instabilen Lage ihre Herrenexistenz bewahren zu können, mußten sie sich enger an den Landesherrn anschließen. Die Bestätigung der Besitzungen verband der Landesherr nämlich mit einer Taxation des Landes, dessen ermittelter Wert zum *chigyō* des betreffenden Vasallen hinzugerechnet wurde. Die Höhe des Lehens aber *(chigyō-daka)* entschied über den Umfang der Heerfolgepflicht. Damit gelang es dem Landesherrn, den allodialen Besitz seiner Vasallen zu feudalisieren.[3] In Kai scheint die Politik des Landesherrn ähnlich gewesen zu sein. 1567 gewährte Harunobu der Familie Ōi Eigenland *(honryō)*, verlangte aber dafür Heeresdienst wie für ein Lehen.[4] Nur sehr wenige Vasallen hatten, wie gesehen, von den Takeda formell Lehensland in Kai verliehen bekommen. Der größte Teil des Lehenslandes befand sich in den eroberten Provinzen. Um die Allodien der Vasallen im Inland stärker kontrollieren zu können, standen den Takeda zwei Mittel zur Verfügung: Landesaufnahmen *(kenchi)* und Grundbesitz-Bestätigungen. Die meisten Landesaufnahmen der Takeda fanden in der Zeit nach 1560 statt. Eine Übersicht in Shibatsuji 1987.192. Das Gebiet des Erinji-Tempels in Enzan wurde bekanntlich 1564

---

[1] Kai Takeda-shi monjo mokuroku, Harunobu Nr. 778, Katsuyori Nr. 688. Der Vater hatte 1569 auch Lehen von Anayama Nobukimi erhalten, der Sohn ein Jahr später ebenfalls (ebd. Anayama Nrn. 67, 95).

[2] Kai Takeda-shi monjo mokuroku Harunobu Nr. 956 und Katsuyori Nr. 490, verliehen 1571, bestätigt 1574 (Fam. Haramiishi). Ebd. Harunobu Nr. 848 und Katsuyori Nr. 132, 176 und 186 (Fam. Honma) lassen räumliche Nähe zumindest vermuten, wie auch Harunobu Nr. 1206, Katsuyori Nrn. 10, 65 und 69 (vier Belehnungen für die Familie Amano) sowie 660 (eine Besitzbestätigung, aber an anderer Stelle). Alle drei Fälle stammen aus der Provinz Tōtōmi. Für Suruga vgl. ebd. Harunobu Nr. 1093 (Belehnung), 1185 (Bestätigung, aber nicht desselben Grundes), Katsuyori Nr. 8 (Bestätigung), ein Fall von 1572 (Fam. Miwa). Zu Kōzuke Harunobu Nr. 1142 (Belehnung 1572) und Katsuyori 924 (Bestätigung offenbar wegen Erbfalls, 1582) (Fam. Urano). Aus Shinano ebd. Harunobu Nrn. 142, 195 und 297 (drei Belehnungen) und Katsuyori Nr. 20 (Bestätigung) (Fam. Ōhinata).

[3] Fujiki 1975.326-342

[4] Fujiki 1975.297

untersucht. Den Takeda-Vasallen wurde der ermittelte Wert ihres Grundbesitzes dabei in der folgenden Form mitgeteilt und registriert:

> 12 *kan* 600 *mon* Eigen- und Gnadenland: [1]
> Kamerad des Herrn Yoshida Sakinnosuke, Amino Yashirō
> 5 *kan* 550 *mon fumidashi*:
> Zusatzgnade [2] für denselben
> Zusammen 18 *kan* 150 *mon*, außerdem zwei Hausgründe. [3]

Das Wort *chigyō* - Lehen - erscheint zwar nirgendwo. Aber der wahre Effekt dieses Registers war derselbe wie der einer ausdrücklich so genannten Lehensrolle. Denn erstens ging aus ihm hervor, daß der genannte Amino Yashirō heerfolgepflichtig war - also aktiv im Dienst der Takeda und ihres Vasallen Yoshida Sakinnosuke stand -; zweitens, daß er zinsfreies Eigengut und Gnadenland (also Dienstland) besaß; und drittens, daß er im Ergebnis dieser Landesaufnahme zusätzliche »Gnade« zugeteilt bekam - also neu belehnt wurde! In Wirklichkeit liegen in dieser einen Urkunde also Lehensbestätigung und Neubelehnung zur gleichen Zeit vor. Miyagawa Mitsuru bemerkt richtig, daß die Landesaufnahmen *»were intended to consolidate the basis on which the chigyō system could operate«*[4] - aber unter den Takeda wurde nicht nur Konsolidierung angestrebt, sondern Expansion des Lehenssystems. Über die Landesaufnahmen war es möglich, einen großen Teil des Vasallenlandes zu feudalisieren. Je mehr Land auf diese Weise, sozusagen über die Hintertür, in das Lehensnetz der Takeda eingebunden wurde, desto öfter mußte - wenn der Besitzer dieses Landes wechselte - eine Bestätigung dafür erteilt werden, auch ohne daß eine formelle Belehnung erfolgt war. Daß die Zahl der Bestätigungen unter Katsuyori derart in die Höhe schnellte, war eine Frucht der zuvor in den Landesaufnahmen durchgeführten »impliziten Belehnung«, wie ich dieses Phänomen nennen möchte.

Ermöglicht wurde die implizite Belehnung dadurch, daß die Verleihung eines Lehens auch nach japanischem Verständnis einen Akt der »Huld« oder »Gnade« *(on)* des Lehensherrn darstellte. Wie eine explizite Belehnung sich zutrug, schildert das Kōyō Gunkan im Falle des Yamamoto Kansuke,[5] seines Hauptprotagonisten:

> Als Fürst Shingen [Harunobu] hörte, wie sehr Yamamoto Kansuke sich in den Gesetzen der Kriegskunst geübt und dadurch Kriegerwissen angeeignet hatte, obwohl er aus einer Familie niedrigen Standes aus Ushikubo [Prov. Mikawa] stammte, rief er ihn für ein Lehen von 100 *kan* zu sich. Wenn man

---

[1] *Hon go-on*, d.h. *honryō* (Allod) und *onchi* (Gnadenland).
[2] go-jūon, d.h., eine Erweiterung des eigentlichen (»hon«) Gnadenlandes.
[3] Takashima 1984.85
[4] Miyagawa 1977.102
[5] Zur Person und Historizität dieser Odysseusgestalt s. Ueno 1987.

ihm, der über keinen einzigen Pagen verfügte, 100 *kan* gewährte, hätte man
ihn der untersten Gruppe der Leibvasallen zuordnen müssen. Daher befahl
[Harunobu] dem Itagaki Nobukata, ihm Pferd, Bogen, Lanze, Handschuh
und Pagen auf dem Weg zuzuführen. Deshalb kam Yamamoto Kansuke gut
ausgestattet nach Kōfu. Daß ihm, als er seine Aufwartung machte, 200 *kan*
als Lehen gewährt wurden, liegt daran, daß der doch als so unstattlich
bekannte Kansuke [1] hervorragende Verdienste besaß und die versprochenen 100 *kan* nicht angemessen gewesen wären, sondern es 200 sein
mußten. So machte ihn Fürst Takeda Shingen zur Zierde seines Hauses. [2]

Wir können aus dieser Schilderung[3] ersehen, daß eine Belehnung in zwei Schritten
erfolgte: Erst gab es Vorverhandlungen, an deren Ende der Lehensherr ein Lehen in
einer bestimmten Höhe versprach. Auch Yamamoto Kansuke soll empfohlen worden
sein, sich vor seiner ersten Aufwartung bei Harunobu seine Lehenshöhe durch eine
besiegelte Urkunde bestätigen zu lassen. Kansuke lehnte dies mit der Begründung ab,
wenn Harunobu seine schriftliche Zusage dann nicht hielte und Kansuke durch die Lande
zöge und allen Leuten Harunobus Urkunde zeigte und ihn der Lüge zieh, brächte ihn
Harunobu sicher um. In Wirklichkeit soll Kansuke allerdings befürchtet haben, daß eine
schriftliche Fixierung seines Lehens eine spätere Aufstockung erschwert hätte.[4] Eine
ganze Reihe von Urkunden der Takeda, die solche Versprechen des Herrn enthalten, sind
überliefert.[5] Gleichzeitig wurde die Art und der Umfang des dafür zu leistenden
(Heeres-)Dienstes verhandelt. Anschließend machte der neuen Mann dem Herrn an
dessen Hof seines Aufwartung, »*übergab seinen eigenen Grundbesitz vollständig*«[6], dazu
Geiseln,[7] leistete einen Treueeid und erhielt dafür die Belehnungsurkunde und
Geschenke. Zum Zeichen des neuen Bündnisses kreisten schließlich noch die *sake-*

---

[1] Die Chronik nennt ihn *bu-otoko*, einen häßlichen Mann, der nur noch ein Auge hatte, an Fingern
und einem Bein gelähmt war. Das ist nicht das Äußere eines strahlenden Helden; der muß in
Japan knabenhaft hübsch und unversehrt sein wie der Prototyp des »tragischen Helden«, Minamoto
Yoshitsune, über den Ivan Morris schreibt: »Yoshitsune appears as an etiolated youth with
beautiful, feminine features; and the contrast between this delicate exterior and his powerful
masculinity ... is part of the hero's peculiar fascination.« (1980.74)
[2] Kōyō Gunkan I:11.173 f. Vgl. Kōhakusai-ki 83 (Tenbun 13 = 1544): »Im März wird der
herrenlose Krieger Yamamoto Kansuke aus Ushikubo in der Provinz Mikawa aufgenommen.«
[3] Ähnlich werden die Belehnung des Kiso Yoshimasa und des Obata Nobusada dargestellt (Kōyō
Gunkan II:31.126 f; II:32.145 f).
[4] Kōyō Gunkan II:26.19 f
[5] Z.B. KSS I:532.736 f (o.J.): Shingen (Harunobu) verspricht dem Herrn Moroyama Yogorō ein
»entsprechendes« Stück Land *(sōtō no chi issho)*. S. a. Kai Takeda-shi monjo mokuroku
Harunobu Nrn. 133, 369, 616, 658, 897, 974, 1009; Katsuyori 77, 201, 321, 444, 445, 560, 561,
562, 620, 702, 716, 741, 768, 769, 776, 844, 846.
[6] Kōyō Gunkan II:31.127 (Kiso Yoshimasa) *(»Waga shoryō wo kotogotoku age«)*.
[7] Vgl. Kōyō Gunkan I:23.430, I:24.434

Becher, wie das Myōhōji-ki bei anderer Gelegenheit berichtet und der allgemeine Brauch verlangte:

> Verschiedene Leute schließen Bündnisse ab, und das *sake*-Trinken nimmt kein Ende.[1]

Die Verbindung zwischen Belehnung und daraus folgender Dienstpflicht zeigt sich an einer Belehnung Takeda Harunobus aus dem Jahre 1568. Die von einem seiner Beamten ausgestellte Urkunde darüber lautet:

> Im Dorf Ost-Mukō, Provinz Kai, 50 *kanmon*; in Umaarai, Provinz Shinano, Bezirk Saku, 70 *kanmon*
> Vorstehendes wird dir überlassen. Ich lasse es dir zur Gänze als Lehen. Dir wird hiermit befohlen, daß du die Kriegskunst meistern und treu Heerfolge leisten mußt. Die Bedingungen für die [militärische] Hilfe regelt ein Erlaß *(gechi)*. Wie vorstehend beschlossen.
> 11. Jahr Eiroku [1568], Jahr des Drachen, 5. Monat, 7. Tag
> [Drachenförmiges Zinnobersiegel]
> Im Auftrag: Yamagata Saburō Hyōei-no-jō
> Herrn Kubota Naizen[2]

Soviel zur expliziten Form der Belehnung. Die implizite Belehnung durch die Aufnahme in das Register einer Landesaufnahme enthielt dagegen all diese Elemente der vorangegangenen Verhandlung, persönlichen Begegnung und Geschenke nicht. Wohl aber war es möglich, daß gesonderte Urkunden zur Bestätigung[3] oder zur Belehnung mit dem festgestellten Zuwachs gegenüber der vorherigen Landesaufnahme *(mashibun)*[4] ausgestellt wurden. Die Folgen beider Arten von Belehnung waren dieselben. Das Hausgesetz Harunobus schreibt dazu vor:

> Was die verschiedenen Gnadenländer angeht, so darf man nicht auf Ersatzland *(kaechi)* hoffen, auch wenn es ohne eigenes Zutun Schäden durch Überschwemmung und Dürre geben sollte; sondern entsprechend

---

[1] Myōhōji-ki 26 (Eishō 8 = 1511)
[2] KSS I:424.670
[3] Kai Takeda-shi monjo mokuroku, Katsuyori Nr. 672 = Ryū shuin Nr. 20 von 1579 mit der Formulierung »aufgrund der revidierten Landesaufnahme« *(kenchi aratame no ue)*.
[4] Kai Takeda-shi monjo mokuroku, Harunobu Nrn. 986, 987 *(Fujimaki-gō aratame)*, 1170 *(goryōsho aratame)*, Katsuyori Nrn. 71 *(ryōsho aratame)*, 177 *(mashibun jūon)*, 221 *(inden mashibun)*, 356, 892, 908 *(mashibun)*, Atobe Nrn. 14 *(gō aratame)*, 18 *(mashibun)*, Imai Nr. 9 *(mashibun)*

dem Umfang *(bunryō)* [des Lehens][1] soll Dienst geleistet werden. Einem Gefolgsmann aber, der sich durch treuen Dienst besonders hervortut, soll man entsprechendes Land geben.[2]

Für Leute, die Gnadenland besitzen und vor Tenbun 10 [1541][3] mindestens zehn Jahre lang dem Vogt *(jitō)* keine Dienste und Abgaben leisten mußten, soll sich hieran nichts ändern. Wenn es aber [nur] bis zu neun Jahre sind, soll entsprechend der Sachlage ein neuer Erlaß ergehen.[4]

Es ist verboten, Gnadenland außer privaten Namensfeldern *(shiryō myōden)* ohne Erlaubnis zu kaufen oder zu verkaufen. Wenn es trotz dieser Bestimmung unvermeidlich sein sollte, soll man die Einzelheiten melden, eine Frist in Jahren festsetzen und [das Land] kaufen oder verkaufen lassen.[5]

Gnadenland, das [als Pfand] auf einem Schuldschein steht, darf man nicht übernehmen, ohne es [bei der Behörde] anzuzeigen und außerdem mit dem Amtssiegel bestätigen zu lassen. Falls der Besitzer dieses Landes geflohen ist, soll der Sachlage entsprechend darüber verhandelt werden. Falls die Frist [zur Rückzahlung] verstrichen ist, soll man die vorangegangenen besiegelten Urkunden[6] vorlegen. Wenn schriftlich um Pardon *(wabigoto)*[7] gebeten wird, müssen nur die auf dem Gnadenland lastenden Dienste und Abgaben entrichtet werden.[8]

---

[1] Röhl 1959.215 übersetzt »entsprechend der nach dem Schaden verbleibenden Größe des Grundstücks«. Dies trifft sicher nicht zu; Trockenheit oder Überschwemmung haben ja am *Umfang* des zugeteilten Lehens nichts verändert. *Bunryō* wird auch in Kōyō Gunkan II:38.307 und KSS I:413.663 ff mehrfach verwendet in der Bedeutung »Umfang des Lehens«.

[2] Hausgesetz Art. 10 (Hayashi 1980.151-154)

[3] Das Jahr, in dem Harunobu die Nachfolge seines Vaters antrat.

[4] Hausgesetz Art. 11 (Hayashi 1980.154-157)

[5] Hausgesetz Art. 12 (Hayashi 1980.157-162)

[6] *Senban*. Eine Textvariante hat *senrei*, d.i. Präzedenzfälle.

[7] *Wabigoto*, wörtlich »Entschuldigung«, bezeichnete eine Petition um Senkung der Belastung, v.a. durch Abgaben und Dienste (Nihonshi yōgo daijiten 15390.701; Minegishi 1989.291) oder die öffentliche Entschuldigung eines Übeltäters. Was auch immer hier gemeint ist: Im Ergebnis wird Pardon für nicht zurückgezahlte Schulden verlangt und gewährt. Harunobu soll Samurai, die sich wegen der ständigen Kriegszüge verschuldet hatten, Abgabennachlaß und bei Bewährung zusätzliches Gnadenland versprochen haben (Kōyō Gunkan II:32.167). Zum *wabigoto* s.a. unten den Fall des Ochiai Hikonosuke. Im Sinne von »Klage« (über die Lebensumstände) benutzt es die Hauslehre des Takeda Nobushige (Art. 19 [Kōyō Gunkan I:2.62]). Das *wabigoto* des Chōenji-Tempels in Kōfu von 1561 war ein Eingeständnis, in einem Streit mit Matsugi Shinzaemon um ein Waldstück Unrecht zu haben (KSS I:362.627).

[8] Hausgesetz Nr. 43 (Hayashi 1980.300-304)

Grundsätzlich sollte Lehensland also überhaupt nicht veräußert, getauscht, verpfändet oder neu belastet werden. Anders als der Rest des Familienvermögens konnten Lehen auch nicht einfach durch testamentarische Verfügung vererbt werden.[1] Die Entscheidung in jedem Einzelfall behielt der Lehensherr sich und seiner Verwaltung vor. Wichtige Kriterien waren die seit der Belehnung verstrichene Zeit und vor allem das Verhalten des Lehensmannes: Wer sich Verdienste erworben hatte, durfte auf Landtausch oder mehr Land hoffen, wer eine Petition einbrachte, auf Gnade. »Gemäß der Seichtheit oder Tiefe ihrer Treue« sollten die heerfolgepflichtigen Vasallen Lehen erhalten.[2] Kauf und Verkauf von Lehensland sollten lediglich als Verpfändung erlaubt sein. Für den Eigenbesitz der Lehensleute galten diese Einschränkungen nicht; sie konnten frei darüber verfügen. Diese Regelungen sollten möglichst stabile und übersichtliche Lehensverhältnisse garantieren. Infolgedessen bestand die »Lehenskette« zur Takeda-Zeit auch nur aus zwei Gliedern: dem Lehensherrn und dem Lehensmann. Unterbelehnung fand nicht statt.[3] Recht selten kam es vor, daß jemand Lehen von zwei verschiedenen Herren hielt.[4] Lehen aus anderen Landesherrschaften durften nicht angenommen werden.[5] Bei Fehlverhalten der Lehensleute konnten die Belehnung auch widerrufen werden. So wurden Hara Kanshirō und Morozumi Sukeshichirō ihrer Lehen entkleidet, als sie sich in der Residenz der Takeda gewaltsam stritten. Dieses als »Gewalttätigkeit vor dem Hohen Herrn« *(gozen rōzeki)* bezeichnete Vergehen war an sich mit dem Tode bedroht[6] und wurde in diesem Fall eingedenk der Verdienste der Väter der Streithähne nur mit dem Entzug der Lehen gesühnt.[7] Ein anderer Vasall namens Ochiai Hikonosuke, der einen Prozeß gegen einen Bauern verloren hatte, beschimpfte die Hofrichter derart unflätig, daß er zum Tode verurteilt wurde. Er konnte zwar sein nacktes Leben retten, indem er in einem Tempel Asyl suchte und sich schriftlich entschuldigte *(wabigoto)*; sein Haus und Lehen aber verfielen.[8] Es ist aber auch überliefert, daß Harunobu nach der Vertreibung seines Vaters Vasallen »die Lehen erneuerte« *(chigyō wo aratame)*, die

---

[1] Hausgesetz Art. 31 (Hayashi 1980.243-250)

[2] Kōyō Gunkan II:38.308

[3] Mir ist jedenfalls kein Fall bekannt. Einige Lehensleute der Takeda haben zwar ihrerseits Lehen vergeben (Asahina, Okabe, Obata, Oyamada, Sanada); aber es handelte sich hierbei nicht um Lehensland, das sie von den Takeda erhalten hatten. Daß die Anayama die Region Kawauchi und die Oyamada die Region Gunnai, wo sie zahlreiche Lehen vergaben, ihrerseits von den Takeda zu Lehen getragen hätten, läßt sich nicht nachweisen und ist m.E. auch unwahrscheinlich.

[4] Die Manzawa waren Lehensleute der Takeda (Kai Takeda-shi monjo mokuroku, Harunobu Nr. 778) und der Anayama (ebd. Anayama Nrn. 67, 87, 95, 205, 206); ebenso die Mochizuki (ebd. Harunobu Nr. 858, Anayama Nrn. 16, 60, 65, 91). Die Watanabe wurden von den Takeda (ebd. Harunobu Nrn. 653, 899) und Atobe (ebd. Atobe Nr. 14) belehnt.

[5] Hausgesetz Art. 4 (Hayashi 1980.127)

[6] Hausgesetz Art. 17 (Hayashi 1980.181-188)

[7] KSS II:37.290

[8] Kōyō Gunkan III:47.235-238

Nobutora bestraft hatte.[1] Kam es zwischen Lehensleuten zum Streit um die Grenzziehung ihrer Lehen, ließ Takeda Harunobu sein Hofgericht entscheiden.[2] Wurden Einkünfte aus derselben Gemeinde mehreren Lehensleuten verliehen *(ai-chigyō)*, stritten sie sich anscheinend häufig, »weil jeder nur an seinen eigenen Vorteil dachte«.[3]

Starb ein Lehensmann, so konnte der Lehensherr seine Lehen neu verteilen. Allerdings wurden die Erben des Verstorbenen dabei in aller Regel bedacht. Als der *bushi* Tsuji Rokurō gefallen war, verteilte Takeda Harunobu das *chigyō* des Rokurō unter dessen Söhne. Von den insgesamt 25 *kan* erhielten der 17jährige Erstgeborene 12 *kan*, der zweite Sohn 8 *kan* und der dritte Sohn die restlichen 5 *kan*. Der zweijährige Jüngste wurde, dem Wunsch des Vaters entsprechend, auf eine geistliche Laufbahn vorbereitet. Der Älteste jedoch erhielt zusätzlich denselben Posten im Militärapparat der Takeda, den sein Vater innegehabt hatte.[4] Das Lehen wurde also geteilt, aber der älteste Sohn erhielt den größten Anteil und die größte Verantwortung gegenüber dem Lehensherrn.

Grundsätzlich allerdings konnte der Lehensherr mit einem Lehen nach dem Tod des Lehensmannes auch anders verfahren. Itagaki Nobukata fiel 1548 im Kampfe, aber drei Jahre später verlieh Takeda Harunobu ein Stück aus seinem *sōryō-bun* (das dem Familienoberhaupt der Itagaki zustand) an einen anderen *bushi*.[5]

Ein Vasallenlehen war zwar von der Pflicht, den Jahrestribut abzuführen, befreit, doch nicht von Abgaben, die dem Vogt oder dem Landesherrn zustanden. Wie erwähnt, wurde das landesherrliche Ackergeld *(tansen)* von Lehensland mit dem Jahrestribut zusammen von den Bauern erhoben. Offenbar konnten auch die Vögte und Amtleute von bestimmten Feldern eine Abgabe *(kujiyaku)* erheben.[6]

2. ERBE UND HEIRATEN

Im 15. Jahrhundert bedrohten ernste äußere und innere Konflikte die Stellung der Takeda in Kai. Takeda Nobumitsu beteiligte sich 1416 an der Rebellion seines Schwagers Uesugi Zenshū und seines Schwiegervaters Chiba Kanetane gegen den lokalen Regenten des *bakufu* in Kamakura und mußte sich nach dem Scheitern des Aufstandes das Leben nehmen. Sein ältester Sohn Nobushige und sein jüngster Sohn Nobumoto flüchteten in die Ferne. Der größte Teil von Kai geriet unter die Kontrolle der Familie Hemi. Der zweite Sohn Nobumitsus aber, Nobunaga, setzte sich mit Hilfe der Katō und Oyamada von Gunnai aus gegen die Hemi durch. Das *bakufu* in Kyōto schickte 1418 seinen

---

[1] Kōyō Gunkan I:23.426
[2] Kōyō Gunkan III:40b.64 f
[3] Kōyō Gunkan III:40b.30 f
[4] Kōyō Gunkan III:48.256
[5] KSS I:302.579 f
[6] Diese Abgabe soll 2% der Lehenshöhe betragen haben. Vgl. Hayashi 1958.190.

Bruder Nobumoto nach Kai zurück. In der Folge bildeten und befehdeten sich zwei Kriegerbünde *(ikki)*, die jeweils einen anderen der Brüder Takeda unterstützten. Nobunaga wurde geschlagen und floh 1426 nach Kyōto. Da sein Bruder Nobumoto kurz zuvor gestorben war, schickte das *bakufu* den letzten der drei Brüder, Nobushige, als neuen Militärgouverneur nach Kai; er wurde vor allem von den Atobe unterstützt, die den Posten des Vize-Militärgouverneurs bekleideten und die eigentlichen Machthaber in Kai waren. Erst Nobushiges Enkel Nobumasa gelang es 1465, die Atobe zu verdrängen. Doch damit war der Friede im Lande noch nicht hergestellt. Ende 1468 erhoben sich die Bauern der Provinz und wurden Anfang 1469 blutig niedergeschlagen.[1] Im Westen der Provinz kämpften Provinzialenfamilien um die Vorherrschaft. In den Südosten fielen Truppen aus den Provinzen Suruga und Izu nach Kai ein. Daß das Land damals das Bild einer »Provinz im Chaos«[2] bot, lag nicht zuletzt an den fortwährenden Auseinandersetzungen innerhalb des Hauses Takeda. Zum Jahr 1493 (Meiō 2) meldet die Tempelchronik Myōhōji-ki lapidar:

> Der Patriarch *(sōryō)* verliert Schlacht um Schlacht.[3]

Damit war Nobumasa als das Oberhaupt der Takeda gemeint. Sein Gegner aber war sein ältester Sohn Nobutsuna. Nobutsuna gelang es auch im folgenden Jahr, die Partei seines Vaters und seines jüngeren Bruders Nobuyoshi - der nach dem Willen Nobumasas neuer Patriarch werden sollte -, zu schlagen. Erst 1498 notierte der Chronist:

> In diesem Jahr schließen Vater und Sohn Takeda Frieden.[4]

Nobutsuna hatte sich durchgesetzt. Nach seinem Tod 1507 ließ jedoch sein Bruder Nobuyoshi die Fehde wiederaufleben und kämpfte gegen Nobutsunas Sohn Nobunao, den späteren Nobutora. Nobunao tötete schließlich seinen Onkel und seine Vettern 1508 im Kampf.[5]

33 Jahre später schickte Nobutoras Sohn Harunobu seinen Vater außer Landes und wurde Patriarch der Takeda; angeblich auch deshalb, weil Nobutora ihm damit gedroht hatte, ihn nicht zum Stammhalter *(chakushi)* zu bestimmen.[6] Als Harunobu sich 1567 anschickte, die mit ihm verbündete Provinz Suruga anzugreifen, widersetzte sich ihm sein eigener ältester Sohn Yoshinobu, dessen Frau eine Tochter der Landesherren von Suruga, der Imagawa, war. Harunobu witterte Verrat und ließ Yoshinobu sich das Leben nehmen. Das Kōyō Gunkan beschreibt das Verhältnis zwischen Vater und Sohn als

---

[1] Kōdai-ki 349 (Chōroku 14, 15)
[2] *Rangoku* (Myōhōji-ki 17 = Entoku 4)
[3] Myōhōji-ki 17
[4] Myōhōji-ki 19 (Meiō 7)
[5] Myōhōji-ki 24 (Eishō 5)
[6] Kōyō Gunkan I:3.88

gestört und erinnert an die Vorgeschichte zwischen Harunobu und Nobutora.[1] Auch die Beziehung zwischen Harunobu und dem jüngeren Sohn Katsuyori, der schließlich seine Nachfolge antrat, soll getrübt gewesen sein. In seinem Testament soll Harunobu angeblich geregelt haben, daß sein Enkel Nobukatsu - Katsuyoris Sohn - bis zu seinem 16. Lebensjahr durch Katsuyori lediglich als Familienoberhaupt vertreten werden sollte.[2] Sieben Generationen und 150 Jahre lang, von Nobushige bis Katsuyori, stritten sich Väter und Söhne, Brüder, Onkel und Vettern um die führende Stellung im Hause Takeda. Dieser Konflikt brach immer dann aus, wenn entschieden werden mußte, wer die Führung der Takeda in der nächsten Generation übernehmen sollte.

Das Myōhōji-ki nannte das Oberhaupt des Hauses Takeda *sōryō*, »Allherr« oder Patriarch. Das Kōyō Gunkan benutzt dafür auch das altmodische Wort *katoku*, Hausherr.[3] Der Sohn hingegen, der die Stellung des Vaters einmal erben sollte, wurde *chakushi* genannt.[4] Die Familien der Adligen am Hof und in den Provinzen zählten viele Köpfe. Die in den Genealogien vermerkten Kinderzahlen schon der frühen Takeda bestaunt auch Jeffrey P. Mass:[5] Takeda Nobuyoshi soll im 12. Jahrhundert neun Söhne gehabt haben, Takeda Nobushige im 15. ebenfalls, dazu eine Tochter. Nobutora hatte acht Söhne und acht Töchter, Harunobu sieben Söhne und acht Töchter. Möglich wurde solcher Kindersegen durch Mehrfachehe und Adoption. Zur Zeit der Takeda galt, daß eine Adoption der Takeda-Verwaltung gemeldet und durch besiegelte Urkunde bestätigt werden mußte. Eine Adoption konnte widerrufen werden, wenn sich der Adoptivsohn (Töchter wurden nicht adoptiert) gegenüber der Ehefrau des Adoptivvaters nicht wie ein gehorsames Kind (*fukō*)[6] benahm.[7] Falls einem wichtigen Vasallenhaus ein tüchtiger Erbe fehlte, konnten die Takeda ihm bewährte Vasallen, die sie befördern wollten, zur Adoption vorschreiben.[8] Auf diese Weise wurde mit echter und künstlicher Verwandtschaft das Haus perpetuiert. »*Heirs could be created on demand*«, formuliert Mass

---

[1] Kōyō Gunkan II:33.184 f

[2] Kōyō Gunkan II:39.355 f

[3] Kōyō Gunkan I:3.89; II:39.355. *Sōryō* wird ebd. I:3.94; I:16.294 benutzt. Daß beide Begriffe seit der späten Kamakura-Zeit gleichbedeutend waren, bestätigt Mass 1989.62.

[4] Kōyō Gunkan I:3.88; Kōhakusai-ki 100 (Tenbun 21 = 1552); KSS I:254.536

[5] Mass 1989.72 Fn. 55

[6] Der Widerruf der Adoption aufgrund von *fukō* war, wie der Kontext des Hausgesetzes zeigt, hauptsächlich als Enterbung gemeint. Darin unterschieden sich adoptierte überhaupt nicht von leiblichen Kindern, die aus demselben Grund enterbt und verstoßen werden konnten (s. Mass 1989.74).

[7] Hausgesetz Art. 31 (Hayashi 1980.243-250)

[8] Kōyō Gunkan II:25.17 (Nach einer Schlacht in Shinano 1546 wird Kyōraishi Minbu zu Baba Minbu, Kudō Genzaemon zu Naitō Shuri); Kōhakusai-ki 98 (Takeda Nobushige wird von den Yoshida adoptiert); ebd. 99 (Uehara Morishige wird von den Oyamada adoptiert) (Tenbun 20 = 1551).

treffend.[1] Umso gravierendere Folgen zeitigte dagegen die gleichzeitig praktizierte Erbteilung. Das Familienvermögen wurde nach dem Willen des Haushern verteilt. Praktisch konnte er dabei beerben und enterben, zerteilen und verteilen, wie es ihm gefiel. So bestätigt auch Harunobus Hausgesetz:

> Reisfelder und Trockenfelder, Kapital, Gerätschaften usw. müssen der letztwilligen Verfügung des verstorbenen Vaters überlassen werden. [2]

Dabei schränkte es aber ein: »außer Gnadenland«. Das Lehensland durfte also nicht ohne weiteres vererbt werden. Der Grund dafür wurde in dem oben zitierten Fall des Tsuji Rokurō und seiner Söhne angesprochen: Der älteste Sohn erhielt nicht nur den größten Teil des Lehenslandes, sondern auch die militärische Stellung seines Vaters. Diese Stellung qualifizierte ihn zum *sōryō*, zum neuen Patriarchen der Tsuji, nicht nur gegenüber dem Lehensherrn, sondern auch gegenüber seinen eigenen Geschwistern.[3] Ogasawara Nagamoto sicherte seinem ältesten Sohn Nagahide 1383 testamentarisch den größten Teil seiner Besitzungen zu, darunter in Kai das *sōryōshiki* (Patriarchatsrecht) in der Grundherrschaft Hara-Ogasawara sowie Lehen in der Gemeinde Ishida, der Grundherrschaft Yatsushiro (das aber der Nonne Jōkitsu auf Lebenszeit zukommen sollte), den Gemeinden Shioda (die Doyō Inumaru verliehen werden sollte) und Miyabara und viele andere in der Provinz Shinano. Der Zweitgeborene Nagamasa sollte in Shinano zwei weitere Lehen erhalten, Doyō Inumaru (dem Namen nach noch ein Knabe) ebenfalls, die Nonne Jōsen eines. Falls nun Doyō Inumaru und Nagamasa keine Söhne hatten, sollten ihr Lehen nach ihrem Tod an Nagahide fallen. Bekam Nagahide keinen Sohn, ging alles nach seinem Tod an seinen jüngeren Bruder Doyō Inumaru. Andere sollten nichts erhalten dürfen.[4] Bei den Ogasawara, nahen Verwandten der Takeda, gab es also ziemlich viel Grundbesitz unter nur drei Söhne und zwei Frauen zu verteilen. Die Anteile der Frauen (Witwen?) wurden von vornherein als Leibgedinge *(ichigo)* angelegt: So sollte verhindert werden, daß sie sich etwa wiederverheirateten und ihr neuer Ehemann Ansprüche auf ihr Land erwarb oder daß sie dieses Land entgegen dem Testament einem Dritten vermachten. Unter den drei Söhnen erhielten die jüngeren ihr Lehen unter einer Bedingung: Bekamen sie keine erbfähigen Söhne, sollte alles an den Ältesten fallen. Dieser erhielt eine sichtbare Sonderstellung: Ihm wurde der Familien-Stammsitz, das namengebende Land *(myōji no chi)* in der Grundherrschaft

---

[1] Mass 1989.72. Mass argumentiert auch, daß Polygamie, Verwandtenehe und Adoption in Europa u.a. deshalb von der Kirche abgelehnt wurden, weil im Fall des erbenlosen Todes die Kirche selbst zum Erben wurde (ebd. 118).

[2] Hausgesetz Art. 31 (Hayashi 1980.243)

[3] Takahashi hält diesen Punkt - daß die von der öffentlichen Autorität gewährten Ämter und Lehen nur an einen einzigen Vertreter der Familie vererbt werden konnten - sicher zu Recht für die Ursache der Entwicklung des *chakushi*-Systems (1991.78 ff).

[4] KSS I:176.490 ff

Hara-Ogasara übertragen, zusammen mit dem Patriarchat der Familie. Allerdings war auch diese Übertragung konditioniert: Bekam Nagahide keinen Sohn, erbte sein jüngster Bruder alles. Die Absicht dieser Regelungen ist offenbar: Der beträchtliche Grundbesitz der Familie sollte so weit wie möglich beisammengehalten werden, während zugleich für die Versorgung der Söhne und Witwen zumindest zu ihren Lebzeiten gesorgt werden sollte. Deutlich wird auch die Rolle des *chakushi*, des zentralen Erben. Er war der Kristallisationspunkt des Hauses in der nächsten Generation. Doch zeigt das Testament auch, daß seine Stellung gegenüber den Geschwistern keineswegs absolut war: Er konnte sie einbüßen, wenn er die Kontinuität des Hauses nicht gewähren konnte oder sich »nicht wie ein gutes Kind« benahm.

In der Forschung sind die Machtbefugnisse des Patriarchen höchst umstritten.[1] Nach der Auffassung Toyoda Takeshis sei der Patriarch als Vasall des *bakufu* mit Wach- und Repräsentationspflichten in Kamakura oder Kyōto der politische und rechtliche Vertreter seines Hauses gewesen. Er sei auch zuständig gewesen für die Umlage der Abgaben an die öffentliche Hand auf die einzelnen Familienmitglieder und habe ihren Militärdienst organisiert. Er habe das Recht besessen, die gemeinsamen Produktionsmittel zu verwalten und zu verteilen und die landwirtschaftlichen Gemeinschaftsaufgaben zu organisieren. Toyoda zufolge entwickelte sich das Patriarchat in zwei Stufen: Zunächst im frühen Mittelalter als ein genossenschaftlicher Zusammenschluß, aus dem im 13. Jahrhundert immer mehr Zweigfamilien ausschieden und unabhängig wurden. Im Restverband konnte der Patriarch seine Kontrolle über die verbliebenen Familien stärken und sie allmählich in Vasallen verwandeln. Diese Stufe nennt Toyoda patrimonial.[2]

Wie sich die Entwicklung in Kai vollzog, lassen die Quellen nur umrißhaft erkennen. Die vielen Zweigfamilien der Takeda bildeten am Ende des 12. Jahrhunderts offenbar ein lockeres Bündnis. Von einem militärischem Oberbefehl sehen wir nichts, auch wenn alle gemeinsam kämpften. Ein gewisses Maß an wirtschaftlicher Kooperation, eine Aufgabenverteilung bei der Erschließung von Neuland und Pferdeweiden, ist, wie schon gezeigt, wahrscheinlich. Aber die einzelnen Familien verstreuten sich im 13. Jahrhundert ohne weiteres in mehrere unterschiedliche Provinzen. Auch im 14. Jahrhundert ließ sich eine militärisch dominierende Stellung irgendeiner Familie nicht erkennen. Im Krieg zwischen den Ashikaga und den Anhängern des Ex-Kaisers Godaigo seit 1336 kämpften Minamoto aus Kai auf beiden Seiten.[3] Wir wissen aus dieser Zeit auch, daß Takeda Nobutake 1346 *sōryō* genannt wurde und die mit ihnen verwandten Kagami 1353 in Kai über ein *sōryōbun* verfügten, also ein Stück Land, das dem Patriarchen ihrer Familie zustand.[4] Die größeren der ehemaligen Zweigfamilien hatten sich so weit verselb-

---

[1] Vgl. Mass 1989.58-68 und Seki 1988.144-201 für eine Darstellung des Forschungsstandes.
[2] Toyoda 1980.122-140
[3] KSS I:166.477; I:832-838.1028-1032
[4] KSS I:171.480 ff (Jōwa 3 = 1364) (Landregister des Tempels Ichijō Ichirenji)

ständigt, daß sie ihren eigenen Patriarchen besaßen.[1]

Das unbestritten wichtigste Vorrecht des Patriarchen bestand darin, daß er seinen eigenen Nachfolger bestimmen durfte. Dem designierten Haupterben überreichte der Patriarch zu einem beliebigen Zeitpunkt die Hausinsignien. Bei den Takeda gehörten dazu ein langes und ein kurzes Schwert aus dem 13. Jahrhundert, ein »Sonnenbanner« (roter Kreis auf weißem Grund) *(mi-hata)*, angeblich aus dem Besitz des Urahnen aller Minamoto, Minamoto Yoriyoshi, sowie eine Rüstung mit dem Namen »Ohneschild« *(tatenashi)*, welche dem direkten Vorfahren der Takeda und jüngeren Bruder des Hachiman Tarō, Shinra Saburō, gehört haben soll.[2] Auf die beiden letzteren Insignien (die übrigens noch heute erhalten sind)[3] wurde von den Mitgliedern des Hauses einschließlich des Landesherrn geschworen.[4] Zu übrigen Dingen, die dem neuen Patriarchen übergeben wurden, zählten üblicherweise die Urkundensammlung der Familie, ihre Genealogie *(keizu)*, die Hauptresidenz, das Stammland und - wie im Falle der Ogasawara gesehen - das *sōryō shiki*, der dem Patriarchen zustehende Grundbesitz.[5] Der neue Hausherr galt fortan als Vertreter des Hauses gegenüber Hof und Herrn; er erhielt - mit Zustimmung des Landesherrn - seines Vorgängers Stellung in der Armee der Takeda,[6] seinen formellen Hoftitel[7] und seine Lehen. Die Vererbung dieser Hausinsignien und -schätze, des zentralen Grundbesitzes, der Stellung beim Landesherrn und der Titulatur waren der Hauptgrund, weshalb ein offizieller Stammhalter des Patriarchen *(chakushi)* überhaupt ausgewählt werden mußte.[8] Prinzipiell stand diese Wahl dem Patriarchen unter seinen leiblichen und adoptierten Söhnen frei. Die Bestätigung durch den Landes- oder

---

[1] Die Oberhäupter der mit den Takeda verwandten und verbündeten Familien Imai und Oyamada führten 1555 in einer Urkunde den Titel *sōryō* (KSS I:254.536), die Itagaki besaßen 1551 ein *sōryō-bun* in Kai (KSS I:302.579).

[2] Kōyō Gunkan I:3.88 f. Vgl. Sasamoto 1988.103.

[3] Das Banner im Unpōji-Tempel, die Rüstung im Kanda-Tenjin-Schrein in Enzan.

[4] Die Eidesformel lautete: »Das Banner und [die Rüstung] Ohneschild seien auch meine Zeugen« *(Mihata tatenashi mo shōran are)* (Kōyō Gunkan I:23.419; II:30.103). Vgl. Sasamoto 1988.102 f. Rüstung und Fahne, die in einem eigenen Gebäude in der Residenz aufbewahrt wurden, wurden eigens gut bewacht (Kōyō Gunkan I:17.333).

[5] Mass 1989.81. Man konnte übrigens auch Schulden vererben: Nach dem Hausgesetz der Takeda hafteten Kinder für die Schulden ihrer Eltern (aber nicht umgekehrt, außer bei kleinen Kindern oder bei Übernahme einer Bürgschaft) (Hausgesetz, Art. 40 [Hayashi 1980.287-290]).

[6] Kōyō Gunkan III:48.256

[7] Wie das Beispiel in Mass 1989.1-2.124 von 1149 (Kyūan 5) zeigt, erkannten die Provinzregierungen schon zu diesem frühen Zeitpunkt de facto das Recht eines lokalen *bushi* an, seinen Posten (hier: *zaikokushi*, d.h. »Provinzgouverneur vor Ort«) an seinen Stammhalter zu vererben. Jedenfalls erging die formelle Ernennung durch die Provinzregierung unmittelbar nach Abfassung des Testaments.

[8] S. Takahashi 1991.82

Lehensherrn war in Fällen wie dem folgenden unproblematisch:

> In Hemi in der Provinz Kai in den beiden Gemeinden Komai und Nakajō:
> 273 *kanmon*, ebenda in Iwanoshita: 27 *kanbun* usw.
> Vorstehendes Eigengut wird dir wegen [des Willens deines] verstorbenen
> Vaters zugeteilt. Wie vorstehend beschlossen.
> Genki 2 [1571], Jüngeres Jahr Metall, Jahr des Schafes, 9. Monat, 14. Tag
> Siegel Shingens [Takeda Harunobu]
> Herrn Okuyama Miyanouchi [1]

Es handelte sich also um eine landesherrliche Bestätigung für Eigengut, das der Vater
dem Sohn vermacht hatte. Eine Intervention des Lehensherrn verlangte dagegen der
nächste Fall:

> Dein Großvater Osakabe Uemon-no-jō hat dir sein Erbe eindeutig über-
> tragen. Während deiner Kindheit, bis zu deinem 18. Lebensjahr, soll als dein
> Vertreter Uchida Hikojūrō Heerfolge leisten. Das Lehen aber, nämlich an
> den beiden Orten Kawa-Higashi und Sekiguchi zusammen 75 *kanmon*,
> sowie einen Diener, soll einzig Hikojūrō bis zum kommenden Jahr des
> Hundes [1586] zu Lehen besitzen. Wir verkünden, daß unsere Vasallen dies
> gleich einem Eid ohne Widerrede annehmen sollen. Wie vorstehend
> beschlossen.
> Tenshō 5 [1577], Jüngeres Jahr Feuer, Jahr des Rindes, 7. Monat, 7. Tag
> Im Auftrag: Oyamada Rokurō Saemon-no-jō
> An Uchida Tokuchiyomaru [2]

In diesem Falle hatte ein *bushi* bevorzugt, seinen Enkel (»Tokuchiyomaru« ist ein
Knabenname) zum Erben zu ernennen. Da dieser erst 9 Jahre alt war, konnte er noch
nicht Heerfolge leisten. Die Takeda-Verwaltung setzte deshalb bis zur Mündigkeit des
Jungen einen Vertreter ein (offenbar einen Verwandten, möglicherweise den Vater).
Dieser Vertreter sollte das Lehen des Jungen als Gegenleistung für den militärischen
Dienst für die kommenden neun Jahre selbst innehaben. Den Willen des Erblassers selbst
respektierte der Lehensherr, schuf aber eine Übergangsregelung, um zu gewährleisten,
daß die für das Lehen geschuldete Heerfolge geleistet wurde.[3] Denn dies war ja der
Grund gewesen, weshalb das Lehen überhaupt vergeben worden war. Dies galt sogar für
die Familie Takeda selbst. Wahrscheinlich mangels testamentarischer Bestimmungen
mußte Harunobu 1571 als Patriarch den Nachlaß seines Halbbruders Nobukore regeln.
Er tat dies wie folgt:

---

[1] Hayashi 1980.153
[2] Hayashi 1980.250
[3] Ein ähnlicher Fall ist KSS I:678.850 f, in dem eine Hälfte des Erbes bis zum 18. Lebensjahr
des Stammhalters einbehalten wurde.

Beschluß
- 200 *kan*   Provinz Kai, Gemeinde Matsuo
- 170 *kan*   Ebenda, Gemeinde Dorf Kose
- 22 *kan* 550 *sen* Provinz Shinano, Gemeinde Imamura
- 4 *kan* 800   Akiyama Hyōbu-no-suke

Zusammen 397 *kan* 350 *mon*
Außerdem 5 Kriegsknechte
Vorstehendes wird übergeben. Aber deinen Sohn lasse ich die Tochter des
Minbu-no-shō⁻fu[1] heiraten und das Erbe des Minbu-no-shō⁻fu übernehmen.
Die Einzelheiten der Heerfolgepflicht regele ich in einer gesonderten
Urkunde. Wie vorstehend beschlossen.
Nachschrift. Für das Gnadenteil der alten Mutter und der Witwe des
Minbu-no-shō⁻fu soll die Gemeinde Tsukahara übergeben werden.
Wie oben verkündet.
Genki 2 [1571], Jüngeres Jahr Metall, Jahr des Schafes
3. Monat, 13. Tag
Shingen [Harunobu] (Monogramm)
Herrn Hyōgo-no-suke [2]

In einer zweiten Urkunde vom selben Tag wurde, wie angekündigt, der Umfang der
Heerfolge geregelt. Nobuzane mußte 3 Streitrösser, 5 Gewehre, 5 Lanzen, 10 Spieße, 2
Bögen und eine kleine Fahne aufbieten[3] - natürlich mit den dazugehörigen Leuten.
Söhne hatte der verstorbene Nobukore nicht, deshalb fand Harunobu einen geschickten
Ausweg, um zugleich die unverheiratete Tochter zu versorgen und das Familienver-
mögen im Hause der Takeda zu halten: Ihr Vetter, der Sohn eines weiteren Bruders
Harunobus, sollte sie heiraten. Für diese Verbindung erhielt dessen Vater Nobuzane
einen erheblichen Teil des Nachlasses, den Rest (bis auf die Gemeinde Tsukahara als
Witwenteil) sein Sohn als postumer Schwiegersohn Nobukores.[4]
Zur Pflicht des Hausherrn gehörte, außer dem Stammhalter auch die Nebenerben zu
versorgen. Wie im Falle der Ogasawara geschah dies seit dem 14. Jahrhundert häufig mit
Leibgedingen *(ichigo-bun)*, weil man das Erbe zusammenhalten wollte. Dies sicherte
zunächts die Versorgung der Witwe, von der in der Regel erwartet wurde, daß sie ins
buddhistische Kloster ging oder zumindest nicht neu heiratete, um neue Erbansprüche
von seiten ihres neuen Mannes und neuer Kinder zu verhindern. Nobukores Witwe
erhielt die Gemeinde Tsukahara als Witwenteil *(kannin-bun)*. Im vorliegenden Fall mußte

---

[1] Hoftitel des Matsuo Nobukore, ein Halbbruder sowohl des Ausstellers Takeda Harunobu als
auch des Empfängers Kawakubo Nobuzane.
[2] KSS I:478.703 f. Hyōgo-no-suke ist der Titel des Kawakubo Nobuzane.
[3] KSS I:479.704 f (Genki 2 = 1571)
[4] Ähnlich regelte Katsuyori 1577 das Erbe des Kazuno Jirō, indem er dessen Tochter mit dem
Sohn eines Verwandten verheiratete und ihn den Namen des Verstorbenen weiterführen ließ (KSS
I:648.831).

auch noch die Mutter des Erblassers versorgt werden. Sie bekam ebenfalls in der
Gemeinde Tsukahara 10 *kan* als Witwenteil.[1]
Diese Mutter war natürlich eine der Frauen des von Harunobu vertriebenen Takeda
Nobutora. Man hätte sie vielleicht eher an der Seite ihres im Exil lebenden Mannes
erwartet. Denn 1541 forderte Imagawa Yoshimoto, in dessen Schutz sich Nobutora
begeben hatte, von Harunobu, daß Nobutora wie vereinbart seine Frauen und sein
Altenteil *(inkyo-bun)* erhalten sollte.[2] Vielleicht zog es die Mutter des Nobukore vor,
in Kai bei ihrem Sohn zu bleiben, vielleicht behielt Harunobu sie als Geisel dort.
Bedeutsamer ist, daß Nobutora sich demnach offiziell aufs Altenteil zurückgezogen hatte.
Dies war dem Hausherrn jederzeit möglich, wenn er zuvor einen Stammhalter bestellte.
Er übergab dann das Familienvermögen, die Hausinsignien usw. schon zu seinen
Lebzeiten, ließ aber für sich und seine Frau(en) als Leibgedinge das Nötigste reservieren.
Der Alt-Patriarch begab sich damit unwiderruflich aller Rechte als Hausherr; hinfort
wurde von ihm erwartet, sich von den Geschäften der Familie fernzuhalten:

> Auf dem Altenteil soll man sich nicht der Kraft seiner Kinder bedienen,[3]

mahnte die Hauslehre des Takeda Nobushige.[4]
Der Kaufmann und Amtmann in der Finanzverwaltung der Takeda, Matsugi Ieshige,
entschloß sich zu einem solchen Verfahren. Bereits 1569 sicherte er seinem Sohn
Shinshichirō zu, ihn und sonst niemanden zu seinem Haupterben zu ernennen. 1581
setzte er dies in die Tat um. In einer Urkunde legte er fest, daß sein Altenteil nach
seinem Ableben gänzlich an den Haupterben zurückgehen sollte, daß er den Gebrauch
des Familiennamens an diesen abtrat, und daß er sich keinesfalls in die Geschäfte des
neuen Hausherrn einmischen wollte. In einer nachfolgenden Urkunde wurden die
Einzelheiten des Altenteils konkretisiert. Ieshige bekam eine Anzahl Felder und Gebäude
zugesprochen, die aber ebenso wie die dortigen Bauern nach seinem Tod an den
Haupterben gehen sollten. Zur Sicherheit wurde die gesamte Prozedur von der Takeda-
Verwaltung bestätigt, um fremde Ansprüche abwehren zu können.[5]
Diese mehrfache Sicherung diente vorrangig dem Schutz der Ansprüche des Haupterben.
Trotzdem hegte dieser häufig die Befürchtung, daß ihm ein versprochenes Leibgedinge

---

[1] KSS I:480.705 (Genki 2 = 1571)
[2] KSS I:260.539 f
[3] Hauslehre, Art. 79 (Kōyō Gunkan I:2.79)
[4] Oft genug war das Gegenteil der Fall. Die berühmtesten und aktivsten Pensionäre waren die
abgedankten Kaiser seit Shirakawa, der 1086 als erster entdeckt hatte, daß man vom Altenteil aus
bequemer Politik machen konnte als vom Thron aus *(insei)*. Noch heute sind in Japan die Alt-
Ministerpräsidenten oft mächtiger als die amtierenden.
[5] Urkunden in Hirayama 1990.56 f

nach dem Tod des Altpatriarchen oder seiner Witwe entfremdet werden konnte.[1] Im vorliegenden Fall war diese Sorge begründet. 1587 wurde Shinshichirō ein Stück aus dem Altenteil abgesprochen, das eigentlich nach dem Tod des Vaters an ihn hätte fallen sollen. Aber anscheinend hatte sein Vater absprachewidrig dieses Stück einer Tochter überlassen, deren Mann nun erfolgreich darauf bestand, es mit der Heirat erworben zu haben.[2] Wir wissen auch von einem Salzhändler in Kōfu, der ohne männlichen Erben starb und dessen Schwiegersohn deshalb Geschäft, Haus und Gerätschaften erbte.[3]

Unseren Blick lenkt dies auf die Bedeutung der Töchter und ihrer Ehen für Erbe und Familie.[4] Galten in der Kamakura-Zeit sowohl Ehefrauen als auch Töchter prinzipiell als voll erbberechtigt,[5] so änderte sich dies seit dem 14. Jahrhundert: Frauen wurde (wie auch in den obigen Beispielen zu sehen) Grundbesitz nur noch als Leibgedinge *(ichigo-bun)* zugesprochen, die nach ihrem Tod an den Haupterben, also ins Familienvermögen, zurückfließen sollten. Haupterbe werden konnte nur ein Mann. Daher trat bei Eheschließungen der materielle Aspekt - die Aussicht auf Aussteuer oder Erbe der Frau - weitgehend hinter den politischen zurück.

Dies galt jedoch nicht immer. Das Kōyō Gunkan warnte davor,

> daß *bushi* davon angezogen werden, daß Städter viel Geld besitzen, und
> ihre Schwiegersöhne werden.[6]

Der Sohn des Kawakubo (Takeda) Nobuzane durfte (mußte) seine Kusine heiraten und das Erbe seines verstorbenen Schwiegervaters antreten; allerdings entsprach dies nur einem Sonderfall des sog. *muko yōshi*, des adoptierten Schwiegersohns: War kein männlicher Erbe vorhanden, verheiratete man eine Tochter und adoptierte den Schwiegersohn.[7] Immerhin war die Tochter damit materiell abgesichert. Die alte Familie

---

[1] Vgl. zwei frühere Fälle aus Kai: 1260 übertrug ein Minamoto Yorinaga seiner Frau einen Hausgrund und etwas Land zu Eigen. 1258 hatte er ursprünglich verfügt, daß seiner Frau mehr Land, aber als Leibgedinge, zukommen sollte; auf Einspruch seiner Kinder änderte er seine Absicht (Mass 1991.86.215 f). 1294 einigten sich ein Bruder und seine Schwester über das Erbe ihres Großvaters Fukazawa Takatsune: Der hatte seiner Enkelin Land auf Lebenszeit vermacht, aber auf Druck ihres Bruders gab sie ihm schon jetzt ein Stück davon heraus (Mass 1991.120.255 ff).

[2] Hirayama 1990.64 ff

[3] Kōyō Gunkan III:48.274

[4] Der Aufsatz von Ackroyd 1959 ist klassisch. Nützlich auch Wakita Haruko 1984 und Mass 1989. Für die Zeit der Takeda (und speziell zu ihnen): Owada 1986.149-179. Über Harunobus Töchter informiert Satō 1987. Der Aufsatz von Hayashi 1959 enttäuscht.

[5] Sie konnten sogar Vogteirechte erben, zumindest übergangsweise (Mass 1989.76).

[6] Kōyō Gunkan 40 B:III.40b.30

[7] Einen solchen Fall schildert das Kōyō Gunkan: Einen Sohn des Vasallen Hara ließ Takeda Harunobu Adoptiv-Schwiegersohn der Familie Yokota werden (II:25.14).

des Schwiegersohn-Adoptivsohnes zog zwar keinen unmittelbaren materiellen Gewinn
daraus, konnte aber langfristig auf eine stärkere Kooperation zwischen beiden Familien
rechnen. Dies war das Kalkül auch der heute so genannten »politischen Ehe« *(seiryaku
kekkon)*. Die Takeda beherrschten dieses Instrument der Machtpolitik virtuos. Die
widerspenstige Provinzialenfamilie Ōi im Westen Kais verpflichtete sich Nobutora 1520,
indem er sie erst im Kampf unterwarf und dann eine Ōi-Tochter zur Frau nahm. Sie
gebar ein Jahr später seinen Sohn Harunobu.[1] Als Harunobu 1545 den Bezirk Suwa in
der Provinz Shinano eroberte, nahm er den lokalen Herrn, seinen Schwager Suwa
Yorishige, und dessen Brüder gefangen, brachte sie nach Kōfu und ließ sie sich dort
entleiben.[2] Eine 13jährige Tochter Yorishiges nahm er zur Nebenfrau; sie gebar ein Jahr
später seinen Sohn Katsuyori. Beide Fälle kann man als physische und moralische
Vergewaltigung einer ganzen Familie ansehen.[3] Falls es überlebende Verwandte gab,
erfüllten die Frauen außerdem die Rolle einer entführten Geisel. - Unter den Vasallen
Harunobus soll es Streit darum gegeben haben, ob es klug war, mit der Tochter des
Suwa Yorishige »eine Frau zwar, aber doch einen Feind« ins eigene Haus zu holen.
Yamamoto Kansuke soll dagegen angeführt haben, daß der zu erwartende Nachwuchs
Harunobus in den Augen der Bevölkerung von Suwa größere Legitimität und Loyalität
besitzen werde, wenn er von einer Suwa-Tochter geboren werde. Und tatsächlich sollen
sich die Leute in Suwa darüber gefreut haben.[4]
Anders gemeint war es, wenn Harunobu seine eigenen Töchter für politische Ehen
hergab. Kiso Yoshimasa, den Harunobu 1555 in Shinano schlug, wurde Harunobus
Schwiegersohn, als er sich ihm unterwarf.[5] Anayama Nobukimi, der zur selben
Spitzenklasse der Vasallen gehörte,[6] erhielt ebenfalls eine Tochter Harunobus zur Frau.[7]
Diese Ehen waren als zusätzliches Treueband zwischen dem Herrn und dem Vasallen
gedacht. Außerdem dienten sie als zusätzlicher (und manipulierbarer) Informationskanal
in beide Richtungen.
Drei weitere Töchter Harunobus wurden zu »Schachbrettfiguren«[8] der Außenpolitik.
Zwischen 1552 und 1554 entstand das sog. »Dreiländer-Bündnis« *(sankoku dōmei)*
zwischen den Takeda in Kai, den Imagawa in Suruga und den Hōjō in Sagami,[9] das als

---

[1] KSS I:217.514 f; I:218.515 f

[2] Myōhōji-ki 48 (Tenbun 11), Kōyō Gunkan I:24.433 f

[3] So sah es angeblich Oda Nobunaga, der davon sprach, Harunobu habe die Suwa hintergangen
(Kōyō Gunkan II:36.345).

[4] Kōyō Gunkan I:24.434

[5] Kōyō Gunkan II:31.127

[6] Kōyō Gunkan II:31.127

[7] Satō 1987.152

[8] Owada 1986.150

[9] Hierzu grundlegend Isogai 1987. Vgl. Kōyō Gunkan II:31.122, Myōhōji-ki 55 f (Tenbun 21-22),
Kōhakusai-ki 101-103 (Tenbun 21-22).

»klassisches Beispiel« für die Heiratspolitik der damaligen Landesherren gilt.[1] Eine stillschweigende Übereinkunft der drei Landesherren hatte es schon seit etwa 1545 gegeben, einander bei ihren respektiven Expansionsplänen (Takeda: nach Norden; Imagawa: nach Westen; Hōjō: nach Nordosten) nicht zu stören und untereinander den Status quo zu wahren. Zur Bekräftigung des Bündnisses verschwägerte man sich erneut (eine Schwester Harunobus war ohnedies schon mit einem Imagawa verheiratet, eine Schwester des Imagawa-Oberhauptes mit dem Oberhaupt der Hōjō). Nun bekam Harunobus ältester Sohn und designierter Haupterbe Yoshinobu eine Imagawa-Tochter zur Frau. Dafür heiratete seine älteste Tochter den Haupterben der Hōjō. Der Haupterbe der Imagawa wiederum erhielt eine Hōjō-Tochter. So hatte jeder der Haupterben eine Frau aus einem der verbündeten Häuser zu heiraten. Diese Ehen sollten die Stabilität des politischen Bündnisses garantieren. Harunobu adoptierte außerdem noch einen Sohn des Hōjō Ujiyasu. Ende der 1560er Jahre mußte Takeda Harunobu außenpolitisch völlig umdisponieren. Sein Gegner im Norden, Uesugi Terutora, erwies sich stark genug, um seinen Vormarsch zu stoppen. So entschloß er sich, das Bündnis aufzugeben und gegen die Imagawa vorzugehen. 1567 verlobte er seine jüngste Tochter mit einem Sohn des Oda Nobunaga, dem Gegner der Imagawa an deren Westflanke. Die Takeda und die Oda tauschten zu diesem Anlaß wertvolle Geschenke aus, Nobunaga zahlte seiner zukünftigen Schwiegertochter allein 1.000 *kanmon*.[2] 1568 schickte Harunobu den vormals adoptierten Hōjō-Sohn zurück nach Sagami. Seinen leiblichen Sohn und Haupterben Yoshinobu, der mit einer Imagawa-Tochter verheiratet war, ließ er inhaftieren und sich das Leben nehmen. Seine ins Haus der Imagawa verheiratete Tochter wurde von diesen umgehend verstoßen. Damit waren alle Bande zerschnitten und das Bündnis sichtbar für alle zerbrochen. 1569 erfolgte der Einmarsch nach Suruga.

Auch die Eheschließungen ihrer Vasallen kontrollierten die Takeda. Das Hausgesetz Harunobus schränkte Heiratsverbindungen mit dem »Ausland« stark ein.[3] Ehen zwischen Vasallenfamilien wurden von den Takeda genehmigt.[4]

Starke emotionale Bande zwischen den Ehepartnern konnte man also nicht erwarten. Keine Illusionen machte sich Takeda Nobukado darüber in seiner Hauslehre:

> Auch wenn ein Ehepaar allein zusammen ist, darf man sein Schwert keinesfalls vergessen.[5]

Es sei jedoch ungehörig, seine Frau solange gut zu behandeln, wie das Bündnis, für das sie stand, funktionierte; sie dann aber, wenn das Bündnis zerbrochen war, fallenzulas-

---

[1] Owada 1986.151
[2] Kōyō Gunkan 33:II.207; II.215
[3] Hausgesetz Art. 4 (Hayashi 1980.127)
[4] Kōhakusai-ki 106 (Tenbun 22)
[5] Hauslehre, Art. 98, Zusatz (Kōyō Gunkan I:3.85)

sen.[1] Viele Frauen (und auch Söhne) mußten es in der Wirklichkeit ertragen, sich als Unterpfand für die Treue ihres Mannes oder Vaters in die Hand eines Verbündeten zu begeben.[2]

3. KAUFEN, VERKAUFEN, LEIHEN

Zeitgenössische Quellen, die sich mit »Kauf und Verkauf« *(baibai)* beschäftigten, meinten damit ganz überwiegend Transaktionen, die landwirtschaftliche und handwerkliche Produkte und Produktionsmittel (einschließlich Grund und Boden und dazugehörigen Gebäuden) zum Gegenstand hatten. Das Myōhōji-ki berichtete ausschließlich von den Marktpreisen solcher Güter wie Reis, Weizen, Hirse, Soja, Mungo und Salz. Urkunden bezeugen dagegen Immobiliengeschäfte; am häufigsten ging es dabei um landwirtschaftliche Nutzfläche. Das Wirtschaftsleben wurde zur Zeit der Takeda nach wie vor durch die Landwirtschaft dominiert. So wundert es nicht, daß sich das Hausgesetz der Takeda diesen beiden Gegenständen von Kauf und Verkauf - Land und Erzeugnissen des Landes - besonders ausführlich widmet.

Privater Grundbesitz konnte prinzipiell frei gehandelt werden.[3] Um allerdings vor Gericht Bestand zu haben, mußte über die Transaktion eine Urkunde aufgesetzt werden.[4] Im Altertum entwickelte sich hierfür das *kugen* als von der Provinzregierung erteilte Besitzurkunde in drei Ausfertigungen. Das weniger aufwendige *tetsugi shōmon* war allerdings in der Kamakura-Zeit weit verbreiteter und wurde auch vor dem Gericht des *bakufu* anerkannt:[5] Der alte Besitzer übergab dem neuen das nunmehr gegenstandslose *kugen* (falls vorhanden) und eine Abtretungserklärung. Zur Sicherheit des Käufers wurden Schutzklauseln, Bürgen oder Zeugen üblich. Seit dem 15. Jahrhundert trat aber auch diese Urkundenform kaum noch in Erscheinung.[6] Eine der seltenen Kaufurkunden aus der Zeit der Takeda über einen Hausgrund, der für 10 *ryō* Gold seinen Besitzer wechselte, wurde zwischen führenden Kaufleuten in Kai, die zugleich Mitglieder der Finanzverwaltung der Takeda waren, abgeschlossen.[7] In anderen Fällen wurde das

---

[1] Kōyō Gunkan III:40b.30 f

[2] Z.B. KSS I:558.762 (Genki 4 = 1573) (dem als Geisel gehaltenen Sohn eines Vasallen wird erlaubt, seine Frau und Kinder nach Kōfu zu holen), I:607.797 (Tenshō 4 = 1576) (Tochter eines Vasallen der Obata, bei Katsuyori in Verwahrung, durfte wegen Erreichens der Volljährigkeit gegen einen 11jährigen Jungen ausgetauscht werden), I:698.864 (Tenshō 8 = 1580) (Sohn des Oda Nobunaga), I:699.864 f (Tenshō 8 = 1580) (Tochter eines Takeda-Vasallen).

[3] Hausgesetz Art. 12 (Hayashi 1980.157-162)

[4] Zu *kugen* und *tetsugi* s. Kanda 1978.

[5] Sata mirensho, Art. 37 (Steenstrup 1980.416)

[6] Kanda 1978.405

[7] Hirayama 1990.73 f (Urkunde des Gannen für Matsugi, Gouverneur von Awaji) (Genki 3 = 1572)

Verkaufsobjekt formell einem geistlichen Institut abgetreten. Aus der Beurkundung ging dann zwar nicht hervor, daß es sich in Wirklichkeit um ein Kaufgeschäft handelte, aber der ehemalige Besitzer wird sicher nicht leer ausgegangen sein. Beispielsweise bestätigte Takeda Harunobu 1543 dem Chōanji-Tempel (im heutigen Nirasaki) die Spende eines Inoue Gen'emon aus Kawarajuku (dem späteren Ryūō), nämlich Felder im Werte von 2 *kan* 700 *mon*, wie es der dortige Vogt gebilligt hatte.[1]
Möglicherweise wurde aber zu dieser Zeit weniger Land verkauft als vielmehr gegen ein Darlehen für befristete Zeit übertragen oder verpfändet. Viele Bestimmungen im Hausgesetz fallen unter das Pfand- und Schuldrecht.
Als die Leute von Shimo-Yoshida 1557 mit ihrem lokalen Herrn Kobayashi Sadachika im Streit lagen, marschierten über 100 von ihnen zu seinem Hof nach Matsuyama und *»holten sich ihre Pfänder zurück«*.[2] Vor diesem Hof lag seit einiger Zeit eine Marktsiedlung *(machiba)*,[3] so daß wir von einer engen Verbindung zwischen herrschaftlichen und kaufmännischen Aktivitäten ausgehen können. Die Bauern hatten ihrem Herrn Kobayashi oder von ihm autorisierten Kaufleuten in Matsuyama Pfänder übergeben müssen; vielleicht für die zinspflichtige Ausleihe von Saatgut und landwirtschaftlichen Geräten *(suiko)*.[4] Als historisches Beispiel, wie die Zinsleihe auch im 15. Jahrhundert beim Aufbau einer Herrschaft eingesetzt wurde, führt das Kōyō gunkan die Karriere des Hōjō Sōun (1432-1519) an, der von einem kleinen Vasallen der Imagawa in Suruga zu einem der mächtigsten Landesherren Ostjapans aufstieg:[5]

> Durch List wurde er zum Schwager des Herrn von Suruga ..., lieh sich die Kraft des Herrn Imagawa und zog in die Provinz Izu, und weil er den Bauern in der Gegend von Ōba und Hōjō Sachen auslieh, gingen später die *samurai* und Bauern der halben Provinz Izu beim Fürsten Sōun ein und aus und liehen sich Sachen. Deshalb machten sie ihm am 1. und 15. [eines Monats] ihre Aufwartung. Auch zwischendurch lieh er denjenigen, die zu ihm kamen, großzügig Geld; und sie bauten Häuser in der Umgebung seines Hofes und wurden alle seine Vasallen.[6]

Die enge Beziehung zwischen Gläubiger/Herr/Grundherr und Schuldner/Vasall/Pächter schlug sich übrigens bis ins zwanzigste Jahrhundert hinein in der in Kai (der heutigen

---

[1] KSS I:270.548 (Tenbun 12 = 1543)
[2] Myōhōji-ki 60 (Kōji 3)
[3] CD 746. Vgl. Myōhōji-ki 46 (Tenbun 8).
[4] Vgl. Müller 1988.45-48
[5] Über ihn schreibt Steenstrup, er sei »a Machiavellistic and very intelligent foot-soldier, who ... murdered his way up to become lord of the eigth Kantō provinces« gewesen, »[who] got rid of the dependence on infeudated kinsmen and vassals, and instead made professional armies out of the *kokujin*, ruled by military discipline and rewards, rather than by feudal allegiance« (1991.102).
[6] Kōyō gunkan I:12.179

Präfektur Yamanashi) weitverbreiteten *oyabun-kobun*-Struktur nieder. Dem »Elternteil« *(oyabun)* machte das »Kindteil« *(kobun)* in einer solchen Beziehung regelmäßig Aufwartung, überreichte Geschenke, brachte Speisen, half bei Arbeiten in Haus und Hof. Dafür erhielt es Schutz, wie z.B. Darlehen.[1] Zur Zeit des Kōyō Gunkan mußten sich die Schuldner *(kobun)* anscheinend zweimal monatlich beim Herrn *(oyabun)* einfinden. Finanzielle Abhängigkeit stärkte die Loyalität.

Wenn die Schuld nicht wie vereinbart zurückbezahlt wurde, durfte nach einer letzten Frist von den Pfändern so viel, wie geschuldet wurde, mit Hilfe eines Zeugen verkauft werden.[2]

Die Takeda verlangten von ihren Vasallen grundsätzlich, sich die Aufnahme eines Kredites genehmigen zu lassen.[3] Felder konnten gepfändet werden, wenn ihr Besitzer mit der Schuldentilgung in Verzug geriet;[4] allerdings waren bestimmte Arten von Feldern davon ausgenommen: Nämlich solche, die als »Korn- und Reisland« deklariert waren,[5] und solche, bei denen es sich um Gnadenland *(onchi)* handelte und die nur mit Genehmigung des Landesherrn gepfändet werden durften.[6] Diese beiden Arten von Feldern hatten für die Takeda besondere Bedeutung: Vom »Korn- und Reisland« bezogen sie den Proviant ihres Militärs und ihrer Verwaltung, mit dem Gnadenland statteten sie ihre Vasallen aus. Deshalb durfte Gnadenland auch nicht frei verkauft werden, sondern nur nach Genehmigung durch die Takeda, und auch dann nur auf Zeit.[7] Bei solchem zeitlich befristetem Verkauf mußte dem Vogt gemeldet werden, wer für den Jahrestribut auf dem »Fristland« *(nenkichi)* aufkommen sollte.[8] Der Sache nach handelte es sich gar nicht um einen echten Verkauf, sondern das Land wurde als Pfand für ein Darlehen eingesetzt; die Kreditzinsen erwirtschaftete der Gläubiger selbst aus dem verpfändeten Land. Diese Praxis nannte man *rishiji*, »zinsendes Pfand«. Ein Mitglied der Familie Matsugi erhielt 1553 von den Takeda die Erlaubnis, wegen eines Darlehens einen Teil des Grundbesitzes eines Tempels für fünf Jahre in Pfandbesitz zu nehmen.[9] Eine dritte Möglichkeit war, daß die verpfändete Sache, meistens Land, beim Schuldner verblieb und er die Zinsen selbst bezahlte *(genjichi)*. Wenn die Zinsen für ein Darlehen in Reis oder Geld den Betrag der Hauptsumme erreichten, sollte der Schuldner gemahnt werden und, falls er immer noch nicht zahlte, ein Bußgeld *(kataisen)* zahlen.[10]

---

[1] KSS Sonderbd. I:56-62

[2] Hausgesetz, Art. 48 (Hayashi 1980.313-323)

[3] Vgl. KSS I:617.811 f (Tenshō 4 = 1576)

[4] Hausgesetz, Art. 38 (Hayashi 1980.277-282); 39 (Hayashi 1980.282-286)

[5] Hausgesetz Art. 45 (Hayashi 1980.307 ff). Die Interpretation bei Röhl 1959.231 ist irrig.

[6] Hausgesetz Art. 43 (Hayashi 1980.300-304)

[7] Ebd.

[8] Hausgesetz, Art. 49 (Hayashi 1980.323 ff)

[9] KSS I:308.584 f (Tenbun 22)

[10] Vgl. Kōyō Gunkan I:12.178

Ausdrücklich wurde davor gewarnt, den Schuldendienst zu vernachlässigen, nur weil der Gläubiger, z.B. ein Bauer, niedrigeren Standes war als der Schuldner.[1] Diese Mahnung richtete sich unverhohlen an die *bushi*. Beschwerte sich der Gläubiger entsprechend, so verwarnte die Takeda-Verwaltung den säumigen Schuldner schriftlich.[2] - Aufsehen erregte, als ein Priester einem Städter in Kōfu, der ihm trotz Mahnung ein Darlehen nicht zurückgezahlt hatte, dessen Magd entführte und über vier Jahre lang als lebendes Pfand gefangenhielt.[3]

Wer sein Haus aufgab oder verkaufte, mußte trotzdem das der Obrigkeit geschuldete Hausgeld *(munebetsusen)* entrichten. Konnte er selbst nicht zahlen, mußten der neue Hausbesitzer und die Gemeinde einspringen.[4] Auch alle übrigen Schulden mußte man begleichen, selbst wenn man ins Kloster ging oder einfach davonlief.[5] Kinder hafteten für die Schulden ihrer Eltern.[6] Starb der Schuldner, so durfte sich der Gläubiger an seinen Bürgen halten.[7] Nahmen mehrere Personen gemeinsam Schulden auf, haftete jeder einzelne gesamtschuldnerisch.[8] Machten mehrere Gläubiger gleichzeitig Ansprüche geltend, so wurden sie in der zeitlichen Reihenfolge der Schuldscheine - die ältesten Ansprüche zuerst - befriedigt; es sei denn, daß auf dem Schuldschein etwas anderes vermerkt stand.[9]

Wer aber waren die Gläubiger? Das Hausgesetz gibt dazu einen wichtigen Hinweis: Falls der Verwalter eines »Speichers« *(kuranushi)* entlief, sollten seine Rechnungsbücher *(nikki)* geprüft werden. Falls er Geld unterschlagen hatte, wurde sein Grundbesitz konfisziert - nicht aber Schuldscheine, die sich schon seit mindestens zwei Generationen im Familienbesitz befanden.[10] Gemeint war hiermit ganz offenbar der Betreiber eines Pfandleihhauses *(shichigura, dosō)*. Pfandleiher waren in aller Regel kaufmännisch tätige Großbauern,[11] Familien wie die Matsugi also, oder Priester und Mönche. Sie hafteten mit ihrem Vermögen für die Richtigkeit ihrer Buchführung.

Schulden drückten nicht nur die Bauern. Die Hauslehre des Takeda Nobushige warnte:

> Das Begleichen von Schulden nach Innen wie nach Außen soll man teils mit eigener Kraft *(jiriki)*, teils mit seinem Lehen *(chigyō)* regeln. Wenn man dies

---

[1] Hausgesetz Art. 50 (Hayashi 1980.326-330)
[2] Urkunde in Hayashi 1980.330 (Tenshō 5 = 1577) (Gläubiger war ein Tempel, Schuldner ungenannt)
[3] Kōyō Gunkan III:48.273-277
[4] Hausgesetz Art. 34 (Hayashi 1980.265-270)
[5] Hausgesetz, Art. 41 (Hayashi 1980.290-295)
[6] Hausgesetz Art. 40 (Hayashi 287-290)
[7] Hausgesetz Art. 46 (Hayashi 1980.309 f)
[8] Hausgesetz Art. 47 (Hayashi 1980.310-313)
[9] Hausgesetz Art. 38 (Hayashi 1980.277-282)
[10] Hausgesetz, Art. 51 (Hayashi 1980.330-333)
[11] Hirayama 1990.71

nur mit dem Lehen besorgt, wird man an beidem Mangel leiden müssen. [1]

Auch Takeda Harunobu hatte akzeptieren müssen, daß seine Vasallen Lehensland zumindest befristet verkauften. Sein Bruder Nobushige rief daher dazu auf, sich auch mit »eigener Kraft« aus der Misere zu retten. In gewissen Grenzen kollte es den *bushi* nicht schaden, Geschäftssinn zu entwickeln und selbst kaufmännisch tätig zu werden. Wenige Zeilen vorher heißt es in der Hauslehre:

> Vor anderen Menschen soll man weder übers Essen noch übers Geschäft *(baibai)* schwätzen. [2]

Dies mag zunächst schlicht eine Aufforderung zur Diskretion in geschäftlichen Dingen sein. Die große Invektive des 12. Buches des Kōyō Gunkan verdeutlicht, worum es eigentlich geht. Das Buch handelt von den »allzusehr auf ihren Vorteil bedachten Landesherren« *(rikon sugitaru taishō)*, die sich selbst für den Maßstab aller Dinge hielten und durch ihre Habgier alles verdürben. Ein solcher Herr überlasse seinen Vasallen aber nur schlechtes Lehensland, weshalb sie die Bauern mehr strapazierten als recht. Er lasse seine *bushi* für ihre Schulden Zinsen zahlen und bei Fristüberschreitung sogar noch ein Bußgeld. Er stelle reiche Bauern und Städter in seine Verwaltung ein, damit sie aus dem Land Geld herauspreßten, und gebe ihnen sogar Lehen. Diese Emporkömmlinge lebten weit aufwendiger, als ihr Lehen allein erlaube, und erregten dadurch den Neid der anderen. Wenn sie sich zusammensetzten, schwätzten sie in vier von fünf Fällen über Geld. Wie sehr sich diese Kaufleute auch als *bushi* aufführten, sie blieben doch nur Krämer. Alle Probleme wollten sie durch Geld lösen.

> Viele Beamte werden zu Salz oder Fische verkaufenden Krämern. [3]

Der Chronist hat zweifellos erkannt, welches Machtmittel Geld und Reichtum darstellte, und vollkommen zutreffend beobachtet, daß eine ehrgeizige, auf Expansion ausgerichtete Landesherrschaft auf die Mithilfe professioneller Händler und erfahrener Geschäftsleute angewiesen war. Bei den Takeda war dies nicht anders. Das Kōyō Gunkan führt zwar aus, daß unter Harunobu nur wenige Kaufleute in seiner Verwaltung Karriere machen konnten (was nicht stimmt);[4] aber seine beiden Söhne Yoshinobu und Katsuyori kritisiert es heftig: Den Älteren, weil er sich mit Händlern eingelassen habe,[5] den Jüngeren, weil er sich und seine Ratgeber habe bestechen lassen: Vom Fürsten Uesugi

---

[1] Hauslehre, Art. 95 (Kōyō Gunkan I:3.84)
[2] Hauslehre, Art. 89 (Kōyō Gunkan I:3.82)
[3] Kōyō Gunkan I:12.188
[4] Vgl. Hirayama 1990.71
[5] Kōyō Gunkan I:12.197

in Echigo soll Katsuyori 10.000 *ryō* in Gold erhalten haben.[1] In einer witzigen Anspielung auf die berühmten einleitenden Verse des Epos Heike monogatari, das den Untergang des Hauses Taira besingt, führt das Kōyō Gunkan den durch Katsuyori verschuldeten Untergang des Hauses Takeda daher auf die »vielfältigen Bewegungen des Geldes aus Echigo« *(Echigo no kane no shogyō)* zurück.[2]

Bestechungsvorwürfe waren damals nichts Ungewöhnliches. Das *bakufu* hatte wiederholt davor gewarnt.[3] Die Vasallen schlechter und undankbarer Landesherren gerieten laut Kōyō Gunkan in die Versuchung, sich bestechen zu lassen.[4] Daß er Harunobus Richtern vorwarf, bestechlich zu sein, kostete einen Takeda-Vasallen seine Habe und beinahe auch sein Leben.[5] Katsuyoris Ratgeber sollen von Bauern und Kaufleuten bestochen worden sein.[6] Beweisen läßt sich dies alles nicht. Aber ganz gewiß sorgten die »Bewegungen des Geldes« und seiner Äquivalente immer wieder auch für machtpolitische Bewegung.

4. BEUTE UND AUSBEUTUNG

Ein siegreicher Krieg brachte reiche Beute. Wurde Land erobert, konnte es an die Vasallen verliehen oder verschenkt werden. Aber auch ohne Landgewinne konnte sich ein Krieg lohnen. Als 1525 Hōjō Norifusa aus Sagami Frieden mit Takeda Nobutora schloß, mußte er dafür die stattliche Summe von 1.000 *kanmon* zahlen.[7] Bei einem Feldzug in Shinano fingen die Leute der Takeda 1546 »Männer und Frauen lebendig«, machten also Kriegsgefangene, verschleppten sie nach Kai und forderten Lösegelder zwischen zwei und 10 *kan* je Person.[8] Der Takeda-Vasall Kasuga Danjō zog mordbrennend in der Provinz Echigo umher und *»fing mit Gewalt Frauen und Kinder«*.[9]

Yakiharai nannte sich die Technik der verbrannten Erde, das Resultat eines Kriegszuges durchs Feindesland: Je nach Jahreszeit verwüstete man auf den Feldern der Bauern die Aussaat oder erntete mit Gewalt die reife Frucht und versuchte dadurch, den Feind das Hungern zu lehren und sich selbst zu versorgen.[10] Auch die Vorstädte der Burgen, die

---

[1] Kōyō Gunkan III:54.382-387
[2] Kōyō Gunkan III:54.386. Vgl. Koshihara 1988.19 f. Die Anspielung liegt darin, daß *kane* im Heike monogatari die Glocke des Gion-Tempels bezeichnet, deren Läuten ein Widerhall der Nichtigkeit allen Seins *(shogyō)* ist.
[3] Vgl. Kenmu shikimoku, Art. 10 (Gunsho ruiju 17:401.381 = Grossberg 1981.20)
[4] Kōyō Gunkan III:41.85 f
[5] Kōyō Gunkan III:47.241 f
[6] Kōyō Gunkan III:55.398 f
[7] Myōhōji-ki 35 (Tai'ei 5)
[8] Myōhōji-ki 51 (Tenbun 15)
[9] Kōyō Gunkan II:39.358
[10] Kōyō Gunkan I:23.418

Höfe der *bushi* und die Häuser der Bauern wurden niedergebrannt.[1] Ein solcher Kriegszug fand nach zunächst typischem Verlauf ein merkwürdiges Ende:

> Am 7. Tag des 10. Monats im Jahr Tenbun 11 [1542] brach [Harunobu] aus Kōfu auf. In Kuzukubo, an der Grenze zwischen Kai und Shinano, kampierte er drei Tage lang. Von dort aus ritt er nach Yukawa [im Bezirk Suwa in der Provinz Shinano]. In Yukawa machte er zwei Tage Rast. Am 12. bewegte er sich nach Daimon. In Daimon biwakierte er drei Tage, brannte dann Nagakubo nieder, rastete dann einen Tag lang in Nagakubo, überquerte am 17. den Daimon-Paß und schlug dort sein Feldlager auf. Dort blieb er weitere sieben Tage lang. Er entschied, am 25. nach Amajiri weiterzureiten, und die Kühnheit seiner Untergebenen, die Häuser niederlegten *(koya otoshi)*, plünderten *(randori)* und die Ernte von den Feldern stahlen *(katsuta)*, kannte kein Ende. So plünderte er mit dem Fußvolk zusammen am 19. und 20. Da der Aufenthalt von da an noch vier Tage dauern sollte, hatte er zum Plündern noch drei Tage. Morgen will ich etwas weiter hinausreiten, sprach er, ritt morgens los und kam abends zurück. Merkwürdig aber: Am Abend des 20. sahen erst Herr Amari, dann Herr Itagaki, drittens Herr Obu, alle drei *samurai*-Obristen, im Traum einen Wanderpriester *(yamabushi)* als Boten vom Suwa-Schrein her kommen [und sagen], während des Aufenthaltes an diesem Ort sei Harunobu nun das Plündern untersagt. Und alle drei verboten ihren Vasallen am Morgen des 21. das Plündern. Alle meinten dazu, daß nicht einer, sondern drei denselben Traum gesehen hatten, sei höchst ungewöhnlich, und vom Morgen des 22. an ging niemand aus der Truppe mehr plündern. [2]

Das Plündern war also offenbar nicht gottgefällig. In einem Schreiben an einen Tempel berichtete 1564 Uesugi Terutora, der Landesherr von Echigo und Gegner der Takeda, von den Übeltaten Harunobus: Er habe das Land von Schreinen und Tempeln an seine Leute verteilt, ein feierliches Friedensgelübde umgehend gebrochen, ohne jeden Grund die Nachbarprovinzen mit Krieg überzogen und die geweihten Stätten dort verwüstet, die Priester und sogar seinen eigenen Vater zu Bettlern gemacht. Wenn der Himmel dies hinnehme, werde niemand mehr die Götter und Buddhas hochachten. Falls er, Terutora, aber über Harunobu siegen sollte, dann werde er alle Kultstätten wieder aufbauen.[3] Derartige Beschuldigungen waren in der damaligen Zeit geradezu topisch; Harunobu soll Oda Nobunaga und Tokugawa Ieyasu ähnlich schlimme Dinge vorgeworfen haben:

> Der Raub des Eigentums von Schreinen, Buddhaheiligtümern und Tempeln, die Schädigung der Bevölkerung aus Habgier, der Verrat nach Lust und

---

[1] Kōyō Gunkan II:36.256. »Ein paar Bauernhäuser brannte er nieder«, berichtete auch Takeda Katsuyori über Hōjō Ujimasa (Brief von Tenshō 8 = 1580) (Satō S. 1984.46:306).

[2] Kōyō Gunkan I:23.426 f

[3] Brief von Eiroku 7, 6. Monat, 24. Tag (in Okamoto 1970.31-38)

Laune nahmen vorher unbekannten Maße an.[1]

Gerade das Land von Tempeln und Schreinen wurde häufig zum Ziel räuberischer Überfälle, wie die dem Kumano-Großschrein gehörende Grundherrschaft Yatsushiro, welche die Kriegsknechte der Provinzregierung 1163 überfielen; sie

> rissen die Grenzmarkierungen heraus, raubten die Ernteabgaben, jagten die Bauern, fingen die Schreinpriester, sperrten sie ein oder zerschnitten ihnen den Mund. [2]

Dabei half auch nichts, daß der Ex-Kaisers Toba der Grundherrschaft einen Schutzbrief ausgestellt hatte. Später ließen sich Tempel wie 1229 der Daizenji-Tempel in Katsunuma (Bez. Yamanashi) vom *bakufu* Schutzbriefe ausstellen.[3] Zur Zeit der Takeda sollten die Landesherren mit Verbotsschildern *(kinsei)* den Frieden auf dem Tempel- bzw. Schreingelände garantieren. Ein solches Verbotsschild von Takeda Nobutora aus dem Jahre 1533 lautet:

> - Polizeiaktionen *(kendan)* sind verboten
> - Tempel und Schreine müssen keine Dienste für die öffentliche Hand leisten
> - Vögte und Amtleute sollen sich nicht einmischen
> - Bambus und Bäume dürfen nicht gefällt werden (...)
> - Hausgeld oder Hausdienst darf nicht erhoben werden
> - Bergwächter dürfen hier nicht übernachten
> Wer hiergegen verstößt, soll streng bestraft werden.
> Tenbun 2 [1533], 8. Monat, 27. Tag[4]

Die Verbote richteten sich also an die eigenen Vasallen und Dienstleute. Im Krieg konnten solche Schilder nicht viel ausrichten.

Solange aber der Schutzherr den Rechtsfrieden garantieren konnte, bestand Aussicht darauf, den Übergriffen der *bushi* auf dem Klageweg beizukommen.

Itagaki Kanenobu wurde, wie oben gezeigt, 1188 von den Besitzern derjenigen Grundherrschaften, in denen er Vogt war, wegen Abgabenhinterziehung bei Minamoto Yoritomo angeklagt, seiner Vogteien enthoben und verbannt.[5] Dies geschah in der Frühzeit der Vogtei, als weder die Autorität der Vögte noch die des *bakufu* gefestigt waren. Zur Zeit der Takeda war die Position der Vögte wesentlich stärker. Zum einen gab es keine oder kaum noch Obereigentümer mehr in ihren Grundherrschaften, die sich

---

[1] KSS II:39.340

[2] *Chōkan kanmon*, in Gunsho ruijū Bd. 463, Kap. 18, S. 914-917 (hier 915).

[3] Mass 1976.149.165 f

[4] KSS I:242.529 (Die Auslassung enthält ein weiteres unleserliches Verbot)

[5] KSS I:133.437 ff; I:135.440 f; I:139.445 f; I:141.448; I:140.446 f; KSS I:142.449

über sie hätten beschweren können: Sie hatten sie erfolgreich verdrängt. Ihre Vogtei war längst erblich geworden. Außerdem besaß das *bakufu* in ihrer Provinz keine Zugriffsmöglichkeit mehr; die einzige Autorität, die ein Vogt anerkennen mußte, war die seines Landesherrn.

Gesetzgebung und Rechtsprechung der Takeda handeln tatsächlich ausführlich vom statthaften und unstatthaften Treiben der Vögte und Grundherren. Bereits der erste Artikel des Hausgesetzes des Takeda Harunobu beginnt:

> Daß die Vögte in unserem Lande, ohne die genauen Umstände zu nennen, für sich selbst die Habe eines angeblichen Verbrechers beschlagnahmen, ist der Gipfel der Willkür. [1]

Den Jahrestribut *(nengu)* und die Dienste *(kuji)*, die auf zinspflichtigen Feldern lasteten, legte der Vogt fest; auch für die Eintreibung war er zuständig.[2] Er durfte entscheiden, wenn es um den Besitz zinspflichtigen Landes in seiner Herrschaft Streit gab,[3] und er durfte über »versteckte Felder« *(onden)* - Land, das die Bauern heimlich bearbeiteten, ohne dafür Abgaben und Dienste zu verrichten - verfügen, wenn er sie entdeckte.[4] Er durfte auch erlauben, bei widrigen Umständen ein Feld nicht zu bestellen; der Jahrestribut war dann trotzdem fällig.[5] Nur der Vogt durfte die Konfiskation des bäuerlichen Jahrestributs anordnen.[6]

Aber das Hausgesetz schützte nicht nur die Rechte der Vögte; es schränkte sie auch ein:

> Falls der Vogt unbillig *(hibun)* vorgeht, muß er sein halbes Lehen hergeben.[7]

> Falls [von seiten des Vogtes] Unbill geschieht, soll dies mit Hilfe von Aufsichtsbeamten korrigiert werden.[8]

> Falls der Vogt unbillig vorgehen sollte, soll seine Verfehlung bestraft werden.[9]

Die Takeda-Verwaltung behielt sich also vor, die Handlungen der Vögte zu überprüfen.

---

[1] Hausgesetz, Art. 1 (Hayashi 1980.112-119)
[2] Hausgesetz, Art. 6 (Hayashi 1980.134-139) und 44 (Hayashi 1980.304 ff)
[3] Hausgesetz, Art. 5 (Hayashi 1980.129-134) (Röhl bezieht diesen Artikel allerdings nur auf die Regelung verpfändeten Grundbesitzes [1959.213]); Art. 6 (Hayashi 1980.134-139).
[4] Hausgesetz, Art. 57 (Hayashi 1980.357-361)
[5] Hausgesetz, Art. 9 (Hayashi 1980.148-151)
[6] Hausgesetz, Art. 6 (Hayashi 1980.134-139)
[7] Hausgesetz, Art. 9 (Hayashi 1980.148)
[8] Hausgesetz, Art. 6 (Hayashi 1980.134)
[9] Hausgesetz, Art. 57 (Hayashi 1980.357)

Maßstab war dabei das Gegenteil von *hibun*, nämlich *dōri* - Übereinstimmung mit den lokalen Gepflogenheiten, dem gesunden Menschenverstand und den Gesetzen der Takeda.[1] *Dōri* sprach aus der Mahnung der Hauslehre des Nobushige:

> Den Bauern darf man außer der festgesetzten Belastung keine Unbill antun.[2]

Bauern war zwar grundsätzlich verboten, ihre Felder absichtlich nicht zu bestellen. Doch das Hausgesetz gestand ihnen zu:

> Falls aber ein Übermaß an Jahrestribut oder anderem verlangt wird und dies außerdem zwei Jahre lang so geht, steht dies außer Kritik.[3]

Höhere Abgaben als üblich mußten sie also nur einmal hinnehmen - danach durften sie ihre Arbeit verweigern.

Tatsächlich haben sich Bauern auch beim Hofgericht der Takeda beschwert, wenn ihr Vogt sie bedrückte. Und sie konnten sich vor Gericht auch durchsetzen.[4] *Bushi*, die auf ihrem privaten Grund und Boden den Bauern zuviel Jahrestribut oder andere Belastungen aufbürdeten, mußten, wenn sie verurteilt wurden, eine Buße zahlen und sich bei der Verwaltung entschuldigen.[5] Dagegen war es verboten, um den Erlaß des landesherrlichen Hausgeldes nachzusuchen.[6] Die landesherrliche Gesetzgebung und Gerichtsbarkeit suchte also Willkürakte der Vögte, der kleinen Grundherren also, zu ächten und zu bestrafen. Sie tat dies einerseits in der Absicht, die Landesherrschaft als Über-Macht über Bauern und Grundherren durchzusetzen und die Autonomie der Grundherren zu beschränken. Andererseits mag sie das Interesse am Landfrieden geleitet haben - der nur zu sichern war, wenn *dōri* garantiert wurde. Als die Landesherrschaft der Takeda 1582 zusammenbrach, fiel auch die rechtliche und soziale Ordnung in sich zusammen. Nun erhoben sich die Bauern, plünderten und brandschatzten; mit ihnen die kleinen *bushi*. Frauen und Kinder der Beamten und *bushi* wurden aus ihren Höfen verschleppt. Die Grundherren flohen von ihren Ländereien. Der Chronist bemerkt dazu:

> Dafür, daß den Bauern auf ihren Besitzungen immer der Jahrestribut abgenommen worden war, wollten sie jetzt die Schätze der Vögte rauben

---

[1] Vgl. hierzu Fujiki 1987.23 f.
[2] Hauslehre, Art. 36 (Kōyō Gunkan I:2.67)
[3] Hausgesetz, Art. 7 (Hayashi 1980.139-142)
[4] Vgl. Kōyō Gunkan III:47.235
[5] Kōyō Gunkan III:53.371
[6] Hausgesetz, Art. 35 (Hayashi 1980.270 ff)

und zurückholen. [1]

In den Augen der Bauern war dieses Aufbegehren ein Schritt zur Wiederherstellung des *dōri* - der gerechten Ordnung.

I. Abhängige und Herren

1. NICHTKRIEGER

Einst soll Takeda Harunobu einem seiner Vasallen die rechte Ordnung in seinem Land wie folgt erklärt haben:

> Es ist wichtig für einen Landesherrn, daß in seinem Land die Geistlichen der Gelehrsamkeit *(moji)*, die Kaufleute dem Weg des Handels *(akinai no michi)* und die Bauern dem Weg des Landbaus *(kōsaku no michi)* dienen. Denn die *bushi* können von Pfeil und Bogen nicht freinehmen und wissen von nichts. Weil zwischen den Provinzen Krieg herrscht *(sengoku nareba)*, können sie auch weder selbst studieren, was ihnen merkwürdig vorkommt, noch selbst besorgen, was es bei ihnen nicht gibt, wessen sie aber bedürfen. Deswegen bringen die Städter mit Hilfe ihrer Ausstattung Waren aus Kyōto, ja sogar Kyūshū, Nordostjapan und den Nordprovinzen herbei. Die Bauern wiederum bestellen die Felder, schaffen den Wohlstand des Landes und ernähren die Leute des Landesherrn. Pfeil und Bogen zu ergreifen, Siege zu erringen, andere Länder zu erobern und gut zu beherrschen, den Ruhm zu mehren - die Wurzel für dies alles ist, daß das Volk den Landbau sorgfältig pflegt. [2]

Das Land ist also ein Ganzes, dessen einzelne Teile - die Geistlichen, Händler, Bauern und Krieger - ihren Beschäftigungen nachgehen.[3] Aber diese Beschäftigungen hängen

---

[1] Kōyō Gunkan III:57.433 f

[2] Kōyō gunkan II:30.96 f

[3] »Townspeople were distinguished from farmers and warriors in terms of their social function. The medieval townspeople *(machishū)*, who were townspeople by virtue of the place where they lived, now became *kinsei* townspeople *(chōnin)*, a distinct social status identifying merchant (function) with town (location)«, schreibt Susser 1985.141 über die Zeit des Toyotomi Hideyoshi. Es liegt auf der Hand, daß ein solches Statussystem sich nicht über Nacht per Dekret verordnen ließ. Die edozeitliche Ständeideologie des *shi-nō-kō-shō* (Samurai, Bauern, Handwerker, Händler) ist als konfuzianisches Zitat aus der chinesischen Geschichte kurz vor Christi Geburt zu verstehen, das die soziale Wirklichkeit Japans neu etikettieren sollte. Robert N. Bellah nennt ein solches Vierstände-Modell »für alle großen historischen Zivilisationen bis zur modernen Zeit typisch: eine

miteinander zusammen: Es handelt sich um Arbeitsteilung, die allerdings in der Sicht des Landesherrn auf ihn und seine Leute zugeschnitten ist. Harunobu versucht seinen Leuten zu erklären, daß der Krieger diese Aufgabenteilung nicht stören darf, indem er die anderen Bevölkerungsgruppen - vor allem die Bauern - in der Ausübung ihrer Tätigkeiten behindert:

> Wenn man von seinen Leuten und den Bauern nichts Unbilliges verlangt, dann wird das eigene Lehensland auch kaum veröden. [1]

Einen vernünftigen, rücksichtsvollen Umgang mit den eigenen Bauern forderte Harunobu immer wieder:

> Ein kleiner *samurai*, der ein Lehen von etwa 100 *kan* besitzt, dessen Bauern nicht von ihrem Land weglaufen, der aus seinem Lehen zwar alles herausholt, aber keinen Schaden anrichtet, wird auch einen ganzen Bezirk gut regieren. Wahrscheinlich wird er sogar ein ganzes Land gut verwalten können. [2]

Nun setzt dies voraus, daß man die Menschen kennt, die für den Herrn arbeiten sollen:

---

politisch-militärische Elite, eine kulturell-religiöse Elite, sowie eine ländliche (Bauern) und eine städtische (Händler und Handwerker) untere Schicht« (Religiöse Evolution, in: Constans Seyfarth, Walter M. Sprondel [Hgg.]. Seminar: Religion und gesellschaftliche Entwicklung. Frankfurt a.M. 1973.267-302, h. S. 287). Diese Vorstellung ist auch in Europa von Antike bis Mittelalter lebendig gewesen. So heißt es bei Dionys von Halikarnass: »Die einen bestellen die Äcker, andere kämpfen ihretwegen gegen die Feinde, andere schaffen Güter über viele Meere heran, wieder andere gehen notwendigen Handwerken nach« (VI:86,4). Johann von Salisbury hat in seinem Gedicht »Über die Verschwörung der Glieder« formuliert, zugunsten des unersättlichen Staatskörpers »läuft der Mönch zur Kirche, kämpft der Ritter, sucht der Seefahrer nach Profit und pflügt der Bauer« (Migne PL 166.1006). Die indische Vorstellung vom Puruṣa-Urmenschen, aus dessen Körper die vier Kasten der Priester, Krieger, Händler und Bauern hervorgingen, ist von Buddha übernommen und in einer Lehrrede - der Aggañña-Sutre - mehrfach zwischen dem vierten und zehnten Jahrhundert ins Chinesische übersetzt worden. Das japanische Vierständemodell kann also auf chinesischen Quellen (mithin konfuzianisch beeinflußt) oder indischen Quellen in chinesischer Übertragung (mithin buddhistisch beeinflußt) beruhen, und das Zusammenspiel konfuzianischer und buddhistischer Kräfte macht es nicht unwahrscheinlich, daß in Wirklichkeit beides der Fall war. Genausowenig unwahrscheinlich ist, daß dieses Modell bereits *vor* der Edozeit in Japan bekannt und üblich war.

[1] Kōyō gunkan II:97
[2] Kōyō gunkan II:40a.374

Deshalb sah sich Harunobu (so behauptet das Kōyō gunkan)[1] im Lande um, ging aufs Land und redete mit den Leuten.[2] Dies bedeutete keine Anbiederung; das Kōyō gunkan mahnte zur Distanz:

> Wenn man Geistliche, Städter oder Bauern trifft, soll man nicht leichtfertig schwätzen. [3]

Ein gestiegenes berufsständisches Bewußtsein der *bushi* ist in der Spätphase der Takeda-Herrschaft zu beobachten. Harunobus Vasallen machten sich einmal über das Buch eines Städters lustig, in dem dieser versucht hatte, einen tapferen *samurai* zu loben, der die Stärke von 300 Männern besessen habe. Wenn *samurai* einmal vom Geschäft redeten, fänden die Kaufleute dies zu Recht komisch. Wer sich von dem vorgegebenen Weg seines Standes entferne, werde unzweifelhaft zu einer Witzfigur.[4] Darüber, wie Störungen in der Ständeordnung beseitigt wurden, gibt folgender Fall Aufschluß:

> Die Takeda in der Provinz Kai haben von Shinra Saburō angefangen bis zu Hōseiin Kisan Shingen [Harunobu] 27 Generationen geherrscht, während die Landesherren, die seither kommen, nach 40, 30, 20 oder 10 bis 15 Jahren wechseln und insgesamt alle 20 Jahre umziehen. Aber weil in den 540-50 Jahren [der Takeda-Herrschaft] es nie zu Invasionen in Kai kam, sind die Schreine und Tempel, Städter und Bauern und sogar die Nichtmenschen *(hinin)* etwas wohlhabender geworden als in anderen Provinzen. Ein Bettler

---

[1] Wie zuverlässig sind solche Nachrichten? Wie ich an anderer Stelle dargelegt habe (Zöllner 1991), besteht das Kōyō Gunkan aus Teilen unterschiedlicher Herkunft und Qualität. Gerade die erzählenden Partien mischen Dichtung und Wahrheit und lassen die Tendenz erkennen, Takeda Shingen (Harunobu) und einige weitere Protagonisten in einem ganz bestimmten Lichte darzustellen. Obata Kagenori gab 1621 die Erstausgabe heraus; von ihm stammt vermutlich die Rahmenerzählung, vielleicht gestützt auf Tagebücher von Verwandten oder anderen Informanten. Die Bücher 40 A und B, das »Sekisuiji monogatari«, und 47 und 48, das »Kuji no kan«, scheinen dagegen komplett auf den Erinnerungen eines Mitgliedes des engeren Hofstaates zu beruhen: Sie bieten den besten Einblick in Leben und Denken der Menschen am Takeda-Hof. Ähnliche Memoirensammlungen sind übrigens auch von anderen Höfen bekannt. Es ist nicht anzunehmen, daß alle überlieferten Äußerungen unbedingt so gefallen wären. Als aber die Erstausgabe erschien, haben viele, die damals selbst mit dabei waren, noch gelebt; und viele, die im frühen 17. Jahrhundert Politik machten, sind in ähnlichen Verhältnissen aufgewachsen. Die Mentalität, die aus den Nachrichten des Kōyō gunkan - unabhängig von ihrem Wahrheitsgehalt - spricht, ist jedenfalls nicht erfunden. Wir können das Kōyō gunkan sehr wohl als Quelle benutzen, weil vor diesem mentalitätsgeschichtlichen Hintergrund für jede Nachricht gilt: *Se non è vero, è ben trovato.*

[2] Kōyō gunkan II:40a.380, III:53.365

[3] Kōyō gunkan III:40b.30

[4] Kōyō gunkan III:40b.54 f

(kojiki), der Affen,[1] Pferde und Rinder häutet, stieg auf ein Pferd mit Reitsattel, nahm seinen Diener mit und trank in der Reisweinstube Tamaya im Renja-kōji [Stadtviertel in Kōfu] Sake. Da kamen zu der genannten Reisweinstube auch ein *samurai* mit Namen Kunugi Sadayū, ein Knappe des Mukaiyama, und Komiyama Hassaemon, ein Knappe des Hauptmanns Saigusa Zen'emon, zwei *samurai* in Diensten Shingens, weil sie etwas zu besprechen hatten. Als sie mit der Besprechung fertig waren, holten sie *Sake*-Becher und ließen ein Weilchen die Becher kreisen, als sich plötzlich jener Abdecker auch unter die *samurai* mischte. Als er sich nach dem Trinken erheben wollte, bemerkte der Diener des Kunugi Sadaiyū eben jenen Abdecker und meldete den beiden *samurai*, der Mann sei ein Abdecker. Hassaemon und Sadayū wurden sehr zornig und griffen Gon'emon von der Tamaya-Wirtschaft an. Gon'emon griff den Abdecker an. Nun waren aber Komiyama Hassaemon und Kunugi Sadayū beide kampferprobte Recken ... Einem Abdecker und Bettler auf diese Weise zu erlauben, sich unter die *samurai* zu mischen, nur weil er reich war, hieße, die Unterschiede zwischen Vornehm und Gering, Hoch und Niedrig zu beseitigen, so daß auch die Manieren der *samurai* völlig überflüssig wären; so sprachen Komiyama Hassaemon und Kunugi Sadayū und meldeten dies der Verwaltung schriftlich.[2]

Im anschließenden Prozeß gegen den Wirt und den Abdecker stellten die Richter fest, daß es dem Schutz des Landesherrn zu verdanken sei, daß jedermann sich des Friedens und Wohlstandes erfreuen könne. Weder könne dem Wirt vorgeworfen werden, daß er seine Ware gegen Geld verkaufe, noch dürfe der Abdecker dafür bestraft werden, daß er zu Vermögen gekommen sei. »*Da es bisher keine Bestimmungen über die Nichtmenschen gibt, ist es schwerlich ein Verbrechen, ein Bettler zu sein*«, schlossen die Richter.[3]

Aber wie sehr auch für einen Städter bei seinen Geschäften nur Geld zählt: Für das Vergehen, zwischen traditionsreichen *samurai* und einem Nichtmenschen keinen Unterschied gesehen zu haben, muß Gon'emon vom Tamaya den beiden *samurai* je eine Rolle Tuch liefern und sich entschuldigen. Sonst wird sein Geschäft geschlossen. Dem Nichtmenschen wiederum schenken die beiden *samurai* sein Leben wegen der Bitten der drei Richter, und um sich dafür erkenntlich zu zeigen, muß er in seinem Haus Ledersandalen *(kawazōri)* anfertigen und sich bei den Herren Kunugi Sadayū und Komiyama Hassaemon entschuldigen.[4]

---

[1] *Saru*. In einer Textvariante steht *saru hodo ni*, »sodann, indes«. In den Bergen von Kai gab es damals wirklich Affen (Myōhōji-ki 21 [Bunki 2 = 1502]); ob Affenhaut oder Affenfell aber verarbeitet worden ist, entzieht sich meiner Kenntnis.
[2] Kōyō gunkan III:48.253. Vgl. Buraku-shi yōgo jiten 1985.73 s.v. *kawahagi*.
[3] Kōyō gunkan III:48.253
[4] Kōyō gunkan III:48.253 f

Außerdem wurde den »Nichtmenschen« eine bestimmte Straßenkleidung vorgeschrieben, damit man sie in Zukunft nicht mehr verwechseln konnte. Bei Zuwiderhandlung sollten sie lebendigen Leibes in einem Kessel gesotten werden *(kamairi)*.

Die »Nichtmenschen« *(hinin)* übten einen unehrlichen Beruf aus, der meist - wie in diesem Fall - mit dem Töten von Tieren (nach buddhistischem Glauben eine Sünde) oder dem Umgang mit toten Tieren und Blut (nach shintōistischem Glauben eine Verunreinigung) zusammenhing.[1] Zu dem religiösen Stigma gesellte sich das soziale Stigma der Armut, weshalb »Nichtmenschen« auch zu den Bettlern *(kojiki)* gerechnet wurden, ebenso wie fahrendes Volk ohne feste Bleibe *(kawaramono, mushukumono)*. Die Takeda hatten auch den Blinden, die als bettelnde Sänger umherzogen, die Bildung eigener Vereinigungen *(za)* zugebilligt.[2]

Daß diese bislang aufgrund ihrer hohen Mobilität und Außenseiterstellung kaum kontrollierten Bevölkerungsteile[3] durch einen Sonderstatus im Gesamtsystem der Landesherrschaft definiert wurden, bedeutete eine Neuerung.[4] Die Richter der Takeda mußten eine Entscheidung treffen, für die es nach ihren eigenen Worten keinen Präzedenzfall gab: Durften sich Angehörige dieser Unterschicht den *bushi*, den Herren also, nähern? Das Problem war offenbar entstanden, weil es immer mehr Orte - Wirtschaften, Märkte, Städte - gab, an denen sich verschiedene Gesellschaftsschichten auf eine spezifische Weise begegneten: nämlich in der Gleichheit der Geldwirtschaft. Das eigentliche Ärgernis lag darin, daß die »Nichtmenschen« eben keine Bettler waren, sondern Wohlstand zur Schau trugen und denselben Reiswein mit demselben Geld erwerben konnten wie die Samurai. Das Hofgericht hat diese Gleichheit vor dem Gelde ausdrücklich anerkannt. Verantwortlich für die soziale Verwirrung, die aus der ökonomischen Gleichheit herrührte, war das mangelnde Unterscheidungsvermögen - anders ausgedrückt: das falsche Bewußtsein - des Verkäufers. Das Gericht entschied daher ambivalent: Wirtschaftliche Gleichheit (das Prinzip Ware gegen Geld ohne Ansehen der Person) bejahte es, soziale Ungleichheit (das Prinzip Wahrung der Standesgrenzen ohne Ansehen des Geldes) verlangte es. Um die ständische Apartheid durchzusetzen, verfügten die Richter eine neue Kleiderordnung für diese Unterschicht. Die Strafe für das soeben vom Gericht erfundene Delikt der standeswidrigen Annäherung

---

[1] Vgl. Steenstrup 1991.127 f, Nagahara 1990.309, Buraku-shi yōgo jiten 1985.269-274 und Nagahara 1979. Die genaue Unterscheidung von *hinin*-Berufen und *eta*-Berufen ist umstritten. Nach Steenstrup und Nagahara müßte z.B. der Abdecker ein *eta* sein; das Kōyō gunkan nennt ihn aber *hinin*.

[2] Kai kokushi IV:101.223 verweist auf ein Privileg der Takeda von 1560 (Eiroku 3). In unmittelbarer Nachbarschaft der Takeda, in der Provinz Suruga, haben die Imagawa als Landesherren die Hersteller und Händler von Häuten und Leder seit dem frühen 16. Jahrhundert wiederholt privilegiert (1526, 1528, 1549); ebenso die Hōjō in der Nachbarprovinz Izu 1538. Vgl. Stw. »kawata« in Buraku-shi yogo jiten 1985.68-70.

[3] Nach Steenstrup 1991.122 etwa 2% der Gesamtbevölkerung Japans.

[4] Nagahara 1979.402

war nicht übermäßig hart, weil sie nur als Pflaster für die wunde Seele der Samurai gedacht war, deren gesellschaftliche Vormachtstellung von allen Seiten so bedroht erschien. Weder der Wirt Gon'emon noch der namenlose »Nichtmensch« wurden von den Richtern in den wirtschaftlichen Ruin getrieben. Städter und Bauern durften Vergehen oft mit Geld sühnen;[1] davon profitierte der Fiskus gern. Gnadenlos wurde allerdings der für die Herrschaft sehr viel gefährlichere Versuch bestraft, sich der Herrschaft selbst zu entziehen. Mit Härte ging die Verwaltung vor, wenn Bauern ihre Scholle verließen, ohne vorher ihre Verbindlichkeiten gegenüber Herren (v.a. Hausgeld und Hausdienst) und Gläubigern zu regeln; bei Zahlungsunfähigkeit mußte die Gemeinde einspringen *(renza)*.[2] Das Hausgesetz Harunobus schreibt allgemein vor:

> Wer Schulden hat und sich entweder als Einsiedler *(tonsei)* oder als Flüchtling *(chikuden)* in unseren Landen ohne feste Bleibe herumtreibt, begeht ein schweres Verbrechen. Wer aber davon weiß und es billigt, der muß die Schulden begleichen. Aber auf Leibeigene *(nuhi)*, die ihren Körper verkaufen, muß die Präzedenz angewendet werden.[3]

Diese Regelung bezog sich ausdrücklich nur auf verschuldete Untertanen (gleichgültig, ob Bauern oder Städter), die ihrem Schuldenberg als »Aussteiger« aus ihrer bisherigen Lebenswelt entfliehen wollten.[4] Mitwisser - also vor allem Nachbarn - mußten dann für die Schulden aufkommen. Freie Bauern *(hyakushō)* wurden dann nicht weiter verfolgt, wenn ihre Schulden (von ihnen selbst oder von ihren Nachbarn) beglichen waren.[5] Dies galt aber nicht für Unfreie, von denen das Hausgesetz die leibeigenen *nuhi, zōnin* und »erbliche Ministerialen« *(fudai no hikan)* nennt. Ihr Besitzer konnte sie suchen und, wenn er sie gefunden hatte, von ihrem neuen Herrn zurückfordern, wenn seit ihrer Flucht nicht mehr als zehn Jahre vergangen waren.[6] Die anachronistischen Bezeichnungen, die Harunobus Hausgesetz für Unfreie anführt, wie auch der Inhalt dieser Bestimmungen über entlaufene Freie und Unfreie gehen auf die Gesetzgebung bereits des Kamakura-*bakufu* zurück. Nach der Feststellung von Fujiki Hisashi galt die Regel, daß entschuldete freie Bauern ihr Land verlassen durften, in ganz Japan bis ins späte 16. Jahrhundert; seit den 1560er Jahren versuchten die Landesherren allerdings zunehmend, ihre Bewegungsfreiheit einzuschränken. Die Bestimmungen gegen entlaufene Unfreie wurden dagegen

---

[1] Kōyō gunkan II:39.368, Myōhōji-ki 53 (Tenbun 18)

[2] Hausgesetz, Art. 32, 33, 34 (Hayashi 1980.251-270)

[3] Hausgesetz, Art. 41 (Hayashi 1980.290-294)

[4] Mit Kind und Kegel heimlich bei Nacht zu verschwinden, um den Gläubigern zu entkommen *(yo-nige)*, kommt noch im heutigen Yamanashi gelegentlich vor.

[5] Steenstrups gegenteilige Aussage (1991.105) trifft jedenfalls auf die Takeda nicht zu.

[6] Hausgesetz, Art. 15 (Hayashi 1980.167-179), 16 (Hayashi 1980.179 ff). Im deutschen Recht galt dieses Recht nur auf Jahr und Tag nach der Flucht.

kontinuierlich verschärft.[1]

Tatsächlich stammen die meisten der erhaltenen Auslieferungsbefehle *(hitogaeshi-rei)*, mit denen die Takeda Vasallen anwiesen, zu ihnen entlaufene Untertanen an deren alte Herren zurückzuschicken, aus der Zeit ab 1562, als die Takeda-Landesherrschaft feste Züge gewonnen hatte.[2] Um wen ging es in diesen Fällen?

Die in der Gesetzgebung verwendeten Begriffe *nuhi* und *zōnin* erscheinen in den 22 überlieferten und als echt erkannten Auslieferungsbefehlen Harunobus und Katsuyoris nicht. Gesucht wurden stattdessen *hikan (jigenin)*, »bäuerliche Dienstleute«,[3] und *kachū no danjo*, »Männer und Frauen des Haushaltes«[4]: In beiden Gruppen müssen wir Unfreie sehen, mit einem geläufigen Begriff jener Zeit auch *genin* genannt, die sich grundsätzlich nicht von ihrem Wohn- und Arbeitsort entfernen durften.[5] Ihnen gegenüber standen die entlaufenen *(chigyō no) (hon-) hyakushō*, »(Voll-)Bauern (des Lehens)«,[6] die zum größten Teil wegen ihrer Steuerschuld geflohen sein mögen. Weitere sechs der Fälle (fast ein Drittel) betrafen Fahnenflüchtige *(gun'yaku taikutsu)*:[7] Wir wissen aus dem Hausgesetz, daß freie Bauern *(hyakushō)* zum Militärdienst aufgeboten werden konnten und ihre Vögte bei der Verwaltung melden mußten, wenn einer von ihnen desertierte.[8] Neben Schulden war also Fahnenflucht - vor allem in der Zeit Katsuyoris - ein Hauptmotiv fürs Entlaufen. Ursache hierfür war wahrscheinlich, daß die Belastung durch Militärdienst in den letzten Jahren der Takeda-Herrschaft, während des permanenten Abwehrkampfes gegen übermächtige Gegner, anstieg.

Außerdem wurden noch unspezifiziert »Vagabunden« *(haikainin)*[9] oder »Vertriebene« *(tsuihōnin)*[10] zurückgefordert, von denen unbekannt bleiben muß, ob sie Freie oder Unfreie, Bauern oder Städter waren.

Nicht übersehen werden darf, daß insgesamt nur drei Auslieferungsbefehle sich auf die Provinz Kai beziehen,[11] 14 aber auf die eroberte Provinz Shinano: Ganz offensichtlich wog das Problem in den unterworfenen Territorien wesentlich schwerer als im

---

[1] Fujiki 1975.230-260, Minegishi 1989.281-307

[2] Shibatsuji 1987.201

[3] Kai Takeda-shi monjo mokuroku, Harunobu Nm. 227 (1556), 481 (1563), 482 (1563)

[4] Kai Takeda-shi monjo mokuroku, Katsuyori Nr. 400 (1576)

[5] Z.B. Kōyō gunkan III:48.253. Der Status des *genin* konnte vom Kleinbauern bis zum Sklaven reichen. Sie werden allgemein mit den *nuhi* der Kamakura-Zeit gleichgesetzt (Minegishi in CH 152).

[6] Kai Takeda-shi monjo mokuroku, Harunobu Nm. 503 (1564), 504 (1564), 957 (1571); Katsuyori Nr. 852 (1581)

[7] Kai Takeda-shi monjo mokuroku, Harunobu Nr. 441 (1562) *(jinchū ketsuraku)*; Katsuyori Nm. 192 (1574), 284 (1575), 357 (1576), 422 (1576), 719 (1580)

[8] Hausgesetz, Art. 13 (Hayashi 1980.163 ff)

[9] Kai Takeda-shi mokuroku, Harunobu Nr. 547 (1565); Katsuyori Nr. 47 (1573)

[10] Kai Takeda-shi mokuroku, Harunobu Nr. 1152 (1572); Katsuyori Nr. 195 (1574)

[11] Kai Takeda-shi monjo mokuroku, Harunobu Nm. 520, 957; Katsuyori Nr. 400

Stammland.[1] Da von den Takeda-Vasallen - auch den sehr unabhängig agierenden Anayama und Oyamada - nicht ein einziger Auslieferungsbefehl bekannt ist, bleiben nur zwei Schlüsse übrig: Entweder wurden die potentiellen Flüchtlinge durch die lokalen Herren (Vögte) und die Landesherrschaft weit effektiver kontrolliert als in den neuen Herrschaftsgebieten, oder aber ihre wirtschaftliche, rechtliche und soziale Situation war um einiges besser. Für die letztere Annahme spricht, daß - wie im vorigen Kapitel gezeigt - Bauern sich vor dem Hofgericht gegen unbillige Forderungen mit Erfolg wehren konnten und daß - wie das oben geschilderte Verfahren gegen den »Nichtmenschen« belegt - ein gewisses Maß an Wohlstand sich offenbar in der gesamten Bevölkerung verbreitet hatte. Für die erstere Annahme spricht allerdings, daß sich 1582 nach dem Zusammenbruch der Landesherrschaft sofort ein Teil der Landbevölkerung gegen die lokalen Herren erhob.[2] Wahrscheinlich traf beides zu: Die straffe Landesherrschaft der Takeda garantierte im Innern Frieden und Stabilität auf Kosten der Bewegungsfreiheit. Bäuerliche Selbstbestimmung oder städtische Autonomie waren daher unter den Takeda nicht zu erwarten. Die Dörfer standen ebenso wie die Marktsiedlungen und Vorstädte unter der Aufsicht ihrer Grundherren und Vögte.[3] Auch die Städter in Kōfu erhielten nur das Recht, ihre strafrechtlichen Angelegenheiten *(kendan sata)* nach den Vorgaben des Landesherrn zu regeln.[4] Die Rechtsprechung über alle anderen Fragen erledigte das Hofgericht der Takeda: Streitigkeiten zwischen Vasallen und Städtern[5] oder Bauern,[6] Erbfolgestreit unter Klerikern,[7] Streitigkeiten zwischen Klerikern und Städtern oder Bauern[8] sind vor ihm verhandelt worden. Ein besonderes Recht für eine dieser Gruppen gab es nicht; sie unterstanden alle dem Gesetz und Willen des Landesherrn. Die alltäglichen Begriffe *kuji* (»öffentliche Angelegenheiten«, d.h. Abgaben und Dienste von den »öffentlichen Feldern« an den Vogt, aber auch Rechtsstreit vor dem Landesherrn als dem »öffentlichen Richter«) und *kō-fushin* (»öffentliche Bauarbeiten«, v.a.

---

[1] So auch Shibatsuji 1987.201

[2] Kōyō gunkan III:57.433 f

[3] 1475 töteten die Bauern am Kawaguchi-See (am Fuße des Fuji) ihren Herrn (Myōhōji-ki 12 [Bunmei 7]). Wenig später begann der Aufbau und Aufstieg der Siedlungen Kami-Yoshida und Shimo-Yoshida; bereits 1500 war Pilgerzentrum Kami-Yoshida zum geworden (ebd. 19 [Meiō 9]). Bis zu diesem Zeitpunkt hat sich die Siedlung offenbar weitgehend in Selbstverwaltung entwickelt. 1501 allerdings, als Hōjō Sōun nach Gunnai einfiel, hat es in Yoshida eine Burg gegeben, (ebd. 21 [Bunki 1]), und seit 1504 herrschte die Familie Kobayashi, Vasallen der Oyamada und der Takeda, über diese Gegend (ebd. 22 [Bunki 4], 30 [Eishō 4]). Die Phase der Selbstverwaltung war also nur kurz.

[4] KSS I:324.595-598. Daß Städte, anders als Dörfer, auch in Zivilrechtsangelegenheiten autonom wurden, wie Wakita Haruko 1983.31 meint, trifft auf Kai unter den Takeda nicht zu.

[5] Kōyō gunkan III:48.252-255

[6] Kōyō gunkan III:47.235

[7] Kōyō gunkan III:48.268-273

[8] Kōyō gunkan III:48.273-277, III:48.280-283, III:48.277-280

Deich- und Festungsbau) zeigen, daß die Autorität des Landesherrn sich nicht auf die Vasallen beschränkte, sondern alle Untertanen umfaßte. Die Herrschaft über Land und Haus *(kokka)*[1] sollte selbständig, vollständig, umfassend und legitim sein.[2] Die »legitime Regierung« *(kōgi)* der Takeda rechtfertigte ihre Herrschaft und die Herrschaft ihrer Vasallen (Grundherren) über die Nicht-Vasallen, nämlich die Bauern, Städter und den Rest der Bevölkerung. Zugleich schützte sie diese Nicht-Vasallen vor der Unbill der Grundherren, indem sie ihnen einen Klageweg zum Landesherrn eröffnete. Sie schützte also einerseits die Interessen des Landesherrn und seiner Vasallen gegenüber den übrigen Untertanen, andererseits die Interessen des Landesherrn und der übrigen Untertanen gegenüber den Grundherren (Vasallen).[3] So erweist sich der Landesherr als Inhaber des *kōgi* als Bindeglied zwischen ansonsten widerspruchsreichen Gruppen: zwischen Grundherren und Bauern; zwischen den verschiedenen Gruppen der nichtvasallitischen Bevölkerung (Händler, Handwerker, Bauern, Unterschichten); und zwischen den unterschiedlichen Regionen des Herrschaftsgebietes (Stammland und eroberten Provinzen).

2. VASALLEN

Als Takeda Harunobu sich mit einem Zimmermann verglich und die Struktur seiner Verwaltung mit einem Haus,[4] nannte er eine Vielzahl von Bauwerkzeugen, die er einer Vielzahl von Amtsträgern gleichsetzte. Tatsächlich herrschte in seinem Haus eine starke Binnendifferenzierung nach Status und Funktion. Yamamoto Kansuke soll die häusliche Hierarchie folgendermaßen begründet haben: Der Mensch trage seinen Kopf oben, die Hände in der Mitte und die Füße unten. Von dieser Gestalt ließen sich Hoch, Mittel und Niedrig oder Groß, Mittel und Klein als gesellschaftliche Kategorien ableiten. Die

---

[1] *Kokka* setzt sich zusammen aus den Zeichen für »Land« und »Haus«. Die Takeda haben das Wort - das im heutigen Japanisch »Staat« bedeutet - in religiösen Bitten um *kokka annei*, »Sicherheit für Land und Haus«, additiv benutzt (Yada 1984.194 ff). Die Hauslehre des Takeda Nobushige zitiert einen konfuzianischen Klassiker: »Das Land kann man regieren und sein Haus sichern, wenn man die Menschen gewinnt. Das Land wird man ruinieren und sein Haus zerstören, wenn man die Menschen verliert« (Kōyō gunkan I:2.79). Für Konfuzius stellte eine gesunde Familie die Wurzel des gesunden Staates dar. In seinem berühmten Ausspruch »Wenn der Herrscher ein Herrscher ist, dann ist der Vasall ein Vasall. Wenn der Vater ein Vater ist, dann ist der Sohn ein Sohn« (Lun'yu, Yen Yuan, 12, 3a) sieht Lien-Sheng Yang »two pairs of reciprocal virtues rather than four independent, unilateral requirements« (The Concept of »Pao« as a Basis for Social Relations in China. In: Fairbank, John K. [Hg.]. Chinese Thought and Institutions. Chicago u. London. 6. Ndr. 1973, S. 291-309, h. S. 397 Anm. 62).
[2] Katsumata 1983.458 ff
[3] Fujiki 1987.8 f
[4] Kōyō gunkan II:39.366 f

Kleinen wendeten sich an die Großen und Mittleren und erhielten von ihnen Gnade. Die höchste Gnade sei die Zuteilung von Grundbesitz (Gnadenland). So würden die Kleinen Diener der Großen, derjenige aber, der allen Lehen gebe, ihr Herrscher und Landesherr. Als Gegenleistung für die erhaltene Gnade müßten die Kleinen dienen. Acht Formen des Dienstes gebe es: Boten-, Wach-, Geleit-, Versorgungs-, Bau-, Gruppenführer-, Richter- und Heeresdienst. Wer seinen Dienst gut versehe, erhalte neue Lehen. Wer im schwierigsten Dienst - nämlich im Felde - Treue beweise, dürfe mit besonderer Gnade rechnen.[1] Einem herrschaftlichen Haus gehörten nach den Worten des Takeda Katsuyori zwei Hauptkategorien von Vasallen an: Die Verwandten der Herrscherfamilie und die Ministerialen.[2] Das Kōyō gunkan überliefert eine Zusammenschau der Takeda-Vasallität auf dem Stand der 1570er Jahre.[3] Ergänzt und korrigiert durch den Vergleich mit den überlieferten Eiden, die 236 Takeda-Vasallen 1566/67 Takeda Harunobu leisteten,[4] sowie denen, die 1582 insgesamt 895 ehemalige Takeda-Vasallen ihrem neuen Herrn Tokugawa Ieyasu leisteten,[5] wird es möglich, ein recht umfassendes Bild der Struktur der Vasallität zu entwerfen.

Zur engen Vasallität der Takeda gehörten ihre Verwandten *(shinrui)*, die jeder eine eigene Fahne führten und 60 bis zweihundert Untergebene befehligten, sowie Erbvasallen *(fudai)*, auch Hausälteste *(karō)* genannt, ebenfalls mit eigener Fahne und zwischen 30 und 200 Untergebenen. Sie standen seit Generationen in einem Dienstverhältnis zu den Takeda. Ein Erbvasall durfte seinen Stammhalter nicht bei einer anderen Herrenfamilie dienen lassen.[6] Wer dagegen neu in die Vasallität eines Herrn eintrat, wurde zu den »Außenseitern« *(tozama)* gerechnet.[7] Die Erbvasallen und Verwandten fungierten zugleich als Gefolgschaftsväter *(yori-oya)*, die ihnen unterstellten Vasallen wurden Gefolgschaftssöhne *(yori-ko)* oder Knappen *(dōshin)* genannt.[8] Diese Form der vasallitischen Suborganisation war zu dieser Zeit in ganz Japan weit verbreitet.[9] Die Gefolgschaftssöhne waren Grundbesitzer und verfügten über bäuerliche Vasallen, meist unfreie *genin*. Sie bildeten einen Teil der Gruppe der Heerfolgepflichtigen *(gun'yaku-shu)* in den Landgemeinden, während ihre Gefolgschaftsväter häufig Vögte oder Amtleute waren. Ihr Lehen erhielten die Gefolgschaftssöhne direkt von den Takeda, waren also ihre Lehensleute und Vasallen; aber sie wurden dem Kommando eines anderen Takeda-

---

[1] Kōyō gunkan II:27.40 ff
[2] KSS I:597.789-792 (Tenshō 3 = 1575)
[3] Kōyō gunkan I:17.305-359. Kritisch hierzu Kobayashi 1984.
[4] Hierzu Sasamoto 1988.87-104.
[5] Hierzu Hattori 1987.64-77.
[6] Hausgesetz, Art. 53 (Hayashi 1980.336-340). Es handelt sich also um ligische Vasallität.
[7] Kōyō gunkan III:45.256
[8] Grundlegend Hattori 1984. Zum *oyabun-kobun*-System s.a. KSS Sonderbd. I:56-62
[9] Vgl. Miyagawa 1977.102 f, Hayashi 1980.193 f

Vasallen unterstellt.[1] Gefolgschaftsvater und Gefolgschaftssöhne zusammen bildeten eine
»Knappschaft« *(dōshin-shu)*, eine militärische, aber auch soziale Einheit. Die Zusammen-
gehörigkeit der Knappschaft und die Loyalität der Gefolgschaftssöhne suchte das
Hausgesetz Harunobus zu stärken:

> Ohne einen bedeutsamen Grund Groll gegen seinen Gefolgschaftsvater zu
> hegen, ist der Gipfel der Eigenmächtigkeit. Daraus entspringt bestimmt
> nichts Ziemliches. Wenn aber die Unbill von seiten des Gefolgschaftsvaters
> ausufert, soll man ihn mit einem Antragsschreiben *(gejō)*[2] verklagen. [3]

Das Hausgesetz schuf damit ein pragmatisches Paradox, denn gleichzeitig schrieb es vor:

> Man darf seine Klage nicht direkt einreichen. Es ist selbstverständlich, daß
> man den Vermittler *(sōja)* für die Klagen seiner Gefolgschaftssöhne spielt.
> Aber unter Umständen soll man davon Abstand nehmen. Am Tag der
> Verhandlung ist, wie vordem bestimmt, den Verwandten und Schwägern der
> Gefolgschaftssöhne jede Äußerung verboten. [4]

Der Vermittler wurde vom Landesherrn bestimmt;[5] in der Regel wurde der Gefolgschaftsvater zum Vermittler - aber das ging nicht, wenn der Gefolgschaftssohn Klage
gegen seinen Gefolgschaftsvater erhob! Unter solchen »Umständen« mußte ein anderer
Vermittler eingesetzt werden. Die mit dem klagenden Gefolgschaftssohn verwandten und
verschwägerten *bushi* sollten auf den Prozeß keinen Einfluß nehmen; damit waren vor
allem die übrigen Knappen des Beklagten gemeint. Denn wie jedes andere *shu*,
angefangen von den Finanzbeamten *(kuramae-shu)*[6] über die regionalen Bündnisse wie
dasjenige der Händler von Kuishiki *(Kuishiki-shu)*[7] und der *bushi* der Gemeinde
Mukawa *(Mukawa-shu)*[8] bis hin zu den Bergbauspezialisten *(kinzan-shu)*, bildete auch
das *dōshin-shu* sich häufig aus Verwandten und Nachbarn, die miteinander verschwägert
und verschworen waren und einander als Zeugen und Bürgen dienten.[9] Zum Zwecke
eines militärischen Bündnisses gestattete das Hausgesetz solche ansonsten unerwünschte,

---

[1] Vgl. den oben erwähnten Magaribuchi Shōzaemon, Vasall *(hikan)* von Takeda Harunobu und
Knappe *(dōshin)* von Itagaki Nobukata (Kōyō gunkan III:47.224 ff; s. hierzu Hattori 1984.269 f).
[2] Vgl. zu dieser Urkundenform Satō 1984.190-208.
[3] Hausgesetz, Art. 19 (Hayashi 1980.191-195)
[4] Hausgesetz, Art. 28 (Hayashi 1980.228-238)
[5] Vgl. Kōhakusai-ki 93 (Tenbun 18 = 1549) und 94 (Tenbun 19 = 1550); KSS I:345.613-618
(Eiroku 2 = 1559).
[6] Hirayama 1990
[7] Sasamoto 1982
[8] Murakami 1976
[9] Vgl. Hirayama 1990.67-74

weil die Loyalität zum Landesherrn schwächende Cliquenbildung.[1] Vor Gericht sollte aber der Gefolgschaftsvater allein das Wort haben. Ein Aufbegehren der Gefolgschafts- söhne erschwerte die folgende Bestimmung des Hausgesetzes:

> Den ursprünglichen Vermittler hintanzusetzen und über jemand anderes eine Klage einzureichen oder aber eines anderen Gefolgschaftssohn werden zu wollen, ist überaus böswillig und anarchisch. Dies muß hinfort aufhören. Die Gründe dafür wurden in vorangegangenen Bestimmungen ausführlich erläutert. [2]

Das »oder« des ersten Satzes bedeutet im gegebenen Zusammenhang ganz offensichtlich »weil«: Sich einen neuen Vermittler zu suchen, weil man sich von seinem alten Gefolg- schaftsvater = Vermittler lösen wollte, wurde untersagt. Damit hatten die Takeda den Gefolgschaftssöhnen - der großen Masse ihrer Vasallen also - praktisch verboten, sich einem neuen Gefolgschaftsvater anzuschließen, obgleich dies theoretisch einklagbar gewesen wäre. Tatsächlich waren Spannungen zwischen Gefolgschaftsvätern und Gefolg- schaftssöhnen unvermeidlich. Der Knappe Magaribuchi Shōzaemon klagte gegen seinen Gefolgschaftsvater Itagaki Yajirō wegen der Abführung von Ackergeld.[3] Ein aus der Provinz Ise stammender Knappe des Erbvasallen Yamagata Masakage beschwerte sich mehrfach bei dem Verwalter seines Gefolgschaftsvaters darüber, daß ihm zu schlechtes Lehensland zugeteilt worden war. Da Yamagata seine Beschwerde ignorierte, entleibte sich der Vasall aus Protest. Als Harunobu davon erfuhr, verlangte er Aufklärung. Yamagata blieb eine Bestrafung nur erspart, weil er Harunobu einen neuen Treueschwur leistete.[4] Dem Landesherrn mußte an möglichst stabilen Vasallitätsbeziehungen liegen, damit Größe und Struktur seines Heeres berechenbar blieben. Also schränkten die Takeda die »Freiheit, zu gehen oder zu bleiben« *(kyoryū no jiyū)* nicht nur der Bauern, sondern auch der *bushi* ein.[5] Das Kōyō gunkan berichtet stolz, nicht ein einziger Vasall sei freiwillig aus Harunobus Dienst ausgeschieden.[6]
Sogenannte »vorgeschobene Vasallengruppen« *(sakikata-shu)* bildeten die zweite Gruppe unter den Takeda-Vasallen. Das Kōyō gunkan nennt in den Provinzen Shinano 51, West- Kōzuke 14, Suruga acht, Tōtōmi und Mikawa vier, Etchū und Musashi je zwei sowie Higa eine solche Gruppe mit je 10 bis 200 Reitern. Auch die in Suruga stationierte Marine ((*kaizoku-shu*, 6 Kapitäne, 52 schwimmende Einheiten) gehörte hierzu. Sie waren nicht in Gefolgschaftsväter und Gefolgschaftssöhne organisiert, was praktisch bedeutete,

---

[1] Hausgesetz, Art. 14 (Hayashi 1980.165 ff)
[2] Hausgesetz, Art. 27 (Hayashi 1980.220-228)
[3] Kōyō gunkan III:47.224 ff. Vgl. Hayashi 1958.240.
[4] Kōyō gunkan I:17.359 f
[5] Vgl. Owada 1986.88-98. Der Begriff *kyoryū no jiyū* stammt schon aus dem Altertum (Nihonshi yōgo daijiten 4450.208).
[6] Kōyō gunkan I:17.359

daß der Landesherr auf ihre Zusammensetzung keinen Einfluß nahm. Ansonsten folgten sie den Prinzipien der *shu*-Organisationen, d.h. Verwandtschaft und Verschwägerung. Ihre Führer lebten als lokale Herren in den Grenzregionen der Landesherrschaft und wurden, abgesehen von allfälligen Wachdiensten, nur zum Schutz der Grenzen mobilisiert. Die Leute von Kuishiki, den neun Bergdörfern an der Grenze zwischen Kai und Suruga, waren nicht nur (wie bereits dargestellt) im Holz-, Salz- und Fischhandel tätig, sondern die Heerfolgepflichtigen unter ihnen bildeten auch einen solchen *bushi*-Bund im Dienst der Takeda.[1] Auch die zwischen 1569 und 1572 in der Provinz Suruga aufgebaute Marine der Takeda trieb Handel, mußte aber vor allem kriegswichtige Dienste leisten: Die Abwehr feindlicher Schiffe und den Transport von Heeresproviant.[2] Direkt »unter der Fahne« *(hatamoto)*, also dem Kommando des Landesherren dienten außerdem Leibgarden, Pagen, Richter und Gerichtspersonal, Finanzbeamte, Boten und Inspektoren. Außerdem gab es am Hofe Diener und Dienerinnen, technisches Personal, Küchenpersonal, Teezeremonienmeister, Friseure, Schreiber, Unterhalter und Schauspieler. Die einzelnen Gruppen von Bediensteten waren wiederum in Führer *(kashira)* und Knappen *(dōshin)* geteilt.[3] Zu dieser Kategorie von Vasallen gehörten auch die Rittmeister *(samurai taishō)* und Hauptleute *(ashigaru taishō)* der Takeda, erfahrene Führer von Truppeneinheiten. Die Infanterie *(ashigaru)* wurde in Fähnlein mit zehn bis 75 Mann Fußvolk und drei bis vierzig Berittenen unterteilt, denen einer der Hauptleute vorstand.[4] Von besonderer Bedeutung als Ratgeber des Landesherrn war die Gruppe der »Erzähler«, die *togi-shu* oder *hanashi-shu*.[5] Das Kōyō gunkan nennt zwölf »Erzähler«, davon drei Ärzte, einen Dichter und einen Mönch. Die Aufgabe der Erzähler war die Unterhaltung ihres Herrn im weitesten Sinne, vor allem in den Abend- und Nachtstunden, durch das Vorlesen von Büchern und das Erzählen und Erörtern von Geschichten. Das »Sekisuiji monogatari« im Kōyō gunkan (Bücher 40a und 40b) ist eine Sammlung solcher Erzählungen von Harunobus *togi-shu*. Über die sich anschließenden Gespräche mit ihrem Herrn gewannen die Erzähler politischen Einfluß. Die persönliche Beziehung zwischen Erzählern und Herrn war ebenfalls von eigener Art; 1546 mußte Harunobu einem Erzähler schriftlich versichern, daß er dessen Kameraden beim nächtlichen Dienst nicht zu sich ins Bett gerufen habe.[6]

Wer als Vasall dem »Haushalt« *(kachū)* der Takeda beitrat, verpflichtete sich durch einen schriftlichen Treueschwur vor den Göttern *(kishōmon, seishi, seiku, batsubun)* zum

---

[1] Sasamoto 1982.154-159
[2] Shibatsuji 1984a
[3] Zur Organisation der Hausdiener *(kobito)* s. Murakami 1990.
[4] Kōyō gunkan I:17.316 ff
[5] Grundlegend ist Shimizu 1965.
[6] KSS I:279.552

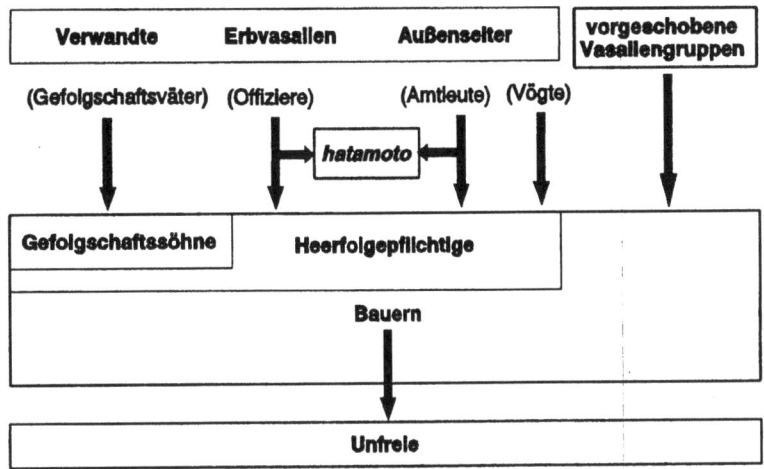

Abb. 15: *Die Vasallität der Takeda*

Dienst.[1] Derartige Gelübde bestanden aus Gruß *(»keihaku«, »uyamai mōsu«* o.ä.), Verkündungsformel *(»kishōmon«* o.ä.), Dispositio mit Aufzählung der versprochenen Einzelheiten *(maegaki* genannt), Sanctio mit Aufzählung der Gottheiten, deren Strafe dem Bruch des Versprechens folgen sollte *(shinmon)*, Monogramm des Ausstellers, Datierung und Nennung des Empfängers waren seit dem späten Altertum in Gebrauch.[2] Sie wurden auf ein Blatt Papier geschrieben, das mit Raben-Mustern verziert war; der Rabe galt als Götterbote.[3] 1566 und 1567 ließ Takeda Harunobu nicht weniger als 236 Vasallen insgesamt 93 solcher Treueschwüre vor dem Ikushima-Tarushima-Schrein in

---

[1] Kōyō gunkan I:6.126 *(kishōmon)*; III:47.232 *(seishi)*; Kōhakusai-ki 95 (Tenbun 19 = 1550) *(seiku)*; Kōhakusai-ki 88 (Tenbun 16 = 1547) *(batsubun)*

[2] Hierzu Satō 1984.225-242

[3] Kōyō gunkan I:17.359 f. Vgl. die photographische Wiedergabe des *kishōmon* des Nishina Morimasa in Sasamoto 1988.94.

Shioda (Provinz Shinano) ausstellen.[1] 135 (57%) der Vasallen stammten aus Shinano,
50 (21%) aus Kai, 53 (22%) aus Kōzuke; genau wie im Falle der von den Takeda
erteilten Belehnungsurkunden überwogen also Vasallen aus anderen Provinzen als Kai,
und wiederum stellten Einwohner der Provinz Shinano die deutlich größte Gruppe dar.
Eine der Urkunden lautete:

Hochachtungsvoll *(uyamai mōsu)*

Gelübde *(kishōmon)*

• Die verschiedenen Gelübde, die ich vordem abgelegt habe, muß ich unbedingt halten.
• Gegen Herrn Shingen [Takeda Harunobu] darf ich keinerlei Verrat und Rebellion planen.
• Welchen Gewinn auch immer mir die Feinde [des Hauses Takeda], angefangen von Nagao
Terutora [Uesugi Terutora, Landesherr von Echigo], mir versprechen sollten: Ich darf
keinesfalls mit ihnen einig werden.
• Sollten auch die Krieger von Kai, Shinano und West-Kōzuke Verrat planen, so werde ich
doch ohnegleichen meinen Herrn Shingen verteidigen und mich durch Treue auszeichnen.
• Vor allem erkläre ich hiermit, eine Schar von Leuten ausrüsten und mich eindeutig und
ohne doppeltes Spiel durch Waffentat auszeichnen zu wollen.
• Diejenigen im Haushalt, die entweder dem Herrn der Provinz Kai Böses wollen oder feige
Ansichten äußern, darf ich keinesfalls zu meinen Knappen machen.
Falls das Vorstehende auch nur im Geringsten gelogen sein sollte,
soll mich die Strafe treffen zunächst von Bonten,[2] Taishaku,[3] den vier Großen Himmels-
königen,[4] den Drachengöttern der Binnen- und der offenen Meere,[5] im besonderen vom
Wächter der Königsburg Kamo,[6] Kasuga,[7] Inari,[8] Gion,[9] Matsu-no-o,[10] Hirano,[11] Ume-

---

[1] Verzeichnis in Kai Takeda-shi monjo mokuroku 111 ff. Vgl. Sasamoto 1988.87-104. Den
Ikushima-Tarushima-Schrein bat Harunobu 1559 um Kriegsglück (Kai Takeda-shi monjo
mokuroku, Harunobu Nr. 364).

[2] Erscheint nach Sasamoto 1988.99 in 99% aller gleichzeitigen Gelübde. Sanskr. Mahābrahman,
im buddhistischen Kontext Schutzgottheit des Landes.

[3] Häufigkeit 99%. Sanskr. Śakra-devānām-indra. Im buddhist. Kontext Schutzgott des Ostens.

[4] Jikoku, Zōchō, Kōmoku und Tabun (Häufigkeit 99%), gemeinsam mit Bonten und Taishaku als
buddhist. Schutzgottheiten verehrt.

[5] Häufigkeit 37%. Nach ostasiatischem Volksglauben leben Drachen in Gewässern und steigen
gelegentlich zum Himmel in die Wolken auf, von wo aus sie es regnen lassen.

[6] Häufigkeit 32%. Die Gottheit Kamo-no-wake-ikazuchi hat ihren Schrein in Kyōto und wird von
der Kaiserfamilie besonders verehrt.

[7] Häufigkeit 30%. Im Großschrein von Kasuga in Nara werden insgesamt vier Gottheiten verehrt:
Takemikazuchi, Futsunushi, Amenokoyane und Himekami, im Volksglauben zur Gottheit Kasuga
verschmolzen. Takemikazuchi und Futsunushi gelten als Kriegsgötter. Ahnenschrein der führenden
hochadligen Familie, der Fujiwara.

[8] Häufigkeit 24%. Hauptschrein dieses über ganz Japan verbreiteten Glaubens ist der Inari-Schrein
in Kyōto-Fushimi. Verehrt werden die drei Gottheiten Uka, Sarutahiko und Ōmiya als Schutzgötter
des Reisanbaus.

miya,[1] Tenman Daijizai Tenjin,[2] im Kantō-Gebiet von den Gottheiten von Izu, Hakone[3] und Mishima,[4] von Kashima,[5] Katori,[6] dem großen Bodhisattva des Fuji-Sengen,[7] vom 1., 2. und 3. Shintō-Schrein der Provinz Kai,[8] von Kunidate und Hashidate,[9] von den Gottheiten des oberen und unteren Suwa-Schreines, den Wächtern dieser Provinz,[10] von der nördlichen und südlichen großen Gottheit von Ono,[11] von den Gottheiten von Iizuna[12] und

---

[9] Häufigkeit 25%. Gion ist eigentlich sanskr. Jetavana, der Name eines Klosters, in dem Buddha lehrte. Der Gion-Schrein (Yasaka-Schrein) in Kyōto verehrt den Gott Susanoo, Bruder der Göttin Amaterasu.

[10] Häufigkeit 4%. Im Matsu-no-o-Großschrein in Kyōto-Arashiyama werden die Sturmgottheit Ōyamakui und die Flußgöttin Ichikishimahime gemeinsam als Schutzgottheiten der Landwirtschaft verehrt.

[11] Häufigkeit 4%. Der Schrein in Kyōto verehrt mehrere Ahnengötter des Kaiserhauses.

[1] Häufigkeit 3%. Konnte ich nicht identifizieren.

[2] Häufigkeit 39%. Tenman Tenjin ist der vergöttlichte hofadlige Poet und Politiker Sugawara Michizane, überall im Lande verehrt als Schutzgott der Bildung.

[3] Gemeinsame Häufigkeit 47%. Zum heiligen Berg Izu in der Provinz Suruga wurde Minamoto Yoritomo verbannt und verbündete sich mit der einheimischen Familie Hōjō, bevor er die Minamoto-Sippen zur Rebellion gegen das Kaiserhaus vereinte. Der Hakone-Schrein verehrt u.a. Ōkuninushi und wurde in der Kamakura-Zeit mit dem Berg Izu zusammen Wallfahrtsort der *shōgun*-Familie.

[4] Häufigkeit 50%. Der Mishima-Großschrein liegt in Ōmiya in der Provinz Suruga. Verehrt werden die Gottheiten Ōyamazumi und Kotoshironushi. Minamoto Yoritomo, der Gründer des Kamakura-*bakufu*, war auch diesem Schrein eng verbunden (Sasamoto 1988.102).

[5] Häufigkeit 5%. Im Kashima-Schrein in der Provinz Shimotsuke wird die Gottheit Takemikazuchi verehrt, seit alters ein Kriegsgott, der im Auftrag der Göttin Amaterasu (von der die Kaiserfamilie abstammen soll) gemeinsam mit Futsunushi den Osten Japans unterwerfen sollte.

[6] Häufigkeit 5%. Hauptstätte liegt in der Provinz Shimōsa. Verehrt wird der Kriegsgott Futsunushi, der zusammen mit Takemikazuchi (s. Kasuga) im Auftrag der Göttin Amaterasu Japans Osten erobern sollte. Wie Takemikazuchi in die Gottheit Kasuga synkretisiert worden.

[7] Häufigkeit 73%. Gegenstand der Verehrung in den Asama- oder Sengen-Schreinen rings um den Fuji-Berg ist der Fuji-Berg selbst. Dieser Gottheit näherten sich die Takeda wiederholt mit persönlichen Anliegen, v.a. um Gesundheit zu erbitten.

[8] Nr. 1 (Ichinomiya, Bez. Yatsushiro) ist der der Gottheit Konohanasakuyahime geweihte Asama-Schrein, Nr. 2 (Misaka, Bez. Yatsushiro) der Miwa-Schrein (geweiht der Gottheit Ōmononushi), Nr. 3 (Kōfu) der der Gottheit Ōkuninushi geweihte Kudama-Schrein.

[9] Häufigkeit 12%. Konnte ich nicht identifizieren.

[10] Häufigkeit 90%. Der Doppelschrein in der Provinz Shinano verehrt die Gottheiten Takeminakata und Yasakatome, Gottheiten, die im Zusammenhang mit der von der Ahnengöttin des Kaiserhauses, Amaterasu, befohlenen Unterwerfung des japanischen Ostens stehen. Sie sind deshalb von den Kriegern des Ostens - auch von den Takeda - besonders geschätzt worden.

[11] Häufigkeit 2%. Der Ono-Schrein in Enjiri, Prov. Shinano, besaß eine 1564 von Takeda Katsuyori gestiftete Glocke, die bei Gelübden der Takeda-Vasallen vor diesem Schrein angeschlagen wurde (Sasamoto 1988.50 f; vgl. Kai Takeda-shi monjo mokuroku, Harunobu Nr. 530 [Eiroku 7 = 1564]).

und Togakushi, [1] vom Bodhisattva Hachiman, [2] insgesamt von allen großen und kleinen
Gottheiten in ganz Japan. [3] In diesem Leben sollen mich die schwarze und die weiße
Krankheit [4] treffen, im kommenden Leben soll ich in die *mugen*-Hölle [5] stürzen. Wie
vorstehend soll es sein.

Nishina Morimasa (Monogramm, Blutsiegel)

[Eiroku 10 = 1567,] 8. Monat, 7. Tag
Herrn Atobe Taisui no suke [6]

Die Nishina gehörten zu den mit den Takeda verwandten Familien. [7] Am selben Tag
gaben auch zehn Vasallen der Nishina einen Treueschwur ab. [8] Auch andere Verwandte
der Takeda - die Brüder Harunobus, [9] die Itagaki, Mochizuki; nicht aber die Anayama
und Kiso - sowie führende Erbvasallen (Asari, Atobe, Konpuku, Oyamada, Baba,
Tsuchiya) mußten schwören.

Die Aufzählung der Gottheiten, deren Strafe beschworen wurde, wirkt wahrhaft
furchterregend. Neben der wahllosen Vermischung buddhistischer und shintōistischer,
agrarischer und militärischer, überregionaler und lokaler Gottheiten ist besonders die
Drohung mit der achten und schrecklichsten Hölle aufschlußreich: Verrat am Herrn
(*gyakushin*) wurde einfach den überlieferten *gogyaku*, den »Fünf Verratsarten«,

---

[12] Häufigkeit 45%. Der Iizuna ist ein heiliger Berg in der Provinz Shinano. Mit der Bitte um
Kriegsglück verband Takeda Harunobu 1557 eine Grundbesitz-Bestätigung für den Iizuna-Schrein
(Kai Takeda-shi monjo mokuroku, Harunobu Nr. 263 [Kōji 3/3/28]).

[1] Häufigkeit 39%. Schrein in der Provinz Shinano, Bez. Kami-Minochi. Verehrt wird
Amenotajikarao. Ebenso wie Iizuka im Mittelalter beliebter Wallfahrtsort. Ein Schreiben
Harunobus an den Schrein mit der Bitte um göttlichen Beistand für die Eroberung Shinanos von
1558 (Eiroku 1) in Nakamura 1970.I:892.230.

[2] Häufigkeit 88%. Keiner anderen Shintō-Gottheit sind mehr Schreine gewidmet als Hachiman.
Seit dem Altertum wird Hachiman häufig gleichgesetzt mit dem vergötterten Kaiser Ōjin, seit dem
Mittelalter von den *bushi* als Kriegsgott verehrt. Die Takeda unterhielten direkt neben Burg
Tsutsujigasaki in Kōfu und in ihrem Stammland in Kai, der Gemeinde Takeda im Bezirk Koma,
wichtige Hachiman-Schreine. Das Kōyō gunkan spricht im Zusammenhang mit einem
militärischen Erfolg vom »Segen des Bodhisattva Hachiman« (II:26.24).

[3] Häufigkeit 41%.

[4] Gemeint sind *kokurai* und *byakurai*, zwei Arten von Lepra.

[5] Die unterste und schrecklichste der acht großen Höllen des buddhistischen Volksglaubens,
vorgesehen für die »Fünf Verratsfälle« (Mord an Vater, Mutter oder einem Heiligen, Verletzung
des Buddha-Leibes, Spaltung der Einheit der Kirche).

[6] Sasamoto 1988.94 f

[7] Kōyō gunkan I:17.305

[8] Kai Takeda-shi monjo mokuroku, Takeda-shi kashin kishōmon ichiran, Nr. 64

[9] Der Eid des Takeda Nobutoyo - im *maegaki* wortgleich mit dem des Nishina Morimasa - in
KSS I:411.660 f (Eiroku 10/8/7 = 1567)

hinzugefügt[1] - offenbar als eine Art Vatermord. Aus dieser drastischen Abschreckung spricht ein großes Bedürfnis auf der Seite des Landesherrn, sich gegen Verrat abzusichern. Genau so begann Takeda Nobushige auch seine Hauslehre:

> Dem Herrn Fürsten gegenüber darf es in alle Ewigkeit keine verräterischen Absichten geben. [2]

Zur Begründung führt die Hauslehre zwei Stellen aus den »Diskursen« des Konfuzius an. Buddhismus, Shintōismus und Konfuzianismus dienten also gleichermaßen als Zeugen für die Beschwörung der Vasallentreue. Bewiesene Treue aber will belohnt sein:

> Treue Diener darf man nicht vergessen, [3]

forderte auch die Hauslehre. Nach einem Kampf wurden die verdienten *bushi* belohnt, die schlechten aber bestraft. Nach der Schlacht von Toishi in Shinano 1546 begann bei den Takeda das »Ausmisten der Feiglinge« *(koshinuke harai):*[4]

> Die Leute aus der Truppe des [in der vorangegangenen Schlacht gefallenen] Amari [Torayasu, Gouverneurs von] Bizen, [5] hatten in der Schlacht von Toishi versagt und dem Willen [des Landesherrn] zuwidergehandelt; deshalb löste er sie ab und degradierte sie. Sie wurden zu Knappen *(dōshin hikan)* der *samurai*-Obristen. Unter ihnen wurde auch Kawakami Nyūdō von der vorgeschobenen Vasallentruppe in Shinano bestraft. Die 150 Knappen unter dem direkten Befehl des Amari Bizen aber wurden unverändert seinem Sohn Tamachiyo anvertraut, der in diesem Jahr 13 Jahre alt und zu Amari Tōzō wurde. Dieser Sohn stand seinem Vater, dem Gouverneur von Bizen, an Kampfgeist nicht nach, und auf dem Feldzug im zehnten Monat dieses Jahres ging er auf den ersehnten ersten Feldzug *(uijin)*, und in der Schlacht beim Usui-Paß schlug er mit dreizehn Jahren tapfere Krieger und erwarb sich Ruhm. In der Regel, so ist bestimmt, gehen die *samurai* des Takeda-Hauses, ob große oder ob kleine Vasallen, erst mit 16 Jahren auf den ersten Feldzug. [6]

Der junge Amari erhielt also ausnahmsweise Gelegenheit, sich schon mit 13 (nach

---

[1] Vgl. den Bittbrief der Frau des Takeda Katsuyori an den Takeda-Hachiman-Schrein von 1582 (Tenshō 10) (KSS I:761.903 f).

[2] Art. 1 (Kōyō gunkan I:2.57)

[3] Hauslehre, Art. 18 (Kōyō gunkan I:2.63)

[4] Kōyō gunkan II:25.22

[5] Zu seiner Person s. Kai kokushi IV:96.80 f.

[6] Kōyō gunkan II:25.17

europäischer Rechnung: 12)[1] Jahren in der Stellung seines gefallenen Vaters zu bewähren. Zum Zeichen seiner Volljährigkeit nahm er anstelle seines Knabennamens Tamachiyo einen Männernamen an. Den überlebenden Knappen seines Vaters erging es dagegen schlechter. Ihr militärisches Versagen wurde als Ungehorsam gewertet und bestraft. Ein anderer kam glimpflich davon:

> Dem Vernehmen nach liegt der Grund dafür, daß Ōkura Saemon zum offiziellen Ankläger *(sonin)* [des Takeda-Hofgerichtes] wurde, darin, daß er wiederholt Feigheit zur Schau gestellt hatte. Weil Fürst Shingen [Takeda Harunobu] ein gnadenreicher Feldherr war und die Familie dieses Ōkura Saemon eine lange Tradition besaß, schenkte er ihm das von seinem Vater hinterlassene Lehen von 300 *kan* und trug ihm dabei auf, sich irgendwie verdient zu machen, und schenkte ihm beim Feldzug Pferd und Rüstung. Wenn ihm gesagt wurde, er möge sich diesmal geziemend aufführen, stimmte er zwar ohne Zögern zu, doch sobald es zum Kampf kam, kniff er sofort. Etliche Male hat er außerdem sogar das Weite gesucht. Besonders bemerkenswert ist, daß er sich dabei sieben Mal in einer Sänfte versteckt hat. Nach dem siebenten Mal rief Fürst Shingen seine Ratgeber zusammen und sprach, »Iwama Ōkura Saemon habe ich zwar immer wieder gemahnt und ermuntert, aber ohne jeden Erfolg. Er ist ein geborener Angsthase. Aber soll ich einen Erbvasallen verhungern lassen? Ihm muß ein [zu ihm] passendes Amt aufgetragen werden.«[2]

Weniger verständnisvoll reagierte Harunobu, als sich zwei Söhne verdienter Vasallen in seiner Residenz heftig stritten. Nur mit Blick auf ihre Väter kamen sie mit dem Leben davon; ihr Lehen, ihre Gefolgschaftssöhne und ihren Hausgrund ließ Harunobu einziehen.[3] In das Hausgesetz wurde die Bestimmung aufgenommen, daß gewalttätiger Streit unter Vasallen zur Bestrafung beider Seiten und ihrer Helfer ohne Rücksicht auf Schuld und Unschuld führen sollte. Verhielt sich einer der Kontrahenten dabei völlig passiv, wurde allerdings nur die aggressive Seite bestraft. Gab es Tote und Verletzte, wurden auch die Familien der Streithähne mitbestraft.[4] Versuchte ein Herr der Betroffenen - z.B. ein Gefolgschaftsvater -, seinen Vasallen vor der Strafe zu schützen und verhalf ihm zur Flucht, wurde ein Drittel seines Grundbesitzes konfisziert.[5] Diese Regelung stellt ein mit Strafandrohung für beide Seiten bewehrtes Fehdeverbot *(kenka ryōhō go-seibai)* dar. Das Kōyō gunkan beschreibt Harunobus eigene Gedankengänge

---

[1] Im System der sog. *kazoedoshi* (»Zähljahre«) wird ein Neugeborenes mit dem Wechsel des Kalenderjahres bereits zwei Jahre alt und danach jeweils zu Neujahr ein Jahr älter. Es werden also Jahrgänge gezählt, nicht das genaue Lebensalter.

[2] Kōyō gunkan III:48.280 f

[3] Kōyō gunkan II:37.290

[4] Hausgesetz, Art. 17 (Hayashi 1980.181-188)

[5] Hausgesetz, Art. 18 (Hayashi 1980.188-191

bei der Aufnahme dieser Bestimmung in sein Hausgesetz; er sei von dem Bestreben geleitet gewesen, sein Haus in Ordnung zu halten.[1] Die Bildung verfeindeter Cliquen hätte die Gefolgschaft gespalten und die Landesherrschaft geschwächt; Selbstjustiz hätte den landesherrlichen Anspruch auf das letzte Wort in allen belangreichen Dingen mißachtet und untergraben. Deshalb wurden die *bushi* immer wieder ermahnt, nicht untereinander Streit anzufangen und sich nach einem heftigen Wortwechsel sofort bei der Obrigkeit zu entschuldigen.[2] Streit unter Vasallen um den ihnen zukommenden Platz am Hof suchte das Hausgesetz dadurch zu verhindern, daß die Sitzordnung der Vasallen, wenn sie erst einmal bestimmt war, nicht mehr diskutiert werden durfte.[3]

Die Blutrache *(kataki uchi)* war allerdings seit alters her Ehrensache eines *bushi*.[4] Die Feinde des Vaters und der Brüder sollte ein *bushi* verfolgen,[5] auch unter Mithilfe der Verwandten und unter Verwendung schwerer Waffen.[6] Allerdings hieß es einschränkend, daß ein Vater nicht seinen Sohn und ein älterer Bruder nicht seinen jüngeren Bruder rächen durfte; auch mußte ein Neffe nicht unbedingt seinen Onkel rächen.[7] Auf diese Weise sollte die Vendetta, wenn sie schon unvermeidlich war, wenigstens eingegrenzt werden.

Zum Verdienst gerechnet wurde dagegen vor allem die Zahl der in der Schlacht getöteten Feinde, gemessen an der Menge der gesammelten Köpfe. Es war nämlich Brauch, einem getöteten Gegner den Kopf abzuschneiden; für diese Trophäen wurde ein Kopfregister *(kubi-chō)* angelegt.[8] 1546 nahmen die Takeda-Leute bei der erwähnten Schlacht von Toishi insgesamt 193 Köpfe; ein einzelner, Kurihara Saemon, davon allein 23.[9] Ein halbes Jahr später, in der Schlacht am Usui-Paß, fielen den Takeda 1.219 Köpfe in die Hände - dem Kurihara Saemon davon nicht weniger als 56. Natürlich erhielt er für seine Heldentaten Dankschreiben von Harunobu.[10] Bei zwei Gelegenheiten im folgenden Jahr erkämpfte er sich weitere 60 Köpfe und zwei neue Dankschreiben. Seine blutige Spur verlor sich erst 1552, als er im Kampf - nachdem er 17 neue

---

[1] Kōyō gunkan I:16.274 ff
[2] Kōyō gunkan III:40b.30
[3] Hausgesetz, Art. 23 (Hayashi 1980.209 ff
[4] Ausführlich Ishii 1974, v.a. 86-112. Bereits in der ersten literarischen Quelle, die zusammenhängend von *bushi* handelt - dem Konjaku monogatari (11./12. Jh.) - erscheint die Bemerkung, daß der Himmel *(tentō)* Blutrache an den Feinden der Vorfahren erlaube. Das populäre Epos Soga monogatari (14./15. Jh.) schildert einen spektakulären Fall vom Ende des 12. Jahrhunderts.
[5] Kōyō gunkan III:40b.30
[6] Kōyō gunkan III:40b.34
[7] Kōyō gunkan III:53.357
[8] Kōyō gunkan II:26.25; II:39.362
[9] Kōhakusai-ki 86 (Tenbun 15)
[10] Kōhakusai-ki 87 (Tenbun 15)

Beuteköpfe gewonnen hatte - tödlich verwundet wurde.[1] Mit den erbeuteten Köpfen
wurde sogar unter der Hand gehandelt: Wer keine Heldentaten verbracht hatte, konnte
sich auf diese Weise Fürstenlob erkaufen.[2]

»Lobenswert« *(appare, shinmyō)* waren auch Taten wie: Als erster in das Lager oder die
Burg des Feindes einzudringen *(ichiban-nori)*;[3] einen feindlichen Reiter mit der Lanze
vom Pferd zu stoßen; aus den eigenen Reihen herauszutreten und durch die feindlichen
Reihen zu brechen; inmitten von Feinden den Rückzug der Knappen zu decken; einen
verwundeten Knappen oder wenigstens seinen Kopf zu bergen.[4] Ganz allgemein
bestimmten die Takeda, daß »*Verwandte und Vasallen des Haushalts, solche, die sich
über lange Jahre Kriegsruhm erworben haben, und Leute, die Heeresdienst leisten*«,
»*gemäß der Seichtheit oder Tiefe*« ihrer Treue und Erfolge im Kampf Zuwendungen
beantragen konnten.[5] Als Belohnungen verteilten die Takeda: Lehen, neue Gefolgschaftssöhne, Urkunden, in denen sie dies und jenes - meist ein Lehen - versprachen;
Pferde, Sättel, reich verzierte Schwerter; Lanzen; eiserne Halskrausen (ein Bestandteil
der Rüstung, der das Abschneiden des Kopfes verhindern sollte); Seidengewänder;
Feldjacken (die, reich verziert, über der Rüstung angezogen wurden); Goldmünzen;
sowie Tuche.[6] Die Urkunden, die Belohnungen verhießen und Belobigungen aus-
sprachen, hießen Dankschreiben *(kanjō)*.[7] Von Takeda Harunobu und Katsuyori sind
insgesamt 112 echte Dankschreiben erhalten. Ein typisches Beispiel dieser Urkundengattung lautet:

> Daß du am 6. d.M. in der Stunde des Affen[8] in der Schlacht bei Odaihara
> in der Provinz Shinano, Bezirk Saku, einen Kopf erbeutet hast, ist höchst
> löblich. Du mußt dich unvermindert durch Treue hervortun. Wie vorstehend
> verkündet.
> Tenbun 16 [1547]
>
>   Harunobu (Siegel)
>
>   An Ichikawa Gorōjirō[9]

---

[1] Kōhakusai-ki 100 (Tenbun 21). Die Angaben sind nicht ohne Vorbehalt zu betrachten; das
Kōhakusai-ki ist aus den Tagebüchern des Kurihara Saemon und Kurihara Sahei entstanden
(Kōhakusai-ki 107).

[2] Kōyō gunkan III:53.359

[3] Kai Takeda-shi monjo mokuroku, Katsuyori Nr. 806 (Tenshō 8 = 1580)

[4] Kōyō gunkan II:39.361 f

[5] Kōyō gunkan II:38.307 ff

[6] Kōyō gunkan II:27.30; III:43.148

[7] Kōyō gunkan II:25.14. Satō behandelt sie als *gunchūjō*, »Treueschreiben« (1984.245-251). Die
Gattung ist seit der 2. Hälfte des 13. Jahrhunderts belegt (ebd. 250).

[8] 15-17 h

[9] KSS I:285.566. Fast wörtlich gleich ein Dankschreiben von Tenbun 16/8/11 an Ogiwara
Yaemon (in Murakami 1990.43). Dort ging es um die Eroberung eines Kopfes bei der Erstürmung
einer Burg im selben Bezirk am Tag der Ausstellung.

Eine zeitliche und räumliche Übersicht offenbart allerdings, daß sich die überlieferten Dankschreiben der Takeda sehr unterschiedlich verteilen.[1]

	Kai	Shinano	Suruga	Kōzuke	Andere	**Gesamt**
1541-50	14	18	1			**33**
1551-60	19	28				**47**
1561-72	2	3	1	6	2	**14**
1572-83	2	1	5	1	9	**18**
Gesamt	**37**	**50**	**7**	**7**	**11**	**112**

Hieran fällt erstens auf, daß über 71% dieser Urkunden aus der Zeit zwischen 1541 und 1560 stammen, also aus der »Frühphase« der Herrschaft Harunobus, und daß sie nach diesem Zeitraum erheblich seltener werden. Zweitens entspricht die geographische Streuung während dieser ersten Phase von zwanzig Jahren weitgehend den bereits bekannten Phänomenen: bei weitem die meisten Urkunden gingen in die Provinz Shinano, deutlich weniger nach Kai; aber fast keine in andere Provinzen. Nach 1560 kehrt sich dieses Bild dramatisch um. Nur jeweils vier Dankschreiben (nicht ganz 10%) wurden an Vasallen in Shinano oder Kai gerichtet, die übrigen fast 80% aber an solche aus anderen Provinzen, die nicht zum Kernbereich der Landesherrschaft gehörten. Es scheint, daß in dieser zweiten Phase der konsolidierten Landesherrschaft bis zum Zusammenbruch das Dankschreiben bei der Behandlung der eigenen Vasallen - und zwar vor allem der den Takeda seit längerem verbundenen Vasallen - keine große Bedeutung mehr einnahm. An seine Stelle trat offenbar ein anderes Mittel der Belohnung bewährter Vasallen: Die Bestätigungsurkunde (*andojō*). Die Entwicklung dieser beiden Urkundenarten läßt seit den 1560er Jahren eine genau gegenläufige Tendenz erkennen (*Abb. 15*). Darin spiegelt sich wider, daß seit dieser Zeit die Beziehungen zwischen den Takeda und ihren Vasallen auf eine neue Grundlage gestellt wurden: Die Bestätigungsurkunde ist sachlicher als das persönliche Dankschreiben. Eine Formulierung wie »Obwohl du keine Treue bewiesen hast« in der Einleitung einer Bestätigungsurkunde von 1567[2] spricht dies auch deutlich aus. Die Beziehungen zwischen den Takeda und ihren Vasallen versachlichten sich. Ein Beleg dafür ist auch der Umstand, daß die 236 Vasallen, die 1566/67 ihre Treue schworen, sich nicht direkt an Takeda Harunobu wandten, sondern

---

[1] Nach der Auflistung aller Urkunden in Kai Takeda-shi monjo mokuroku.
[2] Takeda Harunobus Verwaltung an Ōkuma, Gouverneur von Iga (Eiroku 10) (in Sugiyama 1989.12)

ihre Schreiben an seine Hauptvasallen richteten.

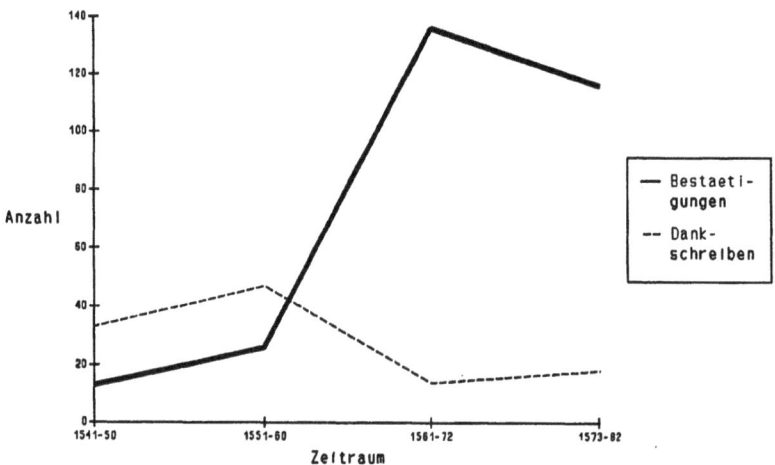

Abb. 15: *Bestätigungen und Dankschreiben der Takeda*

Ungleich persönlicher - und vielleicht genau deshalb ungleich seltener - war die Verleihung eines Namens oder Namensteils an einen verdienten Vasallen. So lautet eine Urkunde Harunobus von 1544:

(Drachensiegel)
Katsu
Ishikawa Jūrōzaemonnojō
Tenbun 13 [1544], Älteres Jahr des Holzes, Jahr des Drachens, 11. Monat, Glückstag [1]

Hier erhielt ein Vasall, der bisher Ishikawa Jūrōzaemonnojō hieß, die Erlaubnis, das Zeichen *katsu* (»siegreich«; sinojap. Lesung *shō*) in seinem Eigennamen zu führen, also vielleicht als *Shōzaemonnojō* o.ä. Das Zeichen *katsu* war Bestandteil des Knabennamens

---

[1] *Kichijitsu*, ein Tag mit guten Vorzeichen. Welcher Monatstag dies genau war, läßt sich im vorliegenden Fall nicht mehr feststellen. - KSS I:272.549

von Harunobu, Katsuchiyo;[1] sein vierter Sohn, der 1546 geboren wurde, erhielt den Namen Katsuyori (dessen Sohn später den Namen Nobukatsu). Die Verleihung dieses Namenszeichens sollte also eine besondere Nähe zwischen dem Herrn und seinem Vasallen ausdrücken. Im folgenden Fall verlieh Harunobu einen ganzen Namen:

> Moriya Shinpei
> > *Nobuzane*
> Tenbun 14 [1545], Jüngeres Jahr des Holzes, Jahr der Schlange, 12. Monat, 13. Tag
> > > > Shingen (Monogramm)[2]

Der Vasall namens Moriya Shinpei durfte sich künftig also Moriya Nobuzane nennen. Das Zeichen *nobu* (sinojap. *shin*) allerdings war das Leitnamenszeichen der Takeda seit Takeda Nobuyoshi im 12. Jahrhundert: *Nobu*mitsu, *Nobu*masa, *Nobu*toki, *Nobu*tsuna, *Nobu*masa, *Nobu*take, *Nobu*tora, Haru*nobu*, Yoshi*nobu* usw. Auch Harunobus Mönchsname *Shin*gen wurde damit gebildet. Dieses Zeichen an einen Vasallen zu verleihen, bedeutete ganz fraglos einen großen Vertrauensbeweis. Allerdings hat Harunobu nur noch ein einziges weiteres Mal, 1556, einen Namen oder Namensteil verliehen,[3] sein Sohn Katsuyori insgesamt auch nur dreimal.[4]

Im Jahre 1551 erlaubte er, wie das Kōyō Gunkan berichtet, seinem neuen Vasallen Kiso Yoshimasa, die Anrede »Herr« *(tono)* zu führen.[5] Diese Anrede stand ausschließlich den Verwandten der Takeda zu. Neben den Takeda selbst gehörten hierzu nur die Häuser Ichijō, Nishina, Mochizuki, Kazurayama, Itagaki, Kiso und Anayama.[6] Diese Familien hatten entweder einen Takeda-Nachkommen als Haupterben adoptiert (Nishina, Mochizuki, Kazurayama) oder mit den Takeda verschwägert (Kiso). Die Anayama, Ichijō und Itagaki führten sich auf Seitenlinien der Takeda zurück. Von den Anayama ist außerdem bekannt, daß die ersten vier Haupterben nach Etablierung ihrer Familie im 15. Jahrhundert aus dem Haupthaus der Takeda adoptiert wurden.[7] Der Haupterbe zur Zeit Takeda Katsuyoris, Anayama Nobukimi, war Sohn einer Schwester Takeda Harunobus und Ehemann einer Tochter Harunobus. Ihre Verbundenheit mit den Takeda dokumentierte sich auch in den Namen der Haupterben dieser Familien, die regelmäßig eines der Leitnamenszeichen der Takeda führten: Nishina Mori*nobu*, Mochizuki Yoshi*katsu*,

---

[1] Diesen Namen führte er bis zur Feier seiner Großjährigkeit in seinem 14. Lebensjahr (Kōyō Gunkan I:3.88).

[2] Nakamura Naokatsu: Nihon komonjo-gaku I. Tōkyō: Kadokawa. 1971.714 (= Kai Takeda-shi monjo mokuroku, Harunobu Nr. 45)

[3] Kai Takeda-shi monjo mokuroku, Harunobu Nr. 279 (Kōji 3) (an Mitsui Sukeshichirō)

[4] Kai Takeda-shi monjo mokuroku, Katsuyori Nrn. 426, 531, 581.

[5] Kōyō Gunkan II:31.127

[6] Vgl. die Auflistung in Kōyō Gunkan I:17.305 f.

[7] Akiyama 1990.24 f

Kazurayama *Nobu*sada, Itagaki *Nobu*kata, Anayama *Nobu*kimi. Der innerste Zirkel der Takeda-Vasallität wurde durch Adoption und Verschwägerung - durch Formen der künstlichen Verwandtschaft also - zusammengehalten. Darin glich das Haus der Takeda einer jeden *shu*-Verbindung: es war eine Union von Verwandten unter Führung der Stammfamilie, die wiederum von dem gegenwärtigen Patriarchen geleitet wurde. Eine solche Struktur wies auch die »Truppe von Mukawa« *(Mukawa-shu)* im Westen des Bezirkes Koma auf.[1] 1583, kurz nach dem Untergang der Takeda, bestand sie aus 26 *bushi* unter der Leitung der Familien Orii und Yonekura. Sie waren untereinander verschwägert oder blutsverwandt. Ihre militärische Schlagkraft war bekannt und begehrt. Der neue Machthaber in Kai, Tokugawa Ieyasu, engagierte sie sofort nach seinem Einmarsch; jedenfalls die kooperationsbereiten unter ihnen. Von den übrigen mußten sich die alten Kameraden lossagen.[2] Die Bereitschaft, Treue zu schwören und vorangegene Schwüre für andere Herren zu brechen, war für viele kleine Vasallen eine Überlebensfrage; Oda Nobunaga z.B. hatte nach seinem Sieg über die Takeda angeordnet, deren Vasallen - und besonders die kampferprobten unter ihnen - zu töten.[3] Wechselndes Kriegsglück der Herren zwang die Vasallen auf wechselnde Seiten. Die Narai in Shinano standen als kleine Provinzialenfamilie zwischen den Fronten der Familien Mimura und Kiso. Eigentlich waren sie mit den Kiso verbündet. Um in deren Rivalität mit den Mimura nicht zerrieben zu werden, verbündeten sich die Narai mit dem mächtigen Feind der Mimura und Kiso - den Takeda in Kai. Die Takeda setzten sich auch erwartungsgemäß gegen die Großen in Shinano durch. Als aber sich Kiso Yoshimasa Takeda Harunobu unterwarf und sein Vasall wurde, mußten sich die Narai in die Vasallität derjenigen Kiso begeben, denen sie kurz zuvor gerade untreu geworden waren und die jetzt ihrerseits den Schutz der Takeda genossen.[4] Insgesamt gesehen lohnte sich ihr vorheriger Seitenwechsel also nicht: Ihr alter Herr hatte sie wieder. Wer seine Stellung als Vasall gegen Herrenwillkür absichern wollte, ließ seinen Herrn ein Gelübde vor den Göttern ablegen, das genaue Gegenstück zum Vasalleneid: Dem Naitō Masatoyo mußte Takeda Katsuyori 1573 versprechen, ihm seine Knappen nicht wegzunehmen und sich an die alten Zusagen zu halten.[5]

Takeda Harunobu verglich sich mit einem Architekten, seine Vasallen mit Baugerät und seine ganze Herrschaft mit einem Haus. Er gab auch preis, woher der Bauplan stammte:

> Zum Glück folgt das Herrscherhaus der Takeda dem Stil der *shōgun*-Familie. Der Aufbau des Hauses des *shōgun*[6] legt größtes Gewicht darauf, daß

---

[1] Hierzu Murakami 1976.

[2] Murakami 1976.19 zitiert den Treueschwur von 1587.

[3] Murakami 1976.6

[4] Sasamoto 1990.29-33

[5] KSS I:541.749 f (Genki 4)

[6] Im Text: *kubō.* Dem Zusammenhang nach ist eindeutig der *shōgun* in Kyōto gemeint, nicht - was auch möglich wäre - dessen Stellvertreter in der Dépendance des *bakufu* in Kamakura.

es beim Zusammentreffen der verschiedenen Leute keine Ungehörigkeiten gibt.[1]

Im Hause der Takeda begegneten einander in großer Zahl Menschen unterschiedlicher Herkunft und ungleichen Standes; das Zeremoniell sollte dabei die Form wahren. In seinem Mittelpunkt stand die Person des Landesherrn selbst als der ruhende Pol des Hofstaates. Vor ihm *(go-zen)* berieten die Vasallen, mit seiner nach Anhörung aller Argumente getroffenen Entscheidung, der »Stimme des Kranichs«,[2] war der Fall abgeschlossen.[3] In der Schlacht saß der Landesherr als Feldherr auf einem Klappstuhl, einen Feldherrnstab *(saihai)* in der Hand, und wartete ab, was seine Truppenführer ihm meldeten.

War die Schlacht gewonnen, ließ er, immer noch im Sitzen, ein Triumphgeschrei *(kachidoki)* erheben. Danach begann die mehrtägige Siegesfeier: Zunächst eine Parade mit dem Feldherrn, der weiterhin seinen Feldherrnstab trug, an der Spitze und verdienten Vasallen, die sein Schwert, seinen Fächer, Bogen und Pfeile, Trommeln, eine Signalmuschel *(horagai)*,[4] Fahnen und Banner hinter ihm her trugen, außerdem Waschwasser und ein Handtuch. Denn der Feldherr zog nicht nur einfach an seinen siegreichen Truppen vorbei, sondern auch an den von ihnen erbeuteten blutverschmierten Köpfen, von denen der eine oder andere wohl näherer Betrachtung harrte.[5]

Das Siegesmahl im Anschluß bot noch Gelegenheit für angewandte Psychologie: Der Hauptmann Itagaki Nobukata ließ den verdienten Kämpfern die Speisen je nach der Zahl der erbeuteten Köpfe mit zwei oder drei Gängen in roten Näpfen auftragen, dem Rest, der keine Kopftrophäen gewonnen hatte, Fasten-Reis *(shōjin)* - also ohne stärkendes Fleisch - in schwarzen.[6] Gerade die Tischsitten im Feldlager und am Hof waren genau geregelt. Das Kōyō gunkan beschreibt in allen Einzelheiten, wie das Zelt des Feldherrn *(jinmaku)* aufgebaut und eingerichtet werden mußte und welche Speisen in welcher

---

[1] Kōyō gunkan I:16.275

[2] So Koshihara 1988.26 unter Verwendung eines verbreiteten Ausdrucks für die einsame Entscheidung einer über den Dingen schwebenden Instanz. Diese Art der Entscheidungsfindung findet sich noch heute in Japan, in Regierungskreisen ebenso wie in Wirtschaft und Behörden.

[3] Nach diesem Muster verliefen die Gerichtsverhandlungen, die das Kōyō gunkan in den Büchern 47 und 48 *(kuji no kan)* schildert.

[4] Eine Textvariante des Kōyō gunkan, das *Denkai*, beschreibt diese Utensilien ausführlich (Kōyō gunkan I:16.299-304).

[5] Kōyō gunkan II:26.25 f

[6] Kōyō gunkan III:48.261; II:26.26. Dies hat offenbar in anderen Ländern für negatives Aufsehen gesorgt, denn das Kōyō gunkan beeilt sich festzustellen, daß diese Maßnahme nicht von Shingen, sondern von dem leicht reizbaren Nobukata angeordnet wurde. Die Textvariante *Denkai* fügt kritisch an, daß derartige Strenge einem guten Feldherrn nicht anstand. - Schwarz und Rot standen für Sieg und Niederlage (Kōyō gunkan III:46.198).

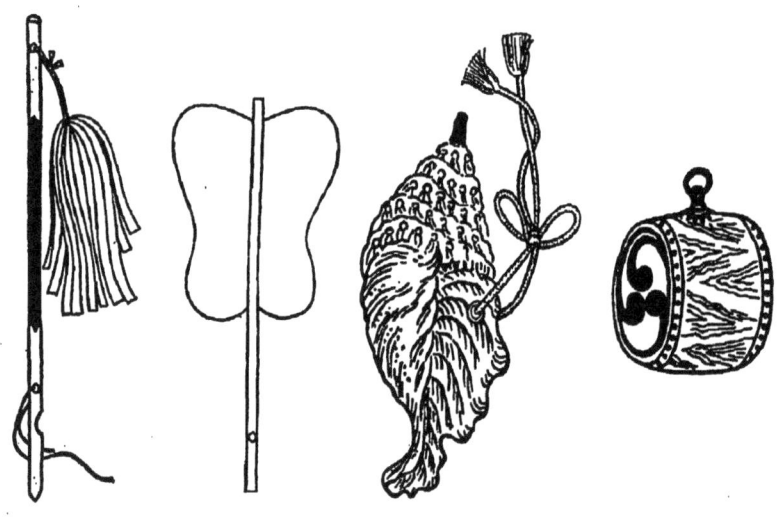

V.l.n.r.: Feldherrnstab (saihai), Kriegsfächer (gunbai uchiwa), Signalmuschel (horagai), Trommel (taiko) (Aus Kōyō gunkan I:16.299-304)

Reihenfolge zu welchem Anlaß gereicht werden mußten.[1] An einem Festtag, so heißt es, wurde nicht Reis serviert, sondern Reiskuchen *(mochi)*. Wir wissen auch aus anderer Quelle, daß die Takeda zu Neujahr Reiskuchen vor einer Rüstung aufstellten *(gusoku mochi)* und zur Monatsmitte, am Fest des »Spiegelöffnens« *(kagami biraki)*, verzehrten.[2] Dazu gab es Reiswein *(sake)*. Beim Einmarsch in die Provinz Suruga ließ Takeda Harunobu 1569 einheimischen *sake* kaufen, erwärmen und an die gesamte Truppe, »Groß und Klein, Hoch und Niedrig«, verteilen; da es heißt, daß alle diesen Reiswein *aßen*, gab es dabei wohl auch - wie üblich - etwas zu essen.[3] Entscheidend ist hieran, daß die Mahlzeit *(furumai)*[4] ein vom Herrn gestifteter Gemeinschaftsakt war: Die Hauslehre des Takeda Nobushige empfahl einem Feldherrn ganz allgemein, den Soldaten etwas von

---

[1] Kōyō gunkan III:44.162-177
[2] Kōhakusai-ki 90 (Tenbun 17/1/18 = 1548), 100 (Tenbun 21/1/8 = 1552)
[3] Kōyō gunkan II:34.227
[4] Vgl. Kōhakusai-ki 94 (Tenbun 19 = 1550)

seinem Essen abzugeben.[1] Über festliches Essen im Feld schrieb das Kōyō gunkan: *»Nach dem Speiseopfer verteilt man die Reiskuchen im Zelt an alle, und man trinkt Reiswein«*;[2] beim Speiseopfer an die Götter beteiligten sich neben dem Feldherrn die Erbvasallen, und danach *»schenkt man allen Reiswein ein. Auch die Reiskuchen werden verteilt.«*[3] Ein solches Gemeinschaftsmahl sollte bei jedem Auszug und Einzug ins Feldlager - also vor und nach einer Schlacht - abgehalten werden. Hatte man einen Sieg zu feiern, so wurde zum Reiswein Fisch serviert. Weiterhin konnten auch vegetarische Kost, Fisch oder Geflügel aufgetischt werden - aber nie ohne Reiswein. Den Reiswein schenkte ein Mundschenk nach. Regeln gab es auch dafür, wie man den Reiswein reichen und entgegennehmen mußte, wie man z.B. dabei die Hände zu halten hatte.[4] Solche formellen Gelage wurden gemeinhein als Besiegelung eines Bündnisses verstanden;[5] so galten dieselben oder ähnliche Regeln auch für Hochzeiten[6] und die Ernennung eines Haupterben[7] oder adoptierten Haupterben;[8] politische Übereinkünfte wurden ebenso gefeiert,[9] auch der Umzug in eine neue Residenz.[10] Daß alle zur selben Zeit aßen, hieß aber keinesfalls, daß allen dieselben Speisen vorgesetzt wurden; das Kōyō gunkan beschreibt ein fürstliches Mahl mit sieben Gängen und sieben Nachtischen,[11] doch wurde der Rest der Mannschaft je nach Rang und Verdienst unterschiedlich bewirtet, wie das Beispiel des Itagaki Nobukata zeigt. Eine ganz ähnliche Regelung ist vom Hof des *shōgun* aus dem Jahre 1561 bekannt. Dort gab es drei verschiedene Menüs: das opulenteste für 200, das mittlere für 300 und das schlichteste für 500 Esser. Außerdem nahmen die verschiedenen Ränge ihr Mahl in verschiedenen Räumen ein.[12] Genau dies ist für das Jahr 1566 auch bei den Takeda belegt: Bei einem von Harunobu initiierten Gedichtwettbewerb, an dem Geistliche, Vasallen und Verwandte Harunobus sowie Schauspieler mitwirkten, wurden die Teilnehmer in verschiedenen Räumen des Ichirenji-Tempels in Kōfu bewirtet. Für die Verpflegung und das Auftragen der Speisen waren Vasallen bestimmt worden: Drei von ihnen kümmerten sich um die Bewirtung Harunobus, vier weitere zusammen mit 21 Servierern *(kayoi-shu)* um die

---

[1] Art. 57 (Kōyō gunkan I:3.73)
[2] Kōyō gunkan III:44.167
[3] Ebd.
[4] Kōyō gunkan III:44.181 f
[5] Harada 1984.40
[6] Kōyō gunkan III:44.173; III:44.180; III:44.182
[7] Kōhakusai-ki 79 (Tenbun 10 = 1541)
[8] Kōhakusai-ki 98 (Tenbun 20 = 1551)
[9] Myōhōji-ki 26 (Eishō 8 = 1511); Kōhakusai-ki 94 (Tenbun 19 = 1550); KSS I:332.603 f (Eiroku 1 = 1558)
[10] Kōhakusai-ki 83 (Tenbun 13 = 1544)
[11] Kōyō gunkan III:44.175 ff
[12] Harada 1984.42 ff

Versorgung der beiden Gruppen, in die die Teilnehmer eingeteilt worden waren.[1] Auf diese Weise symbolisierte das gemeinsame Festmahl zugleich die Einheit und die Ungleichheit der Vasallen.[2]

3. HERREN

Daß die Takeda zum Geschlecht der Minamoto gehörten und als solche sowohl aus der »Quelle« *(minamoto)* des Kaiserhauses als auch aus der der ersten *shōgun*-Familie stammten, wurde in der populären Heldenliteratur seit den Tagen Kamakuras gerühmt.[3] Unvergessen war auch, daß sie mit den Ogasawara (Kagami) zu den ersten gehört hatten, die Minamoto Yoritomo als Militärgouverneure *(shugo)* eingesetzt hatte. Freilich läßt sich im Einzelfall kaum feststellen, welcher der Takeda wirklich als *shugo* in Kai amtiert hat:[4] Als »Militärgouverneur von Kai« hat keiner der Takeda gezeichnet, die Chroniken benutzen diesen Titel äußerst selten.[5] Für Takeda Nobumitsu zu Beginn des 13. und Takeda Masayoshi im zweiten Drittel des 14. Jahrhunderts kann dennoch sicher angenommen werden, daß sie Militärgouverneure waren.[6] Masayoshi war 1334 zu Gast bei Ashikaga Takauji in Kyōto, um an Bogenschießvorführungen teilzunehmen,[7] und erhielt den *shugo*-Titel vielleicht erst von Takauji.[8] Da er allerdings im Schisma zwischen Nördlichem und Südlichem Kaiserhof die Partei des unterlegenen Südlichen Hofes ergriff und im Kampf gegen Anhänger der Ashikaga fiel, wurden sein Amt und sein Besitz kassiert.[9] Masayoshi stammte aus der Ichijō-Seitenlinie der Takeda; Takeda

---

[1] Kōyō gunkan I:9.150 f

[2] Harada 1984.45

[3] KSS I:119.423 f (Genpei seisui-ki); Rikeibi-ki 318

[4] Auch Satō 1988.I:111 kann nur »nach heutigem Wissensstand« vermuten, daß die Takeda in Kai »zu den wenigen Beispielen gehörten, in welchen eine Familie lokaler Mächtiger, die in der Kamakura-Zeit *shugo* gewesen war, dieses Amt kontinuierlich halten konnte«.

[5] Das Myōhōji-ki nennt erstmals 1507 einen Takeda »Militärgouverneur dieser Provinz« (Myōhōji-ki 24 [Eishō 4 = 1507]). In der Regel spricht es aber vom *yakata(sama)* (ebd. 28 [Eishō 12 = 1515]), selten vom *sōryō* (ebd. 17 [Meiō 3 = 1493]) oder vom *jōi* (ebd. 32 [Eishō 17 = 1520]). Das Kōhakusai-ki benutzt *yakata(sama)* (80, Tenbun 21 = 1552) oder den Namen des Landesherrn mit dem Attribut *-kō*. Auch das Kōdai-ki benutzt *yakata* (351 [Eishō 17 = 1520]), häufiger aber den bloßen Namen.

[6] ZYR 1990.95 f. Zu Masayoshi Satō 1988.I:111.

[7] ZYR 1990.103. Solche Vorführungen gehörten seit der Zeit Minamoto Yoritomos zum Protokoll des *bakufu*, und die Takeda wurden wegen ihrer Schießkünste daran beteiligt (KSS I:146.455 (Kenkyū 4 = 1193), I:147.456 f (Kenkyū 5 = 1194)).

[8] Satō 1988.I:111

[9] Dagegen klagte - wohl vergebens - sein unmündiger Sohn Fukujumaru (ZYR 1990.103).

Nobutake dagegen, der auf der Seite der Ashikaga kämpfte, wurde in den 1330er Jahren zwar wie seine direkten Vorfahren zum Militärgouverneur von Aki in Westjapan ernannt, trat aber mit Billigung des *bakufu* ebenso in Kai auf. Aus dem Gedenkbuch des Ichirenji-Tempels in Kōfu erfahren wir, daß der 1394 verstorbene Nobushige, ältester Sohn des Nobutake, *shugo* von Kai gewesen sein soll, ebenso sein Sohn Nobuharu († 1413).[1] Dessen Sohn (und mutmaßlicher Nachfolger als Militärgouverneur) Nobumitsu kam 1417 nach einem gescheiterten Aufstand gegen den Vertreter des *bakufu* in Kamakura ums Leben;[2] sein Bruder Nobumoto wurde 1418 vom *shōgun* nach Kai geschickt, um das Familienerbe anzutreten.[3] Nach Nobumotos Tod 1421 erhielt die Familie Atobe das Amt eines Stellvertretenden Militärgouverneurs; der Militärgouverneursposten selbst blieb vakant[4] bis 1438, als Nobumitsus Sohn Nobushige vom *bakufu* nach Kai geschickt wurde.[5] So scheint es, daß in dieser Zeit der Wille und die Unterstützung des *bakufu* den Ausschlag gaben. Den Takeda in Aki erging nicht viel anders. Nach Takeda Ujinobu, einem jüngeren Sohn Nobutakes, ernannte das *bakufu* 1371 mit Imagawa Ryōshun einen Militärgouverneur aus einer anderen Familie, offenbar bestrebt, die Takeda an der Bildung einer dauerhaften Herrschaft zu hindern.[6]

Seit dem letzten Drittel des 15. Jahrhunderts allerdings war das *bakufu* so sehr mit seinem eigenen Überlebenskampf beschäftigt, daß es in die Angelegenheiten der Provinz nicht mehr entscheidend eingreifen konnte und sich die dortigen Entwicklungen zunehmend verselbständigten. In der Kamakura-Zeit (1192-1333) hatten die vom *bakufu* eingesetzten Militärgouverneure zunächst die Strafgerichtsbarkeit und die Aufsicht und Führung der Hausleute (*go-kenin*) der Minamoto in ihrer Provinz besessen. In der Ashikaga-Zeit (1336-1467) zogen sie seit dem 14. Jahrhundert außerdem die Gerichtsbarkeit in Grundbesitzstreitigkeiten an sich und erhoben in ihrem Amtsbereich Abgaben und Dienste. Auf diese Weise trugen sie zur Auflösung der alten Grundherrschaften bei, welche ja ursprünglich durch Privileg von Kaiserhof und *bakufu* Immunität und Exemtion genossen hatten. Diese heute so genannten *shugo daimyō*[7] (Provinzherren) verdankten aber Amt und Macht noch zum Gutteil dem *bakufu* in Kyōto-Muromachi. Mit

---

[1] KSS I:806.934 (Ichirenji kako-chō); vgl. Satō 1988.I:112-115.

[2] KSS I:180.494 f (Ōei 24)

[3] KSS I:181.495 f (Ōei 25).

[4] KSS I:183.498 f (Ōei 33)

[5] KSS I:185.500 (Eikyō 10)

[6] Kawai 1977.75. Takeda-Nachfahren mit dem Titel eines Militärgouverneurs von Aki erscheinen seit 1412 bis 1520 in unregelmäßiger Folge wieder.

[7] Die Begriffe *shugo daimyō* und *sengoku daimyō* sind Produkte der heutigen Geschichtswissenschaft. Die Übersetzung »Provinzherr« wähle ich, um anzudeuten, daß seine Legitimationsbasis ein Amt (*shugo*) war, das zur Herrschaft über einen Amtsbereich (lat. *provincia*) berechtigte. *Sengoku* (Zeit der kämpfenden Länder) ist dagegen lediglich eine Epochenbezeichnung. *Daimyō* ist die erst seit dem späten 16. Jahrhundert richtig geläufige Bezeichnung eines Fürsten; zeitgenössisch wären *kokushu* oder *kunimochi taishō* usw., was eben »Landesherr« bedeutet.

sinkender Autorität des *bakufu* und vor allem nach dem Ōnin-Krieg 1467-1477[1] stieg
die Autonomie der Provinzherren, die schließlich ihre eigene Vasallität gründeten,
Gerichtsbarkeit, Steuerwesen und Handel an sich nahmen und eigene Normen in ihren
Ländern setzten.[2] So wurden sie zu faktisch autonomen Landesherren *(sengoku daimyō)*.
Es ist kein Zufall, daß nach der Mitte des 15. Jahrhunderts die Bezeichung *kō* (»öffentlich«) für den Landesherrn üblich wurde.[3] Dieses Attribut sollte ihn als Inhaber der
legitimen Gewalt *(kōgi)* in seiner Herrschaft kenntlich machen.[4] Denn in seinem Land
herrschte er zwar einerseits über die seinem Haushalt direkt angehörigen Vasallen, doch
auch über die Provinzialen und regionalen Herren, die sich ihre Unabhängigkeit bewahren konnten wie die Anayama und Oyamada,[5] vor allem aber die Grund- oder Gebietsherren der neueroberten Territorien. Ihnen gegenüber mußte er sich als legitimer Herrscher ausweisen, um sie dauerhaft in seine Herrschaft zu integrieren. Ein Weg hierzu
war, sich zum persönlichen Nachfolger eines verdrängten Gebietsherrschers zu machen:
So verfuhr Harunobu 1545 im Bezirk Suwa in Shinano, als er die Familie des dortigen
Herrn Suwa Yorishige physisch vernichtete, aber eine Tochter Yorishiges zur Frau nahm
und mit ihr einen Sohn zeugte, der später selbst als Suwa Katsuyori urkundete[6] und sich
damit als Erbe der alten Gebietsherren dokumentierte. Dies verstanden die Takeda und
auch die einheimischen *bushi* als Beitrag zur Legitimierung ihrer Herrschaft.[7] Der
andere Weg war, sich die seit Jahrhunderten autorisierten Amtstitel in Kyōto zu beschaf-
fen. Auch hierin hatte Harunobu Erfolg, indem er 1547 vom Kaiserhof den Titel des
zivilen Gouverneurs *(Shinano no kami)* und 1557 vom *bakufu* den des Militärgouverneurs der Provinz Shinano erhielt. In diesen Ämtern folgte er einer weiteren von ihm
vertriebenen Familie, den Ogasawara, nach und wies sich an ihrer Stelle als legitimer

---

[1] Nachfolgestreitigkeiten in der *shōgun*-Familie Ashikaga und den beiden Familien der *shōgun*-
Stellvertreter Hatakeyama und Shiba nahmen die militärischen Führer des *bakufu*, Hosokawa
Katsumoto und Yamana Sōzen, zum Anlaß, ihre eigene Rivalität mit Waffengewalt auszutragen.
Ihre Fehde eskalierte zum elfjährigen Bürgerkrieg, in dessen Verlauf große Teile Kyōtos zerstört
und viele Provinzen mit Krieg überzogen wurden. Am Ende setzten sich die Hosokawa durch und
wurden für die nächsten hundert Jahre zur bestimmenden Macht im *bakufu*, das nunmehr völlig
in ihrer Hand war.
[2] Vgl. Sugiyama 1963.83-87 (prägnant), Kawai 1977, Arnesen 1985 (Verhältnis zum *bakufu*).
[3] In einem Totenbuch der Takeda auf dem Berg Kōya wird Nobumori, der Sohn Nobushiges (†
1441), als erster so bezeichnet, nach ihm Nobumasa, Nobutsuna, (Anayama) Nobutoyo, Nobutame,
Nobutora, Harunobu, Katsuyori, (Anayama) Nobukimi (KSS I:807.955 ff); in einem anderen
Totenbuch des Kōya erhält Nobutsuna († 1507) den Titel als erster. In den Chroniken tritt er im
16. Jahrhundert regelmäßig auf.
[4] Übersicht über den Forschungsstand bei Murakami T. 1989.14-17. Grundlage der folgenden
Ausführungen sind Asao 1975, Katsumata 1983, Nagahara 1985 und Fujiki 1987.1-39.
[5] Nagahara 1985.41
[6] Kai Takeda-shi monjo mokuroku, Harunobu, Nr. 811 (Eiroku 12 = 1569)
[7] Kōyō gunkan I:24.434

Machthaber aus.

Harunobus Verbindungen nach Kyōto reichten in seine Jugendzeit zurück. In seinem 16. Lebensjahr feierte er, damals noch Katsuchiyo genannt, an einem Glückstag im 3. Monat des Jahres 1536 das Fest der Volljährigkeit *(genpuku)*. Der *shōgun* Ashikaga Yoshiharu schenkte ihm zu diesem Anlaß aus seinem Namen das Zeichen »*haru*«.[1] Mit dem Leitnamenszeichen der Takeda zusammen bildete man daraus Katsuchiyos Männernamen Harunobu. Der Kaiserhof gewährte dem jungen Mann außerdem den Hoftitel des *sakyō no taifu*, der mit dem 5. unteren Hofrang Junior verbunden war und den sein Vater Nobutora innegehabt hatte,[2] bevor er zum Gouverneur von Mutsu befördert wurde.[3] Im 7. Monat desselben Jahres heiratete Harunobu eine Tochter der hofadligen Familie Sanjō. Eine wichtige Mittlerfunktion kam bei diesen Vorgängen Harunobus Großvater Imagawa Motokimi zu, dem Landesherrn von Suruga.[4] Ein halbes Jahr nach Harunobus Hochzeit heiratete seine Schwester den Sohn des Imagawa Motokimi.[5] 1547 wurde Harunobu verpflichtet, dafür zu sorgen, daß Naturalabgaben, die der Familie Sanjō in Kai und Shinano zustanden, wie vereinbart abgeführt würden.[6] Die Titulatur Harunobus in dieser Urkunde lautet »Takeda *daizen no taifu*« - also hatte er inzwischen einen anderen, prestigeträchtigeren Titel erhalten. Diesen Titel führte Harunobu auch auf der Tafel zum Gedenken an die 1541 in seinem Auftrag erfolgte Renovierung des Hachiman-Schreines in West-Koma.[7] (Da auf derselben Tafel allerdings auch sein Sohn »Tarō Yoshinobu« aufgeführt wird, kann die Tafel selbst nicht von 1541 stammen: Tarō stand damals im vierten Lebensjahr und hielt seine Volljährigkeitsfeier erst im 12. Monat des Jahres 1550,[8] kann also vorher nicht Yoshinobu geheißen haben, so daß die Tafel auch erst nach 1550 verfertigt worden sein muß.[9]) Das Myōhōji-ki nennt Harunobu 1541 *taifu*;[10] dies kann sich natürlich sowohl auf *sakyō no taifu* als auch auf *daizen no taifu* beziehen. Eine einzige Urkunde Harunobus von 1542 enthält die Signatur »Takeda *daizen no taifu* Harunobu«; sie ist wahrscheinlich echt.[11] Die formelle Hoftitulatur führte Harunobu

---

[1] Kōhakusai-ki 77 (Tenbun 5); Kōyō gunkan I:3.90
[2] Vgl. KSS I:807.957
[3] Okuno 1972 legt überzeugend dar, daß Harunobu nicht, wie vom Kōyō gunkan (I:3.90) behauptet, schon 1536 zum *daizen no taifu* ernannt wurde.
[4] Kōyō gunkan I:3.90
[5] Myōhōji-ki 44 (Tenbun 6)
[6] KSS I:281.553 f (Tenbun 16 = 1547)
[7] KSS I:262.541
[8] Kōhakusai-ki 97 (Tenbun 19)
[9] Dies hat Okuno 1972.105 übersehen.
[10] Myōhōji-ki 47 (Tenbun 10)
[11] Kai Takeda-shi monjo mokuroku, Harunobu Nr. 13 (Tenbun 11/9/24), ein Bittschreiben an den Suwa-Schrein in Shinano. Nach dem Kōhakusai-ki befand sich Harunobu nach seinem Feldzug im Suwa-Bezirk seit Tenbun 11/7/9 wieder in Kōfu. Tenbun 11/9/10 besetzte aber Takatō Yoritsugu einen Teil des Suwa-Bezirkes, darunter auch den Suwa-Schrein. 9 Tage später wurde

auch später (mit einer unten zu erörternden Ausnahme) nur gegenüber Schreinen und Tempeln, insgesamt sehr selten.[1] Daß der nächste Beleg für den Titel *daizen no taifu* erst von 1550 datiert,[2] spricht daher nicht dagegen, daß Harunobu dieses Amt tatsächlich schon 1542 (spätestens aber 1547) innehatte. Doch lautete sein vollständige Titel 1550:

> 4. unterer Hofrang Junior, Takeda *daizen no taifu*, zugleich Gouverneur von Shinano, Minamoto Harunobu

Einerseits war Harunobu inzwischen offenbar vom 5. in den 4. Hofrang befördert worden, andererseits führte er zusätzlich den Titel eines Gouverneurs von Shinano. Mit dem vierten Hofrang zeichnete er auch schon 1548, allerdings mit dem 4. unteren Rang *Senior*.[3] Es ist belegt, daß 1546 Sanjō-Nishi Sanetaka und Yabu (Yotsutsuji) Hidetō in Kōfu waren und Harunobu feierlich einen kaiserlichen Erlaß überreichten. Sie kamen aus Suruga von den Imagawa, wo sie zwischen den Imagawa und Oda Nobunaga zu vermitteln versucht hatten.[4] Unmittelbar darauf ließ Harunobu den Sanjō folgendes mitteilen:

> In Shinshū [Shinano] werde er vom kommenden Jahr an aus seiner Domäne 10.000 *hiki*[5] Jahrestribut an sie abführen, und wenn die zwölf Bezirke von Shinano [d.h. die gesamte Provinz] in seine Hand gelangten, 30.000 *hiki* dazugeben. [6]

Unzweifelhaft hängt diese Mitteilung mit der oben erwähnten Urkunde für die Sanjō von 1547 zusammen. Ich halte es für sehr wahrscheinlich, daß der Besuch der beiden Höflinge und der von ihnen übergegebene kaiserliche Erlaß der Verleihung des 4. Hofranges und des Titels eines Gouverneurs von Shinano diente. Welche Bedeutung aber

---

Itagaki Nobukata in Marsch gesetzt, um ihn zu vertreiben. Am 25. des 9. Monats kam es zur Schlacht bei Miyagawabashi, bei der die Takeda siegten. Mit Hilfe des Oberpriesters des Suwa-Schreines gelang es, die Gegner zu vertreiben (Kōhakusai-ki 80; KSS I:263.542 ff; vgl. die Dankschreiben Harunobus für die Teilnahme an der Schlacht vom selben Datum: Kai Takeda-shi monjo mokuroku Nrn. 14, 15). Es ist also sehr gut möglich, daß sich Harunobu einen Tag vor dieser Schlacht an den Suwa-Schrein wandte.

[1] Kai Takeda-shi monjo mokuroku, Harunobu Nrn. 108 (Tenbun 17), 126 (Tenbun 19), 130 (Tenbun 20), 153 (Tenbun 22), 189 (Tenbun 24), 357 (?); Nakamura 1970.I:890.229 ([1553-1568]/11/19, wegen der bevorstehenden Niederkunft seiner Tochter, der Frau des Hōjō Ujimasa)

[2] Kai Takeda-shi monjo mokuroku, Harunobu Nr. 126

[3] Kai Takeda-shi monjo mokuroku, Harunobu Nr. 108 (»Sei shii-ge Minamoto ason Harunobu«). Daß *Junior* richtig war, ist unstreitig (vgl. Okuno 1972.104).

[4] Okuno 1985a.121

[5] Ein *hiki* = 10 oder 25 *mon*.

[6] Kōhakusai-ki 87 (Tenbun 15)

kam Titeln *(daizen no taifu*; Gouverneur von Shinano) und Hofrang[1] für Harunobu zu? Den vierten unteren Hofrang Junior hielt auch Takeda Nobutsuna, Harunobus Großvater. Als Hoftitel besaß Nobutsuna allerdings den des *sakyō no taifu* zusammen mit dem Titel eines Gouverneurs von Mutsu.[2] Beide Titel, aber lediglich den 5. unteren Hofrang Junior führte auch Nobutora, Harunobus Vater.[3] Da Harunobu zunächst ebenfalls den Titel des *sakyō no taifu* erhielt, hätte man erwarten können, daß er auch zum Gouverneur von Mutsu ernannt wurde. Mit diesen beiden Titeln hätte er ohne weiteres, wie sein Großvater, zum vierten Hofrang aufsteigen können. Den Gouverneurstitel von Shinano bevorzugte Harunobu offenbar gegenüber dem in seiner Familie traditionsreichen Titel eines Gouverneurs von Mutsu, um seine Autorität in der gerade eroberten Provinz zu festigen. Gouverneurstitel hatten ja schon seit langem ihre praktische Bedeutung als Ämter in der kaiserlichen Verwaltung verloren und waren zu reinen Statussymbolen geworden. Doch konnte Harunobu als Titulargouverneur wenigstens den Anflug kaiserlicher Legitimität für seine faktische Herrschaft in Shinano gewinnen. Demgegenüber beantwortet sich die Frage, warum er den Titel *daizen no taifu* erhielt, erst nach einem Blick auf die Geschichte seiner ferneren Verwandtschaft.

Im Jahre 1440 - zu der Zeit also, als die Takeda in Kai mit Rückendeckung durch das *bakufu* ihre Autorität als Militärgouverneure *(shugo)* wiederherzustellen versuchten - wurde ihr Verwandter Takeda Nobushige, der Militärgouverneur von Aki, auch zum Militärgouverneur von Wakasa ernannt. Sieben Generationen und rund 140 Jahre lang hielt ein Teil seiner Nachkommenschaft diese Stellung, eng verbunden mit dem politischen und wirtschaftlichen Leben Kyōtos und stets auf der Seite des *bakufu*.[4] Ihre Residenz Obama galt als »Klein-Kyōto«, die Wakasa-Takeda waren berühmt als Liebhaber der Kriegs- und schönen Künste. Der vierte von ihnen, Motonobu, der Ende des 15. Jahrhunderts die Herrschaft antrat und 1521 verstarb, war im Besitz einer von Fujiwara Teika stammenden Ausgabe des Ise monogatari, wie Sanjō-Nishi Sanetaka in Kyōto wußte, welcher mit Motonobu und vielen seiner Vasallen regen Umgang pflegte.[5] Sie hörten bei ihm Vorlesungen über Literatur und liehen seine Bücher aus oder ließen sich Abschriften davon anfertigen. Motonobus Sohn Motomitsu hatte wenig Schlachtenglück, dazu kam innerhäuslicher Erbfolgestreit. Seit der Mitte des 16. Jahrhunderts war die Familie völlig unter die Herrschaft der mächtigen Familie Asakura in Echizen geraten. Es ist bekannt, daß die Familie Sanjō im Besitz einer Abschrift der Dichtung Ise monogatari von der Hand des Dichters Fujiwara Teika war, dieses wertvolle Stück aber

---

[1] 1914 wurde Harunobu vom Kaiser Taishō posthum der 3. Hofrang Junior verliehen (Shibatsuji 1987.72 f).
[2] KSS I:807.955
[3] Ebd. 957
[4] Meine Darstellung folgt Suma 1978.
[5] Suma 1978.190

1506 der Familie Imagawa überlassen hatte.[1] Von dort geriet sie irgendwann vor 1568 in den Besitz Harunobus, angeblich, indem sich Harunobu betrunken stellte und sie an sich nahm.[2] Es besteht für mich kein Zweifel, daß die Sanjō durch die Takeda in Wakasa in den Besitz ihrer Handschrift des Ise monogatari gekommen sind. Die Handschrift hat sich also von den Wakasa-Takeda über die Sanjō und Imagawa zu den mit beiden verschwägerten Kai-Takeda bewegt. In merkwürdiger Koinzidenz sind aber auch die Hoftitel von Wakasa nach Kai gewandert. Das Ablaufprotokoll einer Zeremonie am Hofe des shōgun aus dem Jahre 1458 nennt nämlich einen »Takeda daizen no taifu Nobukata« als Teilnehmer - dies war der zweite der Takeda-Militärgouverneure in Wakasa, der 1471 verstarb, vorher allerdings noch zum Gouverneur von Mutsu befördert wurde.[3] Wie gesehen, führten Takeda Nobutsuna († 1507) und sein Sohn Nobutora diesen Gouverneurstitel in Kai. Takeda Motomitsu, der 1521 sein Erbe in Wakasa antrat, wurde »Gouverneur von Izu« betitelt.[4] Aber denselben Titel besaß spätestens seit 1547 auch Takeda (Anayama) Nobutoyo (1508-1562).[5] Sein Sohn Nobukimi († 1582), Harunobus Schwager, war dagegen Gouverneur von Mutsu.[6] Harunobu selbst aber übernahm in den 1540er Jahren das Amt des daizen no taifu. Der Eindruck entsteht, daß sich die Takeda in Kai in dieser Zeit mit Hilfe der Sanjō und Imagawa darum bemühten, ihren urbanen Vettern in Wakasa nachzufolgen; nicht nur, indem sie sich ihre Bildungs- schätze aneigneten, sondern auch, indem sie ihre Stellung am Hof von tennō und shōgun übernahmen. 1550 übergab »daizen no taifu Harunobu« eine Sutre, die Kaiser Gonara für ihn geschrieben hatte, dem Sengen-Schrein in Ichinomiya.[7] 1558 befahl Gonara dem »Takeda daizen no taifu« durch einen Boten den Wiederaufbau zweier Tempel in Shinano.[8] Praktisch umgehend bestätigte Harunobu, für den Aufbau der beiden Tempel zu spenden wegen der Gebete um Kriegsglück »während dieser Zeit der kämpfenden Provinzen«.[9] Zu Yotsutsuji Hidetō, dem Freund der Familie Sanjō und Nachkommen des Literaturgelehrten Yotsutsuji Yoshinari, hielt Takeda Harunobu noch lange nach seinem ersten Besuch 1546 Kontakt; in einem Brief aus der Zeit nach 1559 lud er ihn ein, erneut nach Kai zu kommen.[10] Harunobu legte ersichtlichen Wert auf ein gutes Verhältnis zur Gesellschaft am Kaiserhof und am Hof des shōgun in Kyōto. Als daizen no taifu gehörte Harunobu ebenso ins Zeremoniell am bakufu wie seine Vorgänger aus

---

[1] Okuno 1972.105

[2] Kōyō gunkan II:34.214

[3] Gunsho ruijū 17:406.494

[4] Suma 1978.192

[5] Nakamura 1970.I:954.279 f (Urkunde von Tenbun 16/2/2). Zu den Lebensdaten s. KSS I:807.956.

[6] Ebd.

[7] KSS I:299.578 (Tenbun 19)

[8] KSS I:333.604 (Eiroku 1)

[9] Tōji sengoku no aida. KSS I:338.608

[10] Okuno 1985a

der Wakasa-Linie der Takeda; ein Protokoll von 1565 führt sowohl »Takeda *daizen no taifu*« als auch »Takeda, Gouverneur von Izu« als Beteiligte an den Jahresbrauchfeiern des Hofes auf.[1] Zu dieser Zeit konnten mit den beiden Takeda nur Harunobu und (Anayama) Nobutoyo gemeint gewesen sein.[2] Ihre beiden, von den Verwandten in Wakasa übernommenen Ämter wurden Sinnbild für eine vertiefte Beziehung zum Muromachi-*bakufu*.

Zur zentralen Regierung der *bushi* standen die Takeda von Anfang an in einem zwiespältigen Verhältnis: Einerseits hatten sie im 12. Jahrhundert Minamoto Yoritomos Partei ergriffen und ihm wertvolle Dienste geleistet; andererseits hatte Yoritomo, der überall Verrat witterte, ihre Familie gnadenlos verfolgt, den ahnungslosen Ichijō Tadayori während einer Audienz in Kamakura ermorden, die Familie Yasuda hinschlachten, Itagaki Kanenobu auf Geheiß des Kaiserhofes verbannen lassen. Einerseits gehörten Takeda Nobuyoshi, Kagami Tōmitsu und viele ihrer Verwandten aus Kai zur crème seiner Krieger, die er bei seinem Einzug in Kyōto 1190 vorführte;[3] andererseits lehnte es Takeda Ariyoshi 1188 ab, bei einer vergleichbaren Prozession in Kamakura Yoritomos Schwert zu tragen, und floh aus der Stadt.[4] Denselben Ariyoshi beteiligte Yoritomo neben anderen seiner besten Bogenschützen 1193 in Kamakura und 1194 in Kyōto an öffentlichen, prestigeträchtigen Vorführungen in der Kunst des Bogenschießens;[5] doch wenig später stand er im Verdacht, an Umsturzplänen gegen Yoritomos Sohn Sanetomo beteiligt gewesen zu sein.[6] Verrat gegen den Vertreter des Muromachi-*bakufu* in Kamakura ist das nächste, wodurch die Takeda auffielen: Takeda Nobumitsu, der selbst einen Posten in der Garde von Kamakura besaß, verschwor sich 1416 mit seinem Schwager Uesugi Zenshū gegen Ashikaga Mochiuji und scheiterte kläglich. Sein Sohn Nobushige setzte sich nach langen Kämpfen nur mit der Hilfe des *bakufu* in Kai durch. Da das *bakufu* bald darauf durch inneren Streit gelähmt wurde, fand das Geschehen in Kai für das kommende Jahrhundert weitgehend losgelöst von den Vorgängen in Kyōto statt. Doch je öfter und begehrlicher sich die Blicke der mächtigen Landesherrn nach Kyōto richteten, je umfassender und ehrgeiziger ihre Strategien und Bündnisse wurden, desto mehr rückte die Frage in den Vordergrund, auf welche formalen Beziehungen zur alten Führungsschicht in der Hauptstadt man bauen konnte. Selbst ein skrupelloser Machtpolitiker wie Oda Nobunaga (1534-1582), der die Takeda 1582 auslöschte und

---

[1] Am 1. des 8. Monats eines jeden Jahres mußte Takeda, Gouverneur von Izu, Wildgänse spendieren, am 3. des 10. Monats dagegen Takeda *daizen no taifu* Dorsche (Gunsho ruijū 17:407.551 [Eiroku 7]). Es ging also um einen Beitrag zur Verköstigung der Festgesellschaft.

[2] Nobutoyo war zwar bereits 1562 verstorben; da die Quelle aber von 1567 stammt, nehme ich an, daß die schwerfällige *bakufu*-Bürokratie dies übersehen hat.

[3] KSS I:143.450 ff (Kenkyū 1)

[4] KSS I:134.439 f (Bunji 4)

[5] KSS I:146.455 (Kenkyū 4); I:147.456 f (Kenkyū 5)

[6] KSS I:153.463 f (Shoji 2 = 1200)

zum Hegemon über den größten Teil Japans wurde, versuchte sich über seine Ab-
stammung von der Kriegersippe der Taira Schlüsselämter am Kaiserhof zu eröffnen; sein
Nachfolger Toyotomi Hideyoshi (1536-1598) tat es ihm darin gleich und versuchte »to
reestablish the imperial government as the sole legitimate government«.[1] Der dritte der
»Reichseiniger« schließlich, Tokugawa Ieyasu (1542-1616), der noch 1572 fast von den
Takeda überrollt worden wäre, berief sich auf eine zweifelhafte Verwandtschaft mit den
Minamoto, um das Amt des shōgun zu erhalten.[2] Die in Ämtern und Titeln ausgedrückte
Nähe zu Kaiserhaus und shōgun-Familie vergrößte das Prestige. So verwarf Ogasawara
Nagatoki, obwohl von den Takeda in Shinano besiegt, ein Angebot, in deren Vasallität
einzutreten, mit der Begründung:

> Ursprünglich waren die Takeda und Ogasawara Geschwister, wobei die
> Takeda die älteren Brüder waren, aber in der Provinz Kai lebten. Die Oga-
> sawara waren zwar die jüngeren Brüder, dienten aber in der Hauptstadt, und
> weil sie sich in der nahen Umgebung des shōgun aufhielten, wurden sie in
> allen Dingen den Takeda überlegen. Jetzt, in der Generation Nagatokis, zu
> Vasallen der Takeda zu werden, wäre ziemlich unsäglich.[3]

Diese Haltung imponierte den Takeda-Vasallen, scheint aber Harunobu geärgert zu
haben, der eine verächtliche Bemerkung über Nagakiyo fallenließ, als Kiso Yoshimasa
aus vergleichbar edlem Geschlecht 1555 sein Vasall wurde.[4] Auch Uesugi Terutora
(1530-1578), der Landesherr von Echigo, soll sich Harunobu gegenüber damit gerühmt
haben, daß sein Geschlecht zu den direkten Ratgebern des bakufu gehört und daher über
den Takeda gestanden habe, worauf Harunobu entgegnete, die Uesugi seien Diener
(hikan) des bakufu gewesen, die Takeda aber Gefolgsleute (shōban).[5] Solche Eitelkeiten
wurden vor dem Hintergrund gepflegt, daß das bakufu in Kyōto ums Überleben rang und
die Gelegenheit günstig war, sich als standesgemäßer Verbündeter oder gar Nachfolger
zu empfehlen. Diesen Ehrgeiz ließ vor allem Uesugi Terutora erkennen, der eigentlich
Nagao Kagetora hieß. Einerseits verteidigte er die Sache des von den Hōjō aus der
Kantō-Region verdrängten Stellvertreters des bakufu im Osten (Kantō kanrei), Uesugi
Norimasa, der ihn dafür 1561 zu seinem Adoptivsohn und Erben machte. 1562 gewährte
ihm der shōgun Yoshiteru ein Namensteil, weshalb er sich seither Terutora nannte, und
das Amt des Kantō kanrei, zu dessen Amtsbereich seit alters her neben den acht
Provinzen des Kantō auch Izu, Kai und Shinano gehörten - also der Herrschaftsbereich
der Hōjō und der Takeda, die damit zwangsläufig seine Gegner wurden. 1553 und 1559

---

[1] Susser 1985.131
[2] Vgl. Dōmon/Hayashi 1990
[3] Kōyō gunkan II:31.116
[4] Kōyō gunkan II:31.127
[5] Kōyō gunkan II:32.138 f

ging er auf Kyōto-Zug (*jōraku*) zum Kaiser,[1] der ihm 1552 den 5. unteren Hofrang Junior verliehen hatte, und zum *shōgun*, der auf seine Hilfe gegen Oda Nobunaga und andere Bedrohungen hoffte. Da er zur selben Zeit mit den Takeda und Hōjō in Fehde lag, versuchte das *bakufu*, diesen letzteren Kyōto-Zug durch eine diplomatische Initiative vorzubereiten; die lange Reise war nämlich nicht nur beschwerlich, sondern auch gefährlich wegen der feindlichen Gebiete, durch die es zu ziehen galt. Außerdem bestand das Risiko, daß seine feindlichen Nachbarn seine Abwesenheit zum Sturm auf sein Territorium nutzten. 1557 schickte das *bakufu* daher einen Unterhändler nach Kōfu, der Harunobu dazu überreden konnte, mit Kagetora Friedensverhandlungen aufzunehmen; dies meldete der *shōgun* selbst dem Kagetora.[2] Freilich hatte Harunobus Friedensbereitschaft ihren Preis: Er selbst wurde zum Militärgouverneur von Shinano berufen, sein ältester Sohn Yoshinobu wurde zum Vize-Dreierrat (*jun-san-kanrei*) des *bakufu* ernannt (ein Amt, das damals bloße Staffage war). Dem Unterhändler des *bakufu* dankten die Takeda dafür mit 20 *kanmon* in bar und dem Versprechen auf ein Lehensland. Außerdem luden sie ihn zum Essen ein.[3] Die Verhandlungen wurden allerdings durch kriegerische Handlungen an der Grenze zwischen Echigo und Shinano belastet; beide Seiten warfen sich gegenseitig vor, damit angefangen und gegen den Willen des *shōgun* verstoßen zu haben. Noch Ende 1558 mußte sich Harunobu gegenüber einem Diplomaten des *bakufu* für sein Vorrücken nach Echigo rechtfertigen; in der Ernennungsurkunde zum Militärgouverneur hatte der *shōgun* offenbar ausdrücklich verlangt, solche Übergriffe zu unterlassen.[4] In diesem offiziellen Schreiben an das *bakufu* benutzte Harunobu seine offizielle Titulatur *daizen no taifu*. Der Waffenstillstand zwischen Kai und Echigo währte übrigens nicht lange, 1561 kam es zur größten kriegerischen Auseinandersetzung in der 4. Schlacht von Kawanakajima, die für beide Seiten verlustreich und unbefriedigend verlief. 1567 unternahm der von Oda Nobunaga eingesetzte neue *shōgun* Yoshiaki einen weiteren diplomatischen Vorstoß, um zwischen den Takeda, Hōjō und Uesugi zu vermitteln, allerdings vergeblich.[5] Im selben Jahr vollzog Harunobu jedoch eine außenpolitische Kehrtwendung, indem er das bislang erfolgreiche Dreierbündnis mit den Imagawa und Hōjō aufgab und die Invasion Surugas vorbereitete. Als neue Bündnispartner gewann er zu dieser Zeit Oda Nobunaga und Tokugawa Ieyasu, die westlichen Nachbarn der Imagawa,[6] sowie die Satake im Osten der Hōjō,[7] während die Imagawa

---

[1] Vgl. Asao 1975.18
[2] KSS I:334.604 f (Eiroku 1 = 1558). Nach dem Kōyō gunkan II:32.145 fanden auch direkte Verhandlungen zwischen Kagetora und Harunobu stand.
[3] KSS I:332.603 f (Eiroku 1 = 1558)
[4] KSS I:341.610 ff
[5] KSS I:408.659 f; I:409.660 (Eiroku 10)
[6] KSS I:414.664; 415.665; 416.666 (Eiroku 10 = 1567); 417.666 (Eiroku 11 = 1568); I:441.681 f (Eiroku 12 = 1569)
[7] KSS I:445.683 (Eiroku 12 = 1569); KSS I:486.708 (Genki 2 = 1571)

und Hōjō sich der Hilfe Uesugi Kagetoras zu versichern suchten.[1] Zu ihrem Leidwesen ging Kagetora darauf nicht ein. Dies zeichnete sich bereits ab, als er 1567 das Salzembargo *(shiodome)* durchbrach, welches die Imagawa und die Hōjō gegen Kai verhängt hatten. Kai hatte selbst keinen Zugang zum Meer und war völlig auf Salzimporte angewiesen; aus Mitleid mit den »Entbehrungen des Volkes« soll sich Kagetora diesem Boykott nicht angeschlossen haben, berichten Uesugi-freundliche Chroniken.[2] Es ist dies diejenige Episode über die Takeda und die Uesugi, die um die Welt gegangen ist. Nitobe Inazō zitiert sie in seinem 1905 erschienenen »Bushidō - The Soul of Japan«,[3] Huizinga übernahm sie daraus 1930 in seinen »Homo ludens« als Muster für *»feudalen Heroismus«*,[4] und Nakamura Hajime reihte sie jüngst ein in die *»Reihe herausragender Akte von Menschlichkeit«*, die die Kriegsführung im japanischen vom europäischen Mittelalter unterschieden habe.[5] Freilich ist sie sehr wahrscheinlich nicht mehr als eine literarische Überhöhung der Tatsache, daß der Salzexport von Echigo nach Kai zu dieser Zeit kräftig stieg.[6] Immerhin wäre schon dies ein Zeichen dafür, daß sich die Beziehung zwischen Harunobu und Kagetora zu entspannen begann. 1569 schickte Harunobu einen Botschafter nach Kyōto, der Oda Nobunaga als Vermittler zwischen Kai und Echigo gewinnen sollte.[7] Kenshin verhielt sich militärisch weiter abwartend, adoptierte allerdings 1569 einen Sohn des Hōjō Ujiyasu. Harunobu knüpfte indessen über den Höfling Isshiki Fujinaga neue Kontakte zum *shōgun* Ashikaga Yoshiaki, schenkte ihm 1570 100 *kan* und Fujinaga 50 *kan* aus Domänenland in der neueroberten Provinz Suruga und äußerte einige Wünsche: Ein offizielles Hofamt und ein Zeichen aus dem Namen des *shōgun* für seinen Sohn Katsuyori sowie Mißtrauen gegenüber Anschuldigungen, die von den Hōjō, Imagawa oder Uesugi gegen Shingen erhoben wurden.[8] Da Yoshiakis Verhältnis zu Oda Nobunaga, dem er seine Stellung verdankte, sich zusehends verschlechterte, ergriff er die Chance, sich mit den Takeda gegen Nobunaga zu verbünden. Harunobu versprach dem *shōgun* 1571, ihn von Nobunaga zu befreien und selbst nach Kyōto zu ziehen,[9] traf Verabredungen mit den feindlichen Nachbarn Nobunagas (darunter die mächtigen und kampfstarken Tempel auf dem Hiei-Berg in Kyōto und der Ishiyama-Honganji in Ōsaka),[10] schloß Frieden mit den Hōjō,[11]

---

[1] KSS I:421.668 (Eiroku 11 = 1568); I:438.679; I:439.679 f; I:442.682 (Eiroku 12); I:463.693 f (Eiroku 13 = 1570)

[2] KSS I:412.662 f (aus Uesugi-ke go-nenpu).

[3] 1969.35

[4] 1987.116

[5] Nakamura 1986.69

[6] Vgl. Kommentar der Herausgeber zu KSS I:412.662 f.

[7] KSS I:444.683 (Eiroku 12)

[8] KSS I:461.692

[9] KSS I:483.706 f (Genki 2 = 1571)

[10] KSS I:511.720; I:512.721 f (Hiei); I:513.722 (Ishiyama-Honganji); I:517.724 (Asai Nagamasa); I:526.730 f (Asakura Yoshikage) (Genki 3 = 1572)

leitete Verhandlungen mit Uesugi Kagetora ein[1] - und hielt Nobunaga weiter in dem Glauben, sein Verbündeter zu sein.[2] Ende 1572 ließ sich die erneute Wendung der Lage allerdings nicht mehr verheimlichen, als der *shōgun* den Vasallen Nobunagas, Tokugawa Ieyasu, aufforderte, gegen Nobunaga zu kämpfen und nach Kyōto zu kommen.[3] Ieyasu ließ sich dadurch nicht überzeugen und erlitt wenig später gegen Harunobu in der Schlacht von Mikatagahara eine verheerende Niederlage, weil der plötzlich von allen Seiten bedrängte Nobunaga zögerte, ihm Verstärkung zu schicken. Stattdessen lud Nobunaga Uesugi Kagetora zum gemeinsamen Vorgehen gegen die Takeda ein.[4] Der krankheits- oder verletzungsbedingte Tod Harunobus am 12. Tag des 4. Monats 1573 machte alle Pläne, die er und der *shōgun* sich zurechtgelegt hatten, unerwartet zunichte. Die Takeda brachen ihren Feldzug, der ihnen den Weg nach Kyōto freikämpfen sollte, ab. Ashikaga Yoshiaki wurde im 7. Monat von Nobunagas Truppen aus Kyōto vertrieben. Die mit ihm verbündeten Asakura und Asai erlitten im 8. Monat vernichtende Niederlagen. Fast zwei Jahre lang verfolgte Harunobus Sohn und Nachfolger Katsuyori erfolgreich eine Strategie der Vorwärtsverteidigung, bis seine Armee im 4. Monat 1575 bei Nagashino im Kugelhagel der vereinten Truppen von Nobunaga und Tokugawa Ieyasu aufgerieben wurden. Von da an wurde der Kampf der Takeda immer einsamer und hoffnungsloser, ehe Nobunaga und Ieyasu 1582 nach Kai einfielen und der Herrschaft der Takeda ein endgültiges Ende bereiteten.
In der Hochphase dieser Herrschaft unter Harunobu zeigten die Takeda nachdrückliches Interesse an der Verbindung zum Kaiserhof und zum *bakufu* im fernen Kyōto. Von beiden waren, wie gesehen, wiederholt Gesandte in Kai. Die Takeda-Vasallen wurden beispielsweise ermahnt, an Audienzen mit Boten von Kaiser oder *shōgun* in ordentlicher Kleidung teilzunehmen.[5] Auch die Takeda schickten Unterhändler in die Hauptstadt. Sie knüpften durch Heiraten und Geschenke Beziehungen mit Angehörigen beider Höfe und scheuten die Kosten und Gefahren eines Kyōto-Zuges nicht, wenn sie dort auch niemals ankamen.[6] Da die politische Macht beider Institutionen äußerst begrenzt war, konnten die Takeda (wie auch die übrigen Landesherren, die Kontakte nach Kyōto unterhielten) nur von ihnen erwarten, daß sie den Landesherren das gaben, was sie aus eigener Machtvollkommenheit nicht besaßen: Legitimität und Prestige.

---

[11] KSS I:502.716 f (Genki 3 = 1572)
[1] KSS I:490.710 f (Genki 2 = 1571)
[2] KSS I:494.712 f (Genki 3 = 1572)
[3] KSS I:518.724 (Genki 3)
[4] KSS I:521.726 ff (Genki 3 = 1572); 542.750 (Genki 4 = 1573)
[5] KSS I:413.663 (Eiroku 10 = 1567)
[6] Schon Nobutora sollte 1526/1527 zur Unterstützung des bedrängten *shōgun* Yoshiharu nach Kyōto ziehen, setzte dies aber nicht in die Tat um (KSS I:231.524 [Tai'ei 6]; I:232.524 f [Tai'ei 7]).

L. Gaben und Begabung

1. GNADE

Am 11. Tag des 8. Monats Tenbun 9 (1540) herrschte scheußliches Wetter.

> Gegen Sonnenuntergang erhob sich ein Taifun und tobte bis zur Doppel-
> stunde des Ebers [21-23 h] drei Stunden lang. Die Ufer am Ozean wurden
> von den Wogen fortgerissen, die Häuser auf den Bergen von großen Bäu-
> men zerschmettert, heilige Hallen, Tempel und Schreine umgeblasen. Von
> tausend oder zehntausend Bauernhäusern blieb eins stehen. Vögel und
> Tiere kamen alle um. Von den großen Bäumen auf dieser Welt blieb nicht
> einer übrig. [1]

Schaden nahm auch die Haupthalle des Daizenji-Tempels in Katsunuma (Bezirk Yamanashi). Es heißt, daß in dieser Nacht ein Teil ihres Daches zerstört und Götterstatuen
durch den heftigen Regen beschädigt wurden. Zehn Jahre später war der Wiederaufbau
der Halle beendet; beigetragen hatten dazu der Landesherr Takeda Harunobu, der
Vorsteher der Altargemeinde, Imai Shinsuke, und sein Sohn sowie viele *bushi* und
Bauern. Ein solch kostspieliges Ereignis wie die Wiederherstellung eines Tempels war
demnach ein Gemeinschaftsakt und wurde von der Gemeinschaft auch aufwendig
gefeiert. Zur Einweihung des erneuerten Gebäudes kamen im 3. Monat Tenbun 19
(1550) rund 500 Personen zu einer dreitägigen Sarugaku-Vorstellung[2] der Meister Hōsei
und Ōkura, darunter auch Harunobu und

> die verschiedenen *samurai*, Vornehm und Gering, Hoch und Niedrig, Geistli-
> che und Laien, Männer und Frauen, [3]

und es herrschte ein solches Gedränge, »*daß man nicht wußte, wohin man seinen Fuß*

---

[1] Myōhōji-ki 46 (Tenbun 9)

[2] Sarugaku (< *sangaku*, »ungebundene Musik«) entwickelte sich in Japan seit dem 7./8. Jahrhundert zu einem Varietétheater bei Festen an Tempeln und Schreinen. Im 14./15. Jahrhundert schufen
Kan'ami und Zeami daraus die klassische Form des Sarugaku-Nō, ein Musikdrama, das von den
bushi besonders geschätzt und protegiert wurde und sich als »eine Kunst in unruhigen Zeiten«
(Tsuruoka 1988.15) in ganz Japan verbreitete. Im Vergleich zum heutigen Nō wurden die Stücke
etwa doppelt so schnell und nur in einer von zwei Singtechniken aufgeführt.

[3] KSS I:254.536

setzen sollte.« Die beiden Sarugaku-Schauspieltruppen zählten 51 Köpfe.[1] Das Kōyō gunkan enthält genaue Regeln für die Veranstaltung von Sarugaku-Aufführungen. *Sake sakana* gehörten dazu, also Reiswein und Fisch, sowie Reiskuchen.[2] Eine solche »karitative« Aufführung *(kanjin nō)*[3] stellte also ein Volksfest unter dem Patronat der weltlichen Obrigkeit dar, die wir hier in einer doppelten Rolle kennenlernen: Als Beschützer der Geistlichkeit und als Mäzen der Kunst. Diese öffentliche Verbindung von Herrschaft, Kult und Kunst war nichts Ungewöhnliches. 1525 ließ Nobutora erstmals Sarugaku in Kōfu vorführen.[4] Nach siegreicher Schlacht veranstaltete Harunobu 1546 in seiner Residenz dreitägige Sarugaku-Aufführungen; beauftragt wurde - wie für das Fest im Daizenji 1550 - die Schauspieltruppe des Meisters Ōkura.[5] Ōkura führte auch anläßlich der Volljährigkeitsfeier von Harunobus ältestem Sohn Ende 1550 Nō auf.[6] 1566 hielt Harunobu einen großen Gedichtwettstreit *(uta no kai)* im Ichirenji-Tempel in Kōfu ab, an dem neben geladenen Mönchen, Vasallen und Verwandten wiederum Ōkura und ein weiterer Sarugaku-Schauspieler teilnahmen.[7] Jedes Jahr zu Neujahr kam außerdem ein Tanzmeister mit seiner Truppe nach Tsutsujigasaki.[8]

An sich wurden Schauspieler und Tänzer genau wie die blinden Sänger und Sängerinnen,[9] Schausteller von Tanzaffen,[10] Bettelmönche,[11] Trödler, Vagabunden, Lahmen, Stummen, Mißgebildeten und »Nichtmenschen« wie Abdecker und Bogensehnen-Hersteller zu den Bettlern *(kojiki)* gezählt.[12] Doch gerade ihnen, dem »Spielvolk« *(yūmin)*, boten sich zur Zeit der Takeda im Dienst eines Herren Aufstiegschancen.[13] Wie bereits am Fall des Prozesses zweier *bushi* gegen einen Abdecker in Kōfu gezeigt, lebten nicht alle der als »Bettler« bezeichneten Bevölkerungsgruppen in wirklicher Armut. Die Unterscheidung zwischen »Vornehm und Gering« *(kisen)* in den Urkunden und Chroniken der Takeda-Zeit wirkt floskelhaft: *»Ohne zwischen Vornehm und Gering zu unterscheiden«* *(ki-sen wo erabazu)* sollten die Gesetze der Takeda angewendet

---

[1] Kōyō gunkan I:17.334 f
[2] Kōyō gunkan I:16.289-295. Vgl. ebd. II:39.345.
[3] Kōyō gunkan I:16.291; I:16.294
[4] Myōhōji-ki 35 (Tai'ei 5)
[5] KSS II:25.17
[6] Kōhakusai-ki 97 (Tenbun 19)
[7] Kōyō gunkan I:9.150-154
[8] Kai kokushi IV:101.234
[9] Kai kokushi IV:101.233 f
[10] Kai kokushi IV:101.236
[11] Kai kokushi IV:101.234
[12] Gotō 1975.321 f
[13] Gotō 1975.328. Meister Ōkura soll der Vater des Ōkubo Nagayasu gewesen sein, der den Aufbau der Finanzverwaltung der Tokugawa wesentlich mitbestimmte. Sein Bruder Hikojūrō soll an der Abfassung des Kōyō gunkan beteiligt gewesen sein (Sakai 1980.491 ff).

werden,[1] ihre Anordnungen galten *»ob für Vornehm, ob für Gering« (ki to ii sen to ii)*,[2] *»Reich und Arm«*[3]. *»Bauern, Händler und Arme«*[4] erwarteten vom Landesherrn ebenso Fürsorge wie seine Vasallen. Harunobu selbst soll erklärt haben:

> Gnade *(jihi)* und gute Werke *(kechien)*[5] eines Landesherrn *(kuni motsu taishō)* erweisen sich darin als segensreich, das Land der Tempel und Schreine zu vermehren; die Leute geistlichen Standes zu bewirten; aber auch die Burgherren oder herrenlose *bushi* anderer Provinzen in Dienst zu nehmen; deren Provinzen zu erobern; ihr Eigengut zu bestätigen; auch den Herrenlosen niederen Standes zu helfen; nach der Eroberung einer Provinz ihre Grenzen zu sichern; die Leute nicht zu beschweren. Durch das Almosen *(hodokoshi)* solcher Gnade und guter Werke gewinnt man Schlachten und Burgen, und wegen der Ordnung im Landesinnern verschwinden Übeltäter und Untaten, die die Todesstrafe oder Verbannung verdienen, völlig. Dieser Überlegung gemäß sind für einen Landesherrn Gnade und gute Werke unverzichtbar. [6]

Er forderte also tätige Barmherzigkeit im buddhistischen Sinne: Almosen wie die drei *kan*, welche Nobutora einem Tempel in Kōfu spendete;[7] oder Almosen für die Hungerteufel *(segaki)*, welche Harunobu 1564 einem Zen-Tempel zugestand.[8] Solche Spenden wurden an die Armen verteilt und der Gnade der Herren zugerechnet.[9] Diese guten Werke entsprachen dem buddhistischen Zusammenhang von Ursache und Wirkung in der persönlichen Entwicklung: Ein gewisser Vasall der Takeda, so erzählt das Kōyō gunkan, prüfte seine Schwertkunst mit Vorliebe an den Leichen hingerichteter Verbrecher *(tameshimono)*, vom Standpunkt der militärischen Übung nichts Verwerfliches. Als viele seiner Kinder früh starben, klärte ihn ein Mönch darüber auf, daß nicht nur das Töten an sich, sondern auch das Zerteilen von Getöteten Sünde sei.[10] 1560 rief Takeda Harunobu, der kurz zuvor selbst in einen buddhistischen Orden eingetreten war, 1.500 Zen-Mönche in Shinano zusammen und verköstigte sie, während sie eine Seelenfeier

---

[1] Hausgesetz, Art. 55 (Hayashi 1980.342-350); KSS I:324.595-599 (Kōji 2 = 1556); Enshū komonjo-sen 86.159 (?/2/14)

[2] KSS I:616.810 f (Tenshō 4 = 1576); KSS I:642.827 f (Tenshō 5 = 1577)

[3] KSS I:324.595-599 (Kōji 2 = 1556)

[4] Kōyō gunkan I:8.142 f

[5] D. h. Werke, mit denen man eine Verbindung zum Erlöser Buddha knüpfen kann.

[6] Kōyō gunkan II:30.107

[7] KSS I:255.536 f (?/2/12)

[8] KSS I:390.648

[9] Gotō 1975.320 nennt als Beispiel eine Almosenspende durch Tokugawa Ieyasu und Toyotomi Hideyori in Ōsaka 1604. Armenspeisungen durch die öffentliche Hand gehen auf das Altertum zurück (Kommentar der Herausgeber, KSS I:26.281).

[10] Kōyō gunkan III:40b.23 f

(toburai) für die in Harunobus Kriegszügen Umgekommenen abhielten.[1] Im Haus der Takeda fand jährlich zum buddhistischen Totenfest am 14. und 15. des 7. Monats eine Feier für im Kampf gefallene Vasallen statt.[2] Aus all diesem sprach die Sorge um das persönliche Heil, das durch den Umgang mit dem Tod und dem Töten befleckt zu werden drohte, aber auch die Überzeugung, daß gute Werke weitere gute Werke nach sich zögen.

Zu einem ähnlichen Schluß, aber aufgrund eines anderen Gedankenganges kam auch die Hauslehre Nobushiges unter Berufung auf chinesische Klassiker:

> Zu Mönchen, Kindern, Frauen und Armen soll man besonders freundlich sein. Das Liji[3] sagt: Der Mensch ist sicher, wenn er die Formen achtet. Wenn er die Formen nicht achtet, gerät er in Gefahr.[4]

> Gegenüber den Dienern des eigenen Hauses ist Gnade unverzichtbar. Das Sanlüe[5] stellt fest: Das Volk benutzt man wie seine vier Extremitäten.[6]

> Mit dem dienstbaren und niederen Volk muß man Mitleid haben. Im Shangshu[7] steht: Tugend besteht nur darin, daß man gute Politik macht. Politik besteht darin, das Volk zu ernähren.[8]

> Man darf niemals einem [der eigenen] Menschen das Leben nehmen. Im Sanlüe heißt es: Das Land kann man regieren und sein Haus sichern, wenn man die Menschen gewinnt. Das Land wird man ruinieren und sein Haus zerstören, wenn man die Menschen verliert.[9]

> Den Untertanen gegenüber muß man bei Kälte und Hitze, Wind und Regen Barmherzigkeit üben.[10] Das Lun'yu[11] sagt: Wie man das Volk gebraucht, richtet sich nach den Umständen.

Gnade, Barmherzigkeit, Mitleid und Freundlichkeit gegenüber den Schwächeren und Abhängigen waren demnach keine Selbstzwecke. Der tugendhafte Herrscher sollte sein

---

[1] Kōyō gunkan II:32.148

[2] KSS II:39.367

[3] Jap. Raiki. »Buch der Riten«, eine der frühen Grundschriften des Konfuzianismus.

[4] Art. 9 (Kōyō gunkan I:2.59)

[5] Jap. Sanryaku. Chines. Lehrbuch der Kriegskunst.

[6] Art. 20 (Kōyō gunkan I:2.62)

[7] Jap. Shōsho. Ein anderer Name für das Shujing, »Buch der Schriften«, eine Kompilation von mythischen und historischen Ereignissen.

[8] Art. 71 (Kōyō gunkan I:2.77)

[9] Art. 78 (Kōyō gunkan I:2.79)

[10] Art. 82 (KG 2:I.80)

[11] Jap. Rongo. »Diskurse«, eine Zusammenstellung von Lehrgesprächen des Konfuzius.

Volk gut ernähren. Hierin konkretisierte sich die konfuzianische Herrschertugend des *jin*, die nach den Worten Yamamoto Kansukes die Untertanen an den Herrn band.[1] Die Wirkung dieser Tugend verursachte neue Wirkungen, die schließlich zum gewünschten Ergebnis führten - *jōi anzen*, Sicherheit des Landesherrn,[2] gleichbedeutend mit *kokka annei*, Sicherheit von Land und Haus.[3] Um dies zu erreichen, schuf der Landesherr sein Hausgesetz *(hatto)*. Kansuke führte dazu aus:

> Ein gutes Hausgesetz entsteht aus der Gnade *(jihi)* des Landesherrn. Genauer gesagt, verbessert er durch ein gutes Hausgesetz die Formen *(gyōgi)* und den Stil *(sahō)* der einzelnen Leute. Wenn die Formen der Leute gut sind, trägt es Frucht. Wenn ihr Stil gut ist, können sie Gut und Schlecht auseinanderhalten und wirklich zur Einsicht kommen. Wenn sie wirklich zur Einsicht kommen, werden sie pflichtbewußt. Wenn sie pflichtbewußt sind, wird es nichts Zweifelhaftes mehr geben, sondern sie werden die Interessen ihres Herrn wichtignehmen. Wenn sie die Interessen ihres Herrn wichtignehmen, handeln sie dem Hausgesetz nicht zuwider. Wenn alle so sein werden, wird der Kriegsplan gut sein. Wenn der Kriegsplan gut ist, ist das Heer gut. Wenn das Heer gut ist, zweifeln die Verbündeten nicht am Sieg. Wenn sie nicht am Sieg zweifeln, werden sie Provinzen, die sich in Wirren befinden, erobern, und der Feldherr kann sie beherrschen. Wenn er die Provinzen beherrschen wird, gibt er den Menschen Gnaden[land] und Bestätigungen [ihres Grundbesitzes]. Folglich entstammt also das Hausgesetz der Gnade.[4]

Das Gesetz beeinflußte also das Verhalten der Untertanen, indem es sie erzog; das Gesetz aber kam vom Landesherrn. Wo kein fähiger Landesherr herrschte, gab es auch kein gutes Gesetz, sondern Verwirrung und Illoyalität. Die Qualität der Herrschaft hing also entscheidend davon ab, ob der Herrscher selbst ein »guter« Herrscher war. Dies maß man daran, ob er Ordnung halten konnte - wie ein guter Zimmermann mußte er sein Haus inspizieren und die verrotteten oder gebrochenen Balken entfernen und ins Feuer geben.[5] Der Grat zwischen Strenge und Gnade war schmal. Geduld *(kannin)* mit den Untertanen war deshalb eine notwendige weitere Herrschertugend,[6] und in bestimmten Fällen und einem bestimmten Maße galt es als weiser, Gnade vor Recht ergehen zu

---

[1] Kōyō gunkan II:27.41
[2] KSS I:496.713 f (Genki 3 = 1572)
[3] Zit. in: Yada 1984.194 ff (Urkunde von Tenshō 1 = 1573). Vgl. Bittbrief der Frau des Takeda Katsuyori von Tenshō 10 (1582), mit dem sie die Götter um Hilfe gegen verräterische Vasallen anfleht, die »Land und Haus bedrängen« *(kokka wo nayamasu)* (KSS I:761.903).
[4] Kōyō gunkan II:27.36
[5] Kōyō gunkan II:366 f
[6] Hauslehre des Nobushige, Art. 17 (Kōyō gunkan I:3.61)

lassen.[1]

Diese Gnade des Herrschers gegenüber Hoch und Niedrig, Reich und Arm unter seinen Untertanen speiste sich also aus zwei unterschiedlichen Antrieben: Dem buddhistisch bestimmten, der die Ordnung der Welt mit guten Werken verbessern wollte, und dem konfuzianisch bestimmten, der die Menschen mit guten Gesetzen und Vorbildern erziehen wollte. Im Ergebnis wirkten beide gleichermaßen systemerhaltend, sofern sich der Herrscher von ihnen leiten ließ. Gerade deshalb äußerte Takeda Harunobu:

> Mitgefühl ist mein Verbündeter, Haß mein Feind.[2]

Freilich war der Herrscher auch Kriegsherr, und der wichtigste Ausdruck seiner Gnade gegenüber den Vasallen war die gerechte Verteilung der Kriegsbeute. Yamamoto Kansukes Worte stellen unverblümt klar: Die Vasallen waren an der inneren Ordnung der Herrschaft interessiert, weil sie sich davon den militärischen Erfolg ihres Herrn und daraus folgend viel Beute für sich selbst versprachen. Innere Ordnung - buddhistisch, konfuzianisch oder wie auch immer begründet - war Mittel zu diesem Zweck. Herr und Vasallen verstanden sich als feudale Zugewinngemeinschaft.

2. GESCHICK

Einst fragte Takeda Harunobu seinen Vasallen Yamamoto Kansuke nach seinem Eindruck vom Stellvertreter des *shōgun* in Ostjapan, Uesugi Norimasa.[3] Kansuke wußte nur Übles zu berichten. Er habe *»alles verkehrt«* gemacht: Die Erbvasallen wie Neulinge behandelt und umgekehrt, kampferprobten Vasallen Geschäfte mit Reis, Münze oder Gehölz aufgetragen und zum Kriegshandwerk Ungeeigneten dagegen den Kampf, und so sei alles durcheinandergeraten. Zum Vergleich fiel Kansuke der zu Geld gekommener Bauer aus dem Hinterwald ein, der teuren Fisch und Reiswein kaufte, seine Nachbarn um sich versammelte und sie bewirtete, obwohl er von der Küche nichts verstand. So servierte er alles falsch und verschwendete sinnlos sein Geld. Außerdem vergaß er, den Fisch zu pökeln, so daß er verdarb.

> Daß der Präfekt Norimasa den Sieg vergab und verlor, verhielt sich ins-

---

[1] Kōyō gunkan II:39.368 nennt verschiedene Fälle, in denen Verstöße gegen die Gesetze des Landesherrn verziehen wurden.

[2] Kōyō gunkan II:39.354

[3] 1523-1575. Seit 1530 *shōgun*-Stellvertreter in Ostjapan *(Kantō kanrei)*. Galt als unfähig und schwach. Floh 1558 vor den Hōjō zu Nagao Kagetora nach Echigo, den er 1561 adoptierte und dem er sein Amt abtrat.

gesamt so wie mit dem Bauern aus dem Bergwald, der zwar viel Geld besaß, aber nichts von der Küche verstand und den teuer eingekauften Fisch wegwarf. [1]

Dieser Vergleich ist mehr als ein kulinarisches Aperçu. Er enthält einen veritablen Happen Philosophie: Denn »*den großen staat regiert man / wie man kleine fische brät*«, heißt es bei Laozi,[2] dem Alten Meister des Daoismus; als Bonmot überliefern diesen Ausspruch auch spätere chinesische Geschichtswerke.[3] Ernst Schwarz erklärt hierzu: »*Koch und König üben zwar verschiedene Funktionen ... aus, aber trotz aller äußeren Unterschiede wirken sie in ihrer respektiven Sphäre nach einem inneren Gesetz*«[4] - nämlich dem *dào*, jap.: *dō*, dem »Weg« oder »Spruch« des Himmels.[5] Der Mensch »*erhält vom Weg des Himmels (tentō) Glück oder Pech (kahō hinpō)*«, schrieb das Kōyō gunkan,[6] und diese Himmelsgaben mußte er hinnehmen: Auch Takeda Harunobu konnte nur »*warten, bis das Glück (kahō) [seiner Feinde] Nobunaga und Ieyasu vorbei war*«.[7] Als der Gebietsherr von Suwa in Shinano, Suwa Yorishige, sich 1542 Harunobu ergeben mußte, notierte der Oberpriester des Suwa-Schreines: »*Das Glück Yorishiges (go-un) ging zur Neige*«,[8] und auch den Untergang der Takeda selbst brachte das Kōyō gunkan auf den geläufigen Begriff: »*Das Glück wandte sich ab*« (go-un tsuki).[9] Über einen Feldherrn aus Mitteljapan hieß es, »*sein Glück (un) reichte nicht aus.*«[10] Dagegen wurde Tokugawa Ieyasu »*vorteilhaftes Glück*« (riun) bescheinigt.[11] Nun kamen Glück und Pech allerdings nicht zufällig, sondern als Schicksal.[12] Im »Weg des Himmels« sah

---

[1] Kōyō gunkan II:30.105 f

[2] Daodejing 60 (übers. Ernst Schwarz: Laudse. Daudedsching. München 1980, S. 110)

[3] Darunter die Klassiker »Geschichte der späteren Han-Dynastie« und die »Aufzeichnungen über die 'Drei Reiche'« (Ernst Schwarz a.a.O. 193).

[4] Ebd. 194

[5] Auf diese beiden Bedeutungsfelder von *dào/dō* weist Schwarz ebd. 15 f richtig hin. Das sinojapanische *dō* wird häufig nur als Pendant des japanischen *michi* (»Weg«) interpretiert, obwohl es doch auch in der Bedeutung von »sprechen, mitteilen« vorkommt (*hōdō*, »Meldung«, *dōha*, »Behauptung«, *dōsetsu*, »Erzählung«).

[6] II:27.41

[7] Kōyō gunkan II:39.357

[8] KSS I:263.543 (Tenbun 11 = 1542)

[9] Kōyō gunkan III:57.429

[10] Kōyō gunkan I:6.134

[11] Kōyō gunkan I:6.124

[12] Diese Bedeutung haben alle der aufgeführten Begriffe: *hō* (chines. *bào*) in *kahō* und *hinpō* bedeutet »vergelten« und bezieht sich seit alters her auf die »reciprocity of actions ... between man and man, and indeed between men and supernatural beings« (Lien-Shen Yang. The Concept of Pao as a Basis for Social Relations in China. In: John K. Fairbank [Hg.]. Chinese Thought and Institutions. Chicago / London. Ndr. 1973. S. 291-309. H. S. 291). So wird Gutes und Böses aus dem vorigen Leben reich (*kahō*) oder arm (*hinpō*) vergolten, d.h. mit Glück oder Pech. Dagegen

auch die Chronik eine »*explanation for the vicissitudes of human existence*«, wie Bitō Masahide erklärt: »*The Heavenly Way provided moral guidelines for the individual, and the proper approch to governance. These principles were also linked to the notion of just retribution.*«[1] Widerstand gegen das Schicksal und gegen die natürliche Ordnung des Himmlischen Weges konnte nur Unordnung hervorrufen. Dies verband Uesugi Norimasa und den fischeverschwendenden Bauern.

Bekanntlich empfahl Laozi dem Weisen als einzig kluges Verhalten zur Wahrung der natürlichen Ordnung »Nichthandeln« *(wúwéi*, jap. *mui)*.[2] Es zeige sich dort, »*wo nichts überflüssiges getan wird.*«[3] Takeda Harunobu und sein Bruder Nobushige griffen diesen Gedanken auf. »*Nichthandeln bedeutet eine [schützende] Burg, Nachlässigkeit einen Feind*«, schrieb Nobushige[4] und zitierte aus dem chinesischen Geschichtswerk Guliang-chuan:

> Ein guter Feldherr kämpft nicht; ein guter Krieger stirbt nicht.[5]

Dasselbe Zitat wird auch in anderem Zusammenhang als Äußerung eines Vasallen vor Harunobu überliefert.[6] *Wúwéi*, »*sich nicht einmischen in den natürlichen Gang*« der Dinge,[7] forderte rationales Vorgehen in politischen Geschäften, wie es auch aus einer anderen Formulierung der Hauslehre des Nobushige spricht:

> Statt mit tausend Leuten dem Feind zu folgen, soll man lieber mit hundert Mann in seine Flanke fallen.[8]

Sparsamer Umgang mit den eigenen Ressourcen - Männern und Material - sollte dem Erhalt von Staat und Haus dienen[9] und war Kennzeichen eines fähigen Landesherrn *(yoki taishō)*[10]. Das Kōyō gunkan beschreibt den Zusammenhang zwischen Herrschaft und den Vorgängen in der Natur am Beispiel der Elemente:

> Zunächst stellt die *Erde* für jedermann einen wertvollen Schatz dar, man richtet Felder und Häuser auf der Erde ein und sie hilft dem Menschen. Es

---

bedeutet *un* »tragen, befördern«.

[1] Bitō 1991.404

[2] Daodejing 2 (Schwarz a.a.O. 52), 3 (ebd. 53); 37 (ebd. 87). Vgl. Kommentar von Schwarz ebd. 137 f.

[3] Ebd. 48 (Schwarz a.a.O. 98)

[4] Hauslehre, Art. 63 (= Kōyō gunkan I:2.75)

[5] Hauslehre, Art. 73 (Kōyō gunkan I:2.78)

[6] Kōyō gunkan II:40a.383

[7] Schwarz a.a.O. 138

[8] Hauslehre, Art. 83 = Kōyō gunkan I:2.80

[9] Hauslehre, Art. 78 (Kōyō gunkan I:2.79)

[10] Kōyō gunkan II:30.103

gibt Hausbesitzer, die sie z.B. an der Meeresküste als Schutz vor dem Winde benutzen, [1] doch kommt bei anhaltendem Regen ein Abhang ins Rutschen, und die kostbare Erde tötet mit Sicherheit Menschen. Zuviel ist daher von Übel. Das *Wasser* nimmt die Nahrung des Menschen auf, reinigt von Verschmutzung, und auch Dongpo [2] lobte einen Menschen als »Wasser von erster Güte«, und es ist wertvoll für alles. Aber bei einer Überschwemmung verursacht es Unannehmlichkeiten. Hier ist wiederum zuviel von Übel. Was nun das *Feuer* angeht, so ist es ein wertvoller Schatz, der dem Menschen hilft; doch wenn es überhand nimmt, nennt man es Feuersbrunst und verursacht es Unannehmlichkeiten. Der *Wind* wiederum läßt alles Frucht tragen, [3] treibt die Schiffe an, und bei heißem Wetter ist wirklich nichts willkommener als Wind. Doch wenn er zu stark bläst, nennt man ihn Taifun, und wahrscheinlich fügt er Dingen und Menschen großen Schaden zu. Mittels Erde, Wasser, Feuer und Wind [4] entstehen die leidensfähigen und leidensunfähigen Dinge zwischen Himmel und Erde. Doch wenn es zuviel davon gibt, richten sie Schaden an. Wenn folglich ein Feldherr zu stark ist, läßt er eine gewisse Zahl von Menschen eines gewaltsamen Todes sterben. Einen fähigen *samurai* widergesetzlich [5] zu verlieren, bedeutet aber für einen Landesherrn einen herben Verlust. [6]

Das Kōyō gunkan hat neben den zu starken auch die zu dummen, zu sehr auf ihren Vorteil bedachten und natürlich die zu schwachen Feld- und Landesherren[7] kritisiert.[8] Ein später erfolgreicher Feldherr *»übertraf schon von Kindesbeinen an die gewöhnliche Masse«* durch seine Führungsqualitäten.[9] Persönliche Fähigkeit *(kiryō)* vor allem bei der Behandlung der Vasallen und Untertanen war ein wesentlicher Maßstab für die Beurteilung eines Herrn. In der Hauslehre des Nobushige heißt es:

> Ein jeder soll sein Amt nach seinem Geschick *(kiryō)* im Umgang mit den Dienern erhalten. [10]

---

[1] Indem sie Deiche zum Schutz vor Taifunen errichten.

[2] Chines. Schriftsteller der zweiten Hälfte des 12. Jahrhunderts.

[3] Indem er die Samen verweht.

[4] Vier der fünf klassischen ostasiatischen Elemente. Es fehlt das Holz, das einzige nicht gefährliche Element.

[5] *Hidō*, »gegen das *dáo*«, nämlich gewaltsam; unbillig; grausam.

[6] Kōyō gunkan I:14.245

[7] *Taishō* (Feldherr) benutzt die Chronik immer im Sinne von *kuni-mochi taishō*, »Provinzbesitzender Feldherr« = Landesherr. Vgl. Kōyō gunkan I:14.245

[8] B. 11-14

[9] Kōyō gunkan I:6.133. Diese Aussage sollen die Beispiele aus der Kindheit und Jugend berühmter Feldherren in Kōyō gunkan B. 6 belegen.

[10] Hauslehre Art. 38 = Kōyō gunkan I:2.68. Vgl. Kōyō gunkan II:30.103 f.

Da dem ungebrochenen Glauben der Untertanen an die Befähigung ihres Führers großes Gewicht zukam - sonst hätte ihre Loyalität gelitten -, mahnte Nobushige weiter:

> Auch vertrauenswürdigen Verwandten oder Vasallen soll man seine eigenen Schwächen nicht zeigen.[1]

Aus einer anderen zeitgenössischen Quelle wissen wir, daß Takeda Harunobu zu den *»beispielhaft geschickten«* Herren gerechnet wurde.[2] Die Kriterien dafür faßt Kashiwakura Ryōkichi unter Bezug auf Werner Sombart in dem Begriff *»Unternehmergeist«* zusammen: Der Herrscher mußte als Eroberer, Organisator und Kaufmann talentiert sein, einen unabhängigen Geist und Sinn für die Wirklichkeit besitzen.[3] Zu letzterem gehören, wie wir ergänzen können, Ausdauer und Geduld sowie die Hinnahme »naturgegebener«, schicksalhafter Grenzen im Sinne des *wúwéi*.[4] Aber dies bedeutete nicht unbedingten Fatalismus. Man durfte versuchen, den Willen des Himmels zu ergründen, zu deuten und zu beeinflussen. Kriegsglück *(buun)* konnte man vom Himmel erbitten, was die Angelegenheit nicht nur des Landesherrn, sondern auch seiner Vasallen war:

> Alle sollen für das Kriegsglück mit Weihrauch und Gebeten Kult treiben.[5]

Für diesen Zweck wurden auch Stiftungen an bestimmte religiöse Institute erbracht, die als Gegenleistung für das Kriegsglück der Takeda beten sollten:

> In der Landgemeinde Itagaki stifte ich dem Kanda-Schrein Besitz im Werte von 50 *hiki* auf ewig. Dafür müssen die Gebete für ewig anhaltendes Kriegsglück *(buun)* und die Sicherheit unseres Landesherrn *(jōi)* unbedingt ohne Nachlässigkeit stattfinden.
> Hochachtungsvoll
> Genki 3 [1572], Älteres Jahr Wasser, Jahr des Affen
> 3. Monat, 9. Tag
> [Itagaki] Nobuyasu (Siegel)
> An den Kanda-Priester[6]

---

[1] Hauslehre, Art. 48 = Kōyō gunkan I:2.71

[2] Kashiwakura 1934.224

[3] Kashiwakura 1934.227 f

[4] Ein aufschlußreiches Gegenbild zu Takeda Harunobu, der die von Kashiwakura geforderten Eigenschaften in hohen Graden besaß, aber vor allem wegen seiner Fähigkeit, die Zeit für sich arbeiten zu lassen, berühmt geworden ist, bildet Herzog Karl der Kühne von Burgund (1433-1477). Karl besaß herausragende Qualitäten als Eroberer, Organisator und Finanzmann; aber er »war sich selbst der größte Feind« wegen seiner »Unfähigkeit, Wunsch und Wirklichkeit gegeneinander abzuwägen« (Werner Paravicini: Karl der Kühne [= Persönlichkeit und Geschichte 94/95]. Göttingen 1976. S. 15 f).

[5] Kōyō gunkan II:39.367

[6] KSS I:496.713 f. Gemeint ist der Kanda-Tenjin-Schrein in Enzan.

Der berühmte Bittbrief der Frau des Takeda Katsuyori an den Takeda-Hachiman-Schrein enthält eine Klage über verräterische Vasallen, die »*Land und Haus bedrängen*« *(kokka wo nayamasu)*, verbunden mit der Bitte, daß die Ahnengötter der Familie trotz des offenkundigen »Schicksals« *(unmei)* Katsuyori zum Sieg verhülfen.[1] Auch in anderem Zusammenhang wird ein Bittgebet um den »göttlichen Wind« *(kamikaze)* des Minamoto-Ahnengottes Hachiman für Schlachtenglück überliefert.[2] Solche Gebete stellten den Versuch dar, das Schicksal günstig zu beeinflussen und Götter und Himmel für die eigenen Zwecke zu manipulieren.[3] Freilich beurteilte der westjapanische Feld- und Landesherr Miyoshi Chōkei (1523-1564) nach der Überlieferung des Kōyō gunkan solche Versuche skeptisch:

> Wer ursprünglich vom Glück gesegnet ist, wird Erfolg haben, auch ohne zu beten. Wer kein Glück hat, dem kann nichts gelingen, auch wenn er betet. Auch bösen Menschen, die nicht beten, muß es so ergehen. Ebenso guten Menschen, die von sich aus beten. Dies alles bewirkt der Weg des Himmels *(tentō)*. Ein Mensch, dem das Glück angeboren ist *(kahō mumaretsukitaru hito)*, gleicht dem Bambus *(jinenmoku)*. Dem Bambus schadet es nur selten, wenn er vom Sturm getroffen wird. (...) Zu beten ändert nichts am Weg des Himmels, nicht zu beten ändert nichts am Weg des Himmels *(inoru mo tentō, inoranu mo tentō)*.[4]

Wie die Qualitäten eines Herrschers war also auch die zum Erfolg notwendige Fortüne in die Wiege gelegt. Divination, die Erkundung des himmlischen Willens, sollte zeigen, ob das Glück auch mit den Tüchtigen war.[5] Eine verbreitete Technik war das Losen *(kujidori)*. Unter den Heerführern der Takeda wurde ausgelost, wer den Angriff führen sollte oder wer eine Burg besetzen sollte:[6] Schwarz gewann, Rot verlor.[7] Deswegen soll eine vom Heer der Takeda ausgehende schwarze Wolke Uesugi Kagetora bewogen haben, eine Schlacht abzubrechen,[8] denn auch Wolken und Rauch konnten als Vorzeichen gedeutet werden.[9] Weitere divinatorische Techniken waren das Erlauschen von Tonfolgen, um Richtung und Zeitpunkt eines glücksbegünstigten Angriffs zu bestimmen;[10] die Beobachtung bestimmter Vogelarten;[11] sowie Stern- und Traumdeutung.[12]

---

[1] KSS I:761.903 (Tenshō 10 = 1582)
[2] Kōyō gunkan 39:II.327
[3] Vgl. mit vielen weiteren Belegen Sasamoto 1988.137-157
[4] Kōyō gunkan I:6.130 f
[5] Vgl. Sasamoto 1988.121-135
[6] Kōyō gunkan I:20.407; II:26.23; II:34.228
[7] Kōyō gunkan III:46.198
[8] Kōyō gunkan II:29.80
[9] Kōyō gunkan I:7.137; III:49.293 f
[10] Kōyō gunkan III:46.199
[11] Kōyō gunkan I:7.137

Das Losen ist als Herrschaftstechnik auch urkundlich belegt. Es konnte eingesetzt werden, um - wie oben gezeigt - eine Reihenfolge sehr praktisch festzulegen. Man konnte auch den Willen einer Gottheit in einer bestimmten Angelegenheit erfragen und schließlich auch einen Verbrecher ermitteln. Sogar den Landstreit zwischen zwei Tempeln ließen die Takeda durchs Los entscheiden.[1] Den oberen und unteren Suwa-Schrein ließ Takeda Harunobu 1564 so lange das Los über einen von ihm geäußerten Wunsch an die Gottheit werfen, bis das Ergebnis beider Schreine Zustimmung signalisierte. Er benutzte in solchen Fällen das Losen nach dem Urteil von Sasamoto Shōji als *»Mittel der Politik«*, um die Zustimmung der Götter zu erlangen.[2]

Wenn es darum ging, Recht zu finden oder zu setzen, dienten den Takeda häufig die Glocken von Shintō-Schreinen als »Mittler zwischen Gottheit und Mensch«[3]. Die Glocke von Mitake, einem Schrein in Kōfu, wurde angeschlagen, wenn ein Eid geleistet[4] oder in einem Streitfall vor dem Hofgericht ein Gottesurteil angestrebt wurde.[5] Die Glocke des Suwa-Doppelschreines in der Provinz Shinano zur Beschwörung eines Bündnisses, der Vasallität oder eines Vertrages anzuschlagen,[6] kostete Gebühren; möglicherweise sollte diese Dienstleistung des Suwa-Schreines den *bushi* vorbehalten bleiben.[7] In beiden Fällen hatten der Himmel und die Götter das letzte Wort. Ihr Wille entschied über Glück oder Unglück, über Sieg und Niederlage. Sie folgten dabei Ratschlüssen, die sich durch divinatorische Techniken entdecken ließen. Man konnte versuchen, sie zu beeinflussen. Doch den meisten Erfolg versprach ein Verhalten, das sich nicht gegen den »natürlichen« Gang der Dinge stemmte, d.h. den Willen der numinosen Kräfte geschehen ließ, dabei aber jeden erkennbaren Wink des Himmels vorteilhaft zu nutzen verstand. Der gute Herrscher war also fähig, sein Glück zu nutzen; nicht aber, es zu machen.

---

[12] Kōyō gunkan I:8.142 f; I:23.427
[1] Sasamoto 1988.71-85
[2] Sasamoto 1988.79-82
[3] Sasamoto 1988.27
[4] Kōyō gunkan I:10.158
[5] Sasamoto 1988.35-51
[6] Hierzu Sasamoto 1988.17-33
[7] Sasamoto 1988.46

Die Ludowinger und die Takeda
- Ein systematischer Vergleich -

A. HAUS UND WIRTSCHAFT

Die Leitfrage dieses Kapitels lautet: Wie wird die Systemfunktion der Anpassung an die Systemumwelt erfüllt?

1. Abhängigkeit von der Natur

Die gemeinsame Ausgangsposition ist das *Erlebnis starker Kontingenz:* Die natürliche Systemumwelt ist nicht sicher beherrschbar. Meteorologische und geologische Phänomene (wie Regen, Sturm, Dürre, Frost, Erdbeben) verursachen Hunger, Krankheiten und den Verlust von Siedlungs- und Nahrungsraum. Das Herrschaftssystem soll durch Störungen in der natürlichen Umwelt nicht funktional bedroht werden. *Herrschaft verringert die Kontingenz,* indem sie die Gründe für solche Störungen teleologisch rationalisiert (1.1.), indem sie solchen Störungen vorbeugt (1.2.) und indem sie ihre Auswirkungen beseitigt (1.3.).

1.1. Die Rationalisierung der Störungen erfolgt durch *teleologische Vorstellungen.* Astronomische, meteorologische und geologische Phänomene werden als kosmische Parallelen zu Ereignissen der herrschaftlichen Sphäre gesehen. Naturkatastrophen werden als schicksalhaft erklärt, weil sie auf göttlichen Willen zurückgeführt werden. Rationalisierung ist nützlich, um Funktionsstörungen und Systemkrisen zu erklären.

> Rationalisierungsmuster können höchst unterschiedlich ausfallen. Das in Ostasien verbreitete daoistische Muster stellt einen Zusammenhang zwischen Makrokosmos und Mikrokosmos her, so daß in der chinesisch-konfuzianischen Vorstellung Naturkatastrophen Menetekel dafür sein können, daß der Himmel dem Herrscher das Mandat entzogen hat. Dadurch wird ein Umsturz gerechtfertigt. Dieses revolutionäre Muster hat sich in Japan nicht durchgesetzt. Die buddhistische Endzeitstimmung, die in Kai spürbar ist, stellt eine allgemeine Dekadenzerwartung bis zum Kommen des zukünftigen Buddhas Maitreya dar, durchaus vergleichbar mit christlichen eschatologischen Vorstellungen (der Endzeitkaiser in der Darstellung des Hohen Mittelalters: Bamberger Reiter).

1.1.1. Der göttliche Wille kann durch divinatorische Zeichenschau erkannt und durch kultische Handlungen beeinflußt werden. Kosmische Beobachtungen erlauben Rückschlüsse auf die Geschehnisse auf Erden.

1.1.1.1. Formen und Möglichkeiten der Divination sind im japanischen Kontext vielfältiger. Die Deutung kosmischer Beobachtungen erfolgt hierbei durch Spezialisten in besonderen Formen. Sie kann prognostisch genutzt werden.

> Die thüringischen Interpreten halten sich als Kleriker damit zurück,

unmittelbare Zusammenhänge zwischen himmlischen und irdischen Ereignissen herzustellen; sie sprechen von Zeichen, die sie nicht ausdrücklich Menetekel nennen. Auch werden keine Prophezeiungen erstellt. Divinatorische (vor allem astrologische) Praktiken sind aber trotz des inquisitorischen Widerspruchs der Kirche im Alltagsleben weit verbreitet. In Japan gibt es dagegen keine entsprechenden Verbote oder Verfolgungen.

1.1.1.2. Der göttliche Wille kann mit Hilfe von kultischen Handlungen (z.B. Gebete, gute Werke wie Almosen oder Stiftungen) *in bestimmten Grenzen* beeinflußt werden.

Im abendländischen Kontext gelten kirchlich organisierte Gebets- und Bußakte als legitim, wie Bittprozessionen für Regen, gute Ernte, gegen Seuchen usw. Im mittelalterlichen Volksglauben (magische Praktiken, Hexen- und Heiligenverehrung) spielt auch Wirtschaftszauber eine erhebliche Rolle (vgl. Aaron J. Gurjewitsch: *Mittelalterliche Volkskultur.* Dresden 1986, S. 130-147).

1.2. Die Herrschaft beugt Störungen handelnd vor.

1.2.1. Sie läßt Nahrung und andere wichtige Vorräte speichern.

1.2.2. Sie legt Wehre oder Deiche an, um Überschwemmungen zu verhindern. In Kai organisiert sie für diese und ähnliche Aufgaben (Brandschutz in den Städten) *kraft öffentlicher Autorität* Arbeitskraft und schafft Verwaltungsvorschriften. In Thüringen ist die herrschaftliche Initiative dagegen privat.

Herrschaft soll Sicherheit schaffen. Art und Umfang der herrschaftlichen Vorsorgemaßnahmen hängen daher ab von Weise und Ausmaß der Gefährdung. Die Kontrolle des Wassers (Bewässerung ebenso wie Wasserwehr) erscheint in Gegenden, die hierauf besonders angewiesen sind, als ein entscheidender Anlaß für Herrschaftsbildung und herrschaftliches Handeln. Der Nordseeraum mit seinen Deichen und Kanälen gewinnt auf diese Weise seine herrschaftliche Gestalt ebenso wie Ägypten, China oder Japan. In Thüringen ist eine dermaßen umfassende Kontrolle des Wassers überflüssig. Sie gehört deshalb nicht zu den ursprünglichen Aufgaben der Herrschaft.

1.3. Die Herrschaft beseitigt handelnd die Auswirkungen von Störungen.

1.3.1. Die Belastung der Abhängigen wird gemildert.

1.3.2. Die Nahrungsvorräte werden mit den Abhängigen geteilt.

1.3.3. Die Herrschaft sorgt für die Wiederherstellung der System-Infrastruktur (Felder, Gebäude, Wege). Diese Funktion wird in Kai wiederum *kraft öffentlicher Autorität* und deutlicher wahrgenommen als Thüringen.

Die Beseitigung funktionaler Störungen ist Teil des Reproduktionsmechanismus des Systems. Die System-Infrastruktur ist unter den Takeda von Anfang an (Wasserleitungen, Feldaufteilung) komplexer als unter den Ludowingern,

deshalb kommt ihr auch mehr Aufmerksamkeit und der Rang einer öffentlichen Aufgabe zu.

2. Haus und Hof

Das Herrschaftssystem konstituiert sich durch expansive, multifunktionale Abgrenzung
eines Herrschaftsraumes von der potentiell feindlichen Umwelt. Dieser Herrschaftsraum
wird als *Haus* bezeichnet. Das Haus ist ein (überwiegend agrarisch orientierter)
Wirtschaftsbetrieb (2.1.). Es ist zugleich eine militärische Elite (2.2). Es wird dynastisch
geführt und reproduziert (2.3.). Es ist eine Kultgemeinschaft (2.4.).

2.1. Wirtschaftlich wird der Herrschaftsraum als *Grundherrschaft* organisiert.

> Grundherrschaft ist ein Spezialfall der agrarisch orientierten Herrschaft. Sie
> ist eine Mischform, in der sich direkte und indirekte Bewirtschaftung verbin-
> den. Es bleibt bei Max Webers Feststellung, daß sie die »allgemeingültige
> Basis für alle Formen feudaler ‚Organisation'« bildet (Weber 1980.640).

2.1.1. Die Ludowinger und die Takeda begründen ihre Herrschaft durch Neulanderschließung. Sie sind landfremde Rodungsherren.

2.1.1.1. Rodungsherrschaft verlangt ein hohes Maß an Organisation von Arbeit und
Produktionsmitteln (einschließlich Land). Sie ist arbeitsteilige Herrschaft.

2.1.1.2. Rodungsherrschaft muß sich gegen die natürliche und politische Umwelt
schützen. Sie ist wehrhafte Herrschaft.

2.1.1.3. Rodungsherrschaft ist eine besonders vorteilhafte Form der Herrschaft, weil sie
besondere Rechte gegenüber Land und Leuten mit sich bringt. Sie ist privilegierte
Herrschaft.

> Rodungsherrschaft ist ein Spezialfall der Grundherrschaft. Ihr expansiver
> und wehrhafter Charakter verleiht ihr ein besonderes dynamisches Potential.
> Es macht dabei keinen prinzipiellen Unterschied, ob man Wald roden,
> Sümpfe trockenlegen oder Wüsten bewässern muß. Freilich ist die Feldbe-
> wässerung auch nach erfolgreicher Rodung eine Daueraufgabe. Die Not-
> wendigkeit zur Rodungsherrschaft ergibt sich aus der Notwendigkeit, neuen
> Kulturraum zu schaffen, ohne daß diese Aufgabe vom bisherigen Inhaber
> der öffentlichen Gewalt selbst gelöst werden könnte.

2.1.2. Der natürliche Herrschaftsraum ist funktional in Zonen unterschiedlicher
Beherrschungsintensität differenziert. Er ist komplex.

2.1.2.1. Der Herrenhof ist das landwirtschaftliche und gewerbliche Zentrum der
Herrschaft. Er beherbergt die Verwaltung und Werkstätten, nimmt Vorräte, Abgaben und
Geräte auf, dient der Herrschaft außerdem möglicherweise als Quartier, Burg, Gerichts-
und Kultort.

2.1.2.2. Die Eigenwirtschaftszone (Domäne) wird vom Hof aus verwaltet. Land, Wälder,

Land- und Wasserwege mit allen Pertinenzien (Leute, Gebäude, Mühlen, Brücken, Bodenschätze) stehen dem unmittelbaren Zugriff der Herrschaft offen.

2.1.2.3. Die erweiterte Wirtschaftszone umfaßt Räume, die lediglich teilweise dem Zugriff dieser Herrschaft unterstehen. Typischerweise wird dieser teilweise Zugriff durch erworbene herrschaftliche Rechte (an bestimmten Abgaben oder Diensten, wie Vogtei-, Gerichts-, feudale oder landesherrliche Rechte) ermöglicht. Typischerweise liegen Länder der eigenen Vasallen (Lehen) in dieser Zone. Ohne daß genaue Einzelheiten bekannt sind, kann als sicher gelten, daß die Einkünfte aus dieser Zone gegenüber den eigenwirtschaftlichen einen beträchtlichen Stellenwert besitzen.

> Die erworbenen Rechte in dieser Wirtschaftszone sind (wenigstens teilweise) nicht mehr grundherrlich. Die Behauptung dieser Rechte ist ein besonderes Problem der Herrschaft, weil sie stärker legitimiert werden müssen. Hierbei helfen Besitzurkunden oder Testamente nur begrenzt.

2.1.2.4. Innerhalb des Herrschaftsraumes gestalten sich die Herrschaftsrechte (i.B. Abgaben und Dienste) je nach Art der Herrschaftsintensität, regionalem Brauch, ökologischen Möglichkeiten und Erfordernissen und herrschaftlicher Privilegierung uneinheitlich. Da »Brauch und Recht des Landes« innerhalb einer aus vielen verstreuten Einzelteilen bestehenden Grundherrschaft mannigfaltig sein können, ist der Herrschaftsraum sehr komplex und mit anderen Herrschaftsräumen verwoben. Diese Komplexität wollen Ludowinger und Takeda verringern, indem sie ihre eigene Herrschaft intensivieren.

2.1.2.5. Wichtige Instrumente zur Herrschaft über die agrarischen Produzenten sind die Regulierung der Wasserversorgung, die Ausgabe von Saatgut und Geräten sowie die Organisation der Neulanderschließung. Grundherren können unter den Bauern Abhängigkeiten schaffen, indem sie ihnen Produktionsmittel leihen oder verpachten oder abkaufen sowie ihre Produkte in den Handel bringen.

2.1.2.6. Die Grenzen des wirtschaftlichen Herrschaftsraumes verändern sich durch Expansionsgewinne und -verluste (Rodung bzw. Umweltschäden; Eroberung; Abrundung durch Raumtausch; Kauf und Verkauf; Erbe und Heirat; Belehnung und Verleihung; Schenkung) häufig.

> Die Komplexität der Grundherrschaft kann nicht bis auf Null reduziert werden, so daß daraus eine Latifundienwirtschaft wie im antiken Rom entstünde. Dazu fehlen die organisatorischen Voraussetzungen: Die beherrschten Räume liegen oft weit auseinander (was man durch Gebietstausch usw. ändern kann), sind nicht immer im gleichen Maße zugänglich (nicht nur verkehrstechnisch, sondern auch durch Kriege, Verleihungen, Verpfändungen, Erbgänge usw. bedingt), und es fehlt an Personal, um sie gleichermaßen intensiv zu bewirtschaften. Grundherrschaft bleibt eine schwierig kalkulierbare Mischung intensiver und extensiver Bewirtschaftung. Die Takeda sind auf dem Weg, die Verhältnisse zu vereinfachen, indem Lehensketten gekürzt, Landverkäufe eingeschränkt, Zugriffsrechte vereinheitlicht werden, auf jeden Fall weiter vorangekommen als die Ludowinger.

2.2. Die Herren gehören einer militärischen Elite an. Sie führen Waffen zur Erweiterung und zum Schutz ihres Hauses nach innen und nach außen.

2.2.1. Der Hauptsitz der Herrschaft (Hof) ist ein Wehrbau. Als Stammsitz ist er eng mit dem Namen und dem Herrenstatus verbunden. Sowohl die Ludowinger als auch die Takeda gestalten ihre Haupthöfe aufwendig mit Einrichtungen für Unterbringung, Bewirtung und Unterhaltung der Familie, ihrer Vasallen und ihrer Gäste sowie Kult-stätten (einschließlich Grablegen).

2.2.2. Burgen, gesäumt von Wällen, umgeben von Gräben, werden zum Schutz des Herrschaftsraumes oder zur Beherrschung neuen Raumes gebaut oder erobert.

2.3. Das Haus besteht aus einer dynastischen Führung und einem arbeitsteiligen Verwaltungsstab.

2.3.1. Verwandtschaften zu übergeordneten oder benachbarten Herrschaften werden hergestellt und verschaffen der neuen Herrschaft einen Zugewinn an Legitimität und politischer Sicherheit.

2.3.1.1. Ludowinger und Takeda führen sich auf hochadlige Ahnen zurück.

2.3.1.2. Durch Heiraten verbinden sie sich mit Herrschaften ihrer Umgebung.

2.3.1.3. Ihre Nachkommen führen das Haus weiter oder begründen neue, verbündete Herrschaften.

2.3.2. Das Haus ist arbeitsteilig organisiert. Es gibt einen Verwaltungsstab.

2.3.2.1. Wie die Hausbeamtenschaft der Ludowinger im einzelnen aufgebaut ist, ist unbekannt; die Einrichtung der vier Hofämter sowie eines »obersten Kammerbeamten« weist darauf hin, daß ein deutliches Maß an Arbeitsteilung und Spezialisierung herrscht.

2.3.2.2. Noch weiter sind Arbeitsteilung und Spezialisierung unter den Takeda entwickelt. Der gesamte Hofstaat umfaßt mehrere Hundert Personen.

2.4. Das Haus besitzt eine religiös vermittelte zeitliche Dimension. Durch Kloster- und Kirchenstiftungen errichten die Ludowinger die geistlichen Mittelpunkte ihres Hauskultes. Auch die Takeda stiften Tempel und Schreine, die über lange Zeit der Familie durch die Pflege des Ahnenkultes verbunden sind. So sollen Vergangenheit und Zukunft des Hauses kultisch gesichert werden.

3. Geld und Münzen

Münzgeld ist knapp (3.1.). Es steht unter herrschaftlicher Kontrolle (3.2.)., wodurch Marktpreise und Abgabenlasten geregelt werden (3.3.). Es dient vor allem dem Wirtschaftsverkehr mit der Systemumwelt (3.4.).

3.1. Als Zahlungsmittel ist Geld gefragt, aber nur begrenzt verfügbar. Der Wirtschaft sowohl in Thüringen als auch in Kai mangelt es an Bargeld.

3.1.1. Die Umwandlung von bäuerlichen Natural- in Münzabgaben soll den Herren Münzgeld verschaffen. Die Abgabenlast wird in Geld berechnet. Tatsächlich müssen aber Naturalkompensationen akzeptiert werden. Die Bauern versuchen ihre Produkte auf den Märkten in Geld umzuwandeln. Dabei zeigte sich im 16. Jahrhundert eine deflatorische Tendenz der Marktpreise und ein »Hunger und Durst« nach Münzen.

Der Mangel an Bargeld ist Systemmerkmal. Er ist nicht zu verwechseln mit Naturalwirtschaft, obwohl das System idealtypisch durchaus auch ohne jedes Geld funktionieren könnte. Im Austausch mit der Systemumwelt liegt der Schlüssel für das Eindringen des Geldes in das Systeminnere. Geld dient dem Verkehr zwischen verschiedenen Systemen oder zwischen Systemen und ihrer Umwelt. Es ist für das Systeminnere selbst nur abgeleitet, nur sekundär. Deswegen kann das System eigene Strategien zum Umgang mit Geld entwickeln.

3.1.2. Die Ludowinger versuchen diesen Mangel zu kompensieren, indem sie Land oder Renten ersatzweise verleihen oder übertragen. Bei den Takeda wird Land häufig als Pfand für Bargeldkredite eingesetzt.

3.2. Die Herrscher kontrollieren Herstellung und Umlauf des Geldes.

3.2.1. Sie streben die Kontrolle über den Abbau von Edelmetallen an.

3.2.1.1. Die Ludowinger versuchen, die Silberminen in ihrer Nachbarschaft zu kontrollieren.

3.2.1.2. Die Takeda lassen auf Domänenland systematisch Gold suchen und abbauen.

Berg- und Münzregal sind keine Selbstverständlichkeiten. Sie müssen durchgesetzt werden und sind dann nützliche (aber keinesfalls notwendige) Instrumente der Herrschaft.

3.2.2. Die Herrscher lassen Münzen prägen. Sie errichten dazu privilegierte Münzstätten.

3.2.2.1. Die Ludowinger prägen Münzen in gebräuchlichen kleinen Werten. Sie versehen diese Münzen mit Symbolen ihrer Herrschaft und bringen sie auf den Markt.

3.2.2.2. Die Takeda prägen Münzen in großen Werten, die nicht für den alltäglichen Geschäftsgang nutzbar sind und in der eigenen Herrschaft kaum in Umlauf kommen.

Die Takeda wirtschaften ohne weiteres mit fremden Münzen (v.a. chinesischen Kupfermünzen), ihre eigenen Prägungen gelten mehr durch Gewicht als durch ihre Gestalt. Die Ludowinger betrachten Geld unmittelbar als Herrschaftssymbol und geben ihm eine Respekt heischende Gestalt. Schon daß die frühen Ludowinger-Münzen oft unleserliche Pseudolegenden tragen, beweist, daß sie für die leseunkundige Bevölkerung gedacht sind. Daß Münzen Eigentum der Herrschaft sind, die sie hergestellt hat, ist eine alte abendländische Auffassung; vgl. Lukas 20,25: *»Gebet dem Kaiser, was des Kaisers ist.«*

3.2.3. Die Herrscher nehmen Einfluß auf den Wert und die Zahl der umlaufenden Münzen. Sie verfolgen hierbei unterschiedliche, aber *funktional äquivalente Strategien.*

3.2.3.1. Die Ludowinger verrufen eigene Münzen, verschlechtern sie und legen den Münzfuß (also die Zahl der Pfennige je Mark) für Zahlungen ihre bäuerlichen Abhängigen fest. Sie legen auch fest, welche Währungen in ihrer Herrschaft gültig sind.

3.2.3.2. Die Takeda lesen Münzen aus, die sie für »schlecht« erklären, und definieren die zulässige Mischen der Münzsorten in den bäuerlichen Abgaben. Sie schöpfen von Orten, an denen viele von ihnen für schlecht erklärte Münzen zusammenkommen, diese Münzen ab und verwenden sie als Devisen im Handel außerhalb ihres Herrschaftsgebietes.

3.3. Die herrschaftliche Kontrolle des Geldes beeinflußt die Warenpreise und die bäuerliche Abgabenlast.

3.3.1. Die Münzpolitik der Ludowinger wirkt inflatorisch. Sie vergrößert die Zahl der umlaufenden Münzen und verringert gleichzeitig ihren Wert. Die Marktpreise auch für agrarische Produkte steigen. Insofern bäuerliche Abgaben in Münzen erhoben werden, sinkt daher die reale Belastung der Bauern in Thüringen entsprechend dem Verfall des Münzwertes und dem Anstieg der Produzentenpreise.

3.3.2. Die Münzpolitik der Takeda wirkt deflatorisch. Die Marktpreise sinken im 16. Jahrhundert. In Kai erhöht sich daher die reale bäuerliche Belastung, weil die Zahl der umlaufenden Münzen restriktiv kontrolliert wird, die Produzentenpreise aber sinken.

> Es beweist sich hier *der herrschaftliche Primat über das Geld*. Geld ist ein aus Herrschaft abgeleitetes und von ihr kontrolliertes Medium. Die Auswirkungen innerhalb des Systems sind gleichgültig, weil man sie herrschaftlich abfangen kann (durch Erhöhung bzw. Verringerung der Abgabenlast usw.).

3.4. Das abgeschöpfte oder neugeschaffene Geld benötigt die Herrschaft für Geschäfte mit der relevanten Umwelt, insbesondere zur Finanzierung von Kosten im politischen, sozialen und kulturellen Bereich.

3.4.1. Kosten im politischen Bereich entstehen für Rüstung und Wehrbauten, Kriegszüge (einschließlich Kreuzzügen und Kyōtozügen), Bündnisse (einschließlich Heiraten, Bestechungen).

3.4.2. Kosten im sozialen Bereich entstehen für höfischen Aufwand und Repräsentationsausgaben.

3.4.3. Kosten im kulturellen Bereich entstehen für Kulturmäzenatentum, Stiftungen, Geschenke.

> Das Systeminnere ist nicht vollständig monetarisiert, weil der Austausch mit der Außenwelt auf bestimmte Sonderfunktionen und -ebenen beschränkt ist und die herrschaftliche Steuerung der Binnenwelt sehr stark ist. In weiten Teilen des wirtschaftlichen Subsystems kann auf Geld verzichtet werden. Es ist kein »Steuerungsmedium« für das gesamte wirtschaftliche Subsystem. Solange dies gilt, nimmt das Geld durchaus keine subversive, antifeudale Rolle wahr.

4. Städte und Märkte

Die herrschaftlich kontrollierte Stadt ordnet das Zusammenwirken funktional unterschiedlicher Systembestandteile an einem Ort (4.1., 4.2.2.). Die Gründung von Städten und funktional weniger ausdifferenzierten Marktsiedlungen bedeutet nicht den Verzicht auf Herrschaftsrechte, sondern die Möglichkeit zur Bündelung politischer, wirtschaftlicher, sozialer und kultureller Interessen (4.3.). Aber diese Möglichkeit wird nicht zwingend genutzt (4.2.), sondern zurückhaltend (4.1.2., 4.1.3., 4.2.3.).

> Weber unterscheidet ökonomische und politisch-administrative Kriterien des Begriffes »Stadt«. Ökonomisch ist Stadt eine Marktansiedlung, politisch ursprünglich Burg oder Festung, die sich unter Umständen zur autonomen Stadtgemeinde weiterentwickeln kann (Weber 1980.727-741). Diese Minimaldefinition erlaubt es, die (durch Stadtrecht politisch-administrativ als solche ausgewiesenen) »Städte« der Ludowinger ökonomisch mit den (durch Marktrecht als solche ausgewiesenen) »Märkten« der Takeda zu vergleichen.

4.1. Die zahlreichen Städte, deren Gründung oder Kontrolle den Ludowingern zugeschrieben wird, stellen Brennpunkte der Politik, der Wirtschaft, der Gesellschaft und der Kultur dar. Darin folgen sie dem Beispiel der großen, traditionsreichen Städte ihrer näheren und ferneren Umwelt. Auch die Vasallen der Ludowinger treten häufig in gleicher Weise als Stadtherren in Erscheinung.

4.1.1. Burg, Markt und Kirche sind die drei typischen Grundelemente der Ludowinger-Stadt.

4.1.2. Anlage und räumliche Ausstrahlung der Städte sind mit Ausnahme einiger weniger, besonders geförderter Städte kleinbemessen. Viele Ludowinger-Städte besitzen keine Stadtmauer; diese wird auch nicht als konstitutives Element der landesherrlichen Stadt betrachtet.

> *Nicht die ganze Stadt muß also umwehrte Festung sein.* Hier zeigt sich Webers Irrtum, der den japanischen Burgstädten ihren »politisch-administrativen« Stadtcharakter abspricht, weil sie keine Festungen gewesen seien (1980.733, 738). In der Tat unterscheidet dies die japanischen von den koreanischen und chinesischen Städten, die als Großburgen konzipiert sind (Inoue Hideo: Nihon no shiro to higashi Ajia no jōkaku. KAN (THE HAN) 105:1987, S. 108-118), aber es ist eben *kein Unterschied* zu den meisten Städten der Ludowinger.

4.1.3. Die traditionsreichste, bestbewehrte und eigenständigste Stadt in Thüringen - Erfurt - ist nie Bestandteil der Landesherrschaft, sondern vielmehr ein Gegenbild (kein Vorbild) zu den von den Ludowingern abhängigen Städten, ebenso wie die großen Städte Mainz oder Mailand, mit denen die Ludowinger außerdem zu tun haben.

> Die antike städtisch-republikanische Tradition wirkt in den großen Städten (die ja auch Zentren der Tradition antiker Bildung sind) weiter als Gegenkraft zu jeder Form von Obrigkeit. Japan kennt solche Traditionen nicht.

4.2. Städtebau oder Stadtförderung finden in vergleichbarem Maße in Kai nicht statt. Die Förderung und der Ausbau ländlicher Märkte und Verkehrswege überwiegen hier.

4.2.1. Die Märkte (vor allem die Fixtagsmärkte) und Verkehrswege unterliegen in Kai herrschaftlicher Kontrolle; v.a. ihre Raststätten, Pferdewechselstationen und Zolltore. Händler und Handwerker, die in offiziellen Diensten der Takeda standen, erhielten dafür besondere Privilegien und Aufgaben - unabhängig davon, ob sie selbst in einer Marktsiedlung lebten oder nicht.

> An diesem Punkt zeigt sich deutlich, daß die wirtschaftlichen Maßnahmen der Takeda nicht auf die Städter ausgerichtet waren, sondern auf die Händler. Dies ist ein bedeutsamer Unterschied zu den Ludowinger-Privilegien.

4.2.2. Eine bedeutsame Ausnahme bildet Kōfu: Als politischer Hauptsitz der Takeda gegründet, zum religiösen und kulturellen Zentrum ausgebaut, mit mehreren Marktplätzen ausgestattet, entwickelt es sich zum multifunktionalen Mittelpunkt der Takeda-Herrschaft. Shinpu wird kurz vor dem Ende der Takeda-Herrschaft als neue Stadt geplant, doch wegen der Kriegseinwirkungen umgehend wieder aufgegeben.

4.2.3. Die ideale japanische Stadt ist »die Stätte des Herrschers« *(miyako)*,[1] die Hauptstadt also. Die Zahl der Städte in diesem Sinne kann also je Herrschaftsgebiet gar nicht groß sein.

> In der anschließenden Edo-Zeit (1600-1867) wird zur Regel erhoben, daß es je Territorium nur eine Burgstadt geben dürfe. Bereits im Altertum zeigt sich eine Tendenz zur Zentralisierung innerhalb der Peripherie: Je Provinz läßt der Kaiserhof einen zentralen Mönchs- und einen Nonnentempel einrichten. »Die grundsätzliche Bedeutung des zentralistischen Strukturprinzips in Japan« (Ernst Lokowandt: Einführung, in ders. [Hg.].: *Zentrum und Peripherie in Japan.* München 1992, S. 15) zeigt sich hier gewiß ein weiteres Mal. Aber wir sollten nicht übersehen, daß auch im abendländischen Verständnis lange Zeit »alle Wege nach Rom« führen.

4.3. Stadt und Marktvorstadt übernehmen im wesentlichen die Rechts- und Herrschaftsprinzipien der Landgemeinde. Selbstverwaltung aufgrund besonderen Stadtrechtes lassen die Ludowinger und die Takeda in den meisten Fällen nicht zu. *Städter werden nicht grundsätzlich anders behandelt als Dörfler.*

---

[1] *Mi* ist ehrende Vorsilbe, *ya* die Bezeichnung des Hauses und der Person des Herrschers (vgl. *ya-kata*, »Herrscher«, *mi-ya*, »Kaiser, Prinz«, *ya-tsu-ko*, »Diener [Kind eines Herren/Hauses]«), *ko* »Ort«. Die Bezeichnung *miyako* wurde nicht nur für die Hauptstadt des Kaisers benutzt.

G. Formen der Besitzergreifung

Die Leitfrage ist: Auf welchen Wegen erreicht das System das Ziel, seinen Bestand zu wahren und zu vergrößern?

1. Lehen

Das Lehen beinhaltet den Nießbrauch an und die Herrschaft über Sachen oder Rechte (1.1.), die mit Nutzungen (1.2.) und Dienstpflichten (1.3.) verbunden sind. Die Verleihung kommt durch Gemeinschaftshandeln zustande (1.4.). Das Lehen tendiert zur Erblichkeit (1.5.). Es ist ein beschränkt handelbares Wirtschaftsgut (1.6.) und nimmt die Rolle eines *symbolisch generalisierten Mediums* ein (1.7.).

1.1. Das Lehen besteht in Nießbrauch an und tatsächlicher Herrschaft über Sachen oder Rechte (einschließlich Ämtern).

1.1.1. Mit der Belehnung wird zwischen dem Eigentumsrecht des Feudalherrn und dem Nießbrauch des Lehensmannes getrennt. Der Lehensmann ist also berechtigt, die Früchte der ihm verliehenen Sache (oder des ihm verliehenen Teils dieser Sache) zu ziehen, während der Lehensherr das Eigentum daran behält.

> Die römischrechtliche Fachsprache unterscheidet zwischen *dominium directum* (Obereigentum) als dem Recht des Lehensherrn und *dominium utile* (Nutzeigentum) als Recht des Lehensmannes. Diese Terminologie wird zwangsläufig verwirrt, sobald die Lehenskette sich verlängert; durch Unterbelehnung wird aus dem dominium utile des Lehensmannes gegenüber seinem neuen Lehensmann ein dominium directum usw. Dies entspricht der *shiki*-Terminologie in Japan, wo ein Obereigentumsrecht *(honke-shiki)*, ein Untereigentumsrecht *(ryōke-shiki)*, Vogtrecht *(jitō-shiki)*, Patriarchenrecht *(sōryō-shiki)*, Bauernrecht *(hyakushō-shiki)* und viele andere Spielarten von *shiki* geschaffen werden.

1.1.2. Tatsächliche Herrschaft (Gewere, *chigyō*) bedeutet, daß der Nießbrauch verwirklicht wird. Sie setzt nicht Rechtmäßigkeit voraus, sondern Faktizität. Der Lehensmann muß sein Lehen wirklich besitzen und nutzen.

1.1.2.1. Die Entfremdung eines Lehens geht typischerweise durch den Raub der tatsächlichen Herrschaft und anschließendes Ersitzen des Nießbrauchs vor sich.

1.1.3. Am häufigsten ist in Deutschland und Japan die Verleihung von Land einschließlich oder ausschließlich seiner Pertinenzien (wie Burgen, Höfe, Wälder, Gewässer, unfreies Personal).

1.1.4. Außerdem können Rechte und Ämter verliehen werden.

1.1.4.1. Grafschaften und Fürstentümer werden in Deutschland verliehen. Die Ludowinger besitzen etliche solcher Ämter, u.a. das Landgrafen- und Pfalzgrafenamt. In

Japan werden die Militärgouverneure *(shugo)* des Kamakura- und Muromachi-*bakufu* ebenfalls belehnt, bis die Autorität des *bakufu* Ende des 15. Jahrhunderts weitgehend schwindet und ihm die Ämter entfremdet werden bzw. ihre Bedeutung verlieren.

1.1.4.2. Vogteien werden in Deutschland und Japan *(jitō* des Kamakura-*bakufu)* verliehen. Vogteirechte umfassen vor allem: Jährliche Abgaben und Gerichtsherrschaft (mit der Möglichkeit, Bußgelder zu verhängen). Nach dem Untergang des 14. Jahrhunderts hat die Vogtei in Japan ihren Amts- und Lehenscharakter allerdings verloren: Sie wird erblich, aus dem verliehenen Nießbrauch wird ersessenes Eigentum.

1.1.4.3. Die Regalien wie Münzrecht, Bergbaurecht, Zölle und Steuern können in Deutschland verliehen werden; auch die Ludowinger erwerben solche Rechte. Das Ackergeld *(tansen)* in Japan ist ein in mehreren Stufen (vom *shōgun* zum *shugo*, vom *shugo* zu dessen Vasallen) verliehenes Regal.

1.1.4.4. Rentenlehen, d.h. die direkte Verleihung von Bareinkünften *(fuchi, kurade)*, kommen bei den Takeda im 16. Jahrhundert als Übergangsregelung vor, wenn kein Land verliehen werden kann.

1.2. Nutzbare Früchte des Lehens sind seine meßbaren Erträge, deren geschätzte Höhe bei Abschluß des Lehensvertrages genannt wird oder den Beteiligten bei Kenntnis der orts- und zeitüblichen Umstände ohne weiteres bekannt sein kann. Diese Früchte einzutreiben (jap. *shomu)*, obliegt dem Lehensmann. Durch die Belehnung wird er zur Anwendung von geeigneten Mitteln zur Durchsetzung seiner Ansprüche berechtigt.

1.3. Die Annahme eines Lehens verpflichtet zum treuen Dienst für den Lehensherrn.

1.3.1. Der Lehensmann begibt sich in die Abhängigkeit seines Lehensherrn. Er wird sein Vasall.

1.3.2. Der wichtigste Dienst eines Lehens ist Waffendienst für den Lehensherrn. Der Lehensmann ist heerfolgepflichtig und muß dazu oftmals eigene Leute für den Kampf aufbieten.

1.3.2.1. Bei den Takeda wird das Aufgebot des Lehensmannes in Umfang und Bewaffnung häufig im Lehensvertrag festgelegt.

1.3.3. Der Lehensmann kann sein Lehen verlieren, wenn er seine Pflichten verletzt oder dienstunfähig wird.

1.3.4. Seit der Mitte des 12. Jahrhunderts gibt es in Deutschland den »Heerschild«. Die vornehmsten Lehen sind Reichslehen; darunter stehen Kirchenlehen. Nur diese beiden Lehensarten dürfen Reichsfürsten wie die Ludowinger seit dem zweiten Drittel des 12. Jahrhunderts annehmen, ohne ihren »Schild zu mindern«. Nach den übrigen Stufen der »Heerschild«-Lehen kommen Ministerialenlehen und Bauernlehen. Die Annahme bestimmter Arten von Lehen hat Folgen für den sozialen Status. Eine entsprechende Ordnung gibt es in Kai nicht.

1.4. *Die Belehnung erfolgt durch Gemeinschaftshandeln.*

1.4.1. Lehensherr und zukünftiger Lehensmann handeln die Bedingungen, zu denen das Lehen vergeben wird, aus.

1.4.2. Vor der Verleihung läßt der Lehensmann dem Lehensherrn sein Eigengut auf. Es wird Bestandteil seines neuen Lehens. Die Lehensherren streben danach, das Eigengut der Lehensleute zu feudalisieren.

1.4.3. Der Lehensmann schwört seinem Herrn in einem festlichen Akt die Treue.

1.4.3.1. Als Unterpfand der Treue lassen die Takeda Geiseln stellen.

1.4.4. Der Lehensherr setzt seinen neuen Mann in das Lehen ein.

1.4.4.1. Die in Thüringen übliche Investitur mit Fahnen (für Fahnenlehen) o.ä. Symbolen ersetzt die tatsächliche Besitzeinweisung. In Kai erfolgen Begabung und Besitzeinweisung in Urkundenform.

1.4.5. Die »*implizite Belehnung*« *in Kai* ist die Belehnung mit dem Nießbrauch an einer tatsächlich schon beherrschten Sache. Es handelt sich um die nachträgliche Feudalisierung einer auf anderem Wege (Rodung, Raub, Kauf) erworbenen Sache. Der Herr erkennt die Legitimität der Sachherrschaft an; der Mann erkennt das Eigentumsrecht seines Herrn an dieser Sache an. Für diese Form der Belehnung reicht die Urkundenform (*andojō*) oder die (zu diesem Zweck durchgeführte?) Landesaufnahme (*kenchi*).

1.4.6. Streitigkeiten zwischen Lehensherren und Lehensleuten sollen vor Gericht ausgetragen werden.

1.4.6.1. In Deutschland entwickelt sich im Rahmen der Heerschildordnung ein besonderes Lehensrecht und eine eigene Lehensgerichtsbarkeit.

1.4.6.2. In Japan werden lehensrechtliche wie normale besitzrechtliche Fragen behandelt.

1.5. Das Lehen neigt dazu, in erblichen Besitz überzugehen. Je länger man über etwas tatsächliche Herrschaft ausübt, desto stärker meint man das Recht zur Herrschaft kraft ihrer Dauerhaftigkeit zu besitzen und nicht kraft lehensherrlicher Legitimation. Man meint, neben dem Nießbrauch auch das Eigentumsrecht selbst ersitzen zu können. Die Lehensherren versuchen ihre schleichende Expropriation mit wenig Erfolg zu verhindern.

> Das *Ersitzen* von Grundbesitz und Sachen nach genau diesem Prinzip ist heute in den Bürgerlichen Gesetzbüchern Deutschlands und Japans festgeschrieben.

1.5.1. In Deutschland erledigen sich Reichslehen wie die Landgrafschaft von Thüringen rechtlich mit dem Tod des Belehnten oder des Lehnherrn. Die Erblichkeit der Kirchenlehen (v.a. Vogteien) wirde wiederholt in Frage gestellt. In beiden Fällen können die Herren ihren Anspruch gegenüber den Erben des Lehensmannes gerichtlich oder gewaltsam durchsetzen. In der Praxis überwiegen aber Formelkompromisse zugunsten der Erben. Für das *shugo*-Amt in Kai gilt gleiches.

1.6. *Das Lehen ist ein beschränkt handelbares Wirtschaftsgut.* Es steht unter dem Eigentumsvorbehalt des Lehensherrn. Unterbelehnung, Verkauf und Verpfändung sind nur im Einvernehmen mit dem Lehensherren erlaubt.

1.6.1. In Thüringen können Lehen (nicht nur Grundbesitz; auch Burgen, Vogteien, Münzrechte usw.) mit Zustimmung der Lehensherren weiterverliehen, veräußert, getauscht und verpfändet werden, so daß mehrgliedrige Lehensketten und abgestufte Lehensrechte entstehen. Im Streitfall kann sich die Klärung der Eigentumsverhältnisse äußerst langwierig gestalten, weil die Beurkundung der Lehenstransaktionen oft lückenhaft ist. Die Ludowinger selbst besitzen noch kein Lehensverzeichnis, empfehlen aber schutzbefohlenen geistlichen Herrschaften, ein solches anzulegen.

1.6.1.1. In Kai dürfen die Lehensleute der Takeda Land, das sie zu Lehen genommen haben, ohne Erlaubnis ihres Lehensherrn überhaupt nicht und sonst auch nur auf Zeit verkaufen (also praktisch verpfänden). Einer Entfremdung des Lehens wird also vorgebeugt, indem Unterbelehnung prinzipiell ausgeschlossen und Handel stark eingeschränkt ist. Die Lehenskette ist daher kurz, die Besitzverhältnisse klar. Der befristete Verkauf (Verpfändung) stellt dennoch eine (offenbar vielgenutzte) Möglichkeit zum Handel mit Lehen dar.

1.7. Diese allgemeinen Eigenschaften des Lehens sind (sogar im interkulturellen Vergleich) dermaßen generalisiert und standardisiert, daß das Lehen zum vorherrschenden *Steuerungsmedium des politischen Subsystems* werden kann. Das heißt: Kommunikationsprozesse, die an den Zielen des Systems orientiert sind, finden zu einem Großteil mit Hilfe des Mediums »Lehen« statt. Die politischen Strukturen werden innerhalb und außerhalb des Systems mit Begrifflichkeiten wie »Lehensherr/Lehensmann«, »Treue/Verdienst«, »Lehenshöhe« usw. beschrieben und bewertet. Das Lehen hat einen politischen, wirtschaftlichen und sozialen Verkehrswert. Es motiviert zum Handeln im Interesse des Systems. Sein verständigungsorientierter Charakter verspricht erfolgreiche Kommunikation (also verringerte Kontingenz) durch zeitweilige Herrschaftsteilung. Hierin liegt aber auch seine zentrale Schwäche, weil jeder strategisch orientierte Kommunikationspartner bestrebt ist, die Herrschaft möglichst ungeteilt auszuüben.

2. Erbe und Heirat

Das wirtschaftliche und politische Vermögen des Herrscherhauses wird auf dem Erbweg tradiert. Zur Regelung des Erbweges können unterschiedliche, funktional gleichwertige dynastische Strategien gewählt werden (2.1., 2.2.). Sie bestimmen die Stellung der Mitglieder des Hauses (2.3.). Zur Herstellung von Beziehungen mit anderen Häusern dient die Heirat. Sie kann zu Gewinn oder Verlusten an politischem und wirtschaftlichem Vermögen führen (2.4.).

2.1. Die dynastische Strategie des Ludowinger-Hauses ist synchronisch (»horizontal«) orientiert: Besonderes Gewicht kommt den Beziehungen innerhalb derselben Generation zu. Die Ludowinger praktizieren die *Gemeinderschaft*. Dies bedeutet wirtschaftlich die gemeinsame Nutzung und Verwaltung des ungeteilten Familenbesitzes »mit vereinter Hand«, politisch die gemeinsame Aktion der Familienmitglieder und die gegenseitige Stellvertretung und sozial eine strenge Familienplanung. Erbteilungen gibt es nicht.

2.2. Die dynastische Strategie des Takeda-Hauses ist diachronisch (»vertikal«) orientiert: Besonderes Gewicht kommt den Beziehungen zwischen den aufeinander folgenden Generationen zu. Das Haus der Takeda untersteht dem *Patriarchen (sōryō)*. Dieser besitzt die Verfügungsgewalt über den Hausbesitz und die Mitglieder des Hauses. Vor allem bestimmt er den Haupterben des Familienvermögens. Er führt als Oberhaupt des

Haupthauses auch die durch Erbteilung oder Heiratsbündnisse hervorgegangenen Nebenhäuser in einer lockeren Allianz.

> Welche dieser Strategien (außer denen es noch viele weitere geben mag) ist erfolgreicher? Der ludowingische Weg ist zweifellos effektiv, wenn es um konzertiertes Handeln eines kleinen Personenkreises geht. Er ist höchst diszipliniertes Kleingruppenmanagement. Der Takeda-Weg verzichtet weitgehend auf die innere Disziplin (immer wieder kommt es zur Rebellion der Söhne gegen den Patriarchen; übrigens nicht nur in Japan: man denke an die Söhne Albrechts des Entarteten von Meißen), sichert aber den langen Fortbestand des Hauses.

2.3. Die Stellung der Mitglieder des Hauses regelt sich durch ihre Stellung im Erbweg.

> In Thüringen herrscht *Primo*genitur, in Kai *Uni*genitur. Mit dieser Unterscheidung ist das Wesentliche schon gesagt. Bei den Ludowingern steht die häusliche Rangfolge und Rollenteilung qua Geburt fest, bei den Takeda muß sie unter Umständen ausgekämpft werden.

2.3.1. Die Ludowinger regeln vor allem das Verhältnis zwischen Geschwistern, um Erbstreit und Erbteilung zu verhindern. Dazu ist *Familienplanung* nötig.

2.3.1.1. In Thüringen werden Adoptionen und Vielehe nicht praktiziert. Die leiblichen Kinder der jeweils legalen Ehefrau besitzen das Erbmonopol.

2.3.1.2. Der älteste Sohn bekommt den Leitnamen der Familie und das wichtigste Amt (Landgrafenamt). Er ist der Hauptvertreter des Hauses und führt die Familiengeschäfte. Seine Söhne führen die nächste Generation nach demselben Muster.

2.3.1.3. Der zweitälteste Sohn bekommt das nächstwichtigste Amt (Grafschaft Hessen; Pfalzgrafschaft von Sachsen). Er bleibt in dieser Position unverheiratet oder kinderlos.

2.3.1.4. Weitere Söhne werden Kleriker oder übernehmen (selten) Nebenlinien, deren Nachkommen aus der häuslichen Gemeinderschaft ausscheiden.

2.3.1.5. Falls diese Ordnung durch Todesfälle oder andere Umstände undurchführbar wird, rücken die jeweils nächststehenden Verwandten in die offenen Positionen auf.

2.3.2. Die Takeda regeln vor allem das Verhältnis zwischen dem Patriarchen und seinem Haupterben. Vielehe und Adoption machen ein Aussterben nahezu unmöglich.

2.3.2.1. Der Patriarch führt das Haus und die Nebenhäuser (s. 2.1.2.) und bestimmt über die Verteilung des Erbes. Er ist gegenüber seinem Herrn der Vertreter des Hauses in militärischen (Heerfolge) und zivilen Angelegenheiten. Nach seinem Rückzug aufs Altenteil *(inkyo-bun)* soll sich der Patriarch von den Familiengeschäften fernhalten.

> Bei den Ludowingern gibt es kein Altenteil, anderswo in Deutschland aber sehr wohl gegeben. Funktional äquivalent ist andernorts, daß das Familienoberhaupt ins Kloster eintritt, »der Welt entsagt«. Die Wahrscheinlichkeit besteht immer, daß sich der Altenteiler doch noch in die Geschäfte des neuen Hausoberhauptes einmischt.

Stammland und alle dem Patriarchen speziell zukommenden Rechte *(sōryō-shiki)* sowie dessen Stellung in der Armee und Verwaltung des Landesherrn, dessen Hoftitel und dessen Lehen.

2.3.2.3. Sofern die Nebenerben *(shoshi)* nicht Nebenhäuser gründen und damit die Erbengemeinschaft verlassen (so vor allem während der ersten Phase der Takeda-Herrschaft in Kai im 12. und 13. Jahrhundert), werden sie mit Leibgedingen *(ichigo-bun)* ausgestattet, die nach ihrem Tod an das Haupthaus zurückfallen.

2.3.2.4. Über die Auswahl des Haupterben kommt es zwischen dem Patriarchen und seinen Erben häufig zu Streit, der die Einheit des Hauses bedroht.

2.3.3. Die Stellung der Frauen ist ambivalent. Sie können durch Heirat neues Erbe einbringen, aber auch zur Zersplitterung des Erbes beitragen.

2.3.3.1. In Thüringen ist nur Monogamie erlaubt. Legale Ehescheidungen sind schwierig zu erreichen. Die legale Ehefrau besitzt daher das Monopol, legitime Erben zu gebären. Kinderlosigkeit ist allerdings ein Scheidungsgrund. In Kai sind mehrere Ehefrauen erlaubt, die alle legitime Erben hervorbringen können. Polygamie vergrößert das Risiko von Streit zwischen den Erben; Monogamie vergrößert das Risiko des Aussterbens des Hauses.

2.3.3.2. Leibgedinge *(ichigo-bun)* als Ausstattung von Witwen und Töchtern sollen in Thüringen und Kai verhindern, daß Erbe durch (Wieder-)Verheiratung entfremdet wird.

2.3.3.3. In Kai stärkt die Einrichtung des Schwieger-Adoptivsohns *(muko-yōshi)* die Rolle der Töchter. Die auf diese Weise verheirateten Töchter bleiben im Haus, ihre Kinder übernehmen das Hauserbe. Einen funktional äquivalenten Weg findet man in Deutschland durch die subsidiäre Erbfolge der Witwen oder Töchter für ihre unmündigen Söhne.

2.4. Das Haus verbindet sich mit anderen Häusern durch Heiraten. Heirat kann Vermögenszuwachs bewirken.

2.4.1. Politisches Vermögen erwächst aus der Verbindung, indem die politische Stellung des Hauses durch den Gewinn eines (mächtigeren, gleichstarken oder abhängigen) Bundesgenossen stabilisiert wird (Abbau von Kontingenz).

2.4.2. Wirtschaftliches Vermögen kann gewonnen werden, wenn der Ehepartner erbberechtigt ist oder eine bedeutende Mitgift einbringt. Dies ist nicht immer der Fall.

2.4.2.1. Bei den Ludowingern werden die Schwiegertöchter in der frühen Phase des Herrschaftsaufbaus nach diesem Kriterium ausgewählt. Später überwiegt die politisch motivierte Auswahl. Bei den Takeda ist die Möglichkeit, über erbberechtigte Schwiegertöchter zu neuem wirtschaftlichem Vermögen zu kommen, praktisch nicht gegeben. Hier überwiegt stets die politisch motivierte Auswahl.

3. Kauf und Verkauf

Herrschaftliche kommerzielle Aktivitäten dienen hauptsächlich den Zielen, die eigene Herrschaft zu vergrößern (3.1.) oder herrschaftlichen Aufwand, Waffen und Ausrüstung zu finanzieren. Die Geschäftsbedingungen sind flexibel (3.2.).

3.1. Geschäfte über Land oder Rechte sollen den Herrschaftsraum »abrunden« oder Gemengelagen auflösen oder fremde Interventionen abwehren (Verringerung von Kontingenz).

> Wegen der besonderen Bedeutung solcher Geschäfte für das Erbe bedürfen Landverkäufe in der ludowingischen Gemeinderschaft der Zustimmung aller Erben. - Anders als in Thüringen läßt sich Arrondierung durch Landkauf in Kai nicht direkt belegen. Sicher hat es sie in der frühen Phase der Takeda-Herrschaft gegeben, als ganze Grundherrschaften oder auch einzelne Teile den Besitzer wechselten.

3.1.1. Betrug, Erpressung und Bestechung sind dabei gängige Mittel.

> Hier führt Handel nahtlos über in Beutemachen (s. 4.1.) oder sogar Ausbeutung (s. 4.2.).

3.1.2. Schuldverhältnisse werden, soweit möglich, herrschaftlich kontrolliert und genutzt.

> Die Bauern *schulden* dem Grundherrn Abgaben; wenn sie diese Schuld nicht begleichen können, drohen Schuldknechtschaft oder Desertion in eine andere Herrschaft. Land in Vasallenhand kann als Pfand eingesetzt werden, so daß die Gefahr besteht, daß es der Herrschaft entfremdet wird. Schuldverhältnisse ermöglichen also die Entfremdung von Land und Leuten. Die Kontrolle dieser Schuldverhältnisse ist herrschaftliches Anliegen, aber nicht umfassend verwirklicht. *Herrschaftlich systematisierte Nutzung von Schuldverhältnissen ist Ausbeutung* (s. 4.2.).

3.2. Die Geschäftsbedingungen können höchst unterschiedlich gestaltet werden. Verschiedene Finanzierungsarten können gemischt werden. Grund dafür ist mangelnde Liquidität und mangelnde Stabilität des Bargeldes. Geschäfte können sich auch in die Form von Geschenk (Stiftung) und Gegenleistung kleiden.

4. Beute und Ausbeutung

Beute (4.1.) und Ausbeutung (4.2.) gehören zu den grundlegenden, einträglichsten Strategien herrschaftlicher Besitzerweiterung.

4.1. *Beute* ist in einer unfriedlichen Handlung angeeigneter Besitz. Beutemachen ist stets ein Ziel einer aggressiven kriegerischen Unternehmung. Es ist stets riskant.

> Niemand kann das Gelingen einer kriegerischen Unternehmung vorherse-
> hen. Sie ist in hohem Maße kontingent und kann das Fortbestehen des
> Systems stark gefährden.

4.1.1. Ein (durchaus nicht seltener) Sonderfall einer kriegerischen Unternehmung ist der Beutezug durch eine fremde Herrschaft.

> Es destabilisiert die überfallene Herrschaft, wenn solche Beutezüge nicht
> abgewehrt werden können: Die Kontingenz wächst.

4.1.2. Burgen und Fronhöfe sind bevorzugte Objekte des Beutemachens, weil ihr Besitz die herrschaftliche Institutionalisierung der Ausbeutung (s. 4.2.) erleichtert.

> Der Vorteil der Dezentralisierung von Herrschaft ist, daß man den Verlust
> von ein paar Burgen oder Höfen leichter überstehen kann als den eines
> großen Zentrums (z.B. einer großen Stadt). Es ist umgekehrt auch leichter,
> solche kleinen Subzentren zu erobern. Dezentralisierung minimiert das
> Risiko für Angreifer und Verteidiger und damit die Kontingenz.

4.1.3. Geistliche Institute sind besonders häufig Opfer von Beutemachern, weil sie verhältnismäßig wohlhabend (oft Großgrundbesitzer) und schutzlos sind.

> Dagegen protestieren sie mit dem Vorwurf des Religionsfrevels. Dieser
> Vorwurf erzielt einige Wirkung, weil er ideologisch diskreditiert.

4.1.4. Verschleppung oder Geiselnahme zwecks Lösegeldforderung ist häufig.

> Mit Richard Löwenherz trifft es 1192 in Deutschland sogar einen englischen
> König. Im ritterlichen Turnier wird die Lösegelderpressung unter Herren
> später institutionalisiert. Aber es kann jeden treffen, der ein Lösegeld
> aufbringen kann.

4.1.5. Gegen nicht herrschaftlich sanktioniertes Beutemachen fördert die Herrschaft polizeiliche Maßnahmen: Sie garantiert Immunitäten; sie organisiert die Verfolgung und Bestrafung von Räubern und Friedensbrechern, auch in den eigenen Reihen.

> Täte sie dies nicht, geriete die innere Ordnung des Systems gefährlich
> außer Kontrolle: ein gefährlicher Zuwachs an Kontingenz.

4.2. *Ausbeutung* bedeutet die herrschaftlich institutionalisierte Aneignung von nicht auf eigene Kosten hergestellten Produkten (einschließlich Arbeitskraft) oder deren Mehrwerten. Sie kann legitim (4.2.1.) oder illegitim (4.2.2.) sein. Sie ist *verhältnismäßig risikolos*.

4.2.1. Ausbeutung infolge der zustehenden Herrschaftsrechte wird als legitim betrachtet. Sie trifft in der Form von Abgaben und Diensten grundsätzlich alle Produzenten von Produkten oder deren Mehrwerten (Bauern, Handwerker, Händler). Ausbeuter können ihrerseits ausgebeutet werden (z.B. geistliche Institute und andere Grundherren). Ausbeutung kann durch herrschaftliches Privileg ganz oder teilweise aufgehoben werden.

> Gegen diese Form von Ausbeutung wendet sich Elisabeth von Thüringen auf ideologischer Ebene. Aufstände der Bauern und anderer Ausgebeuteter sind im mittelalterlichen Kai vereinzelt, in anderen Gegenden Japans verbreitet zu beobachten. Häufig sind auch sie ideologisch motiviert (Aufstände der Ikkō-Sekte, *tokusei*-Aufstände gegen Zinswucher) und mit der »Revolution des gemeinen Mannes« von 1525 in Deutschland vergleichbar. Legitime Ausbeutung wird riskant, sobald ihre Legitimität nicht mehr anerkannt wird.

4.2.2. Ausbeutung durch Anmaßung der Herrschaft (unter Verletzung geltenden Herkommens *[dōri]* oder beurkundeter Privilegien) ist widerrechtlich, aber häufig. Sie trifft dieselben Personenkreise wie die legitime Ausbeutung. Gerichtliche Abhilfe kann vom Herrn des illegitimen Ausbeuters verlangt werden.

> Es liegt nahe, daß solche Konflikte entstehen, wenn sich verschiedene Ebenen von Herrschaft und daraus abgeleitete, einander entgegenstehende Ansprüche überlagern (z.B. durch Mediatisierung der kleinen Herren und die Schaffung eines allgemeinen Landrechtes). Der Herr muß Abhilfe schaffen, weil sonst die Rechtmäßigkeit seiner eigenen Aneignungsstrukturen fraglich wird und die von ihm garantierten Privilegien unterlaufen werden, d.h. die Kontingenz steigt. Er kann aber nicht so stark durchgreifen, daß er die Stützen seiner Aneignungsstrukturen - die kleinen Herren, auf deren Hilfe er angewiesen ist - dadurch ernstlich gefährdet. Rechtsprechung in diesen Fällen ist überaus riskant.

I. ABHÄNGIGE UND HERREN

Die Leitfrage lautet: Wie werden die unterschiedlichen, für das System relevanten Personengruppen integriert?

1. Die Untertanen

Die Untertanen (Nichtvasallen) werden von den Herrschern in ständisch definierten Gruppen behandelt (1.1.). Diese Gruppen sind als kommunale Korporationen organisiert (1.2.). Kommunale Autonomiebestrebungen können das Herrschaftssystem gefährden (1.3.). Die ständische und kommunale Organisation soll daher durch herrschaftliche Sanktionierung und Rechtsprechung stalisiert werden (1.4.).

1.1. Ein »Stand« ist eine durch relativ gleichartige Tätigkeiten, Rechte und Herkunft definierte Personengruppe. Er nimmt spezielle Funktionen im System wahr. Es gibt einen Herrenstand, der wirtschaftliche Macht mit militärischer verbindet und sich hierarchisch gliedert. Der Rest der Bevölkerung (Untertanen; der »gemeine Mann« bzw. *jigenin*) kommt teils aus dem alten Stand der Freien *(ryōmin)*, teils aus dem der Unfreien *(senmin)* und differenziert sich zunehmend funktional: In Bauern, Händler und Handwerker (bzw. die beiden letzten Gruppen zusammen: Städter/Bürger). Alle Untertanen weisen also ein gemeinsames Merkmal auf: Sie arbeiten (produzieren). Die Herrscher dagegen organisieren die Produzenten und eignen sich Teile ihrer Produktion an.

> Diese Definition kommt der Darstellung bei Peter Blickle: *Deutsche Untertanen - Ein Widerspruch*, München 1981, sehr nahe. Wilhelm Schwer: *Stand und Ständeordnung im Weltbild des Mittelalters*, Paderborn, 2. Aufl. 1970, führt den sehr hilfreichen Begriff der »feudal-herrschaftsständischen Ordnung« (S. 81) ein, die zunächst »durch die brutalen Tatsachen von Macht und Besitz begründet« war (S. 51), dann aber berufsethisch durchdrungen wurde und schließlich zur berufsständischen Ordnung transformiert wurde. Während die thüringische Gesellschaft zur Zeit der Ludowinger noch stark herrschaftsständisch geprägt erscheint, wird sie in Kai unter den späten Takeda bereits deutlich berufsethisch gezeichnet.

1.2. Die Organisation der Untertanen-Stände in kommunalen Korporationen wird von den Herrschern gefördert, sofern sie das System nicht in Frage stellt. Sie bewegt sich historisch von der herrschaftlich dominierten Genossenschaft zu der teilemanzipierten Gemeinde.

> Die Genossenschaft (z.B. eines Herrenhofs) steht in allen Einzelheiten unter herrschaftlicher Kontrolle, die Gemeinde (z.B. eines Dorfes) nicht mehr (vgl. Blickle, *Deutsche Untertanen*, a.a.O., S. 23-35). Die hohe Komplexität einer Grundherrschaft (s. A.2.1.2.) führt zu unterschiedlich intensiver Herrschaft über die Untertanen. Je höher der Anteil nicht eigenwirtschaftlichen Besitzes und der Anteil nichtagrarischer Geschäfte wird, desto weniger sind die Herrscher zu einer omnipräsenten persönlichen Kontrolle in der Lage. Die Gewährung gemeindlicher Strukturen reduziert die Komplexität der Herrschaft und erlaubt, die Intensität der Herrschaft auf ein Gleichmaß zu bringen. Die Untertanen organisieren sich flächendeckend in ähnlichen Strukturen und erleichtern dadurch herrschaftliches Handeln. Also reduziert die kommunale Organisation Kontingenz. Die Herrschaft schreibt die Prinzipien dieser Organisation vor oder bestätigt sie.

1.2.1. Die Zugehörigkeit zu einer Korporation bestimmt sich nach dem lokalen Prinzip. Das betrifft die Bauern einer Grundherrschaft ebenso wie die Bewohner eines Dorfes, einer Stadt oder einer Region.

1.2.2. Die Bauern (agrarischen Produzenten) bilden eigene Gemeinden (Landgemeinden *[gō]*) mit gemeinsamem Besitz (Allmende, *iriai-chi*) und begrenzter Selbstverwaltung und eigenen Gewohnheiten *(dōri)*.

1.2.2.1. Die thüringischen Rodungsbauern sind wichtige, ursprüngliche Elemente der Herrschaftsbildung. Sie erhalten deswegen eine herrschaftlich privilegierte Stellung. Da die Herrschaft der Ludowinger praktisch von diesem Punkt ausgeht, kann diese Sonderstellung der Rodungsbauern zum Modell für andere ständische Gruppen - die Handwerker und Händler in den Städten - werden.

1.2.2.2. Das kommunale Organisationsprinzip der Takeda orientiert sich wesentlich an den lokalen, Schwurgemeinschaften ähnlichen Korporationen *(shu)* aller Stände.

1.2.2.3. Ein beachtenswerter Unterschied zwischen den kommunalen Strukturen in Thüringen und Kai ist, daß sie in Thüringen Elemente der genossenschaftlichen Wahl enthalten (Wahl der Dorfbeamten), in Kai dagegen Elemente der quasi-familiären Bindung (Verschwägerung) und damit Erblichkeit. Diese beiden Wege scheinen funktional äquivalent und prägen die kommunale Selbstverwaltung in ihren Ländern bis in die Gegenwart.

> Dieser Unterschied zeigt sich auch im jeweiligen Herrenstand: Die Vasallen von Meißen »erwählen« ihren Landesherrn ebenso wie die deutschen Fürsten ihren König; dagegen bestimmt das Erblichkeitsprinzip die Nachfolge entsprechender Ämter in Kai und Japan.

1.2.3. Handwerker und Händler (die nichtagrarischen Produzenten), die auch gemeinsam als Städter behandelt werden können, falls sie in Städten wohnen, erhalten eigene Ordnungen und Privilegien.

1.2.3.1. Die meisten ludowingischen Städte sind ähnlich verfaßt wie die Gemeinden der Rodungsbauern. Es gibt keine »ludowingische Stadtrechtsfamilie« mit städtischem Sonderrecht. Der Herrscher ordnet Handel und Handwerk. Die landgräflichen Beamten werden Bürger ihrer Städter. Das Stadtsiegel symbolisiert die städtische Rechtsgemeinde.

1.2.3.2. Die Takeda ordnen Markt und Handwerk in Zünften *(za)* und behandeln Marktgemeinschaften *(machi)* sehr ähnlich wie Dorfgemeinschaften.

1.3. Die kommunale Organisation kann die Ziele des Gesamtsystems nicht gefährden; insbesondere, wenn sie die herrschaftlichen Aneignungsstrukturen von Produkten und Arbeitskraft (bei den Takeda auch: Wehrkraft) negiert. Eigenständig handelnde Gemeinden stehen oft in einer ambivalenten Haltung zum Herrscher.

> Die Gefahr für die herrschaftliche Ordnung besteht darin, daß die kommunal organisierten Gruppen die ihnen zugestandene Freiheit nutzen, um sich vollständig zu emanzipieren. Dies bedeutet eine existentielle Gefährdung des Gesamtsystems. Die erwünschte Verringerung von Kontingenz durch die Förderung kommunaler Organisationsformen (1.2.) und ihre unerwünschte Vergrößerung durch das anschließende Streben der Kommunen nach vollständiger Autonomie liegen gefährlich nah beieinander.

1.4. Um die Kontrolle über die Untertanen nicht zu verlieren, soll die ständische und kommunale Organisation durch herrschaftliche Sanktionierung und Rechtsprechung stalisiert werden. Besonders wichtig ist die Eindämmung der sozialen und räumlichen Mobilität.

1.4.1. Arme und als unehrlich definierte Berufe (wie Prostituierte, Lederhersteller; *hinin*) werden von den übrigen Untertanen rigoros getrennt.

1.4.2. Das regellose Entlaufen von Untertanen (Schulden- oder Fahnenflucht) wird streng geahndet.

2. Der Verwaltungsstab

Der Verwaltungsstab gehört zur hausherrschaftlichen Organisation (2.1.) und ist deshalb dem Herrscher persönlich verpflichtet (2.2). Der Herrscher muß sie für ihren Dienst belohnen (2.3.). Der Verwaltungsstab ist formal hierarchisiert und funktional differenziert (2.4.). Mangelnder strategischer Erfolg des Systems gefährdet den Zusammenhalt des Verwaltungsstabes (2.5.)

2.1. Die Mitglieder des Verwaltungsstabes (Vasallen und Ministerialen) gehören zum Haus des Herrschers.

2.1.1. Die quasi-familiäre Organisation der Takeda ist besonders detailliert und rigoros: Gefolgschaftsväter-System *(yorioya/yoriko)* und lokale, familiär verbundene Gruppen *(shu)* werden gefördert und geschützt.

2.2. Die Vasallen verpflichten sich zum Dienst am Herrscherhaus durch einen Treueid.

2.3. Der Herrscher besorgt seinen Vasallen für ihren Dienst angemessene Ausstattung, v.a. Lehen, und verfolgt eine Versorgungspolitik, die dies ermöglichen soll.

2.3.1. In der beiderseitigen Beziehung herrscht das Leistungsprinzip.

2.3.1.1. Das Leistungsprinzip wird von den Takeda besonders institutionalisiert: Kopfregister *(kubi-chō)* und herrschaftliche Dankschreiben für überragende Verdienste *(kanjō)* werden angelegt. Später versachlichen sich die Beziehungen, statt persönlicher Dankschreiben gibt es Besitzbestätigungen *(andojō)*.

2.4. Der Verwaltungsstab wird formal hierarchisch strukturiert; es herrscht eine starke Binnendifferenzierung nach Status und Funktion, die in Titeln und Zeremoniell deutlich wird und militärisch dominiert ist.

2.4.1. Die Ludowinger richten Hofämter ein. Sie schaffen einen eigenen Dienstadel, dessen Mitglieder Grafen- und Rittertitel tragen. Hofdienst und »Höfischkeit« werden thematisiert. In der späten Phase ihrer Herrschaft beginnen die Ludowinger, ihre Vasallen in einem Ritterorden zu organisieren.

2.4.2. Die Takeda schaffen abgestufte Ränge in ihrer Verwaltung. Anredeformen *(kō, tono)* und vom Kaiserhof übernommene Titel, ein spezielles Dienstrecht (Hausgesetz) und Hauszeremoniell (Feste, Festessen) stabilisieren diese hierarchische Ordnung.

2.5. Falls keine Belohnungen zu vergeben sind, weil die Besitzergreifungsstrategien des Herrschers keinen Erfolg haben, verfällt die Loyalität der Vasallen schnell. Die Herrschaft versucht sich gegen die Desintegration zu sichern durch religiös sanktionierte

Treueide und die exemplarische Bestrafung von Untreue.
2.5.1. Die Takeda versuchen außerdem Desintegration durch inneren Zwist zu verhindern. Sie verbieten und richten über Streit unter Vasallen und schränken die Blutrache ein.

3. Herren

Das Herrschaftssystem ist über die Figur des Herrschers übergeordneten Herrschaftssystemen angeschlossen (3.1.). Der Herrscher sucht seine Unabhängigkeit trotzdem zu wahren, so daß die Beziehungen zur übergeordneten Ebene instabil sind (3.2.).
3.1. Ludowinger und Takeda sind als Landesherren in die jeweilige Reichsordnung eingebunden. Als motivierendes Integrationsmedium erweisen sich Lehen (von Ämtern oder Land).
3.1.1. Die Ludowinger sind als vom König belehnte Reichsfürsten an Handlungen der Reichsorgane - Königswahl, Reichstagen, Reichsrechtsprechung, Reichsfesten, Kriegs- und Kreuzzügen - aktiv beteiligt. Die Ludowinger sind als Vögte und Lehensleute von geistlichen Instituten auch in deren Herrschaftssysteme einbezogen. 3.1.2. Die Takeda beteiligen sich in der Kamakura-Zeit (1192-1333) als belehnte Militärgouverneure und Vögte an Handlungen des *shōgun* und seiner Vertreter als der politischen Machthaber im Reich, wie kriegerischen Unternehmungen, Kyōto-Zügen, Wachdiensten und Zeremonien in Kamakura und Kyōto. Seit dem späten 16. Jahrhundert beteiligen sie sich als Bündnispartner des *shōgun* an politischen und kriegerischen Unternehmungen; zeremonielle Verpflichtungen sind praktisch unbedeutend geworden. Die Takeda sind in der Kamakura- und frühen Muromachi-Zeit als Vögte von geistlichen Instituten und (auch später noch) Titularbeamte des Kaiserhofes in deren Herrschaftssysteme einbezogen.
3.2. Solche Bindungen werden durch unabhängiges Handeln des Herrschers wesentlich geschwächt.
3.2.1. Die Ludowinger beteiligen sich an Widerstand gegen den König (ihren Lehensherrn), wechseln während Thronstreitigkeiten unter Verletzung von Treueschwüren nach Opportunität die Seiten und lassen sich schließlich zur Annahme des Titels eines Gegenkönigs bewegen. Die geistlichen Institute beklagen sich häufig über gegen ihre Interessen gerichtete Aktivitäten der Ludowinger.
3.2.2. Die Takeda beteiligen sich am Widerstand gegen die Minamoto (ihre Lehensherren in der Kamakura-Zeit) und Ashikaga (ihre nominellen Lehensherren in der Muromachi-Zeit) und deren Vertreter und am Kampf gegen die Kaisertreuen (im 13. und 14. Jahrhundert). Als Vögte werden sie während der Kamakura-Zeit wiederholt von geistlichen Instituten beschuldigt, ihr verliehenes Amt mißbraucht zu haben.

> Die Ludowinger und die Takeda verhalten sich gegenüber ihren Herren qualitativ nicht anders als ihre Vasallen. Da sich jedoch sowohl im Deutschen Reich als auch in Japan die »zentrifugalen Gewalten« (Mitteis

1986.248) gegen die Reichsgewalten durchsetzen können, brauchen sie Sanktionen weniger zu fürchten als die Vasallen, über die sie als Landes- und Lehensherren effektive Herrschaft ausüben. Die Reichsgewalten können die Entfremdung der einst von ihnen verliehenen Herrschaft in den Ländern trotz aller Bemühungen auf Dauer nicht verhindern, weil sie keine hinrei- chende Motivation für eine freiwillige Integration bieten und keine Kraft für eine zwangsweise Integration aufbringen können. Die Takeda stellen dabei noch eine seltene Ausnahme unter den gleichzeitigen japanischen Landesherren dar: Die meisten anderen sind gar keine *shugo* oder andere (wenn auch nur nominelle) Amtsträger des *shōgun* mehr, sondern Herren aus eigenem Recht; sie haben sich ihre Herrschaft erobert wie Oda Nobu- naga oder Tokugawa Ieyasu. Es gibt niemand über ihnen, der sie daran hindern könnte. Es gibt keine Ordnung mehr, in die man sie integrieren könnte.

L. Geben und Nehmen

Die Leitfrage dieses Abschnitts lautet: Welche kulturellen Muster bilden den latenten Hintergrund des herrschaftlichen Handelns und sichern ihm Akzeptanz?

1. Milde und Gnade

Herrschaft ist *konzeptionell mit Reichtum verbunden*, weil der Herr die Armen ernähren muß: Gute Werke an den Untertanen legitimieren die Herrschaft vor Göttern und Menschen (1.1.). Angemessenes Teilen mit den Vasallen ist ebenfalls Herrscherpflicht, weil Herren und Vasallen sich als feudale Zugewinngemeinschaft verstehen (1.2.). 1.1. Durch Gnadenakte wie Almosen, Stiftungen und gemeinsame Festessen rechtfertigt sich die Herrschaft vor Göttern und Untertanen. Die Armen (Machtlosen) werden mit ihren Herren, die sie ausbeuten, durch deren gute Werke versöhnt.

Ausgangspunkt dieser gemeinsamen christlichen, buddhistischen und konfuzianischen Vorstellung ist die Notwendigkeit einer ideologischen Legitimierung der (reichen) Herrschaft. »In der wirklichen Geschichte spielen bekanntlich Eroberung, Unterjochung, Raubmord, kurz Gewalt die große Rolle. In der sanften politischen Ökonomie herrschte von jeher die Idylle«, polemisiert Karl Marx (*Das Kapital*, 1. Bd., 21. Aufl. Berlin 1975, S. 742) mit Blick auf die zu seiner Zeit gängigen Erklärungsmuster der »ursprünglichen Akkumulation« von Kapital: »Die Legende vom theologischen Sündenfall erzählt uns ..., wie der Mensch dazu verdammt worden sei, sein Brot im Schweiße seines Angesichts zu essen; die Historie vom ökonomischen Sündenfall aber enthüllt uns, wieso es Leute gibt, die das keineswegs nötig haben« (ebd. S. 741). Im Mittelalter geht es allerdings nicht darum, sattsam bekannte, weil augenfällige Gewalt zu verschleiern: Vielmehr wird die

Akkumulation von Herrschaft und Reichtum *teleologisch*, aus ihrer Bestimmung heraus rechtfertigt, den Armen und Machtlosen zu helfen. Man kann somit Herrschaft als durch die Gesetze von Natur und Gottheit verordnet begründen, sofern und solange sie als Werkzeug göttlichen Willens gegenüber den Beherrschten gilt. Dies muß die Herrschaft in gnädigem Handeln immer wieder beweisen, um ihre Legitimität zu reproduzieren. Gnade wirkt also kontingenzverringernd.

1.2. Herrscher und Vasallen verstehen sich als *feudale Zugewinngemeinschaft*: Die Verteilung von Lehen und andere »Wohltaten« (beneficium, *on*) legitimieren den Herrscher gegenüber seinen Vasallen. Der Herr ist Herr, weil er sie beschenkt. Für Milde und Geschenke wird ein symbolischer Bezugsrahmen mit Festen, Mahlzeiten und anderen Zeremonien (wie Turnieren und Jagden) geschaffen. In diesem Rahmen demonstrierte herrscherliche Verschwendung gilt als Beweis der Herrscherfähigkeit.

Dem ausgebauten herrschaftlichen Verwaltungsstab gelingt die Aneignung von Besitz in einem Umfang und einer Regelmäßigkeit, die ein kleiner Herr auf sich allein gestellt nicht erbringen kann. Der Verwaltungsstab besteht aus solchen kleinen Herren, die auf eine unabhängige Herrenexistenz zugunsten des Dienstes zum größten Teil verzichten. Dafür erwarten sie von ihrem Dienstherrn Sicherheit: Seine Zuwendungen ermöglichen ihnen eine standesgemäße Lebensführung, obwohl ihnen die eigenständige wirtschaftliche Basis hierzu fehlt. Diese Zuwendungen werden in eine Form gekleidet, welche die Zugehörigkeit der Vasallen zum Herrenstand bestätigen soll. Es ist die herrenständische Ideologie der Ritter und *bushi*, die aus solchen Überlegungen spricht, und sie wird geboren aus dem Wissen, daß die überwältigende Mehrheit des Herrenstandes weder reich noch mächtig ist, sondern anderen dient, die beides wirklich sind, und aus der Ahnung, daß diese Tatsache wirtschaftlich und psychologisch schwer zu ertragen war. »Ich han min lehen, al die werlt, ich han min lehen: / nu enfürhte ich niht den hornunc an die zehen ... Ich bin ze lange arm gewesen an minen danc, / ich was so voller scheltens daz min atem stanc«, dichtete Walther von der Vogelweide, als er endlich, nach jahrelangem Dienst, ein Lehen erhielt - spürbar erleichtert, befreit von Existenzangst und befreit vom (selbstverächtlich als widerlich empfundenen) Groll auf seine so lange undankbaren Herren.

2. Gerechtigkeit und Geschick

Gnade soll sprichwörtlich vor Recht ergehen: Aber den tugendhaften Herrscher zeichnet praktizierte Gerechtigkeit aus (2.1.). Über Gerechten und Ungerechten geht dennoch gleichermaßen die Sonne auf: Über allen waltet das Schicksal (2.2.).

2.1. Die Aussicht auf Gerechtigkeit verschafft Sicherheit, wirkt also kontingenzverringernd.

2.1.1. Herrscherlicher Willkür werden geistliche und weltliche Strafen und Gerichte entgegengesetzt, weil sie das System zu anarchisieren droht. Sie bricht trotzdem immer wieder durch.

> Die geistlichen Strafen werden deshalb gern gegen die allerhöchste Herrschaftsebene angeführt, weil es keine Instanz gibt, welche sie effektiv mit säkularen Strafen belegen könnte. Anders ist dies bei abhängigen Herren: Das Gericht ihres Oberherrn als Sprachrohr des oberherrschaftlichen Willens kann sich als systemstabilisierende Kraft beweisen, indem es kleinherrscherliche Willkür einschränkt und somit die Kontingenz verringert.

2.1.2. Rechtskodifikation und -sprechung gewährt Rechtssicherheit durch die Anerkennung alter, die Setzung neuer oder die Modifikation bestehender Regeln. Sie setzt ein Mindestmaß an Verstetigung der Herrschaft voraus.

> Daß die rechtlichen Grundlagen des herrschaftlichen Handelns fixiert werden, bezeichnet den Willen zur Kontinuität und leistet damit ein Beitrag zur Verringerung der Kontingenz: Rückwärtsgewandt (durch die Garantie bestehender Rechte, des *dori*) und/oder vorwärtsgewandt (durch den Ausdruck des Willens, genanntes Recht *in Zukunft* anzuwenden). Damit dies überhaupt praktikabel ist, muß die Herrschaftsorganisation im selben Grade fixiert sein; dazu gehören elementar eine Gerichtsorganisation und ein Archiv (oder entsprechende »Speichermedien«). Hieraus rührt eine Hauptwurzel der Bürokratisierung. Bei den Takeda sind sogar Ansätze einer Verwaltungsgerichtsbarkeit zu sehen, die auf den modernen Staat hinweisen.

2.2. Weil mildes und gerechtes Handeln den Erfolg eines Herrschers nicht garantieren können, werden Glück und Unglück teleologisch erklärt (als Wille des Himmels = *fortuna* oder *tentō*). Der fähige Herrscher nutzt sein Glück, kann es aber nicht machen.

> Das schon von Sallust diskutierte Zusammenspiel von *fortuna* und *virtus* gefährdet die mühsam geschaffene Sicherheit. Die Schicksalswende muß in einer höheren Ebene verstanden werden als ordentlicher Ausdruck eines höchsten, übermenschlichen Willens. Nur in dieser Form wird die Kontingenz erträglich. Freilich ist diese Konstruktion sehr gewagt. Wenn das Urteil *un no tsuki* (»Ende des Glücks«) lautet, ist das System nicht mehr zu retten; wenn dies so ausgesprochen werden kann, gewinnen die desintegrierenden Kräfte die Oberhand.

2.2.1. Daher empfiehlt sich das daoistische *wúwéi* als rechte Haltung des Herschers: Sich nicht einmischen in den natürlichen Gang der Dinge. Die Aufgabe des Herrschers ist, das, was ihm zur Verfügung steht, sparsam, rationell und geschickt zu nutzen.

> Dies ist aktive Schicksalsergebenheit, kein Getriebenwerden von den

Ereignissen. Man kann nicht aufhalten, was kommen muß, aber man soll es auch nicht durch falsches Verhalten beschleunigen. Man soll das Schicksal auch nicht versuchen; deshalb auch in Thüringen die Warnung an den Fürstensohn vor gefährlichen Ritterspielen. Die Haltung Hermanns I. während des welfisch-staufischen Krieges ist ein Musterbeispiel für *wúwéi*.

2.2.2. Den Willen des Himmels kann man durch Kulthandlungen zu erforschen und zu beeinflussen versuchen: Losen, Wahrsagen, religiöse Eide usw. werden Mittel der Politik.

Schrifttumsverzeichnis

I. DIE LUDOWINGER UND THÜRINGEN

a. Quellen

Altenburger Urkundenbuch 976-1350
Hg. Hans Patze (Veröff. d. thür.
Historischen Kommission 5). Jena 1955.
Annales Breves Domus Ordinis Theutonici
Marburgensis
Hg. Oswald Holder-Egger.
MGH SS 30:1. 1896. S. 4-5
Annales Breves Wormatienses
Hg. Karl Pertz.
MGH SS 17. 1861. S. 74-79
Annales Erphesfurdenses
Hg. Georg Heinrich Pertz.
MGH SS 6. 1844. S. 536-541
Annales Erphordenses
Hg. Georg Heinrich Pertz.
MGH SS 16. 1859. S. 26-40
Annales Magdeburgenses
Hg. Georg Heinrich Pertz.
MGH SS 16. 1859. S. 105-196
Annales Marbacenses
Hg. Roger Wilmans.
MGH SS 17. 1861. S. 142-182
Annales Pegavienses et Bosovienses
Hg. Georg Heinrich Pertz.
MGH SS 16. 1859. S. 232-270
Annales Sancti Disibodi
Hg. Georg Waitz.
MGH SS 17. 1861. S. 4-30
Annales Sancti Petri Erphesfurdenses
Hg. Georg Heinrich Pertz.
MGH SS 16. 1859. S. 15-25
Annalista Saxo
Hg. Georg Waitz.
MGH SS 6. 1844. S. 542-777
Becher, Charlotte/Gamber, Ortwin (Hgg.)
Die Wappenbücher Herzog Albrechts VI.
von Österreich. Wien/Köln/Graz. 1986

Caesarius von Heisterbach
Das Leben der hl. Elisabeth.
Hg. A. Huyskens.
In: Hilka, Wundergeschichten des
Caesarius von Heisterbach 3, S. 344-381
Caesarius von Heisterbach
Die Predigt über die Translation der hl.
Elisabeth. Hg. A. Huyskens.
In: Hilka, Wundergeschichten des
Caesarius von Heisterbach 3, S. 381-390
Chronica minor auctore Minorita
Erphordiensi
Hg. Oswald Holder-Egger.
MGH SS 24. 1879. S. 172-213
Chronicon Gozecense
Hg. Rudolf Koepke.
MGH SS 10. 1852. S. 140-157
Chronicon montis Sereni
Hg. E. Ehrenfeuchter.
MGH SS 23. 1874. S. 130-226
Codex diplomaticus Anhaltinus
T. 1-2. Hg. Otto von Heinemann. Dessau.
1867-1875
Codex diplomaticus Saxoniae regiae
T. 1: Urkunden der Markgrafen von
Meißen und Landgrafen von Thüringen.
3 Bde.
Hg. Otto Posse. Leipzig. 1882-1898
Cronica Reinhardsbrunnensis
Hg. Oswald Holder-Egger.
MGH SS 30:1. 1896. S. 482-656
Cronica Sancti Petri Erfordensis Moderna
Hg. Oswald Holder-Egger.
MGH SS 30:1. 1896. S. 335-481
De fundatoribus monasterii Diessensis
Hg. Philipp Jaffé.
MGH SS 17. 1861. S. 328-331
De primordiis ordinis Theutonici narratio
Scriptores Rerum Prussicarum I. 1866.
S. 220-225

Diemar, Hermann
Stammreihe des Thüringischen Land-
grafenhauses und des Hessischen
Landgrafenhauses bis auf Philipp den
Großmütigen. ZS. D. V. F. HESS. GESCH. U.
LANDESKUNDE N.F. 27. 1903. S. 1-12

Dobenecker, Otto (Hg.)
Regesta diplomatica necnon epistolaria
historiae Thuringiae. 4 Bde. Jena.
1896-1939.

E chronico Alberici, monachi Trium
Fontium
Hgg. Guigniaut/de Wailly.
Recueil des Historiens des Gaules et de la
France 21. 1968. S. 594-630
(Zuerst 1855)

Eike von Repgow
Sachsenspiegel. Landrecht. Hg. Karl A.
Eckhardt. MGH Font. iur. n.s. 1955

Ekkehardi Chronicon
Hg. Georg Waitz. MGH SS 6. 1844.
S. 1-267

Emonis et Menkonis Werumensium
Chronica
Hg. Ludwig Weiland. MGH SS 23. 1874.
S. 454-572

Epistolae saeculi XIII e regestis pontificum
Romanorum
2 Bde. Hg. Karl Rodenberg (MGH Epp.
saec. XIII). Berlin. 1883-1887

Ex Mathei Parisiensis cronicis maioribus
Hg. Wilhelm Wattenbach.
MGH SS 28. 1888. S. 107-389

Ex Radulfi de Diceto imaginibus
historiarum
Hg. Michel-Jean-Joseph Brial.
Recueil des Historiens des Gaules et de la
France 17. 1818. S. 615-660

Genealogia Principum Reinhardsbrunnensis
Hg. Oswald Holder-Egger.
MGH SS 30:1. 1896. S. 656-658

Gisleberti chronicon Hanoniense
Hg. Wilhelm Arndt.
MGH SS 21. 1869. S. 481-601

Grimm, Jacob (Hg.)
Weisthümer. 3. T. Göttingen. 1842

Henric van Veldeken
Eneide I (Hg. Gabriele Schieb/Theodor
Frings). Berlin. 1964

Hilka, A. (Hg.)
Die Wundergeschichten des Caesarius von
Heisterbach. Bd. 3. Köln. 1937

Historia brevis principum Thuringie
Hg. Georg Waitz.
MGH SS 24. 1879. S. 819-822

Historia Diplomatica Friderici Secundi
Hg. J.-L.-A. Huillard-Bréholes. 6 Bde.
Paris. 1852-1860

Historia Welforum
Hg. Erich König (= Schwäbische
Chroniken der Stauferzeit 1).
Stuttgart/Berlin. 1938

Jean de Joinville
Histoire de Saint Louis. Hg. N. de Wailly.
Paris. 1868

Karpe, Georg (Hg.)
Die Wartburg über Eisenach.
Quellenmaterial zu ihrer Geschichte bis
zur Mitte des 19. Jahrhunderts aus den
Beständen der Universitätsbibliothek Jena.
Jena. 1967

Konrad von Mure
Clipearius Teutonicorum. In: Felix
Malleolus [Hemmerlin]. De nobilitate et
rusticitate dialogus. Straßburg o.J.
Fol. 108-109

Kreuzfahrt des Landgrafen Ludwigs des
Frommen von Thüringen
Hg. Hans Naumann.
MGH Deutsche Chroniken. 1923

Lippert, Woldemar/Beschorner, Hans
(Hgg.)
Das Lehnbuch Friedrichs des Strengen,
Markgraf von Meißen und Landgrafen von
Thüringen 1349/50. Leipzig. 1903

Mainzer Urkundenbuch
Hg. M. Stimming. 1. Bd. Darmstadt.
1932

Maurer, Friedrich (Hg.)
Die Lieder Walthers von der Vogelweide.
1. Bd.: Die religiösen und die politischen
Lieder. Tübingen. 1967 (5. Aufl.)

Monumenta Germaniae historica
Legum sectio IV: Constitutiones et acta
publica. Hg. Ludwig Weiland. 2 T.
Hannover. 1893-1896

Nussard, Robert (Hg.)
Le Rôle d'Armes Bigot (= Documents d'Héraldique Médiévale 2). 1985
Ottos Morena und seiner Fortsetzer Buch über die Taten Kaiser Friedrichs
Hg. Franz-Josef Schmale.
In: Ders. (Hg.). *Italische Quellen über die Taten Kaiser Friedrichs I. in Italien* (= Ausgew. Quellen zur Dt. Gesch. d. Mittelalters 17a). Darmstadt. 1986
Peter von Dusburg
Chronik des Preussenlandes (Hgg. Klaus Scholz/Dieter Wojtecki) (= Ausgew. Quellen z. Dt. Gesch. d. Mittelalters 25). Darmstadt. 1984
Quellen zur älteren Geschichte des Städtewesens in Mitteldeutschland
T. 1 (= Quellen zur mitteldeutschen Landes- und Volksgeschichte 1). Weimar. 1949
Recueil des Actes de Philippe Auguste
Hg. J. Monicat/J. Boussard. Paris. 1966
Recueil des Historiens des Gaules et de la France
Bd. 16 (Hg. Brial). Paris. 1813
Register Innocenz' III.
1. Pontifikatsjahr, 1198/9. Texte (Hgg. Othmar Hageneder/Anton Haidacher). Graz/Köln. 1964
Reinhardsbrunner Briefsammlung
Hg. Friedel Peeck (MGH Epp. sel. 5). München. 1985 (Zuerst 1952)
Rothe, Johannes
Düringische Chronik (= Thüringische Geschichts-Quellen 3).
Hg. R. von Liliencron. Jena. 1859
Rothe, Johannes
Der Ritterspiegel. Hg. H. Neumann. Halle. 1936
Seyler, Gustav A.
Geschichte der Heraldik (= J. Siebmachers großes Wappenbuch Bd. A). Neustadt a.d. Aisch. 1970 (Zuerst 1885-1889)
Sigebodis Continuatio Aquicinctina
Hg. Ludwig Konrad Bethmann. MGH SS 6. 1844. S. 268-474

Urkundenbuch der Deutschordens-Ballei Hessen
Hg. Arthur Wyss. (= Hess. Urkundenbuch, 1. Abt.) Osnabrück. 1965 (Ndr.)
Urkundenbuch der Deutschordensballei Thüringen
1. Bd. Hg. Karl H. Lampe (= Thüringische Geschichtsquellen N.F. 7). Jena. 1936
Urkundenbuch der Erfurter Stifter und Klöster
T. 1. Hg. Alfred Overmann (= Geschichtsquellen d. Provinz Sachsen u. d. Freistaates Anhalt N.F. 5). Magdeburg. 1926
Urkundenbuch der Stadt Erfurt
1. T. Hg. Carl Beyer (= Geschichtsquellen der Provinz Sachsen 23). Halle. 1889
Urkundenbuch der Stadt Jena
1. Bd. Hg. J.E.A. Martin (= Thüringische Geschichtsquellen N.F. 3). Jena. 1888
Urkundenbuch der Vögte von Weida, Gera und Plauen
1. Bd. Hg. Berthold Schmidt (= Thüringische Geschichtsquellen N.F. 2). Jena. 1885
Urkundenbuch des Hochstifts Meißen
Hg. E.G. Gersdorf. Leipzig. 1864
Urkundenbuch des Hochstifts Naumburg
Hg. K. Herquet (= Geschichtsquellen der Provinz Sachsen N.R. 1). Magdeburg. 1925
Urkundenbuch des Klosters Frauensee 1202-1540
Hg. Waldemar Küther (= Mitteldeutsche Forschungen 20). Köln. 1961
Urkundenbuch des Klosters Kaufungen in Hessen
1. Bd. Hg. Hermann v. Roques. Kassel. 1900
Urkundenbuch des Klosters Pforte
1. Halbbd. (1132-1300). Hg. Paul Boehme. Halle. 1893
Urkundenbuch für die Geschichte des Niederrheins
Hg. Theodor Joseph Lacomblet. 4 Bde. Aalen. 1960 (Zuerst 1840-1858)

*Urkundenbuch zur Geschichte der Herzöge
von Braunschweig und Lüneburg und ihrer
Lande*
  Hg. H. Sudendorf. Hannover. 1859
Urschwabenspiegel
  Hg. Karl August Eckhardt (= Bibliotheca
  rerum historicarum. S. 4. Ius Suevicum 1).
  Aalen. 1975
Vincentii Pragensis Annales
  Hg. Wilhelm Wattenbach.
  MGH SS 17. 1861. S. 654-710
Walther von der Vogelweide
  Gedichte (Hg. Peter Wapnewski).
  Frankfurt. 1962
Wernher von Elmendorf
  Moralium dogma philosophorum deutsch.
  Hg. Joachim Bumke. Tübingen. 1974
Winkelmann, Eduard (Hg.)
  Acta Imperii Inedita Saeculi XIII et XIV.
  Aalen. 1964 (Zuerst 1880)

b. Darstellungen

Abel, Wilhelm
  1977:
  *Massenarmut und Hungerkrisen im
  vorindustriellen Deutschland.*
  Göttingen. (2. Aufl.)
Althoff, Gerd
  1988:
  *Gloria et nomen perpetuum. Wodurch
  wurde man im Mittelalter berühmt?*
  In: Althoff/Geuenich u.a., *Person und
  Gemeinschaft im Mittelalter* . S. 297-313
Althoff, Gerd/Geuenich, Dieter/Oexle, Otto
Gerhard/Wollasch, Joachim (Hgg.)
  1988:
  *Person und Gemeinschaft im Mittelalter.
  Karl Schmid zum 65. Geburtstag.*
  Sigmaringen.
Angermeier, Heinz
  1966:
  *Königtum und Landfriede im deutschen
  Spätmittelalter.* München.

Arnold, Udo
  1980:
  *Entstehung und Frühzeit des Deutschen
  Ordens. In: Fleckenstein/Hellmann (Hgg.).
  Die geistlichen Ritterorden Europas.*
  Sigmaringen. S. 81-107
Beumann, Helmut
  1981:
  *Friedrich II. und die heilige Elisabeth.
  Zum Besuch des Kaisers in Marburg am 1.
  Mai 1236. In: Sankt Elisabeth. S. 151-166*
Beumann, Helmut (Hg.)
  1973:
  Festschrift für Walter Schlesinger. 2 Bde.
  Köln/Wien.
  1974:
  *Historische Forschungen für Walter
  Schlesinger.*
Bloch, Marc
  1982:
  Die Feudalgesellschaft.
  Frankfurt a.M./Berlin/Wien.
Boockmann, Hartmut
  1981a:
  Der Deutsche Orden. München.
  1981b:
  *Die Anfänge des Deutschen Ordens in
  Marburg und die frühe Ordensgeschichte.*
  In: *Sankt Elisabeth.* S. 137-150
Borst, Arno
  1984:
  Lebensformen im Mittelalter.
  Frankfurt a.M./Berlin/Wien. (Ndr.)
Borst, Arno (Hg.)
  1976:
  Das Rittertum im Mittelalter. Darmstadt.
Bosl, Karl
  1950-1951:
  *Die Reichsministerialität der Salier und
  Staufer (= Schriften der Monumenta
  Germaniae historica 10). 2 Bde. Stuttgart.*
  1980:
  *Europa im Aufbruch. Herrschaft -
  Gesellschaft - Kultur vom 10. bis zum 14.
  Jahrhundert.* München.

304

Brandt, Wolfgang
1971:
Landgraf Hermann I. von Thüringen in Paris? Abbau einer germanistischen Legende. In: Reinhold Olesch/Ludwig Erich Schmitt (Hgg). Festschrift für Friedrich von Zahn.
2. Bd. Köln/Wien. S. 200-222

Brauneder, Wilhelm
1988:
Typen des mittelalterlichen Erbrechts in ihrer Bedeutung für die Bevölkerungsentwicklung. SAECULUM 39:2. S. 154-172

Brimblecombe, Peter
1988:
Climate Conditions and Population Developments in the Middle Ages. SAECULUM 39:2. S. 141-148

Broughton, Bradford B.
1986:
Dictionary of Medieval Knighthood and Chivalry. Concepts and Terms.
New York usw.

Brunner, Heinrich
1887:
Der Reiterdienst und die Anfänge des Lehnwesens. ZS. FÜR RECHTSGESCH., Germ. Abt. 8. S. 1-38

Brunner, Otto
1959:
Land und Herrschaft. Grundfragen der territorialen Verfassungsgeschichte Österreichs im Mittelalter.
Wien/Wiesbaden. (4. Aufl.)
1968:
Das »ganze Haus« und die alteuropäische »Ökonomik«. In: Ders. Neue Wege der Verfassungs- und Sozialgeschichte .
Göttingen. 2. Aufl. S. 103-127 (Zuerst 1958)
1984:
Sozialgeschichte Europas im Mittelalter.
Göttingen. (2. Aufl.)

Bumke, Joachim
1979:
Mäzene im Mittelalter. München.

1986:
Höfische Kultur. Literatur und Gesellschaft im hohen Mittelalter.
2 Bde. München.

Caemmerer, Erich
1909-1911:
Konrad, Landgraf von Thüringen, Hochmeister des Deutschen Ordens († 1240). ZS. D. V. F. THÜR. GESCH. U. ALTERTUMSKUNDE N.F. 19, S. 349-394; 20, S. 43-80.
1952:
Zur Charakteristik Heinrich Raspes, Landgrafen von Thüringen und Deutschen Königs († 1247). BLÄTTER F. DT. LANDESGESCH. 89. S. 56-83

Cartellieri, Alexander
1940:
Landgraf Ludwig III. von Thüringen und der dritte Kreuzzug. ZS. D. V. F. THÜR. GESCH. U. ALTERTUMSKUNDE N.F. 34. S. 42-64

Corssen, W.
1868:
Altertümer und Kunstdenkmale des Cistercienserklosters St. Marien und der Landesschule zur Pforte. Halle.

Cram, Kurt-Georg
1955:
Iudicium belli. Zum Rechtscharakter des Krieges im deutschen Mittelalter.
Münster/Köln.

Cramer, Claus
1957:
Die Anfänge der Ludowinger. ZS. D. V. F. HESS. GESCH. U. LANDESKUNDE 68. S. 64-94

Dirlmeier, Ulf
1988:
Lebensmittel- und Versorgungspolitik mittelalterlicher Städte als demographisch relevanter Faktor? SAECULUM 39:2. S. 149-153

Dobenecker, Otto
1891:
Über Ursprung und die Bedeutung der thüringischen Landgrafschaft. ZS. D. V. F. THÜR. GESCH. U. ALTERTUMSKUNDE N.F. 7. S. 299-334

Duby, Georges
1973:
La féodalité? Une mentalité médiévale.
In: Ders. Hommes et structures du Moyen
Age. Paris. S. 103-110

Eberhardt, Hans
1932:
Die Anfänge des Territorialfürstentums in
Nordthüringen (= Beiträge zur mittel-
alterlichen und neueren Geschichte 2).
Jena.
1958:
Die Gerichtsorganisation der
Landgrafschaft Thüringen im Mittelalter.
ZS. FÜR RECHTSGESCH., Germ. Abt. 75.
S. 108-180

Ennen, Edith
1979:
Die europäische Stadt des Mittelalters.
Göttingen. (3. Aufl.)

Erdmann, Carl
1976:
Fortbildung des populären Kreuzzugs-
gedankens. In: Borst (Hg.). *Rittertum*
im Mittelalter . S. 47-83 (Zuerst 1935)

Fichtenau, Heinrich
1957:
Arrenga. Spätantike und Mittelalter im
Spiegel von Urkundenformeln. Graz/Köln.

Ficker, Julius
1862:
Vom Heerschilde. Innsbruck.
1911-1923:
Vom Reichsfürstenstande. Bd. 2. T. 1-3.
Hg. Paul Puntschart.
Innsbruck/Graz/Leipzig.
1932:
Vom Reichsfürstenstande. Forschungen zur
Geschichte des Reichsverfassung zunächst
im XII. und XIII. Jahrhundert. 1. Bd.
Hg. Wagner. (Zuerst 1861)

Fleckenstein, Josef
1974:
Zum Problem der Abschließung des
Ritterstandes. In: Beumann (Hg.).
Historische Forschungen für Walter
Schlesinger. S. 252-271

1976:
Friedrich Barbarossa und das Rittertum.
Zur Bedeutung der großen Mainzer
Hoftage von 1184 und 1188. In: Borst
(Hg.). *Rittertum im Mittelalter.* S. 392-418
1977:
Das Rittertum der Stauferzeit.
In: *Die Zeit der Staufer* 3. S. 103-118
1986:
Das Turnier als höfisches Fest im
hochmittelalterlichen Deutschland.
In: Fleckenstein (Hg.), *Das ritterliche*
Turnier. S. 229-256
1988:
Über den engeren und den weiteren
Begriff von Ritter und Rittertum (miles und
militia).
In: Althoff/Geuenich u.a., *Person und*
Gemeinschaft im Mittelalter. S. 379-392

Fleckenstein, Josef (Hg.)
1986:
Das ritterliche Turnier im Mittelalter.
Göttingen. (Ndr.)

Fleckenstein, Josef/Hellmann, Manfred
(Hgg.)
1980:
Die geistlichen Ritterorden Europas
(= Vorträge und Forschungen 26).
Sigmaringen.

Franz, Eckhart G.
1960:
Burkhart Graf von Ziegenhain. BLÄTTER
F. DT. LANDESGESCH. 96. S. 104-124

Freed, John B.
1984:
The Counts of Falkenstein: Noble Self-
Consciousness in 12th-Century Germany.
TRANSACTIONS OF THE AMERICAN
PHILOSOPHICAL SOCIETY 74:6.

Frommann, Max
1908:
Landgraf Ludwig III. der Fromme von
Thüringen (1152-1190). ZS. D. V. F. THÜR.
GESCH. U. ALTERTUMSKUNDE N.F. 18.
S. 175-248

Ganshof, François Louis
1976:
Was ist das Rittertum? In: Borst (Hg.).
Rittertum im Mittelalter. S. 130-141.
(Zuerst 1947)
1983:
Was ist das Lehnswesen? Darmstadt.
(6. Aufl.)
Hägermann, Dieter
1980:
*Studien zum Urkundenwesen König
Heinrich Raspes (1246/47).* DEUTSCHES
ARCHIV 36. S. 487-???
Hävernick, Walter
1955:
*Die mittelalterlichen Münzfunde in
Thüringen.* Jena.
Haverkamp, Alfred
1983:
*»Herrschaft und Bauer« - das »Sozial-
gebilde Grundherrschaft«.*
In: Patze (Hg.). *Die Grundherrschaft im
späten Mittelalter 2.* S. 315-347
Heinemeyer, Karl
1973:
*Die Gründung der Stadt Münden. Ein
Beitrag zur Geschichte des hessisch-
sächsischen Grenzgebietes im hohen
Mittelalter.* HESS. JB. F. LANDESGESCH.
23. S. 141-230
1986:
*König und Reichsfürsten in der späten
Salier- und frühen Stauferzeit.*
BLÄTTER F. DT. LANDESGESCH. 122.
S. 1-39
Heinemeyer, Walter
1967:
Die Reinhardsbrunner Fälschungen.
ARCHIV FÜR DIPLOMATIK 13. S. 133-224
1983a:
Die heilige Elisabeth in ihrer Zeit.
In: *Die heilige Elisabeth in Hessen.*
S. 15-57
1983b:
*Die heilige Elisabeth in der hessischen
Geschichte.* In: *Die heilige Elisabeth in
Hessen.* Marburg. (= 700 Jahre Elisabeth-
kirche in Marburg 1283-1983. Bd. 4).
S. 57-84

Helbig, Herbert
1973:
*Verfügungen über Reichsgut im
Pleißenland.* In: Beumann (Hg.).
Festschrift für Walter Schlesinger 1.
S. 273-285
Heldmann, Karl
1908:
*Mittelalterliche Volksspiele in den
thüringisch-sächsischen Landen.*
NEUJAHRSBLÄTTER, hg. v. d. Histor.
Komm. f. d. Prov. Sachsen u. d.
Herzogtum Anhalt, 32.
Heß, Wolfgang
1958:
*Der Marburger Pfennig. Ein
numismatischer Beitrag zur Hessischen
Landesgeschichte.*
HESS. JB. F. LANDESGESCH. 8. S. 71-105
1964:
*Hessische Städtegründungen der
Landgrafen von Thüringen* (= Beiträge zur
Hess. Gesch. 4). Marburg/Witzenhausen.
(2. Aufl.)
Heymann, E.
1909:
Zum Ehegüterrecht der heiligen Elisabeth.
ZS. D. V. F. THÜR. GESCH. U.
ALTERTUMSKUNDE N.F. 19. S. 1-22
Hirsch, Hans
1941:
Reinhardsbrunn und Hirsau.
MIÖG 54. S. 45-58
His, Rudolf
1965:
*Zur Rechtsgeschichte des thüringischen
Adels.* Darmstadt. (Zuerst 1903)
Holder-Egger, Oswald
1895-1896:
*Studien zu Thüringischen
Geschichtsquellen 1-4.* NEUES ARCHIV 20,
S. 373-421; 569-637; 21, S. 235-297;
441-546; 685-735.

Honemann, Volker
1987:
Johannes Rothe und seine »Thüringische Weltchronik«. In: Hans Patze (Hg.). *Geschichtsschreibung und Geschichtsbewußtsein im späten Mittelalter.* (= Vorträge u. Forschungen 31). Sigmaringen. S. 497-522

Hoppe, Günther
1981:
Elisabeth. Landgräfin von Thüringen. Eisenach.

John, Jürgen
1990:
Gedanken über künftige Forschungen zur Geschichte Thüringens. JB. FÜR REGIONALGESCH. U. LANDESKUNDE 17/II. S. 32-49

Jordan, Karl
1972:
Das politische Kräftespiel an Oberweser und Leine um die Mitte des 12. Jahrhunderts. In: Festschrift für Hermann Heimpel zum 70. Geburtstag. Göttingen. S. 1042-1062
1980:
Heinrich der Löwe - Leistung und Persönlichkeit. In: Wolf-Dieter Mohrmann (Hg.). Heinrich der Löwe. Göttingen. S. 490-510
1981:
Friedrich Barbarossa und Heinrich der Löwe. BLÄTTER FÜR DEUTSCHE LANDESGESCH. 117. S. 61-71

Jussen, Bernhard
1991:
Patenschaft und Adoption im frühen Mittelalter (= Veröffentlichungen des Max-Planck-Instituts für Geschichte 98). Göttingen.

Karpe, Georg (Hg.)
1967:
Die Wartburg über Eisenach. Festgabe zur 900-Jahr-Feier der Wartburg 1967. Jena.

Keen, Maurice
1984:
Chivalry. New Haven/London.

Kirmse, Ernst
1909-1911:
Die Reichspolitik Hermanns I., Landgrafen von Thüringen und Pfalzgrafen von Sachsen (1190-1217). ZS. D. V. F. THÜR. GESCH. U. ALTERTUMSKUNDE N.F. 19, S. 317-348; 20, S. 1-42.

Kluger, Helmuth
1987:
Hochmeister Hermann von Salza und Kaiser Friedrich II. (= Quellen zur Geschichte des Deutschen Ordens 37). Marburg.

Koch, Adolf
1885:
Hermann von Salza, Meister des Deutschen Ordens († 1239). Leipzig.

Kötzschke, Rudolf
1930:
Thüringen in der deutschen Siedelungsgeschichte. In: Festschrift Armin Tille zum 60. Geburtstag. Weimar. S. 1-16
1943:
Staat und Bauerntum im thüringisch-obersächsischen Raum. In: Theodor Mayer (Hg.). Adel und Bauern im deutschen Staat des Mittelalters. Leipzig. S. 267-311

Krabbo, Hermann
1907:
Der Reinhardsbrunner Briefsteller aus dem zwölften Jahrhundert. NEUES ARCHIV 32. S. 51-71

Krause, Hans-Georg
1976:
Der Sachsenspiegel und das Problem des sogenannten Leihezwanges. ZS. FÜR RECHTSGESCH., Germ. Abt. 93. S. 21-99

Krieger, Karl-Friedrich
1979:
Die Lehnshoheit der deutschen Könige im Spätmittelalter (ca. 1200-1437) (= Untersuchungen zur deutschen Staats- und Rechtsgeschichte N.F. 23). Aalen.

Kroeschell, Karl
1954:
Rodungssiedlung und Stadtgründung. BLÄTTER F. DT. LANDESGESCH. N.F. 91. S. 53-73

1977:
Rechtsaufzeichnung und Rechts-
wirklichkeit. Das Beispiel des
Sachsenspiegels. In: Peter Classen (Hg.).
Recht und Schrift im Mittelalter
(= Vorträge und Forschungen 23).
Sigmaringen. S. 349-380
Kuhn, Hugo
1976:
Soziale Realität und dichterische Fiktion
am Beispiel der höfischen Ritterdichtung
Deutschlands. In: Borst (Hg.). *Rittertum*
im Mittelalter . S. 172-197 (Zuerst 1959)
Langlotz, Kurt
1943:
Zur Gründungsgeschichte der Stadt Creuz-
burg. ZS. D. V. F. THÜR. GESCH. U.
ALTERTUMSKUNDE N.F. 37. S. 352-360
Leist, Winfried
1975:
Landesherr und Landfrieden in Thüringen
im Spätmittelalter 1247-1349. Köln/Wien.
Lintzel, Martin
1982:
Die Mäzene der deutschen Literatur im 12.
und 13. Jahrhundert. In: Joachim Bumke
(Hg.). *Literarisches Mäzenatentum.*
Darmstadt. S. 33-67 (zuerst 1933)
Mägdefrau, Werner
1989:
Herrschafts- und Landesausbau im Ringen
zwischen Königtum und Papstkirche,
Feudaladel und Volksmassen im ausgehen-
den 11. und 12. Jahrhundert.
JB. F. REGIONALGESCH. 16/II. S. 13-28
Maschke, Erich
1970a:
Domus hospitalis Theutonicorum.
Europäische Verbindungslinien der
Deutschordensgeschichte. (= Quellen und
Studien zur Geschichte des Deutschen
Ordens 10). Bonn-Bad Godesberg.
1970a:
Die Herkunft Hermanns von Salza.
In: Ders. *Domus Hospitalis*
Theutonicorum.
S. 104-116

1970b:
Die inneren Wandlungen des Deutschen
Ritterordens. In: Ders. *Domus hospitalis*
Theutonicorum . S. 35-59 (Zuerst 1963)
1977:
Die deutschen Städte der Stauferzeit.
In: *Die Zeit der Staufer* 3. S. 59-73
1980:
Städte und Menschen. VIERTELJS. F.
SOZIAL- U. WIRTSCHAFTSGESCH., Beih. 68.
1980a:
Mittelschichten in deutschen Städten des
Mittelalters. In: Ders. *Städte und*
Menschen. S. 275-305
1980b:
Die Unterschichten der mittelalterlichen
Städte. In: Ders. *Städte und Menschen.*
S. 306-379
Maurer, Hans-Martin
1977:
Burgen. In: *Die Zeit der Staufer* 3.
S. 119-128
Mayer, Hans Eberhard
1985:
Geschichte der Kreuzzüge.
Stuttgart/Berlin usw. (6. Aufl.)
Mayer, Theodor
1938:
Über Entstehung und Bedeutung der
älteren deutschen Landgrafschaften.
ZS. FÜR RECHTSGESCH., Germ. Abt. 58.
S. 138-162
Meckseper, Cord
1977:
Städtebau. In: *Die Zeit der Staufer* 3.
S. 75-86
Meyer, Werner
1986:
Frühe Adelsburgen zwischen Alpen und
Rhein. In: Fleckenstein, Josef (Hg.).
Das ritterliche Turnier. S. 571-587
Militzer, Klaus
1970:
Die Entstehung der Deutschordensballeien
im Deutschen Reich (= Quellen und
Studien zur Geschichte des Deutschen
Ordens 16). Marburg. (2. Aufl.)

Mitteis, Heinrich
1986:
Der Staat des hohen Mittelalters.
Grundlinien einer vergleichenden
Verfassungsgeschichte des Lehnszeitalters.
Köln/Wien. (11. Aufl.)
Nau, Elisabeth
1977:
Münzen und Geld in der Stauferzeit.
In: *Die Zeit der Staufer 3.* S. 87-102
Noth, Werner
1983:
Die Wartburg. Eisenach.
Oexle, Otto Gerhard
1981:
Armut und Armenfürsorge um 1200. Ein
Beitrag zum Verständnis der freiwilligen
Armut bei Elisabeth von Thüringen.
In: *Sankt Elisabeth.* S. 78-100
1988:
Haus und Ökonomie im früheren Mittel-
alter. In: Althoff/Geuenich, *Person und*
Gemeinschaft im Mittelalter. S. 101-122
Ohler, Norbert
1984:
Elisabeth von Thüringen.
Göttingen/Zürich.
1985:
Alltag im Marburger Raum zur Zeit der
heiligen Elisabeth. ARCHIV FÜR
KULTURGESCH. 67. S. 1-40
Orth, Elsbet
1986:
Ritter und Burg. In: Fleckenstein (Hg.).
Das ritterliche Turnier. S. 19-74
Patschovsky, Alexander
1981a:
Konrad von Marburg und die Ketzer
seiner Zeit. In: *Sankt Elisabeth.* S. 70-77
1981b:
Zur Ketzerverfolgung Konrads von Mar-
burg. DEUTSCHES ARCHIV 37. S. 641-693
Patze, Hans
1955:
Recht und Verfassung thüringischer
Städte. Weimar.
1962:
Die Entstehung der Landesherrschaft in
Thüringen. 1. T. Köln/Graz.

1964:
Adel und Stifterchronik. Frühformen
territorialer Geschichtsschreibung im
hochmittelalterlichen Reich. T. 1.
BLÄTTER F. DT. LANDESGESCH. 100.
S. 8-81
1968:
Landesgeschichtsschreibung in Thüringen.
JB. F. D. GESCHICHTE MITTEL- U. OST-
DEUTSCHLANDS 16-17. S. 95-168
1974:
Landesherrliche »Pensionäre«.
In: Beumann (Hg). *Historische*
Forschungen. S. 272-309
1977:
Herrschaft und Territorium.
In: *Die Zeit der Staufer 3.* S. 35-49
1983:
Grundherrschaft und Fehde.
In: Ders. (Hg.). *Die Grundherrschaft im*
späten Mittelalter 1. S. 263-292
Patze, Hans (Hg.)
1983:
Die Grundherrschaft im späten Mittelalter
(= Vorträge und Forschungen 27). 2 Bde.
Sigmaringen.
Patze, Hans/Schlesinger, Walter (Hgg.)
1967-1982:
Geschichte Thüringens. 6 Bde. Köln/Wien.
Peters, Ursula
1981:
Fürstenhof und höfische Dichtung. Der
Hof Hermanns von Thüringen als
literarisches Zentrum (= Konstanzer
Universitätsreden 113). Konstanz.
Petersen, Julius
1909:
Das Rittertum in der Darstellung des
Johannes Rothe (= Quellen zur Sprach-
und Culturgeschichte der germanischen
Völker 106). Straßburg.
Planitz, Hans
1973:
Die deutsche Stadt im Mittelalter.
Wien/Köln/Graz. (3. Aufl.)

Rathgen, Georg
1928:
Untersuchungen über die eigenkirchen-
rechtlichen Elemente der Kloster- und
Stiftsvogtei, vornehmlich nach Thüringer
Urkunden bis zum Beginn des XIII. Jahr-
hunderts. ZS. FÜR RECHTSGESCH., Kan.
Abt. 48. S. 1-152
Reisinger, Roswitha
1977:
Die römisch-deutschen Könige und ihre
Wähler 1198-1273 (= Untersuchungen zur
deutschen Staats- und Rechtsgeschichte
21). Aalen.
Remmert, Martin
1988:
Energiebilanzen in kleinräumigen
Siedlungsarealen. SAECULUM 39:2.
S. 110-118
Rittner, Volker
1973:
Kulturkontakte und soziales Lernen im
Mittelalter. Köln/Wien.
Rösener, Werner
1986:
Ritterliche Wirtschaftsverhältnisse und
Turnier im sozialen Wandel des Hoch-
mittelalters. In: Fleckenstein (Hg.). Das
ritterliche Turnier. S. 296-338
1989:
Hofämter an mittelalterlichen
Fürstenhöfen.
DEUTSCHES ARCHIV 45:2. S. 485-550
Ruf, Theodor
1984:
Die Grafen von Rieneck. Genealogie und
Territorienbildung (= Mainfränkische Stu-
dien Bd. 32). 2 Bde. Würzburg.
Sankt Elisabeth. Fürstin - Dienerin -
Heilige
1981:
Aufsätze, Dokumentation, Katalog.
Sigmaringen.
Schlesinger, Walter
1941:
Die Entstehung der Landesherrschaft.
Untersuchungen vorwiegend nach mittel-
deutschen Quellen. 1. T. (= Sächsische
Forschungen zur Geschichte 1). Dresden.

1963:
Herrschaft und Gefolgschaft in der germa-
nisch-deutschen Verfassungsgeschichte.
In: Ders. Beiträge zur deutschen
Verfassungsgeschichte des Mittelalters 1.
Göttingen. S. 9-52
1970:
Städtische Frühformen zwischen Rhein und
Elbe. In: Studien zu den Anfängen des
europäischen Städtewesens (= Vorträge
und Forschungen 4). Darmstadt.
S. 297-362
Schmid, Karl
1983:
Gebetsgedenken und adliges Selbst-
verständnis im Mittelalter. Sigmaringen.
Schmidt, Ulrich
1987:
Königswahl und Thronfolge im 12. Jahr-
hundert (= Forschungen zur Kaiser- und
Papstgeschichte des Mittelalters 7).
Köln/Wien.
Schramm, Percy Ernst
1954-1956:
Herrschaftszeichen und Symbolik. 3 Bde.
Stuttgart.
Schütte, Leopold
1990:
Enlopu lude und Verwandte. -
Bezeichungen für eine soziale Randgruppe
in Westfalen im Mittelalter. VIERTELJS. F.
SOZIAL- U. WIRTSCHAFTSGESCH. 77.
S. 29-74
Schwind, Fred
1981:
Die Landgrafschaft Thüringen und der
landgräfliche Hof zur Zeit der Elisabeth.
In: Sankt Elisabeth. S. 29-44
Spufford, Peter
1988:
Money and its Use in Medieval Europe.
Cambridge usw.
Steguweit, Wolfgang
1987:
Geschichte der Münzstätte Gotha vom 12.
bis zum 19. Jahrhundert. Weimar.

Stengel, Edmund E.
1948:
Land- und lehnrechtliche Grundlagen des Reichsfürstenstandes. ZS. FÜR RECHTS-GESCH., Germ. Abt. 66. S. 294-342

Stutz, Ulrich
1899:
Lehen und Pfründe. ZS. FÜR RECHTSGESCH., Germ. Abt. 20. S. 213-247

Suhle, Arthur
1938:
Münzbilder der Hohenstaufenzeit. Meisterwerke romanischer Kleinkunst. Leipzig.
o.J.:
Die deutschen Münzen des Mittelalters (= Handbücher der staatlichen Museen in Berlin). Berlin.

Tauber, Jürg
1986:
Alltag und Fest auf der Burg im Spiegel der archäologischen Sachquellen. In: Fleckenstein (Hg.). *Das ritterliche Turnier.* S. 588-623

Tüchle, Hermann
1977:
Die Kirche oder die Christenheit. In: *Die Zeit der Staufer* 3. S. 165-175

Ullmann, Walter
1974:
Individuum und Gesellschaft im Mittelalter. Göttingen.

Waas, Adolf
1964:
Der Mensch im deutschen Mittelalter. Graz/Köln.

Wähler, Martin
1940:
Der Kindertanzzug von Erfurt nach Arnstadt im Jahre 1237. ZS. D. V. F. THÜR. GESCH. U. ALTERTUMSKUNDE N.F. 34. S. 65-76

Wagner, Richard
1909:
Die äußere Politik Ludwigs IV., Landgrafen von Thüringen. ZS. D. V. F. THÜR. GESCH. U. ALTERTUMSKUNDE N.F. 19. S. 23-82

Werner, Matthias
1981:
Die heilige Elisabeth und Konrad von Marburg. In: *Sankt Elisabeth.* S. 45-69

Winter, Johanna Maria van
1969:
Rittertum. Ideal und Wirklichkeit. München.

Wojtecki, Dieter
1971:
Studien zur Personengeschichte des Deutschen Ordens im 13. Jahrhundert (= Quellen und Studien zur Geschichte des östlichen Europa 3). Wiesbaden.

Wolf, Herbert
1973:
Zum Wartburgkrieg. Überlieferungsverhältnisse, Inhalts- und Gestaltungswandel der Dichtersage. In: Beumann (Hg.). *Festschrift für Walter Schlesinger* 1. S. 513-530

Die Zeit der Staufer
1977:
4 Bde. Stuttgart.

Zernack, Klaus
1977:
Landesausbau und Ostsiedlung. In: *Die Zeit der Staufer* 3. S. 51-57

II. Die Takeda und Kai no Kuni

a. Quellen

Andō Hiroshi
Tokugawa bakufu kenchi yōryaku.
Tōkyō Seiabō. 1981 (Zuerst 1915, 1965)
Chōkan kanmon
Hg. Hanawa Hokinoichi. In: *Gunsho ruijū*
Bd. 463, Kap. 18, S. 914-917.
Enshū komonjo-sen
Kodai/Chūsei hen. Hg. Nihon rekishi
gakkai.
Yoshikawa kōbunkan. 1977 (7. Ndr.)
Fudoki .
Hg. Takagi Ichinosuke u.a. (= *Nihon koten*
bungaku taikei 2). Iwanami. 1958
Genbon gendaiyaku »Kōyō gunkan«
Kyōikusha. 1980
Genbon gendaiyaku »Kōyō gunkan«
3 Bde. Hg. Koshihara Tetsurō.
Kyōikusha. 1988 (Ndr.)
Grossberg, Kenneth Allan/Kanamoto
Nobuhisa (Hg.)
The Laws of the Muromachi Bakufu
(= Monumenta Nipponica Monograph 56).
Tōkyō: Sophia U.P. 1981
Gunsho ruijū
Bd. 17: Kassen no bu. Buke no bu.
Hg. Hanawa Hokinoichi/Kawamata
Kōichi.
Meicho fukyūkai. 1977 (Ndr.)
Kaempfer, Engelbert
Geschichte und Beschreibung von Japan.
Hg. C.W. Dohm. Stuttgart. 1964
(Zuerst engl. 1727)
Kai kokushi
4 Bde. Hgg. Satō Hachirō/Satō Morizō.
Yūzankaku. 1971-1972
Kai Takeda-shi monjo mokuroku
Hg. Shibatsuji Shunroku
(= *Kōfu-shi shi chōsa hōkoku-sho 2*).
Gyōsei. 1986
Kōfu-shi shi
Shiryō-hen
Bd. 1: Genshi - Kodai - Chūsei (1989)

Bd. 2: Kinsei 1 (1987)
Sonderbd. 1: Minzoku (1988).
Gyōsei.
Kōhakusai-ki
Hg. Shimizu Shigeo/Hattori Harunori.
In: *Takeda shiryō-shū*. 1968. S. 65-109
Kōyō gunkan
3 Bde. Hg. Isogai Masayoshi/Hattori
Harunori. Shin jinbutsu ōraisha. 1987
(Ndr.)
Kuwata Tadachika (Hg.)
Sengoku no isho. Seibunsha. 1978
Maeda Ikutoku Kai sonkyō kan bunkozō
Kōyō gunkan
4 Bde. Hg. Sakai Kenji. Benseisha. 1979
Mukawa-mura shi
1. Bd. Gyōsei. 1986
Myōhōji-ki
Hg. Shimizu Shigeo/Hattori Harunori.
In: *Takeda shiryō-shū*. 1968. S. 5-63
Myōhoji-ki
Hg. Nakamura Gorō. Akita shoten:
REKISHI TO TABI Sonderh. 5. 1988.
S. 211-229
Nirasaki-shi shi
4 Bde. Gyōsei. 1978-1979
Ōdai-ki
Hg. Shimizu Shigeo/Hattori Harunori.
In: *Takeda shiryō-shū*. 1968. S. 341-358
Ogyū Sorai
Kyōchūkikō. Fūryūshishaki.
Hg. Kōchi Yoshimasa. Yūzankaku. 1971
Okamoto Ryōichi (Hg.)
Sengoku bushō nijūgonin no tegami.
Asahi shinbunsha. 1970
Rika nenpyō
Bd. 59. Hg. Tōkyō Tenmon-dai. Maruzen.
1986
Rikeibi-ki
Hg. Shimizu Shigeo/Hattori Harunori.
In: *Takeda shiryō-shū*. 1968. S. 315-339
Röhl, Wilhelm (Hg.)
1959:
Das Gesetz Takeda Shingen's.
ORIENS EXTREMUS 6. S. 210-235

1960:
Jinkaishū - Ein Beitrag zum mittelalterlichen japanischen Recht. MITT. D. DT. GES. F. NATUR- U. VÖLKERKUNDE OSTASIENS 41.

Shinpen Kōshū komonjo
Hg. Shibatsuji Shunroku u.a. 3 Bde. 1966-1969

Steenstrup, Carl (Hg.)
1980:
Sata mirensho. A Fourteenth-Century Law Primer. MONUMENTA NIPPONICA 35. S. 405-435

Takeda shiryō-shū
Hg. Shimizu Shigeo/Hattori Harunori. Jinbutsu ōraisha. 1968

Utsuho monogatari
= Nihon koten bungaku taikei Bd. 10-12. Iwanami. 1957 ff.

b. Darstellungen

Abe Kin'ya/Amino Yoshihiko/Ishii Susumu/Kabayama Kōichi
1981:
Chūsei no fūkei. 2 Bde. Chūkō shinsho. (4. Ndr.)

Ackroyd, Joyce
1959:
Women in Feudal Japan. TRANSACTIONS OF THE ASIATIC SOCIETY OF JAPAN 3:7. S. 31-68

Adachi Mitsuru
1982:
Keichō kenchi-chō ni miru Kuninaka chihō no kōchi jōkyō. In: Isogai Masayoshi sensei koki kinen ronbun-sh ū. S. 125-142
1988:
»Kawayoke kuden sho« ni miru Kōshū-ryū chisui kōhō. TAKEDA-SHI KENKYŪ 2. S. 1-9

Akiyama Takashi
1987a:
Takeda ichizoku to chimei ni tsuite. In: Isogai, Takeda Shingen no subete. S. 191-212
1987b:
Kai Genji to Kōfu. KŌFU-SHI SHI HENSANDAYORI 8. S. 406

1988:
Anayama-shi no Takeda shinzoku ishiki. TAKEDA-SHI KENKYŪ 1. S. 16-43

Amino Yoshihiko
1983:
Some Problems Concerning the History of Popular Life in Medieval Japan. ACTA ASIATICA 44. S. 77-97

Arnesen, Peter J.
1985:
The Provincial Vassals of the Muromachi Shoguns. In: Mass/Hauser, The Bakufu in Japanese History. S. 99-128

Asakawa Kan'ichi
1950:
The Documents of Iriki, Illustrative of the Development of the Feudal Institutions of Japan. Tōkyō. (Zuerst 1929)

Asao Naohiro
1975:
Shōgun seiji no kenryoku kōzō. In: Iwanami kōza Nihon rekishi 10. S. 1-56
1991:
The sixteenth-century unification. In: Hall, Cambridge History of Japan 4. S. 40-95

Birt, Michael P.
1985:
Samurai in Passage: The Transformation of the 16th-Century Kanto. JOURNAL OF JAP. STUDIES 11:2. S. 369-399

Bitō Masahide
1991:
Thought and Religion, 1550-1700. In: Hall, Cambridge History of Japan 4. S. 373-424

Buraku-shi yōgo jiten
1985:
(Hgg. Kobayashi Shigeru, Haga Noboru u.a.). Kashiwa shobō.

Dōmon Fuyuji/Hayashi Ryōshō
1990:
Seii taishōgun e no michi. REKISHI TANJŌ 4. 72-95

Endō Motoo/Yamanaka Yutaka (Hgg.)
1981:
Nenchū gyōji no rekishi-gaku. Kōbundō.

314

Fesca, M[ax]
1886:
Die landwirthschaftlichen Verhältnisse der Kai-Provinz in Beziehung zu denen des japanischen Reichs. MITT. D. GES. F. NATUR- U. VÖLKERKUNDE OSTASIENS IV:34. S. 163-179

Frank, Ronald
1991:
Die Bauernschaft im frühen bakuhan-Staat: Zum Problem der sogenannten Leibeigenschaft. In: Bachmayer, Eva/Herbert, Wolfgang/Linhart, Sepp (Hgg.). *Japan von Aids bis Zen. Referate des 8. Japanologentages vom 26. bis 28.9. 1990 in Wien.* 1. T. Wien. S. 212-217

Fujiki Hisashi
1975:
Sengoku shakai-shi ron. Tōkyō daigaku shuppankai. (2. Ndr.)
1987:
Sengoku daimyō no kenryoku kōzō. Yoshikawa kōbunkan.

Fukushima Kaneharu
1988:
Sengoku daimyō Shimazu-shi no ryōgoku keisei. Yoshikawa kōbunkan.

Gomi Fumihiko
1989:
Azuma kagami no hōhō. Yoshikawa kōbunkan.

Gotō Yō'ichi
1975:
Kinsei no mibunsei to shakai. In: *Iwanami kōza Nihon rekishi* 9. S. 303-341

Hall, John Whitney
1968:
The Castle Town and Japan's Modern Urbanization. In: John W. Hall/Marius B. Jansen, *Studies in the Institutional History of Early Modern Japan.* Princeton. S. 169-188 (Ndr.)
1980:
Government and Local Power in Japan, 500 to 1700. Princeton. (Ndr.)

Hall, John Whitney (Hg.)
1991:
The Cambridge History of Japan 4: Early Modern Japan. Cambridge usw.

Hall, John Whitney/Nagahara Keiji/Yamamura, Kozo (Hgg.)
1981:
Japan Before Tokugawa. Princeton.

Hall, John Whitney/Toyoda Takeshi (Hgg.)
1977:
Japan in the Muromachi Age. Berkeley usw.

Harada Nobuo
1984:
Chūsei ni okeru shokuseikatsu no shūhen. SHIGAKU ZASSHI 90:3. S. 36-57

Haruna Akira/Sakaehara Towao
1989:
Nihon de o-kane ga umareta hi. REKISHI TANJŌ 1. S. 6-33

Hashiguchi Sadashi
1989:
Sengoku-ki jōkan kenkyū no mondaiten. KŌKOGAKU KIKAN 26. S. 25-30

Hattori Harunori
1976:
Kinsei shotō bushidan ni okeru shinzoku kankei. In: Isogai/Murakami, *Kai kinsei-shi no kenkyū.* S. 37-94
1979:
Takeda Shingen to sono shūhen. Shin jinbutsu ōraisha.
1982:
Takeda kashindan no keifu - Toku ni Obata-shi ni tsuite. In: *Isogai Masayoshi sensei koki kinen ronbun-shū.* S. 81-108
1984:
Takeda kashindan soshiki to oyabun kobun kankō. In: Shibatsuji, *Takeda-shi no kenkyū.* S. 261-287
1987:
Takeda Shingen no kashindan. In: Isogai, *Takeda Shingen no subete.* S. 53-90
1988:
Muromachi/Sengoku shoki ni okeru Kōfu bonchi chūōbu no sho-gōzoku. KŌFU-SHI SHI KENKYŪ 5. S. 30-42

Hayashi Sadao
1959:
Takeda jidai no kon'in hō.
KAI SHIGAKU 6. 12-20
1980:
Shingen hatto no hakkutsu.
Shin jinbutsu ōraisha.
Hayashiya Tatsusaburō
1982:
Chūsei bunka no kichō.
Tōkyō daigaku shuppankai. (14. Ndr.)
1987:
Hōken shakai seiritsu-shi.
Chikuma shobō.
Hayashiya Tatsusaburō/Amino Yoshihiko
u.a.
1986:
Chūsei no toshi to minshū.
Shin jinbutsu ōraisha.
Hirayama Masaru
1990:
Sengoku makki Kai-no-kuni ni okeru zaichi
chitsujo ni tsuite.
TAKEDA-SHI KENKYŪ 6. S. 50-77
Horiguchi Sadayuki
1975:
Kinsei sonraku no zokudan kōsō ni tsuite
no ikkōsatsu. In: Wakamori Tarō sensei
kanreki kinen. *Kinsei hōken shihai to*
minshū shakai. Kōbundō. S. 357-375
Huizinga, Johan
1987:
Homo ludens. Reinbek. (Ndr.)
Iida Bun'ya
1982:
Kinsei Kai sangyō keizai-shi no kenkyū.
Kokusho kankōkai.
Ikegami Hiroko
1978:
Tōgoku no daimyō ryōgoku to nōmin.
In: Minegishi, *Chihō bunka no shin-hatten.*
S. 53-79
Imatani Akira
1990:
Muromachi local government: shugo and
kokujin. In: Yamamura, *Cambridge*
History of Japan 3. S. 231-259

Inagaki Yasuhiko (Hg.)
1983:
Shōen no sekai.
Tōkyō daigaku shuppankai. (7. Ndr.)
Ishii Kiyofumi
1983:
Minamoto Yoritomo Kenkyū gannen jōraku
to Kai Genji.
SEIJI KEIZAI SHIGAKU 200. S. 308-319
Ishii Susumu
1962:
Kamakura bakufu ron. In: *Iwanami kōza*
Nihon rekishi 5. S. 87-133
1974:
Chūsei bushidan (Nihon no rekishi 12).
Shōgakkan.
1985:
The Formation of Bushi Bands (Bushidan).
ACTA ASIATICA 49. S. 1-14
Ishimoda Shō
1985:
Chūsei-teki sekai no keisei.
Iwanami bunko. (Ndr.)
Isogai Masayoshi
1970:
Takeda Shingen. Shin jinbutsu ōraisha.
1974:
Takeda Nobushige. Sōgo insatsu.
1987:
Takeda Shingen no senryaku, senjutsu.
In: Isogai, *Takeda Shingen no subete.*
S. 9-22
1988a:
Takeda-shi to Kōfu - Nobutora kaifuzen.
KŌFU-SHI SHI KENKYŪ 5. S. 1-7
1988b:
Takeda Shingen to Shinano.
BUNKA-ZAI SHINANO 15:2. S. 1-17
1990:
Kōyō Gunkan.
In: *Nihon rekishi »Koten-seki« sōran*
(= Bessatsu reshiki tokuhon jiten shirīzu
6). Shin jinbutsu ōraisha. S. 372-374
Isogai Masayoshi (Hg.)
1987:
Takeda Shingen no subete.
Shin jinbutsu ōraisha. (5. Ndr.)

Isogai Masayoshi/Iida Bun'ya
1985:
Yamanashi-ken no rekishi
(= Ken-shi shirīzu 19).
Yamakawa shuppansha.
(2. Aufl., 10. Ndr.)

Isogai Masayoshi/Murakami Tadashi (Hgg.)
1976:
Kai Kinsei-shi no kenkyū 1. Yūzankaku.

Isogai Masayoshi sensei koki kinen ronbun-shū
1982:
Kai no chiiki-shi-teki hatten. Yūzankaku.

Iwakura Masayuki
1989:
Anayama-shi to Yu-no-oku kinzan.
In: *Kyōnan no rekishi wo kataru tsudoi*
S. 16-17

Kai Kyūryō Kōkogaku kenkyūkai (Hg.)
1985:
Kodai Kai no kuni no nazo.
Shin jinbutsu ōraisha.

Kamijō Kaoru
1959:
Takeda-shi no kamon. KAI SHIGAKU 8.
S. 40-45

Kanda, James
1978:
Methods of Land Transfer in Medieval Japan. MONUMENTA NIPPONICA 33:3.
S. 379-405

Kashiwakura Ryōkichi
1934:
Sengoku bushō, zen, sono igi.
SHIRIN 19:2. S. 223-245

Katsumata Shizuo
1983:
Sengoku-hō no hatten.
In: Nagahara, *Sengoku daimyō no kenkyū.*
S. 451-467
1984:
Sengoku daimyō kenchi ni kan-suru ikkōsatsu. In: Shibatsuji, *Takeda-shi no kenkyū.* S. 95-125

Katsumata Shizuo/Colcutt, Martin
1981:
The Development of Sengoku Law.
In: Hall/Nagahara/Yamamura, *Japan Before Tokugawa.* S.101-124

Kawai Masaharu
1977:
Shogun and Shugo: The Provincial Aspects of Muromachi Politics.
In: Hall/Toyoda, *Japan in the Muromachi Age.* S. 65-86

Keirstead, Thomas E.
1985:
Fragmented Estates. The Breakup of the Myō und the Decline of the Shōen System.
MONUMENTA NIPPONICA 40:3. S. 310-330

Kiyogumo Toshimoto
1984:
Kai Genji Yasuda Yoshisada.
Kōfu: Yamanashi nichi nichi shinbunsha.
1987:
Takeda Shingen to shūkyō.
In: Isogai, *Takeda Shingen no subete.*
S. 173-190

Kobayashi Hiroshi
1978:
Domain Laws (Bunkoku-hō) in the Sengoku Period with Special Emphasis on the Date House Code, the Jinkaishū.
ACTA ASIATICA 35. S. 30-45

Kobayashi Keiichirō
1970:
Yamamoto Kansuke no na no mieru Takeda Harunobu shojō.
NIHON REKISHI 268. S. 61-67
1984:
»Kōyō Gunkan« no Takeda kashindan hensei-hyō ni tsuite.
In: Shibatsuji, *Takeda-shi no kenkyū.*
S. 236-260

Kudō Keiichi
1983:
Shōen. ACTA ASIATICA 44. S. 1-27

Kyōnan no rekishi wo kataru tsudoi
1989:
Selbstverlag.

Lidin, Olof G.
1983:
Ogyū Sorai's Journey to Kai in 1706. With a translation of the Kyōchūkikō.
London/Malmö.
Machida Koremasa
1989:
Anayama Nobukimi to Minobusan.
In: *Kyōnan no rekishi wo kataru tsudoi*
S. 18-19
Marcure, Kenneth A.
1985:
The Danka System.
MONUMENTA NIPPONICA 40:1. S. 39-67
Mass, Jeffrey P.
1976:
The Kamakura Bakufu: A Study in Documents. Stanford.
1989:
Lordship and Inheritance in Early Medieval Japan. Stanford.
1990:
The Kamakura bakufu.
In: Yamamura, *Cambridge History of Japan 3.* S. 46-88
Mass, Jeffrey P./Hauser, William B. (Hgg.)
1985:
The Bakufu in Japanese History. Stanford.
Matsudaira Norimichi
1958a:
Kodai ni okeru Kai no maki.
KAI SHIGAKU 3. S. 42-45
1958b:
Takeda-shi kashin soshiki shōkō.
KAI SHIGAKU 4. S. 17-24
1965:
Takeda-shi to Shinano no bushi.
KAI SHIGAKU, Sonderh. S. 25-35
Matsuoka Hisato/Arnesen, Peter J.
1981:
The Sengoku Daimyo of Western Japan: The Case of the Ōuchi.
In: Hall/Nagahara/Yamamura, *Japan Before Tokugawa.* S. 64-100
Minegishi Sumio
1983:
Tōgoku bushi no kiban.
In: Inagaki, *Shōen no sekai.* S. 33-68

1989:
Chūsei no tōgoku. Chiiki to kenryoku.
Tōkyō daigaku shuppankai.
Minegishi Sumio (Hg.)
1978:
Chihō bunka no shin-hatten (= Chihō bunka no Nihon-shi 5). Bun'ichi sōgō shuppan.
Miura Keiichi
1978:
Sakai, Hakata no shōnin.
In: Minegishi, *Chihō bunka no shin-hatten.*
S. 241-275
1983:
Villages and Trade in Medieval Japan.
ACTA ASIATICA 44. S. 53-76
Miyagawa Mitsuru
1977:
From Shōen to Chigyō: Proprietary Lordship and the Structure of Local Power. In: Hall/Toyoda, *Japan in the Muromachi Age.* S. 89-105
Miyamura Tadashi
1985:
Suigai. Chisui to suibō no chie.
Chūō shinsho.
Miyazawa Kimio
1988:
Shōgi-atama iseki no chōsa to kadai.
TAKEDA-SHI KENKYŪ 2. S. 17-26
Morris, Ivan
1980:
The Nobility of Failure. Tragic Heroes in the History of Japan. Harmondsworth. (Neudr.)
Müller, Klaus
1988:
Wirtschafts- und Technikgeschichte Japans (= Handbuch der Orientalistik III/3).
Leiden usw.
Murakami Tadashi
1963:
Takeda ryōgoku shihai ni okeru go-ryōsho ni tsuite. KAI SHIGAKU 18. S. 1-16
1964:
Takeda kuramae-shū ni tsuite.
KAI SHIGAKU 22. 1-13

1976:
Tokugawa-shi no Kai keiryaku to
Mukawa-shu¯. In: Isogai/Murakami, Kai
kinsei-shi no kenkyū. S. 3-36
1988:
Takeda-shi kashindan to kobito-gashira.
TAKEDA-SHI KENKYŪ 3. S. 43-49
1989:
Nihon kinsei-shi kenkyū jiten.
Tōkyōdō shuppan.
Murakami Yasusuke
1984:
Ie Society as a Pattern of Civilization.
JOURNAL OF JAP. STUDIES 10:2.
S. 281-363
Muramatsu Shikō
1958:
Takeda Shingen no shinkō.
KAI SHIGAKU 5. S. 50 f
Nagahara Keiji
1975a:
Landownership under the Shōen-
Kokugaryō System. JOURNAL OF JAP.
STUDIES 1:2. S. 269-296
1975b:
Sengoku no dōran (= Nihon no rekishi
14). Shōgakkan.
1977:
Village Communities and Daimyo Power.
In: Hall/Toyoda, Japan in the Muromachi
Age. S. 107-127
1979:
The Medieval Origins of the Eta-Hinin.
JOURNAL OF JAP. STUDIES 5:2.
S. 385-403
1983:
Daimyō ryōgoku sei no shi-teki ichi.
In: Nagahara, Sengoku daimyō no kenkyū.
S. 21-61
1985:
The Lord-Vassal System and Public
Authority (Kōgi): The Case of the Sengoku
Daimyō. ACTA ASIATICA 49. S. 34-45
1990a:
The decline of the shōen system.
In: Yamamura, Cambridge History of
Japan 3. S. 260-300

1990b:
The medieval peasant. In: Yamamura,
Cambridge History of Japan 3. S. 301-343
Nagahara Keiji (Hg.)
1983:
Sengoku daimyō no kenkyū
(= Sengoku daimyō ron-shū 1).
Yoshikawa kōbunkan.
Nagahara Keiji/Yamamura, Kozo
1988:
Shaping the Process of Unification:
Technological Progress in 16-th and
17th-Century Japan.
JOURNAL OF JAP. STUDIES 14:1. S. 77-109
Nagazawa Shinkichi
1959-1965:
Kai Takeda-shi 1-11. KAI SHIGAKU 9-21.
1984:
Nōmin tōsan to Takeda-shi.
In: Shibatsuji, Takeda-shi no kenkyū.
S. 318-346
1988a:
Kai Fuchū ni okeru kenchiku.
KŌFU-SHI SHI KENKYŪ 5. S. 8-17
1988b:
Isawa Mikuriya to Takeda Nobumitsu
yakata. TAKEDA-SHI KENKYŪ 3. S. 9-18
Nakada Masamitsu
1988:
Sengoku Takeda no shiro.
Yūhō shoten shinsha.
Nakajima Chōtarō
1986:
Kishō to saigai. Shinkosha.
Nakamura Hajime
1986:
Der religionsgeschichtliche Hintergrund
der Entwicklung Japans in der Neuzeit.
In: Constantin von Barloewen/Kai
Werhahn-Mees (Hgg.). Japan und der
Westen I. Frankfurt a.M. S. 56-94
Nakamura Kichiji
1963:
Sengoku daimyō ron.
In: Iwanami kōza Nihon rekishi 8.
S. 189-237

Nakamura Naokatsu
1970:
Nihon komonjo-gaku Bd. 1.
Kadokawa shoten.

Nakano Hideo
1982:
Chūsei shōen-shi kenkyū no ayumi.
Shin jinbutsu ōraisha.

Nihonshi yōgo daijiten
1978:
2 Bde. Kashiwa shobō.

Nitobe Inazō
1969:
Bushidō - The Soul of Japan.
Rutland u. Tōkyō. (Ndr.)

Ōbayashi Taryō
1985:
*Uji Society and Ie Society From
Prehistory to Medieval Times.*
JOURNAL OF JAP. STUDIES 11:1. S. 3-26

Ōishi Shinzaburō
1976:
Kinsei sonraku no kōzō to ie seido.
Ochanomizu shobō. (Neuausg.)

Okuda Masahiro
1984:
Kai Fuchū Hachiman-gū no kenkyū.
In: Shibatsuji, *Takeda-shi no kenkyū.*
S. 412-454

Okuno Takahiro
1972:
Takeda sakyō taifu Harunobu.
NIHON REKISHI 286. S. 104 f
1981:
Takeda Shingen no saigo no sakusen.
NIHON REKISHI 1981:2. S. 69-77
1985a:
Takeda Shingen to Yotsutsuji Hidetō.
NIHON REKISHI 1985:1. 120 f
1985b:
Takeda Shingen (= Jinbutsu sōsho).
Yoshikawa kōbunkan. (Neuausg.)

Ōsumi Kazuo
1981:
Buke shakai (1): Chūsei.
In: Endō Motoo/Yamanaka Yutaka (Hgg.).
Nenchū gyōji no rekishi-gaku. Kōbundō.
S. 221-234

Owada Tetsuo
1986:
Sengoku bushō. Chūkō shinsho. (9. Ndr.)
1989:
*Imagawa/Takeda ryōshikan no dōmei to
hidōmei.*
TAKEDA-SHI KENKYŪ 4. S. 16-25

Ōyama Kyōhei
1990:
Medieval shōen.
In: Yamamura, *Cambridge History of
Japan 3.* S. 89-127

Oyamada Ryōzō
1988:
*Gijutsu-shi ni mita Kōshū-ryū kawayoke to
Sonshi no ri.*
TAKEDA-SHI KENKYŪ 2. S. 34-56

Röhl, Wilhelm
1992:
*Begriffe aus dem Grundstücksrecht Japans
im Mittelalter.*
In: Leser, Hans G. (Hg.). *Wege zum
japanischen Recht. Festschrift für Zentaro
Kitagawa.* Berlin. S. 575-599

Ryavec, Carole Ann
1978:
*Political Jurisdiction in the Sengoku
Daimyo Domain: Japan, 1477-1573.*
Ms. Diss., Columbia Univ.

Sakai Kenji
1980:
*»Kōyō Gunkan« no seiritsu to denrai wo
megutte.*
In: Kyōikusha (Hg.). *Genbon gendaiyaku
»Kōyō gunkan«.* Kyōikusha. S. 487-498

Sakamoto Katsunari
1965:
*Kinsei shotō ni okeru »sōryō no mibun
tōsei« ni tsuite no ikkōsatsu.*
KAI SHIGAKU 23. S. 25-38

Sakamoto Tokuichi
1987:
Kai Takeda-shi no keifu. In: Isogai,
Takeda Shingen no subete. S. 91-122

Sasamoto Shōji
1982:
Kuishiki-gō tokken no seiritsu ni tsuite.
In: *Isogai Masayoshi sensei koki kinen
ronbun-shū.* S. 143-162

1984:
Takeda-shi no shōnin shihai. In:
Shibatsuji, *Takeda-shi no kenkyū.*
S. 378-409
1988:
Takeda-shi sandai to Shinano.
Matsumoto: Kyōdo shuppansha.
1990:
Shinano no kokujin to Takeda-shi.
TAKEDA-SHI KENKYŪ 6. S. 21-38
1993:
Sengoku daimyō Takeda-shi no kenkyū.
Shibunkaku.

Satō Hachirō
1979:
Takeda Shingen to sono shūhen.
Shin jinbutsu ōraisha.
1987:
Takeda Shingen no musumetachi.
In: Isogai, *Takeda Shingen no subete.*
S. 151-172

Satō Shin'ichi
1984:
Komonjo-gaku nyūmon.
Hōsei daigaku shuppankyoku. (16. Ndr.)
1988:
Muromachi bakufu shugo seido no kenkyū.
2 Bde. Tōkyō daigaku shuppankai.
(3. Ndr.)

Seki Yukihiko
1988:
Bushidan kenkyū no ayumi (2 Bde.).
Shin jinbutsu ōraisha.

Shibata Sachiyo
1987:
Kamadashō ni tsuite.
KŌFU-SHI SHI HENSANDAYORI 7. S. 11

Shibatsuji Shunroku
1981:
Sengoku daimyō ryō no kenkyū.
Meicho shuppan.
1982:
*Sengoku daimyō monjo no bunrui to
tokushoku.* In: *Isogai Masayoshi sensei
koki kinen ronbun-shū.* S. 109-124
1984a:
*Sengoku daimyō Takeda-shi no kaizoku-
shū.* In: Ders. (Hg.), *Takeda-shi no kenkyū.*
S. 288-317

1984b:
Kai Takeda-shi no tenma seido.
In: Ders (Hg.), *Takeda-shi no kenkyū.*
S. 347-377
1987:
*Takeda Shingen - sono shōgai to ryōgoku
kei'ei.* Bunken shuppan.
1988:
Takeda-shi no genjō to mondai.
KŌFU-SHI SHI KENKYŪ 5. S. 79-89

Shibatsuji Shunroku (Hg.)
1984:
Takeda-shi no kenkyū
(= Sengoku daimyō ronshū 10).
Yoshikawa kōbunkan.

Shimizu Kotarō
1959:
Takeda Shingen no chisui ni tsuite.
KAI SHIGAKU 9. S. 36-39

Shimizu Shigeo
1965:
Kōyō gunkan no shūhen.
KAI SHIGAKU 22. S. 49-59
1988:
Takeda Shingen no bungei.
KŌFU-SHI SHI KENKYŪ 5. S. 18-29

Steenstrup, Carl
1980:
*Pushing the Papers of Kamakura. The
Nitty-gritticists versus the Grand
Sweepers.* MONUMENTA NIPPONICA 35:3.
S. 337-346
1991:
A History of Law in Japan Until 1868.
(= Handbuch der Orientalistik V/6/2/1).
Leiden usw.

Sudō Shigeki
1990:
Takeda Shōyōken Nobutsuna kō.
KŌFU-SHI SHI KENKYŪ 8. S. 68-81

Suegi Takeshi
1983:
*Yamanashi-ken ni okeru Heian jidai no
iseki ni tsuite.*
NIHON REKISHI 1983:11. S. 87-94

Sugiyama Hiroshi
1963:
Shugo ryōkoku-sei no hatten.
In: *Iwanami kōza Nihon rekishi 7.*
S. 81-117
1965:
Sengoku daimyō (= Nihon no rekishi 11).
Chūō kōronsha.
1989:
Go-Hōjō-shi to Takeda-shi.
TAKEDA-SHI KENKYŪ 4. S. 1-15

Suma Chikahi
1978:
Wakasa no bunka.
In: Minegishi, *Chihō bunka no shin-hatten.*
S. 183-210

Susser, Bernard
1985:
The Toyotomi Regime and the Daimyo.
In: Mass/Hauser, *The Bakufu in Japanese History.* S. 129-152

Takahashi Seiji
1991:
Chūsei-teki »Ie« no seiritsu to chakushi.
SHIGAKU ZASSHI 100:9. S. 62-82

Takashima Rokuo
1964:
Kōfuku monjo to Takeda-shi.
KAI SHIGAKU 22. 14-37
1984a:
15/16 seiki ni okeru Kai kokujin no dōkō.
In: Shibatsuji, *Takeda-shi no kenkyū.*
S. 2-21
1984b:
Tōgoku ni okeru Sengoku-ki jiryō no kōzō.
In: Shibatsuji, *Takeda-shi no kenkyū.*
S. 60-94

Tanaka Yoshinari
1889:
Kōetsu jiseki kōichi.
SHIGAKU ZASSHI 1. S. 20-30

Taranczewski, Detlev
1988:
Einige Aspekte der Entstehung des privaten Grundeigentums im mittelalterlichen Japan. In: Klaus Antoni, Peter Pörtner, Roland Schneider (Hgg.). *Referate des VII. Deutschen Japanologentages in Hamburg.* Hamburg. S. 299-308

1989:
Lokale Grundherrschaft und Ackerbau in der Kamakura-Zeit - dargestellt anhand des Nitta no shō in der Provinz Kōzuke.
BONNER ZS. FÜR JAPANOLOGIE 10.
1991:
Some Aspects of Local Rule in Early Mediaeval Japan. JAPAN FORUM 3:2.
S. 341-350

Tashiro Takashi/Kushihara Kōichi
1988:
Kōfu-shi Kawata kanseki chōsa hōkoku.
KŌFU-SHI SHI KENKYŪ 5. S. 62-78

Tezuka Toshio
1984:
Kinsei Kai no shiteki kenkyū.
Yamanashi shinbunsha.
1987:
Kōfu to Isawa no aida.
KŌFU-SHI SHI HENSANDAYORI 7. S. 2-4

Tonomura, Hitomi
1985:
Forging the Past. Medieval Counterfeit Documents.
MONUMENTA NIPPONICA 40:1. S. 69-96
1992:
Community and Commerce in Late Medieval Japan. The Corporate Villages of Tokuchin-ho. Stanford.

Toyoda Takeshi
1980:
Nihon no hōken-sei shakai.
Yoshikawa kōbunkan.

Toyoda Takeshi/Sugiyama Hiroshi
1977:
The Growth of Commerce and the Trades.
In: Hall/Toyoda, *Japan in the Muromachi Age.*

Tsumoto Yō/Nagahara Keiji
1989:
Oda haiteku gundan tenka wo seisu. Nagashino no kassen.
REKISHI TANJŌ 1. S. 58-83

Tsuruoka Giichi
1988:
Von Sarugaku zum Nō: Zur Entwicklungsgeschichte des Nō-Theaters in Japan. OAG AKTUELL, Jg. 1987. S. 1-16

Ueno Haruo
1969:
Kai Takeda-shi. Shin jinbutsu ōraisha.
1982:
Takeda Katsuyori.
Kōfu: Yamanashi nichi nichi shinbunsha.
1986:
Takeda Shingen: Shiro to heihō.
Shin jinbutsu ōraisha.
1987a:
Takeda Shingen no ryōgoku kei'ei.
In: Isogai, *Takeda Shingen no subete.*
S. 23-52
1987b:
Yamamoto Kansuke. Shin jinbutsu ōraisha.
(2. Ndr.)
Uozumi, Masayoshi
1983:
*Stadt und Bürgertum in der mittel-
alterlichen Geschichte Japans.* JB. F.
GESCH. D. FEUDALISMUS 7. S. 114-129
Varley, Paul
1990:
Cultural life in medieval Japan. In:
Yamamura, *Cambridge History of Japan*
3. S. 447-499
Wakabayashi Atsushi
1984:
Takeda-shi no ryōgoku keisei. In:
Shibatsuji, *Takeda-shi no kenkyū.* S. 22-57
Wakita Haruko
1983:
Cities in Medieval Japan.
ACTA ASIATICA 44. S. 28-52
1987:
*Marriage and Property in Premodern
Japan From the Perspective of Women's
History.* JOURNAL OF JAP. STUDIES 10:1.
S. 77-99
Wakita Osamu
1975a:
*The Kokudaka System: A Device for
Unification.* JOURNAL OF JAP. STUDIES 1.
S. 297-320
1975b:
Kinsei toshi no kensetsu to gōshō.
In: *Iwanami kōza Nihon rekishi* 9.
S. 155-194

1982:
*The Emergence of the State in 16th-
Century Japan.* JOURNAL OF JAP. STUDIES
8:2. S. 343-367
Watanabe Seinosuke
1990:
Jōkyū no ran to Kai Genji.
KŌFU-SHI SHI KENKYŪ 8. S. 82-86
Yada Toshifumi
1984:
Sengoku-ki Kai no kuni no kenryoku kōzō.
In: Shibatsuji, *Takeda-shi no kenkyū.*
S. 151-201
Yamamura, Kozo
1988:
*From Coins to Rice: Hypotheses on the
Kandaka and Kokudaka Systems.*
JOURNAL OF JAP. STUDIES 14:2.
S. 341-367
1990:
*The growth of commerce in medieval
Japan.* In: Yamamura, *Cambridge History
of Japan* 3. S. 344-395
Yamamura, Kozo (Hg.)
1990:
*The Cambridge History of Japan 3:
Medieval Japan.* Cambridge usw.
Yamanaka Kyōko
1984:
Chūsei no naka ni umareta »kinsei«.
In: Shibatsuji, *Takeda-shi no kenkyū.*
S. 202-233
Yamanashi-ken no chūsei jōkan seki
1986:
Hg. Yamanashi-ken kyōiku iinkai.
Yamanashi-ken no rekishi sanpo
1988:
Hg. Yamanashi-ken kōtō gakkō kyōiku
kenkyūkai shakai-ka bukai.
Yamakawa shuppan.
Yamanashi kyōdo kenkyū-kai (Hg.)
1992:
Yamanashi kyōdo-shi kenkyū nyūmon.
Kōfu: Yamanashi nichi nichi shinbun-sha.

Yoda Akira
1989:
Kawauchi-ry ō ni okeru Takeda/Anayama-shi no nijū shihai kōzō to daihannya-kyō roppyakukan no yurai. In: *Kyōnan no rekishi wo kataru tsudoi.* S. 20-21

Yoshida Sakuya
1890:
Geschichtliche Entwickelung der Staatsverfassung und des Lehnswesens von Japan. Den Haag.

Yumoto Gun'ichi
1984:
Sengoku daimyō Takeda-shi no kandaka-sei to gun'yaku. In: Shibatsuji, *Takeda-shi no kenkyū.* S. 127-150

Zöllner, Reinhard
1988:
Kunigae. Bewegung und Herrschaft in der Tokugawa-Zeit. In: Klaus Antoni, Peter Pörtner, Roland Schneider (Hgg.). *Referate des VII. Deutschen Japanologentages in Hamburg.* Hamburg. S. 323-330
1990:
Dochaku - Shoki Kai Genji no yakata-- zukuri. KŌFU-SHI SHI KENKYŪ 8.
S. 90-101
1991:
Die Takeda als Feudalherren in Kai no kuni im Spiegel des Kōyō Gunkan. In: Bachmayer, Eva/ Herbert, Wolfgang/ Linhart, Sepp (Hgg.). *Japan von Aids bis Zen. Referate des 8. Japanologentages vom 26. bis 28.9.1990 in Wien. 1. Teil.* Wien. S. 165-180
1992:
Die staatliche Entwicklung der Provinz Kai. In: Lokowandt, Ernst (Hgg.). *Zentrum und Peripherie in Japan. Referate des 2. Japanologentags der OAG in Tōkyō, 8./9. März 1990.* München. S. 30-58

Zusetsu Yamanashi-ken no rekishi
1990:
(= *Zusetsu Nihon no rekishi 19*).
Kawade shobō. (Hauptredaktion: Isogai Masayoshi)

Häufige japanische Orts-, Personen- und Werknamen

Aki	安芸	Liji *(chin.)*	礼記
Anayama	穴山	Lun'yu *(chin.)*	論語
Atobe	跡部	Mikawa	三河
Daodejing *(chin.)*	道徳経	Minamoto	源
Echigo	越後	Minobusan	身延山
Enzan	塩山	Musashi	武蔵
Erinji	恵林寺	Nagashino	長篠
Fuefukigawa	笛吹川	Nirasaki	韮崎
Fujigawa	富士川	Ôdai-ki	王代記
Gunnai	郡内	Ogasawara	小笠原
Hemi	逸見	Owari	尾張
Hitachi	常陸	Oyamada	小山田
Hôjô	北条	Sagami	相模
Ichijô	一条	Sanlüe *(chin.)*	三略
Ichirenji	一蓮寺	Sengenjinja	浅間神社
Imagawa	今川	Shangshu *(chin.)*	尚書
Isawa	石和	Shinano	信濃
Itagaki	板垣	Shinpu	新府
Kagami	加賀美	Suruga	駿河
Kai (no kuni)	甲斐国	Suwa	諏訪
Kai kokushi	甲斐国志	Takeda Harunobu	武田晴信
Kamanashigawa	釜無川	~ Katsuyori	~勝頼
Katsuragawa	桂川	~ Nobutora	~信虎
Kawauchi	河内	~ Nobushige	~信繁
Kiso	木曽	~ Shingen	~信玄
Kôfu	甲府	Tôtômi	遠江
Kôhakusai-ki	高白斎記	Tsuru	都留
Koma	巨摩	Tsutsujigasaki	躑躅ヶ崎
Kôshû	甲州	Uesugi Terutora	上杉輝虎
~ fuchû	~府中	~ Kenshin	~兼信
~ hatto no shidai	~法度之次第	Wakasa	若狭
Kôyô gunkan	甲陽軍鑑	Yamanashi	山梨
Kôzuke	上野	Yasuda	安田
Kuninaka	国中	Yatsushiro	八代
Kyôto	京都	Yoshida	吉田

Glossar
der wichtigsten angeführten japanischen Ausdrücke

akusen	悪銭	verrufene Münze
andojô	安堵状	Grundbesitz-Bestätigungsurkunde
ategai	充行	Besitzeinweisung
bakufu	幕府	Bakufu-Regierung
batsubun	罰文	mit Strafsanktion versehener Eid
bunkoku	分国	Territorium; Landesherrschaft
buun	武運	Kriegsglück
jigenin	地下人	Bauern
chigyô	知行	Lehen; Vasallenland; Besitz
chigyô-daka	知行高	Höhe des Lehens
daibon sankajô	大犯三固条	3 Hauptaufgaben des Militärgouverneurs
daizen no taifu	大膳太夫	Amtstitel des kaiserlichen Mundschenks
daikan	大官	Amtmann in der Lokalverwaltung
danka	檀家	Altargemeinde (buddhist.)
danna	檀那	Vorsteher einer Altargemeinde
dôri	道理	Herkommen; Recht; Vernunft
dôshin	同心	Kamerad; militärischer Untergebener
erizeni	撰銭	Münzauslese
fuchi	扶持	aus der Schatzkammer gezahlter Sold
fumidashi	踏出	festgestellter Zuwachs an Einnahmen
fushin	普請	Bauarbeit; Baufron
genin	下人	Knecht
genpuku	元服	Fest der Volljährigkeit für Knaben
go-ishi kin	碁石金	Go-steinförmige Goldmünze
gogyaku	五逆	5 buddhist. Todsünden
gun'yaku	軍役	Heerfolge
gunbai	軍配	Kriegsfächer
hakari-za	秤座	Wiegegilde
hanashi-shu	咄衆	Erzähler (am Fürstenhof)
hatago	端子	1/4 *Kôshû-masu*
hibun	非分	Unbill; Unrecht
hikan	被官	Vasall; Diener
hiki	疋	Münzeinheit = 1/100 *kan*
hikibun	引分	Abzug von der Steuer
hinin	非人	Angehöriger der untersten sozialen Schicht
hinoichi	日市	Tagesmarkt

binpô	貧報	Pech
hitogaeshi-rei	人返令	Auslieferungsbefehl
hôkô	奉公	Fürsten- oder Hofdienst
horagai	法螺貝	Signalmuschel
hyô	俵	Hohlmaß
ichigo	一期	Leibgedinge
jihi	慈悲	Gnade (buddhist.)
jôi	上意	Wille des Herrschers; Herrscher
jôraku	上洛	Kyôtozug
kachû	家中	herrscherlicher Haushalt
kachidoki	勝鬨	Triumphgeschrei
kabô	果報	Glück
kaihotsu ryôshu	開発領主	Rodungsherr
kaizoku-shu	海賊衆	Marine der Takeda
kajishi	加地子	Einnahmen aus Pachtland
kakun	家訓	Hauslehre
kan	貫	Münzeinheit
kanaban	鉄判	= *Kôshû masu*
kandaka	貫高	Höhe des Lehens in Münzeinheiten
kanjô	感状	herrscherliches Dankschreiben
kanjin nô	勧進能	karitative Nô-Vorführung
kanmon	貫文	= *kan*
kannô	勧農	Förderung der Landwirtschaft
kanninbun	堪忍分	Witwenteil
kanrei	管領	Präfekt des Shôgun
kan'yaku	関役	Wegezoll
karyôsen	過料銭	Bußgeld
kasho	過所	Passierschein
kataisen	過怠銭	Bußgeld bei Säumigkeit
katoku	家督	Hausherr; Nachfolger des Patriarchen
kawayoke	川除け	Deich; Schutz vor Hochwasser
kechien	結縁	gute Werke (buddhist.)
ken	間	Längenmaß
kenchi	検地	Landesaufnahme
kendan	検断	Strafverfolgung
kenka ryôhô seibai	喧嘩両方成敗	Fehdeverbot mit Strafandrohung
kido	木戸	symbolisches Markttor
kiryô	器量	Fähigkeit, Geschick
kisen	貴賎	Arm und Reich; Vornehm und Gering

kishin	寄進	Auflassung
kishômon	起証文	Eid vor den Göttern
kô	公	öffentlich; nobel; Fürst
kôgi	公儀	öffentliche (legitime) Autorität
koku	石	Hohlmaß
kokudaka	国高	Lehenshöhe in erwarteter Erntehöhe
kokujin	国人	Provinzialer; lokaler Großer
kokushu	国主	Landesherr
konakara	小半	1/16 *Kôshû masu*
koshinuke barai	腰抜払	Bestrafung der Feiglinge
Kôshû kin	甲州金	Goldmünzen aus Kai
Kôshû masu	甲州桝	in Kai gebräuchliches Hohlmaß
kubi-chô	頸帳	Register der erbeuteten Köpfe
kubô	公方	Vertreter des Shôgun; Shôgun
kuji	公事	öffentliche Fron; Prozeß
kujidori	鬮取	Losen
kunimochi taishô	国持大小将	Landesherr
kurade	蔵出	Zahlung aus der Schatzkammer
kura'iri-chi	蔵入地	Domänenland
kuramae-shu	蔵前衆	Beamte der Schatzkammer
kuwadate	鍬立	Grundstücksweihe (shintôist.)
kyôryû no jiyû	居留ノ自由	Freizügigkeit der Bauern
machi tana	町棚	Siedlungsblock
mashibun	増分	Zuwachs an Ernteeinnahmen
masu	桝	Hohlmaß
masu-za	桝座	Hohlmaßgilde
mi-bata	御旗	Traditionsfahne des Takeda-Hauses
mon	文	1/1000 *kan*
mui	無為	Prinzip des Nichthandelns (daoist.)
munebetsu-chô	棟別帳	Hausregister einer Ortschaft
munebetsusen	棟別銭	Hausgeld
munebetsuyaku	棟別役	Hausdienst
myôshu	名主	landbesitzender Großbauer
nakara	半	1/8 *Kôshû-masu*
nengu	年貢	Jahrestribut
nenkichi	年期地	befristet verpachtetes Land
nuhi	奴婢	Leibeigener
on	恩	Gnade; Gunst
onchi	恩地	Gnadenland
oshitate kuji	押立公事	erzwungener Dienst (Fron)

ri	里	Längenmaß
riun	利運	gutes Glück
rokusai ichi	六斎市	Markt an sechs Tagen im Monat
rôzeki	狼藉	Wüten; Verwüstung
ryô	両	Münzeinheit
ryôsho	料所	Domäne
ryôshu	領主	Grundherr
saibai	采配	Feldherrnstab
saitaiyaku	妻帯役	Steuer für verheiratete Kleriker
sakikata-shu	先方衆	Kriegergruppe in Grenzgebieten
sakyô no taifu	左京太夫	Amt am Kaiserhof
sansai ichi	三斎市	Markt an drei Tagen im Monat
sarugaku (nô)	猿楽（能）	Musikdrama
sata	沙汰	Prozeß; Urteil
sengoku daimyô	戦国大名	Landesherr
shiki	職	Anteil am Besitz
shiodome	塩止め	Salzembargo
shô	升	Hohlmaß
shôen	荘園	Grundherrschaft
shu	衆	lokale oder funktionale Gruppe
shugo daimyô	守護大名	Provinzherr
sôja	奏者	Mittelsmann vor Gericht
sôryô	総領	Patriarch
taikoban	太鼓判	trommelförmige Goldmünze
taishô	大将	Feldherr; Landesherr
tansen	反銭	Ackergeld
tatenashi	楯無	Traditionsrüstung der Takeda
tenma	転馬	Pferdewechselstation
tentô	天道	Weg des Himmels
togi-shu	伽衆	Erzähler (am Hof)
tono	殿	Anrede eines Herrn
totonoe-shu	調衆	Steuerprüfer
wabigoto	詫言	Entschuldigung; Beschwerde
wúwéi (chines.)	無為	= *mui*
yakata	屋形	Herrenhof; Anrede eines Herrn
yakibarai	焼き払い	Strategie der verbrannten Erde
yoriko	寄子	Gefolgschaftssohn
yorioya	寄親	Gefolgschaftsvater
zeni kekachi (kikatsu)	銭飢喝	Münzknappheit

Lebenslauf

Am 22.7.1961 wurde ich, Reinhard Zöllner, als 9. Kind des Pfarrers Dr. Gerhard Zöllner und der Kindergärtnerin Ruth Zöllner, geb. Lucas, in Bloemfontein (Südafrika) geboren. Nach dem Besuch der Ernst-Ludwig-Heim-Grundschule und des Freiherr-vom-Stein-Gymnasiums in Berlin-Spandau absolvierte ich die gymnasiale Oberstufe der Kieler Gelehrtenschule, an der ich im Herbst 1980 das Abitur erwarb. Von 1981 bis 1988 studierte ich an der Christian-Albrechts-Universität zu Kiel Geschichte und Latein. Im Juli 1988 legte ich die erste (wissenschaftliche) Staatsprüfung für das Lehramt an Gymnasien ab. Seit 1983 studierte ich zugleich Japanologie im Nebenfach an der Universität Hamburg, von Herbst 1983 bis Sommer 1985 Japanische Geschichte und Sprache an der Sophia-Universität Tōkyō. 1988 nahm ich das Promotionsstudium der Asiatischen Geschichte, Mittleren und Neueren Geschichte und Japanologie in Kiel auf.

Meine akademischen Lehrer waren in Asiatischer Geschichte Prof. Dr. Bernhard Dahm und Prof. Dr. Hermann Kulke; in Mittlerer Geschichte Prof. Dr. Werner Paravicini und Prof. Dr. Helmut G. Walther; in Neuerer Geschichte Prof. Dr. Michael Salewski; in Japanologie Prof. Dr. Klaus Antoni und Prof. Dr. Roland Schneider; in Japanischer Geschichte Prof. Kate Wildman Nakai.

Vom Sommer 1989 bis Sommer 1990 hielt ich mich zu einem Forschungsaufenthalt an der Yamanashi-Universität in Kōfu (Japan) auf.

Die Studienstiftung des Deutschen Volkes hat mich 1981-1988 und 1989-1990 als Stipendiaten gefördert.

Seit dem 2.11.1990 bin ich als wissenschaftlicher Mitarbeiter mit Lehraufgaben am Seminar Modernes Japan der Heinrich-Heine-Universität Düsseldorf beschäftigt.